王利明法学教科书

侵权责任法

（第二版）

王利明 著

中国人民大学出版社
·北京·

第二版前言

侵权责任法的时代意义

侵权责任法是规定侵权行为及其法律责任的法律规范的总称。我国 2009 年颁布《侵权责任法》，构建了完整的侵权责任法体系，这本身就是民法体系的重大创新。在此基础上，《民法典》设立第七编“侵权责任”。本编共分为 10 章，95 条，按照总分结构构建了完整的侵权责任法体系。民法典分则的体例结构是按照从权利到救济的逻辑进行编排的，所以，侵权责任编是分则的最后一编。在整个侵权责任法中，民法典侵权责任编是基础，在权利遭受侵害后，民法典又建立了救济体系，充分保障民事主体的合法权益。

法谚有云：“有权利必有救济”，“救济需要走在法律的前面”。这就意味着，权利一旦失去法律上的救济，就会沦为一纸空谈。要想避免权利成为空头支票，法律在设定权利的同时，需要配以切实可行的权利救济机制。而扮演这一重要角色的立法就是侵权责任法。在所有民事权利中，除合同权利主要由合同法来保护之外，其余类型的权利的保护都主要由侵权责任法来完成。那么，究竟应当如何理解侵权责任法？它有哪些具体特点和功能呢？

一、侵权责任法是民事权益保护法

法治的核心就是规范公权、保障私权。民法典是权利宣言书、私权保护法，而侵权责任编集中体现了对私权的保障功能。它是通过侵权责任的认定和承担来保障民事权利的，侵权责任法保障民事权益的功能主要体现在如下几个方面：一是侵权责任法全面保障除合同债权之外的各种绝对权，包括物权、人格权、知识产权、股权、身份权等。保障私权就是要充分保障广大人民群众的人身和财产权利。在我国现实生活中，各种侵害私权的现象时有发生，诸如野蛮拆迁、网络侵权、环境污染、公权滥用等。这些都表明，侵权责任法对权利的保障直接关系到人民群众的切身利益。二是侵权责任法不仅保护权利，而且保护权利之外的利益，包括一些新型的利益，如个人信息、数据、网络虚拟财产等。这就可以积极应对现代社会出现的新型民事权益救济问题。三是积极回应社会问题，强化对民生的保障。众所周知，“民以食为天，食以安为先”，食品安全问题关系人民群众的人身安全，为了保障人们“舌尖上的安全”。《民法典》第 1207 条增加规定了明知产品有缺陷应当采取而没有及时采取停止销售、警示、召回等措施的惩罚性赔偿。为了保障人们“头顶上的安全”，我国《民法典》第 1254 条完善了高楼抛物致人损害的责任，它将有效保护人民群众的生命、健康安全。四是积极回应互联网高科技时代的权利保护问题。民法典用 4 个条文规定了网络侵权及其责任。这些条文引入了“避风港规则”“反通知规则”等，回应了互联网时代权利保护要求。五是侵权责任编专章规定了环境污染和生态破坏责任，明确了生态修复的法律责任，对故意违反国家规定污染环境、破坏生态造成严重后果的，被侵权人有权请求相应的惩罚性赔偿。这些规则为维护生态环境、为人民群众创造良好生产生活环境提供了制度保障。

“权利的存在和得到保护的程度，只有诉诸民法和刑法的一般规则才能得到保障。”[①]侵权责任法体系越完善，对权利的保护越充分。民法典坚持民本，保障民权，维护民生，为实现人民美好幸福生活提供了重要的法律保障，在这个意义上，民法典侵权责任编的制定为中国的法治建设奠定了坚实的基础。只有切实保护私权，才可能建成一个和谐有序、充满活力、幸福安康的法治社会。

二、侵权责任法主要是救济法

现代社会是一个“风险社会”。风险无处不在，难以预测，各种危险事故频发，时刻威胁着人们的财产安全和人身安全。正如英国学者弗莱明所言：“工业活动、运输工具等与现代生活密切联系的活动造成了个人生命、身体、财产的毁损，导致人类资源的流失。侵权法律规范的主要任务转变为调整损失和分配损失，其已经成为社会安全体制的一部分。”[②] 事故发生以后，法律需要考虑的重心是如何向不幸的受害人提供救济，所以，现代侵权责任法的重要趋势就在于，从传统的以制裁行为人的过错为中心，转向以对不幸的受害人提供救济为中心。我国民法典侵权责任编以人文关怀为基本价值理念，以保护人、关爱人、关心人为目标，通过各种方式强化对侵权行为受害人的救济和保护。民法典各分编先列举物权、合同债权、人格权、婚姻家庭中的权利以及继承权，最后以侵权责任编结束和兜底，其体系构建整体上坚持了从权利到救济的思路，也彰显了全面救济受害人的价值理念。在具体制度方面，强化对受害人的保护主要体现在：

第一，归责原则多元化。近代侵权责任法主要采纳过错责任原则，以保障经济自由，促进财富的创造。而现代侵权责任法适应工业化大生产背景下对受害人救济的需要，逐渐认可了多元化的归责原则。我国民法典侵权责任编在过错责任之外，规定了过错推定责任、严格责任等归责原则，在分则中，还规定了产品责任、机动车交通事故责任、高度危险责任等严格责任，充分体现了强化对受害人救济的理念。

第二，建立了以损害赔偿为中心的多种救济方式并存的救济模式。侵权责任编第二章章名为“损害赔偿”，这表明侵权责任编的主要责任方式就是损害赔偿。但侵权责任编在损害赔偿之外，还规定了多种预防性的责任承担方式（《民法典》第1167条），其目的就在于强化对受害人的救济和对损害的预防。

第三，在道路交通事故等领域，采取侵权责任、保险赔付、社会救助相结合的措施。在这些领域，综合运用多元化的救济手段，可以使受害人获得及时、充分的救济。例如，在发生机动车交通事故以后，如果属于该机动车一方责任的，则先由承保机动车强制保险

---

① ［英］彼得·斯坦、约翰·香德：《西方社会的法律价值》，王献平译，41页，北京，中国人民公安大学出版社，1989。

② John Fleming, *The Law of Torts*, 4. ed., Sydney, 1971, Introduction 1.

的保险人在强制保险责任限额范围内予以赔偿；如果难以填补受害人损害的，则由承保机动车商业保险的保险人按照保险合同的约定予以赔偿；仍然无法充分救济受害人的，则由侵权人赔偿（《民法典》第 1213 条）。

第四，侵权责任法采用多种责任形态，对不同情形下的受害人提供救济。民法典侵权责任编规定了各种责任形态，如相应的责任、相应的补充责任、补偿责任等对受害人提供保护。

第五，侵权责任编区分了侵害财产的损害赔偿、侵害人身的精神损害赔偿，以及侵害人身的财产损害赔偿。该编还进一步完善了获利返还规则，在侵害人身权益造成财产损失的情形，受害人可以选择主张就其损害请求赔偿或者主张侵权人返还其获得的利益（《民法典》第 1182 条）。

第六，除侵权责任外，民法典还在物权、人格权等编中规定了独特的物权请求权、人格权请求权，侵权责任的救济方式与物权编规定的物权请求权、人格权编规定的人格权请求权，可以形成有效的衔接，从而实现事先预防与事后救济的配合。这就形成了绝对权请求权与侵权责任编中的损害赔偿请求权的有效衔接。

三、侵权责任法是损害预防法

侵权责任法的“重要机能在于填补损害及预防损害”[①]。为了更有效地保护受害人，最大限度地防止损害的发生，侵权责任法必须在发挥事后救济功能的同时，发挥事前预防功能。因此，当代侵权法的发展还出现了另外一个趋势，即侵权法的预防功能在不断增加。“停止侵害”“责任激励”等损害预防机制也开始被引入侵权责任的形式之中。特别是互联网对损害后果具有一种无限放大效应，相关的侵权信息一旦在网上发布，即可在瞬间实现全球范围内传播，损害将覆水难收，受害人的权利很难恢复原状，因而，在保护权利、救济受害人的同时，确有必要通过“停止侵害”机制对侵权行为予以及时制止，以最大限度地防止损害的扩大化。

侵权责任编在第二章“损害赔偿”中全面规定了损害赔偿责任，又在第 1167 条规定了预防性的侵权责任，包括停止侵害、排除妨碍、消除危险等责任方式，以达到防患于未然的目的。侵权责任编通过确立安全保障义务、监护人责任、教育机构的责任等制度，督促潜在责任人积极采取安全保护措施，避免第三人实施侵权行为，从而预防损害的发生。民法典侵权责任编在产品责任中规定的关于缺陷产品的跟踪义务和召回义务，环境侵权中的信息披露义务等，目的都在于防止出现严重的损害后果。民法典侵权责任编还借鉴了英美法上的经验，引入了侵害知识产权的惩罚性赔偿等制度，以提高侵权成本，吓阻潜在的侵权行为人，从而有效实现侵权责任法的预防功能。侵权责任编中损害预防与损害救济密切配合、功能互补，起到了周密、系统保护民事权益的作用，能够真正实现侵权责任法作为民事权益保护法和社会预防法的功能定位。

---

① 王泽鉴：《侵权行为法》，第 1 册，34 页，北京，中国政法大学出版社，2001。

四、侵权责任法是维护行为自由的法

在19世纪，侵权责任法曾以维护行为自由作为其主要功能，并因此产生了自己责任原则，该原则曾经成为近代民法的三大原则之一。这一时期，侵权责任法的主要任务在于平衡法益保护与行为自由之间的矛盾关系。[①] 严格地说，侵权责任法既是权利保护法，也是自由保障法。因为权利本身就是一种明确的行为规则，每个人只有正当地行使自己的权利，才有行为自由，行为的边界即是不得侵害他人的权利。所谓“自由止于权利”，就是指每个人只有在权利范围内才享有自由，而不享有侵害他人权利的自由。也就是说，保护某人的权利，实际上也划定了他人的行为自由的范围，如果过度保护某人的权益，则会不当妨碍他人的行为自由。[②] 尤其是在市场竞争中，对一方竞争者权益的保护，某种程度上就是对其他竞争者权利的限制，如何处理法益保护与行为自由之间的矛盾关系[③]，尽可能地保障人们的行为自由，避免动辄得咎，也成为侵权责任法的重要任务。

我国民法典侵权责任编在保护民事权利的同时，也注重维护人们的行为自由，侵权责任编有效地解决了各种权利在行使时的冲突，平衡了经营者的经营自由与受害人权益保护之间的关系，网络用户的发帖自由和网络用户权益保护之间的关系。诸此等等，旨在兼顾权益保护与行为自由之间的关系。民法典之所以设置自甘冒险规则（《民法典》第1176条），不仅是要对自愿参加文体活动的受害人给予适当救济，更重要的是鼓励人们积极组织、参加各项文体活动，推进素质教育的全面展开。在网络侵权中，引入“反通知规则”，就是要使网络用户具有为自己申辩的机会，避免过度限制人们网络行为的自由。民法典规定好意同乘规则，允许在因机动车一方的过失造成损害的情形下，减轻其责任，也旨在鼓励人们相互帮助、绿色出行。

笔者以教师身份为学生讲授过侵权责任法；以学者身份起草过专家建议稿；以专家身份全程参加过立法机关主持的各类立法研讨会；以全国人大代表的身份参加过《侵权责任法》的制定，并有幸参与民法典侵权责任编的编纂。回首来时路，深感立法不易，创新艰难。《民法典》是立法机关开门立法、民主立法的产物，是广大法学工作者智慧的结晶，是诸多实务工作者长期司法实践经验的总结。民法典侵权责任编的颁布不是尾声，而是新的起点。在今后相当长的时间内，广大法律人还需要进一步配合立法、司法机关做好普及和解释该法的工作，为贯彻实施好民法典侵权责任编作出应有的贡献。

王利明

2020年10月30日

---

① 参见［德］马克西米利安·福克斯：《侵权行为法》，5版，齐晓琨译，4页，北京，法律出版社，2006。

② 参见陈舜：《权利及其维护——一种交易成本观点》，43页，北京，中国政法大学出版社，1999。

③ 参见［德］马克西米利安·福克斯：《侵权行为法》5版，齐晓琨译，4页。

缩略语表

《民法典》：《中华人民共和国民法典》，2020年5月28日；

《民法通则》：《中华人民共和国民法通则》，1986年4月12日；

《侵权责任法》：《中华人民共和国侵权责任法》，2009年12月26日；

《道路交通安全法》：《中华人民共和国道路交通安全法》，2003年10月28日颁布，2011年4月22日最新修正；

《民法通则意见》：《最高人民法院关于贯彻执行〈中华人民共和国民法通则〉若干问题的意见（试行）》，1988年1月26日；

《精神损害赔偿司法解释》：《最高人民法院关于确定民事侵权精神损害赔偿责任若干问题的解释》，2001年3月8日；

《利用信息网络侵害人身权益司法解释》：《最高人民法院关于审理利用信息网络侵害人身权益民事纠纷案件适用法律若干问题的规定》，2014年8月21日；

《人身损害赔偿司法解释》：《最高人民法院关于审理人身损害赔偿案件适用法律若干问题的解释》，2003年12月26日；

《道路交通事故损害赔偿解释》：《最高人民法院关于审理道路交通事故损害赔偿案件适用法律若干问题的解释》，2012年11月27日；

《铁路运输人身损害赔偿司法解释》：《最高人民法院关于审理铁路运输人身损害赔偿纠纷案件适用法律若干问题的解释》，2010年3月3日；

《食品药品纠纷司法解释》：《最高人民法院关于审理食品药品纠纷案件适用法律若干问题的规定》，2013年12月23日；

《环境侵权责任司法解释》：《最高人民法院关于审理环境侵权责任纠纷案件适用法律若干问题的解释》，2015年6月1日；

《证据规则》：《最高人民法院关于民事诉讼证据的若干规定》，2019年12月25日。

目　录

第一编　总　则

第二编　分　则

第一编 总则

第一章　侵权责任概述

【案例】甲到A商场购买了一台电视机，该电视机的生产商是B公司。后甲的朋友乙到甲家中做客，在看电视过程中电视发生爆炸，导致乙面部被烧伤。后乙向法院起诉，请求A商场和B公司承担侵权责任。A商场和B公司均主张，其与乙之间并不存在合同关系，因此乙无权要求其承担侵权责任。

简要评析：该案属于产品责任侵权纠纷，侵权责任的成立无须当事人之间存在合同关系，而且依据我国《民法典》第1203条的规定，在因产品缺陷致人损害的情形下，产品的生产者、销售者均需要对受害人承担侵权责任。因此，受害人乙有权请求A商场和B公司承担侵权责任。

第一节　侵权行为概述

一、侵权行为的概念

"侵权行为"也称为侵害行为或过错行为，其本意是指侵害他人权利或利益的行为。侵权行为作为加害行为，不限于自己从事的加害行为，它还包括在法律上应当承担责任的"准侵权行为"，如雇员的加害行为、被监护人致人损害，以及物件致人损害的侵权行为等。[①] 侵害的"权"不仅包括民事权利，而且包括受到法律保护的利益。因此，从其固有的含义而言，"侵权行为"是指一种侵害他人权益的行为以及造成他人损害结果的状态。

我国《民法典》第1165条第1款规定："行为人因过错侵害他人民事权益造成损害的，应当承担侵权责任。"第1166条规定："行为人造成他人民事权益损害，不论行为人有无过错，法律规定应当承担侵权责任的，依照其规定。"据此可见，民法典侵权责任编中的侵权行为是一个特定的概念，其主要包括两种形态：一是行为人因过错侵害他人民事权益并造成损害的行为。在日常生活中，从殴打、辱骂他人到毁坏他人财物，从盗版侵害他人版权到不法致人伤亡，从常规的平面媒体侵权到网络侵权行为等，都属于此类因过错实施的侵权行为。二是指在法律规定的一些特殊情况下，行为人虽然没有过错，但造成他人的民事权益损害，也应当承担侵权责任的行为。例如，从水资源污染到生态遭到破坏，从高速列车出轨到核设施泄漏，从地铁施工事故

① 参见张新宝：《侵权行为法的一般条款》，载《法学研究》，2001（4）。

到易燃、易爆物质的爆炸等，由此引发的侵权损害都可能属于此类。因此，侵权行为是指由于过错侵害他人的人身和财产而依法应承担侵权责任的行为，以及依法律的特别规定应当承担侵权责任的其他损害行为。

二、侵权行为的特征

依据是否具有意思表示的要素，可以将民法上的“行为”划分为事实行为与法律行为，就侵权行为而言，法律并不考虑行为人在实施侵权行为时主观上是否具有变动法律关系的意图及该意图的内容，因此，侵权行为在性质上属于事实行为。侵权行为具有如下特征：

1. 从行为形态来看，侵权行为既包括行为人自己实施的，也包括自己需要对他人负责的行为。侵权行为大都是行为人自己实施的行为，行为人应对自己的行为负责，此外，还包括对他人的行为及自己所控制的物件或者动物致人损害的行为。一般侵权责任都是行为人对自己所实施行为承担的责任，但民法典侵权责任编为了强化对受害人的保护，在例外情况下规定了转承责任，这主要表现在：监护人应对被监护人行为、用工者对被用工者造成他人损害的行为负责。这些责任类型是自己责任原则的发展，此类行为常被称为“准侵权行为”（quasi tort）①。因此，侵权行为既包括了因自己的行为或物件致他人损害的侵权行为，也包括了对他人的行为承担责任的准侵权行为。

2. 从侵害对象来看，侵权行为是侵害他人民事权益的行为。一方面，侵权行为侵害的对象既包括民事权利，也包括民事利益。侵权行为首先侵害的是各种民事权利，包括各类人身权和财产权。《民法典》第 120 条在规定侵权行为的概念时使用了“民事权益”这一表述，表明侵权行为侵害的对象也包括各类民事利益。另一方面，债权原则上不受侵权责任编的保护。《侵权责任法》第 2 条在列举侵权法保护的各项权利时，主要列举的是绝对权，而并没有包括债权。民法典侵权责任编虽然删除了《侵权责任法》第 2 条的规定，但不能据此认定合同债权也受侵权责任编的保护，由于在民法典各分编中，合同债权已经受到合同编保护，因而侵权行为侵害的对象主要还是绝对权。当然，从侵害对象来看，随着民事权益不断发展，侵权法上侵权行为的范围也将不断扩张。在特殊情形下，因第三人的过错造成受害人的债权遭受侵害，行为人也应当依法承担侵权责任。

3. 从侵害结果来看，侵权行为客观上都侵害或者损害了他人的民事权益。无论是何种侵权行为，都必然造成侵害后果。侵权法是救济法，无损害则无救济。依据我国《民法典》第 1165 条第 2 款和第 1166 条的规定，侵害他人民事权益，符合法律规定的要件，就要承担相应的侵权责任。侵权责任编第二章标题为“损害赔偿”，可见，侵权责任法以损害赔偿作为其主要的责任形式，但依据《民法典》第 1167 条的规定：“侵权行为危及他人人身、财产安全的，被侵权人有权请求侵权人承担停止侵害、排除妨碍、消除危险等侵权责任。”因此，如果受害人请求侵权人承担停止侵害、排除

① 张新宝：《侵权责任构成要件研究》，39 页，北京，法律出版社，2007。

妨碍、消除危险等责任，并不需要证明发生了实际损害。

4. 侵权行为大多是行为人因过错而侵害他人民事权益的行为。侵权行为形态多样，但主要是行为人因过错而侵害他人权益的行为。传统侵权法奉行的基本原则是：无过错即无责任。过错责任将责任的基础确定为过错，要求具有过错才承担责任，其正当性显而易见；对于没有过错的行为，其行为在法律上或道德上并无可谴责性，因此，不应承担责任。① 在特殊情形下，行为人虽然没有过错，但如果法律规定行为人应当承担侵权责任的，行为人也应当依法承担侵权责任。《民法典》第1166条确立了严格责任，要求在特殊情况下，行为人即使不具有违法性和过错，或者其行为对社会是有益的，但如果损害他人民事权益，也应当依法承担责任。

5. 侵权行为的法律后果是要依法承担侵权责任。《民法典》第120条规定："民事权益受到侵害的，被侵权人有权请求侵权人承担侵权责任。"该条实际上明确了，侵权行为是依法应承担侵权责任的行为。我国民法典先列举各项民事权利，将侵权责任编置于最后，通过侵权编规定对权利遭受侵害的受害人予以救济，这符合从确权到救济的一般规律，《民法典》将侵权责任编置于第七编，规定在各编之后，也意在彰显其救济法的特点。

需要指出的是，有损害并不必然引发责任。在日常活动中，每天都会发生大量的致害行为，例如，城市建设施工中的噪声或者扬尘，警车在夜间执行公务时的鸣笛等。这些行为虽然会在不同程度上给他人带来妨害，影响其生活，但这些损害要么因为程度轻微，社会成员有义务忍受，要么因为造成损害的行为本身是合法的，是法律所允许的活动。对于这些损害行为，行为人都不应承担责任。侵权责任法所要救济的损害都是"依法可以救济的损害"②，侵权法不是保险法，不能对所有损害都提供救济，只能针对符合侵权法构成要件的损害行为，要求对受害人作出损害赔偿等救济。

侵权行为是引发侵权责任的前提和基础。法律上规定侵权行为的最终目的是确立责任，从而制裁不法行为、对受害人提供救济。民法典侵权责任编在总则部分规定了归责原则、抗辩事由等，而在分则部分列举了各种侵权行为，实际上也是为了确立各种侵权责任的构成要件和免责事由。所以，从表面上看，民法典侵权责任编列举的是各种侵权行为，但实际上确立的是各种侵权行为的责任。所以，各种侵权行为都应当是依法承担侵权责任的行为，当然，责任的最终成立，必须符合法律规定的责任构成要件。

第二节　侵权行为与违约行为的区别

侵权行为和违约行为分别受侵权责任法和合同法调整，侵权责任和违约责任都属

---

① See Andre Tunc, *International Encyclopedia of Comparative Law*, Torts, Introduction, J. C. B. Mohr (Paul Siebeck) Tübingen, 1974, p. 71.

② J. Limpens, *International Encyclopedia of Comparative Law*, Torts, Liability for One's Own Act, J. C. B. Mohr (Paul Siebeck) Tübingen, 1974, p. 6.

于民事责任的范畴，二者在构成要件、免责条件、责任形式等方面具有一定的相似性，因此，民法典总则编在“民事责任”一章（第八章）对两类责任的共性问题作出了规定。尤其应该看到，由于责任竞合的不断发展，侵权法和合同法已具有逐渐相互渗透和融合的趋势[①]，因此，《民法典》第186条对责任竞合专门作出了规定。但侵权责任法和合同法毕竟是民法中相互独立的两个法律部门，侵权责任和合同责任也是不同的责任，混淆二者的性质、模糊其界限，不仅将打乱民法内在的和谐体系，而且对司法实践中正确处理民事纠纷将产生极为不利的影响。具体而言，侵权行为和违约行为的区别有以下几点。

1. 违反义务的性质不同。从违反义务的性质来看，违约行为主要违反的是当事人约定的义务，合同责任主要是违反当事人约定义务的法律后果。当然，从现代合同法的发展趋势来看，合同义务的来源日益多元化，其不仅来源于约定，还包括法定的义务以及依据诚实信用原则产生的附随义务。侵权行为中行为人违反的义务主要是法定义务，此种法定义务主要包括如下几类：一是侵权责任法所设定的任何人不得侵害他人财产和人身的普遍性的义务，即所谓“勿害他人”（alterum non laedere）的义务。二是侵权责任法设定的具体的不作为义务。例如依据《民法典》第1222条，医疗机构不得隐匿、伪造、篡改或者销毁病历资料，否则要推定其有过错。三是侵权责任法之外的其他法律、法规（特别是所谓的保护性规范）所设定的作为和不作为义务。四是在特殊情况下，某些负有特定职责的人应当负有的作为义务（如警察所负有的维持社会治安的义务），违反这些义务，造成他人损害的，也可能构成侵权。

2. 侵害对象不同。违约行为侵害的是相对权，即合同债权，而侵权行为所侵害的对象范围非常宽泛，包括各种民事权益，其中主要是绝对权。由于合同债权主要受合同法保护，因此，侵权行为的侵害对象原则上不包括合同债权。合同债权作为一种相对权，其效力只在特定的当事人之间发生，合同关系以外的人因很难知道当事人之间的合同关系，故不能对其课以侵权责任。一般来说，侵害相对权构成违约，而侵害绝对权则构成侵权，正因如此，可以说侵权责任法保障的是绝对权，而合同法保障的是相对权。

3. 当事人之间事先是否存在合同关系不同。在一般情况下，侵权行为发生前，行为人与受害人之间不存在某种法律关系，而只是因为侵权行为的发生才使得双方发生侵权责任的关系。而违约行为的发生是以当事人之间存在合同权利义务为前提的，即当事人双方事先必然存在合同关系。当然，在某些侵权责任中，当事人之间虽然存在合同关系，但我国《民法典》也将其规定为侵权责任，如医疗事故责任等，此时可构成责任竞合。在造成损害之后，当事人虽然可以选择违约责任，但侵权责任的救济更为充分（如受害人可以主张精神损害赔偿等），因此，原则上还是应依据侵权责任法来处理。

4. 侵害后果不同。一般认为，由违约而造成的全部损失并非都能根据违约责任而获得赔偿，只有那些违约方在订约时能够合理预见到的损失才应由违约方赔偿，违

① See B. S. Markesinis and S. F. Deakin, *Tort Law*, 4th. ed., Oxford: Clarendon Press, 1999, p. 8.

约损害赔偿仅限于造成财产损害的情形。至于违约行为造成人身伤亡和精神损害的，依据我国有关法律规定，受害人只能根据侵权责任获得救济。一般情况下，违约损害赔偿所称的损害限于财产损害。对违约损害赔偿，主要应当赔偿财产损失，而不包括精神损害。至于因瑕疵履行造成人身伤害时，也仅赔偿因人身伤害所致的各种财产损失。① 而对于侵权损害赔偿来说，不仅应赔偿财产损失，而且在侵害人格权情形下，还应当赔偿精神损害。受害人因侵权遭受的精神损害，只可通过侵权之诉获得救济。

5. 责任形式不同。我国民法典侵权责任编中的侵权责任形式是多元化的，除了损害赔偿之外，还包括消除危险等预防性的责任形式，而违约责任只有损害赔偿、违约金等责任形式，不可能存在消除危险、排除妨害等形式。因此，相比较而言，侵权行为的责任形式更为丰富。

第三节 侵权责任与侵权请求权的关系

一、侵权责任的概念和特征

所谓侵权责任，是指侵权人因实施侵害或损害他人民事权益的行为而依据侵权责任法所应当承担的法律后果，它是民事责任的一种类型。在某些情况下，行为人虽然实施了侵权行为，但不符合法律规定的责任构成要件，也不一定当然产生侵权责任。正是从这个意义上说，侵权责任和侵权行为是既有联系又有区别的概念，不能简单地将两者等同。从功能上看，侵权责任主要具有两方面的功能：一是保护受害人，弥补受害人的实际损失；二是预防并制裁侵权行为。这两个功能缺乏其一，均难言完整。而侵权责任与其他法律责任明显不同之处就在于其强调对受害人的保护，其基本制度是“以保护受害人为中心”建立起来的，所关注的主要是对受害人的补偿。②

侵权责任具有如下法律特征。

第一，侵权责任以侵权行为为前提。侵权行为是行为人承担侵权责任的前提，或者说侵权责任产生的法律基础是侵权行为。法律规定侵权责任的目的就在于制裁侵权行为，保护公民、法人的民事权利，恢复被侵权行为破坏了的财产关系和人身关系。③ 当然，侵权行为可能不仅产生侵权责任，有些侵权行为也会产生行政责任，甚至是刑事责任，但是行为人承担行政责任、刑事责任并不能够免除其侵权责任。

第二，侵权责任是依据侵权责任法的规定而应承担的责任。《民法典》第 120 条规定，“民事权益受到侵害的，被侵权人有权请求侵权人承担侵权责任。”据此可见，侵权行为发生以后，都要依据侵权责任法的规定来承担责任。我国民法典侵权责任编虽然只有 95 条，但其确立了一般侵权行为和特殊侵权行为的归责原则、构成要件、抗辩事由等，这就为各种侵权行为的责任承担提供了依据。尤其是《民法典》第 1165

---

① 参见梁慧星：《民法》，420 页，成都，四川人民出版社，1989。

② See European Group on Tort Law, *Principles of European Tort Law: Text and Commentary*, Springer, 2005, p. 102.

③ 参见张新宝：《中国侵权行为法》，2 版，36 页，北京，中国社会科学出版社，1998。

条第1款规定："行为人因过错侵害他人民事权益造成损害的，应当承担侵权责任。"这就采取了一般条款的方式，大量的、法律没有规定的新类型的侵权，只要不能适用法律的特殊规定的，都可以适用一般条款。此外，依据我国《民法典》第11条的规定，侵权责任法之外的特别法也与侵权责任编构成一个整体，都可以成为确立侵权责任的依据。

第三，侵权责任主要是合同外的民事责任。侵权行为是承担侵权民事责任的根据。但侵权责任不能涵盖整个民事责任，侵权责任是与违反合同的民事责任相对应的一类民事责任[①]，这就是说，在侵权责任产生之时当事人间并没有合同关系，而只是因为侵权行为的发生才产生法律责任。当事人之间是否存在合同关系，往往成为区分合同责任与侵权责任的重要标准。[②] 正是因为侵权责任是合同外的责任，所以，侵权责任通常发生于当事人之间没有合同关系的情形，原则上，此种责任的确立也不能以合同法为依据。

第四，侵权责任以损害赔偿为核心，但又不限于损害赔偿。侵权责任的主要功能在于对受害人提供补救，使受害人遭受的全部损失得到恢复。《民法典》第179条中列举了11种责任方式，大都是侵权责任形式，因而侵权责任的范围大于损害赔偿之债的范围，它不仅包括金钱损害赔偿责任，也包括返还原物、恢复原状、赔礼道歉等。由于采用了多种责任形式，因而，不能说侵权责任都产生债的关系。当然，应当看到，在侵权责任法中，损害赔偿是其主要的责任形式，因此，侵权责任法主要体现了救济功能。这就表明，侵权责任虽以损害赔偿为核心，但并不局限于损害赔偿。

第五，侵权责任是对受害人所承担的责任。法律责任都是以国家强制力保障其实现的责任，但侵权责任不同于刑事责任和行政责任之处就在于，侵权责任是通过损害赔偿等方式，实现对受害人的直接救济。而刑事责任和行政责任则是行为人对国家所承担的责任，其虽然也可以间接地发挥保障受害人的作用，但毕竟无法直接给受害人提供救济。

第六，侵权责任具有明显的强制性特点。法律责任都具有强制性，它是国家权力运行的具体体现，是国家对责任者的财产或人身自由的强制限制或剥夺。[③] 侵权责任的强制性主要表现在：一是责任成立的强制性，即只要符合法律规定的构成要件，行为人都应当承担责任，除非是存在法定的免责事由；即使就公平责任而言，其并非道义上的责任，而是具有强制性的法律责任。二是责任范围的强制性。侵权责任法的补救功能要求，责任范围应当与受害人遭受的损失相适应，侵权责任法甚至对损害赔偿的计算方法都有明确规定。三是责任承担方式的强制性。基于有效实现救济受害人的目的，侵权责任法规定了多种责任承担方式，虽然受害人在部分情况下有选择的余地，但对责任人而言，一旦受害人按照法律允许的方式予以请求，其都可能按照此种

① See Christian von Bar, *Principles of European Law-Non-Contractual Liability Arising out of Damage Caused to Another*, European Law Publishers & Bruylant, 2009, p. 243.

② 需要注意的是，随着基于交往和消费关系等引发的责任的增加，此种标准的区分作用日益减弱。

③ 参见张文显：《法学基本范畴研究》，186页，北京，中国政法大学出版社，1998。

方式承担责任。

二、侵权请求权与侵权责任的关系

所谓侵权请求权，是指被侵权人依法请求责任人承担侵权损害赔偿等责任的权利。《民法典》第120条规定：“民事权益受到侵害的，被侵权人有权请求侵权人承担侵权责任。”该条不仅明确了侵权关系的主体，同时也确定了侵权请求权。侵权请求权与侵权责任的关系如何？本书认为，它们实际上是既相互区别又存在实质性联系的两个概念。二者是从不同的角度来描述因侵权行为而在当事人之间产生的法律关系，侵权请求权是从受害人所享有的权利的角度来描述的，而侵权责任是从责任人所负担的义务的角度来描述的。侵权请求权强调的是受害人为了获得救济而享有的权利，而侵权责任强调的是行为人因实施侵权行为而应承受的不良后果。二者都必须由法律予以明确规定。但侵权请求权与侵权责任之间存在明显的区别，表现在：

第一，侵权请求权是被侵权人所享有的权利，它可以在一定程度上体现私法自治，权利人在法律规定的范围内享有一定的处分权。但侵权责任则体现了一定的强制性，责任不仅体现当事人间的关系，而且体现了国家对行为人行为的一种否定性评价。因此，侵权责任是责任人所负担的强制性义务，此种义务必须履行。

第二，从逻辑上讲，二者存在发生时间上的先后顺序，侵权请求权的行使行为在先，而侵权责任的成立和承担在后。侵权请求权的行使是责任承担的前提，在符合法律规定的情况下，通常需要被侵权人行使其请求权，才能产生侵权责任的问题。当然，受害人提出侵权请求权并非意味着法院最终认定了侵权责任的成立和责任的范围。换言之，侵权责任的确定需要满足法定的条件和程序。

第四节 侵权责任的分类

侵权责任种类很多，依据不同的标准可以对其进行不同的分类，具体而言，可以对侵权责任作如下分类。

一、一般侵权责任和特殊侵权责任

依据归责原则的不同，侵权责任可以分为一般侵权责任和特殊侵权责任。此种分类是侵权责任最为重要的一种分类方式。侵权责任编规定了过错责任形态、过错推定责任、严格责任三种归责原则。各种归责原则对应了各种侵权责任的具体形态，它们在构成要件、免责事由等方面都存在差异。侵权责任编也正是依据归责原则来区分一般侵权和特殊侵权，并在此基础上来构建整个体系的。

所谓一般侵权行为，是指行为人因过错侵害他人民事权益，并应适用过错责任原则的侵权行为。所谓特殊侵权责任，是指行为人因侵害或者损害他人民事权益，依照法律规定采取过错推定方式，或者无论行为人是否有过错，依法应当承担侵权责任的行为。关于过错推定责任究竟属于一般侵权责任还是属于特殊侵权责任，值得探讨。从其以过错为归责的基础来看，可以将其归入一般侵权责任，但在民法典侵权责任编上，过错推定责任是作为特殊侵权责任来规定的。一般侵权责任和特殊侵权责任的主要区别如下：

第一，是否以过错作为归责的基础不同。一般侵权责任依据过错来归责，而特殊侵权责任归责的依据主要不是过错，而要适用过错推定、严格责任。特殊侵权责任不一定以过错为要件。在严格责任中，无论行为人是否有过错，行为人都应当承担责任，而在过错推定中，虽然仍以过错为归责基础，但要采用举证责任倒置的方法。

第二，责任构成要件不同。一般侵权责任以过错为其构成要件，各类过错责任构成的一般要件主要是损害事实、过错和因果关系。而在严格责任中，权利人通常无须证明行为人主观上存在过错。对责任构成要件大都在法律中具体作出了规定，责任构成要件可依据法律规定而具体确定，不同的特殊侵权责任具有不同的责任构成要件。即使是适用过错推定的情形，法律也可能需要对责任构成要件作特别的规定。例如，《民法典》第1258条第1款规定："在公共场所或者道路上挖掘、修缮安装地下设施等造成他人损害，施工人不能证明已经设置明显标志和采取安全措施的，应当承担侵权责任。"因此，责任构成要件就包括没有设置明显标志和采取安全措施造成他人损害。

第三，免责事由不同。在一般侵权责任中，其免责事由比较宽泛，侵权责任编第二章所规定的免责事由和减轻责任的事由，都可以适用于一般侵权。而特殊侵权责任的免责事由是受到法律的严格限制的，法律规定之外的事由一般不能作为特殊侵权责任的免责事由。

第四，适用的法律规则不同。特殊侵权责任都是法律有特别规定的责任，而一般侵权责任不是法律特别规定的责任，而是适用过错责任一般条款的责任。此外，我国民法中的特殊侵权责任，除了侵权责任法的规定以外，还散见于一些特别法的规定，如《食品安全法》第122条、《药品管理法》第56条等。

二、作为的侵权责任和不作为的侵权责任

所谓作为的侵权行为，是指违反对他人负有的不作为义务，通过实施积极的侵害行为而造成他人损害。例如，损害公私财产、毁损他人名誉、假冒商标等。作为的侵权行为既可以是基于过错而实施的行为，也可以是没有过错而实施的行为。侵权人因违反了不得侵害他人的义务，并造成损害后果，应当承担作为的侵权责任。

所谓不作为的侵权行为，是指依据法律法规规定、合同约定、先前行为等对他人负有的某种作为义务，未尽到该作为义务而致他人损害的行为。民法典侵权责任编规定的不作为侵权责任主要包括：一是第1198条所确立的违反安全保障义务的责任。二是第1201条所规定的幼儿园、学校或者其他教育机构未尽到管理职责的，承担相应的补充责任。三是第1254条第2款规定："物业服务企业等建筑物管理人应当采取必要的安全保障措施防止前款规定情形的发生；未采取必要的安全保障措施的，应当依法承担未履行安全保障义务的侵权责任。"四是第1256条规定："在公共道路上堆放、倾倒、遗撒妨碍通行的物品造成他人损害的，由行为人承担侵权责任。公共道路管理人不能证明已经尽到清理、防护、警示等义务的，应当承担相应的责任。"五是第1258条所确立的地面施工未设置明显标志或采取安全措施的责任，该条规定："在

公共场所或者道路上挖掘、修缮安装地下设施等造成他人损害，施工人不能证明已经设置明显标志和采取安全措施的，应当承担侵权责任。”

作为的侵权责任与不作为的侵权责任的区别主要表现在：第一，作为侵权是侵权的典型形态，而不作为侵权是侵权责任的例外形态，其通常需要法律作出特别规定。第二，负有作为和不作为义务的义务来源不同。自罗马法以来，将“无害于他人”（alterum non laedere）这一被奉为罗马法以来的法律最高准则作为基本原理。[①] 因此任何人都负有不得损害他人的义务。就不作为的义务来说，社会一般人都负有此种义务，即尊重他人的民事权益。因此，不作为义务是“无害于他人”基本法理的直接体现，它是一个普遍的行为准则。而作为的义务通常是由法律明确规定的，或者是由于先前行为所引发的注意义务。[②] 第三，在确定不作为的行为责任时，过错的标准与作为的侵权行为责任所适用的过错标准是不同的。在不作为侵权中，没有尽到作为义务，通常也可能意味着存在过错。第四，责任的主体不同。在不作为侵权的情况下，可能会发生行为主体和责任主体的分离问题，也就是说，侵权责任人并非侵害行为的直接实施者。例如，违反安全保障义务的责任人可能因为第三人对受害人的侵害而承担责任。

三、自己责任和为他人行为负责的责任

所谓自己责任，是指因自己的行为致他人损害，行为人应对自己的行为负责。为自己行为负责，也包括对自己的物件致他人损害负责。侵权责任法以自己责任为基本原则，要求任何人对自己的行为负责，这既有利于惩罚有过错的行为人，也有利于维护人们的行为自由。

所谓为他人行为负责的责任，是指虽然责任人没有直接实施某种行为，但应当依法对他人的过错行为承担责任。这种责任主要是替代或转承责任（vicarious liability)，它是指在某些特殊情况下，因某人的行为致人损害以后，依法由行为人之外的人负担损害赔偿责任的行为。民法典侵权责任编中的转承责任主要包括两种：一是监护责任，即监护人对无民事行为能力人或限制民事行为能力人的责任（《民法典》第 1188 条）；二是用工责任，即用工者对被用工者承担替代责任（《民法典》第 1191 条）。

自己责任和为他人行为负责的责任的区别在于：

第一，对自己行为负责是一般的侵权责任形态，它符合自己责任原则，或者说是侵权责任最典型的形态。而对他人行为负责，是自己责任原则的突破，它可以说是侵权责任形态的例外。因此，只有在法律有特别规定的情况下，行为人才需要对他人的行为负责。

---

① 参见［日］星野英一：《民法典中的侵权行为法体系》，渠涛译，载《中日民商法研究》，第 8 卷，148 页，北京，法律出版社，2009。

② See Christian von Bar, *Principles of European Law-Non-Contractual Liability Arising out of Damage Caused to Another*, p. 246.

第二，责任主体不同。自己责任的责任主体可以是任何人，而且责任主体一般是单一的，即行为人本人。为他人行为负责的责任主体一般是特定的主体，如雇主、监护人等，而且此种侵权责任的责任主体通常是多元的。正是基于这一原因，侵权责任编将替代责任置于第三章“关于责任主体的特殊规定”之中。在为他人行为负责的责任中，责任主体与行为主体一般是分离的，此种责任的责任主体具有特殊性。

第三，侵权行为的形态不同。在自己责任中，都是行为人自己实施了某种行为，或者是行为人管领的物件致他人损害；而在为他人行为负责的责任中，责任人并没有从事积极的行为，而大多数是处于消极的不作为状态。[①] 例如，安全保障义务责任人主要是没有积极地维护管领场所的安全秩序，或没有尽到其他安全保障义务。责任主体之所以要为他人的行为后果负责，归根结底在于责任主体未能对该他人履行某种正确选任、监督、管教或控制的义务，未能阻止该他人实施的致他人损害的行为，以致造成了损害结果的发生。

第四，归责原则不同。就侵权责任法来说，替代责任大多是严格责任，侵权责任编所规定的为他人行为负责的责任都是严格责任。而自己责任可能是严格责任，也可能是过错责任。当然，自己责任在大多数情况下是过错责任，其责任主要适用侵权责任的一般条款。

四、单独侵权责任与数人侵权责任

根据行为人的数量，侵权责任可以分为单独侵权责任和数人侵权责任。所谓单独侵权行为，是指一人单独实施的侵权行为，即加害人一人因自己的过错行为致他人以损害。单独侵权责任是最常见、最普通的侵权责任。所谓数人侵权责任，是指两个或两个以上的人由于共同的过错或者分别的过错而共同造成他人损害的行为。此种侵权责任的行为人是两个或者两个以上的行为人，其行为造成了同一损害结果。侵权责任编所规定的数人侵权责任有以下几类：一是共同侵权责任（《民法典》第1168条），二是共同危险行为的责任（《民法典》第1170条），三是聚合的因果关系责任（《民法典》第1171条），四是部分因果关系责任（《民法典》第1172条）。

单独侵权责任与数人侵权责任的区别在于：首先，单独侵权责任的加害人只有一个人，所以其过错和责任的认定相对简单。而在共同侵权责任中，由于加害人是多数人，对共同过错的认定就比较复杂，需要从行为、结果、因果关系等多方面进行综合考察。其次，单独侵权责任中仅存在一种法律关系，即加害人与受害人之间的关系；而共同侵权行为中实际上存在两种法律关系，即加害人与受害人之间的关系以及加害人之间的关系。许多国家的法律基于这两种关系而区分了两种诉讼：一种是由受害人向一个或多个共同侵权人提起的诉讼，称为主诉；另一种是由向受害人支付了全部赔偿费用的一个或几个加害人，向其他共同侵权人提起的责任分担之诉，称为追偿之诉。最后，单独侵权责任一般是个人责任，即责任的承担原则上是个别的独立责任；而数人侵权责任中，数个赔偿义务人需要共同对受害人的损害承担责任。

① 参见程啸：《侵权行为法总论》，39页，北京，中国人民大学出版社，2008。

五、单一侵权责任和大规模侵权责任

所谓单一侵权责任，是指传统上的加害人和受害人的数目有限的侵权，其典型形态是一个加害人对应一个受害人。单一侵权责任是侵权责任的常态。所谓大规模侵权（mass torts），是指基于一个同质性的侵权事实在大范围内引起了众多受害人遭受不同程度的侵害，尤其是人身侵害。《民法典》第1180条规定："因同一侵权行为造成多人死亡的，可以以相同数额确定死亡赔偿金。"此处所说的"因同一侵权行为造成多人死亡"的侵权主要是指大规模侵权。例如，有毒奶粉导致大量婴幼儿患结石、矿难导致众多工人死亡。大规模侵权是现代社会中出现的新问题。《民法典》第1180条反映了我国对于"同一侵权行为造成多人死亡"案件的高度关注，也反映了我国侵权责任法适应了社会发展的趋势。

与单一侵权责任相比较，大规模侵权责任具有如下特点：一是受害人为数众多，如载有大量乘客的飞机失事，大型宾馆失火造成众多旅客受害等。二是受害者具有地理分散性。这就是说，大规模侵权案件中，受害人往往是分散在全国的不同地方，甚至是在世界的不同地方。三是受害人遭受损害的时间可能具有分散性。不同受害人损害事实的发生时间可能存在先后差异，有的甚至相隔数年之久，很难在短时间内确定受害人的人数和损害大小。四是诉讼结果的同一性。这就是说，如果一个受害人胜诉，意味着其他受害人也很可能获得胜诉判决。五是损害后果的严重性。在大规模侵权的情况下，对不特定公众的权利造成威胁，甚至可能造成成千上万的受害人的损害。重大的人身损害事件所带来的后果非常严重。例如，导致有关人身损害赔偿的诉讼案件可能会激增，企业面临巨额赔偿而倒闭，因此，一些国家通过建立赔偿基金的方式来解决大规模侵权的赔偿问题，这对于受害人的保护是非常必要的。

第五节 侵权责任的特殊形态

所谓侵权责任形态，是指依据民法典侵权责任编的规定，将侵权责任在当事人之间进行分配的形式。侵权责任形态是在确定责任构成以后，落实侵权责任的具体方式，也是侵权责任的具体体现。侵权责任形态和责任形式存在一定的联系，一定的责任形态可能体现为多种责任形式，它们都可以适用不同的归责原则。但侵权责任形态不同于侵权责任承担方式，侵权责任承担方式是行为人实际承担侵权责任的具体方式，《民法典》第179条规定的就是侵权责任方式，包括停止侵害、排除妨碍、消除危险、赔偿损失等。除自己责任外，民法典侵权责任编规定了如下几种特殊的侵权责任形态。

一、补充责任

所谓补充责任，是指在不能确定实际加害人或加害人不能够承担全部责任的情况下，由补充责任人在一定范围内对受害人直接承担赔偿责任的责任形态。换言之，如果实际加害人能够承担全部责任，就没有必要适用补充责任。我国民法典侵权责任编

在多个条款中都规定了补充责任①，司法实践也广泛运用了补充责任。例如，在“吴某等五人诉官渡建行、五华保安公司人身损害赔偿纠纷案”② 中，昆明市官渡区艳红精米厂个体经营业主吴某等三人携款到被告官渡建行办理存款和汇款手续。在吴某将部分现金交给柜台内的营业员时，某犯罪嫌疑人从吴某左侧伸手抢夺钱袋，后致吴某死亡。法院认为：“上诉人官渡建行虽然对吴某的死亡有一定过错，但其在事件发生前安装了符合规定要求的安全防范技术设施，事件发生后履行了追赶作案人、报警、急救等义务，因此若令其承担本案的全部赔偿责任，既不符合本案事实，也不符合公平正义的法律基本理念。官渡建行应当在其本应达到却由于自身原因未达到的安全防范标准范围内，对吴某的死亡承担补充赔偿责任。”

补充责任的主要特点在于：

第一，补充责任具有次位性。补充责任的行为主体和责任主体发生了分离，除行为人之外，其他主体也可能需要对受害人承担侵权责任，责任主体不一定是直接的行为人。通常情况下，实际加害人是侵权责任第一顺位的责任主体，而补充责任在性质上是第二顺位的责任，此种责任在学说上也称为次要责任（secondary liability），而第一责任人称为首要责任（primary liability）。③ 也就是说，只有在受害人无法从直接责任人那里获得救济的情况下，补充责任人才承担责任；如果直接责任人能够实际承担损害赔偿责任，则补充责任人就无须承担责任。例如，在违反安全保障义务的情况下，如果行为人能够承担全部的赔偿责任，那么违反安全保障义务的人就没有必要承担赔偿责任。

在此需要讨论的是，补充责任中的补充责任人是否享有类似于先诉抗辩权的权利呢？本书认为，尽管补充责任人的权利类似于保证中的先诉抗辩权，但法律并没有赋予补充责任人此种权利。因为先诉抗辩权一般是指债权人请求强制执行债务人的财产无效果后才能对保证人主张保证责任。如果确认补充责任人的先诉抗辩权，则无异于肯定在受害人要求补充责任人承担赔偿责任时，补充责任人可以先要求受害人向实际加害人请求赔偿，从而将风险转移到受害人身上。如果受害人找不到加害人，最后不能获得赔偿，这就对受害人保护十分不利。因此，补充责任人并不享有先诉抗辩权。

第二，补充责任具有从属性。一方面，它是指责任成立上的从属性，即补充责任从属于实际加害人的侵权损害赔偿责任。如果行为人实施了加害行为但没有构成侵权责任，则补充责任也无法成立。如果直接加害人能够完全赔偿受害人的损害，则补充责任人也无须承担补充责任。例如，在营业场所，如果行为人实施的加害行为没有造成损害后果，不构成侵权责任，那么就不能认定经营者违反了安全保障义务。另一方面，在责任范围上也从属于实际加害人的侵权损害赔偿责任，也就是说，补充责任的赔偿范围也以实际加害人的侵权损害赔偿范围为限。一般而言，实际加害人承担的责

---

① 如《民法典》第 1191 条关于劳务派遣单位对被派遣者致人损害的相应的补充责任的规定；第 37 条关于负有安全保障义务的管理人或者组织者未尽到安全保障义务的补充责任；以及第 1201 条关于幼儿园、学校或者其他教育机构未尽到管理职责时对无民事行为能力人和限制民事行为能力人所承担的相应的补充责任的规定。

② 《最高人民法院公报》，2004（12）。

③ 参见王竹：《侵权责任分担论》，184 页，北京，中国人民大学出版社，2009。

任越重，则补充责任人承担的责任越轻，反之亦然。

第三，补充责任可以分为两种损害赔偿责任：一是完全的补充责任，即补充责任人对全部损害都要承担补充责任。换言之，无论加害人承担多少，剩下的都应当由补充责任人承担。二是相应的补充责任，即补充责任人仅仅在一定限度内对损害承担赔偿责任。所谓相应，通常是根据过错程度和原因力大小而定。侵权责任编确立了相应的补充责任，从而对补充责任作出了严格限定，从根本上改变了补充责任的传统内涵。侵权责任编上的补充责任大多是相应的补充责任，补充责任人的责任范围一般需要根据补充责任人的过错程度与原因力大小来确定，受害人只能在一定范围内请求其承担责任，不能要求其承担全部责任。正是因为补充责任人是对自己的过错和原因力造成的损害负责，故其本质上应当是一种自负责任，补充责任人在承担责任后无权再向实际加害人追偿。

二、相应的责任

所谓相应的责任，是指根据补充责任人的过错程度和原因力大小承担的责任。侵权责任编在多个条款中，规定了“相应”的责任。我国司法实践中也使用了相应的责任这一概念。例如，在“尹某诉卢氏县公安局 110 报警不作为行政赔偿案”中，法院认为，卢氏县公安局没有及时依法履行查处犯罪活动的职责，使尹某有可能避免的财产损失没能得以避免，故应对盗窃犯罪造成的财产损失承担相应的赔偿责任。尹某的门市部发生盗窃犯罪时，尹某没有派人值班或照看，对财产由于无人照看而被盗所造成的损失，也应承担相应的责任。法院判定，被告应承担 50%的赔偿责任。[①] 此种责任的特点主要在于：

第一，相应的责任是与全部责任相对应的，其本质上是部分赔偿责任。法律上之所以要规定相应的责任，是因为可能存在多个责任主体，或者责任主体与行为主体之间相分离，在这种情况下，为了限制非实际加害人的责任，故在规定补充责任后，对其责任范围进行限制，使其承担一定份额的责任，而不能要求其承担全部责任。所以从这个意义上而言，相应的责任是和全部责任对应的。

第二，相应的责任是一种对外责任。其确立的不是各行为人之间的内部责任分担规则，而是各个行为人对受害人所负担的一种责任，因此，相应的责任在性质上是一种对外责任。

第三，相应的责任确定了当事人之间的责任份额。相应的责任不仅是一种对外责任，而且确定了对外的责任份额。从侵权责任编来看，这种责任份额既可能是根据过错程度来承担相应的责任，也可能是根据原因力来承担相应的责任。例如，《民法典》第 1209 条规定机动车所有人对损害的发生有过错的，承担相应的赔偿责任，这些都是根据过错确定责任的份额。

如前所述，侵权责任编规定了“相应的补充责任”，此种相应的责任是对补充责任的限定。“相应的补充责任”只是在最终责任人没有完全赔偿的那一部分基础上，

① 参见《最高人民法院公报》，2003 (2)。

按照前述标准予以计算，而不是对整个损害赔偿责任的计算。例如，某小旅馆中的两位顾客甲、乙因身体碰撞而发生争吵，甲挥拳将乙多个身体部位打伤，但小旅馆未能及时制止。后乙诉至法院，要求甲和某小旅馆一起就其医疗费和误工损失费等10万元承担连带赔偿责任。人民法院经审查各种证据认定，甲系乙遭受损害的直接原因，应对受害人损失承担全部赔偿责任。某小旅馆未能及时制止打斗，未尽必要安全保障义务，其主观过错对损害的发生占有30%的原因力，即应当赔偿3万元。在本案中，确定相应的补充责任，首先，要确定补充责任的范围，如果甲有8万元的责任财产赔偿，那么，在未获赔的2万元之内，应当由小旅馆补充赔偿，但是，如果甲的责任财产只有5万元，那么，小旅馆的补充责任范围仍然不超过3万元，受害人只能请求其承担3万元的赔偿责任。因此，如果需补充范围超过相应份额的，以相应份额为准；如果需要补充范围小于相应份额的，以实际需要补充的份额为准。

三、不真正连带责任

所谓不真正连带责任，是指数个责任人基于不同的原因而依法对同一被侵权人承担全部的赔偿责任，某一责任人在承担责任之后，有权向终局责任人要求全部追偿。侵权责任编在多个条文中规定了不真正连带责任①，司法实践中也采用了不真正连带责任。例如，在“原告田某与被告商丘宝志汽车销售服务有限公司、北京现代汽车有限公司产品责任纠纷案”中，法院认为，原告在购买被告生产、销售的汽车后仅月余即由于汽车自身的原因而自燃烧毁，虽然被告举证证明汽车在销售时证件齐全、质量合格，但对于汽车的自燃，作为被告的生产者和销售者并未举证证明是属于汽车自身以外的原因造成的，因此，可以认定汽车本身存在缺陷，对造成的直接损失两被告均应承担赔偿责任，其中任何一被告承担赔偿责任后，将导致另一被告与原告之间债务的消灭。这实际上是将两被告的责任认定为不真正连带责任。因此，不真正连带责任是侵权责任编中的重要责任形态。其特点在于：

第一，数个责任人基于不同的原因而需依法负担责任。在侵权责任编中，不真正连带责任都是基于不同的原因而产生的，例如，在第三人挑逗导致动物致害，依据《民法典》第1250条的规定，第三人和动物饲养人、管理人之间形成不真正连带责任。但是，严格地说，第三人和饲养人、管理人是基于不同的原因而承担责任，第三人是因其过错行为而承担责任，饲养人或管理人是因其饲养或管理动物而承担责任。尽管不真正连带责任是基于不同的原因而发生的，但是，责任人都是基于法律规定而承担的责任。

第二，数个责任人依法对同一被侵权人承担全部的赔偿责任。这就是说，责任人所承担的责任是全部的赔偿责任，即对全部的损害负责。在这一点上，它与连带责任是相同的，每个不真正连带责任人都要承担全部的责任，从而强化了对受害人的保护。这也是其被称为“不真正连带”的原因，但是，各个责任又是独立的，并不是相

① 如《民法典》第1203条关于产品的生产者和销售者之间的连带责任；第1223条关于医疗领域产品责任的连带责任；第1233条关于因第三人过错污染环境造成损害的责任；第1250条关于第三人过错造成动物致害的责任。

互连带的。

第三，受害人享有选择权。在不真正连带责任的情况下，产生了数个责任人，每个责任人都负有全部赔偿的责任。受害人享有选择的权利，可以要求任何一个责任人承担责任。如果受害人实现了某一项请求权，就不应再向责任人提出请求。当然，如果受害人的权利没有实现，其也可以向其他责任人请求。

第四，某一责任人在承担责任之后，有权向终局责任人要求全部追偿。在连带责任中，虽然各责任人需要对外负担全部责任，但在承担责任之后，各连带责任人可以就其所清偿的超出其按照内部关系应当分担的数额的部分，向其他连带责任人追偿。而在不真正连带责任中，各行为人虽然也需要对外承担全部责任，但部分责任主体有权向终局责任人全部追偿。例如，依据《民法典》第1223条的规定，如果因药品、消毒药剂、医疗器械的缺陷造成患者损害时，在患者向医疗机构请求赔偿的情形下，医疗机构承担赔偿责任后，有权向负有责任的生产者追偿，此种追偿应当是全额追偿。

四、补偿责任

所谓补偿责任，通常是指在侵权人没有过错的情况下，基于公平考虑依法由其向受害人承担的适当的补偿责任。例如，在“徐某与严某健康权纠纷上诉案”[①] 中，原告骑三轮车经过盐城市亭湖区大星北路35号时，从大星北路35号被告院内滚出来一只足球，原告不慎将三轮车前轮压到足球上，导致原告从三轮车上摔倒在地。法院认为，被告虽非本案中的侵权责任主体，但根据原告受伤的实际情况，结合其作为大星北路35号户主的事实，酌情判令被告承担20%的补偿责任。侵权责任编在多个条款中规定了补偿责任。[②] 补偿责任的主要特点在于：

第一，补偿责任主要是一种公平责任。这就是说，补偿责任不同于赔偿责任，二者依据的归责原则不同。赔偿责任一般适用于过错责任和严格责任，补偿责任则是在行为人没有过错的情况下，通常依据法律的特别规定，根据公平原则由受益人或者加害人对受害者进行适当补偿。

第二，补偿责任的责任范围是有限制的。受益人或者加害人承担的补偿责任一般是有限的，这就是说，在承担补偿责任的情况下，责任都是适当的责任。因此，凡是法律规定应当承担补偿责任的，受害人不能要求责任人承担全部损害赔偿责任，而要根据行为人受益状况和经济状况来考虑，而不是根据过错来考虑。而赔偿责任则应当坚持完全赔偿原则，行为人应当填补受害人的全部损害。

第三，补偿责任主要由法官根据具体情况确定。在补偿责任中，往往缺乏具体、确定的标准，需要法官根据具体的案件作出自由裁量，法官具有一定的自由裁量权，

① 江苏省盐城市中级人民法院（2013）盐民终字第1202号民事判决书。

② 例如，《民法典》第1192条第2款规定，接受劳务一方对因第三人的行为造成提供劳务一方的损害，应承担补偿责任。再如，《民法典》第1254条规定的高空抛物致人损害无法找到加害人时，由可能加害的建筑物使用人给予补偿。

需要考虑双方的经济状况、责任人的受益状况等多种因素来斟酌具体补偿额度。在补偿的情况下，法官可以斟酌各种情形确定适当的补偿标准。而赔偿责任则不需要参考上述因素。

思考题

1. 什么是侵权行为？
2. 什么是侵权责任？
3. 如何理解侵权行为和侵权责任的区别？
4. 什么是一般侵权？什么是特殊侵权？两者关系如何？
5. 如何理解侵权请求权？

第二章　侵权责任法概述

【案例】 甲是知名演艺人员，甲因病去世后，作家乙在多家报纸上发表文章，声称甲是因私生活不检点、染上性病而死亡。甲的儿子丙认为，乙的行为侵害了甲的名誉，也导致自己遭受精神痛苦，因此愤而向法院起诉，请求乙登报赔礼道歉，并承担精神损害赔偿责任。

简要评析： 该案属于侵权纠纷，在该案中，乙的行为侵害了死者甲的人格利益，造成了甲的儿子丙的精神痛苦，依据《民法典》第1183条的规定，丙有权请求乙承担精神损害赔偿责任。

第一节　侵权责任法的概念和功能

一、侵权责任法的概念和功能

侵权责任法，是规定侵权行为及其法律责任的法律规范的总称。从调整的对象上看，侵权责任法是调整有关因侵害他人财产、人身权益的行为而产生的相关侵权责任关系的法律规范。[①] 侵权责任法有广义和狭义两种理解，广义上的侵权责任法不仅包括民法典侵权责任编的规范，也包括民法典其他各编关于侵权责任的规定。例如，民法典总则编、物权编、合同编、人格权编等，均有关于侵权责任的规定，这些规定也属于广义上侵权责任法的范畴。除民法典的规定外，其他特别法关于侵权责任的规定，也属于广义的侵权责任法的范畴。狭义的侵权责任法则主要是指民法典侵权责任编的规定。狭义上的侵权责任法（民法典侵权责任编）主要具有如下特点：

第一，侵权责任法是保护民事权益的法。虽然不是所有的私权都受侵权责任法保护（如合同债权），但绝大多数私权都要受侵权法保护。由于现代法治的精神就是保障私权、规范公权，因而，侵权责任法作为保障私权的基本法为现代法治的构建提供了基础和前提。这就是说，当各种绝对权利和合法利益遭受侵害以后，应通过适用侵权责任，对受害人提供全面的、充分的救济。没有权利就不存在救济，当人格权、物权、知识产权等权利受到侵害的时候，就需要通过侵权责任法予以救济，所以侵权责任法主要是保护权利的法。

第二，侵权责任法是认定侵权责任的法。在民法上认定行为人的行为是否构成侵

① 参见张新宝：《中国侵权行为法》，22页。

权，以及是否应当承担侵权责任，都必须依据侵权责任法从基本内容上看，侵权责任法主要规定民事责任，围绕侵权行为及其责任而展开。在内容上主要规定侵权行为的含义和种类，侵权民事责任的构成要件、归责原则、免责条件、责任形式、赔偿的原则和范围等。而且侵权责任法所规定的责任既有单独责任，也有补充责任；既有单个人的责任，又有数人侵权责任；既有自己责任，也有替代责任；多人责任中既有按份责任，又有连带责任和不真正连带责任。侵权责任法通过确立制裁不法行为人，补偿受害人的损害，达到保护民事主体的合法权利，教育不法行为人，预防侵权行为的发生，及时补偿受害人的损失等目的。

第三，侵权责任法主要是救济法。从功能上看，侵权责任法的基本功能是对受害人的损害提供救济。我们说侵权责任法主要是救济法，是从它与制裁法的对应角度而提出来的，其着眼点在于对受害人提供救济。至于制裁应由行政法乃至刑法来完成。因此，在侵权责任法中，其责任构成、过错和因果关系的认定方式、责任减免事由等，都应按救济理念来完成。救济是侵权责任法的基本理念，也是侵权责任法体现对人的关怀和保护的基本理念。当然，除救济功能之外，侵权责任法还具有预防的功能。且随着侵权法的发展，其预防功能不断增强。

第四，侵权责任法主要是强行法。侵权责任法的规范对象是侵权行为及其责任，因此，侵权责任法首先要规定何种行为是侵权行为、何种行为不是侵权行为，并列举一般侵权行为和特殊的侵权行为，分清侵权行为与其他行为的界限，从而明确侵权责任法规范和调整的范围。侵权责任法的强行性是其区别于其他民事法律的一个重要特征。由于侵权责任法的主要功能并不在于对权利的确认，而是对权利的保护或对侵权行为的制裁，这种制裁乃是与侵权人的意愿和目的相反的，因而侵权责任法主要是强行性规范而非任意性规范。例如，关于责任的构成、特殊侵权行为中的举证责任等都不允许侵权人排斥其适用，也不允许行为人将责任随意转让给他人承担。

第五，侵权责任法主要是实体法。按照法律规定内容的不同，可将法律分为实体法与程序法。实体法一般是指规定主要权利和义务（或职权和职责）的法律，程序法一般是指规定保证权利和义务得以实施的程序的法律。① 由于侵权责任法主要是规范侵权行为及其责任的法，它将为法官处理侵权纠纷提供实体法的依据，因此，侵权责任法是实体法，在侵权责任法中一般不应当规定程序性规范。

第六，侵权责任法主要是裁判法。侵权责任法虽然也涉及一些行为规范，甚至设置了一些宣示性和倡导性规范②，但该法主要是裁判性规范，即为司法裁判活动提供法律依据，为司法裁判提供一套基本的体系、框架、规范和术语，为司法过程提供一套明确的、完整的规范，力求通过法律的制定使整个司法过程都处于法律的严格控制之下，对法官行使的自由裁量权作出了必要的限制。

二、侵权责任法的调整对象

《民法典》第 1164 条规定："本编调整因侵害民事权益产生的民事关系。"本条确

① 参见沈宗灵主编：《法理学》，332 页，北京，高等教育出版社，1994。

② 例如，《民法典》第 1227、1228 条等。

立了侵权责任法的规范对象。依据该条规定，侵权责任法的规范对象就是指发生在特定主体之间的、以侵权责任为内容的民事关系。我国侵权责任的规范大量散见于各种法律、法规，但是，侵权责任的承担仍然要适用民法典侵权责任编的规定。

第一，侵权责任法调整的是平等主体之间因侵权产生的民事关系。侵权责任法作为民法的组成部分，其调整的是平等民事主体之间的法律关系。更具体说，侵权责任法是调整受害人和责任人之间关系的法律。因侵权行为主要产生损害赔偿的关系，因此，传统民法将其纳入债法的范畴，加害人是债务人，受害人是债权人，受害人有权请求加害人承担侵权责任。因侵权而产生的损害赔偿之债要适用债的相对性规则，并应当适用债法总则的规则，我国的侵权责任形式具有多样性，当事人之间并不完全形成损害赔偿之债的关系。从《民法典》第 1164 条规定来看，侵权责任编调整的是平等民事主体因侵权而产生的权利义务关系，因其他原因产生的民事法律关系，即便发生在平等民事主体之间，原则上也不受侵权责任编的调整。侵权责任本质上是民事责任，而不是刑事责任或行政责任，它仍然属于民事关系的范畴，是平等主体之间的社会关系。虽然国家机关的侵权损害赔偿受特别法调整，但就国家机关承担侵权责任而言，其在性质上仍然属于平等主体之间的法律关系，仍然属于侵权的范畴。

第二，侵权责任法调整的是因侵害民事权益产生的社会关系。在没有发生侵权行为时，侵权责任法并不会介入，侵权责任法所调整的社会关系并不是正常的社会关系，而是因权益遭受侵害而在当事人之间产生的非常态的社会关系，即在民事权益遭受侵害后，在当事人之间产生了一定的社会关系，此类社会关系需要侵权责任编的纠正。一般情况下，侵权责任法并不会过度介入社会生活关系，而是在财产关系、人身关系等受到侵害以后，对受害人予以救济，并对不法行为人予以制裁。

第三，侵权责任法调整以侵权责任为内容的社会关系。侵权责任法就是规定侵权行为及其责任的法，其旨在解决何种情况下构成侵权行为，如何承担相应的责任的问题。我国侵权责任法主要围绕侵权行为及其责任后果展开。其既要规定各种侵害民事权益的行为，同时也要规定侵权责任的归责原则、构成要件、抗辩事由、责任承担、责任形式、损害赔偿的具体方法等。但侵权责任法主要是以确立侵权责任为内容的法律规范：一方面，从民法典侵权责任编的内容来看，其主要规定了侵权责任的认定、侵权责任的承担、特殊类型的侵权责任等内容，即使是规定各种特殊侵权行为，也并不是简单地列举行为类型，而旨在确立责任的构成要件、免责事由等，实际上也是要确立责任。可以说，侵权责任编就是调整以侵权责任为内容的社会关系。另一方面，从侵权责任法的目标来看，该法的主要目的是要确定侵权责任。因此，侵权责任法的制度功能就在于确定行为人对受害人的责任。关于侵权责任归责原则、构成要件和具体侵权类型中责任的承担等规定，都是为了认定责任和确定责任的范围。[①] 正是因为侵权责任法以责任为重心，因此，侵权责任法具有强行法的特点，虽然其能适用私法

① 需要指出的是，前文说侵权责任法的主要功能是对受害人提供救济，这里说其主要目的在于确定责任，但是二者并不矛盾，而是表里关系。因为，确定侵权责任的根本目的就是让受害人获得赔偿，进而实现侵权责任法的救济功能。

自治，具有一定的任意性，但在总体上具有强行法的特点。

第四，侵权责任法主要调整合同外的责任关系。简单地讲，侵权责任法是规定什么是侵权行为以及承担什么样的民事责任的法律。这里讲的侵权，主要是侵犯财产权和人身权。一般来说，这些侵权行为责任都是在当事人之间没有合同关系的情况下产生的责任。如果有合同，大多就按合同来处理；没有合同，就都按侵权来处理。如果当事人因合同而产生相关的法律关系，则主要适用民法典合同编的规定，原则上不适用侵权责任编的规定。所以也有人把侵权责任称为“合同外的责任”[①]。这就是说，侵权责任法调整的社会关系，通常不是因为约定而产生的，行为人实施侵权行为之时，当事人之间往往是“陌生人”，只是因为侵权才产生了相应的责任关系。而合同法调整的是“熟人”之间的关系，有学者将其称为“有特别结合关系的人之间的法律关系”。正是因为侵权责任法调整合同外的责任，所以其调整的对象具有不同于合同的特点。例如，侵权责任调整的并不是正常的交易关系，因此一般不会根据经济利益的大小确定责任的内容。它不以当事人的意思确定法律后果，也通常不以受害人是否获利来确定行为人的责任。正如有学者所概括的，侵权责任法是保护财富的法，而不是创造财富的法。因为它并不能使允诺发生效力，而只是使社会关系恢复到正常状态，它更多地涉及社会公共利益。[②]

三、侵权责任法的功能

侵权责任法的功能，是指侵权责任法在社会生活中所发挥的具体作用。它是民法功能的具体体现，也是全部侵权责任法规范存在的目的。侵权责任法的基本内容如归责原则、责任构成要件、免责条件、举证责任等，都要受其功能的支配和影响。侵权责任法的主要功能可概括为如下四项。

（一）救济功能

救济功能也称为补偿功能、填补损害的功能，是指在受害人遭受侵害以后，要通过侵权责任的承担，使其尽可能恢复到如同侵害没有发生时的状态。现代侵权法充分体现了人本主义的精神，其基本的制度和规则都是适应“以保护受害人为中心”建立起来的，最大限度地体现了对人的终极关怀。因为侵权责任法对民事权益的保护是通过救济的方式实现的。从性质上讲，侵权责任法是私权保障法，它是在权利和法益受到侵害的情况下提供救济的法，即通过对私权提供救济的方法来保障私权的。

侵权法主要是救济法。尽管侵权责任法的功能是多样的，但是其主要功能仍然是救济，其他的功能是辅助性的。救济功能发挥得越突出，侵权法在社会生活中的地位和作用才越能得到彰显。

---

① Christian Von Bar, *Principles of European Law—Non Contractual Liability Arising out of Damage Caused to Another*, Oxford University Press, 2009, p. 243.

② See Andre Tunc, *International Encyclopedia of Comparative Law*, Torts, Introduction, J. C. B. Mohr (Paul Siebeck) Tübingen, 1974, pp. 1, 2.

（二）预防功能

侵权责任法除了具有救济功能之外，其“重要机能在于填补损害及预防损害”①。所以，侵权责任法的制度构建，也必须兼顾这些功能，从而使得侵权责任法在现代社会中更能发挥其应有的作用。

所谓预防功能，是指侵权责任法通过规定侵权人应负的民事责任，来有效地教育不法行为人，引导人们正确行为，预防和遏制各种损害的发生，保持社会秩序的稳定和社会生活的和谐。按照一些学者的观点，要达到预防功能，需要在立法时就行为的危险性和责任的大小作比例调整，但是，立法者作出如此安排是比较困难的，因此，侵权责任法主要是通过责任的承担来阻止行为人来实施侵权行为。② 预防的功能可以分为特殊预防（specific deterrence）和一般预防（general deterrence）。特殊预防是指侵权责任的承担对于实施了侵权行为的人可以起到预防的作用，避免其以后再次实施类似行为。而一般预防是指侵权责任法可以起到对于社会一般人的警示作用，发挥类似于“杀鸡儆猴”的功能。③ 我国侵权责任法之所以强化了预防功能，一方面，因为现代社会是一个风险社会，风险具有不确定性，一旦发生，就直接对他人的人身造成威胁，并将引起巨大的财产损害。所以，为了更有效地保护受害人，最大限度地防止现实损害的发生，侵权责任法必须在发挥事后救济功能的同时，发挥事前预防功能。④ 侵权责任法的预防功能和教育功能是结合在一起的。通过对可归责的当事人课以责任、实施制裁、惩罚其过错和不法行为，对社会公众产生教育和威慑作用，从而可以预防侵权行为的发生。从效率角度看，发挥侵权责任法的预防功能，也有利于防止财产的毁损、灭失。

（三）制裁功能

所谓制裁功能，是指侵权责任法通过责令侵害他人权益的行为人承担责任，以教育行为人，并维护良好的社会生产和生活秩序。我国侵权责任法之所以被称为“责任法”，是因为法律责任是行为人不愿意承担的，其体现了对行为人的制裁。侵权责任法的制裁功能主要体现在以下几个方面。

第一，过错责任和过错推定责任都在一定程度上体现了其制裁的价值。侵权责任法的制裁功能主要体现在过错责任和过错推定责任中。过错本身表明了可归责性，表明行为人的行为具有社会可谴责性（socially blameworthy），体现了对行为人的谴责。在这个意义上，它体现了该法的制裁功能。

第二，侵权责任形式的规定也体现了制裁功能。侵权责任形式本身就具有强制性，通过强加责任，在一定程度上体现了对行为人的制裁。一方面，在精神损害赔偿中，要考虑行为人的主观过错，使得精神损害赔偿的适用具有一定程度的制裁功能。

---

① 王泽鉴：《侵权行为法》，第 1 册，34 页。

② 参见杨佳元：《侵权行为损害赔偿责任研究》，8 页，台北，元照出版公司，2007。

③ See Andre Tunc, *International Encyclopedia of Comparative Law*, vol. Ⅺ, Torts, Introduction, pp. 161 - 162.

④ 参见石佳友：《论侵权责任法的预防职能》，载《中州学刊》，2009（3）。

另一方面，《民法典》第1207条等多个条款规定了惩罚性赔偿。通过惩罚性赔偿制度，对于明知产品存在缺陷仍然生产、销售等行为进行制裁，并使行为人的主观过错程度与责任相适应，就体现了对不法行为人的制裁和教育的功能。[①] 此外，其他的责任形式也体现了此种功能。例如，赔礼道歉作为一种非财产责任，就表现了其对于行为人的侵权行为的制裁。

第三，在责任范围上，过错程度的不同常常影响到责任范围。例如，《民法典》第1172条规定："二人以上分别实施侵权行为造成同一损害，能够确定责任大小的，各自承担相应的责任；难以确定责任大小的，平均承担责任。"该条中的责任大小实际上主要是按照过错来确定的。侵权责任编还规定了一些"相应"的责任，体现在安全保障义务制度、教育机构的责任中等。[②] 这些规定也是按照过错程度的不同来确定责任的范围，也体现了对行为人的制裁。

（四）维护行为自由的功能

在当代侵权法中，维护行为自由也是侵权法的重要功能。我国侵权责任法在强化对受害人救济的同时，也起着维护行为自由的功能。随着市场经济的发展，人们越来越要求经济领域中的自由，要求竞争的自由，这种自由只有依靠侵权责任法才能得到保障。例如，侵权责任法在近几十年对侵害债权、妨害他人经营以及各种不正当竞争行为的规范，其实都是为了保障正当竞争的自由。

第一，贯彻了过错责任。侵权责任法以过错责任为基本归责原则，《民法典》第1165条第1款规定："行为人因过错侵害他人民事权益造成损害的，应当承担侵权责任。"这就意味着，原则上，任何人只是对自己的过错行为造成的损害后果负责，对于非因自己的过错而造成的损害不承担责任。所以，过错责任原则的基本理论也体现了对行为自由的维护。"在结果责任之下，若有损害即应赔偿，行为人动辄得咎，行为之际，瞻前顾后，畏缩不进，创造活动甚受限制；反之，依过失责任主义，行为人若已尽适当注意，即可不必负责，有助于促进社会经济活动。"[③]

第二，贯彻了自己责任原则。自己责任原则主要包括两方面的含义：一是行为人应当对自己的行为负责，在造成他人损害时，行为人应当承担侵权责任。二是行为人无须对他人的行为负责。即在他人造成受害人损害的情况下，行为人原则上无须对受害人承担责任。侵权责任法贯彻了自己责任，其基本目的即在于维护行为自由。

第三，我国民法典侵权责任编的相关制度设计，都充分贯彻了维护行为自由的精神。例如，《民法典》第1176条确立的自甘冒险规则，有助于保障具有一定风险的文体活动的组织者和参与者的行为自由。再如，《民法典》第1217条确立的好意同乘的规则，即使造成他人损害，也并非全部负责，这有助于鼓励此种社会互助行为。

---

① See Timothy J. Phillips, "The Punitive Damage Class Action: a Solution to the Problem of Multiple Punishment", 1984 *U. Ill. L. Rev.* 153.

② 参见《民法典》第1169条第2款、第1189条、第1191条第2款、第1192条第1款、第1193条、第1209条、第1212条。

③ 王泽鉴：《民法学说与判例研究》，第1册，151页，台北，自版，1996。

第二节 侵权责任法保护的权益范围

《民法典》第 1164 规定："本编调整因侵害民事权益产生的民事关系。"这一规定确立了侵权责任法保障的权益范围和适用的法律依据，只有明确了侵权责任法保障的权利范围，才能准确界定侵权责任法的调整对象。例如，第三人侵害债权多数情况下属于违约行为，应当由合同法来调整。如果将合同债权都纳入侵权责任法的保护范围，必然导致侵权责任法与合同法界限的模糊和调整范围的混乱。通过列举侵权法所保护的权利，可以实现权利法和侵权法的有效衔接，理顺救济性的侵权法与宣示性的权利法之间的关系，补充权利法在权利保护规则上的不足，并可以限制法官在立法者的预设范围之外自由创设新的权利类型。[①] 明确侵权责任法保护的权益范围，可以与侵权责任的构成要件和责任形式相互呼应，有利于构建侵权责任法的体系。

侵权责任法保护的权益范围主要具有如下特点。

1. 保护对象是民事权益。一般认为，侵权责任法所保护的权利仅限于私权，而不包括公法上的权利。[②]《民法典》采纳此种观点。依据《民法典》第 1164 条规定，侵权责任法应当以民事权益的保护为范围。因为侵权行为所侵害的权利或利益必须是特定的民事主体的权利或利益，而非社会公共利益或受公法保护的利益。例如，在著名的"齐玉苓案"中，最高人民法院认为："根据本案事实，陈晓琪等以侵犯姓名权的手段，侵犯了齐玉苓依据宪法规定所享有的受教育的基本权利，并造成了具体的损害后果，应承担相应的民事责任……这种行为从形式上表现为侵犯齐玉苓的姓名权，其实质是侵犯齐玉苓依照宪法所享有的公民受教育的基本权利。"[③] 本书认为，受教育权属于公法上的权利，很难受侵权责任法的保护。我国宪法规定公民有受教育的权利，此项权利，与其说它规定的是公民的权利，还不如说它规定的是国家的义务，受教育权所规定的是国家负有为每个公民提供相应的教育设施及其他教育条件的义务。因此，所谓受教育权受到侵害不能通过民法上的侵权责任来解决，而只能通过公法上的救济方式加以解决。[④] 如果公法上的权利遭受侵害，应当依据公法的相关程序获得救济，例如，行政法上的知情权受到侵害的，应当通过行政复议、行政诉讼等途径解决，而不能诉诸侵权责任法。

2. 主要是合同债权以外的绝对权。所谓绝对权，是指无须通过义务人实施一定的行为即可以实现并能对抗不特定人的权利。[⑤] 绝对权主要包括所有权、人身权、知识产权。侵权责任法保护的对象主要是民事权益中的绝对权，而相对权主要在特定的

---

① 参见姜强：《侵权责任法的立法目的与立法技术》，载《人民司法（应用）》，2010（3）。

② 参见王泽鉴：《民法学说与判例研究》，第 2 册，218 页以下，台北，自版，1996；王泽鉴：《侵权责任法：基本理论·一般侵权行为》，97 页，台北，自版，1998；孙森焱：《民法债编总论》上，210 页，台北，自版，1979。

③ 最高人民法院《关于以侵犯姓名权的手段侵犯宪法保护的公民受教育的基本权利是否应承担民事责任的批复》（法释〔2001〕25 号），该批复已经失效。

④ 参见张新宝：《人格权法的内部体系》，载《法学论坛》，2003（6）。

⑤ 参见洪逊欣：《中国民法总则》，61 页，台北，自版，1992。

当事人之间发生，且缺乏公示性，故通常多不在侵权责任法的保护范围。[1] 因为绝对权的权利人对抗的是除他以外的任何人，所以绝对权又称为对世权。从义务人的范围来看，绝对权是指义务人不确定，权利人无须经义务人实施一定行为即可实现利益的权利。合同债权在性质上不是绝对权，故一般不应当受到侵权责任法的保护。在特定的合同关系中所产生的合同利益被侵害时，应当主要通过违约之诉来解决。

3. 既包括权利又包括利益。这就意味着，侵权责任法不仅保护权利，还要保护权利之外的民事利益。随着现代社会的发展，侵权责任法的保护范围正在逐渐扩大，受其保护的对象除了财产权和人身权等绝对权利之外，还包括一些合法的人身利益和财产利益。例如，死者人格利益、某些纯经济损失、占有利益、虚拟财产利益等，这些利益都是现代侵权责任法在发展过程中逐步承认并提供保护的。但并非所有的利益都受侵权法保护，侵权法保护的利益应当是私法上的、具有绝对性的合法利益。其具有如下特点：一是这种利益必须是私法上的利益。一般认为，侵权责任法所保护的利益仅限于私益，而不包括公法上的利益。[2] 换言之，侵权行为所侵害的权利或利益必须是特定的民事主体的利益，而非社会公共利益或受公法保护的利益。二是这种利益具有绝对性。所谓绝对性，是指任何第三人都必须对此种利益予以尊重，负有不得侵害的义务。三是这种利益可以对抗第三人，就是说这种利益可以排除任何第三人的侵害，在其遭受侵害的时候，享有此种利益的民事主体可以针对任何第三人提出主张和提起诉讼。四是这种利益具有合法性。例如，因正当的竞争而导致的利益损害，显然不受法律保护。五是这些利益必须具有侵权责任法上的可救济性，在确定侵权责任法保障的范围时，必须要明确侵权责任法所保护的利益是能够通过侵权责任形式提供救济的。对于侵权责任不能提供救济的利益，是不能通过侵权责任法保护的。

4. 保护的权益范围具有开放性。一方面，《民法典》第 1164 条规定的“民事权益”，其本身是一个不确定概念，对社会生活现象进行了高度的概括和抽象，从而使其具有较大的包容性，能够适用于较为广泛的对象。[3] 随着社会的发展，不断出现新的民事权益，这些新型的民事权益也都要纳入侵权责任法保护的范围。另一方面，民事权益的概念，这表明其对保障权益范围保持了足够的开放性。现代社会是风险社会，各种新的事故不断出现，这些都需要侵权责任法提供救济。在此背景下，侵权责任法也要适应社会的发展，为新型案件中的受害人提供救济。

第三节 我国侵权责任法的历史发展

在中国古代，诸法合一，民刑不分。自李悝编《法经》开始，至《大清律》，中华法系传统是诸法合一，以刑为主。其中涉及民事关系的，常常以刑事方法制裁民事

① 参见胡波：《中国民法典编纂体例之我见——以绝对权与相对权的二元结构为中心》，载《河北法学》，2007（4）。

② 参见王泽鉴：《民法学说与判例研究》，第 2 册，218 页以下；王泽鉴：《侵权责任法：基本理论·一般侵权行为》，97 页；孙森焱：《民法债编总论》上，210 页。

③ 参见翁岳生：《行政法》上册，225 页，北京，中国法制出版社，2002。

违法行为，因此，对于民事侵权行为也常常采用刑罚的制裁方式。例如，《宋刑统·厩库》规定："诸故杀官、私马牛者，徒一年半。赃重及杀余畜产若伤者，计减价准盗论，各偿所减价，价不减者笞三十。其误杀伤者不坐，但偿其减价。"由此可以看出，对于毁损财物的行为，我国古代法律通常给予行为人刑事处罚，可见，古代法律都注重制裁和惩罚。至于侵害人身的行为，通常都作为犯罪处理，而极少作为民事侵权行为处理。[①] 就损害赔偿而言，古代法中甚至有加倍赔偿等惩罚性措施，这都体现了古代法的制裁性和惩罚性。

近代以后，侵权行为法和整个民法一样都有所发展。鸦片战争的爆发刺激了中国救亡图存运动的兴起。清政府为形势所迫，于20世纪初实行法制变革。1902年4月6日，光绪皇帝下诏，"参酌各国法律，改订律例"，并指派沈家本、伍廷芳为修律大臣。次年，设立修订法律馆，专门从事法规编纂工作。1907年，光绪皇帝指定沈家本等主持民、刑等法典的编纂。1911年8月，即宣统三年，完成了第一次民律草案。在该草案的第二编"债权"中，专门规定了侵权行为，为债权编的最后一章。从第945条到第977条，共33个条文。该章规定了一般侵权行为、过错责任原则、特殊侵权行为、损害赔偿、共同侵权、消灭时效等侵权法的基本规则。在侵权行为部分，首先规定了过错责任原则，即"因故意或过失侵害他人之权利而不法者，于因侵害而生损害负赔偿之义务"。第946条和第947条规定，因故意或者过失违背保护他人之法律和违背善良风俗故意加损害于他人的，均应负损害赔偿的责任。这些规定显然是吸收了德国法的经验。

辛亥革命以后，国民政府的修订法律馆在北京开始了民律草案的起草工作。1925年草案完成，史称第二次民律草案。该草案基本上是按照第一次草案修订而成，对总则、物权两编修改较少，债权编则改为债编。该草案吸取了《瑞士债法典》的有关经验，在第二编"债编"中，专门规定了侵权行为。侵权法共27个条文，其基本内容与大清民律草案相同，但该草案并未通过成为正式法律。南京国民政府于1927年设立法制局，着手各项法典的编纂工作。1929年11月22日颁布民法债编，并于1930年5月5日施行。债编共分为两章，即"通则"和"各种之债"，共604条。侵权法置于债编第一章"通则"第一节"债之发生"中的第5款，与契约、代理权的授予、无因管理、不当得利等并列为债的发生根据。此法完整地规定了侵权制度，从第184条到第198条共15个条文，另有有关损害赔偿之债的条文。从总体上看，其侵权行为法从内容到结构基本上仍旧是继受德国模式，即将侵权行为的形态分为一般侵权行为和特殊侵权行为。一般侵权行为又区分为因故意或过失侵害他人权利、以违背善良风俗的方法加损害于他人、违反保护他人的法律（第184条第1款、第2款）。特殊侵权行为中具体列举了共同侵权行为、公务员侵权行为责任、订购人责任、法定代理人责任、雇佣人责任等。不过，在特殊侵权行为中，对于危险责任并没有作出过多的规定。

中华人民共和国建立以后，中国共产党中央委员会宣布废除国民党六法全书。但

① 参见叶孝信主编：《中国民法史》，287页，上海，上海人民出版社，1993。

由于计划经济体制的建立及“一大二公”的流行，在改革开放前，私人权利没有得到充分的尊重和保护，包括侵权责任法在内的私法并不发达。虽然党和国家曾于1954年、1962年、1979年和2001年先后四次启动民法制定工作，但由于多种原因而未能取得实际成果。1986年的《民法通则》是我国第一部调整民事关系的基本法律，它是我国民事立法发展史上的一个里程碑。《民法通则》为侵权责任法的制定奠定了基础，这主要表现在：《民法通则》第一次以基本法的形式确立了民事责任制度，包括比较完备的违约责任制度和侵权民事责任制度，其中关于侵权民事责任的规定大多为《侵权责任法》所吸纳。《民法通则》一改传统大陆法系的立法体制，未将侵权责任规定在债法之中，而是单设民事责任一章。这就为侵权责任法的制定以及在未来民法典中侵权责任法独立成编奠定了法律依据。《民法通则》确立了过错责任原则、严格责任原则等多元化的归责原则体系，并规定了适应现代社会发展的特殊侵权类型。在《民法通则》颁布后，最高人民法院先后于1988年颁布了《民法通则意见》、2001年颁布了《精神损害赔偿司法解释》、2003年颁布了《人身损害赔偿司法解释》，总结了司法实践经验，细化了侵权损害赔偿规则。

2002年12月23日，第九届全国人大常委会第三十一次会议开始审议《中华人民共和国民法草案》，其中第八编就是“侵权责任法”。在该草案提交全国人大常委会审议以后，立法机关决定采取分阶段、分步骤制定民法典的方式，2009年12月26日，第十一届全国人大常委会第十二次会议表决通过了《侵权责任法》，该法构建了侵权责任法的基本内容和体系，为民法典侵权责任编的立法奠定了坚实的基础。该法的特点在于：第一，按照总分结构，通过92个条文构建了完整的侵权责任法体系，与分别制定于19世纪初的法国民法典侵权责任法部分（共5条）、20世纪初的德国民法典侵权法部分（共31条）相比，内容大为充实，体系更为完整。第二，其基本的制度和规则都是“以保护受害人为中心”建立起来的，最大限度地体现了对人的终极关怀。《侵权责任法》的立法目的是将保护民事主体的合法权益放在首位的，这也符合现代侵权法从制裁走向补偿的大趋势。第三，建立了多元化的归责原则体系，包括过错责任原则、过错推定原则、严格责任原则，为具体制度提供了建构纲目。第四，侵权责任法丰富了侵权责任承担方式，实现了责任方式的多元化和可选择性，并规定了相应的责任、补充责任、相应的补充责任、补偿责任等形态。我国侵权责任法采取多元化责任形式，主要是以受害人为中心，体现了对受害人全面救济的理念，并落实侵权法保护民事主体合法权益、预防并制裁侵权行为等目的。

2014年10月，党的十八届四中全会提出加强市场法律制度建设，并作出了“编纂民法典”的重大决定。自此，民法典的编纂进入了一个新的历史阶段。2016年6月27日，全国人大常委会决定按“两步走”的工作安排进行民法典编纂，即先制定民法典总则，后制定民法典各分编。2017年3月15日，《民法总则》通过，该法中规定了第八章“民事责任”，其中主要规定了侵权责任及其免责事由。同时，《民法总则》明确了“侵权行为”是债的一种重要发生原因。2020年5月28日，中华人民共和国成立以来的第一部《民法典》最终得到通过。侵权责任编基本保留了《侵权责任法》的主要内容，但作了必要的修改、补充和完善。依据《民法典》第1260条，《民法通则》《民法总则》《侵权责任法》等同时废止。侵权责任编作为民法典之中的独立一编，这是我国民法典在体例结构上的重要亮点和创新。而且，侵权责任编作为《民法典》分则的最后一编，遵循了从权利到权利救济的逻辑，这本身也是对潘德克顿法学体系的发展，在世界民事立法上也具有示范意义。侵权责任编以权利救济为中心，彰显了全面保护受害人的理念，积极预防侵权行为，以维护人们行为自由为目的，积极回应现代社会互联网、高科技等的需要，确立了完善的网络侵权制度。这表明了其时代性与新颖性，体现了法律与时俱进的要求。侵权责任编回应风险社会的需要，形成了高度危险责任制度体系，对受害人提供了充分的保障。侵权责任编回应现代社会资源环境恶化的问题，规定了更为完善的环境污染责任，新设了生态破坏责任制度，贯彻了绿色发展理念。

我国侵权责任法的发展历程表明，侵权责任法与改革开放、市场经济的发展密不可分，它通过全面保障私权，维护公民、法人的权益，为人民群众美好幸福生活提供了坚强的法律保障。侵权责任法的不断完善，也极大地推动了我国全面依法治国的进程。

第四节 侵权责任法的渊源

一、宪法

宪法是国家的根本大法，并具有最高的法律效力。宪法中关于公民基本权利和义务的规定，是侵权责任法立法和司法的依据。例如，我国《宪法》第 37、38 条规定："中华人民共和国公民的人身自由不受侵犯。""中华人民共和国公民的人格尊严不受侵犯。"这是我国侵权责任法对人格权提供保护的宪法依据。有学者认为，侵权责任法也应当对宪法所确立的公民的各项基本权利，如受教育权、劳动权、选举权和被选举权等提供救济。本书认为，宪法作为民事法律的渊源，主要是从立法意义上而言的。也就是说，从立法上说，宪法应当成为民事立法的依据，但是在司法实践中，宪法一般不宜作为裁判的依据。原则上，法官应当以具体的民法规则或类推适用有关的规则来裁判案件，而不能直接援引宪法的规定来裁判案件。宪法所规定的权利仍然是一种公法上的权利，与民法所规定的民事权利应当分开。宪法规定的权利要获得民法的保护，需要先转化为民事权利。所以，在一般情况下，宪法规定的权利不应当成为侵权责任法保护的对象。

二、民事法律

（一）民法典

民法典是侵权责任法最重要的渊源。民法典作为私权保护的基本法律，以私权保障为立法宗旨，其中关于各项权利的规定，为侵权责任法奠定了基础。民法典中的大量内容均是侵权法的渊源，具体而言，除侵权责任编之外，民法典中侵权责任的规定还分散于其余各编之中。

民法典总则编作为侵权责任法的渊源主要体现于两个方面：一是总则编“民事权利”一章不仅确认了各项权利，同时也确定了权利保护的规则。《民法典》第120条规定：“民事权益受到侵害的，被侵权人有权请求侵权人承担侵权责任”。二是总则编“民事责任”一章规定了民事责任的一般规则，其中责任形式、免责、责任聚合等都可以直接适用于侵权法。

合同编中也涉及侵权责任的规则。《民法典》第468条规定：“非因合同产生的债权债务关系，适用有关该债权债务关系的法律规定；没有规定的，适用本编通则的有关规定，但是根据其性质不能适用的除外。”依据这一规定，因侵权产生损害赔偿之债，可能适用合同编中保全、抵销、转让、多数人之债等规则，这些规则因此也是侵权责任法的重要渊源。

物权编中侵权责任法的渊源则主要体现在物权的保护以及占有部分。物权的保护一章区分了物权请求权与侵害物权的侵权责任。《民法典》第238条规定：“侵害物权，造成权利人损害的，权利人可以依法请求损害赔偿，也可以依法请求承担其他民事责任。”这就将侵害物权法律适用引致到侵权责任的相关规定。物权编中关于占有的规定也涉及侵权的内容，占有作为受到侵权法保护的利益，在遭受侵害时也适用侵权法的规定，而对于是否构成对占有的侵害则需要结合占有制度进行判断。

人格权编中的侵权法规范主要体现在一般规定之中。《民法典》第995条第1款规定：“人格权受到侵害的，受害人有权依照本法和其他法律的规定请求行为人承担民事责任。”其中的“本法”包括了侵权责任编的规则。此外，人格权编中的禁令、责任竞合等规则都可以适用于侵权法。

婚姻家庭编，《民法典》第1054条规定：“婚姻无效或者被撤销的，无过错方有权请求损害赔偿。”本条也可以成为侵权法的渊源之一。

继承编中规定的继承权作为侵权法保护的对象，在判断是否构成继承权的侵害时也需要结合继承编的规则。

而民法典的侵权责任编是关于侵权责任的集中规定。就侵权行为而言，侵权责任编与民法典其他各编以及与其他法律的关系，是一般法与特别法的关系，在其他法律没有规定的情形下，均应当适用侵权责任编的规定。在民法典其他各编或其他法律有特别规定的情形下，应当优先适用这些特别规定，此处的其他法律主要是指其他民事单行法。

（二）民法典之外的民事法律

单行民事法律中关于侵权行为的规定。我国许多单行的民事法律都有大量的关于侵权责任的规定。例如，《道路交通安全法》对因道路交通事故所产生的侵权责任作出了详细规定；《产品质量法》对产品侵权的归责原则和赔偿责任等作出了相应的规定；《反不正当竞争法》对不正当竞争的侵权行为作出了规定；《环境保护法》对环境侵权、《消费者权益保护法》对产品致人损害、《未成年人保护法》对针对未成年人的侵权等都有详细规定。此外，还有散见于一些单行法律、法规中的有关侵权责任的规定，包括《中外合资经营企业法》第5条、《海上交通安全法》第23条和第40条、《森林法》第37条、《草原法》第20条、《矿产资源法》第39条等。这些关于侵权责任的规定，极大地丰富了我国侵权责任法的具体内容，并成为我国侵权责任法的重要组成部分。按照《民法典》第 11 条的规定，只要其不与侵权责任法发生冲突，则属于“另有特别规定”，应当优先于《民法典》得到适用。

在各项民事法律中，《民法典》是基础性法律，是私法的基本法，民法典和民事单行法之间的关系，就像树根、主干与枝叶之间的关系，民法典是树根和主干，而民事单行法是枝叶，其必须以民法典为基础和根据。正是在《民法典》的统率下，各项民事法律构成了一个完整的整体。《民法典》为民事单行法的制定提供了民事基本法的依据，并且为民事单行法的解释、适用提供了价值基础和规范依据。

三、国务院制定的行政法规

国务院是最高国家行政机关，它可以根据宪法、法律和全国人民代表大会常务委员会的授权，制定、批准和发布法规、决议、命令，其中有关侵权行为及其责任部分的法规、决议和命令，是侵权责任法的重要表现形式，其效力仅次于宪法和民事法律。例如，国务院制定颁布的《医疗事故处理条例》等就属于侵权责任法的组成部分。需要指出的是，在《民法典》颁布之后，凡是与民法典冲突的，原则上不能再适用。例如，《医疗事故处理条例》中关于“医疗事故”以及赔偿标准等的规定，因与《民法典》冲突，原则上不能继续适用。

四、司法解释

司法解释是最高人民检察院和最高人民法院依法作出的属于审判、检察工作中具体应用法律的解释。《立法法》第 104 条规定：“最高人民法院、最高人民检察院作出的属于审判、检察工作中具体应用法律的解释，应当主要针对具体的法律条文，并符合立法的目的、原则和原意。”“最高人民法院、最高人民检察院作出的属于审判、检察工作中具体应用法律的解释，应当自公布之日起三十日内报全国人民代表大会常务委员会备案。”这就确立了司法解释的法律渊源地位。从法理的角度来看，司法解释并不属于法律体系的组成部分，但司法解释已经成为我国各级审判机关在处理案件中的裁判规则，并被当事人直接援引，所以司法解释事实上已经成为法律渊源。例如，《精神损害赔偿司法解释》《人身损害赔偿司法解释》《利用信息网络侵害人身权益司法解释》等，都是我国侵权责任法的重要渊源。除司法解释外，最高人民法院还颁布有相关的批复、决定、解答等，这些规范性文件也可以成为侵权责任法的渊源。

最高人民法院颁布的指导性案例也涉及侵权责任的相关问题。根据《关于案例指导工作的规定》第 7 条的规定，指导性案例的效力是“各级人民法院在审判类似案件时应当参照”，因此应当成为侵权责任法的渊源。

五、国家认可的民事习惯

在我国，习惯作为民法的渊源是受限制的，只有经国家认可的习惯才具有侵权责任法渊源的意义。我国是幅员辽阔的多民族国家，在少数民族聚居的地区，生活习惯在侵权责任法渊源中也具有一定的意义。《民法典》第 10 条规定：“处理民事纠纷，应当依照法律；法律没有规定的，可以适用习惯，但是不得违背公序良俗。”当然，习惯要成为民法渊源，并成为裁判的依据，其必须经过“合法性”判断，即不得违反法律的强制性规定和公序良俗。

第五节　我国侵权责任法的体系

一、侵权责任法的体系概述

所谓侵权责任法的体系，是指将侵权责任法中的各项规则、制度加以有机结合时所依据的科学、合理的逻辑结构。简言之，即诸多侵权法律规则是按照何种体例和结构来排列布局的。各国侵权责任法体系也不完全一样，例如，《德国民法典》关于侵权责任体系主要是从一般侵权行为和特殊侵权行为的划分来构建的，一般侵权行为主要是适用过错责任的侵权形态，此种形态具体分为：侵害绝对权的行为（《德国民法典》第 823 条第 1 款）、侵害利益的行为（《德国民法典》第 826 条）、违反保护他人法律的行为（《德国民法典》第 823 条第 2 款）。而特殊的侵权形态主要是指采用过错推定等形态的侵权行为，如雇主责任、动物占有人责任等。①

在比较法上，传统的大陆法系国家民法典都将侵权责任法作为债法中的一部分加以规定。但是，21 世纪是风险社会，随着新技术、新科技的不断发展和运用，人们也不断承受着由此所开启的新风险。如果仍将侵权法置于债法之中，一方面将导致侵权法难以建立自身的逻辑体系，另一方面则可能导致其规定过于简单，如《法国民法典》只有区区九条规定侵权责任，《德国民法典》也只有二十余条，这显然无法为风险社会所需要的各种损害的救济和预防提供足够的规范。事实上，从比较法经验来看，侵权责任法已经成为民法中最具有活力的增长点，具有突破传统债法而独立成编的势不可当之势。许多学者认为，侵权责任法独立成编适应了社会的发展和法律文明的发展趋势。② 但遗憾的是，除了美国法学会制定了统一的《侵权法重述》之外③，在大陆法系国家，侵权法独立成编的主张尚处于学理上的倡议阶段。

我国立法机关经过反复研究和论证，最终采纳了侵权责任法独立成编的观点，并从 21 世纪初开始着手起草独立的侵权责任法，并于 2009 年颁行了《侵权责任法》。可以说，我国单独制定《侵权责任法》，这本身就是体系上的重大创新。《侵权责任法》按照总分结构，通过 95 个条文构建了完整的侵权责任法体系，与传统民法中的侵权责任规则相比，内容大为充实，体系更为完整。可以说，这是在成文法体系下构

---

① 参见程啸：《侵权行为法总论》，45 页。

② See Gerhard Wagner, *Comparative Law*, in *Oxford Handbook of Comparative Law* 1005 (Reinhard Zimmermann & Mathias Reimann eds., Oxford University Press 2007).

③ 欧盟自成立以来，正在逐渐倡导制订统一的欧洲民法典，并且侵权法的统一已经纳入议事日程，相关的草案也已制定出来并在不断地完善修改。冯·巴尔教授主持的欧洲私法模范法中的《合同外责任》，库齐奥教授主持的《欧洲侵权法原则》，以及法国司法部 2005 年委托巴黎第二大学 Pierre Catala 教授主持起草的《债法和时效制度改革草案》中的“侵权法”部分，都反映了此种趋势。不少学者预言，如果统一的欧洲合同法能够出台，那么，未来的欧洲侵权法的统一也即将成为现实。

建了一个新型的现代侵权法体系。我国民法典第七编延续了这一立法经验，在总结《侵权责任法》立法经验的基础上，基本吸纳了《侵权责任法》的内容，并作了必要的修改、补充和完善，在此基础上，单独设置了侵权责任编。从民法典侵权责任编的规定来看，其仍然是按照“总则+分则”的模式构建其体系。

我国民法典拆分传统大陆法系的债编，将侵权责任编与合同编分立，构建了独立的侵权责任体系，这是我国民法典的重要创新，也是符合法律发展规律的全新尝试，其意义主要在于：

一是构建了完整的侵权责任编的体系，适应了风险社会的需要。侵权责任独立成编，构建了归责原则体系，详细规定各类特殊侵权行为及其责任，丰富了民事权利的保护规则，完善权利救济体系。有利于回应风险社会的需要。

二是通过独立成编突出对人的保护，更全面地展现了民法典的权利法特质。民法典规定和保护了民事主体的基本民事权利，是权利法，这一点是各个民法典的共同特质。我国民法典的整体框架思路因此是“确权—救济”，这是以权利为中心来构建民法体系的，与五编制的《德国民法典》通过法律行为构建民法体系的做法显然不同，更突出表现了民法典的权利法特质。传统民法将侵权责任置于债法中，导致侵权法的规则十分简略，并没有提供足够的规则保障民事主体的权益，为受害人提供足够的救济。显然，侵权责任独立成编，充分彰显了我国民法典保障私权的价值，表明我国民法典是全面保障私权的基本法。

三是完善了民法典的体系，形成了我国民法典以权利为主线、以救济为结尾的特点。我国民法典以权利为主线，在民法典各分编规定了物权、合同债权、人格权、婚姻家庭中的权利、继承权之后，民法典将侵权责任编置于各编的最后，形成了以权利的救济与保护结尾的体系，在确权的基础上，同时提供了完整的权利的救济措施和权益侵害预防手段，这在逻辑上使得民法典的体系更为周延，从而形成了一部逻辑自洽、体系完整的民法典。一方面，我国民法典侵权责任编置于各编的最后，是对我国既有立法经验的总结。自《民法通则》以来，我国立法就采取了将民事责任置于末尾的立法模式，《民法总则》也保持了这一传统。另一方面，将侵权责任编置于最后，体现了从权利到救济的过渡。因为侵权责任编以人格权、物权、身份权等权利为保护对象，在确权的基础上，提供完整的权利的救济措施和权益侵害预防手段，各项绝对权的保护都适用侵权责任编的规定。这一模式充分体现了从权利到救济的逻辑顺序，从而与传统大陆法系债法将侵权作为债的发生原因、围绕债权构建体系的模式相区别，实现了侵权责任编以权利救济为中心的功能。

二、侵权责任编的体系

（一）总则

侵权责任编总则是普遍适用于各种侵权责任的共通性规则。虽然我国民法典侵权责任编没有明确以“总则”称谓的部分，其第一章是“一般规定”，而在第二章采纳了“损害赔偿”的表述，但从其内容来看，主要包括侵权责任法的规则范围、过错责任的一般条款、共同侵权、因果关系的特殊规则、侵权责任形式、侵权损害赔偿、免责事由。这些内容基本上是侵权责任的共性规则。还要看到，侵权责任编采用一般条款与类型化相结合的方式。如前所述，我国《民法典》第 1165 条第 1 款创设了过错责任的一般条款，该条款规定："行为人因过错侵害他人民事权益造成损害的，应当承担侵权责任。"它普遍适用于各类一般侵权形态。侵权责任编还规定了过错推定和严格责任原则（《民法典》第 1165 条第 2 款、第 1166 条）。其中，一般条款的适用范围极其广泛，从毁损财物到侵害人身，从侵害权利到侵害利益，每天重复发生的成千上万的侵权纠纷都可以适用这个一般条款。对于成千上万的类型侵权而言，法官在寻求裁判依据时，凡是找不到法律的特别规定的，都可以适用过错责任的一般条款。但是，一般条款绝不能代替具体列举，因为一般侵权责任之外的特殊侵权责任，既然在归责原则上适用特殊的归责原则，就必然具有其自身特殊的构成要件和抗辩事由，因此，在举证的方式上，也与过错责任存在较大差异。我国民法典侵权责任编规定了大量的特殊侵权，从而为法官提供了准确的裁判依据。

（二）分则

我国民法典侵权责任编的分则体系主要是按照两条主线构建起来的。

第一条主线是归责原则的特殊性。从内容上来看，侵权责任编的分则体系主要是按照特殊的归责原则构建起来的。我国民法典侵权责任编明确规定过错推定责任和严格责任仅适用于"法律规定"的情形，因此，侵权责任编分则体系就适用过错推定责任和严格责任的情形作出了规定，因此，分则体系构建的第一条主线就是归责原则的特殊性，即凡是适用特殊归责原则的侵权行为都在侵权责任编的分则部分加以规定。

第一，适用过错推定责任的侵权行为，从民法典侵权责任编的规定来看，主要包括如下情形：一是机动车交通事故责任（《民法典》第 1208 条）；二是医疗损害责任（《民法典》第 1122 条）；三是动物园的动物致人损害的责任（《民法典》第 1248 条）；四是建筑物、构筑物或者其他设施及其搁置物、悬挂物发生脱落、坠落造成他人损害的责任（《民法典》第 1253 条）；五是堆放物倒塌、滚落或者滑落造成他人损害的责任（《民法典》第 1255 条）；六是在公共道路上堆放、倾倒、遗撒妨碍通行的物品造成他人损害的责任（《民法典》第 1256 条）；七是因林木折断、倾倒或者果实坠落等造成他人损害的责任（《民法典》第 1257 条）；八是在公共场所或者道路上挖掘、修缮安装地下设施等造成他人损害的责任（《民法典》第 1258 条第 1 款）；九是窨井等地下设施造成他人损害的责任（《民法典》第 1258 条第 2 款）。

第二，适用严格责任展开的侵权行为。具体而言，一是监护人责任（《民法典》第 1188 条第 1 款）；二是用人单位对工作人员行为致他人损害所承担的责任（《民法典》第 1191 条第 1 款）；三是个人劳务关系中接受劳务一方的责任（《民法典》第 1192 条）；四是产品责任（《民法典》第 1202 条）；五是医疗产品责任（《民法典》第 1223 条）；六是污染环境和破坏生态责任（《民法典》第 1229 条）；七是高度危险责任（《民法典》第 1236 条）；八是饲养动物致人损害责任（《民法典》第 1245 条、第 1246 条）。

第二条主线是责任主体的特殊性。鉴于侵权责任形态的多样性、责任主体关系的复杂性，因此，除了从归责原则这一主线展开侵权责任法分则的体系之外，我国民法典侵权责任编在分则的第三章“责任主体的特殊规定”中，从另一条线索辅助分则体系的构建，即围绕“特殊责任主体”对一些侵权行为作出了规定，从而对行为主体与责任主体相分离的情形下不同主体间的责任关系作出了规定。在我国民法典侵权责任编第三章中，责任主体的特殊性表现在“无民事行为能力人”“限制民事行为能力人”“用人单位的工作人员”“个人劳务关系中的劳务提供者”“承揽人”“网络服务提供者”等。在这些侵权类型中，侵权行为实施主体和侵权责任承担主体的分离，也就是说，当某一行为人实施侵权行为之后，非致害行为实施者需要对他人行为承担责任，就产生了所谓的替代责任或转承责任（vicarious liability）。所谓转承责任，就是因当事人之间的特殊关系，而由某人代替他人来承担侵权责任的一种责任形态。[①] 我国民法典侵权责任编第三章所规定的侵权形态，大多是替代责任。某人之所以要对他人的行为承担责任，主要是因为行为人和责任人之间存在用工关系、监护关系以及服务、监督和管理关系。行为人之所以有机会实施侵权行为，就在于监管义务人未能履行其监护、监督、管理之责，给其监管对象留下了实施侵害他人行为的空间。例如，因监护人未能有效履行监护职责而导致被监护人（无民事行为能力人或者限制民事行为能力人）造成他人损害、因用人单位未能有效监管工作人员的工作活动而造成他人损害，由此导致替代责任的产生。虽然侵权责任编第三章所包括的各类侵权行为在适用的归责原则上不尽一致，有的是无过错责任（如监护人责任、用人单位责任），有的是过错责任（如违反安全保障义务的责任、校园事故责任等），但是，该章规定的各种侵权行为都有一个共同点，即责任主体较为特殊，因而可以形成一个独特的体系。

第六节　侵权责任法与其他法律的关系

一、侵权责任法与人格权法

从许多国家人格权制度发展的历史来看，人格权法与侵权法具有密切的联系，“无论是作为大陆法系代表的德国，还是美国的普通法，对人格权法律学说和制度的发展，都是在侵权法的框架下来展开的”[②]。两者的联系主要表现在：一方面，在独立的人格权制度产生之前，对人格权的保护和救济主要是通过侵权法来实现的。例如，《德国民法典》在其总则部分仅对姓名权作出了一条规定，而在侵权行为法中对生命、身体、健康、自由以及信用、贞操等人格权益进行了保护（《德国民法典》第 823～825 条）。英美法系国家也没有独立的人格权制度，对这类权利，也是通过侵权法来保护的。另一方面，对人格权的侵害在性质上大都是一种侵权行为，受害人应主要通

① See Gerhard Wagner, *Vicarious Liability*, in *Towards a European Civil Code* 906 (Arthur S. Hartkamp et al. eds., 4th ed., Wolters Kluwer 2011).

② Giorgio Resta, “The New Frontiers of Personality Rights and the Problem of Commodification”, 26 *Tulane Eur. Civ. L. Forum* 33, 36 (2011).

过侵权法获得补救。而人格权的确立又对侵权法产生了重大影响，它不仅扩大了侵权法保障的范围，并且因为精神损害赔偿的产生而丰富了侵权法中损害赔偿制度的内容。当然，人格权法与侵权法之间虽然关系密切，但二者仍然存在明显的区别，具体而言：

第一，规范内容不同。侵权法主要是调整侵权行为及其责任，从而对民事主体的人身或财产利益进行保护；而人格权法主要调整人格关系，其主要内容是确认主体所享有的各项人格权益，并明确其基本内容。正是因为这一原因，二者所保护的权益范围也不同。侵权责任法主要解决合法权益受到侵害时的法律救济问题，除人格权之外，侵权责任法还保护物权、知识产权等绝对权，这些权利也同样可以借助于侵权法对受害人予以救济，而人格权法则主要调整人格权法律关系。

第二，是否具有确权功能不同。侵权法主要是救济法，它要对受害人已经遭受的侵害进行救济，通过这种救济保护民事主体的合法权益，因而其主要功能是保护权利，而非从正面确认权利。而人格权法是权利法，其与物权法等法律一样，具有确权功能。只有通过人格权法规定各类人格权及其内容、效力等，才能为侵权法的救济提供基础。例如，侵权责任法虽然可以通过侵权责任保护隐私权，但无法从正面确认隐私权，也无法规定隐私权的具体内容。隐私权的内容可以进一步类型化为独处的权利、个人生活秘密的权利、通信自由、私人生活安宁、住宅隐私等。就私人生活秘密而言，又可以进一步分类为身体隐私、家庭隐私、个人信息隐私、健康隐私、基因隐私等。不同的隐私因为类型上的差异，在权利的内容以及侵权的构成要件上，都可能有所差异。对于如此纷繁复杂的权利类型，侵权责任法作为救济法的特点决定其不能对人格权的保护规则作出详细规定。正是因为人格权法具有确权的功能，所以，只有在人格权法具体规定人格权的内容和效力的基础上，侵权责任法才能对受害人所遭受侵害的人格权提供损害赔偿的保护方式。①

第三，是否可以具体确认每一项具体人格权的权能不同。侵权法虽然可以列举各项具体人格权，但其本身无法对各种人格权的具体权能作出规定。每一种人格权都具有其自身的作用或功能，这些权能不是单一的，不同权能的结合构成了不同的人格权。自然人和法人的人格权不管是一般人格权还是各项具体人格权，都具有较为丰富和复杂的权利内容且各不相同。例如，名誉权的内容不同于肖像权的内容，而自然人的姓名权与法人的名称权的内容也不完全相同（因为法人的名称权可以转让，而自然人的姓名权不能转让）。由此可见，自然人、法人、非法人组织所享有的各项人格权内容是不能通过侵权责任法加以确认的，必须在人格权法中具体规定。法律不仅要列举与表彰各种权能，也要具体规定各种权能的行使与表现效果。正是在这个意义上，只有制定人格权法，才能更充分地体现私权行使和保护的需求，侵权责任法显然不具备上述功能。

第四，能否规定人格权的利用、行使等规则不同。法律不仅要列举与表彰各种权能，也要具体规定各种权能的行使与表现效果。尽管人格权原则上不能转让，但权利

---

① 参见马俊驹、张翔：《人格权的理论基础及其立法体制》，载《法学研究》，2004（6）。

人可以许可他人对其人格权进行利用。例如，肖像权的使用权能可以转让，法人的名称权可以转让。尤其是如果人格权法中规定个人信息权，也必须规定该权利的利用规则。法律也应当规定人格权的具体行使、利用规则，这些规则显然非侵权责任法所能包括。

第五，保护方法不同。侵权责任法主要以损害赔偿为中心，侧重于通过损害赔偿的方法对遭受损害的受害人提供救济，而人格权法既可以采用损害赔偿的方式，也可以采用人格权请求权的方法对受害人提供救济。同时，人格权法更加强化对损害的预防，兼顾损害的预防与救济。

此外，侵权责任法也无法规定人格权与其他权利的冲突及其解决规则。人格权在行使过程中，常常会与其他权利发生冲突。如实践中常见的人格权与财产权、隐私权与新闻自由、名誉权与舆论监督等权利的冲突。人格权在行使过程中，也可能与公权力的行使发生冲突。① 还应看到，各项具体人格权之间也可能发生交叉和冲突，从而需要在人格权法中确立解决冲突的规则。例如，当生命权与财产权发生冲突时，应当优先保护生命权。而侵权责任法不能解决权利行使和权利冲突的问题。此外，为了维护公共利益、社会秩序等，在法律上有必要对人格权作出一定的限制，这些限制规则不能在侵权责任法中规定，而只能由人格权法加以规定。例如，对公众人物人格权的限制、人格权不得滥用、人格权与言论自由的关系等。从这个意义上说，人格权法的独立成编，也可以起到和侵权责任法相互配合的作用。

二、侵权责任法与合同法

侵权责任法和合同法具有许多相同之处：从职能上说，两法都承担了保护公民和法人的合法权益、补偿受害人的损失、恢复被损害的权利人的民事权利等任务。从内容上看，合同行为和侵权行为同为债的发生根据，均要适用民法关于债的一般规定。在责任方面，合同责任和侵权责任均为民事责任，于构成要件、免责条件、责任形式等方面具有民事责任的共同特点。因而民法典总则编在“民事责任”一章中对两类责任的共性问题作出了规定。尤其应该看到，由于责任竞合的不断发展，侵权法和合同法已具有逐渐相互渗透和融合的趋势。② 但是，侵权责任法和合同法毕竟是民法中相互独立的两种法律，侵权责任和合同责任的性质也不相同，二者的区别主要体现在以下方面：

1. 法律规范的性质不同。合同作为交易的法律形式，是法律所鼓励的合法行为，只有当合法的交易行为得到充分发展时，市场经济才能得到繁荣和发展。因此，合同法要借助大量的任意性规范，充分尊重当事人的意志，鼓励当事人在法定范围内行为。只要当事人所缔结的合同不违反法律和政策，法律就承认其效力。而侵权行为是侵害他人财产和人身的行为，是法律所禁止的行为，在侵权行为发生以后，行为人负有对受害人作出赔偿的义务，损害赔偿也是行为人对国家所负的责任，行为人是否愿

① See Richard C. Turkington & Anita L. Allen, *Privacy Law*, *Cases and Materials*, West Group, 1999, p. 2.

② See B. S. Markesimis and S. F. Deakin, *Tort Law*, 4th. ed. , p. 8.

意承担责任和在多大范围内承担此种责任，不以行为人的意志为转移，从这个意义上说，侵权责任法具有很强的强行性。

2. 保护的权益范围不同。侵权责任法和合同法保护的权益范围不同，合同法保护的是订约当事人依据合同所产生的权利，即合同债权，这是一种在特定的当事人之间所发生的相对权；而侵权责任法所保护的是民事主体的物权、人身权以及知识产权，这些是一种对抗一切不特定人的绝对权。由于侵权责任法和合同法所保护的权益范围不同，因而二者在民法中所担负的任务和职能也是不同的。

3. 规范的内容不同。由于侵权责任法调整的是因侵权行为产生的债务和责任关系，而合同法调整的是交易关系，因而它们在责任的归责原则、构成要件、责任主体、举证责任、责任方式、诉讼时效、免责条件等方面的规则也是不同的。当某一种民事违法行为产生以后，行为人所承担的违约责任与侵权责任也是不同的。

4. 责任方式不同。虽然侵权责任法和合同法都将损害赔偿作为责任承担方式，但侵权责任与违约责任在归责原则、构成要件、赔偿范围等方面都存在明显的区别。此外，一些责任形式仅适用于违约责任，如违约金责任，而一些责任形式仅适用于侵权责任，如精神损害赔偿、惩罚性赔偿。与合同责任相比较，侵权责任的强制性程度更高，一般不允许当事人排除。就合同责任而言，合同行为是人们对未来生活的一种安排，无论是权利义务的安排，还是对未来可能产生的责任的预测，大都在合同当事人的预期范围之内。与此不同，侵权责任往往具有不可预期性，且常常发生在互不相识的当事人之间。

5. 规范功能不同。在民事法律体系中，侵权责任法与合同法作为民法的两大基本法律，担负着不同的功能。合同法主要用于维护交易秩序，侵权责任法主要用于保护绝对权。正如法国学者 Tony Weir 所指出的：侵权之债的规则主要起到保护财富的作用，合同之债的规则应具有创造财富的功能。①

三、侵权责任法和物权法

在我国，物权法和侵权责任法都是民法的重要组成部分，在未来民法典中都将独立成编。两者在制度的构建上相互配合，在功能上也具有一致性，因为物权法以确认和保护物权为目的，而侵权责任法也具有保护物权的功能。我国《民法典》第 235 至 237 条规定了物权请求权，无论是物权法还是侵权责任法，都规定了以损害赔偿来对受害人提供救济。因此，在受害人的物权遭受侵害的情况下，受害人既可以根据物权法主张物权请求权，也可以根据侵权责任法主张侵权请求权，在此情况下可以形成竞合关系。侵权责任编关于保护物权的各种方式的规定，进一步强化了对物权的保护。

但应当看到，物权法和侵权责任法具有明显的区别，主要表现在：一是调整对象不同。物权法调整的是平等主体之间因物的归属和利用而产生的财产关系，主要包括物的归属关系、物的利用关系和占有关系。而侵权责任法调整的是因民事权益遭受侵害而形成的侵权责任法律关系。因此，在某种财产没有遭受侵害之前，原则上只受到

① See Andre Tunc, *International Encyclopedia of Comparative Law*, Torts, Introduction, pp. 1, 2.

物权法的调整，而不受侵权责任法的调整。二是功能不同。物权法是权利法，其主要功能是要确认物权，只有在确认物权归属和内容的基础上，才能保护物权。而侵权责任法是救济法，它是在受害人的权利遭受侵害的情况下，对遭受侵害的受害人提供救济。侵权责任法不仅保护物权，也要保护除物权以外的其他绝对权和合法利益。三是保护方法不同。物权请求权不考虑行为人的过错，且不适用诉讼时效。而侵权请求权原则上要考虑过错，而且要适用诉讼时效。[①] 四是是否具有固有法属性不同。物权法具有很强的固有法属性，它常常反映了一个国家的基本经济制度和基本财产关系，对于维护社会的经济秩序和经济制度，都具有重要作用，因此，物权法一般具有更强的本土性。但是，侵权责任法是确认如何对受害人进行救济的规则，其虽然也反映一个国家的社会风俗、民族特点等，但其往往具有更强的国际化色彩，包含了一些具有普适性的规则。

思考题

1. 如何理解侵权责任法的功能？
2. 侵权责任法保障范围的特点是什么？
3. 如何理解侵权责任的一般条款？
4. 侵权责任法具有哪些功能？
5. 侵权责任法与人格权法的关系如何？

① 参见王轶：《略论侵权请求权与诉讼时效制度的适用》，载《中州学刊》，2009（4）。

第三章　归责原则

【案例】甲生日当天请客吃饭，甲的朋友乙因不胜酒力醉倒。后甲和其朋友丙将乙送回家。甲和丙因急于返程招待其他朋友，在将乙送到家门口后，甲和丙就离开了。因当时正值寒冬时节，乙因长时间醉卧家门口被冻伤。乙诉至法院，请求甲和丙承担损害赔偿责任。

简要评析：该案属于侵权纠纷，在该案中，甲和丙将乙送回家，由于乙已经醉倒，甲和丙应当对乙尽到必要的照管义务，因甲、丙未尽到照管义务导致乙遭受损害，其具有过错，乙有权依据《民法典》第1165条第1款，请求甲和丙承担侵权责任。

第一节　归责原则概述

一、归责原则的概念和特征

归责原则，顾名思义，是关于侵权责任“归责”的基本规则。“归责”（Imputatio，Imputation，Zurechnung），是指在行为人因其行为或者物件致他人损害的事实发生以后，应依何种根据使之负责，此种根据体现了法律的价值判断，即法律应以行为人的过错还是应以已发生的损害结果，抑或以公平等作为价值判断标准，而使行为人承担侵权责任。归责原则是侵权责任法的精髓。归责原则的意义体现在以下几个方面。

第一，归责原则的实质是要强调行为人承担责任（主要是损害赔偿责任）的依据与基础。在侵权责任法中，要使行为人承担责任，仅有损害是不够的，还不能直接认定行为人应当承担侵权责任，行为人的行为还必须具有可归责性。侵权责任法的归责原则实际上就是归责的规则，它是确定行为人侵权民事责任的根据和标准，作为确定责任的依据，不同的归责原则阐释了不同责任承担的依据。例如，过错责任原则所阐释的是责任自负的理念，因为行为人对于损害的发生具有过错，因而其必须为自己有过错的行为所导致的后果负责。而严格责任的归责依据主要是危险，阐释的是现代社会中对不幸损害的合理分担以及对受害人保护的强化。

第二，归责原则确定了不同的责任构成要件。归责原则并非确定具体的责任以及如何承担的构成要件，从这个意义上说它不能替代具体的责任构成要件。责任的成立与否，取决于行为人的行为及其后果是否符合责任构成要件，而归责只是为责任成立与否寻求根据，并不以责任的成立为最终目的。在各种归责原则之下，损害和因果关系是基本的构成要件，所以也可称为侵权责任的核心要件，但对于过错而言，在不同的归责原则之下有所不同。在过错责任中，过错不仅是构成要件，而且也是归责的最终要件。在严格责任中，不考虑行为人主观上是否有过错，只要行为人造成了损害后果，依法应当承担责任的，就应当承担责任。

第三，归责原则确定了不同的免责事由。既然归责原则确立了责任的成立要件，当然要决定责任的减免事由，在各种归责原则之下，也都具有各种免责事由。只不过这些免责事由根据不同的归责原则而各不相同。例如，在过错责任之下，行为人只要证明自己主观上没有过错就可以免除责任，由于其表明自己没有过错的抗辩事由很多，所以，侵权人极易被免除责任。在严格责任之下，免责事由由法律直接规定，侵权人必须具有法定的、具体的免责事由方可免责，而不能仅抽象地证明自己主观上无过错即可免责。而在过错推定责任之下，侵权人如果能够证明损害是由受害人的原因所致，第三人的行为或者因为已经尽到了法律法规所确立的以及合理谨慎的标准所要求的注意义务，也可以被免除责任。

第四，归责原则是构建侵权责任法的内容和体系的支柱，它在侵权责任法中居于重要地位。由于整个侵权责任法就是要解决侵权行为责任的问题，因而，侵权责任法规范基本上围绕着责任而确定。而归责原则又是责任的核心问题，侵权责任法的全部规范都奠基于归责原则之上。我国《民法典》在内容体系上最大的特色就是根据归责原则确定体系。申言之，在我国侵权责任法中，过错责任是一般的侵权责任，其构成了总则的内容；而侵权责任法的分则实际上是根据特殊的归责原则来构建的，其所规定的特殊侵权责任主要都采特殊的归责原则。

归责原则是司法人员处理侵权纠纷所应遵循的基本准则。民事案件纷繁复杂，侵权纠纷千差万别，大量的案件很难援引现行的具体规定来处理，而借助于归责原则，司法人员就可以正确地处理民事纠纷。例如，对于大量的新型侵权，可以通过适用《民法典》第 1165 条第 1 款来处理。还要看到，由于归责原则是侵权责任法的价值功能的集中表现，因而，司法人员准确掌握了归责原则，也就理解和掌握了整个侵权责任法规范的功能和归责的目的，从而能够运用侵权责任法，制裁各种侵权行为，充分保护公民和法人的合法权益。

二、我国侵权责任法归责原则体系的特点

我国《民法典》所确立的归责原则体系具有如下特点。

1. 构建了多元归责原则体系。从大陆法系国家民法来看，许多国家在民法典之中仅规定了单一的过错责任原则，而将严格责任规定在特别法之中，德国、日本等国家采用此种模式。[①] 而我国侵权责任法将严格责任纳入其中，并且将过错推定责任独立出来作为一种归责原则，这就构建了多元归责原则体系，这也是我国侵权责任法的中国特色。

2. 归责原则之间具有层次性和逻辑性。

第一，过错责任原则是一般归责原则。过错责任原则是普遍适用于各种侵权行为

---

① See P. Widmer (Ed.), *Unification of Tort Law*: *Fault*, Kluwer Law International 2005. pp. 102 - 103.

的一般原则。凡是法律、法规没有规定适用过错推定责任、严格责任的情况，原则上都应当适用过错责任。过错责任不仅要求依据过错确定责任范围，即便在严格责任中，也要依据过错确定责任范围。除了一般的侵权行为之外，对于法定的特殊侵权行为，如果受害人选择过错责任的，法院也应当允许。但在归责原则体系中，过错责任普遍适用于各种情形，而其他的归责原则只能适用于法律规定的特殊情形。

第二，过错推定责任原则和严格责任原则是特殊的归责原则。在采用多元归责原则体系的国家，严格责任是在过错责任难以发挥其作用的时候才产生的。只有当过错责任不能给受害人提供充足的补偿时，严格责任才具有其合理性。从这个意义上说，严格责任也是辅助过错责任发挥作用的制度，两者之间存在相辅相成的辩证关系。[①]一方面，从我国《民法典》的规定来看，该法第 1165 条第 2 款和第 1166 条关于过错推定和严格责任的规定，都使用了“法律规定”几个字，即只有在侵权责任法有特别规定时，才适用上述归责原则。另一方面，从体系解释的角度来看，《民法典》第 1165 条第 1 款中没有使用“法律规定”字样，而另外两个条款却使用了“法律规定”的表述，这就是说，凡是不能适用过错推定责任和严格责任的情形，都要适用过错责任。由此表明，过错责任具有普遍适用性的特点和一般归责原则的地位。此外，关于《民法典》第 1165 条第 2 款规定的过错推定，第 1166 条规定的严格责任，原则上并不能单独适用，而必须结合法律关于特殊侵权的规定来适用。因为两条都强调“法律规定”，所以，其适用前提是必须有法律的明确规定。

3. 采用一般规定与类型化相结合的方式。我国《民法典》首先在第 1165 条列举了过错责任等的一般条款，然后，又在分则中规定了特殊侵权的责任，主要是对严格责任和过错推定责任的规定。在规定归责原则的同时，又具体列举各种特殊侵权责任。《民法典》在关于高度危险责任的规定中，于第 1236 条规定了高度危险责任的一般条款，同时，又列举了各种高度危险责任的典型情形。通过一般条款和类型化的结合，构建了侵权责任法的体系，这使侵权责任法既具有全面概括性，又具有开放性。所谓全面概括性，就是指其几乎涵盖了所有的侵权行为；同时，针对今后的发展，侵权责任法又通过一般条款来予以规范，从而使其具有开放性。

4. 注重归责原则的综合运用。各项归责原则彼此间是相互联系、相辅相成的，而不是自相矛盾、相互抵触的。它们体现了侵权责任法的全部规范功能，即既要使受害人所受的损害得到及时补救，又要使补偿体现公平合理性；既要保护受害人的利益，又不应给无辜的当事人强加责任；既要对行为人予以制裁和教育，又要对事故损害予以预防。在我国《民法典》分则中，每一类侵权责任都是按照特殊的归责原则来确立的，如此，各种归责原则相互补充，而且在一些具体制度中也能够形成多重的归责原则。例如，在《道路交通安全法》中，就采用了多重归责体系，道路交通事故责任的归责原则不能一概适用过错责任原则。根据该法第 76 条的规定，对于机动车之间的交通事故责任适用过错责任，而机动车与非机动车、行人之间的交通事故责任适

---

① 参见欧洲侵权法小组编著：《欧洲侵权法原则：文本与评注》，于敏、谢鸿飞译，112 页，北京，法律出版社，2009。

用过错推定责任，而机动车一方无过错，也要承担不超过10%的赔偿责任，此种责任属于严格责任。所以，在同一种制度中，存在不同的归责原则。

第二节 过错责任原则

一、过错责任原则的概念

过错（fault，Schuld）是侵权责任法的核心问题。从19世纪以来，过错责任成为侵权责任法的基本归责原则，因此，有关过错的理论也相应得到了发展。从两大法系来看，虽然归责原则出现了多样化的发展趋势，但过错仍然是侵权法上最基础、最核心的概念，也是归责的基础。过错责任仍然是各国普遍承认的侵权法的一般归责原则，无过错则不应承担责任。[①] 过错责任常常具有道德的、社会层面和逻辑层面的正当性，过错在整个侵权法体系的构建中都具有核心的意义。正是从这个意义上，美国学者莫里斯认为，如果简单地概括侵权行为，可以说它就是私法上的过错。[②] 尽管在大陆法系国家，严格责任得到了广泛发展，但过错仍然是责任归责的基本要件，甚至被称为核心的要件。

我国侵权法历来注重过错在归责中的作用。我国立法和司法实践一直都坚持过错责任作为侵权责任法的一般归责原则，这是一贯的立法和司法理念。《民法典》第1165条第1款规定："行为人因过错侵害他人民事权益造成损害的，应当承担侵权责任。"这既是我国长期以来立法、司法实践的总结，也是我国侵权责任制度的重要发展，它奠定了侵权责任法的基础。在法律上应当区分作为责任类型的过错责任和作为归责原则的过错责任。所谓过错，实际上是指行为人在实施加害行为时的某种应受非难的主观状态，此种状态是通过行为人所实施的不正当的、违法的行为所表现出来的。过错也体现了法律对行为人所实施的违背法律和道德、侵害社会利益和他人利益的行为的否定评价和非难。过错是行为人在法律上应负损害赔偿责任的重要根据。

依据《民法典》第1165条第1款，过错责任是指行为人因过错侵害他人民事权益应当承担的侵权责任。过错责任具有以下特点。

第一，行为人实施了侵害他人民事权益的行为，包括作为和不作为。归责原则实际上是确立责任的一项原则，因此，其以行为人实施侵权行为为前提，侵权行为既包括行为人直接实施某种侵权行为，也包括行为人违反法律规定的义务造成他人损害的情形。

第二，以过错为归责、确立责任和责任范围的基础。

一是以过错为责任的要件。这就是说，依据《民法典》第1165条第1款所规定的过错责任原则确定行为人的责任，不仅要考察行为人的行为与损害结果之间的因果关系，更要考察行为人的主观过错。若行为人没有过错，即使有因果关系，行为人也

① See Andre Tunc, *International Encyclopedia of Comparative Law*, Torts, Introduction, 1974, p. 71.

② See Morris, *On Torts*, Brooklyn, 1953, p. 1.

无须承担侵权责任，行为人的过错在侵权责任构成要件中具有极为重要的地位。因为一方面，行为人的行为与损害结果之间虽无直接因果关系，但行为人有过错，亦不排除负责任的可能性。例如，行为人因自己的过错使第三人实施侵权行为，行为人应对第三人的行为后果负责。另一方面，在法律有特别规定的情况下，依法应承担严格责任的当事人，如果能证明损害完全是由受害人或第三人的过错所致，也可以被免除民事责任。

二是以过错为归责的基础。过错责任原则的重要意义，不仅在于表明过错为归责的内涵，更重要的是宣告过错为归责的最终要件，这样才能贯彻“无过错即无责任”（no liability without fault）的精神。学者据此将过错的判断称为“最后界点”，或称为损害赔偿法之根本要素（das wesentliche Moment des Haftungsrechts）。为什么以过错为归责的基础？因为如此才能教育行为人，纠正其错误，防止损害的发生，确立行为标准，也有利于维护是一般人的行为自由，也就是说，一个人只有在具有过错时，才对自己的损害行为负责，没有过错，则不负责任，这就有利于保障人们的行为自由。《民法典》之所以把过错推定责任规定在第1165条第2款，是因为其核心也是过错，两者都是以过错为归责基础的。同时，它也宣示了一种理念，即除非法律另有规定，任何人都要对自己的过错负责。

三是以过错为确定责任范围的依据。首先，在受害人对损害的发生也有过错的情况下，应当对受害人和加害人的行为作出比较，从而决定加害人应当承担责任的范围和受害人所应当承担的损失。《民法典》第1173条规定：“被侵权人对同一损害的发生或者扩大有过错的，可以减轻侵权人的责任。”其次，在某些情况下，行为人可以因为故意和重大过失而导致责任的加重，也可以因为没有过错或过错轻微而导致责任的减轻。再次，侵权责任编多次提到了“相应的责任”，或“相应的补充责任”。所谓相应的责任，主要是指根据原因力和过错程度来确定责任的数额。侵权责任法还使用了“责任的大小”这一概念，此处所说的责任大小，也是依据过错程度和原因力来确定的。

第三，行为人的侵权行为造成他人的损害后果，从《民法典》第1165条第1款规定来看，其在规定过错责任一般条款时使用了“造成损害”这一表述，这表明，过错责任一般条款适用于损害赔偿这一责任承担方式。而从《民法典》第1167条规定来看，其在规定停止侵害、排除妨碍、消除危险等预防性的责任承担方式时，并没有规定过错这一要件，可见，过错责任的归责原则乃是侵权损害赔偿的归责原则，而不是适用于各类侵权形式的归责原则。因此，侵权责任编虽然规定了多种侵权责任承担方式，但其主要将侵权责任编的规则聚焦于损害赔偿，过错责任主要适用于损害赔偿责任形式，因而也可以说是损害赔偿责任的归责原则。

过错责任原则上由被侵权人就行为是否具有过错来举证。法谚云，“举证之所在，败诉之所在”。要求被侵权人来举证，这在一定程度上可以避免侵权诉讼的滥用，从而保障社会一般人的行为自由。

二、我国侵权责任法中过错责任的特点

我国侵权责任法中规定的过错责任原则具有如下特点。

第一，具有一般条款的功能。在民法典侵权责任编中，过错责任是以一般条款的形式确立的。所谓一般条款，是指在成文法中居于核心地位的，具有高度概括性和普遍适用性的条款。[①]一般条款不仅可以成为许多侵权行为的基础，也可以成为大量侵权案件中法官处理侵权案件的裁判规范。在法律没有作出特别规定的情况下，都要依据一般条款来判断侵权责任的构成。从这个意义上说，过错责任具有广泛的适用性，法官在具体裁判案件中，如果对每天重复发生的各种侵权案件，不能从法律关于特殊侵权的规定中找到适用依据，都应当适用过错责任的一般条款，这就可以为大量的、新型的侵权提供裁判依据。例如，两个人喝酒以后，另一人没有将其送到家里，导致其在冬天被冻死。这属于因先前行为引发的违反安全保障义务的责任，但对这个案例，无法适用《民法典》第1198条时，应当适用过错责任的一般条款。

第二，具有高度抽象和概括性。虽然我国民法典侵权责任编在关于特殊侵权的章节中的部分情形下也具体规定了过错责任，但这毕竟是少数，且主要是为了维护相关类型特殊侵权责任判断规则的完整性。在实践中，大量的侵权行为主要是适用过错责任的一般侵权行为。正如《法国民法典》的起草人泰尔内伯（Tarrible）曾在解释民法典第1382条关于过错责任的一般规定时指出的："这一条款广泛地包括了所有类型的损害，并要求对损害作出赔偿，赔偿的数额要与受损害的程度相一致。从杀人到轻微伤人，从烧毁大厦到拆除一间价值甚微的板棚……对任何损害都适用同一标准。"[②]事实上，有关过错责任的一般条款涵盖大量的纷繁复杂的各种侵权行为。因此，一般条款具有统率性和基础性的作用。

第三，具有兜底性和开放性。一方面，《民法典》第1165条第1款将过错责任作为一般条款表明，过错责任是适用于损害赔偿责任的一般的归责原则，是普遍适用的原则，具有兜底性。如果法律没有特别规定，侵权损害赔偿责任都应当适用该条款的规定。法官在寻找法律依据时，如果不能够适用有关过错推定、严格责任、公平责任的特殊规定，都可以援引《民法典》第1165条第1款，适用过错责任的一般条款。该条具有广泛的适用价值，在侵权责任法上具有极为重要的作用。另一方面，一般条款的功能具有开放性。一般条款既要发挥统领现有具体规范的作用，也要在欠缺具体规范时提供指引的作用，从而使法律保持较高的适应性，并且具有开放性，能够适应未来社会发展的需要。《民法典》第1165条第1款突出"民事权益"几个字，主要是强调过错责任保护的各种权益具有开放性，不仅包括财产权益，而且包括人身权益，不仅包括现行法已规定的各种民事权益，而且包括未来的各种新型权利与利益。也就是说，无论今后如何发展，新的财产、新的利益都可以获得保护。本来一般条款就具有开放性，而通过强调"民事权益"的概念，就使得该条更能够不断适应社会发展的需要。

由此表明，我国侵权责任法已把过错责任原则以法律形式固定下来，确认了它的

---

① 参见张新宝：《侵权责任法的一般条款》，载《法学研究》，2001（4）。

② Jean Limpens, *International Encyclopedia of Comparative Law*, Vol. 4, Torts, Chapter 2, Liability for One's Own Act, J. C. B. Mohr (Paul Siebeck, Tübingen), 1975, p. 13.

法律地位。在侵权责任法中，过错责任不仅指以过错作为归责的构成要件，而且是指以过错作为归责的最终要件，同时，也以过错作为确定行为人责任范围的重要依据。

三、我国侵权责任法中过错责任原则的功能

过错责任原则的功能，也就是过错责任原则的作用。它深刻阐释了行为人得以承担责任的原因，集中体现了法律的教育、制裁和预防功能。耶林曾言："使人负损害赔偿的，不是因为有损害，而是因为有过失，其道理就如同化学上之原则，使蜡烛燃烧的，不是光而是氧，一般的浅显明白。"[①] 耶林的观点深刻地揭示了过错归责的根本原因，阐明了责任领域中的法律价值判断的基础。

人作为社会关系的总和，生活在特定的共同体和社会之中，彼此间总会形成损害或妨害。单个人的行为自由经常和社会利益、他人利益之间发生各种摩擦，此种摩擦常表现为对共同体、对他人利益的损害和妨害。然而，损害乃是一种事实现象，并不体现法律上的准确的价值判断。罗马法以前的古代侵权行为法都采取结果责任主义，实行"事实裁判个人"的规则，这是因为人类并不知道在事实的表象后面还存在更深层的归责因素。结果责任乃是人类智力和判断力低下的结果，也是人类文明不发达的表现。过错责任原则在 19 世纪的建立和发展，是侵权行为法长期发展的结果，也是人类文明发展到一定阶段的产物。过错责任原则对自由资本主义经济的发展曾起到十分重要的作用。过错责任的基本价值在于：

第一，维护行为自由。19 世纪的西方民法理论强调和尊重个人意志和行为自由，为了保障个人（主要是有产者）的行为自由，保护自由竞争，就要确认过错责任原则。我国民法典侵权责任编确认过错责任原则，其重要目的就在于维护人们的行为自由。侵权责任法既要对受害人遭受的损害给予救济，同时又要兼顾行为自由。如果一旦有损害就要使行为人赔偿，就将使大量合法行为的自由受到抑制，社会经济受到妨碍，各种技术创新、科技发展也会受到严重的阻碍。[②] 因此，侵权责任编需要合理地协调当事人有关利益的纠纷和摩擦，以维护社会的公平和正义，维护人们的行为自由。

第二，确定行为标准。过错责任要求行为人尽到对他人的谨慎和注意义务，努力避免损害结果，也要求每个人充分尊重他人的权益，尽到正当行为和不行为的义务。在社会生活中，义务体现了与人们正当的行为自由相统一的社会责任，体现了在社会中必须保证的组织性和秩序性，促使人们履行义务，才能把人们的行为引向正常的轨道，权利人的权利和利益才能实现，社会生活才能正常进行。过错责任通过对行为标准的确定，为人们的一定的行为自由提供了明确的范围，并充分保障人们正当的行为自由。

第三，淳化道德风尚。道德标准是由一定社会的经济条件所决定的、评价人们的思想和行为的善与恶的尺度。侵权责任法的过错责任原则体现了强烈的道德价值。法

① 王泽鉴：《民法学说与判例研究》，第 2 册，150 页。

② 参见王泽鉴：《侵权行为》，13 页，北京，北京大学出版社，2009。

律乃道德的产物，一个人对自己的过失行为招致的损害应负赔偿责任，是因为过失行为是道德所谴责的，反之，若行为非出于过失，行为人已尽其最大注意，则在道德上无可非难。所以，过错责任原则具有充分的道德基础。过错要以道德为评价标准，对过错的确定必然包含了道德上的非难。因而，对过错行为予以制裁，使过错责任原则成为维护社会主义道德的工具。

第四，协调利益冲突。在协调各种利益方面，过错责任具有独特功能。一方面，过错责任协调了公民的基本民事权利和一般行为自由的关系，是对两种难分上下的重要价值的利益权衡。① 另一方面，过错责任也较好地协调了加害人和受害人之间的利益冲突。加害人只是对其过错造成的损害进行赔偿，而对于非因其过错造成的损害不予赔偿，这既可以在一定程度上补偿受害人的损失，又可将加害人的不利益限制在合理的范围内。尤其应当看到，过错责任可以确定行为标准、减少损失的发生，确保了社会安全和社会秩序，从而在社会生活中发挥重要作用。

第五，救济受害人和预防损害。在社会生活中，如果人人尽其注意，不仅可以避免一般的损害，而且可以维护社会安全。② 过错责任在预防损害方面的特点在于通过惩戒有过错行为的人，指导人们正确行为，以预防侵权行为的发生，而严格责任和公平责任则只能对于已经发生的损害提供补救，很难发挥教育和制裁作用。过错责任要求个人对自己的过错承担责任，这也要求人们尽可能地控制自己的行为，选择更合理的行为，从而预防损害的发生。

当然，过错责任也具有自身的缺陷，这主要表现在：传统的过错责任原则坚持“无过失则无责任”的规则，要求受害人必须举证证明加害人具有过错，才能获得补偿。但因为各种原因，受害人可能难以证明行为人具有过错，从而使其难以获得救济。为弥补这种缺陷，在法律上产生了过错推定责任、严格责任，它们对配合过错责任发挥必要的作用，也具有重要意义。

四、过错责任的适用

过错责任适用于法律没有作出特别规定的各种侵权形态，也就是说，任何一种侵权行为，只要法律没有对其归责原则、构成要件、免责事由作出特别规定，都应当适用过错责任。过错责任作为一项归责原则，不仅适用于责任的确立，而且适用于责任范围的确定。具体来说，过错程度对归责的意义主要表现在如下几个方面：

第一，确定损害责任的承担。从《民法典》第 1165 条规定来看，该条所规定的过错责任一般条款包含了过错责任的责任构成要件，即行为人应当具有过错，必须造成受害人损害，且行为人的过错行为与受害人的损害之间具有因果关系。因此，该规定实际上是明确了过错责任的成立条件。

第二，确定损害赔偿责任的范围。在财产损失中，一般采取完全赔偿原则，受害人的故意或者过失一般不影响损害赔偿的范围，但是侵权责任法多次提到了“相应的

① 参见张新宝：《侵权责任法立法的利益衡量》，载《中国法学》，2009（4）。
② 参见王泽鉴：《侵权行为》，13 页。

责任”（第 1169、1172、1189、1191、1192、1193、1256 条），或“相应的补充责任（第 1198、1201 条）”。侵权责任法还使用了“责任的大小”这一概念，此处所说的责任大小，也是依据过错程度和原因力来确定的。在作为责任减轻的事由上，受害人的故意和过失的区分也至关重要。在行为人没有过错的情况下，受害人的故意可以直接导致行为人责任的免除，受害人无权请求行为人承担任何责任；在行为人也具有过错时，尤其是因故意或者重大过失致他人损害的情形，受害人的故意只能成为行为人责任减轻的事由，而不能成为免除的事由。从这一意义上来说，过错可以成为确定责任范围的重要标准。

第三，责任的免除。在过错责任中，受害人的故意和重大过失都可能导致行为人责任的免除，因为受害人的过错行为也在一定程度上促成了损害的发生。例如，《民法典》第 1243 条规定：未经许可进入高度危险活动区域或者高度危险物存放区域受到损害，管理人能够证明已采取足够安全措施并尽到充分警示义务的，就可能免除责任。在过错责任中，需要大量采用比较过失的规则，通过比较行为人和受害人双方的过错程度来确定责任的承担和减轻。

第四，责任的分担。在某些情况下，需要根据当事人之间各自不同的过错程度，分别确定其责任范围。例如，《民法典》第 1192 条第 1 款规定：“个人之间形成劳务关系，提供劳务一方因劳务造成他人损害的，由接受劳务一方承担侵权责任。接受劳务一方承担侵权责任后，可以向有故意或者重大过失的提供劳务一方追偿。提供劳务一方因劳务自己受到损害的，根据双方各自的过错承担相应的责任。”

第五，数人侵权中的责任分担。在共同侵权的情况下，共同侵权人要承担连带责任，但是考虑内部责任时，连带责任人应当根据各自的过错程度来承担责任。在无意思联络的数人侵权中，依据《民法典》第 178 条规定，“连带责任人的责任份额根据各自责任大小确定；难以确定责任大小的，平均承担责任”。此处所说的责任大小，就是指原因力和过错程度。因此，应当考虑原因力和过错程度来确定各个连带责任人的内部责任分担。

第六，关于精神损害赔偿。《民法典》第 1183 条第 2 款规定：“因故意或者重大过失侵害自然人具有人身意义的特定物造成严重精神损害的，被侵权人有权请求精神损害赔偿。”本款规定行为人必须是“因故意或者重大过失”侵害人格物的才承担精神损害赔偿的责任，从而从行为人的主观状态方面限制了对侵害自然人具有人身意义的特定物的精神损害赔偿。最高人民法院《精神损害赔偿司法解释》第 10 条明确规定，精神损害的赔偿数额应根据侵权人的过错程度等因素来确定，该解释将过错程度作为确定精神损害的首要因素，表明侵权人的过错程度对精神损害赔偿的确定具有重要意义。这是因为精神损害赔偿的首要功能在于惩罚加害人，所以应当考虑加害人的过错程度。

第七，惩罚性赔偿的适用。例如，《民法典》第 1207 条规定：“明知产品存在缺陷仍然生产、销售，或者没有依据前条规定采取补救措施，造成他人死亡或者健康严重损害的，被侵权人有权请求相应的惩罚性赔偿。”此处所说的“明知”就是指故意，所谓“相应的”，就是要根据侵权人具体的过错程度、造成损害后果的轻重等情况，确定侵权人应当承担的惩罚性赔偿的责任。

当然，过错责任原则主要适用于损害赔偿责任，对于停止侵害、排除妨碍、消除危险等预防性的侵权责任承担方式，一般难以适用。

第三节 过错推定责任

一、过错推定责任的概念和特征

过错推定也称过失推定，它是指行为人因过错侵害他人民事权益，依据法律的规定，推定行为人具有过错，如行为人不能证明自己没有过错的，应当承担侵权责任。推定，是指根据已知的事实，对未知的事实进行推断和确定。过错推定，就是要从已知的基础事实出发，依据法律的规定，对行为人有无过错进行推定。

《民法典》第 1165 条第 2 款规定："依照法律规定推定行为人有过错，其不能证明自己没有过错的，应当承担侵权责任"。民法典侵权责任编在特殊侵权编章中大量采用了过错推定规则。例如，物件致人损害责任、机动车交通事故责任等，大都推定物件所有人或管理人、机动车驾驶人在特定事实发生后具有过错。过错推定作为一种责任形态是指在出现了法定的基础事实之后，应采取举证责任倒置的方式，由行为人反证自己没有过错，否则应当承担责任。例如，在"蒋某诉江某身体权纠纷案"① 中，原、被告是邻居关系，某日，原告被被告斜靠放置在公共楼道内的大理石板砸伤右脚。法院认为，堆放物倒塌造成他人损害，堆放人不能证明自己没有过错的，应当承担侵权责任。被告将大理石板长期放置在公共楼道内，并将大理石板斜靠放置，存在安全隐患，现原告被该大理石板砸伤，被告应当对原告所受损害承担赔偿责任。这种责任类型具有如下特点：

第一，过错推定是根据法定的基础事实推定侵权人有过错。所谓法定的基础事实，是指有明确的法律规定能够表明侵权人有过错的事实。通常情况下，基础事实的发生就伴随着侵权人的过错。例如，《民法典》第 1222 条规定："患者在诊疗活动中受到损害，有下列情形之一的，推定医疗机构有过错：（一）违反法律、行政法规、规章以及其他有关诊疗规范的规定；（二）隐匿或者拒绝提供与纠纷有关的病历资料；（三）遗失、伪造、篡改或者违法销毁病历资料。"据此，只要出现了该条列举的三项事实之一，就直接推定侵权人具有过错。当然，作为推定过失基础的事实，一般应当由受害人加以证明，人民法院也可以根据具体案情查证相应的事实，尤其是在受害人难以提供证明相关事实的材料时，人民法院的主动调查对于发现事实具有重要意义。值得注意的是，过错推定所依据的基础事实必须是由法律明确规定的事实。之所以强调其法定性，原因在于：如果不由法律明确限定，法官就可能在法律适用中随意认定成立过错推定的事实，任意扩大过错推定的适用范围。

第二，过错推定需要采取举证责任倒置的证明方式。这就是说，受害人在遭受损

① 上海市徐汇区人民法院（2013）徐民一（民）初字第 2584 号民事判决书。

害以后，其不必证明加害人具有过错。就行为人是否有过错的问题，受害人不负举证责任，而将此证明负担倒置给行为人。[①] 严格说来，法律关于举证责任倒置的规定主要还是程序法的范畴，但其与实体法上责任的承担具有密切的联系。正因为如此，在过错推定的情况下，举证责任倒置的适用要由实体法加以规定。例如，在医疗损害责任的情况下，由于患者经常难以证明医疗机构的过错，也不利于案件事实的查明。所以，有必要通过过错推定的方式来确定案件的事实，进而减轻受害人的证明负担。正如有学者指出的，过错推定，就是将原本应当由受害人负担的举证责任，转由加害人负担，从而实现举证责任倒置。[②]

第三，被推定的过错是可以反驳的。过错推定并不等于过错认定。所谓认定，是指行为人的致害行为一旦符合法律所规定的情形，即当然认定其负有责任；在认定的情况下，行为人不得举出其他证据来推翻其责任。例如，在网络侵权中，如果受害人要求网络服务提供者删除侵权信息，而后者并未在合理期限内删除，则可以直接认定其具有责任，但是过错推定并不是说一旦推定就当然使行为人承担责任。根据法律规定推定行为人有过错，行为人不能证明自己没有过错的，应当承担侵权责任。如果要进行反面解释，这就意味着，若行为人证明自己没有过错，就不应当承担侵权责任。由于过错推定本质上仍然是以过错为基础的责任，因而，凡是法律规定了特定的能够表明其没有过错的事由，行为人能够证明这些特定的事由的存在，就可以推翻对其过错的认定。例如，《民法典》第 1258 条第 1 款规定：“在公共场所或者道路上挖掘、修缮安装地下设施等造成他人损害，施工人不能证明已经设置明显标志和采取安全措施的，应当承担侵权责任。”因此，施工人如果能够证明已经设置了明显标志和采取安全措施，就表明其没有过错。

第四，过错推定仍然是以过错为归责依据的责任。在实行过错推定的情况下，只是因为受害人对过错的举证遇到了障碍，所以，有必要通过举证责任倒置的方式来认定过错。它只是在认定过错方面采取了特殊的举证规则，并没有实质性地改变归责的基础。因此，过错推定责任仍然是以侵权人的过错为核心来认定责任，是以过错为基础的责任。正是因为过错推定仍然是以过错为归责基础，我国《民法典》第 1165 条将过错推定与过错责任合并在一起规定，这主要是考虑二者在本质上都要以过错为归责依据。

第五，过错推定原则上是法定的特殊侵权责任。在侵权责任法上，过错责任是一般的责任类型，凡是法律没有特殊规定的侵权责任，都要归入一般的过错责任。在过错责任中，实行“谁主张，谁举证”的规则，受害人要主张侵权责任，必须就加害人的过错负担举证责任。而过错推定是法律基于各种特殊的考虑，尤其是法政策的考虑，明确规定的特殊责任。一般认为，过错推定原则上必须是基于法律的明确规定，但在例外情况下，法官也可以根据案件具体情况来确定过错的推定。

我国《民法典》第 1165 条第 2 款关于过错推定归责原则的规定，是确立过错推

---

① 参见程啸：《侵权行为法总论》，367 页。

② 参见［日］星野英一：《民法典中的侵权行为法体系展望》，渠涛译，载《法学家》，2009（2），157 页。

定责任的基本规则，并因此在我国侵权责任法中形成了一项独特的归责原则。

二、过错推定责任与过错责任

过错推定实际上是过错责任原则的发展。因为过错推定仍然是以过错为归责的依据和责任的基础，保持了传统的过错责任原则所具有的制裁、教育、预防、确定行为标准等价值和职能，过错推定并没有改变责任认定中的核心要件即“过错”，只不过，在判断过错的方式、方法上出现了改变。由于这一原因，许多学者认为，过错推定不是独立的归责原则，而只不过是过错责任的特殊形态。本书认为，过错推定虽然是过错责任的发展，但毕竟与传统的过错责任是有区别的。两者的区别表现在：

第一，适用范围不同。从《民法典》第 1165 条规定来看，该条第 1 款在规定过错责任时，并没有明确限定其适用范围，而是从一般条款的角度对过错责任作出规定，这也意味着其适用范围十分宽泛，具有兜底性和普遍适用性，在认定特定的侵权责任时，只要法律没有作出特别规定，均应当适用过错责任的一般条款。而从该条第 2 款规定来看，其在规定过错推定责任时，使用了“依照法律规定”这一表述，这表明过错推定责任仅适用于法律明确规定的情形，其适用范围显然小于过错责任的一般条款。

第二，适用条件不同。从《民法典》第 1165 条第 1 款规定来看，过错责任一般条款的适用应当具备损害要件，即受害人在依据该条规定请求行为人承担侵权责任时，应当证明行为人的行为给其造成了损害。而从该条第 2 款规定来看，过错推定责任的适用并没有损害要件的要求，这也意味着，受害人在依据过错推定的规则请求行为人承担侵权责任时，并不需要证明其客观上遭受了一定的损害。这就表明，过错推定责任不仅可以适用于损害赔偿责任，还可以适用于其他责任形式。

第三，过错推定一般不需要区分过错程度。过错责任将过错区分为不同程度，以确定行为人的责任，它严格区分了加害人的过错与混合过错的情况，要求在混合过错中适用比较过失规则。在过错推定中，一般认为，没有必要对过错进行程度划分，而且此种划分很难操作。因为一方面，就过错推定而言，其本质上就是过失的推定，而且，过失是被推定出来的，因而难以确定行为人的过失程度。例如，依据《民法典》第 1253 条的规定，建筑物、构筑物或者其他设施及其搁置物、悬挂物发生脱落、坠落造成他人损害，应当推定所有人、管理人或者使用人的过错，但无法确定其过错程度。另一方面，基础事实的法定性，使得基础事实本身被严格限定和明确规范，在客观上也很难对其进行更为细化的区分，否则就会引发随意扩大过错推定责任的适用范围。

第四，是否采举证责任倒置不同。传统的过错责任原则采取“谁主张，谁举证”的原则，受害人要提出损害赔偿的请求，须证明行为人的过错。但在过错推定责任中，采取了举证责任倒置的方式，即由行为人证明其不存在过错，否则将被推定有过错。可见，过错推定是与诉讼法上的举证责任倒置紧密联系的制度。

第五，二种责任的严格性不同。一方面，从功能上说，过错推定的发展使过错责任的职能从教育、预防的作用向赔偿作用倾斜，但过错推定责任仍然是基于过错的责任，因此仍保留了过错责任的教育和预防的职能。另一方面，由于过错推定是从保护受害人利益考虑而产生的，在一定程度上强化了行为人的责任。例如，在过错推定中，举证责任倒置、反证事由的限制等，都在相当程度上增加了行为人免除责任的难度，进一步强化了对受害人的保护。而就过错责任来说，受害人负有较重的举证负担，行为人也能更为容易地被免除责任。因而，其责任不如过错推定严格。

在具体适用中，过错责任和过错推定责任可能存在一定的交叉，即同一类侵权中可能同时包含过错责任和过错推定责任。例如，在医疗侵权中，其原则上实行过错责任，但在特殊情形下也可能适用过错推定责任。

三、过错推定的适用范围

过错推定是较一般过错责任更重的责任。法律之所以设置该规则，主要原因之一就是，在特定案件情形中，如果对过错仍然采用“谁主张，谁举证”这一基本证明原则，则不利于对受害人的保护。但由于这属于特殊的侵权情形，在一定程度上加重了行为人的责任，因而，为了正确确定责任，保护人们的行为自由，在法律上应当对其适用范围予以严格限制。依据《民法典》第1165条第2款，只有在法律有明确规定的情况下，才能适用过错推定。而对于法律没有明文规定适用过错推定的事实类型，只能适用过错责任。[①] 例如，《民法典》明确规定，机动车事故责任、物件损害责任适用过错推定。

需要指出的是，过错推定责任虽然仅适用于法律明确规定的情形，从《民法典》第1165条第2款关于过错推定归责原则的规定来看，过错推定责任仅适用于“法律规定”的情形，从民法典侵权责任编的规定来看，过错推定责任主要包括如下情形。

1. 机动车交通事故责任。《民法典》第1208条规定：“机动车发生交通事故造成损害的，依照道路交通安全法和本法的有关规定承担赔偿责任。”而依据《道路交通安全法》第76条规定，“机动车发生交通事故造成人身伤亡、财产损失的，由保险公司在机动车第三者责任强制保险责任限额范围内予以赔偿；不足的部分，按照下列规定承担赔偿责任：（一）机动车之间发生交通事故的，由有过错的一方承担赔偿责任；双方都有过错的，按照各自过错的比例分担责任。（二）机动车与非机动车驾驶人、行人之间发生交通事故，非机动车驾驶人、行人没有过错的，由机动车一方承担赔偿责任；有证据证明非机动车驾驶人、行人有过错的，根据过错程度适当减轻机动车一方的赔偿责任；机动车一方没有过错的，承担不超过百分之十的赔偿责任”。从该条规定来看，机动车对行人和非机动车造成的交通事故主要适用过错推定责任。

2. 医疗损害责任。《民法典》第1122条规定：“患者在诊疗活动中受到损害，有下列情形之一的，推定医疗机构有过错：（一）违反法律、行政法规、规章以及其他有关诊疗规范的规定；（二）隐匿或者拒绝提供与纠纷有关的病历资料；（三）遗失、伪造、篡改或者违法销毁病历资料。”依据该条规定，在医疗机构违反法律、行政法规、规章以及其他有关诊疗规范的规定等情形下，推定其有过错，适用过错推定

① 参见扈纪华、石宏：《侵权责任法立法情况介绍》，载《人民司法（应用）》，2010（3）。

责任。

3. 动物园的动物致人损害的责任。《民法典》第 1248 条规定："动物园的动物造成他人损害的，动物园应当承担侵权责任；但是，能够证明尽到管理职责的，不承担侵权责任。"依据该条规定，在动物园的动物致人损害的情形下，适用过错推定责任。

4. 建筑物、构筑物或者其他设施及其搁置物、悬挂物发生脱落、坠落造成他人损害的责任。对此，《民法典》第 1253 条规定："建筑物、构筑物或者其他设施及其搁置物、悬挂物发生脱落、坠落造成他人损害，所有人、管理人或者使用人不能证明自己没有过错的，应当承担侵权责任。所有人、管理人或者使用人赔偿后，有其他责任人的，有权向其他责任人追偿。"

5. 堆放物倒塌、滚落或者滑落造成他人损害的责任。对此，《民法典》第 1255 条规定："堆放物倒塌、滚落或者滑落造成他人损害，堆放人不能证明自己没有过错的，应当承担侵权责任。"

6. 在公共道路上堆放、倾倒、遗撒妨碍通行的物品造成他人损害的责任。对此，《民法典》第 1256 条规定："在公共道路上堆放、倾倒、遗撒妨碍通行的物品造成他人损害的，由行为人承担侵权责任。公共道路管理人不能证明已经尽到清理、防护、警示等义务的，应当承担相应的责任。"

7. 因林木折断、倾倒或者果实坠落等造成他人损害的责任。对此，《民法典》第 1257 条规定："因林木折断、倾倒或者果实坠落等造成他人损害，林木的所有人或者管理人不能证明自己没有过错的，应当承担侵权责任。"

8. 在公共场所或者道路上挖掘、修缮安装地下设施等造成他人损害的责任。对此，《民法典》第 1258 条第 1 款规定："在公共场所或者道路上挖掘、修缮安装地下设施等造成他人损害，施工人不能证明已经设置明显标志和采取安全措施的，应当承担侵权责任。"

9. 窨井等地下设施造成他人损害的责任。对此，《民法典》第 1258 条第 2 款规定："窨井等地下设施造成他人损害，管理人不能证明尽到管理职责的，应当承担侵权责任。"

需要指出的是，从民法典侵权责任编关于过错推定责任的规定来看，过错推定责任不仅适用于造成损害的情形，也适用于受害人并未遭受损害的情形，其适用并不以受害人遭受损害为条件。

第四节　严格责任原则

一、严格责任的概念

所谓严格责任，是指行为人的行为造成对他人的损害，不论该行为人是否具有过错，如不存在法定的免责事由，都应当承担侵权责任。[①]《民法典》第 1166 条规定：

① 参见李仁玉：《比较侵权法》，152～153 页，北京，北京大学出版社，1996。

"行为人造成他人民事权益损害，不论行为人有无过错，法律规定应当承担侵权责任的，依照其规定。"该条对严格责任作出了规定，例如，在"陆某诉永达公司环境污染损害赔偿纠纷案"① 中，法院认为，被告永达公司开启的涉案路灯灯光，已对原告的正常居住环境和健康生活造成了损害，构成环境污染。永达公司不能举证证明该侵害行为具有合理的免责事由，故应承担排除危害的法律责任。该案就体现了严格责任的特点。严格责任主要适用于损害赔偿，以救济受害人的损害为其主要目的。严格责任主要具有如下特点。

第一，严格责任的成立不考虑行为人的过错。《民法典》第 1166 条所说的"不论行为人有无过错"，表明严格责任的成立不需要考虑行为人是否存在过错。如何理解"不论行为人有无过错"？所谓"不论行为人有无过错"，是指严格责任归责的基础不是过错，因此，不能以行为人的过错作为确定责任的依据。"不论"的含义并不是说不存在过错，事实上，在严格责任中，许多情况下行为人也可能具有过错。例如，在产品责任中，生产者明知存在缺陷而生产，这就表明，生产者具有过错，甚至具有恶意，但是，在确定责任时，并不以行为人的过错为归责的基础。一般认为，严格责任的依据主要在于危险活动或者危险物以及转承责任。因此，从事危险活动者或者危险物的所有人、管理人即便没有过错，也要对受害人的损害承担侵权责任。当然，我们说不考虑行为人的过错，并非完全不考虑受害人的过错。在严格责任的情形下，受害人的故意通常要作为行为人的免责事由。

第二，免责事由受到严格限制。在严格责任的情况下，为了强化对受害人的救济，免责事由是受到严格限制的。在通常情况下，严格责任一般是加重责任，很难被免责，但是如果存在法律规定的免责事由，则可能依法减轻或免除责任。当然，在严格责任中虽然存在免责事由，但是，这些免责事由是受到法律严格限制的。法定的免责事由主要是指受害人的故意和不可抗力，可见，虽然行为人的过错不应成为责任认定的基础，但受害人的过错可以导致责任的免除。例如，《民法典》第 1245 条规定："饲养的动物造成他人损害的，动物饲养人或者管理人应当承担侵权责任；但是，能够证明损害是因被侵权人故意或者重大过失造成的，可以不承担或者减轻责任。"这里强调受害人的故意或者重大过失可以导致责任的减轻或免除，但是，饲养人或管理人是否具有过错，不影响责任的承担。

因此，在侵权责任法中，严格责任"虽然严格，但非绝对。在严格责任下，并非表示加害人就其行为所生之损害，在任何情况下均应承担责任，各国立法例多承认加害人得提出特定抗辩或免责事由"②。因此，严格责任也存在减轻事由。例如，《民法典》第 1243 条规定："未经许可进入高度危险活动区域或者高度危险物存放区域受到损害，管理人能够证明已经采取足够安全措施并尽到充分警示义务的，可以减轻或者不承担责任。"

第三，严格责任的适用以法律有明确规定为前提。严格责任作为特殊的归责原

---

① 《最高人民法院公报》，2005（5）。

② 王泽鉴：《民法学说与判例研究》，第 2 册，161～162 页。

则，必须适用于法律特别规定的情形。具体来说：一是严格责任必须适用于法律规定的情形。由于责任是严格的，严格责任作为过错责任的例外，必须由法律明确规定，而不能由法官自由裁量。需要指出的是，虽然严格责任的适用范围不断扩大，但其总体上无法与过错责任的地位相比较。二是严格责任的构成要件和免责事由必须符合法律规定。在严格责任之下，要认定责任或免除责任，都必须适用法律特别规定的事由。三是减轻责任的事由也必须符合法律的规定。就减轻责任的事由来说，过错责任中减轻责任的事由较为广泛，如受害人的一般过失都可以导致行为人的责任减轻；而在严格责任中，受害人的一般过失不能成为减轻责任的事由。例如，《民法典》第1246条规定："违反管理规定，未对动物采取安全措施造成他人损害的，动物饲养人或者管理人应当承担侵权责任；但是，能够证明损害是因被侵权人故意造成的，可以减轻责任。"可见，在此类责任中，受害人的重大过失也不属于责任减轻事由，只有在损害是因受害人故意造成的，才可以减轻责任。

第四，严格责任归责的基础主要是危险和责任替代。

一是危险。严格责任的责任基础主要是危险，即创造危险者负担由此产生的责任。严格责任是伴随着工业化生产而形成的新型责任，之所以要行为人承担较过错责任更为严格的责任，是因为致损原因具有特殊性，即要么是致害行为本身的固有危险性，要么是致害物质潜在的危险性。[①] 从危险活动受益的人就应当对危险活动造成的损害负责，即"利之所在，损之所归"（cuius commoda，eius incommoda）。例如，产品缺陷致人损害也属于广义的危险活动，产品生产过程始终存在产生瑕疵产品的可能，出现瑕疵产品对社会构成了危险；环境污染主要来源于企业的生产经营活动，这些污染对人类的生存环境构成了危险性。

二是责任替代。责任替代也称为转承责任，即因当事人之间的特殊关系，而由某人代替他人来承担侵权责任的一种责任形态。[②] 我国民法典侵权责任编第三章所规定的侵权形态，大多数是替代责任。某人之所以要对他人的行为承担责任，主要是因为行为人和责任人之间存在用工关系、监护关系以及服务、监督和管理关系。因为当事人之间存在的此种特殊关系，所以在被用工者、被监护人在执行职务以及监护期间造成他人损害时，法律规定用工者、监护人等对该损害承担责任，而不论其是否具有过错，因此，此种责任归责的基础不在于过错，而在于当事人之间特殊关系的存在，使其负有法定的义务和职责，未尽到此种义务和职责，行为人就应当承担责任。

第五，主要适用于损害赔偿。从《民法典》第1166条规定来看，其在规定严格责任时，强调了损害这一要件，这就改变了《侵权责任法》的立场，《民法典》第1166条规定："行为人造成他人民事权益损害，不论行为人有无过错，法律规定应当承担侵权责任的，依照其规定。"从该规定来看，严格责任可以适用于各种责任形式，而《民法典》第1166条强调损害要件，也意味着适用严格责任，受害人必须证明其

---

① 参见程啸：《侵权行为法总论》，122页。

② See Gerhard Wagner，*Vicarious Liability*，in Arthur S. Hartkamp，Martin W. Hesselink and Ewoud H. Hondius et al.（eds），*Towards a European Civil Code*，4th ed.，Alphen aan den Rijn 2011，p. 906.

遭受了一定的损害。可见，严格责任主要适用于损害赔偿的责任形式。

严格责任不同于无过错责任，一方面，因为无过错责任是完全不考虑过错的责任，虽然《民法典》第1166条采用“不论行为人有无过错”的提法，但严格责任并非绝对不考虑任何过错，通常要考虑受害人的过错因素。在这一点上，其不同于绝对的无过错责任。《民法典》第1247条规定：“禁止饲养的烈性犬等危险动物造成他人损害的，动物饲养人或者管理人应当承担侵权责任。”可见，违反禁止饲养的危险动物的规定，造成他人损害，就是所谓绝对的无过错责任，在这种情况下，即使受害人有故意也不能免责。而除此之外的情形，都应当可以考虑受害人的故意或重大过失而减轻或免除责任。另一方面，从整个侵权法的发展趋势来看，在严格责任中适用比较过失已经成为重要的发展趋势。在严格责任中，责任通常很难被免除，但这并不意味着，它不能根据受害人的过错来减轻，所以，侵权责任法中关于严格责任的条款中都规定了减轻责任的事由。例如，在高压电线周围已经设置了警示牌和防护网，但受害人仍然在高压电线周围钓鱼，导致垂钓者死亡。在此情况下，依据《民法典》第1243条规定，如果不能完全免除行为人的责任，也可以减轻其责任。在这一点上，严格责任也不同于无过错责任。

二、严格责任的功能

（一）救济受害人

严格责任产生的基础在于：一方面，现代社会是风险社会，风险无处不在，科学技术的发展在极大地改善人们物质生活条件的同时，也带来了源源不断的事故风险。在某些合法的危险活动领域，随着损害事故发生的频率和规模不断加剧，这些活动已演变为威胁人们生产生活的惯常风险。即便行为人已经尽到了客观上所能尽到的注意义务，由于这些活动存在高风险性，一些损害事故的发生仍然在所难免。以过错归责为基础的传统侵权法难以为受害人提供及时有效救济，因此，有必要采用严格责任。另一方面，在严格责任中，从事危险活动者开启了危险源，给受害人带来了危险，虽然行为人的行为是合法的，对社会有益的，但是，也必须对受害人给予保护。所以，无论行为人是否有过错，依据法律规定应当承担责任的，也应当负责。所以，在严格责任制度中，行为人是否具有过错、是否应受道德谴责已经不再重要，法律关注的是对受害人的补偿。①

（二）预防损害的发生

预防损害的功能主要是通过公平合理地分配责任，尤其是让形成危险或最接近危险的人来承担责任等，从而有效地预防损害。严格责任预防损害功能的实现，主要通过如下渠道：一是由形成危险或风险的人承担责任，由于这些人最接近损害发生的来源，所以，由他们来承担责任最有利于预防损害。特别是因为企业、物品或装置的所

① See European Group on Tort Law, *Principles of European Tort Law: Text and Commentary*, p. 102.

有人或持有人制造了危险来源，因而应承担责任。[1] 二是由控制风险的人承担责任。尽管危险活动或危险物品具有一定的危险性，但活动人或持有人并非完全不可以采取措施控制危险，所以由危险行为人和危险物品持有人承担责任，也有利于督促其控制危险。[2] 例如，《民法典》第 1240 条规定："从事高空、高压、地下挖掘活动或者使用高速轨道运输工具造成他人损害的，经营者应当承担侵权责任；但是，能够证明损害是因受害人故意或者不可抗力造成的，不承担责任。被侵权人对损害的发生有重大过失的，可以减轻经营者的责任。"此处规定由经营者负责而非由所有者负责，也是为了督促实际的经营者采取措施预防损害的发生。

（三）保障特定经营活动的展开

严格责任虽然强化了对受害人的救济，但也不能因此妨害正常社会经营活动的展开，因此，法律不仅在严格责任中规定了免责事由，而且在某些严格责任中还规定了责任限额，其主要目的就在于保障特定社会经营活动的展开。

三、严格责任与过错推定责任

严格责任和过错推定往往具有近似性。一方面，两者都属于特殊侵权责任，且具有相同的目的。与普通的过错责任不同，过错推定责任是通过举证责任的配置，从而强化对受害人的保护。而严格责任因免除了对行为人过错要件的要求，从而起到强化对受害人救济的功能。另一方面，在过错推定责任适用中，如果对反证事由限制得过于严格，达到了基本不可能推翻所推定的过错的程度，其在相当程度上已经具有严格责任的特点。

虽然过错推定和严格责任存在相似性，但是，两者的个性大于共性。最根本的区别在于，两者的理念是不同的。过错推定责任仍是以侵权人具有过错为基础的，而是否考虑行为人的过错是两种责任的最大区别。《民法典》第 1165 条采用"推定行为人有过错"，就表明过错推定中，虽然在法律上采取了举证责任倒置的方式，但是，其仍然还是以过错作为认定责任的基础。举证责任倒置只不过是一种方式，通过此种方式最终是要认定过错的存在。正是因为这一原因，此种责任允许行为人证明自己没有过错，从而推翻这一推定。但是，对于严格责任，《民法典》第 1166 条采用"不论行为人有无过错"的表述，这就表明，即便行为人证明自己没有过错，也仍然要承担责任。所以，从归责的基础而言，在过错推定的情况下，追究行为人责任的原因是过错；而在严格责任的情况下，行为人承担责任的原因不是过错，而主要是危险活动或危险物以及转承责任。因为归责的基础不同，所以，相对而言，严格责任比过错推定责任在责任的成立、责任的减轻或免除等方面都更为严格，具体表现为：

第一，在责任的成立方面，严格责任更加严格，这种严格性首先表现在对行为人反证证明的事由是否要进行严格的限制。在过错推定的情况下，侵权人的过错是被推定的，《民法典》第 1165 条采用"推定行为人有过错"，就表明其允许行为人证明自

① 参见王泽鉴：《民法学说与判例研究》，第 4 册，330 页。

② 参见程啸：《侵权行为法总论》，103 页。

已没有过错。行为人如何证明其没有过错？通常，侵权人反证证明其已经尽到了法律法规规定的义务和一个合理、谨慎的人应当尽到的注意义务，或者通过证明损害是因受害人行为、第三人行为所致，就可以推翻这一推定。例如，《民法典》第1255条规定："堆放物倒塌、滚落或者滑落造成他人损害，堆放人不能证明自己没有过错的，应当承担侵权责任。"所以，只要堆放人证明其已经尽到了注意义务，就可以免除责任。但是，在严格责任的情况下，必须符合法律规定的免责事由，才能被免责。而不同的严格责任，其免责事由也各不相同。

第二，是否采用举证责任倒置的方式不同。就过错推定而言，其不同于其他责任的特点就在于举证责任的倒置。实行举证责任倒置的根本原因在于，受害人遇到了举证的困难。正是因为实现了举证责任倒置，且对倒置的事由在法律上有严格的限制，因而责任才具有一定的严格性，通过举证责任倒置确定过错。但是，在严格责任中，不一定采用举证责任倒置的办法，只要受害人能够证明危险活动或危险物对其造成了损害，就可以要求被告承担侵权责任。从这一点上说，严格责任的认定更为简单，因为其不要求过错的要件，更不需要借助于举证责任倒置。

第三，关于责任的减轻或免除。相对于过错推定责任而言，严格责任的减轻或免除责任事由更为严格。在减轻和免除责任的事由方面，过错推定责任没有限制，因为其本质上仍然属于过错责任，所以，可以适用各种减轻或免除责任事由，包括正当防卫、紧急避险、第三人行为、不可抗力、受害人过错等。而在严格责任中，其减轻或免除责任的事由是受到严格限制的，不能适用第三章规定的不承担责任或减轻责任的事由。只有出现了法定的免责事由，才能被免责。仅就受害人过错而言，在过错推定的情况下，受害人故意或过失（包括一般过失）等都可能导致侵权人责任的减轻。而在严格责任中，受害人的故意或过失是否导致侵权人责任的减轻，要考虑具体情形。尤其是我国侵权责任法对于采严格责任的特殊侵权的减轻事由作出了区别处理，有时规定受害人故意才能减轻责任，有时规定受害人故意或重大过失才能减轻责任。而受害人的一般过失往往不能成为减轻责任的事由。

第四，适用范围不同。从《民法典》第1165条第2款规定来看，过错推定责任的适用并不以受害人遭受一定的损害为要件，这也意味着，过错推定责任可以适用各种侵权责任承担方式。而从《民法典》第1166条关于严格责任的规定来看，其使用了"造成他人民事权益损害"这一表述，这表明严格责任适用于受害人遭受现实损害的情形。可见，虽然过错推定责任与严格责任均适用于法律明确规定的情形，但二者的适用范围和适用条件也存在一定的区别。

正是因为过错推定和严格责任的个性大于共性，所以，《民法典》将两者在两个条款中分别规定（即第1165条第2款和第1166条）。

四、严格责任的适用条件和范围

（一）严格责任的适用条件

严格责任在适用中需要具有特定的范围和条件，具体来说主要包括如下几种。

第一，必须严格依据法律的规定。严格责任主要是法律规定的责任，必须有法律明确规定时才能适用。此处所谓的法律主要是指侵权责任法，除此之外还包括特别法的规定，如环境保护法、产品质量法等。需要指出的是，《民法典》第1236条规定了高度危险责任的一般条款，但这并不意味着法官可以在适用中依据一般条款扩大严格责任的范围，而应当在适用中予以限制。如果任意扩大，将会造成法官向一般条款逃逸的现象。

第二，必须考虑是否是法律规定的危险活动等原因造成了损害。严格责任主要适用于损害赔偿责任，因此，其适用应当以损害的产生为前提。一方面，由于严格责任产生的基础在于危险以及替代责任产生的关系，严格责任的归责依据在于危险活动或危险物或者当事人之间的特定监督、管理关系，因此，法官在适用严格责任时通常要考虑某种活动或物的危险性，以及当事人之间是否存在法律规定的特定的关系，从而确定是否应当适用严格责任。另一方面，在适用严格责任时，要考虑危险活动或危险物以及特定主体是否实际造成了损害。

《民法典》第1166条规定："行为人造成他人民事权益损害，不论行为人有无过错，法律规定应当承担侵权责任的，依照其规定。"因此，适用严格责任的前提还是行为人损害他人的民事权益。一方面，损害的含义意味着必须造成损害权益的结果，虽然从文义上解释此处损害可作动词使用，但也具有侵害结果的含义；只有在造成损害权益结果的情况下才能产生责任归属的问题。但需要指出的是，此处所谓的损害权益既包括形成实际损害后果，也包括没有造成损害后果仅造成危险即可能的损害的情况，此时也可能承担严格责任。另一方面，严格责任一般不考虑行为的违法性要件。这是因为现代社会中大量具有"合法性"的事故损害给传统侵权法带来了极大的压力和严峻的挑战。事故损害大多是过失造成的，甚至可能是特定生产经营活动中所固有的。尤其对高度危险活动而言，虽然可以尽量防范和最大限度地降低损害事故发生的几率，但事故是无法完全消除的。只要主体从事此类经营活动，便不可避免地面对此类风险。此外，许多危险活动是经依法许可的，且活动本身对社会有益，故就经营活动本身而言，很难认为行为人具有过失或道德上的可谴责性。

（二）严格责任的适用范围

如前所述，严格责任适用于法律明确规定的情形，从民法典侵权责任编的规定来看，严格责任主要包括如下情形。

1. 监护人责任。《民法典》第1188条第1款规定："无民事行为能力人、限制民事行为能力人造成他人损害的，由监护人承担侵权责任。监护人尽到监护职责的，可以减轻其侵权责任。"依据该条规定，不论监护人是否尽到监护职责，其都需要对被监护人的行为所造成的损害承担责任，这显然是一种严格责任。

2. 用人单位对工作人员行为致他人损害所承担的责任。对此，《民法典》第1191条第1款规定："用人单位的工作人员因执行工作任务造成他人损害的，由用人单位承担侵权责任。用人单位承担侵权责任后，可以向有故意或者重大过失的工作人员追偿。"因此，一旦用人单位的工作人员因执行工作任务造成他人损害，不论用人单位是否具有过错，其都应当向受害人承担责任。

3. 个人劳务关系中接受劳务一方的责任。《民法典》第1192条规定："个人之间形成劳务关系，提供劳务一方因劳务造成他人损害的，由接受劳务一方承担侵权责任。接受劳务一方承担侵权责任后，可以向有故意或者重大过失的提供劳务一方追偿。提供劳务一方因劳务受到损害的，根据双方各自的过错承担相应的责任。提供劳务期间，因第三人的行为造成提供劳务一方损害的，提供劳务一方有权请求第三人承担侵权责任，也有权请求接受劳务一方给予补偿。接受劳务一方补偿后，可以向第三人追偿。"从该条规定来看，在个人劳务关系中，不论是提供劳务一方造成他人损害，还是第三人造成提供劳务一方的损害，接受劳务的一方都承担严格责任或者补偿责任。

4. 产品责任。《民法典》第1202条规定："因产品存在缺陷造成他人损害的，生产者应当承担侵权责任。"第1203条规定："因产品存在缺陷造成他人损害的，被侵权人可以向产品的生产者请求赔偿，也可以向产品的销售者请求赔偿。产品缺陷由生产者造成的，销售者赔偿后，有权向生产者追偿。因销售者的过错使产品存在缺陷的，生产者赔偿后，有权向销售者追偿。"从这两条规定来看，产品的生产者、销售者对外需要对产品缺陷造成的损害承担严格责任。

5. 机动车交通事故责任。《道路交通安全法》第76条规定："机动车发生交通事故造成人身伤亡、财产损失的，由保险公司在机动车第三者责任强制保险责任限额范围内予以赔偿；不足的部分，按照下列规定承担赔偿责任：（一）机动车之间发生交通事故的，由有过错的一方承担赔偿责任；双方都有过错的，按照各自过错的比例分担责任。（二）机动车与非机动车驾驶人、行人之间发生交通事故，非机动车驾驶人、行人没有过错的，由机动车一方承担赔偿责任；有证据证明非机动车驾驶人、行人有过错的，根据过错程度适当减轻机动车一方的赔偿责任；机动车一方没有过错的，承担不超过百分之十的赔偿责任。"从该条规定来看，除存在法定免责事由外，无论机动车一方有无过错，其都需要在10%的范围内承担严格责任。

6. 医疗产品责任。《民法典》第1223条规定："因药品、消毒产品、医疗器械的缺陷，或者输入不合格的血液造成患者损害的，患者可以向药品上市许可持有人、生产者、血液提供机构请求赔偿，也可以向医疗机构请求赔偿。患者向医疗机构请求赔偿的，医疗机构赔偿后，有权向负有责任的药品上市许可持有人、生产者、血液提供机构追偿。"医疗产品缺陷致人损害实际上是产品责任的特殊形式，同样要适用严格责任原则。

7. 污染环境和破坏生态责任。《民法典》第1229条规定："因污染环境、破坏生态造成他人损害的，侵权人应当承担侵权责任。"该条规定实际上是因污染环境、破坏生态造成特定民事主体的损害，不论行为人是否具有过错，都应当对被侵权人承担责任。

8. 高度危险责任。《民法典》第1236条规定："从事高度危险作业造成他人损害的，应当承担侵权责任。"该条确立了高度危险责任的一般条款，不仅表明高度危险责任属于严格责任，而且对侵权责任编没有规定的高度危险活动，也应当适用严格责任。

9. 饲养动物致人损害责任。针对此类情况，《民法典》第 1245 条规定："饲养的动物造成他人损害的，动物饲养人或者管理人应当承担侵权责任；但是，能够证明损害是因被侵权人故意或者重大过失造成的，可以不承担或者减轻责任。"该条对饲养动物致人损害责任采严格责任原则。在《民法典》中，饲养动物致人损害还有两种绝对严格责任，不存在任何免责事由，即《民法典》第 1246 条规定："违反管理规定，未对动物采取安全措施造成他人损害的，动物饲养人或者管理人应当承担侵权责任；但是，能够证明损害是因被侵权人故意造成的，可以减轻责任。"《民法典》第 1247 条规定："禁止饲养的烈性犬等危险动物造成他人损害的，动物饲养人或者管理人应当承担侵权责任。"

思考题

1. 如何理解归责原则在侵权责任法中的地位？
2. 过错责任有哪些特点？
3. 严格责任与过错推定的区别如何？
4. 如何理解严格责任，其与无过错责任有何异同？

第四章　侵权责任构成要件

【案例】甲租住乙的房屋，租期届满后，甲因为出差在外地，不能及时赶回搬家，乙对此深为不满，便提出该房子已被第三人租用，甲必须立即搬家。后乙招来几名工人打开房门，将甲的物品搬至一间收藏室，乙既未清点物品，也未妥善保管。甲回来后，提出其电脑、手机、项链等物品丢失，价值10万元，并请求乙赔偿。

简要评析：在本案中，租期届满后，甲不及时搬离，构成违约，应当承担违约责任，但乙擅自搬动甲的物品，既未清点，也未妥善保管，具有过错，并造成甲物品丢失，依据《民法典》第1165条第1款的规定，该行为已构成侵权，甲有权请求乙赔偿损害。

第一节　侵权责任构成要件概述

侵权责任的构成要件，即行为人承担侵权责任的条件，换言之，它是判断行为人是否应负侵权责任的标准。侵权责任构成要件可以分为一般构成要件和特殊构成要件。一是一般构成要件，它是指在一般侵权行为中，适用过错责任原则时，认定责任的成立所应当满足的必要条件。侵权责任的一般构成要件是就一般侵权行为而言的，凡是适用过错责任原则的案件，都要满足一般责任构成要件。一般责任构成要件应由损害、过错、因果关系三个要件构成。随着归责原则多样化的发展，构成要件也相应变化。一般构成要件主要适用于过错责任形态，特殊侵权责任常常要根据法律的特别规定来确定其责任构成要件。二是特殊构成要件，就是指在特殊的侵权形态中，适用于过错推定责任、严格责任和公平责任案件中的责任构成要件。各类特殊侵权行为的构成要件多由法律加以特别规定。例如，关于环境污染责任与道路交通事故责任，在侵权责任法的相关规定中确定了不同的构成要件。下面将就侵权责任的一般构成要件展开讨论。

第二节　损害

一、损害的概念

损害是所有侵权损害赔偿的必备要件，没有损害则没有赔偿。从广义上理解，损害是指行为人的行为对受害人造成的不利益状态，损害既包括财产损失，又包括非财产损失，此种意义上的损害是从赔偿角度所说的损害。正如王泽鉴先生所指出的，损害“系指权利或利益受侵害时所生之不利益。易言之，损害发生前之状态，与损害发生后之情形，而相比较，被害人所受之不利益，即为损害之所在”①。从狭义上理解，损害专指财产损失。我国台湾地区学者通常采财产或利益差额说，即以侵害行为前后的被害人财产状况加以比较，如被害人的财产或利益有积极减少或应得财产而未能获得，则构成损害。② 我国侵权责任法中损害的概念包含了如下两种情况：一是从狭义上理解的损害，即财产损失。此种损害所引发的后果是赔偿损失。二是广义的损害概念，既包括财产损失，也包括精神损害。这种损害实际上是从损害赔偿的角度而言的，此种损害引发的后果是损害赔偿。

因此，《民法典》中的损害在不同的情形下有不同的含义，但此处所说的损害主要采广义损害概念，是从损害赔偿的层面而言的。现代侵权法本质上主要是救济法，着眼于对不幸的受害人提供补救而不是注重制裁加害人，侵权责任法因此必须详细规定损害的类型及其范围，为救济提供前提。侵权责任法就是对受害人遭受侵害以后提供全面救济的法律，因此，损害既是侵权责任的重要构成要件，也是其产生的基本前提。“无损害无救济”，在遭受损害以后，无论适用何种归责原则，都必须以损害事实的发生为前提，无损害则无责任。

二、损害的认定

在法律上，并非所有的损害都能获得救济。在人们的社会生活中，每天都会发生摩擦或者纠纷。例如，乘坐公交车可能发生碰撞，城市建设中的噪声也会给人们的生活带来负面影响，但并非所有的损害都能或应当获得法律的救济，或者有必要获得法律的救济。如果轻微的损害都必须通过侵权责任法获得救济，不仅将使诉讼变成汪洋大海，而且将使人们的行为自由受到不必要的限制。因此，在法律上应当对损害作出必要的限制。

（一）损害的可补救性

所谓损害的可补救性，是指侵权责任法所说的损害都是受害人遭受的、依法可以提供补救的不利益。任何人身或财产上的不利益，只有在法律上被认为具有补救的可能性和必要性时，才能产生民事责任。损害的可补救性包括如下内容：第一，从量上来看，损害虽已发生，但必须达到一定程度，在法律上才是可补救的。因为人们在社会中生活，损害总是在所难免的。但为了维持社会生活的安定，法律上常常要求人们容忍来自他人行为的轻微损害，或使行为人对造成他人的轻微损害的后果不承担法律责任。第二，损害在本质上是侵害权利和利益所产生的后果，而该权利和利益是侵权责任法保护的对象。例如，某人开设了一家饭店，生意很好，但有人在其旁边另外开设了一家饭店，竞争激烈，导致其营业额下降。因为合法竞争造成的损失，先前开店者不能够要求损害赔偿。第三，从因果关系的角度来看，损害必须和赔偿义务人的

① 王泽鉴：《不当得利》，34页，北京，中国政法大学出版社，2002。
② 参见邱聪智：《民法债编通则》，113页，台北，自版，1997。

行为之间具有法律上的因果联系，具有一种可补救性。例如，纯经济损失因为与行为人的行为之间的因果联系过于遥远，所以大多是不能赔偿的。

损害的可补救性不等于能够以金钱计量。既然损害是指对权利和利益的侵害，那么，应予补救的损害就不限于能够计量的损害。同时，由于民法上的补救措施不限于损害赔偿，还包括停止侵害、恢复原状等多种方式，因而，可以补救的损害也并不仅指能够产生损害赔偿责任的损害。

（二）损害的确定性

损害的确定性，意味着损害事实是一个确定的事实，而不是臆想的、虚构的、尚未发生的现象。从归责上看，损害事实必须确定，才能对因果关系和过错问题作出判断，进而确定行为人的责任问题。损害的确定性包括如下内容：第一，损害是已经发生的事实。损害未来的利益或尚未发生的损害就不具有确定性，但行为人的行为对他人权利的行使构成妨碍，则虽未形成实际的财产损失，亦可能构成损害。第二，损害是客观存在的，而不是当事人纯主观上的感觉或臆想的损害。例如，仅仅怀疑他人披露了自己的隐私而感到精神痛苦，并要求赔偿，此种损害就不具有确定性。第三，损害是对权利和利益侵害的事实，此种事实能够依据社会一般观念和公平意识予以认定。例如，某商店遭受火灾，被烧毁的房屋和其他财物是一个确定的事实，但某人因为商店被烧，不能正常地购买食品和其他生活必需品，影响其正常生活，其所受的损害，就是一个难以确定的事实。从归责意义上说，损害的确定性，是指损害事实在客观上能够认定，至于损害是否可以以货币计算，损害以何种方法计算，则是在确定损害赔偿责任时所要考虑的问题。从实践来看，损害的确定问题是对损害赔偿数额的合理限制，也是归责的重要依据，因此应当严格认定。

（三）损害是侵害合法利益的结果

受害人所受的损害之所以能够获得法律上的补救，根据在于其合法利益受到不法侵害。因此，法律要对不法行为人施加制裁，并对受害人提供法律保护。许多国家的法律规定，只有在合法利益受到侵害的情况下，才可视为有损害的发生。虽然我国《民法典》所保护的权益范围十分广泛，但其并没有将非法利益纳入保护范围，对非法利益的侵害或剥夺，原则上不能寻求侵权法的救济。

三、损害的分类

损害是侵权行为的结果，各种损害因行为人所侵害的对象不同而有所区别。

（一）财产损害和精神损害

财产损害和精神损害是我国《民法典》对损害所作的基本分类。所谓财产损害，是指因侵害权利人的财产或人身权益而造成受害人经济上的损失。凡是权利人遭受的一切具有财产价值的损失，均可称为财产损害。侵害财产权益的损害包括侵害财产造成的损害、侵害人身权益造成的损害。在人身权益遭受侵害的情形下，我国《民法典》将其分为两类财产损害：一是侵害生命权、身体权、健康权等物质性人格权及有关身份权遭受侵害的情形（第1179～1181条）。二是侵害人身权益造成财产损失的情形（第 1182 条），其主要适用于精神性人格权及有关身份权遭受侵害的情形。财产损害一般可用金钱确定，它不仅包括积极损失，即财产价值的直接减少，也包括消极损失，即财产价值应当增加而没有增加。财产损害包括侵害他人财物所造成的财产减少、致受害人人身伤害和死亡所造成的财产损害等，其可以用货币单位来计量。

所谓精神损害，主要是指权利人因人身权益受到侵害所遭受的精神上的恐惧、悲伤、怨愤、绝望、羞辱等痛苦。精神损害具有无形性，不能以金钱计算和衡量。财产损害和精神损害的区别主要表现在：

第一，产生原因不同。财产损害主要是因财产权益、人身权益受到侵害造成的损害，虽然侵害人身权益也可能产生财产损害，但从实践来看，大多数财产损害都是因侵害财产权益而引发的。而从《民法典》的规定来看，精神损害主要是侵害人身权益而引发的。

第二，是否可以金钱进行衡量不同。纯粹侵害财产造成的损害不仅可以以金钱衡量，而且可以以客观的市场价格进行评价，精神损害不能以金钱衡量，无法通过客观的市场价格进行评价，而往往必须用主观的方法进行评价。[①] 精神损害虽然也可以通过金钱赔偿予以救济，但金钱赔偿的方法主要是对受害人的精神痛苦进行抚慰，而不是对精神损害的程度进行衡量。

第三，法人和非法人组织不具有精神损害。通常情形下，法人和非法人组织只能遭受财产损害，而不应当有精神损害。精神是指人的意识、思维活动和一般心理状态。精神损害是指因侵害他人的人格权而造成受害人在意识、思维活动和正常心理状态方面的损害。可见，只有具备思维能力和意识能力的自然人才存在精神损害，法人、非法人组织作为没有生命的社会组织，是不可能存在精神损害的。即使侵害法人、非法人组织的人格权，也只能对其信用财产损害进行救济，其无权请求精神损害赔偿。

第四，损害救济的功能不同。对财产损害的受害人予以救济，旨在恢复其财产关系的原状；而对于精神损害的受害人予以救济，则主要是对受害人的人身伤害、精神损害等予以慰抚，同时也可以实现对加害人的制裁。精神损害虽不能以金钱来衡量和支付，但精神损害的事实是可以确定的，抚慰受害人的精神痛苦的物质条件是可以以金钱来衡量和支付的。

（二）所受损害和所失利益

这种分类实际上是对财产损害的再分类。所谓所受损害，也称为积极的损害，是指现有财产的直接减少，其主要包括如下几种：一是因为财产权遭受侵害所支付的费用。例如，汽车被撞坏后所支付的修理费。二是物品遭受的毁损。例如，汽车被撞毁后不能修理，由此导致的汽车价值的降低或消失。三是侵害生命权、健康权所遭受的积极财产损害。例如，因就医治疗支出的费用，如医疗费、护理费、住宿费、住院伙食补助费、必要的营养费、康复费、后续治疗费、交通费；因增加生活上需要所支出

---

① 参见［德］U. 马格努斯：《侵权法的统一：损害与损害赔偿》，277 页，北京，法律出版社，2009。

的费用，如残疾辅助器具费。四是财产权益丧失或财产权益受到限制。例如，故意使他人的抵押权不能登记，致使抵押权不能取得；或篡改登记，使抵押权丧失。五是附随的损失。例如，开车将他人汽车撞坏，尽管行为人对该车进行了修补，并支付了修理费用，但该车的市场价值受到极大贬损，而损害赔偿一般只能赔偿修理费用。对于价值贬损的费用，可以认为是一种附随的损失。

所谓所失利益，即消极的损害，是指本来应当获得的利益而未能获得，在学理上也称为“逸失利益”。所失利益主要包括如下几种类型：一是因为侵害财产权而造成的利益损失，例如，因侵害财产而遭受的利润损失。二是侵害生命健康权所造成的各种消极损害，这主要是指因全部或部分丧失劳动能力导致收入丧失或减少，或者因死亡而导致的收入损失和误工损失等，如误工费、残疾赔偿金、死亡赔偿金、被扶养人生活费。三是各种机会的损失。所谓机会损失，就是指因为侵权行为而导致受害人丧失某种机会。例如，甲因业绩突出，准备升迁，在提职公示以后，乙出于忌妒捏造事实诽谤甲有不轨行为，致甲失去升迁机会，甲起诉要求赔偿机会损失。再如，诉讼代理人因过失迟误上诉期间等，而致使当事人丧失了胜诉之机会。在绝大多数情况下，难以确定机会损失与行为人的行为之间具有相当因果关系。因此，除非法律另有规定外，对于机会损失原则上不应当予以赔偿。当然，在特殊情况下，如果机会确实具有较大的确定性，而不赔偿机会损失不利于给受害人提供全面的救济，此时也可以适当给予机会损失的补偿。

对所失利益的确定，可以有两种方法。一是根据一般人在正常情况下所能够预期获得的利益进行计算。采取此种方法需要“于加害行为时存在，而依吾人之智识经验可得而知及为债务人所知之通常或特别情事为基础，依其自然发展，一般可得预期之利益，其利益于原因事实，视为有相当因果关系”[①]。二是根据受害人的特殊情况，来计算所失利益的损失。这特别表现在，在丧失劳动能力的情况下，要根据受害人丧失劳动能力的程度或者伤残等级来确定残疾赔偿金。

区分“所受损害”和“所失利益”的意义在于：第一，所受损害应当完全赔偿。因为所受损害是固有利益的丧失，对于此种损害应当完全予以赔偿。而所失利益是一种可期待利益的丧失，对于此种损害的赔偿，一般要考虑其与行为人的行为之间是否具有“相当因果关系”，从而确定赔偿范围。尤其是对机会损失，通常需要满足因果关系相当性的要求。第二，法律上对所受损害，一般没有特别的限制，但对所失利益，法律上有可能在计算的方法、最高数额等方面进行限制。例如，《民法典》第1180条规定：“因同一侵权行为造成多人死亡的，可以以相同数额确定死亡赔偿金。”这实际上确立了在多人死亡情况下死亡赔偿金的法定赔偿标准。第三，从证明标准上来看，两者也存在区别。所受损害是已经实际发生的损害，其证明标准相对较低；而所失利益是未来发生的损害，其是否存在可能存在争议，因此，受害人应负有更重的证明责任，证明标准应当更高。[②]

① 史尚宽：《债法总论》，301页，北京，中国政法大学出版社，2000。

② 参见［德］U. 马格努斯：《侵权法的统一：损害与损害赔偿》，279页。

第三节 过错

一、过错的概念和特征

过错是侵权责任构成中的重要因素，我国《民法典》将过错责任原则作为一般归责原则，由此也确定了，过错是一般侵权行为的归责基础，它不仅是责任的构成要件，而且是责任的最终构成要件。在特殊侵权责任中，过错推定虽然属于特殊的归责原则，但仍以过错作为其归责的基础。而在严格责任中，虽然不以过错为基础，但过错对于责任的减轻和免除仍然具有重要意义。过错作为责任构成要件十分重要，但如何理解过错，历来是存在争议的，主要有两种不同的观点：

一是主观过错说。所谓主观过错说，是指过错是行为人主观上应受非难的一种心理状态。主观过错说认为，故意和过失是行为人的基本的过错方式，在行为人实施侵权行为时，不同的行为人的内在心理过程对其行为及后果所持的态度各不一样，这就决定了过错程度是有区别的。

二是客观过错说。客观过错说是与主观过错说相对应的一种理论，客观过错说认为，过错并非人们内心可非难的一种心理状态，而是指行为人违反了某种行为标准，此种标准可能是法律上确定的行为人应当作为或不作为的义务，也可能是指一个合理的人或者善良管理人应当尽到的义务或注意程度等。违反了该行为标准就表明了行为人具有过错，无须探究其内心状态。过错并非在于行为人的主观心理态度是否具备应受非难性，而在于其行为本身是否具有应受非难性。行为人的行为若不符合某种行为标准即为有过错。

本书认为，上述两种过错的理论都具有其合理性，但也都有一定的缺陷。从比较法上来看，过错概念的客观化代表了 20 世纪以来侵权法的发展趋向，即从保护受害人的需要出发，减轻受害人的举证负担，使法官对过错的判断更为简便，从而使过错的判断更好地服务于归责的需要，正是在这个意义上，上述学说都具有其合理性，体现了现代侵权法中过错客观化、责任严格化的发展趋势。过错作为法定概念，“纯粹是一个社会概念”①，而不是一种道德上、伦理上的评价。本书认为，过错概念的界定应当采取折中的观点。从性质上看，过错是主观要素和客观要素相结合的概念，它是指支配行为人从事在法律上、道德上应受非难的行为的故意和过失状态。换言之，它是指行为人通过违背法律和道德的行为表现出来的主观状态，但对于过错行为，通常要采用客观标准来评价。具体来说：

第一，过错是一种主观状态。对于自然人来说，过错体现为故意和过失的心理状态，因此，任何有过错的自然人必须具有认识、判断事物及其性质的意识因素和决定、控制自己行为的意志因素，缺少这些心理内容，就谈不上有过错。② 即使就过失

① Andre Tunc, *International Encyclopedia of Comparative Law*, Vol. Ⅳ, Torts, Introduction, 1974, p. 71.

② 参见杨立新：《侵权法论》，184 页，北京，人民法院出版社，2004。

行为而言，其归责性也在于行为人心理状态的不正当性或者不良性。[1] 无民事行为能力人因其不具备正常人的意思能力和判断能力，也就不存在过错。还要看到，如果不考察行为人的主观状态，即责令行为人承担法律责任，很难实现法律对行为人的惩罚和教育作用。此外，行为人的主观状态也是确定过错程度的重要依据。区分民事过错程度的意义虽不如区分刑事罪过程度的意义重大，但民事过错程度对于决定行为人承担何种法律责任、责任的范围等方面也有重要影响。

第二，过错是受行为人主观意志支配的外在行为。法律不调整、规范人们的思想，而只能规范人的行为，只有当行为人的意志外化为行为时，才可能进入法律的调整领域，具有法律上的意义。因此，只有当行为人的主观状态表现为危害社会的行为时，才能构成过错行为。既然过错是通过行为人的行为表现出来的，那么对过错的评价应当采取客观标准，也就是说，要根据某种行为标准来衡量行为人的行为是否合法、正当。如果行为人的行为不具有法律上和道德上的应受非难性，则不能认定行为人具有过错。还要看到，既然过错是受行为人主观意志支配的外在行为，则过错是行为人的主观意志状态和违法行为的统一，因此，对行为的违法性和过错的评价是同一的、不可分割的。

第三，过错是法律、道德和其他行为准则对某人的行为的否定评价。判定一个人有无过错总是和一定的行为联系在一起。没有行为，不管人们具备何种心理状态，都谈不上过错问题，但这并不是说具有某种不正当的心理状态，实施任何行为都是有过错的。只有在行为人基于一定的主观状态的支配而实施违背法律和道德的行为时，该行为才是有过错的。可见，过错具有非正当性和非道德性，确定某人有过错，表明法律和道德准则对某人的行为作出了否定的评价。

在过错的判断中，违法行为大多可直接表明行为人是有过错的。例如，违反交通规则造成他人伤亡、违反环境保护法规造成环境污染、违反商标保护法规而假冒他人商标，都足以表明行为人主观上是有过错的，但过错行为不仅在于它违反了法律，而且在于它违背了道德准则，违反法律和道德常常是统一的。行为人实施的行为具有违法性，毫无疑问表明其具有过错，但即使其行为不具有违法性，也并不意味着其就不具有过错，因为过错是一个比违法性更为宽泛的概念，违反正当行为的标准也构成过错。行为人未尽到对他人应有的注意和谨慎义务，未履行法律法规确定和先前行为引发的保护他人的义务，都表明行为人是有过错的。此种情形下的过错表明，行为人的行为不一定违法，但其具有道德上的可非难性。

第四，对过错的判断应当区分不同形式的过错而分别采取不同的标准。过错的基本形式是故意和过失。在现代社会，侵权行为大多是过失的侵权行为，对过失的判断应当采取客观的标准。但是对于故意的判断，则仍应坚持主观标准。故意之所以仍要采用主观标准，一方面是因为此种行为不能采用客观标准进行判断，所以，以主观标准加以认定不至于使受害人无法获得充分救济；另一方面是因为此种行为采取主观标准判断也能有效地实现立法宗旨。

---

① 参见张新宝：《中国侵权行为法》，133页。

总之，民事过错是一个主客观因素相结合的概念。某人之所以被认为是有过错的，在法律上和道德上应受到非难，是因为其行为与法律、道德以及其他行为准则（如诊疗规范等）的要求不相符，是因为这种心理状态发展为一定的违反法律、道德和其他行为准则的行为，并造成了致他人损害的后果。但如果仅把过错视为客观行为，就不能揭示行为人实施在法律上和道德上应受非难的行为的主观状态，解释行为产生的原因以及其应负责任的根据。从主、客观角度定义过错的概念，就能够正确地确定责任构成要件、行为标准和认定过错的标准，从而合理地、正确地认定责任。

二、过错的形式

过错的形式是指在行为人的行为中表现出来的行为人的特定主观状态，即故意和过失状态。侵权责任法和刑法不同，故意和过失的区分在侵权责任法中不具有十分重要的意义，尤其是在损害赔偿领域，就财产损失赔偿而言，采取的是完全赔偿原则，造成多少损失就给予多少赔偿，而不应当根据过错程度来确定赔偿范围。在我国《民法典》中，过错的类型不仅决定了责任的成立与否，而且在很大程度上确定了责任的范围以及责任的减轻或免除问题。在混合过错、共同过错等侵权行为中，过错形式对于明确行为人的责任和责任范围都是不无意义的。过错包括故意和过失两种形式。

（一）故意

故意是指行为人预见自己行为的结果，仍然希望或放任结果的发生。《民法典》在多个条文中采用了故意的概念，包括明文规定的“故意”，也包括不少条文采用的“明知”情形（如《民法典》第1207条）。故意包括两种主观状态：一是明知损害将要发生；二是欲求损害后果的发生。

在侵权责任法中，除故意之外还存在“恶意”一词。“恶意”一词可能有两种含义：一是指无正当理由故意从事某种违法行为；二是指具有不正当的动机。[①] 如果使用恶意一词，就必须要考虑行为人的动机。例如，毁损他人人格的动机是泄私愤还是嫉妒等，对于确定行为人所应负的精神损害赔偿的数额，也是不无意义的。

民法典侵权责任编区分了故意和过失。故意是一个主观概念，只能根据主观标准来具体衡量，而过失的判断标准日益客观化，通常以一个假想的、社会一般的、合理的人为标准，来判断行为人是否存在过失。且过失还可以通过法律推定、裁判推定等特别的方式予以证明。除此之外，区分两种过错形式的主要意义在于某些特殊侵权责任的构成。一些特殊侵权行为只有在行为人具有故意的情况下才能构成。例如，在我国侵权责任法中，债权原则上不受侵权责任法保护，一般认为，当行为人因过失侵害债权时不承担侵权责任，但如果行为人基于故意而侵害他人债权时，有可能成立侵权责任，因而故意成为此种侵权责任成立的特殊要件。

① 参见张民安：《过错侵权责任制度研究》，234页，北京，中国政法大学出版社，2002。

（二）过失

1. 过失的概念

过失是和故意相对应的一种过错形式。按照一般理解，过失是指行为人对自己行为的结果应当预见或者能够预见而没有预见，或虽然预见了却轻信这种结果可以避免。应当预见或能够预见而竟没有预见，称为“疏忽”；已经预见而轻信可以避免，称为“懈怠”[①]。过失和故意的区别在于，行为人是否实际预见到其行为的后果和对此种后果所持的态度：在过失中，行为人常常没有预见到自己的行为会发生危害他人的结果（至少没有认识到产生损害后果的现实可能性），危害结果的发生也并不是行为人所努力追求的，或者行为人虽对损害结果发生的抽象可能性有认识，但因为轻信可以避免结果的发生而没有采取措施避免。无论如何，在过失中，实际发生的损害都不是行为人所希望或放任的结果。

过失之所以在法律上应负责任，不在于其主观上没有预见或没有认识，而在于其行为背离了法律和道德对其提出的应对他人尽到适当注意的要求，在于其没有尽到对他人注意的义务，以至于造成了对他人的损害。行为人实施过失行为时，由于疏忽大意而对行为结果处于无认识状态，或行为人对于其行为结果已有认识或能够认识，因不注意或过于自信而使其缺乏认识，这些都只是表现了行为人的主观状态和意志态度，而这种意志态度若没有体现为未履行法律和道德对行为人所提出的注意义务，并造成对他人的损害后果的行为，则行为人并没有应受非难性。因此，从归责意义上说，民事过失的核心不在于行为人是出于疏忽或懈怠而使其对行为结果未能预见或未加注意，关键在于行为人违反对他人的注意义务并造成对他人的损害。行为人对受害人应负的注意义务的违反是行为人负过失责任的根据。因此，在判断行为人的过失时，不应当用主观标准具体判定行为人的心理状态，也无须区别行为人是过于自信还是疏忽大意，而应运用客观尺度，根据行为人的行为来考察其是否具有过失。

2. 判断过失的标准

从两大法系的经验来看，都采用了抽象的标准或者说客观的标准进行判断，即判断某人是否具有过失，主要是考虑行为人是否具有一个在同样的情况下合理的人为了避免损害的发生所应当采取的注意义务。[②] 例如，大陆法采纳“良家父”（bonus pater familias）标准，而未尽一个“良家父”所应有的注意则为过失。英美法采纳“合理人（the reasonable man）”的标准，即按照一个合理的、谨慎的人的标准来判断行为人的行为是否正当、合理。如果行为人的行为不符合一个谨慎的、勤勉的人的行为标准，就表明其具有过错。合理人的标准具有普遍适用性，也就是说，不考虑每个人的个性，而普遍适用于一切人。合理人的标准具有确定行为标准的功能，从而引导人们正确地行为。

我国《民法典》虽然没有明确规定过失的判断标准，但结合相关规定以及我国司

① 佟柔主编：《中国民法》，576页，北京，法律出版社，1990。

② Vgl，Hein Kötz/Gerhard Wagner：Deliktsrecht（9th ed. 2001），Nr. 106.

法实践，过失的认定应当采纳客观标准。这就是说，在判断过失时，要按照法律、法规等规范所确立的注意义务和一个合理的、谨慎的人所应当具有的注意义务，来确定行为人应当达到的行为标准。但在按照这一标准来判断过失时，也要兼顾不同群体、不同年龄、不同职业等人群的特点，确定其应当具有的注意义务标准。具体来说：

（1）以法律、法规等规范所确定的注意义务为标准，确定行为人是否具有过失。我国大量的法律、法规都已经确定了注意义务标准，如医疗活动、交通运输、产品生产和销售等领域已出现了越来越多的技术性规则，这些规则为行为人提出了明确的注意义务，对这些义务的违反即构成过失。例如，《食品安全法》第33条对食品的生产经营者的注意义务作出了相关规定。此外，应当看到，民法上的注意义务并不限于法定义务，还包括道德义务。道德义务是社会一般道德标准，而不是个人的道德标准。源于道德规范的注意义务把人们日常生活中的一些社会共同生活规则纳入了注意义务的内容，这显然有利于保护行为人的行为所涉及的他人利益，有利于加强行为人的责任感，以维护社会的安定。

（2）以一个合理的、谨慎的人所应当具有的注意义务来判断。要确定一个合理的、谨慎的人，在行为人实施行为的环境之下应当如何行为。如果行为人没有像一个合理的、谨慎的人那样行为，则应当认为其具有过错。一般注意义务是指，通常情况下，作为社会普通人所应当达到的注意标准。例如，《民法典》第1197条规定："网络服务提供者知道或者应当知道网络用户利用其网络服务侵害他人民事权益，未采取必要措施的，与该网络用户承担连带责任。"该条所规定的"知道"即应当以客观的行为标准来认定。以一个合理的、谨慎的人作为判断注意义务的标准，有利于督促人们按照合理的、谨慎的人的标准那样行为，从而避免和预防损害的发生，实现社会的安全。一般注意义务是指要按照一般人的标准来衡量行为人是否有过错，而不能考虑行为人自身特殊的弱点或缺陷。例如，确定在驾车时司机的注意义务，应当按照客观的一般人标准来进行，而不考虑每个人的年龄大小、性格是否急躁、视力如何等因素。

（3）特殊情况下，采用特殊的标准。合理和谨慎人的标准原则上"排除了个人因素，并不受其行为受考量的特定人的特异情形的支配"[①]，而根据客观标准来判断行为人的过错。但在具体认定行为人的注意义务标准时，还应当考虑不同人群的特点，因为一般人的注意义务标准，是舍弃每个行为人的具体特点，如职业、年龄、身体状况等，尤其是对未成年人、老人、残疾人、专业人士等，要作为不同的群体，因而不能够用一般人的注意义务来进行衡量，否则可能会不当降低或者提高主体的注意义务标准。具体来说，采用特殊标准包含如下内容：一是考虑专业人士的特点。对于从事较高专业性、技术性活动的行为，必须按照专业技术人员通常应有的注意标准提出要求。[②] 按照合理信赖原则，社会一般人对专业人士有合理的信赖，即期待其像专业人

---

① Glasgow Corp v. Muir 1943 SC（HL）3，10（Lord Macmillan）.

② 例如，我国《医疗事故处理条例》第2条规定："本条例所称医疗事故，是指医疗机构及其医务人员在医疗活动中，违反医疗卫生管理法律、行政法规、部门规章和诊疗护理规范、常规，过失造成患者人身损害的事故。"因此，在判断医疗机构及其医务人员这样的专业机构与人员的过失时，应当以医疗卫生管理法律、行政法规、部门规章和诊疗护理规范、常规为标准。

士一样行为，尽到较之于社会一般人来说更高的注意义务。二是考虑不同行业的特点。在不同的行业，依据其经营习惯、交易习惯等，对不同的经营者、管理者提出了不同的行为要求。例如，对爆竹等易燃易爆物品的管理而言，一般人的管理和专门的经营者的管理应当有区别。尤其是不同的行业，其行为的危险性不同，这对于注意义务的确定具有较大影响。三是考虑无民事行为能力人和限制民事行为能力人的特殊情况。每个自然人的主观条件不同，受其年龄、精神健康状况等的影响，因而对行为性质、后果等的判断是有差异的。如果法官完全不考虑无民事行为能力人和限制民事行为能力人的特殊情况，也难以判断监护人的过错程度和责任大小。因此，当行为人是无民事行为能力人和限制民事行为能力人时，则应当按照同类无民事行为能力人和限制民事行为能力人的行为标准判断其是否尽到了相应的注意义务。

3. 过失程度

我国《民法典》区分了一般过失和重大过失。过错的类型不仅决定了责任的成立与否，而且在很大程度上确定了责任的范围以及责任的减轻或免除问题。把过错区分为故意、重大过失、一般过失和轻微过失，对于在很多案件中确定抗辩事由，以及在混合过错、共同过错等侵权行为中，明确行为人的责任和责任范围都是不无意义的。

第一，轻微过失。它是指按照一般人的标准判断行为人是否尽到注意义务。行为人的轻过失一般会导致责任的承担，但受害人的轻过失不会影响行为人责任的成立，但会影响行为人责任的范围，受害人具有轻过失时，一般可以适用过失相抵规则减轻行为人的责任。

第二，一般过失。一般过失也称为具体轻过失。它是行为人没有尽到法律法规要求和一个谨慎的行为人所要求的注意义务，是最为常见的过失形态，通过所说的过失均指一般过失。

第三，重大过失。重大过失是指行为人严重违反了一般的注意义务，不具有一般人所具有的起码的谨慎和注意，其主观上的可非难性较强。重大过失是相对于轻微过失或一般过失而言的。重大过失首先表现为一种主观上的极不谨慎状态，但此种状态需要根据客观的标准来评价。例如，行人翻越设有隔离护栏的封闭道路，横穿道路，被车辆撞伤。再如，受害人攀越高压电线，被高压电击伤。

我国《民法典》主要是从受害人的过错程度角度，从其对责任的减轻或免除的影响角度规定了重大过失和一般过失。例如，《民法典》第 1245 条规定："饲养的动物造成他人损害的，动物饲养人或者管理人应当承担侵权责任；但是，能够证明损害是因被侵权人故意或者重大过失造成的，可以不承担或者减轻责任。"另外，《民法典》在有关条款中虽然没有明确规定"重大过失"的概念，但从其所规范的行为来看，主要是指重大过失。该法第 1243 条规定："未经许可进入高度危险活动区域或者高度危险物存放区域受到损害，管理人能够证明已经采取足够安全措施并尽到充分警示义务的，可以减轻或者不承担责任。"这里的"未经许可进入"者的心理状态大多是重大过失。在受害人具有重大过失的情况下，可以减轻或免除行为人的责任，但究竟应发生减轻还是免除的效果，应根据法律的特别规定以及适用归责原则的不同分别进行判断。

第四节 因果关系

一、因果关系在归责中的作用

法律上的因果关系是指损害结果和造成损害的原因之间的关联性，它是各种法律责任中确定责任归属的基础。侵权责任中的因果关系是指行为或物件与损害事实之间的前因后果的联系。此类因果关系是哲学上的因果关系的一种类型，但又不同于哲学上的因果关系，两者是一般和个别、普遍和特殊的关系。

因果关系是侵权责任的构成要件，无论是在过错责任中，还是在严格责任中，因果关系都是责任认定不可或缺的因素。我国《民法典》虽然没有就因果关系的判断规则作出特别规定，但通过解释侵权责任编关于“损害赔偿”的有关规定，仍然可以明显看出侵权责任法对因果关系的要求。例如，《民法典》第 1165 条第 1 款规定：“行为人因过错侵害他人民事权益造成损害的，应当承担侵权责任。”第 1165 条第 2 款规定：“依照法律规定推定行为人有过错，其不能证明自己没有过错的，应当承担侵权责任。”的情形。这都表明，对“他人民事权益”的损害应当是由行为人造成的，其行为应当与损害之间具有因果关系。还应当看到，《民法典》还在相关条款中规定了认定因果关系的特殊规则。例如，《民法典》第 1230 条规定：“因污染环境、破坏生态发生纠纷，行为人应当就法律规定的不承担责任或者减轻责任的情形及其行为与损害之间不存在因果关系承担举证责任。”这就是因果关系推定规则在环境污染责任中的运用。

在过失责任中，因果关系是归责的一项重要的构成要件，当然，在因果关系确定之后，尚不能当然地确定行为人要负责任，还要考虑行为人是否具有过错。而在严格责任的情况下，因果关系成为确定责任的主要要件。尽管随着侵权法中对受害人保护的不断强化，受害人对过错的举证责任正在逐渐减轻，但因果关系在归责中的重要性并没有因此而削弱，这是因为因果关系不仅是归责的基础，而且是民法上“为自己行为负责”原则的基本要求。

因果关系不仅具有确定责任的功能，而且具有限制责任成立的功能。具体来说，因果关系在归责中的意义表现在如下三个方面。

第一，确定责任的成立。因果关系确定的首要目的是确定责任，也就是要确定责任成立的因果关系。它是指确定被告的行为及其物件与行为结果之间是否具有因果联系。本书认为，将因果关系进一步细化为责任成立的因果关系和责任范围的因果关系是必要的。责任成立的因果关系实际上就是确定责任中作为构成要件的因果关系，无论采用何种归责原则，此种因果关系都非常重要，它是承担责任的前提与基础。因此，在考察侵权责任构成要件时，应当首先考察责任成立的因果关系，然后才考察过错。除了在特定情况下，必须实行因果关系推定的以外，责任成立的因果关系都需要由受害人举证证明，然后由法官根据受害人的举证加以判断。

第二，排除责任的承担。因果关系的确定就是要明确谁的行为或物件与损害结果之间具有因果联系，并使其对结果负责。按照自己责任原则，除非存在法定的免责事由，否则任何人只对自己的行为负责以及对根据法律规定的由其负责的物件或他人行为承担责任，而要确定责任，必须确定引起损害后果发生的真正原因。如果某人的行为或物件与结果之间没有因果联系，且不能采取因果关系推定的方法使被告负责，则该人就不应对损害结果承担责任。正是从这一意义上来说，因果关系具有排除责任承担的功能。例如，在财产损失的赔偿范围方面，也存在因果关系上的限制，即只有在损害结果和行为人的行为之间具有因果联系的情况下，行为人才对这些损害后果负赔偿责任。如对于纯经济损失，许多国家都认为缺乏因果联系，原则上不予以赔偿。法律上的因果关系不能像哲学上的因果关系那样无限地延长，而必须要从归责的需要出发正确地切断因果关系链条，使不应当负责的行为人被免除责任。

第三，责任范围的确定。责任范围实际上就是要解决损害赔偿的范围和原因力的问题。因果关系对于损害赔偿的范围的确定具有重要意义，这不仅表现在因果关系决定着直接损害与间接损害的区分，而且是对损害赔偿范围作出限定的标准。在过错程度大体相当或难以确定过错程度的情况下，责任的大小要取决于原因力的强弱。例如，数人共同实施了殴伤他人的侵害行为，在行为的实施过程中，有人直接挥拳，有人在旁边呐喊助威。在内部责任分摊上，如果难以区别直接挥拳者和呐喊助威者的过错程度，则可以从各个行为的原因力方面着手。在严格责任中，由于不考虑过错这一要件，所以更加需要通过因果关系来限制责任范围。

二、因果关系的认定

（一）因果关系判断的一般方法

我国民法学界曾一直存在一种观点，即完全以哲学因果关系的概念、规则直接作为法律上因果关系的概念与规则。许多学者以及司法实践者都简单地认为，法律上的因果关系就是为了认识事实真相，而没有将其作为正确地确定责任归属与责任范围的手段与工具。一般情况下，如果原因与结果之间是一一对应关系，且没有外来因素的介入时，因果关系还是比较简单的。例如，行为人将他人的财物砸坏或打伤他人，此时因果关系较为容易判断，但一旦出现复杂的因果关系形态，如多因多果，因果关系的判断则十分困难，各种因果关系学说的适用便出现了差异。在侵权损害赔偿领域，引起损害发生的原因并不完全是单一的行为或事件，而常常呈现出各种彼此相互联系、相互影响的因素。在引起损害发生的多个行为或事件中，可能只有一种或一些因素起决定作用，而另一个或另一些因素只起加速或促进的作用。各个因素相互交叉地发生作用，共同造成了结果的发生。由于各种因素对于结果的产生起着不同的作用，因而在分析因果关系时应当区别对待。

各种因果关系理论都应当服务于归责的需要，任何一种理论都应当为司法实践提供清楚、明确的指导。在判断因果关系时，一般要分两个步骤来考虑：

第一步是从事实层面上考察行为是否是损害的充分原因。本书认为，对因果关系链条的截取，首先需要考虑时间和空间的距离。这就是说，被告的行为和损害结果之间在时间和空间距离上越接近，那么，越有可能成为损害发生的直接原因或主要原因。但在某些情况下，也不能完全按照时间与空间的标准来判断，例如，甲从远处向人群投掷一个点燃了的爆竹，正好扔在乙的肩膀上，乙下意识地一抬胳膊，该爆竹落到了丙的身上发生爆炸，并导致丙受伤。虽然从时间与空间上来看，乙的行为距离丙的受害最近，但是从法律价值的判断上看，导致丙损害的真正原因是甲随意投掷爆竹，因此甲的行为与丙的损害之间存在因果关系。其次，准确截取因果链条需要在法律上对因果链条进行个别化判断，确定在每一个个别化的链条中，是否形成了因果关系链条。在判断因果关系中，要特别排除外来的干扰因素。因为在因果链条的进行过程中，可能介入一些偶然事件和行为，从而影响因果关系的进行，故此时要将介入的因素单独考察。再次，要考虑被告的行为是否是损害发生的充足原因。也就是说，被告的行为对于损害的发生是否是必不可少的，这就是因果关系的充分性。这种充分性通常不是百分之百的确定，而往往是一种高度盖然性。

第二步是从法律层面上考察此种因果关系是否符合法规目的。在截取因果关系链条的时候，必须要考虑法律上的价值判断，这就是说，需要把每一个环节都与结果联系起来考察，考虑它们之间的关系是否具有相当性。如果不具有相当性，可以认为因果关系过于遥远。也就是说，将各种链条作为一个整体与最终的结果进行考虑，从法律的价值上加以判断。在这方面，本书认为，相当因果关系强调各种原因是否具有相当性，实际上就是一种法律上的价值判断。具体来说，在进行法律上的价值判断时，应当考虑如下因素：一是立法的目的和法律政策考量。即考虑法律是否允许某种损害可以补救或者被侵害的权益是否属于法律保护的范围。如纯经济损失发生以后，即使和行为之间具有一定的因果联系，但如果这种损害的赔偿未得到法律的认可，也不能获得补救。二是过错。如果损害发生完全是由于受害人自身行为引起的，则行为人可以被完全免责；如果损害发生是部分由于受害人的原因造成的，如混合过错的情况下，则应当部分地免除行为人的责任。

（二）相当因果关系说

在侵权损害赔偿领域，引起损害发生的原因往往并不完全是单一的行为或事件，而常常呈现出各种因素彼此相互联系、相互影响和渗透的状态。然而，究竟应如何确定因果关系，历来是众说纷纭、林林总总，有条件说、原因说等。目前，认定因果关系的主流理论就是相当因果关系说。相当因果关系说又称为“充分原因说”，是由德国学者冯·克里斯（von Kries）在19世纪末所提出来的。“相当因果关系说”在1878年被德国法院所采纳，经过20世纪的发展，已成为大陆法系国家因果关系判断理论中的通说。相当因果关系说实际上是将对因果关系的判断分为两个步骤。

第一，事实上因果关系的判断。在判断事实上的因果关系时，可以采用删除法和替代法相互检验，以确定被告的行为和损害结果之间是否具有事实上的因果联系。学者进一步将该学说总结为两种方式：一为“删除说”，即在判断因果关系时，将被告的行为从损害发生的整个事件进行的过程中完全排除，而其他条件不变，如果在排除以后，损害结果仍然发生，则被告的行为就不是损害发生的不可欠缺的条件。反之，如果将被告的行为从损害发生的整个事件进行的过程中完全排除以后，损害结果不可能发生，或以完全不相同的方式发生，则被告的行为就是损害发生的原因。简单地说，该方法是“如果没有A，B就不会发生，则A是B的条件”。二为“代替说”，即在判断因果关系时，假设被告在事件现场，但被告从事了某种合法行为，如果此时仍然发生损害结果，那么被告的行为和损害结果之间就没有因果关系。这种方法实际上是以合法行为代替违法行为，从而检验被告的行为是否为损害发生的原因。如果被告实施的是积极的作为，通说认为，应当采删除说。[①] 例如，火车超速与汽车相撞，致汽车内乘客死亡，确定火车超速的行为与乘客死亡是否有因果关系，应当以“若无火车超速之行为，是否仍会产生乘客死亡之结果”为判断是否有因果关系之标准。若无火车超速之行为，即不会与汽车相撞，亦不会发生乘客死亡时，则火车超速之行为与损害结果间有因果关系。反之，若无火车超速的行为，仍会产生与汽车相撞而致乘客死亡之结果时，则火车超速之行为与损害结果之间无因果关系。[②] 另外，在不作为侵权的情况下，删除说无法适用，应当以代替说作为认定因果关系的方法。例如，在宾馆违反安全保障义务的案件中，宾馆的不作为与损害之间是否存在因果关系，就应当考虑如果宾馆尽到了其安全保障义务，损害是否发生，从而认定因果关系是否存在。

第二，法律上因果关系的判断。在事实上因果关系确定以后，需要进一步判断原因是否具有可归责性，这就是要确定因果关系的相当性。法官要判断，在法益侵害行为与损害之间必须存在充分的因果关系。[③] 由于相当性的判断实际上是一种法律上的价值判断，因而在这一步骤所作出的因果关系判断，也称为法律上的因果关系判断。此种判断实际上就是要判断原因是否具有充分性，或者说被告的行为是否为损害发生的充足原因，因此，相当说也称为充分原因说。相当因果关系理论可以从积极和消极两个方面来表述。从积极的方面来看，如果被告的行为在通常情况下会导致已经发生的某个损害结果，或者至少它在相当程度上增加了某个结果发生的可能性，那么这一行为就是损害发生的相当原因。从消极的方面来看，如果被告的行为造成了损害，但是这种损害的发生仅仅在非常特殊的情况下发生，或者按照事物发展的正常过程是极不可能发生的，那么被告的行为就不构成损害发生的相当原因。[④]

相当因果关系的核心问题是相当性的判断问题，即如何认定行为人的行为与损害后果之间是否具有相当性问题。一般认为，应当将相当性的问题交给法官自由裁量，不过，法官在考察相当性的问题上可以采用如下标准：一是采用合理人的标准进行判断。所谓“相当”，实际上是按照合理的、谨慎的人的标准，相关行为是否会导致相关的损害后果。二是排除外来原因介入以后，条件是否导致损害的发生。如果事件在正常的发展过程中，没有外来的异常原因介入，某项条件仍然会改变危险或者增加损

① 参见陈聪富：《侵权行为法上因果关系》，载《台大法学论丛》，第29卷第2期。

② 参见潘维大：《美国侵权行为法对因果关系之认定》，载《东吴大学法律学报》，第7卷第2期。

③ Brox/Walker，Besonderes Schuldrecht，C. H. Beck2008，33. Auflage，S. 494.

④ Enneccerus and Lehmann，Recht der Schuldverhältnisse（ed. 15 Tübingen1958）§15 Ⅲ2；GERMANY：RG 3 March 1922，RGZ 104，141；RG 3 Nov. 1922，RGZ 106，14.

害发生的可能性，便可以认为，该条件具有相当性。[①] 三是采用经验法则进行判断。这就是说，根据经验法则，综合行为当时所存在的一切事实，进行事后的客观审查。若认为在一般情形下，在同样的环境下为同样的行为，一般都会发生同样的结果的，则该条件就与结果之间具有相当因果关系；反之，若在一般情况下，不认为该条件都会发生同样的结果，其不过是偶然的原因而已，则此时不存在相当因果关系。四是原因造成损害的可能性程度。这就是说，对相当性的判断不仅要考虑损害的类型，而且要考虑损害的量（程度）也达到了“充分性”。某个原因造成损害发生的可能性，必须超过50%以上的概率。通常认为，增加的可能性在量上必须足以使条件成为损害的充分原因。只有当这一风险有效、并远大于受害人原来可能面临的风险时，侵权人的行为才构成导致原告受到损害的充分原因。[②]

本书认为，应当采用相当因果关系判断加害行为与损害后果之间是否存在因果关系，主要理由在于：第一，有利于减轻受害人的举证负担。只要受害人证明被告的行为事实上导致了结果的发生，至于造成损害的各种原因在法律上是否具有可归责性或者说是否具有相当性，是由法官来判断的，这就可以减轻原告的举证负担。第二，相当因果关系实际上包含一种法律上的价值判断，即法官可以基于法律上的价值判断确定各种原因的可归责性，从而准确认定行为人的侵权责任，这也使得因果关系成为重要的归责工具。第三，相当因果关系的判断往往需要结合社会一般观念，采用经验法则进行判断。因此，对因果关系的确定，能够最大限度地符合一般的社会观念和一般人的正义观念。第四，相当因果关系说通过价值判断选取案件中有意义的事实原因，防止因果关系链条过于冗长。这既有利于准确认定责任，也有利于保障个人的行为自由。在分析因果关系时，如果一个损害的后果是由包括行为人的行为在内的诸多原因引起的，就应当注意行为人的行为作为原因力的表现，并恰当地确定行为人的行为对于损害的发生所起的作用，适时地截取因果关系的链条。

当然，相当说也存在一些固有的缺陷，因为对相当因果关系的认定，实际上是由法官在事实上的因果关系的基础上进行的，如果法官能够秉持公平正义的理念和诚信观念，就能够使因果关系的判断很好地服务于归责的需要，否则将会使得因果关系的判断具有一定的不确定性，从而导致不公正的结果。

三、因果关系的中断

所谓因果关系的中断，是指在因果关系进行过程中，因为介入了一定的自然事实或者第三人行为而使得原有的因果关系链条发生中断。换言之，是指行为和结果之间的联系形成一个链条，因为某种因素的介入导致因果关系链条中断。例如，某人买了一辆刹车有一定缺陷的汽车，但是此人在以较慢的速度驾驶的时候，因为躲避行人而错误地打方向盘，从而撞伤了其他行人。此时，有瑕疵的刹车因素虽然存在，但是对损害的发生没有直接发挥作用，而是由于其他原因直接导致最终损害的发生。最初的

① 参见陈聪富：《侵权行为法上之因果关系》，载《台大法学论丛》，第29卷第2期。

② Enneccerus and Lehmann, Recht der Schuldverhältnisse (ed. 15 Tübingen 1958) § 15 Ⅲ3.

原因与最终的损害结果之间发生因果关系的中断。

因果关系中断有两种情况：一是指一方从事不法行为，在损害没有发生之前，因为有其他因素的介入，从而没有发生损害或者没有按照原来的因果关系发展过程发生损害结果。上述例子就属于此种情况。二是指在一个侵权人实施了侵权行为之后，由于第三人的行为或者事件的介入，导致一种新的损害的发生。例如，甲在乙的食物中投入一些药物，本来这些药物只能导致乙身体不适，后来，丙又在乙的食物中投入一些药物，结果导致乙的死亡。[①] 在此情况下，先前也存在一种原因，但先前的原因因为介入原因的存在而并没有实际发生作用。

确定因果关系中断，有助于确定因果关系链条中，哪些行为是造成损害的主要原因。例如，甲丢弃烟头于杂草中，引起火苗，在火苗将要熄灭的时候，乙故意倒入煤油，从而引发了森林大火。此时，无论甲是否具有引发森林大火的故意，甲的行为都不是损害发生的原因。[②] 但是该学说也存在缺陷，因为按照因果关系中断理论，先前的原因没有造成最终的损害，那么，就因中断使得先前的行为人不负担责任，这在某些情况下是不妥当的。例如，被告违章超车行驶，在超车的过程中，该人的车胎因瑕疵而爆裂，从而使得该车与旁边的车相撞，酿成车祸。尽管车胎爆裂导致了因果关系中断，但超车行为本身仍然是损害发生的原因，所以，超车人仍然要承担责任。

四、因果关系的证明和推定

（一）因果关系的证明

根据“谁主张，谁举证”的一般原则，证明被告的行为和物件是造成原告损害原因的举证责任应由原告负担。如果因果关系不确定，则不能确定加害人或被告，过错的认定和责任的确定也就失去了存在的基础，因此，因果关系的证明是归责的先决条件。

在原告举证证明有因果关系存在以后，被告可以反证，证明其行为与损害结果之间不存在因果关系，或因果关系过于遥远，但是在一些特殊的侵权中，法律严格限定了被告能够否认因果关系存在的事由，从而加重了被告的责任。例如，《民法典》第1237条规定：“民用核设施或者运入运出核设施的核材料发生核事故造成他人损害的，民用核设施的营运单位应当承担侵权责任；但是，能够证明损害是因战争、武装冲突、暴乱等情形或者受害人故意造成的，不承担责任。”因此，在此类责任中，被告只有在举证证明损害是由“受害人故意造成的”，才能否定有因果关系的存在。再如，《民法典》第1245条规定：“饲养的动物造成他人损害的，动物饲养人或者管理人应当承担侵权责任；但是，能够证明损害是因被侵权人故意或者重大过失造成的，可以不承担或者减轻责任。”这就是说，被告只有证明因“被侵权人故意或者重大过失”造成损害，才可以不承担责任或者减轻责任。

---

① See A. M. Honorè, *International Encyclopedia of Comparative Law*, Vol. 4, Torts, Chapter 7, Causation Remoteness of Damage, J. C. B. Mohr (Paul Siebeck, Tübingen), 1975, p. 47.

② 参见陈聪富：《侵权行为法上因果关系》，载《台大法学论丛》，第29卷第2期，203页。

在许多情况下，损害并非由受害人和第三人的行为所致，但是否完全由被告所致，难以确定，而受害人只能证明损害与被告的行为有关，而不能确定被告的行为与损害结果之间的因果关系，此时也可能要依法进行因果关系的证明。

（二）因果关系的推定

所谓因果关系的推定，就是指在损害发生以后，数个行为人都有可能造成损害，但是不能确定谁是真正的行为人，或者在因果关系难以确定时，法律从公平正义和保护受害人的角度出发，推定行为人的行为与损害之间具有因果关系。我国《民法典》第 1230 条规定："因污染环境、破坏生态发生纠纷，行为人应当就法律规定的不承担责任或者减轻责任的情形及其行为与损害之间不存在因果关系承担举证责任。"该条就环境污染责任确立了因果关系推定规则。在因果关系证明中，受害人不具有专门的知识，就污染是如何形成的、污染的主体和污染的过程等等，无法进行调查取证。环境污染侵害过程的间接性、持续性与复合性，损害结果的潜伏性、滞后性都导致了行为与损害结果之间的关系变得极为隐蔽与不确定，受害人难以取得因果关系的证据。[①]因此，其常常处于无证据状态，要求受害人就因果关系来举证是十分困难的。因此，为了强化对受害人的保护，有必要通过因果关系推定的方式来确定责任。因果关系推定的主要特点在于。

第一，受害人应当就初步的因果关系进行举证。受害人只能证明初步的因果关系，而不能证明行为和结果之间的联系程度。需要指出的是，即便采用因果关系推定，也并不是说受害人对因果关系不承担任何举证责任，原则上说，受害人必须要就初步的因果关系进行证明，其必须证明其遭受了实际损害，该损害是由被告行为引起，被告的行为与原告的损害后果之间存在一定的因果联系，否则，作为诉讼主体的被告人是谁可能都难以确定。在许多情况下，法律规定对因果关系的推定是因为损害并非由受害人和第三人行为所致，但是否完全由被告所致，也难以确定。受害人只能证明损害与被告的行为有关，而不能准确地确定被告的行为与损害结果之间存在因果联系，此时，为了保护受害人和维护公平正义，应当授权法官根据各种情况来推定因果关系。

第二，由行为人就不存在因果关系问题提出反证。例如，行为人要证明环境污染、生态破坏造成的损害，与其行为之间不存在因果联系。行为人可以证明其生产经营活动与此种污染物排放之间毫无关系。适用此种举证责任倒置的目的，是为了保护受害人。我国《民法典》第 1230 条对此作了相应的规定。

第三，由法官根据经验法则进行推定。即法官以经常的、一般发生的符合普遍性和通常性的经验进行推定，确定原因和结果之间的联系也要符合一般的经验法则。因果关系推定实际上不仅赋予了法官一定的自由裁量权，而且使得这种推定与其他的因果关系判断相比较带有较强的主观性，充分显示裁判者的主观因素。当然，法官的推定并非毫无根据地进行，而是要根据一定的基础事实。

---

① 参见刘雪荣、刘立霞：《论环境污染侵权诉讼中的证明责任》，载《河北法学》，2006（10）。

第四，因果关系推定的适用原则上应当由法律规定。由于因果关系推定赋予了法官一定的自由裁量权，法官可以对举证负担进行一定的分配，在一定程度上减轻了受害人的负担，但在客观上也会加重行为人的责任，为了防止法官随意地给被告强加责任，必须要在法律上对法官的自由裁量进行限制，而最好的限制方法就是由法律对因果关系的推定作出明确的规定。例如，在医疗损害中，为什么不能普遍采取因果关系推定？因为某个患者的最终损害可能是由多种原因造成的，其可能是被告医院造成的，也可能是其他医院造成的；可能是因为一种医疗器械的缺陷造成的，也可能是因为一种药物不合格造成的。如果采用因果关系推定，则医院可能面临巨大的诉讼负担和风险，由医院来反证本身就是加重了医院的负担。如此一来，医院可能承受巨大负担，影响其从事正常的诊疗活动。所以，《民法典》并未在医疗损害中普遍采取因果关系推定的方法。

思考题

1. 如何理解侵权责任的构成要件？
2. 如何理解相当因果关系？
3. 什么是过错的判断标准？
4. 损害具有哪些特点？

第五章　免责和减轻责任事由

【案例】 甲驾车上班，路上突然遇到一辆电动车，车主乙违章横穿马路，甲为避免撞上乙，将车紧急转弯，不巧撞伤路边行人丙，致丙住院治疗，支付医药费5万元。丙请求甲承担侵权责任。甲提出，其是为了避免撞上乙而紧急转弯，不应当承担责任。

简要评析： 在该案中，甲在驾车过程中正常行驶，乙违章横穿马路，甲为了避免撞上乙而紧急转弯，造成了丙的损害，该行为应当构成紧急避险，甲有权依据《民法典》第182条的规定主张免责，而应当由引起险情发生的人即乙承担损害赔偿责任。

第一节　免责和减轻责任事由概述

一、免责和减轻责任的概念

免责事由是指减轻或免除行为人责任的理由，也称为抗辩事由。免责事由可以有广义和狭义两种含义。从广义上来说，免责事由既包括免除行为人责任的事由，也包括减轻行为人责任的事由。而狭义上的免责事由则仅指免除行为人责任的事由。本书探讨的免责事由主要是广义上的免责事由。当然，从我国民法典的规定来看，某些事由可能免除行为人的责任，也可以减轻行为人的责任，例如，受害人故意既可以是免责事由，也可以是减轻责任的事由，其究竟产生免除行为人责任的效力，还是减轻行为人责任的效力，需要考虑法律的规定。而对某些事由而言，法律并没有规定其究竟为免责事由还是减轻责任的事由（如第三人原因），这表明其在性质上兼而有之，要依据具体情形予以判断，如根据相关原因对损害发生的原因力，来判断其究竟为免责事由还是减轻责任事由。当然，在具体的侵权责任承担中，免责事由和减轻责任的事由大多是可以分开的。

免责事由主要具有以下特点。

第一，免责事由是免除或减轻责任的事由。免责事由决定着责任的成立和责任减轻问题，也就是说，一旦免责事由成立，责任人就不应当承担责任。免责是指符合了责任构成要件，但又具备了法定的免责事由，从而导致责任的被免除。责任减轻是指责任已经成立的情形下，根据过错、因果关系等，减轻行为人的责任。

第二，免责事由主要由法律规定。无论是一般侵权责任中的免责事由，还是特殊侵权责任中的免责事由，通常是由法律规定的。在侵权责任法中，通过当事人的意思自治事先免除故意或重大过失的侵权责任，常常构成对强行法以及公序良俗原则的违反，因此，当事人能够约定的有效的免责事由很少。当然，这并不意味着当事人完全不能约定对侵权责任的免责事由，依据我国《民法典》第506条之规定，当事人也可以约定对一般过失行为导致的侵害财产权责任的免责事由。不过，当事人约定的免责条款，一般不属于免责事由，而属于免责条款的范畴。

第三，免责事由一旦成立，就导致责任人的责任免除或者责任的减轻。免责事由既可以由行为人提出，也可能由法院依职权调查确定。只要能够确定免责事由的存在，就可以发生相应的法律效果，即导致责任的免除或减轻。免责事由是否存在是事实问题，但因为其一旦成立就产生相应的法律效果，因而其也是法律问题。

二、民法典总则编关于免责事由的规定对侵权责任编的适用

《民法典》关于侵权责任的免责事由，不仅规定在侵权责任编中，而且规定在总则编中，如何衔接二者之间的关系？《民法典》第1178条规定："本法和其他法律对不承担责任或者减轻责任的情形另有规定的，依照其规定。"依据该条规定，除侵权责任编外，民法典总则编设置的免责事由，也可以适用于侵权责任，该条实际上是引致条款，即在存在总则编所规定的免责事由时，可以依据该条款适用总则编关于免责事由的规定。

从民法典总则编规定的免责事由来看，其主要包括如下几种。

（一）不可抗力

不可抗力是指人力所不可抗拒的力量，依据我国《民法典》第180条第2款，"不可抗力是不能预见、不能避免且不能克服的客观情况"。它包括某些自然现象（如地震、台风、洪水、海啸等）和某些社会现象（如战争等）。不可抗力，是独立于人的行为之外，并且不受当事人的意志所支配的现象，它在各国法律中都是免责事由。我国《民法典》第180条第1款规定："因不可抗力不能履行民事义务的，不承担民事责任。法律另有规定的，依照其规定。"据此可见，在法律没有特别规定的情形下，原则上，不可抗力都可以作为免责事由。除非在特殊侵权责任中，法律明确规定不能以不可抗力作为免责事由的，则不能以不可抗力来免责。例如，《民法典》第1238条规定："民用航空器造成他人损害的，民用航空器的经营者应当承担侵权责任；但是，能够证明损害是因受害人故意造成的，不承担责任。"该条并没有列举不可抗力，这实际上是表明，不可抗力不应作为民用航空器事故责任的免责事由。

（二）正当防卫

正当防卫是指当公共利益、他人或本人的人身或其他利益受到不法侵害时，行为人所采取的一种防卫措施。正当防卫是一种合法的、受法律鼓励的行为，但它在性质上并不是履行某种公务，而只是指公民行使法律赋予的自卫权利，以保护公共利益和其他合法利益不受侵犯。我国《民法典》第181条第1款规定："因正当防卫造成损害的，不承担民事责任。"该条确认了正当防卫是法定的免责事由。正当防卫的条件是：第一，防卫须以不法侵害行为的存在为前提。第二，防卫须具有必要性和紧迫

性，即防卫必须针对非法的、不进行防卫就不能排除的侵害行为实施。第三，正当防卫必须针对不法侵害者本人实行。第四，正当防卫具有保护合法权益的目的性，即行为人应当具有防卫意识。第五，正当防卫不得超过必要限度。当然，依据《民法典》第 181 条第 2 款，正当防卫超过必要的限度，造成不应有的损害的，正当防卫人应当承担适当的民事责任。

（三）紧急避险

所谓紧急避险，是指为了使公共利益、本人或他人的合法权益免受正在发生的损害危险，不得已而采取的致公共利益、他人或本人损害的行为。《民法典》第 182 条第 1 款规定："因紧急避险造成损害的，由引起险情发生的人承担民事责任。"紧急避险的构成必须符合一定的条件，这些条件主要包括：第一，必须是合法权益面临紧急的危险。第二，必须是在不得已的情况下采取避险措施。第三，避险行为不得超过必要的限度。所谓不超过必要的限度，是指在面临紧急危险时，避险人应采取适当的措施，以尽可能小的损害保全较大的法益，也就是说，紧急避险行为所引起的损害应轻于所避免的损害。

依据《民法典》第 182 条第 1 款规定，紧急避险也是一种免责事由，但是应当区分不同情况而分别对待，首先要确定险情发生的原因，险情由谁引起，就应当由谁负责。所谓引起险情的发生，是指因实施一定的行为危及公共利益或他人利益。如果危险是因自然原因引起的，紧急避险人可以被免除责任或给予适当补偿。《民法典》第 182 条第 2 款规定："危险由自然原因引起的，紧急避险人不承担民事责任，可以给予适当补偿。"所谓自然原因引起的，就是说，该危险不是因人的行为而引起的，而是因非人力所能控制的自然原因引起，所以，不存在应当承担责任的行为人。因此，根据《民法典》的规定，在此情况下应根据公平而决定是否免除避险人的责任或使其承担适当的责任。当然，依据《民法典》第 182 条第 3 款规定："紧急避险采取措施不当或者超过必要的限度，造成不应有的损害的，紧急避险人应当承担适当的民事责任。"

（四）自愿实施紧急救助造成损害的责任豁免

《民法典》第 184 条规定："因自愿实施紧急救助行为造成受助人损害的，救助人不承担民事责任。"该条确认了紧急救助可以作为免责事由，该条也称为"好人条款"，也就是说，在自愿实施紧急救助行为的情形下，即便造成了受助人损害，救助人也无须承担民事责任，因此，紧急救助行为人享有责任豁免权。法律作出此种规定的目的在于鼓励自愿的救助行为。对于鼓励人们见义勇为、弘扬社会主义核心价值观具有重要意义。紧急救助作为免责事由应当具备如下条件：第一，救助人实施了紧急救助行为。第二，救助人必须是自愿实施救助行为。如果施救者依据法律规定和合同约定负有救助义务，则不适用该条规定。第三，救助人实施了无偿救助行为。如果救助人在实施救助行为之前明确提出支付报酬的要求，则已经不再属于见义勇为，如果对此类行为也适用豁免权，则将违反本条的规范目的。因此，本条所规定的救助行为应当是无偿救助行为。

由于总则编规定的免责事由可以适用于侵权责任，因此，关于免责事由，在法律上可以分为两类：一是一般侵权责任中的免责事由；二是特殊侵权的免责事由。就一般侵权责任的免责事由而言，其需要符合侵权责任的一般构成要件，如果不符合构成要件，就不成立责任。民法典总则编中规定的不可抗力、正当防卫、紧急避险、自愿实施紧急救助以及侵权责任编中规定的受害人故意、第三人行为、自甘冒险、自助行为等，都是一般侵权责任中的免责事由，这些免责事由的存在既可能表明行为人没有过错，也可能表明行为人的行为与损害结果之间没有因果关系，因此也可以认定为责任不成立。上述事由都可以成为一般侵权责任中的免责事由。但特殊侵权责任具有特殊的责任构成要件和免责事由，只有法律明确规定的事由才能成为特殊侵权责任的免责事由，例如，《民法典》第 1237 条规定："民用核设施或者运入运出核设施的核材料发生核事故造成他人损害的，民用核设施的营运单位应当承担侵权责任；但是，能够证明损害是因战争、武装冲突、暴乱等情形或者受害人故意造成的，不承担责任。"该条的规定表明，在民用核设施致人损害的情况下，只有因战争等情形或者受害人故意造成的才能成为免责事由。

第二节　侵权责任编中的减轻和免除责任事由

本节所探讨的法定减轻和免除责任的事由主要是指民法典侵权责任编所规定的减轻和免除责任的事由，具体包括受害人故意、第三人原因、自甘冒险、自助行为。

一、受害人故意

所谓受害人故意，是指受害人明知自己的行为会发生损害后果，仍然追求损害后果的发生，或者放任损害后果的发生。《民法典》第 1174 条规定："损害是因受害人故意造成的，行为人不承担责任。"例如，某人因失恋而卧轨自杀。受害人的故意，实际上有可能表明损害是因受害人的原因而引起的，行为人没有过错，因此行为人不应当承担责任。受害人故意的特点在于：

第一，受害人积极地促成或者放任对自己损害的结果的发生。受害人故意可以分为两种情形：即直接故意和间接故意。所谓直接故意，是指受害人明知自己的行为会导致损害后果，而追求损害后果的发生。所谓间接故意，是指受害人明知自己的行为会导致损害后果，而放任损害后果的发生。实践中应当准确认定受害人故意，例如，某人爬上高压电线杆，被高压电击伤，并不意味着爬电线杆的行为本身就表明其具有故意，因为受害人爬电线杆被高压电击中，可能只是过失行为，因为其可能并不知晓自己会被高压电击中，对被击伤的结果并不一定是故意的。

在受害人故意的情况下，其主观心理状态通常是对于自己的行为造成损害有明确的认识，但是通常是积极追求或者蓄意放任这种结果的发生。例如，在以所谓"碰瓷"方式制造交通事故的情形中，受害人是故意选择与行驶中的汽车相撞，导致自己人身受到伤害。再如，某人为了要得到残疾赔偿金，故意切掉自己的手指或脚趾。受害人故意和侵权人的故意是不同的，因为侵权人的故意是为了实施某种侵害行为，具有可谴责性。而受害人的故意只是要使自己遭受损害，理论上一般称为违反不真正义务。

第二，受害人遭受了损害。在受害人故意的情况下，大多是因其故意行为引发了自己的损害。但也可能是在受害人实施故意行为的过程中，介入了加害人的行为。因此，即使在受害人故意的情况下，也应当比较双方的过失程度来确定行为人责任的免除或减轻。

第三，可以导致加害人责任的免除。作为一种免责事由的受害人的故意，意味着损害的发生是因为受害人自身的故意行为所致。一般来说，受害人对损害的发生具有故意，意味着受害人的行为是损害发生的唯一原因。受害人具有故意可以作为加害人的免责事由，但是，在加害人以受害人具有故意作为抗辩事由时，损害的产生也通常涉及加害人的行为，主要情形有：一是受害人出于某种不正当的动机，利用加害人的行为或物件，并造成对自身的损害。二是受害人故意实施不法行为，因被告的物件造成损害。三是受害人的故意行为偶然介入被告的轻微过失。四是受害人欲实施故意侵权行为，被告实施正当防卫行为而致受害人损害。在前两种情况下，加害人并未构成侵权，因此谈不上免责问题。而在后两种情况下，加害人的行为表面上是损害发生的原因，但因为受害人具有故意，因而可以作为免责事由而要求免责。

二、第三人的原因

所谓第三人的原因，是指除原告和被告之外的第三人对原告的损害的发生或扩大具有过错，此种过错包括故意和过失。如某人将另一人推向自行车道，被迎面驶来的自行车撞伤；再如，某人因他人的加害行为而受伤以后，因医生怠于治疗而使其伤病加重。由于第三人的原因可能造成损害的发生或者扩大，其既可能导致因果关系中断，使行为人被免除责任，也可能因为第三人的原因导致损害的发生或扩大，而使行为人被减轻责任。《民法典》第 1175 条规定："损害是因第三人造成的，第三人应当承担侵权责任。"在第三人原因致损的情况下，行为人的责任是否应当完全免除，该条并没有作出明确规定，但从体系解释角度来看，既然该条被规定在第三章"不承担责任和减轻责任的情形"中，这就表明，在没有特别规定的情况下，该章中列举的事由既可以是责任减轻事由，也可以是责任免除事由。一般来说，在过错责任中，第三人造成损害的，都可以表明被告没有过错，可以免除被告的责任。但在严格责任中，即使是因为第三人原因造成了损害，依据法律规定，因为第三人原因造成受害人的损害，不一定都导致被告的免责。《民法典》第 1175 条规定"损害是因第三人造成的，第三人应当承担侵权责任。"既包括可能因第三人原因而导致被告免责，也可能包括因第三人原因造成损害而被告不能免责。

第三人的原因具有如下特点。

第一，第三人是指行为人和受害人以外的第三人，也就是说，第三人不属于被告或原告一方。如果"第三人"与被告共同引起损害的发生，则此时的"第三人"实际上应当作为被告向原告负赔偿责任。同时，第三人与原、被告双方之间不存在法律上应负责任的关系，如用工关系、婚姻血缘关系或共同生活关系等，因而不能认定第三人属于被告一方或属于原告一方。如果可以认定第三人属于被告一方（如第三人为被告的雇佣人等），则第三人将可能成为被告或共同被告。

第二，因第三人的原因造成损害既可能是因第三人的故意，也可能是因第三人的过失造成，两种情况都可能成为第三人承担责任的事由。如果损害是由侵权人引起的，但介入了第三人的行为，即使第三人的行为和侵权人之间没有共同过错，但如果造成了同一损害后果，也可能需要由第三人与侵权人之间承担连带责任或者按份责任。[①] 正是基于这一原因，《民法典》规定第三人的原因造成损害，应当由第三人承担责任。

第三，第三人的原因是减轻或者免除责任的依据。第三人的原因包括两方面：一是指第三人的行为造成损害的发生。例如第三人故意引起危险的发生，故意挑逗动物造成对原告的损害等。在此情况下，可以依据法律规定免除或减轻行为人的责任。《民法典》在多个条款中规定，在第三人造成损害的情况下，在侵权人和第三人之间形成不真正连带关系，受害人对第三人和加害人具有选择权，例如，《民法典》第1250条规定："因第三人的过错致使动物造成他人损害的，被侵权人可以向动物饲养人或者管理人请求赔偿，也可以向第三人请求赔偿。动物饲养人或者管理人赔偿后，有权向第三人追偿。"如果受害人选择向第三人主张赔偿，第三人赔偿受害人损失以后，侵权人的责任就被免除。二是第三人对损害的形成或扩大具有过错，但损害并不完全是因为第三人的行为造成的。例如，被告致原告伤害以后，医生怠于治疗使伤病扩大。在此情况下，第三人（医生）的行为将可能导致行为人（被告）责任的减轻。

三、受害人自甘冒险

（一）受害人自甘冒险的概念

所谓受害人自甘冒险（assumption of risk、Handeln auf eigene Gefahr、acceptation desrisque），是指受害人已经意识到某种风险的存在，或者明知其将遭受某种风险，却依然冒险行事，致使自己遭受损害。比较法上普遍承认自甘冒险是免除行为人责任的一项事由。[②] 我国《民法典》第1176条将自甘冒险作为一项免责事由，该条第1款规定："自愿参加具有一定风险的文体活动，因其他参加者的行为受到损害的，受害人不得请求其他参加者承担侵权责任；但是，其他参加者对损害的发生有故意或者重大过失的除外。"

《民法典》第1176条的意义在于：一方面，有利于鼓励人们参与具有一定危险性的活动。在现实生活中，许多正常活动尤其是体育活动（如踢足球、拳击等），具有一定的危险性，容易发生伤害。如果一旦发生伤害事故，该活动的组织者或活动参与人就需要承担责任，不仅徒增纠纷，而且一些危险性活动会使得人们望而却步，学校等机构也难以开展正常的对抗性较强的体育等活动。另一方面，有助于保障人们的行为自由，尤其是参与体育运动、旅游探险等活动的自由，有利于保障素质教育的全面

① 参见《民法典》第177、178条。

② 参见［德］冯·巴尔：《欧洲比较侵权行为法》（下卷），焦美华译，636页，北京，法律出版社，2001。

展开。依照本条规定，只要行为人没有故意或重大过失，即使某人自愿参加具有一定风险的文体活动遭受损害，也可以被免责，这就使人们可以放心地从事具有一定风险的文体活动，保障个人的行为自由。此外，该规则的确立也有利于在司法审判中妥当处理纠纷。在我国司法实践中，经常发生因体育运动等发生伤害，行为人是否应当承担或者如何承担责任的情形，司法裁判并不统一，且缺乏明确的法律依据。《民法典》第 1176 条对自甘冒险规则作出规定，对于统一裁判规则、妥当处理相关纠纷也具有重要意义。

从本条规定来看，自甘冒险在性质上属于免责事由，而非减轻责任的事由，因为在自甘冒险的情形下，受害人已经意识到危险的存在，但仍然实施相关的行为，在遭受损害后，其无权再请求行为人承担侵权责任。当然，在社会生活中，因为交往关系导致损害的原因十分复杂，如果受害人的自甘冒险行为确实构成损害的重大事由，则法官可以酌情将其作为责任的免除事由或者减轻责任的事由，以倡导按照妥当的行为标准行为。

（二）自甘冒险的适用条件

《民法典》第 1176 条第 1 款规定：“自愿参加具有一定风险的文体活动，因其他参加者的行为受到损害的，受害人不得请求其他参加者承担侵权责任；但是，其他参加者对损害的发生有故意或者重大过失的除外。”依据本条规定，自甘冒险规则的适用需要具备如下条件。

第一，自愿参加具有一定风险的文体活动。所谓自愿，是指受害人并非在他人强迫之下参与了危险性的活动，而是基于自主的意思而参与该活动。受害人自愿参加危险活动，是构成自甘冒险的最本质要件。如果受害人是受欺诈、受胁迫而参加相关的活动，则不构成自愿参加。在现代社会，许多活动都具有一定的危险。例如，搭乘他人的摩托车，后来因交通事故，搭乘人受伤，但本条将自甘冒险规则限定在受害人自愿参加具有一定风险的文体活动方面，所谓文体活动，包括文艺和体育活动。通常情况下，绝大多数文体活动危险性较低，如观看节目、表演等，此种活动的风险较低。但有些文体活动具有一定的风险性，如足球、登山、攀岩、滑雪、野外探险等，这些活动确实具有一定的风险性。

所谓具有一定风险，应当具有如下特点：一是它应当是指极易发生危险的、具有内在的、固有的危险性的活动。在社会一般人看来，从事此种活动容易引发此种危险。例如，拳击、踢足球、爬野山、雪上空中技巧运动、进入无人区探险等。二是这种固有的危险造成人身伤害的可能性极大。例如，打篮球也可能会受伤，但是和拳击等相比，其造成人身伤害的可能性相对较小。三是此种危险活动造成损害，可以为社会一般人所认知。

第二，受害人意识到某种文体活动具有一定的风险。如果某种活动的组织者并没有向受害人告知该活动是否存在风险，受害人对风险的存在并不知情，一旦给其造成损害，不宜简单认定为自甘冒险。例如，从事野外探险、驴友的森林自助游、无人区探险等，当事人之间可能存在信息不对称情况，部分当事人也可能并没有认识到危险就参与了活动，此时，不能简单认定为自甘冒险。这就是说，如果在受害人并不知情或者说不知悉风险的情况下，不宜认定为自甘冒险。

第三，因其他参与者的行为受到损害。所谓因其他参加者的行为受到损害，是指受害人在参与某种具有一定风险的文体活动时，因其他参与人的过失导致其遭受了损害。例如，在踢足球时，因为其他参与人抢球不慎，致使受害人受伤。当然，只要其他参与者不是基于故意或重大过失所实施的行为，即便其存在过错，也可以成立自甘冒险。

第四，其他参加者并非出于故意或重大过失造成了受害人的损害。也就是说，其他参加者虽然造成了受害人的损害，但如果其对损害的发生具有故意或重大过失的，则不适用自甘冒险的规则。例如，在踢足球时，某人故意将他人的腿踢断，此种情形属于故意侵权，而不再适用自甘冒险规则。在行为人具有故意或重大过失的情形下，即便受害人自愿承担风险，行为人仍应当负责。因为一方面，自甘冒险中，受害人所愿意承担的风险只是活动本身的正常风险，并不包括活动中他人故意或重大过失的侵害行为所带来的损害。故意或因重大过失侵权导致损害，已经不属于活动内在的危险，而是行为人借活动之机，故意或基于重大过失伤害他人。所以，对于此类侵权行为必须要求行为人承担完全的责任。另一方面，如果其他参与人因故意或者重大过失实施侵权行为，表明其具有主观恶意，具有明显的违法性，对此类行为应当予以制裁；否则，不利于对此类行为进行惩罚，实现预防损害发生的目的。

（三）活动组织者的责任适用违反安全保障义务的规定

《民法典》第1176条第2款规定：“活动组织者的责任适用本法第一千一百九十八条至第一千二百零一条的规定”。从该规定来看，在受害人自甘冒险的情形下，活动的组织者也可能具有一定的过错。因此，不能简单地认为，自甘冒险由受害人自己承受全部损失，活动组织者也可能需要承担一定的责任。具体而言，在以下几种情形下，活动组织者仍需要承担责任。

1. 公共场所的管理者和群众性活动组织者的责任。《民法典》第1198条规定：“宾馆、商场、银行、车站、机场、体育场馆、娱乐场所等经营场所、公共场所的经营者、管理者或者群众性活动的组织者，未尽到安全保障义务，造成他人损害的，应当承担侵权责任。因第三人的行为造成他人损害的，由第三人承担侵权责任；经营者、管理者或者组织者未尽到安全保障义务的，承担相应的补充责任。经营者、管理者或者组织者承担补充责任后，可以向第三人追偿。”例如，受害人在参与足球比赛过程中受伤，如果球赛组织者对该损害的发生也有一定的过错，则受害人仍有权依据安全保障义务的规则请求活动组织者承担责任。“群众性活动”的组织者本身就应当负有安全保障义务，因为这些活动本身具有一定的危险性。而且，活动的危险性越高，组织者的义务也就越重。社会风险理论认为，过多的人群聚集在一起，就会形成一种社会风险，人群聚集范围越大则社会风险也越高。[①]

---

① 参见黄胜开：《我国踩踏事故民事责任制度的检讨》，载《河北法学》，2015（6）。

2. 幼儿园、学校或者其他教育机构未尽到教育、管理职责的责任。《民法典》第1199条规定："无民事行为能力人在幼儿园、学校或者其他教育机构学习、生活期间受到人身损害的，幼儿园、学校或者其他教育机构应当承担侵权责任；但是，能够证明尽到教育、管理职责的，不承担侵权责任。"例如，教育机构在组织体育比赛时未尽到教育、管理职责，使无民事行为能力人遭受损害，教育机构应当依据本条规定承担责任。

3. 学校或者其他教育机构未尽到教育、管理职责造成限制民事行为能力人损害的责任。对此，《民法典》第1200条规定："限制民事行为能力人在学校或者其他教育机构学习、生活期间受到人身损害，学校或者其他教育机构未尽到教育、管理职责的，应当承担侵权责任。"例如，学校组织春游期间未尽到教育、管理职责，使限制民事行为能力人遭受损害的，学校应当依据本条规定承担责任。

4. 幼儿园、学校或者其他教育机构未尽到管理职责使无民事行为能力人或者限制民事行为能力人遭受第三人侵害所应当承担的责任。对此，《民法典》第1201条规定："无民事行为能力人或者限制民事行为能力人在幼儿园、学校或者其他教育机构学习、生活期间，受到幼儿园、学校或者其他教育机构以外的第三人人身损害的，由第三人承担侵权责任；幼儿园、学校或者其他教育机构未尽到管理职责的，承担相应的补充责任。"例如，校外第三人侵害未成年学生，造成其损害，而学校未尽到管理职责的，则受害人有权依据本条规定请求学校承担责任。

确定活动组织者是否违反安全保障义务的规定，并应当承担责任，应当区分如下几种情况：第一，是否告知受害人风险的存在以及风险的程度。从实践来看，有些活动是不需要组织者告知危险的，因为这些活动的固有危险（如足球比赛）是已经为社会一般人所认知的。例如，组织者举办了足球、橄榄球比赛，如果是比赛参与者致人损害，则应当由其承担责任，而不能由组织者承担责任。至于观众从场外向场内扔玻璃瓶致人损害，组织者应当承担责任。第二，在活动进行过程中，组织者是否尽到了必要的安全保障义务。在活动进行的整个过程之中，组织者都应当负有保障参与者人身和财产安全的义务，应当采取必要的安全保障措施。第三，活动组织者在发生损害后是否及时采取了合理的救助措施。在受害人遭受损害后，活动组织者应当及时采取合理的救助措施，如果没有及时采取合理的救助措施，也应当承担责任。

活动组织者的责任违反安全保障义务的规定，应当承担相应的补充责任。从《民法典》第1198条第2款的规定来看，在因第三人行为造成他人侵害的情形下，违反安全保障义务的人只是承担相应的补充责任，所谓相应，是指应当与其过错程度相适应，因此，在确定活动组织者的责任违反安全保障义务的责任时，要考虑活动组织者的过错程度确定其责任。

四、自助行为

（一）自助的概念

自助行为与正当防卫、紧急避险行为均属于私力救济，或称为自救行为，它们都是在情况紧迫、来不及请求国家机关予以保护时，而迫不得已采取的方法。行为人实施各种私力救济措施，目的在于保护某种合法权益不受侵害，但自助行为所保护的是自己的权利，而正当防卫和紧急避险所保护的权益，还包括他人的权利和利益。自助行为所保护的权利主要是合同之债的请求权和基于绝对权被侵害所产生的请求权，因此在实施自助行为之前，当事人之间已经形成了一种债的关系，而正当防卫和紧急避险行为在尚未实施以前，行为人与义务人之间并无债权债务关系。在自助行为的情况下，自助行为人可为了自己的请求权的实现而执行义务人的财产，或者为了实现自己的请求权而拘束义务人。因此，为了防止自助被滥用，必须对自助的适用条件实行严格的限制。[①]

自助是否为一种抗辩事由，各国法律对此规定不同。我国《民法典》第 1177 条第 1 款规定："合法权益受到侵害，情况紧迫且不能及时获得国家机关保护，不立即采取措施将使其合法权益受到难以弥补的损害的，受害人可以在保护自己合法权益的必要范围内采取扣留侵权人的财物等合理措施；但是，应当立即请求有关国家机关处理。"这就在法律上承认自助行为可以作为一种免责事由。规定自助行为可以作为一种免责事由的意义在于：一方面，有利于强化对于财产权的保护。另一方面，有利于规范私力救济，同时也有利于保护一些从事合法行为的当事人。比如某人在餐馆吃"霸王餐"，吃完饭不给钱，如果不把他的财产扣下来，餐馆的债权就不能得到实现，如果没有规定自助制度，则餐馆扣押财产的行为的合法性就存在问题了。行为人在情况紧迫、来不及请求公力救济的情况下，采取自助措施以避免或减轻自己的财产损失或人身权利的侵害，常常受到社会习惯和舆论的认可。

（二）自助行为的要件

自助行为通常必须符合一定的法定要件，才具有合法性。对自助的范围问题，当事人不得根据契约而任意设定。[②] 借鉴一些国家的民事立法经验，并结合我国的实际情况，本书认为，自助行为必须具备如下条件。

1. 必须是为保护自己的合法权益。自助行为是在本人的权利受到侵害来不及请求有关国家机关援助的情况下采取的措施。如果行为人是为了保护社会公共利益或他人的合法权益而采取私力救济措施，则不构成自助行为。从自助行为所保护的权利性质来看，它所保护的权利主要是请求权，包括合同之债的请求权和基于对物权、知识产权、人身权等被侵害而产生的请求权。[③] 但对于不能在法院起诉或不能强制执行的请求权，不能实施自助行为。例如，对自然债务的请求权、提供劳务的请求权等就不能实施自助行为。此外，行为人所保护的利益也不能是非法利益。例如，行为人为保护赌债请求权、因欺诈和胁迫而产生的债权请求权而采取"自助"措施。

2. 必须是情况紧迫且不能及时获得国家机关保护。一是情况紧迫，这就意味着权利人若不在当时采取自助措施，则其权利难以实现。如债务人在国内无财产而欲逃

---

① Soergel and Siebert, Kommentar zum Buergerlichen Gesetzbuch II, § 229 - 231, no. 18.

② 参见史尚宽：《民法上之自助行为》，1 页，载《台湾法律评论》（49）。

③ 参见杨震：《自助行为初探》，载《吉林大学社会科学学报》，1990（3）。

往国外，或在饭馆用餐的顾客在用餐后不付款而欲逃走，权利人若不采取自助，其合法利益就会受到损害。二是如果对权利人权利的侵害状况并非十分紧迫，权利人来得及请求有关国家机关的援助，或不实行自助并不影响权利人的请求权的实现，则不能实施自助行为。

3. 必须是不立即采取措施将使其合法权益受到难以弥补的损害。自助行为的实施还要求受害人不立即采取措施将使其合法权益受到难以弥补的损害，此处所说的“难以弥补的损害”并不是指损害本身无法填补，而是指不采取自助行为，将发生行为人逃逸、无法查找行为人等情形，从而使权利人的损害难以获得补救。

4. 不得超过必要的限度。从《民法典》第 1177 条第 1 款规定来看，“受害人可以在保护自己合法权益的必要范围内采取扣留侵权人的财物等合理措施”，依据这一规定，采取自助行为的各种措施应当遵循比例原则，以“必要范围”为限。例如，侵权人虽有逃走的可能，但扣押其物就可以保护权利人的请求权时，不得拘束侵权人的自由。也就是说，自助行为不得超过保护请求权所必要的程度。再如，如果受害人扣押侵权人的一项财产就可以保全其请求权时，不得扣押数项财产。例如，在餐馆就顾客 50 元的饭资实施自助行为时，如果可以扣留价值相应的物品，就不应扣留顾客的贵重物品。因自助超过必要限度，给侵权人造成不应有的损害时，受害人应负适当的民事责任。

（三）自助的方法

自助的方法是保障请求权的实现所必需的。依据《民法典》第 1177 条，实行自助必须是在必要范围内采取扣留侵权人的财物等合理措施。具体而言：一是必须是主要采取扣留侵权人的财物的行为，在一般情况下，不得采取对债务人的人身进行拘束的办法。若情况紧急，确需扣押债务人的，也必须在采取必要措施后立即向有关国家机关申请援助。二是必须是在必要范围内采取扣留侵权人的财物的行为，例如，对债务人的财产或权利证书实行扣押。一般来说，所扣押的财产必须是债务人自己的财产。三是其他措施。在该条中采用了一个“等”字，表明不限于扣留侵权人的财物的行为。为了保证自己的请求权的实现且请求权必须是可以强制执行的。在确有必要时，也可以采取其他措施。例如，为防止债务人搬走车上所载之物，割断马车上的牵绳以防止债务人逃债。甚至在特殊情形下，为了防止侵权人逃逸，受害人不得已将其扣留。

行为人在实施自助行为以后，应当立即请求有关国家机关处理。尤其是在受害人在暂时扣留侵权人之后，应当立即报告公安等机关，如果受害人无故迟延，造成侵权人不应有的损害的，应负赔偿责任。若受害人所采取的相关自助措施不被有关国家机关事后认可，则必须立即停止侵害并负赔偿责任。[1]

（四）自助行为的效力

一是合法的自助构成免责。如果符合自助行为的构成要件，则应当产生免责的效

① 参见佟柔主编：《中国民法》，574 页。

果。关于行为人的行为是否符合自助要件，应由行为人自己证明，以使其免责。自助行为作为侵权责任编规定的重要免责事由，只要符合法律规定的自助行为的条件，且受害人在采取自助措施后立即报告了国家有关机关，都可以导致侵权责任的免除。

二是非法的自助应承担责任。《民法典》第 1177 条第 2 款规定："受害人采取的措施不当造成他人损害的，应当承担侵权责任。"如何理解受害人采取的措施不当？也就是说，自助行为不得超过保护请求权所必要的程度。[①] 例如，权利人扣押债务人的一项财产就可以保全其请求权时，不得扣押数项财产；债务人虽有逃走的可能，但扣押其物就可以保护权利人的请求权时，不得拘束债务人的自由；扣押财产可以达到自助的目的时，不得毁损债务人的财产。因自助超过必要限度，给债务人造成不应有的损害时，行为人应负适当的民事责任。

至于行为人误认为其行为符合自助要件而实行一定的行为的，不论其主观上是否具有故意或过失，均应负损害赔偿的责任，比较法上也承认了这一规则。例如，《德国民法典》第 231 条规定："因误认为存在阻却违法行为的必要条件而采取第 229 条所列举行为的人，即使其错误非出于过失，仍应对另一方负损害赔偿义务。"

第三节　过失相抵

一、过失相抵概述

所谓过失相抵，是指根据受害人的过错程度依法减轻或免除加害人赔偿责任的制度。[②] 过失相抵实际上是一种形象的说法，并不是说过失本身可以相互抵消，而只是根据受害人的过错程度确定侵害人的赔偿责任。《民法典》第 1173 条规定："被侵权人对同一损害的发生或者扩大有过错的，可以减轻侵权人的责任。"第 1174 条规定："损害是因受害人故意造成的，行为人不承担责任。"据此可见，我国侵权责任法采纳了过失相抵制度。

过失相抵的主要特点在于：

第一，过失相抵需要综合考虑加害人过错与受害人过错。在过失相抵的情况下，受害人虽然是因加害人行为造成损害，但是受害人对损害的发生和扩大也有过错，因此需要综合考量。在适用过失相抵规则时，过失与原因力中何者是主要因素，学界有不同意见。本书认为，过失相抵原则上主要还是考虑过失程度，原因力应当置于因果关系中讨论。正是因为过失相抵主要考虑过错，所以在过失相抵中不仅要考虑加害人过错，也要考虑受害人的过错。

第二，过失相抵适用的前提是受害人对损害的发生或扩大具有过错。《民法典》第 1173 条对《侵权责任法》第 26 条作出了修改，增加了"扩大"二字，表明过失相抵规则不仅适用于双方对损失的发生具有过错的情形，还适用于双方对损害的扩大具

① 参见杨震：《自助行为初探》，载《吉林大学社会科学学报》，1990（3）。
② 参见程啸：《侵权行为法总论》，433 页。

有过错的情形。由于受害人对损害的发生或扩大具有过错，从而导致在责任的确定中过失相抵规则的适用。在考虑过失相抵时，不仅要考虑受害人对损害的发生具有过错，也要考虑受害人对损害扩大的过错，如果受害人对损害的发生或者扩大没有过错，则无法适用过失相抵规则。

第三，过失相抵的结果是导致责任被减轻或免除。有学者认为，过失相抵并非指赔偿权利人的过失与赔偿义务人的过失相互抵消，因为过失本身是不能抵消的，所谓相抵是指根据公平和诚实信用原则来减轻和免除加害人的赔偿责任，所以应当称为与有责任。[①] 但实际上“相抵”不过是一种形容之语，在双方对损害的发生互有过失时，并不能简单地发生过失的抵消，而应根据原因力和过失程度决定责任的范围和由哪一方负责。[②] 但本书认为，法律上减轻和免除行为人责任的根本原因还是在于受害人具有过错，从这个角度而言，称之为过失相抵也不无道理。而且，这个概念已经约定俗成，所以不必轻易抛弃、变更。过失相抵的前提是双方过错的比较，通过这种比较来确定行为人的责任是否应当被减轻和免除。[③]

二、受害人过错的特点

在侵权责任法中，受害人的过错和加害人的过错是相对应的。但二者存在显著区别，两种过错的主要区别表现在：

1. 范畴不同。一般来说，《民法典》上所说的过错都是指加害人的过错，它是作为责任的构成要件来加以考察的。虽然受害人的过错与行为人的责任承担之间有密切的联系（例如在受害人具有故意的情况下，将会免除行为人的责任），但在《民法典》中，受害人的过错是作为一种抗辩事由而存在的，它不应包括在构成要件中，二者属于不同的范畴。

2. 主体不同。受害人的过错主体是受害人而非行为人，通常受害人的过错以侵害行为的存在为前提，也就是说，加害人实施了加害行为以后，由于受害人的过错导致损害的发生和扩大。在绝大多数情况下，没有加害行为，就无所谓受害人，当然也不存在受害人的过失。如果是因为受害人自身的原因造成损害的发生，则实际上是受害人自己引起自身的损害，也就不存在加害人和受害人的区别了。在混合过错中，受害人的过错以加害人的行为为前提，其可能发生在损害发生之时，也可能发生在损害扩大之时，而考察混合过错制度的主要目的就是通过对双方过错的比较，来决定是否减轻或免除加害人的责任。

3. 性质不同。受害人的过错与行为人的过错在性质上是有区别的，主要表现在两个方面：一方面，受害人的过错本质上是违反了对自己的保护义务，而不是违反了侵权责任法所设定的不得损害他人的一般性义务。无论是混合过错中受害人的过错，

① 参见曾世雄：《损害赔偿法原理》，259 页，北京，中国政法大学出版社，2001。

② 参见郑玉波：《论过失相抵与损益相抵之法理》，载郑玉波：《民商法问题研究（二）》，12 页，台北，自版，1979。

③ 参见陈聪富：《过失相抵之法理基础及其适用范围》，载《中德私法研究》总第 4 卷，3 页，北京，法律出版社，2008。

还是单独引起损害发生的受害人的过错，都是指受害人对于自己的人身及财产利益没有尽到合理的照顾义务，或者没有采取适当的预防措施，而不是指因故意和过失致他人损害或违反了对他人应尽的合理注意的法定义务。另一方面，受害人的过错在一般情况下并不具有违法性。受害人的过错主要是指违反了依据诚信原则所产生的照顾自身利益的义务，对自己的保护义务很难说是受害人应承担的法定义务。不能因为受害人违反了这种义务，就确定受害人的行为具有违法性，并要求其承担法律责任。

4. 后果不同。受害人的过错以加害行为存在为前提，其后果仅导致加害人责任的减轻或免除，而并非使受害人承担对自己过错行为的责任。这就是说，如果受害人具有过错，则被告可以以此作为抗辩事由，要求减轻或免除责任。因为在受害人具有过错的情况下，受害人违反的是保护自身的义务，只是由于受害人的过错与损害之间具有一定的因果关系，而使加害人的责任赔偿数额减轻或免除，但这并不意味着受害人自己对自己实施了侵权行为。

三、受害人过错的性质

《民法典》第 1173 条规定："被侵权人对同一损害的发生或者扩大有过错的，可以减轻侵权人的责任。"根据该规定，在侵权行为发生以后，受害人应采取措施防止损失的扩大，以避免使加害人负更重的责任，若受害人没有尽到此种义务，则由受害人自己承担扩大的损失。该条对受害人减轻损害的义务作出了规定，但该义务在性质上并不是法定的一般的强制性义务，此种义务具有如下几个特点。

第一，此种义务在性质上属于不真正义务。受害人减轻损害的义务虽然是一种法律规定的义务，但其不同于法律的强制性义务。侵权法要求每个人都不得损害他人，从而确定了不侵害他人的普遍的一般义务，违反此种义务致他人损害将产生损害赔偿责任，但侵权法并未规定，任何人未尽照顾自身的义务即需要承担法律责任。因此，受害人照顾自身权益的义务是一种不真正义务，违反此种义务的后果是对受害人产生不利益，导致其不能获得赔偿或减少赔偿，但并不产生对他人的损害赔偿责任问题。

第二，此种义务不具有可请求履行性。受害人虽依法负有减轻损害的义务，但并不因此使行为人获得一种相对的权利从而可直接请求受害人履行。此种义务是一种强度较弱的义务，其主要特征在于相对人通常不得请求履行，对其违反也不发生损害赔偿责任。[①]

第三，违反此种义务的行为并不具有违法性，也不具有法律上的应受非难性。受害人过错的本质在于违反了依据诚信原则所产生的照顾自身的义务，此种过错是否具有不法性，在法律上存在一定的争议。本书认为，在确定行为人的责任时，可以将违法性包含在过错的概念之中，但在确定受害人的过错时，则应当区分过错和违法的概

① 参见王泽鉴：《基本理论债之发生：契约、代理权授予、无因管理》，51 页，北京，中国政法大学出版社，2001。

念。在受害人具有过错的情况下，尽管受害人有过错，但是其行为不具有违法性，因为违法性通常指的是违反了不损害他人的义务，并且在结果上造成了对他人的人身和财产利益的损害，而在受害人违反减轻损害义务的情况下，受害人并不因其过错要承担责任，而仅仅导致减轻或者免除加害人的责任，而且受害人的过错虽然会导致受害人承受不利益，但其行为并没有直接地侵害社会的利益。从这个意义上说，受害人的过错也不具有违法性。

四、受害人过错与免除或减轻责任

受害人过错是指受害人对损害的发生或扩大具有过错。受害人的过错常常成为减轻或免除行为人责任的根据。受害人的过错涉及比较过失、过失相抵以及受害人自甘冒险等多种制度。在我国侵权责任法中，受害人的过错是一种独立的免责事由或减轻责任的事由。具体来说，从过失相抵的效果来说，受害人过错包括两种形态：

（一）作为减轻责任事由的受害人过错

《民法典》第1173条规定："被侵权人对同一损害的发生或者扩大有过错的，可以减轻侵权人的责任。"这是将受害人的过错作为一种减轻责任的事由。但受害人过错作为减轻责任的事由，在适用时应当区分过错责任和过错推定责任、严格责任、公平责任：

1. 过错责任。在过错责任中，受害人的过错一般都会导致责任的减轻。在此种责任中，通过需要根据受害人的过失程度确定责任范围，受害人的过错程度越重、对损害的发生或者扩大的影响越大，则应当更多地减轻行为人的责任；反之，如果受害人的过错程度越轻、对损害后果发生或者扩大的影响越小，则应当更少地减轻行为人的责任。例如，在受害人故意的情形下，可能导致行为人责任的免除，在许多情况下，如果受害人具有重大过失，也有可能导致责任的免除，但如果受害人仅具有轻微过失，则不一定导致行为人责任的减轻。

2. 过错推定责任。过错推定责任较之于过错责任更为严格，因此，不能像过错责任那样完全依据受害人过错的程度减轻或者免除行为人的责任，但这并不意味着受害人过错对行为人的责任不产生影响。首先，在受害人故意的情形下，可以减轻或者免除行为人的责任。例如，在道路交通事故责任中，因为非机动车一方、行人一方故意碰撞机动车，这就是社会上所说的"碰瓷"现象。在此情况下，表明受害人是故意的，依据我国《道路交通安全法》第76条第2款规定，"机动车一方不承担赔偿责任"，但依反面解释，如果受害人具有过失，虽不能完全导致机动车一方的责任免除，但应当减轻其责任。[①] 其次，在受害人具有重大过错的情形下，也可能依据具体情形适当地减轻行为人的责任。例如，在医疗事故责任中，医疗机构更改了病历、检查资料等，则可以直接推定其有过错，但如果患者自己延误治疗，使病情恶化，则可以适当减轻医疗机构的责任。最后，在受害人仅具有一般过错的情形下，通常不得减轻行

① 参见全国人大常委会法制工作委员会民法室编：《中华人民共和国侵权责任法条文说明、立法理由及相关规定》，100页，北京，北京大学出版社，2010。

为人的责任，这显然不同于过错责任。

3. 严格责任。在严格责任中，由于其免责事由和减轻责任事由都是法律明确规定的，因而，受害人过错能否作为行为人的免责事由，应当视具体侵权类型而定。在许多情况下，即使受害人具有故意，也未必都导致行为人的责任免除，而可能只是导致责任的减轻。例如，依据《民法典》第 1240 条的规定，在高度危险责任中，受害人的故意可以作为行为人的免责事由，受害人的过失不得成为免责事由，而只能作为减轻责任的事由。

尤其需要指出的是，在严格责任中，一般来说，受害人的重大过失可以作为减轻责任的事由，而其一般过失不能成为减轻责任的事由。除非法律有特别例外的规定。对此，我国《民法典》的多个条款确立了这一规则。

4. 公平责任。公平责任旨在分担损失，分担损失与减轻责任是两个不同的概念。就分担损失来说，其属于责任的认定问题，而不是减轻的问题。在确定公平责任的范围时，法官一般考虑受害人的损害程度和当事人的经济状况等因素，而一般不考虑受害人的过错。因此，公平责任的确定原则上不考虑受害人的过错。

（二）作为免除责任事由的受害人故意

《民法典》第 1174 条规定："损害是因受害人故意造成的，行为人不承担责任。"这是将受害人的故意作为一种免责事由加以规定。一般来说，在过错责任或过错推定责任中，受害人的故意可以作为免责事由，但在严格责任中，受害人的故意是否可以使加害人被免责，要依具体情况而定。

此外，在《民法典》有关特殊侵权责任的规定中，也规定了过失相抵，例如，《民法典》第 1192 条规定："个人之间形成劳务关系，提供劳务一方因劳务造成他人损害的，由接受劳务一方承担侵权责任。接受劳务一方承担侵权责任后，可以向有故意或者重大过失的提供劳务一方追偿。提供劳务一方因劳务受到损害的，根据双方各自的过错承担相应的责任。"《民法典》对受害人过错从减轻和免除两个方面作了规定，因此可以认为，我国《民法典》确立了以受害人过错作为免责或减轻责任事由的规则。

五、过失相抵的运用

在我国司法实践中，有时将双方的过失程度具体确定为一定的比例，从而决定责任范围。对损害后果应负全部责任者，其过失比例为 95%～100%；对损害后果应负大部分责任者，其过失比例为 75%～94%；对损害后果应负主要责任者，其过失比例为 50%～74%；对损失后果负次要责任者，其过失比例为 25%～49%；对损害结果应负一定的责任者，其过失比例为 1%～24%。在我国，此种做法主要适用于交通事故责任的处理。从实践来看，这一方法较之于其他方法更为精确，但它的适用是以精确地确定双方的过失比例为前提的，若不能准确地确定双方的过失比例则不能适用这一方法。在实践中，作出此种精确的估计常常是困难的，这就大大限制了这一方法的适用范围。

思考题

1. 侵权责任的免责事由有哪些？
2. 正当防卫超过必要限度的法律后果如何？
3. 紧急避险有哪些构成要件，其适用效果是什么？
4. 第三人造成损害对责任人承担侵权责任的影响如何？
5. 什么是过失相抵？如何适用？

第六章 数人侵权责任

【案例】 甲、乙、丙、丁四人为同一单位同事，几人在出差时入住某宾馆。当晚，几人在房间内抽烟打扑克，并乱扔烟头，后不慎引起火灾。几人当时均在抽烟，但事后无法查明引发火灾的烟头是谁所扔，四人均予以否认。宾馆起诉四人，请求四人承担损害赔偿责任。

简要评析： 该案属于侵权纠纷，在该案中，四人均抽烟、扔烟头，但事后无法查明引发火灾的烟头是谁所扔，四人的行为构成共同危险行为，依据《民法典》第1170条的规定，宾馆有权请求四人承担连带责任。

第一节 共同侵权行为概述

一、共同侵权行为的概念和特征

共同侵权行为也称为共同过错、共同致人损害，是指数人基于共同过错而侵害他人的合法权益，依法应当承担连带赔偿责任的侵权行为。《民法典》第1168条规定："二人以上共同实施侵权行为，造成他人损害的，应当承担连带责任。"这是对狭义的共同侵权行为的规定。

共同侵权是多数人侵权的一种形态。多数人侵权是与单独侵权相对应的，它是指行为人是两个或两个以上的人。多数人侵权主要包括三种类型：一是共同侵权行为（《民法典》第1168条），其中包括共同加害、教唆帮助侵权（《民法典》第1169条）；二是共同危险行为（《民法典》第1170条）；三是无意思联络的数人侵权行为（《民法典》第1171、1172条）本节主要讨论共同侵权行为。共同侵权行为与单独的侵权行为相比较，具有如下特征。

1. 主体的多数性，也称为主体的复数性。依据《民法典》第1168条规定，共同侵权是二人以上共同实施侵权行为。这就是说，共同侵权人必须是两个或两个以上的人，既可以是自然人，也可以是法人。例如，在"黄某诉韦某等身体权纠纷案"中，法院认为，公民的生命权、健康权、身体权受国家法律保护，原告黄某与被告韦某等因琐事发生争执，在争执中两被告共同殴打原告，致原告受伤，两被告共同实施侵权行为，造成他人损害应承担连带责任。[①] 数人致人损害是侵权行为中比较常见的现象，

① 参见广西壮族自治区乐业县人民法院（2013）乐民一初字第859号民事判决书。

但数人侵权的类型非常复杂，法律根据不同的侵权形态，分别作出规定，确定不同的法律后果。

2. 主观过错的共同性，即共同侵权人具有共同致人损害的故意或过失。《民法典》第1168条规定："二人以上共同实施侵权行为，造成他人损害的，应当承担连带责任。"如果将该条与《民法典》第1171、1172条的规定相比较，可以看出，侵权责任编关于狭义的共同侵权的规定，其基本的特征是强调主观的共同。所谓主观共同，就是指共同过错。有观点认为，此处所说的"共同"就是指有意思联络的主观共同。[①]本书认为，这种理解过于狭窄。以德国法为代表的大陆法系国家民法中所说的共同过错，仅指行为人具有共同故意或者意思联络的情形。只要受害人能够证明多个行为人对损害结果的发生具有共同的意思联络以及其遭受的损害与数人中一人的行为存在因果联系，他无须证明其他人的行为与损害之间存在因果关系，即可要求其承担连带责任。[②] 这种观点虽然具有严密的逻辑性，但应当看到，随着对受害人保护的强化，共同侵权行为的范围也有进一步扩大的趋势。现代各国法律大多认为共同侵权可以包括共同过失，而不限于共同故意。尤其是如果将"共同"限于共同故意，否认了大量存在的共同过失，受害人就必须证明行为人之间具有共同故意，这也可能加重了受害人的举证负担。正是因为行为人主观上具有共同过错，才使数个行为人的行为联结成为一个整体。民法典侵权责任编正是从主观共同出发，区分了狭义的共同侵权行为和无意思联络的数人侵权，从而构建了数人侵权的体系。

由于共同侵权人具有共同的过错，因而，其不同于无意思联络数人侵权和并发的数个单独侵权。一方面，尽管无意思联络侵权和共同侵权行为在客观上都是几个行为结合在一起，但从主观上来看，无意思联络数人侵权只是数个行为的偶然结合而致人损害，行为人在主观上并没有共同过错；从结果上来看，无意思联络数人侵权致他人的损害并不是单一的、不可分的损害。因此，在无意思联络数人侵权时，应当根据其过错大小使其各自承担责任，而不能适用连带责任。另一方面，共同侵权也不同于并发的数个单独侵权，在后一种情况下，尽管客观上数个行为都对结果造成了损害，但数个行为人并没有共同的过错，客观上行为人是分别针对受害人实施加害行为，因此数个行为人要分别承担责任。

3. 行为的共同性。一方面，在共同侵权行为中，数人的行为相互联系，构成一个统一的致人损害的原因。共同致害行为既可能是共同的作为，也可能是共同的不作为。另一方面，从因果关系上来看，任何一个共同侵权人的行为都对结果的产生发挥了作用，即各种行为交织在一起，共同发生了作用，因而由各个侵权人承担连带责任是合理的。共同侵权行为并不要求每个行为人都实际地共同从事了某种行为，它可以是两个人共同决定，由一个人完成，也可以是一个人起主要作用，另一个人起辅助作用。每个人的行为和结果之间并不一定都有直接的因果联系，只要共同侵权人具有以他人的行为作为自己行为的意思，就足以认定因果联系的存在。因此，在共同侵权

① 参见奚晓明主编：《〈中华人民共和国侵权责任法〉条文理解与适用》，67页，北京，人民法院出版社，2010。

② 参见程啸：《论意思联络作为共同侵权行为构成要件的意义》，载《法学家》，2003（4）。

中，不是从每个人个别行为的原因力来判断的，而是从行为的整体对结果的原因力来判断的。

4. 结果的同一性。依据《民法典》第1168条的规定，共同侵权是二人以上共同实施侵权行为，造成他人的损害。此处所说的造成他人损害，就是指数人的侵权行为造成了同一损害结果。换言之，它是指共同侵权行为所造成的后果是同一的，如果各个行为人是针对不同的受害人实施了侵权行为，或者即使针对同一受害人，但是针对不同的对象分别实施了侵害行为，损害后果在事实上和法律上能够分开，则仍有可能构成分别的侵权行为或并发的侵权行为，而非共同侵权行为。当然，在数个行为人中，可能行为人事先具有明确的分工，也可能事先并没有分工；数人发挥的作用也可能有大小的区别，但只要他们具有共同的过错，就并不影响数个行为人的行为统一性和不可分割性。

5. 责任的连带性。《民法典》第1168条规定："二人以上共同实施侵权行为，造成他人损害的，应当承担连带责任。"因此，共同侵权行为人应当承担连带责任。连带责任大多是基于约定产生的，但共同侵权行为的连带责任是基于法律的规定而产生的。正因如此，各国传统的理论都认为，除非行为人有主观上的意思联络，否则不能让其承担苛刻的连带责任，因为连带责任是较按份责任对债务人更严苛的一种责任形式。

共同侵权人对受害人应负连带责任，这是共同侵权不同于一般侵权的一个最基本的特点。但需要指出的是，传统上，连带责任的适用范围仅限于共同侵权行为，但是我国《民法典》对此作出了突破性规定，即连带责任的适用范围不限于共同侵权行为，还包括聚合因果关系等情况。连带责任的适用范围已经被扩大了。

二、关于共同侵权行为的本质

共同侵权行为的本质特征在于数人致人损害，其主观上具有共同的过错。没有共同过错，数人的行为不可能联结成一个整体，也不能使数人致人损害的行为人负连带责任。[①]《民法典》第1168条关于狭义的共同侵权的规定，突出了主观共同，但并没有采纳传统民法的意思联络说。侵权责任编采纳主观过错说的理由主要在于：在共同侵权行为中，各行为人主观上具有共同过错是其依法应负连带责任的基础。正是基于共同过错，各行为人的行为构成一个整体。既然在共同侵权行为中，各行为人都认识和意识到了其共同行为所可能造成的损害结果，因此，各行为人的损害行为构成集体行为，损害后果是由集体行为而非各行为人的单独行为所致。损害是单一的，不能从原因上进行分割。若无共同的过错，则无共同的、单一的损害结果。因此，共同侵权人应向受害人负连带责任，但如果从客观行为出发来解释连带责任的基础，则不仅不能对共同侵权人对外负连带责任的原因作出合理的解释，而且极易不适当地扩大共同侵权行为的范围，不合理地给当事人强加连带责任。

如果不考虑主观过错的共同性，就不能区分共同侵权与无意思联络的数人侵权。

① 参见佟柔主编：《民法原理》修订本，227页，北京，法律出版社，1986。

而从司法实践来看，作出此种区分是十分必要的。例如，甲的房子盖得不高，无民事行为能力人乙爬了上去，而丙违反有关高压电线的管理规定，在架设电线杆时违章作业，架设电线杆过低、电线垂下，致使乙触电死亡。最高人民法院《人身损害赔偿司法解释》第3条第1款规定："虽无共同故意、共同过失，但其侵害行为直接结合发生同一损害后果的，构成共同侵权，应当依照民法通则第一百三十条规定承担连带责任。"本案中，甲因为房子盖得不高，使乙能够爬上屋顶，从而与丙电线杆架设过低的行为直接结合在一起，造成了同一损害后果。因此甲和丙之间虽无共同过错，但若也构成共同侵权，行为人应当承担连带责任。这种做法显然是不妥当的，因为尽管数个行为人造成了同一损害，但主观上他们没有共同过错，尤其是对于房屋的所有人来说，很难说其房子盖得过低的行为是有过错的，因为该行为并不违反任何规定，只是因其没有足够的资金盖房而已。况且在其盖房时，高压线尚未架设，他不可能预见到将在其房子附近架设高压线，因而房屋的所有人在本案中是没有过错的。但如果高压线架设在前，而房屋的所有人仍然盖房过低，若造成同样的损害，则可认为其是有过错的，除非其已采取了合理、足够的措施以避免损害的发生。在本案中，既然房屋的所有人没有过错，此时确定其与丙之间构成共同侵权，显然是不妥当的。要求其承担连带责任，甚至要使其负全部责任，更是不公平的。本书认为，此时应构成无意思联络的数人侵权，应根据各自的过错程度或原因力大小各自承担相应的责任。

第二节 共同过错的内容

一、共同过错的内容概述

《民法典》第1168条所规定的过错属于共同过错。在共同侵权行为中，共同过错是仅指共同故意，还是应包括共同过失，存在争议。德国法上共同侵权中的"共同"，实际上是指共同意思联络。意思联络是指各个行为人具有共同的故意或进行恶意的串通。可见，共同的意思联络实际上主要是一种故意。以德国民法为代表的部分国家在共同侵权责任中采用主观标准，要求行为人必须具有意思联络，这主要是出于缩小责任人的范围，避免株连的考虑，也体现了法律贯彻为自己行为负责的原则，尽量减少连带责任的适用。但是，随着社会的发展，大工业的兴起，当代民法更多倾向于保护受害人的利益。在此情况下，法律对于共同侵权的判断就不能仅强调行为人之间必须具有意思联络，否则不利于保护受害人的利益。因此，数个加害人主观上具有过失，也可构成共同侵权。

本书认为，共同侵权行为中的共同过错既包括共同故意也包括共同过失。所谓共同故意，并不是指每个行为人对结果的发生都有故意，而是强调他们具有共同的意思联络。对此种共同故意的判断，不能仅仅从主观心理上进行判断，还应当从外部的行为特征和表现来确定其是否具有共同故意。所谓共同过失，应当是指各个行为人对结果的发生都已经预见或者应当预见。这就是说，尽管各个行为人没有共同的意思联络，也无意追求损害结果的发生，但是，在行为实施过程中，行为人对损害的后果都具有共同的可预见性，换言之，他们都认识到某种损害后果会发生，但是因为懈怠、疏忽等原因而从事了该行为，并造成了同一损害后果。之所以采纳共同过错概念，一方面，从文义解释角度来看，《民法典》第1168条所说的“共同”并没有限定在意思联络方面，也并非局限在共同故意；另一方面，共同过失的侵权形态是客观存在的，如果不考虑这些侵权，将共同过错局限于共同故意，则给受害人强加了过重的举证负担，因为受害人在很多情况下要证明加害人有故意是十分困难的。只要能够证明共同过错，就成立共同侵权，有利于对受害人的保护。还要看到，随着共同侵权责任的发展，一些新的侵权，例如合伙对第三人的侵权责任等，很难确定行为人相互之间具有意思联络，但是也应使之承担共同侵权的责任。

二、共同过失

所谓共同过失，是指数人共同实施某种侵权行为时，各行为人对其行为所造成的共同损害后果应当预见或认识，但因为疏忽大意或不注意而致使损害后果发生。例如，甲指导乙驾驶汽车时，不慎误伤行人，甲、乙事先并无伤害行人的合意，但他们都造成误伤行人的后果，可以认为其具有共同过失。此外，数人共同实施某种行为造成他人的损害，虽不能确定行为人对损害结果的发生具有共同故意，但可根据案件的情况，认定行为人具有共同的过失。如数人承包建筑房屋时，房屋倒塌致行人损害，各承包人对建筑物倒塌伤害行人的后果虽无共同故意，但可认定其具有共同过失，并由此使其向受害人负连带责任。

共同过失的主要特点在于：第一，数个行为人并不存在意思联络。这就是说，数个行为人并没有事先的“通谋”。第二，数个行为人在实施某种行为时，其对结果具有共同的可预见性。这就是说，各共同行为人都必须要对其所实施的行为造成的同一损害后果具有一定的认识，能够预见到损害结果的发生。第三，因为数个行为人共同的疏忽大意或者过于自信，而没有能够避免损害的发生。例如，两人共同抬石头，相互询问，相信绳子足够结实，石头不会掉落，结果石头掉落砸伤了他人。此时，数人已经预见到损害结果可能发生，但是基于共同的过于自信的过失导致损害仍然发生，因此，行为人间成立共同过失的共同侵权。[①]

对行为人共同过失的确定，主要应依客观标准而不是主观标准。特别是在共同过失的确定中，客观标准具有更重要的作用。例如，各行为人对损害结果是否应当具有共同的认识和预见，要根据一个合理的、谨慎的人是否应当预见和认识损害结果来加以判断。至于某个行为人因其自身的智力、能力、反应力等主观因素障碍使其难以预见损害结果，也不妨碍过失的成立。

本书认为，共同侵权中的共同过错应当包含共同过失，主要理由是：

第一，共同侵权仅包括共同故意可能使得共同侵权行为的适用范围过窄，不利于保护受害人。事实上，早在罗马法中就有了共同过失构成共同侵权的规定。据《法学

① 参见郑玉波：《民法债编总论》，2版，陈荣隆修订，143页，北京，中国政法大学出版社，2004。

阶梯》记载，二人设计错误，致使某根横梁倒下而伤及他人，二人应共同负责。随着现代社会的发展，各种事故损害、法人侵权大量产生，过失已成为侵权行为中过错的重要形式。因此，许多国家的立法和判例已经承认了基于共同过失的共同侵权行为，认为从事共同活动或者行为相互关联的当事人违反共同的注意义务，造成对他人的损害时，应负共同侵权责任。例如，二人操作一台机器时违反安全规章致损害发生；数人在户外生火取暖，离去时未灭尽余火而致损害发生等。承认共同过失构成共同侵权行为是现代侵权责任法发展的趋势。共同过错扩张至共同过失符合现代社会发展的需要。基于过失的共同侵权是以现代社会中事故致损的大量发生为背景的。在共同的生产、经营和其他社会活动中，人们相互协作、联系和影响的机会日益增加，产生出大量的共同注意义务，由此引申出共同过失的概念。①

第二，如果共同侵权行为仅仅限于具有意思联络，就很难解释一些新型的侵权行为中行为人是否应承担连带责任。现代社会的许多专家责任案件中，行为人往往具有共同的过失。例如，设计师和建筑商都具有过失，因此造成了损害后果。在现代社会，此种损害越来越多，如果将共同侵权仅限于共同故意，则许多新型的侵权，如证券法上的侵权、专家责任等都将难以构成共同侵权，受害人将不能依据连带责任获得保护。例如，我国《证券法》第173条规定：证券服务机构制作、出具的文件有虚假记载、误导性陈述或者重大遗漏，给他人造成损失的，应当与发行人、上市公司承担连带赔偿责任，但是能够证明自己没有过错的除外。只有在数个侵权人彼此之间具有主观上的共同的意思联络，才能共同承担连带责任的情况下，连带的基础在于其具有共同的意思联络。然而，在中介机构实施弄虚作假等情况下，中介机构不一定与上市公司之间都具有共同的意思联络，原告也很难证明中介机构与上市公司之间具有故意和恶意通谋，但我国《证券法》认为其具有共同过错，应适用连带责任。

第三，我国司法实践素来以共同过错作为确定共同侵权行为的标准。如果某个行为人的行为偶然地与他人的行为发生结合，人民法院一般都要分清责任。《人身损害赔偿司法解释》第3条更是明确规定，共同过错既包括共同故意也包括共同过失。从理论上说，把共同过失包括在共同过错之中，对正确确定责任、保护受害人利益以及实现侵权责任法的目的是必要的。如果共同过错中不包括共同过失，将会使大量的共同过失侵权、共同危险行为的行为人免除了向受害人负连带责任的义务。而且，因为受害人难以证明各加害人具有共同故意，从而免除了加害人应负的共同侵权行为责任，这对于保护受害人的利益是极为不利的。

共同过错是共同侵权的基石。由此可见，共同侵权责任应彻底贯彻过错责任原则的内容，即不仅以过错作为判定共同侵权行为成立的要件，而且以过错作为归责的最终要件。当然，由于共同侵权行为错综复杂，对于共同侵权中共同过错的确定，在实践中常常会发生困难。例如，因某种产品的缺陷对受害人造成损害，该产品的数个制造者是否具有共同过错往往难以确定。在这种情况下，法官可依据法律

① 参见王卫国：《过错责任原则：第三次勃兴》，273页，杭州，浙江人民出版社，1987。

的规定和案件的具体需要而推定各行为人之间具有共同过错，使其对受害人负连带责任。

第三节 教唆和帮助行为

一、教唆和帮助行为概述

在简单的共同侵权中，数个人都直接实施了侵权行为，这些人都是实际的行为人，他们之间没有明确的分工。不过，在一些事先通谋或基于其他共同故意的共同侵权中，数个侵权人之间可能具有不同的分工，如有的人直接实施加害行为，有的人只是教唆、帮助他人实施侵权行为。由于各行为人具有共同故意，其行为已与其他共同侵权人的行为构成一个共同的、不可分割的整体，因此都是共同侵权人。

《民法典》第1169条第1款规定："教唆、帮助他人实施侵权行为的，应当与行为人承担连带责任。"从文义解释看，"应当与行为人承担连带责任"，就表明其是共同侵权行为。我国《民法典》之所以将其作为共同侵权行为对待，理由在于：这样规定与我国侵权责任法强调共同过错作为共同侵权的本质特征是一致的。例如，在教唆和帮助的情况下，教唆人、帮助人和直接行为人之间，也存在共同过错。由于共同过错的存在，使得他们的行为与直接行为人的行为一样构成了整个共同侵权行为中不可分割的一部分。即使教唆人和帮助人没有直接实施侵权行为，但从责任后果上看，他们都要承担连带责任，因此，将教唆、帮助行为认定为共同侵权行为也是有一定必要的。[①] 当然，在内部责任分担上，可能由于帮助人的过错程度低于直接行为人以及教唆人的过错程度，因而帮助人可能承担比行为人较轻的责任。但在对外责任上，他们要对受害人承担连带责任。

需要指出的是，在教唆和帮助行为中，是否有必要区分教唆和帮助，进而设计不同的规则？从《民法典》第1169条的规定来看，该条并没有区分教唆和帮助行为，而是适用统一的规则。本书认为，这一规定是合理的。一方面，我国立法和司法实践一贯对于教唆和帮助不进行区别对待，《民法典》第1169条的规定是对我国既有法律规定和司法实践经验的总结。另一方面，教唆和帮助都会给受害人的人身、财产权益造成损害。教唆是制造侵权的意图，帮助是辅助实施侵害行为，两者都与行为人的行为结合形成一个整体，此外，为充分保护受害人，规定连带责任是很有必要的，没有必要区别对待。至于内部的追偿，主要是根据各方的过错程度分担责任的，而与具体的教唆、帮助的形态关系不大。

二、教唆行为

《民法典》第1169条第1款规定："教唆、帮助他人实施侵权行为的，应当与行为人承担连带责任。"所谓教唆，是指利用言语对他人进行开导、说服，或通过刺激、

① 参见张铁薇：《共同侵权制度研究》，193页，北京，法律出版社，2007。

利诱、怂恿等办法使被教唆者接受教唆意图，进而从事某种侵权行为。没有教唆人的唆使，被教唆人就不会实施侵权行为。因此，教唆行为与被教唆人的行为之间具有因果联系。构成教唆的要件包括：一是教唆行为均出于故意。这就是说，教唆人不仅认识到自己的教唆行为会使被教唆人产生侵权的意图，并实施侵权行为，而且认识到被教唆人的行为所导致的后果且希望或放任此种结果发生。因此，教唆人的故意既包括直接故意，也包括间接故意。教唆人虽为故意教唆，而被教唆人出于过失而实施侵权行为，亦可构成共同侵权。例如，明知窗外有人经过，而引诱他人往窗外扔物件，扔物者并不知窗外有人而扔出某物，从而将他人砸伤。二是被教唆人实施了侵害行为。与刑法不同，民法上教唆人承担责任的前提是，被教唆人实施了特定的侵权行为。如果仅仅有教唆行为，而被教唆人没有实施特定的侵权行为，或者实施的行为不构成侵权，教唆人不承担侵权责任。[①] 三是教唆人与被教唆人的行为之间存在因果联系。如果被教唆人原本已经存在实施侵权行为的决意，此时，教唆人的行为与被教唆人的侵权行为之间就没有因果关系。例如，教唆人教唆某人去砸毁受害人的玻璃，但被教唆人砸毁玻璃之后，还翻墙入室盗窃了财物。被教唆人实施的盗窃行为与教唆行为之间并不存在因果关系，所以，教唆人不应对此行为负责。

《民法典》第 1169 条第 1 款规定："教唆、帮助他人实施侵权行为的，应当与行为人承担连带责任。"该条第 2 款规定："教唆、帮助无民事行为能力人、限制民事行为能力人实施侵权行为的，应当承担侵权责任；该无民事行为能力人、限制民事行为能力人的监护人未尽到监护职责的，应当承担相应的责任。"根据上述规定，教唆人的责任主要有如下几个特点。

1. 教唆完全民事行为能力人的，应当与行为人承担连带责任。从《民法典》第 1169 条第一款的规定来看，侵权责任编是将教唆完全民事行为能力人作为共同侵权行为来对待的。法律作出此种规定的主要理由在于：一方面，在教唆的情况下，教唆人和行为人之间具有主观的共同性，主观共同性本身成为两者对损害结果承担连带责任的基础。即使客观上某个行为人对结果的发生实际所起的作用很小，也应当认其为共同侵权人，并使之承担连带责任。另一方面，教唆人使他人决意实施特定的侵权行为，其主观上的可非难性程度更高。行为人原本没有实施某种侵权行为的目的和动机，只是因为教唆人的教唆，使其决心实施该行为。因此，无论教唆人是否实际实施侵权行为，其都应当与完全行为能力人负同样的责任。此外，从因果关系角度来看，教唆者的行为导致了行为人产生实施危害行为的犯意，没有教唆者的行为，行为人不可能产生危害他人的犯意，也不会产生后续的危害行为。本书认为，教唆、帮助者的行为虽然不是损害发生的充分条件，但在共同侵权行为中，可以构成损害发生的必要条件。

2. 教唆无民事行为能力人、限制民事行为能力人实施侵权行为的，教唆人应当承担侵权责任。对于无民事行为能力人和限制民事行为能力人而言，他们不能够与完全民事行为能力人完全等同对待，因为无民事行为能力人和限制民事行为能力人并没

① 参见奚晓明主编：《〈中华人民共和国侵权责任法〉条文理解与适用》，76 页。

有完全的意思能力，尤其是无民事行为能力人，其可能完全不了解自己行为的后果，而成为教唆人的工具。例如，教唆人引诱5岁的孩子点火，并提供点火的工具，该小孩可能完全不能认识到其行为的后果。若使该无民事行为能力人的监护人承担侵权责任，对其未免不公平。因此，《民法典》第1169条第2款将教唆限制民事行为能力人和无民事行为能力人分开，从体系解释的角度来看，教唆无民事行为能力人和限制民事行为能力人，教唆人应当承担责任，关于被教唆人的监护人的责任，依据《民法典》第1169条第2款的规定，无民事行为能力人被教唆实施侵权行为的，如果监护人未尽到监护职责，监护人也应当承担相应的责任。例如，在“马某诉李某等生命权、健康权、身体权纠纷案”中，法院认为，被告李某与原告马某因以打扑克“斗地主”的方式赌博发生口角争执，被告李某为泄愤打电话给被告李某甲，要求被告李某甲约人到股水村找原告马某帮其出气，被告李某甲受被告李某的教唆，邀约被告杨某甲、谷某甲、刘某甲携带钢管、刀具从易门县城赶至铜厂乡股水村到原告马某的住处对原告进行殴打，造成原告损害。由于被告李某甲、杨某甲、谷某甲、刘某甲均系限制民事行为能力人，因其监护人未尽到监护责任，其给原告造成的损害，由四被告的监护人承担侵权责任。①

一般认为，在教唆人和帮助人承担的是连带责任，但在教唆人和监护人的责任承担方面，《民法典》第1169条第2款没有明确规定，从体系解释的角度来看，该条显然是排斥了连带责任，该款规定：“该无民事行为能力人、限制民事行为能力人的监护人未尽到监护责任的，应当承担相应的责任。”如何理解此处所说的“相应的责任”？对此有不同的观点。本书认为，在监护人承担相应责任的范围内，其与教唆人和帮助人应向受害人共同负责，但监护人的责任是相应的责任。也就是说，要考虑其过错程度、原因力来确定责任。也就是说，其行为或过错对损害发生所发挥的作用越大，则其应承担的责任越重，反之，则越轻。例如，烧毁邻居的房屋和砸碎邻居的玻璃，两种行为的性质不同，被教唆人对该行为的理解和认识也不同，所以，监护人的责任是不同的。再如，对于5岁的未成年人来说，其监护人的监护义务较17岁未成年人的监护人义务更重，所以当5岁的幼童因为教唆的原因造成他人损害时，其父母未履行监护义务的程度也同时较重，所以应当承担更重的责任。除了过错程度，也要考虑原因力等因素。

三、帮助行为

《民法典》第1169条第1款规定：“教唆、帮助他人实施侵权行为的，应当与行为人承担连带责任。”所谓帮助，是指通过提供工具、指示目标或以言语激励等方式，从物质上和精神上帮助实施加害行为的人。例如，某人在盗窃他人财物后，帮助人为其销赃。帮助行为的构成要件是：一是帮助人一般均出于故意，其和实行人之间具有共同致人损害的意思联络，在特殊情况下，虽然没有意思联络，但帮助人意识到被帮助人的行为是侵权行为而提供帮助，并客观上对加害行为起到辅助作用，亦构成共同

① 参见云南省易门县人民法院（2014）易民一初字第416号民事判决书。

侵权。帮助人出于故意，对加害人提供帮助，加害人虽不知帮助人提供的帮助，双方即使没有相互沟通，也不妨碍共同侵权的构成。二是帮助人实施了帮助行为，帮助行为可以是物质上的帮助，也可以是精神上的帮助。帮助可以是积极的，也可以是消极的。帮助的方式可以是多种，如提供作案工具、指示目标、帮助销赃等。三是帮助人实施的帮助行为与受害人遭受的损害之间存在因果联系。[①] 在帮助的情况下，帮助人与损害结果之间的因果联系比较复杂。在有些情况下，帮助行为是损害发生的不可或缺的必要条件之一，帮助者促成了损害的发生；而在另一些情况下，帮助行为是导致损害范围的扩大。但无论如何，帮助行为都可能是引起最终损害发生的原因之一。

依据《民法典》第1169条的规定，帮助人的责任与教唆人相同，具体表现为：

第一，帮助人帮助完全民事行为能力人实施侵权行为时，帮助行为和教唆行为在性质上相同，即帮助完全民事行为能力人的，应与行为人承担连带责任。

第二，帮助无民事行为能力人和限制民事行为能力人的，帮助人应当承担侵权责任。该无民事行为能力人、限制民事行为能力人的监护人未尽到监护责任的，应当承担相应的责任。就帮助行为而言，尽管帮助者主观上可能不存在故意，但其也存在特定的认识，帮助者所起的作用可能较小，但是毕竟其已经认识到了行为的后果并参与了此行为，因此其行为构成共同侵权行为的一部分。此外，在有共同过错的情况下，也不能够以原因力的大小来决定帮助人的责任。例如，甲提供给乙一包火柴，乙用之去烧了一个仓库，假如甲事先知道乙点燃仓库需要火柴，那么，甲提供火柴的行为就构成整个共同侵权行为的组成部分。但如果帮助者在提供帮助时对于损害的后果完全无意识，则不具有共同过错，因而不构成真正的帮助行为。

第三，该无民事行为能力人、限制民事行为能力人的监护人未尽到监护责任的，应当承担相应的责任。依据《民法典》第1169条第2款的规定，帮助无民事行为能力人致人损害，应由帮助人和无民事行为能力人的监护人共同负责。但监护人的责任主要是根据其过错程度等因素确定适当的责任。

实践中，关于对喊号助威者是否应以帮助人对待的问题，应具体分析。喊号助威者多为以言词激励他人从事侵权行为的帮助人，在某些情况下亦可能是教唆人。若喊号助威者与实行行为人之间具有共同致人损害的过错，不是出于一时义愤和受人蒙蔽等原因而喊号助威的，应构成共同侵权行为。例如，三个人事前有共同的意思联络，如果其中一人虽未实施实际的加害行为，而仅在旁边呐喊助威，则基于其与其他两个行为人之间有共同的意思联络，因而也应认定其为共同侵权人；但如果其与真正行为人间不存在意思联络，此时其呐喊助威行为虽客观上对行为人实施加害行为起到了一定的鼓励作用，但因其行为与损害的发生之间不存在因果关系，所以不宜认定其为共同侵权人或无意思联络的侵权人。

虽然教唆、帮助者应当与共同行为人承担连带责任，但是，各个行为人之间承担连带责任并不妨碍按照过错程度等因素对其内部责任进行分配。

---

① 参见张新宝等：《共同侵权的法理探讨》，载《人民法院报》，2001-11-09。

第四节　共同危险行为

一、共同危险行为的概念

共同危险行为又称为准共同侵权行为，它是指数人实施的危险行为都有造成他人的损害的可能，其中一人或者数人的行为造成他人损害，但不知数人中何人造成实际的损害。《民法典》第 1170 条规定："二人以上实施危及他人人身、财产安全的行为，其中一人或者数人的行为造成他人损害，能够确定具体侵权人的，由侵权人承担责任；不能确定具体侵权人的，行为人承担连带责任。"例如，在"卢某诉金某等财产损害赔偿纠纷案"中，法院认为，三小孩作为不具有完全辨别与控制能力的主体事发时均不在其父母的监管之下，故三小孩玩火致火灾具有较高的盖然性，在不能确定三名小孩中的具体侵害行为实施者的情况下，应当由三小孩对事故所致损坏共同承担合理的赔偿责任。① 再如，数人在旅馆抽烟，随地乱扔烟头而导致旅馆着火，但不能确定何人所扔的烟头导致火灾。共同危险行为的主要特点在于：

第一，数人实施危及他人的行为。共同危险行为仍然是数人侵权的一种形态，无论是共同危险行为还是共同侵权行为，都是数个人实施的行为，但共同危险行为与狭义的共同侵权行为不同。在狭义的共同侵权中，行为人是基于共同过错而实施的行为，尽管他们的分工不同，但各个行为人都参与了侵权行为的实施。而在共同危险行为中，各个行为人都从事了危及他人财产或人身的危险活动，但还不能认为其都实施了侵权行为，因为部分人没有造成实际损害，损害只是其中的一人或数人所致。正是因为这一原因，《民法典》第 1170 条使用了"二人以上实施危及他人人身、财产安全的行为"的表述，而没有采用"实施共同侵权行为"的提法。

在共同危险行为中，共同危险行为人是明确的，至少是部分明确的，但是，究竟何人造成了损害不明确，这就是共同危险行为不同于一般侵权的核心特点。例如，数人在街边燃放烟花，其中一人燃放的二踢脚造成附近一家仓库着火。有证据证明，数人中有三人都在燃放二踢脚，而其中两人燃放的是其他种类的烟花。因此，燃放二踢脚的三人都是共同危险行为人，但只有一个人燃放的二踢脚造成了仓库着火，所以不能确定具体的加害人。还需要指出的是，加害人不明和加害份额不明是两个不同的问题，《民法典》第 1170 条所说的"其中一人或者数人的行为造成他人损害"不包括加害份额不明的情况，因为在加害人不明的情况下，行为人的行为是否与损害之间存在因果关系，难以确定；而在加害份额不明的情况下，行为人的行为作为致损原因的事实是确定的，不能确定的是每个行为所造成的损害部分，或者说行为人的具体份额难以明确。

第二，数个行为人在实施危及他人的行为方面具有共同过错。在共同危险行为的

① 参见广西壮族自治区柳州市柳南区人民法院（2011）南民初（一）字第 1600 号民事判决书。

情况下，数个行为人主观上虽然没有共同的意思联络，但他们在共同实施某个共同危险行为时，是具有共同过错的。例如，数人在房间打牌抽烟、乱扔烟头，这些行为本身就表明其有过错。关于这种共同过错究竟是共同过失还是共同故意，学界有不同的看法。本书认为，与共同侵权中的共同过错不同的是，绝大多数共同侵权行为都存在意思联络。然而，在共同危险的情况下，一旦各个行为人之间有意思联络，就构成了共同侵权。

第三，各个共同危险行为大多具有时间上和空间上的同一性。所谓时间上的同一性，是指各个共同危险行为人同时实施了该行为。所谓空间上的同一性，是指各个危险行为人实施该行为的地点大体相同。而在共同侵权的情况下，各个行为人的行为可能在时间和地点方面并不具有共同性。

数人的行为具有时空上的一致性，因为不同时间和地点发生的单独危险行为不能构成共同危险行为。例如，第一个人实施了某种危险行为造成受害人人身处于危险之中，但其已停止实施，而以后又有数人可能继续在原有的基础上实施危险行为，最终造成了损害结果，由于数人的行为在时空上不具一致性，因而难以构成共同危险行为。如果行为人实施行为的时间和地点都不相同，只能视为分别致人损害，不能作为共同危险行为处理。要求各个行为具有时空上的一致性，有利于限制连带赔偿责任的范围，使连带责任不致泛化。

第四，共同危险行为人中的部分人实际造成了损害结果。依据《民法典》第1170条，共同危险行为是“二人以上实施危及他人人身、财产安全的行为，其中一人或者数人的行为造成他人损害”。因此，在共同危险行为的情况下，虽然数人实施了危及他人财产或人身的行为，但损害的发生只是一人或数人造成的。这是共同危险行为与单独侵权和共同侵权的区别所在。在实施了共同危险行为之后，如果能够确定侵害行为是某个加害人造成的，共同危险行为就转化为单独侵权，如果可以确定是特定的数人造成的，就转化为共同侵权。

第五，无法确定具体造成损害的人。在共同危险行为中，从行为与损害结果之间的关系来看，各个危险行为人的行为只是可能造成了损害后果，其行为与损害后果之间的因果关系是法律推定的，此种因果关系在学说上也被称为“替代因果关系”或择一的因果关系，即被告的损害是由两个或两个以上有过失的被告中的某一个或数个造成的，但是又无法查明究竟是哪一个或哪几个被告造成的，数人的行为都具有造成损害的可能。[①] 这也使得共同危险行为不同于共同侵权，在共同侵权的情况下，各个行为人的行为都确定地造成了损害后果，此种因果关系是确定的，而且各个侵权人也是确定的、明确的。而在共同危险的情况下，只是数人都实施了危险行为，而致害行为人是不确定的，如果能够确定真正的致害行为人，则该行为就转化为单独侵权或者共同侵权，其他行为人也可以因此而免责。

---

① 参见程啸：《共同危险行为》，载王利明主编：《人身损害赔偿疑难问题：最高人民法院人身损害赔偿司法解释之评论与展望》，224页，北京，中国社会科学出版社，2004。

二、共同危险行为的适用范围与构成要件

（一）适用范围

共同危险行为制度可适用于各类侵权案件。首先，可以普遍适用于过错责任案件。从该制度的起源来看，其最初就是适用于过错责任案件，而且共同危险和共同侵权是相伴而生的，共同侵权适用于过错责任案件，因此，共同危险的适用范围也是如此。尤其应当看到，数人共同实施危险活动危及他人财产或人身，这就往往表明，行为人具有过错。从这个意义上说，共同危险行为制度可适用于过错责任。

其次，共同危险行为也可以适用于过错推定责任和严格责任案件。实际上，共同危险行为关注的主要不是各个行为人的过错，而是具体的行为人。正是因为这一原因，它可以适用于过错推定责任，也可以适用于严格责任。例如，在堆放物致人损害的案件中，如果数人堆放的物品都发生了倒塌，导致受害人损害，但无法确定究竟是哪个人堆放的物品实际造成了他人的损害，此种情况也可以适用共同危险行为制度。

（二）构成要件

构成共同危险行为，应当具备以下要件。

1. 数人实施了共同危险行为。首先，共同危险行为的实施者是多数人，如果为一人，则属于一般的单独侵权行为。其次，在共同危险行为中，造成最终损害结果的行为人不能确定，但实施共同危险行为的行为人应当是确定的，否则不能使危险行为人承担连带责任。例如，数人在不同的位置燃放鞭炮，其中一人的鞭炮炸伤行人，查明导致损害的鞭炮只有两个人燃放，其他人并没有燃放该种鞭炮，其他人就不是共同危险行为人。再次，数人的行为具有共同危险性。所谓共同危险性，是指数人的行为都在客观上有危及他人财产或侵害他人人身的可能。危险也必须是现实存在的，而不能仅仅是具有潜在的可能性或者或然性。该种危险性应当结合行为本身、周围环境等方面予以判断。本书认为，尽管危险本身危及他人的财产和人身，但这并不意味着危险行为都具有违法性。例如，甲、乙、丙三人在河边用石子进行打水漂游戏，比谁打得更远。有一个小孩丁突然跳到河对岸玩耍，正好被打过来的一个打水漂的石子击伤眼睛，到医院看病花去医药费 5 万元。受害人丁在法院起诉，要求甲、乙、丙三人负连带赔偿责任。在本案中，数人在河岸边打水漂时，如果河对岸无人，不可能造成第三人的损害，而打水漂的行为本身并不具有违法性。

2. 数人的危险行为均有可能造成损害结果。在共同危险行为中，行为人已经实施了危险行为，并且损害后果已经发生，只是不能确定具体致害的行为人。并且在共同危险行为中，数人所实施的危险行为都有可能引发实际的损害，“惟虽不能确知何人之行为造成该损害之结果，而各人之行为均有可能，故又名之曰共同危险行为”[①]。所谓数人的行为都有可能引发损害，数人所实施的行为造成的损害后果只是一种可能

① 钱国成：《共同侵权行为与特殊侵权行为》，载郑玉波、刁荣华主编：《现代民法基本问题》，61 页，台北，汉林出版社，1981。

性，各个危险行为人在实施危险行为时主观上都没有共同的指向，也并不是基于某种意思联络向受害人施加损害，损害发生的真正原因乃是数人中的一人或一部分人的行为，并不是数人基于共同的过错而实施共同的侵权行为。如果某人所实施的行为并没有造成损害后果的可能性，则该人并不属于此处所说的共同危险行为人。

3. 损害结果已经发生，但无法确定具体的加害行为人。《民法典》第 1170 条规定："二人以上实施危及他人人身、财产安全的行为，其中一人或者数人的行为造成他人损害……"据此可见，共同危险行为中，必然有一人或者数人造成他人的损害。这就是说，一方面，损害结果与共同危险行为人实施的危险行为之间存在一定的因果联系。另一方面，损害结果必然是共同危险行为人中的一人或数人造成的。在共同危险行为中，多人分别独立地实施侵害他人法益的行为，但事实上，只有该多个独立的侵权行为中的一个行为真正引发了损害后果。[①] 在共同危险行为中，每个单独行为都可能引发全部侵权损害后果，只不过无法查明真正的侵权人。如果能够查明单个参与侵权人的行为引起了最终损害后果，即二者之间存在因果联系，则其他参与共同危险人将被免责。[②] 正是因为在共同危险行为中加害人不明，故归责的基础之一，是法律对共同过错和因果关系的推定，即推定数人的行为与损害结果之间具有因果关系，推定数人对损害的发生均有过错。

4. 行为人没有法定的抗辩事由。当共同危险行为发生后，在真正的行为人未确定以前，法律推定每个行为人都是致人损害的行为人，并应使这些行为人负责，但如果这些行为人中的一部分人具有法定的免责事由，则可以免除责任。

（三）免责事由

关于共同危险行为的免责事由，《民法典》第 1170 条规定的"能够确定具体侵权人"具有两层含义：一是指共同危险行为人必须能够证明谁是真正的行为人，不能仅仅证明自己的行为与损害之间没有因果关系而免责。因为假如每个行为人都可以证明自己的行为和损害之间没有因果关系而免责，则可能导致受害人无法获得救济。二是指法院经过查证能够确定具体的行为人。如果法院在审理案件的过程中，经过调查取证，可以证明具体的行为人，则应由具体的侵权人承担责任。依据《民法典》第 1170 条，如果能够确定具体侵权人，在具体的侵权人只是一人的情况下，该共同危险行为就转化为单独侵权；如果是数人，就转化为共同侵权。因此，共同危险行为人能够免责的抗辩事由就是确定具体的侵权人。在查明具体的侵权人之前，共同危险行为人不得主张损害与自己的行为之间没有因果关系而被免责。

依据《民法典》第 1170 条的规定，因共同危险行为致人损害的侵权诉讼，实施危险行为的人不能仅仅证明其行为与损害结果之间不存在因果关系就可以被免除责任，而必须要证明谁是真正的行为人方可免责，主要理由在于：

第一，从共同危险行为制度设立的宗旨来看，该制度设立的目的是强化对受害人的保护。如果共同危险行为人都以能够证明损害不是其过错造成的而可以免责，那

---

① Staudinger-Belling/Eberl-Borges，§830，Rn. 67.

② MünchKomm-Stein，§830 BGB，Rn. 28.

么，受害人的损害如何补救？如果行为人都证明自己的行为与损害结果之间不存在因果关系而免除责任，则就没有人对其共同危险行为造成的损害后果负责，而只能由无辜的受害人承担损害后果，这对受害人来说是极不公平的。虽然实际损害只是共同危险行为人中的一人或数人所致，但因为加害人不明，则不能由某人或某些人对受害人负责，更不能使行为人均免除责任，而使无辜的受害人自己承担损失。共同危险行为人中一定要确定出一个责任承担者，其他共同危险人才能免责，这样才能有利于保护受害人。

第二，共同危险行为人毕竟实施了共同危险行为，此种危险行为的实施将他人置于一种极有可能遭受损害的危险之中，这表明共同危险行为人是有过错的，如果其不能证明谁是真正的行为人，就应当共同对危险行为造成的后果负责。要求共同危险行为人必须证明谁是真正的行为人，并非对共同危险行为人不公平。共同危险行为人都实施了危险行为的事实，表明其都有过错。在共同危险行为发生后，只要有一个人被证明为真正的行为人，其他人就应当被免除责任，或者只要其中一个危险行为人自己承认其为真正的行为人，也可能免除其他人的责任，此时转化为一般的侵权行为。[①]

第三，有利于查明事实真相。法律要求每个共同危险行为人都必须证明谁是具体的行为人才能免责，这也有利于查明事实真相。从有利于发现事实真相来说，让共同危险行为人承担连带责任，可以促使各个行为人来证明真正的行为人。从实际情况来看，各行为人最能了解共同行为的产生和发展经过，因而有能力证明谁为加害人。总之，由于行为人可以通过证明有某种事实的存在而推翻对其过错的推定，这样，就不会对行为人强加某种不合理的负担。

因此，我国《民法典》第 1170 条从保护受害人的需要出发，对共同危险行为人的免责事由作出了严格限制。事实上，共同危险行为制度的设立就是为了保护受害人，即只要受害人证明具体的行为人共同实施了危险行为，该危险行为与损害结果具有一定的因果联系，就完成了一个初步的因果关系的证明，行为人就应当承担责任。除非危险行为人有符合法律规定的免责事由，否则行为人不能免除责任。

第五节　无意思联络数人侵权责任

一、无意思联络的数人侵权与共同侵权行为

所谓无意思联络的数人侵权，指数个行为人并无共同的过错而因为行为偶然结合致受害人遭受同一损害。《民法典》第 1171 条规定：“二人以上分别实施侵权行为造成同一损害，每个人的侵权行为都足以造成全部损害的，行为人承担连带责任。”《民法典》第 1172 条规定：“二人以上分别实施侵权行为造成同一损害，能够确定责任大小的，各自承担相应的责任；难以确定责任大小的，平均承担责任。”这两条都是对无意思联络的数人侵权的规定，无意思联络的数人侵权与共同侵权行为不同：在共同

① 参见黄立：《民法债编总论》，292 页，北京，中国政法大学出版社，2002。

侵权中，数人是基于共同过错而实施侵权行为；而在无意思联络的数人侵权中，数人是基于分别行为而致受害人损害，行为人之间不存在共同过错。无意思联络的数人侵权和共同侵权一样，都是数人致人损害的行为，具有主体复合性、结果同一性的特点，即多个行为共同造成了同一的损害后果。

无意思联络的数人侵权具有如下特点。

第一，各行为人无共同过错。此处所说的“无意思联络的数人侵权”，不仅指当事人主观上无意思联络，而且是指当事人没有共同过错。因此，无意思联络的数人侵权，并非仅仅与共同故意相对应，它同时也不包括各行为人之间的共同过失。首先，行为人主观上无意思联络。所谓意思联络，是指事先通谋，即各行为人事先具有统一的致他人损害的共同故意。其次，各行为人主观上也没有共同过失。无意思联络的共同行为人通常并没有任何身份关系和其他联系，彼此之间甚至互不相识，因而不可能认识到他人的行为性质和后果，尤其是各行为人不能预见到自己的行为会与他人的行为之间发生结合并造成对受害人的同一损害，因此，无意思联络的数个行为人彼此间主观上没有共同的预见性。需要指出的是，在无意思联络的数人侵权中，虽然数个加害人没有共同过错，但每个人主观上都具有过错。

第二，各行为人的行为偶然结合造成对受害人的同一损害。《民法典》第1171条和第1172条都规定，无意思联络的数人侵权是二人以上分别实施侵权行为造成同一损害。所谓偶然结合，是指由于数人在主观上无共同过错，只是因为偶然因素致无意思联络的数人的各行为结合在一起而造成同一损害后果。数个行为人的行为结合造成了同一损害结果。这就是说，各个行为与损害的发生之间存在因果联系。当然，在这些损害中，有的损害是可分的，有的损害是不可分的。因此，无意思联络的数人侵权与共同过错虽然都在结果上造成同一损害，但主观上并不存在共同过错，只是行为的偶然结合造成的。

第三，在责任后果上，采用连带责任或按份责任。由于无意思联络的数人侵权的主要特点在于因果关系的多样性与复杂性，数个行为的偶然结合造成了同一损害，因而在因果关系认定上具有其特殊性。[①] 一是《民法典》第1171条规定的累积的因果关系（也可以称为聚合的因果关系），如果各个行为都足以造成全部损害的发生，各个行为人对外要承担连带责任。二是《民法典》第1172条规定的部分的因果关系，在此情形下，各个行为人应当按照过错程度和原因力分别承担责任。这就是说，无意思联络的数人侵权情况比较复杂，不能简单地按照一般共同侵权的规则处理，而应当根据具体情况，分别确定不同的责任。

无意思联络的数人侵权在实践中发生较多，其不仅可产生于过错责任中，也可以产生于过错推定责任和严格责任之中。从总的发展趋势来看，其越来越多地适用于严格责任，如产品责任、环境污染责任等。在这些案件中，损害的发生原因复杂，受害人很难证明因果关系的存在，而通过无意思联络的数人侵权制度，就可以有效减轻受

---

① 参见程啸：《无意思联络的数人侵权》，载王利明主编：《人身损害赔偿疑难问题：最高人民法院人身损害赔偿司法解释之评论与展望》，190～191页。

害人的举证责任，强化对受害人的保护。从因果关系的角度来看，《民法典》第1171条和第1172条区分了累积因果关系和部分因果关系，但从数人侵权角度来看，可以形成两种不同的数人侵权形态。

二、无意思联络的数人侵权与累积因果关系

《民法典》第1171条规定："二人以上分别实施侵权行为造成同一损害，每个人的侵权行为都足以造成全部损害的，行为人承担连带责任。"这就在法律上规定了以累积因果关系表现的无意思联络数人侵权。此种行为可概括为"分别实施、足以造成"。它是指数个行为人分别实施致害行为，各个行为均足以导致损害结果的发生。例如，在"原告于某与被告王某等健康权纠纷案"中，被告王某驾驶货车去送玻璃镜，后两被告从车上向车下卸镜，原告于某在车下接玻璃镜。由于车辆停放时倾斜，二被告从车上往下卸镜时不慎导致车上的玻璃镜发生侧翻。被告王某下跳时将站在车下的原告撞翻，车上掉下的玻璃镜将原告砸伤，导致原告右股骨颈骨折。法院认为，被告王某驾驶车辆送玻璃镜时未平稳停放车辆给事故发生埋下诱因。两被告在车上抬卸玻璃镜时因操作不当，致使玻璃镜侧翻。被告王某跳车时将原告于某撞翻，是造成损害的直接原因。由于二被告卸玻璃镜的行为是相互协作、相互作用、彼此共同支持的结果，无法分配是谁的原因导致玻璃镜侧翻，造成后果的原因力具有不可分性，因而应承担连带赔偿责任。① 此种无意思联络的数人侵权的特点在于：

第一，数人分别实施侵权行为，但不存在共同过错。两个以上的加害人之间在实施行为时没有主观意思联络，分别实施了加害行为，如果加害人之间存在事前的意思联络，或具有共同过失，则应当认定为共同侵权行为。无意思联络的数人侵权与狭义的共同侵权的本质区别，就表现在行为人在主观上没有共同过错。

第二，造成同一损害的结果。所谓造成同一损害，是指数个行为造成的损害结果不可分的情况，即数个行为仅仅造成一个损害结果，而不是造成数个独立的损害结果。如果造成数个可以分割的损害结果，则构成数个单独的侵权行为，这些独立的侵权行为，可能是同时进行，也可能是先后进行，但是无论采取何种形式，每个行为人的行为都与损害之间存在因果联系。

第三，每个人的侵权行为都足以造成全部损害。即每个行为都构成损害结果发生的充足原因。所谓充足原因，是指按照社会一般经验或者科学理论认为，可以单独造成全部损害后果发生的侵权行为。一方面，充足原因的判断标准是一般社会经验，也包括根据科学理论作出判断；另一方面，该侵权行为能够造成整个损害后果，而不是部分后果，否则该损害就可以被视为可分的损害。② 换言之，同时存在各个加害人的行为，其中任何一个行为均足以导致全部损害结果的发生。③ 由于每个行为都可以导

---

① 参见河南省浚县人民法院（2012）浚民初字第616号民事判决书。

② 参见《美国侵权法重述（第3次）》第24条。

③ 在民法学界，对这种因果关系的称谓并不一样，例如，张新宝教授称之为"聚合因果关系"（张新宝：《侵权责任构成要件研究》，330页）；陈聪富教授称之为"累积因果关系"（陈聪富：《因果关系与损害赔偿》，60页，北京，北京大学出版社，2006）；程啸教授称之为"聚合的因果关系""累积的因果关系"（程啸：《侵权行为法总论》，268页。）。

致损害结果的发生，所以要求每个加害人都承担连带责任，实际上是合理的，对行为人也是公平的。

依据《民法典》第 1171 条的规定，对于以累积因果关系表现的无意思联络数人侵权而言，行为人应当承担连带责任。《民法典》之所以对累积的因果关系中的行为人规定连带责任，主要原因在于：一方面，从因果关系角度来看，虽然数个侵权人之间不具有共同过错，但是每个行为人的行为都足以造成全部损害，这就是说，即便不认定其为连带责任，因为每个行为人的行为都足以造成全部损害，其也要对全部损害承担责任。从这一点上来说，要求行为人承担连带责任，并非十分苛刻。另一方面，从保护受害人的角度考虑，赋予其享有请求行为人承担连带责任的权利，实际上增加了承担责任的责任财产的范围，从而有助于实现其权利。此外，行为人在行为之时，虽没有共同过错，但是就其自身的行为应当预见或者已经预见到其要对受害人承担全部责任，所以，要求其承担连带责任，并非会对其造成不测的损害。在行为人承担了连带责任之后，如果承担了责任的行为人承担的责任份额超出了其应当承担的份额，其可以向其他行为人追偿。

三、无意思联络的数人侵权与部分因果关系

部分因果关系，又称为共同的因果关系，是指数人分别实施侵害他人的行为，主观上并无意思联络，由加害人分别承担损害赔偿责任。[①]《民法典》第 1172 条规定："二人以上分别实施侵权行为造成同一损害，能够确定责任大小的，各自承担相应的责任；难以确定责任大小的，平均承担责任。"这就在法律上确认了以部分因果关系表现的无意思联络数人侵权。此种侵权的特点可以概括为"分别实施、结合造成"。例如，在"戴某诉张某、姜某身体权纠纷案"中，两被告各自驾驶农用机动三轮车为他人送砖。后因被告姜某驾驶的车陷在洼处，原告等人帮着推车，此时被告张某倒车，两车结合，将原告挤伤。法院认为，依据《民法典》第 1172 条的规定，被告张某无证驾驶机动车，在倒车过程中未注意观察周围情况，未尽到安全注意义务，致原告受伤，应承担主要责任，本院酌定 70%。被告姜某操作机动车时，未注意观察其他车辆的行驶情况，致使帮其推车的原告被挤伤，也有过错，应承担相应的责任，酌定 30%。[②] 再如，数家企业向河流排污，每家的排污并不能造成损害，但几个排污行为结合在一起就导致了损害的发生。此种数人侵权的特点在于：

第一，数人分别实施侵权行为，但没有共同过错。在部分因果关系中，数个加害人事前并没有意思联络和共同过失，只是因为行为的偶然结合而导致损害结果的发生。与累积的因果关系一样，学界通常也将其称为无意思联络的数人侵权。由于此种情况要承担按份责任，所以，它是最典型的无意思联络的数人侵权。

第二，造成同一损害。一方面，所谓同一损害，是指数人实施的行为均造成了一个结果，而不是数个结果，因此，在部分因果关系中，常常需要确定数个行为是否造

① 参见王泽鉴：《侵权行为法》，第 2 册，33 页，台北，三民书局，2006。

② 参见山东省聊城市东昌府区人民法院（2013）聊东民初字第 2802 号民事判决书。

成了损害结果，如果部分行为与损害没有因果联系，或者某个行为造成的损害极其轻微，即不构成部分因果关系。另一方面，各个行为人的行为与损害之间存在因果联系。需要注意的是，此处所说的因果关系是各个行为作为一个整体与损害之间存在的因果关系，而不是每个行为与损害之间的因果关系，这也是部分因果关系存在的原因所在。例如，某人在撞伤他人后，该受害人又被他人打伤。如果受害人身上有两处伤，一处在腿上，一处在手上，两者没有联系，且为不同的行为人造成，是可以分开的，则不为此处的“同一损害”。但如果两种伤害的结合导致整个身体健康受到损害，并且导致受害人精神痛苦，此时损害就是不可分的。

第三，各个行为均不足以单独导致损害结果的发生。通常将这些行为分开来看，这些行为均不足以单独造成损害结果的发生。例如，每个企业向河流排放污水，单独的排放不足以导致污染，只是因为结合在一起才造成污染的后果。该规则也可以看作是相当因果关系认定中的特殊规则，因为每个行为人的行为都不足以造成损害结果，通过每个行为人的行为与损害之间的因果关系来认定，就会导致每个行为人都不应当对该损害承担全部责任。

对以部分因果关系表现的无意思联络数人侵权而言，依据《民法典》第 1172 条的规定，对此类无意思联络的数人侵权，应当采用按份责任。各个行为人要根据其责任大小对外承担责任。从法理基础来看，要求各个行为人承担按份责任的原因在于：

第一，从因果关系来看，由于各个行为不足以单独导致损害结果的发生，才要求加害人按照自己的份额来承担按份责任。因而，从因果关系的角度来看，如果严格适用因果关系的一般规则，每个行为人都不必对损害结果负责。既然每个行为人的行为均不足以单独导致损害结果的发生，让每个行为人均对损害结果负责也是不公平的。基于这一原因，不能使行为人承担连带责任。

第二，从主观因素考虑，在部分的因果关系案件中，各个行为人并不存在共同过错，所以要求其承担连带责任，也缺乏伦理基础。本书认为，无意思联络的数人侵权属于单独侵权而非共同侵权，行为人之间主观上并无共同过错，各个行为人的行为也只是单独的行为，因而不能按共同侵权处理。既然数个行为人主观上并无共同的过错，且各个行为人的行为不能造成全部损害结果，而只是行为的偶然结合造成损害，如果责令他们承担连带责任是不符合过错责任的基本原理的，也可能给行为人中的一人或数人强加了不合理的责任。例如，A 公司因施工架设电线严重违章，距地面的垂直距离不符合要求，B 公司在 A 公司架设的电线附近施工，在电线下堆放土堆，一个小孩在这些土堆上玩耍的时候被高压电击伤致残。在本案中，高压电线架设过低与土堆的堆放都是造成损害的原因，两者的结合造成了小孩的损害，但是，这两个公司之间并没有共同的过错，如果仅仅从损害不可分的角度要求二者承担连带责任，显然对于 B 公司是不合理的。因为毕竟从后果来看，事故主要是由于 A 公司违章架设高压电线所造成的，B 公司堆放土堆造成损害虽具有一定的过错，但过错程度较为轻微。因此，应当按照过错程度令它们分别承担责任，而不应使它们承担连带责任。

第三，从对受害人的保护来看，如果采用连带责任，受害人提出请求也可能遇到障碍。因为从严格的因果关系角度考虑，受害人要请求行为人承担责任，就必须证明因果关系的存在。而在部分因果关系的情况下，各个行为人的行为并不足以导致损害的发生，所以，受害人难以证明行为与损害之间存在相当的因果关系。

依据《民法典》第 1172 条的规定，对于部分因果关系的无意思联络数人侵权，主要采用两种方式对外承担责任。

一是能够确定责任大小的责任。依据《民法典》第 1172 条的规定，如果能够确定责任大小，则应按照责任大小分担。所谓按责任大小分担，是按照各行为人的行为对损害后果的原因力和各自的过错程度分担。采取这种方式分担责任，是比较公平合理的，也便于法官在实际操作中认定责任大小。如果能够确定过错程度和原因力，即按照过错程度和原因力来考虑，在这一过程中，关键在于过错程度和原因力两者中何者能被查明。如果两者均不能查明，则由加害人平均承担责任。

二是难以确定责任大小的责任。依据《民法典》第 1172 条的规定，如果难以确定责任大小，则应平均分担责任。在许多情况下，数个行为造成损害以后，数人的行为对行为结果所起的作用难以确定，原因力和过错程度难以判断。这尤其表现在数人造成河流污染、水害、烟尘、噪声等诉讼中。在此情况下，只能采取平均分担的方法。应当看到，平均分担虽然形式上公平，但实质上是一种不得已而为之的方法。在能够确定责任大小的情况下，原则上不能采取这种方式。

需要指出的是，《民法典》第 1172 条规定的按份责任并非内部分担责任，而是对外承担的按份责任。严格地说，侵权责任法主要解决对外责任承担，因此，如果没有特别规定，侵权责任法上所规定的责任都是对外责任。受害人依据该条享有直接的请求权，即有权请求侵权人承担相应的责任。据此，该条规定的是按份赔偿请求权，其主要特点是：一方面，它是根据行为人的责任大小，请求相应的赔偿。这里的责任大小考量因素，既包括原因力，又包括过错。另一方面，它是指在不能够确定责任大小的时候，平均承担赔偿责任。如果不能确定责任的大小，受害人也只能请求各行为人平均承担责任。

思考题

1. 如何理解共同侵权中“共同”的含义？
2. 如何认定教唆行为和帮助行为？
3. 如何理解受害人对共同侵权人责任的免除？
4. 如何理解共同危险行为及其免责事由？
5. 无意思联络数人侵权有哪些表现形态？

第七章　侵权损害赔偿

【案例】甲开车不慎，将乙养了5年的宠物狗撞死，乙遭受巨大的精神痛苦，向法院起诉，请求甲赔偿财产损害，并赔偿其精神损害。

简要评析：该案属于侵权纠纷，涉及精神损害赔偿的适用问题。在该案中，甲将乙的宠物狗撞死，虽然使乙遭受了严重精神痛苦，但依据《民法典》第1183条的规定，行为人仅在侵害他人人身权益的情形下，才需要承担精神损害赔偿责任，因此，该案中，甲无须对乙承担精神损害赔偿责任，而只需要按照市场价格赔偿乙宠物狗的损失。

第一节　侵权损害赔偿概述

一、侵权损害赔偿的概念和特征

所谓侵权损害赔偿，是指因侵权人侵害他人民事权益造成他人财产损害和精神损害而应承担的损害赔偿责任。损害是侵害权利和利益所造成的后果，而非权利和利益本身。损害作为一种事实状态，是侵权损害赔偿的前提。通过损害赔偿责任的承担，使受害人遭受的损害得以恢复。从性质上看，侵权损害赔偿实际上是法律强制当事人给受害人一笔金钱，目的在于弥补受害人所遭受的损失，在特定情况下，也具有预防侵权行为、制裁侵权人的功能。[①]

在传统大陆法系国家，侵权产生损害赔偿之债，侵权责任承担方式主要是损害赔偿。我国民法典侵权责任编虽然规定了多种责任方式，但是，其仍然是以损害赔偿作为其主要的责任方式。该编将原来《侵权责任法》第二章的章名“责任构成和责任方式”修改为目前的“损害赔偿”。这表明，我国侵权责任法的责任形式是以损害赔偿为中心构建起来的。首先，侵权责任法主要是救济法，虽然现代侵权法的功能是多元的，但最主要的功能还在于对不幸的受害人的损害进行填补。而损害赔偿对受害人来说是最直接、最有效的方式。在受害人的人身或财产遭受侵害的情况下，损害赔偿是最便利、最有效的责任方式，即使是人身伤害，损害赔偿也可以为受害人提供最充分的救济。在侵害人格权的情况下，也可以通过精神损害赔偿，给受害人提供抚慰和救济。其次，在市场经济社会，可以通过市场价格来确定合理的赔偿数额，从而实现完

① 参见［德］U. 马格努斯：《侵权法的统一：损害与损害赔偿》，133页。

全赔偿。在市场经济条件下，物质的可替代性决定了在绝大多数情况下，通过侵权人向被侵权人支付一定金钱的方式，并由其自己选择具体的救济方式，客观上能够较好地完成对受害人的救济。尤其考虑到现代社会是风险社会，事故频发，我国现阶段的社会保障、社会保险、社会救助尚不发达，侵权责任法仍不失为社会治理的重要方式，是维护社会和谐的重要手段。再次，侵权责任编的归责原则，主要适用于损害赔偿。其都必须以造成实际损害为归责原则的适用条件，因此，其针对的责任形式仍然是损害赔偿。最后，绝对权请求权已经在物权编、人格权编作出了规定，所以，侵权责任虽然也采用了多种责任形式，但是，其完全可以通过衔接的方式形成侵权损害赔偿与物权请求权、人格权请求权的配合与协调，从而实现对受害人的救济。正是基于上述原因，侵权责任法采用以损害赔偿为中心的责任方式。

侵权损害赔偿的特点在于：

第一，以损害的发生为前提。所谓有损害才有赔偿，损害是赔偿的基础和前提。尤其是就财产损害赔偿来说，救济应当以现实的损害为前提，对未来发生的损害，应当以其他方式加以救济，而不应采取损害赔偿的方式。[①] 损害既可以是财产损害也可以是精神损害，在这一点上，无论何种损害，都是合法权益被侵害而引发的法律后果。就此而言，其和停止侵害、排除妨害等责任方式不同，因为后者的承担未必以损害后果的实际发生为前提。

第二，主要具有补偿性，而一般不具有惩罚性。损害赔偿的目的就是要使受害人因侵权行为而遭受的实际损害能够得到全部的弥补和恢复，因此，损害赔偿应当以发生实际损害为前提，并贯彻完全赔偿原则，以弥补受害人因他人的侵权行为而遭受的损失。在一般情况下，损害赔偿的范围以实际发生的损害为计算标准，而主要不是以当事人的主观过错程度作为确定赔偿的标准，因为损害赔偿的目的一般不是为了处罚过错行为。另外，除非法律有特殊规定，不应轻易地采用惩罚性赔偿。法官判断损害赔偿数额的唯一标准是实际损失。[②] 我国《民法典》虽然规定了惩罚性赔偿规则，但其属于例外情形，并不影响侵权损害赔偿的补偿性特点。

第三，具有一定程度的任意性。由于侵权责任法是私法，因而仍存在当事人意思自治的空间。一方面，侵权损害赔偿请求权具有可处分性。权利人可以抛弃自己的权利，可与当事人进行协商，从而确定损害赔偿的数额。另一方面，在和保险赔偿的关系方面，受害人可以优先向保险人要求支付，也可以直接向加害人求偿。但任意性并不否认损害赔偿的强制性，侵权责任法在性质上主要是强行法。一般而言，损害赔偿的范围也不能完全意定，在这一点上侵权责任法与合同法仍有本质区别。

第四，以赔偿当事人实际遭受的全部损害为原则。所谓完全赔偿，是指对于受害人所遭受的全部财产损害都应当赔偿，而不考虑行为人的主观过错程度。损害发生后必须完全赔偿，无损害则无赔偿，大陆法系国家普遍采纳了这一原则，我国《民法

① 参见程啸：《侵权行为法总论》，416页。
② 参见［德］U. 马格努斯：《侵权法的统一：损害与损害赔偿》，45页。

典》也采纳了这一原则。

第五，主要是一种财产责任。现代社会，各国都废除了人身性质的民事责任方式，虽然某些特殊的责任方式如赔礼道歉，在性质上是否为财产责任，仍有争议，但侵权损害赔偿是纯粹的财产责任。

二、侵权责任编中损害赔偿责任的分类

我国民法典侵权责任编区分了侵害财产权益的损害赔偿责任与侵害人身权益的损害赔偿责任，分别设置了不同的规则。关于侵害财产权益的损害赔偿责任，《民法典》第 1184 条规定："侵害他人财产的，财产损失按照损失发生时的市场价格或者其他合理方式计算。"而在人身权益遭受侵害的情形下，《民法典》第 1179～1183 条设置了多个规则。《民法典》之所以区分侵害财产权益的损害赔偿责任与侵害人身权益的损害赔偿责任，主要是因为：一方面，二者适用范围不同。侵害财产权益的损害赔偿责任仅适用于财产权益遭受侵害的情形，而侵害人身权益的损害赔偿责任，则适用于人身权益遭受侵害的情形。从整体上看，以民事权益的内容为标准，可以将民事权益区分为财产权益和人身权益，《民法典》对侵害财产权益的损害赔偿责任与侵害人身权益的损害赔偿责任进行区分，符合民事权益的基本分类。另一方面，二者损害的确定方法与计算方法不同。依据《民法典》第 1184 条的规定，在财产权益遭受侵害的情形下，按照损失发生时的市场价格或者其他合理方式计算，且按照"差额法"可以很容易确定受害人的损害及其数额。而在人身权益遭受侵害的情形下，往往难以通过市场价格以及"差额法"确定受害人的损害，具体的损害数额也难以确定。例如，在行为人未经许可利用他人肖像的情形下，受害人很难通过市场价格计算其遭受的损害，更难以证明其损害的具体数额。此外，在部分人身权益遭受侵害的情形下，立法上已经形成了较为标准化的损害赔偿标准（《民法典》第 1179 条），而在财产权益遭受侵害的情形，并没有形成此类标准。

在人身权益遭受侵害的情形下，我国《民法典》将其分为三类损害赔偿责任：一是人身损害赔偿（第 1179～1181 条），其主要适用于侵害生命权、身体权、健康权等物质性人格权及有关身份权遭受侵害的情形。二是侵害人身权益造成财产损失的赔偿（第 1182 条），其主要适用于精神性人格权及有关身份权遭受侵害的情形。例如，行为人未经许可利用他人肖像，并因此获得一定的利益。依据《民法典》第 1182 条，受害人可以按照被侵权人因此受到的损失或者侵权人因此获得的利益赔偿；《民法典》之所以区分人身损害赔偿与侵害人身权益造成财产损失的赔偿，主要理由在于：在人身损害赔偿的情形下，受害人遭受的往往是医疗费、护理费等相对具体的财产损失，不论是损失的确定，还是损失的计算，通常都采取法定化的、标准化方式计算。而在侵害人身权益造成财产损失的情形下，受害人可能难以证明其财产损失的具体数额，或者只能证明行为人所获得的利益，因此，《民法典》第 1182 条规定了多元化的财产损失数额计算方式。三是精神损害赔偿（第 1183 条），其适用于自然人人身权益遭受侵害的情形，其主要功能在于对受害人的精神痛苦进行抚慰。

三、损害赔偿与预防性责任的区别

（一）预防性责任的概念和特征

《民法典》第 1167 条规定："侵权行为危及他人人身、财产安全的，被侵权人有权请求侵权人承担停止侵害、排除妨碍、消除危险等侵权责任。"这就规定了预防性的责任承担方式。《民法典》第 1167 条将预防性的责任承担方式规定在侵权责任编一般规定之中，而且在归责原则之后对其进行规定，这实际上是突出了这些预防性的责任承担方式的地位和作用。

侵权责任承担方式可以分为救济性的责任承担方式、预防性的责任承担方式。所谓救济性的责任承担方式，是指以救济受害人为目的的侵权责任方式。救济性的责任承担方式就是损害赔偿。侵权责任法主要是救济法，因此以损害赔偿为中心的责任方式是最主要的责任方式，也是适用最为广泛的责任方式。所谓预防性的责任承担方式，是指以预防损害的实际发生为目的的侵权责任方式，如停止侵害、排除妨碍、消除危险等。当然，这些责任方式也具有一定的救济功能，但是其还是以预防性为主。

预防性的责任承担方式应当具备如下要件：第一，行为人实施了侵权行为。也就是说，侵权责任编中的预防性的责任承担方式与绝对权请求权中的责任承担方式不同，例如，在人格权保护中，适用停止侵害等责任方式并不要求行为人构成侵权。而在侵权责任中，预防性的责任承担方式的适用以行为人实施了侵权行为为前提。第二，侵权行为危及他人人身、财产安全。所谓危及，是指相关的行为给他人的财产和人身造成了严重的威胁，如果不及时制止，将转化为现实的损害。换言之，行为人的行为有造成受害人损害的危险，但并没有给受害人造成现实损害。第三，此种侵权行为正在实施或者已经实施完毕。在侵权行为已经实施完毕的情形下，受害人也可以请求行为人采取措施排除妨碍、消除危险；在行为人正在实施侵权行为时，受害人有权请求行为人停止侵害。因此，采取预防性的责任承担方式，有利于及时制止和预防损害。

应当看到，我国民法典物权编承认物权请求权，第 995 条（人格权编）确认了人格权请求权[①]，为什么侵权责任编还要继续保留预防性侵权责任方式？因为侵权法保护的范围极为宽泛，依据《民法典》第 1164 条的规定，侵权责任编调整因侵害民事权益产生的民事关系，侵权法还保护股权、继承权等各种民事权益，而且随着社会的发展，除人格权、物权、知识产权外，将来还有可能出现新型的绝对权益，在这些绝对权益遭受侵害的情形下，都需要借助多元化的责任方式予以救济。从这个意义上讲，即便人格权请求权与侵权损害赔偿请求权发生了分离，但侵权责任编中关于侵权责任的预防性承担方式的规定仍然具有兜底性。另外，现代社会是风险社会，风险无处不在，风险一旦发生，就可能造成难以弥补的损失，尤其在互联网时代，应当更加重视对网络侵权行为的预防，特别是网络侵害人格权等权利的损害后果往往具有不可

---

① 该条规定："人格权受到侵害的，受害人有权依照本法和其他法律的规定请求行为人承担民事责任。受害人的停止侵害、排除妨碍、消除危险、消除影响、恢复名誉、赔礼道歉请求权，不适用诉讼时效的规定。"

逆性，损害一旦发生，如覆水难收、不可逆转，甚至造成难以估计的损害，因此，这就需要更加重视对侵权行为的预防。侵权责任编虽然以损害赔偿为中心，但是也注重预防性责任方式的运用。

（二）预防性责任的主要形式

《民法典》第 1167 条修改了《侵权责任法》第 21 条的规定，将被侵权人“可以”请求改为被侵权人“有权”请求，由此表明，只要符合预防性的责任承担方式，受害人均有权提出请求，受害人既可以同时提出请求，也可以单独提出请求，这都是受害人所享有的权利。

1. 停止侵害

所谓停止侵害，是指侵权人实施的侵害他人财产或人身的行为仍在继续进行中，受害人有权依法请求法院责令侵权人停止其侵害行为。任何正在实施侵权行为的不法行为人都应立即停止其侵害行为。例如，某建筑公司深夜施工，影响他人休息，权利人有权请求行为人停止侵害；再如，行为人在网络上散布毁损他人名誉、曝光他人隐私的言论等，受害人都有权请求加以制止，以防止损害继续扩大和蔓延。停止侵害的责任形式可适用于各种侵权行为。停止侵害的主要作用在于：及时制止侵害行为，防止损害后果的产生或蔓延。现代社会，互联网对损害后果具有一种无限放大效应，相关的侵权信息一旦在网上发布，即可在瞬间实现全球范围内传播，损害将如覆水难收，受害人的权利很难恢复原状，因而，在人格权侵权中，预防比救济更为重要。在网络侵权发生之后，如果任由损害后果蔓延，将使受害人的权益遭受不可估量的损失，因此，对受害人而言，最有效的救济方式是及时制止、停止侵权信息的传播。但这种责任形式以侵权行为正在进行或仍在延续为适用条件，对尚未发生或业已终止的侵权行为则不得适用。

停止侵害的适用范围非常宽泛，其几乎可以适用于所有具有绝对性的民事权益遭受侵害的情形。尽管停止侵害最初是以物权请求权权能的形式出现的，是物权排他性效力的体现，但随着侵权法对权利和利益保护的扩张，停止侵害不仅可以运用于物权的保护，而且可以运用于其他权益的保护。从实践来看，停止侵害责任承担方式大量适用于商业侵权、侵犯知识产权和侵犯人格权的情形，如不正当竞争等，其指向的是未来可能发生的侵权行为。我国《民法典》第 179 条全面规定了民事责任承担方式，将停止侵害作为独立的责任方式，第 1167 条也规定了停止侵害的责任方式，此外，我国知识产权法也大量规定了停止侵害的责任方式。[①]

停止侵害的适用要件主要包括如下两点：一是行为人侵害了他人的民事权益。如前所述，侵权人对他人的绝对性权益造成妨害或侵害。停止侵害的适用范围比较广泛，对于各种具有绝对性的权益均具有适用余地。侵害必须是现实已经存在的侵害行为。如果行为人的行为尚未侵害他人的民事权益，而只存在侵害他人民事权益的可能性的，就应当适用消除危险，而不是停止侵害。二是侵害民事权益的行为处于持续性

① 参见《商标法》第 60 条、《专利法》第 66 条、《著作权法》第 50 条。

状态。所谓持续性状态，是指造成侵害的行为已经开始，但尚未结束，因此有必要予以及时制止，防止损害的进一步扩大。停止侵害的请求权人不仅要证明侵害已经发生，而且要证明该侵害正处于持续状态。如果侵权状态已经结束，则无法适用此种责任承担方式。因此，停止侵害的适用以侵害行为正在持续为前提，例如，环境污染、名誉毁损等情形。

需要注意的是，停止侵害的适用不要求行为人具有过错。停止侵害请求权的行使并不要求受害人证明行为人存在过错，只要行为人的侵害行为正在持续，不论行为人主观上是否具有过错，都可以适用停止侵害的责任方式。《民法典》第 1167 条并没有要求侵权人的过错要件，所以，停止侵害的适用应当不以过错为前提。而且，行使此种请求权时，受害人也不需要证明其是否遭受了实际损害或遭受了多大的实际损害。

2. 排除妨碍

所谓排除妨碍，是指侵权人实施的行为使他人无法行使或者不能正常行使人身、财产权益，受害人可以要求行为人排除妨碍权益实施的障碍。例如，在他人门前卸货导致其无法出门，实际上就妨碍了他人行动自由的人格利益。排除妨碍和消除危险是有区别的，妨碍只是对他人权利行使造成障碍，但危险则不会造成他人权利行使的障碍，而只是可能损害权利本身。

排除妨碍的构成要件包括如下几点。

一是妨碍是权利人行使权利的障碍。排除妨碍并没有要求一定存在危险性，但通常都造成了对权利行使的障碍。[①] 因此，行为人实施的行为即使没有危险性，但如果妨碍了权利人行使权利，权利人也有权请求排除。例如，公路上发生车辆相撞，如果公路的管理者不及时清理现场，导致交通堵塞，这虽然没有对后面的车辆形成危险，但可能使得车速减慢，受害人也有权请求排除妨碍。妨碍既可以是侵害人实施的妨碍行为造成的，也可以是由侵害人的物件造成的。例如，甲所有的一棵树被风刮倒，妨碍了乙的正常通行，或压坏乙的房屋，此时受害人有权请求排除妨碍。

二是妨碍应是实际存在的且处于持续状态。这就是说，一方面，必须存在对权利行使的现实障碍，而不是受害人主观臆想或猜测的妨碍。另一方面，这种妨碍状态没有结束而处于持续状态，妨碍必须是持续进行的，而不是短暂即逝的或已经消失的，如果妨碍已经结束，也就没有必要适用排除妨碍的责任方式。例如，在他人门前堆放杂物，虽然给他人出入造成障碍，但是若及时地清理干净，就不应适用排除妨碍。

三是妨碍是不合理的。这主要是指此种妨碍没有法律依据，超过了一般人能够忍受的限度。如果行为人实施某种行为具有法律上或合同上的依据（如承租人依据约定正当使用房屋、某人因紧急避险而给所有人造成妨害），则虽对他人构成妨碍，权利人也不得请求侵权人排除妨碍。妨碍行为有可能是合法的，如在自己土地上堆放被许可排放的污染物，此种行为依据“无害”标准并不被禁止，但如果给他人造成不合理的妨碍，权利人也可以请求排除。

如何判断妨碍是否合理？需要考虑两方面的因素：一是考虑一个合理人是否能够

① 参见奚晓明主编：《〈中华人民共和国侵权责任法〉条文理解与适用》，116 页。

忍受，即该妨碍是否超出了一个合理的人能够忍受的范围；二是考虑此种妨碍是否将使权利不能得到正常行使，如果无碍于权利的行使，则不得请求排除此种轻微的妨碍。当然，妨碍是否合理需要依据具体情况来判断，从维护社会生活秩序的角度出发，所有人应当容忍轻微的、正当的妨害。在他人实施了轻微的、正当的妨害的情况下，权利人不得请求予以排除。

受害人行使排除妨碍的请求权，可以不考虑侵权人是否具有故意或过失，换言之，该项请求权的行使不以相对人具有过错为要件。因为排除妨碍旨在消除权利行使过程中的障碍或侵害，使权利人能够正常行使权利。

3. 消除危险

所谓消除危险，是指侵权人的行为对他人人身或财产安全造成威胁，或存在侵害他人人身或财产的可能时，受害人有权要求侵权人采取有效措施消除已经形成的危险。例如，房屋的所有人或管理人不修缮房屋，致使房屋处于随时倒塌、危及他人人身或财产安全的危险状态时，受害人有权要求其承担消除危险的民事责任。消除危险责任方式的适用必须是损害尚未实际发生，且没有实际妨碍他人民事权利的行使，但侵权人的行为又确实危及他人的财产、人身安全，对他人造成威胁。适用此种责任方式能有效地防止损害的发生，充分保护民事主体的民事权利。

消除危险的构成要件主要包括：一是造成了现实的危险。所谓危险，是指侵权人的行为有造成他人人身、财产权益现实损害的可能性。威胁和危险均指造成这种现实损害的可能性。这种可能性就是通常所说的“损害之虞”，它必须是即将来临的而且真实的，而不是臆想的，也并非没有任何实际根据的猜测和担忧。[①] 例如，一幢危楼摇摇欲坠，很可能发生倒塌，这就对邻居和路人的人身、财产安全造成了现实的危险。消除危险中的“危险”不仅针对财产，而且针对人身。危险既可能是未来有发生之虞的，也可能构成现实的妨害，如在自己的土地上挖洞等。所有人在行使消除危险的请求权时，可不考虑行为人主观上是否具有故意或者过失。二是损害尚未实际发生但确有可能发生。一方面，损害尚未发生。消除危险与损害赔偿的区别在于，前者要求实际损害尚未发生，后者则要求实际损害已经发生。如果损害已经发生，危险已经转化为现实，那么就不能适用消除危险，而应当适用损害赔偿。另一方面，损害又确有可能发生。尽管危险并没有造成实际的损害，但危险确有可能造成损害，也就是说，损害确有发生之虞。[②] 则有可能遭受损害的人有权请求危险形成人消除危险。如在公共场所施工时，没有设置明显标志，对有关当事人已形成现有的危险，相关主体就可以请求施工人消除危险。如果在形成危险以后同时又造成了他人的损害，则受害人不仅可以基于物权请求权请求其消除危险，也可以基于侵权请求权请求其承担损害赔偿责任。三是危险是不合理的。所谓不合理，是指危险超越了社会和法律所能允许的范围。依据一般社会经验，这种危险通常可能造成他人的损害，而且此种危险是法律所不允许的。

① 参见欧洲侵权法小组编著：《欧洲侵权法原则：文本与评注》，69 页。

② 参见程啸：《侵权行为法总论》，414 页。

消除危险责任方式作为一种预防性责任方式，其发挥的是事前防止损害实际发生的功能，因此，不要求侵害人具有过错。在法律上，可以请求适用消除危险的主体应当是权利处于危险状态中的权利人。例如，一幢危楼摇摇欲坠，很可能发生倒塌，对周围的过往行人可能造成威胁，但谁有权请求消除此种危险？本书认为，只能是有实际遭受损害之虞的人才有资格要求消除危险，如邻居需要途经此地，因此邻居可能每天都有遭受损害之虞，且危险可能对其转化为实际损害；但是就路人而言，其只是偶然经过，在其经过以后，对其就不再存在危险，因此其无权请求行为人消除危险。

危险发生以后，应当由危险的形成人承担消除危险的责任，因此，清除危险的费用应当由危险设施的物权人或危险形成人承担。一般来说，消除危险请求权的行使不受诉讼时效的限制，因为只要危险持续存在，权利人即可请求造成危险的行为人承担消除危险的责任。

（三）预防性责任与救济性责任的区别

救济性的责任承担方式包括赔偿损失。预防性的责任承担方式包括停止侵害、排除妨碍、消除危险。与救济性的责任承担方式相比，预防性的责任承担方式具有如下特点。

第一，功能不同。救济性的责任承担方式是为了实现对受害人的完全赔偿，使其恢复到如同损害没有发生的状态。预防性的责任承担方式是为了预防损害的实际发生或者防止损害的进一步扩大。现代社会是风险社会，风险无处不在，而且相关的损害后果一旦发生，就难以恢复原状，因此，救济性的责任承担方式在受害人救济方面的作用有限，这也使得预防性的责任承担方式在现代侵权法中的地位和作用日益突出。

第二，适用范围不同。救济性的责任承担方式适用范围广泛，几乎适用于所有的侵权案件。预防性的责任承担方式适用于侵权行为正在持续进行，或者存在危及他人人身、财产安全的情形。

第三，是否考虑过错不同。救济性的责任承担方式一般要求损害结果发生，如适用过错责任，则一般要求行为人具有过错。侵权损害赔偿责任的成立需要行为人主观上存在一定的过错。侵权损害赔偿也是救济人格权的重要方法，但此种责任形式在构成要件上原则上要求满足过错要件①，以保障一般行为自由，实现行为的可预期性。从《民法典》第1167条规定来看，预防性的责任承担方式不要求行为人具有过错，也不要求损害结果实际发生。

第四，是否要求证明实际损害不同。救济性的责任承担方式是对实际发生的损害提供救济，且以填补受害人实际损害为主要目的，因此，其适用需要受害人证明其遭受了实际损害。预防性的责任承担方式的事由并不以造成实际损害为前提。例如，虽然没有发生实际损害，但通过允许权利人行使排除妨碍请求权，有利于制止损害的发生，从而达到“防患于未然”的目的。正是因为上述原因，预防性的行使并不要求损害已经实际发生，在权利人的权益有遭受损害之虞时，权利人即可以要求行为人消除危险。

① 参见王泽鉴：《人格权法》，394页，北京，北京大学出版社，2013。

第五，是否适用诉讼时效不同。侵权损害赔偿之债作为一种债的关系，应当适用诉讼时效制度。也就是说，如果权利人没有在时效期间内主张权利，债务人将享有时效利益，可以基于此对权利人履行债务的请求提出抗辩。依据《民法典》第196条规定，请求停止侵害、排除妨碍、消除危险的请求权不适用诉讼时效，因为在请求停止侵害、排除妨碍、消除危险的情形下，由于行为人的行为一直处于持续状态，诉讼时效无法确定起算点，因此，不应当适用诉讼时效。

预防性的责任与侵权损害赔偿责任可以单独适用，也可以同时并用。法律上确立各种责任方式都是对受害人进行全面救济和保护的措施，侵权行为发生后，按照私法自治原则，只要受害人作出的选择不违背民法的诚实信用和公序良俗原则，就可以选择以何种方式向行为人提出请求，而且，只有在受害人提出请求的基础上才能确定责任的承担方式。

四、侵权损害赔偿的构成要件

（一）损害事实

损害是指侵权人对被侵权人民事权益造成的一种不利益状态。从广义上来说，损害包括对各种权利和利益的侵害所造成的后果，其中既包括财产损失，又包括人身伤亡和精神损害的后果；从狭义上理解，损害仅指财产损失，不包括人身伤亡、精神损害。就侵权损害赔偿来说，一般采广义损害概念，损害事实不仅包括财产损失，而且还包括非财产损害。

一般而言，侵权损害赔偿中的损害具有如下特点：第一，此种损害是受害人实际遭受的损害，损害导致受害人民事权益受损，并由此引发了受害人不利益的后果。第二，作为损害赔偿责任构成要件的损害，必须是一种可救济性损害。侵权责任法并不对所有的损害提供救济，例如，受害人无照驾驶黑车从事运营，因加害人违章驾驶造成受害人的车辆毁损，从而无法再从事运营活动，受害人不得就这种违法运营所得请求赔偿。同时，侵权法上不能救济的损害是难以受到保护的，如许多纯经济损失就常常难以依据侵权责任法获得保护。第三，损害是客观存在的，具有一定的确定性，即可以通过一定方式计算或量化。

（二）归责原因

损害赔偿责任的成立，必须具有归责原因。所谓归责原因，是指将损害赔偿归结于某人的法定事由，它揭示了行为人承担损害赔偿责任的依据。归责原因大多是一种致损行为，它是指行为人因过错实施了造成他人民事权益受损的行为，或者严格责任中行为人损害了他人民事权益的行为。不同的归责原则要求不同的归责原因。在过错责任原则下，行为人承担损害赔偿责任的归责原因即为过错。在严格责任原则下，行为人承担损害赔偿责任的归责原因即为危险或具有转承责任的事由，当然不排除立法者基于特定的法政策考量，对没有危险的侵权责任也适用严格责任。

（三）因果关系

损害事实与侵权行为之间应具有因果联系。侵权行为既包括作为，也包括不作为。

只有在损害是行为人的行为造成的情况下，受害人才能要求行为人赔偿损害。此种损害，既包括自己行为造成的损害，也包括自己管理的物件和其他人的行为造成的损害。

五、损益相抵

（一）损益相抵的概念

损益相抵又称为损益同销，是指受害人基于损失发生的同一原因而获得利益时，则在其应得的损害赔偿额中，扣除其所获得的利益部分。在侵权法中，损益相抵是指受害人因损害原因事实而获得了利益，在确定损害赔偿数额时应当予以扣除。民法上损益相抵属于赔偿责任的范围确定问题，而不是两个债权相互抵销，因此不适用债的抵销规则。[①] 例如，机动车被撞坏，而更换了新的零件，在确定损害赔偿额时，要考虑以新换旧而增加的利益。再如，受害人遭受了人身伤害，但同时获得了人身意外伤害保险赔偿，在确定损害赔偿数额时是否应当扣除该保险金，就涉及损益相抵规则。

损益相抵与过失相抵的基本功能都在于准确划定当事人的责任范围。在此需要讨论的是，二者的适用关系如何？如果同一案件中，受害人既有过错，又因侵权行为获利，究竟应当优先适用过失相抵还是损益相抵？一般认为，在二者并存的情形下，首先应当在总体上确定受害人的损害范围，然后再根据当事人的过错划定行为人的责任范围。因此，在逻辑上应当优先适用损益相抵，后适用过失相抵。[②] 如果优先适用过失相抵，则会不当减轻行为人的责任，并可能使受害人难以获得救济。例如，甲占用乙的场地推销商品，造成乙 1 万元的损害，同时，乙也利用甲的宣传活动宣传自己的产品，获得利益 5 000 元，乙对甲占用其场地也存在一定的过错，双方过错对损害后果发生的原因力为：甲占 80%，乙占 20%。在该案中，如果首先适用损益相抵，后适用过失相抵，则乙的总体损害是 5 000 元，然后按照过失相抵，乙应当有权请求甲赔偿 4 000 元。而如果先适用过失相抵，后适用损益相抵，则乙仅有权请求甲赔偿 3 000 元。由此可见，先适用损益相抵，在逻辑上更为妥当，也更有利于对受害人进行救济。

（二）损益相抵的适用条件

损益相抵规则的适用应当符合以下条件。

第一，受害人获得了利益。受害人的获利应当限于财产性利益，而不包括非财产性利益，因为非财产性利益是无法进行损益相抵的。在比较法上，损益相抵中的利益，通常是指受害人从其他人处获得的利益，如社会保险机构、保险人、雇主或其他类似的人，当然不排除可以用金钱衡量的其他利益。[③] 这一经验也值得借鉴。

第二，受害人因同一损害原因事实而获得利益。换言之，获得利益与损害原因事实之间存在因果关系。否则，就无法适用该规则。[④] 例如，受害人因交通事故遭受人身伤害，却因此获得人身意外伤害保险赔偿，获利与损害原因即具有因果联系。

---

① 参见崔建远：《合同责任研究》，218 页，长春，吉林大学出版社，1992。

② 参见程啸：《侵权责任法教程》，2 版，359 页，北京，中国人民大学出版社，2014。

③ 参见欧洲侵权法小组编著：《欧洲侵权法原则：文本与评注》，217 页。

④ 参见［德］U. 马格努斯：《侵权法的统一：损害与损害赔偿》，148 页。

第三，受害人获利的扣减必须与获利的目的相协调。[①] 如果受害人获得利益的扣减与其获得利益的目的冲突，就不能进行损益相抵。例如，在受害人被机动车撞伤而导致残疾，并获得了捐助，捐助的目的是使受害人获得帮助，而不是使侵权人的责任减轻，所以该获利不应扣除。

（三）损益相抵的适用效果

损益相抵是在扣除受害人的获益之后，确定行为人损害赔偿的范围。严格地说，损益相抵并不是减轻责任的事由，而主要目的是划定行为人的责任范围。损益相抵不适用于其他责任形式，而只能适用于损害赔偿责任。

六、损失公平分担责任

（一）损失公平分担责任的概念和特征

损失的公平分担责任又称衡平责任，是指在法律规定的情形下，根据当事人双方的财产状况等因素，由双方公平合理地分担损失。例如，在"张某诉张某、杨某人身损害赔偿纠纷案"[②] 中，法院认为："在本案中，被告所居住的一楼房屋突然起火，致使租住二楼的原告在逃生到一楼时被火烧伤，在起火原因不明，双方均没有过错的情况下，可以根据公平原则由当事人双方分担损失。"《民法典》第1186条规定："受害人和行为人对损害的发生都没有过错的，依照法律的规定由双方分担损失。"《民法典》在关于无民事行为能力人或限制民事行为能力人致人损害、完全行为能力人暂时丧失意识或失去控制时致人损害、紧急避险致人损害、高楼抛物致人损害不能确定侵权人等情况下，都规定了损失的公平分担责任。

关于损失的公平分担责任是否是法律责任，存在争议。本书认为，损失的公平分担责任在性质上属于法律责任：一方面，损失的公平分担虽然是以道德责任为基础的，但其只是以公平观念作为价值判断标准，其本质上是一种法律责任。而且损失的公平分担适用的前提是法律有明确规定，而道德责任的适用无须法律的明确规定。另一方面，损失的公平分担责任是受害人可以请求被告承担的责任，而且可以诉请法院强制执行。从这个意义上说，损失的公平分担责任在性质上属于法律责任，而且损失的公平分担的目的不是对不法行为人的过错实施制裁，而是在当事人双方对造成损害均无过错的情况下，由当事人适当分担意外损失。尤其应当看到，道德责任是任意的，不具有法律的强制力，它以当事人的自愿为基础，法院不得强迫当事人承担这种责任。而损失的公平分担责任是法律明确规定的责任，所以在当事人不能在自愿协商的基础上达成协议时，法院可以依法强令当事人承担损失的公平分担。损失的公平分担责任是借助于国家的强制力来保证实施的，责任主体不履行责任，应通过法律强制措施督促其履行。道德责任不能借助国家的强制力来保证实施，因此在法律上不能强制执行。

---

① 参见欧洲侵权法小组编著：《欧洲侵权法原则：文本与评注》，216页。

② 河南省洛阳市涧西区人民法院（2009）涧民三初字第659号民事判决书。

依据《民法典》第 1186 条规定，损失的公平分担具有如下特点。

1. 损失的公平分担的目的在于在当事人之间合理分担已经发生的损失，并对受害人提供必要的、适当的救济。损失的公平分担责任并不以过错为归责基础，因此其主要适用于双方当事人没有过错的情况。损失的公平分担的适用前提，就是在没有过错，甚至不能根据过错来考虑时确定责任。例如，依据《民法典》第 1254 条的规定，在高楼抛物致人损害不能确定具体侵权人的，由可能加害的建筑物使用人给予补偿。在确定补偿时，根本就不能考虑过错的因素，否则就给无辜的人强加了过错责任。损失的公平分担的归责依据在于，对于不幸的损害如何在当事人之间进行公平合理的分配。损失的公平分担中所谓的"责任"具有较强的补偿性质，其更多地体现了一种分配正义而非矫正正义，其目的主要在于平衡当事人双方的利益，对受害人提供适当的补救。之所以说其仍然是一种法律责任，是因为该责任具有法律上的强制性，并且行为人的行为与损害后果之间具有事实上的因果关系，故而仍然需要承担一定的责任。

2. 损失的公平分担责任主要考虑财产状况。损失的公平分担也被称为因财产而产生的责任，或者说，它是因分担能力而产生的责任。例如，《民法典》第 1188 条明确规定，有财产的责任主体应当承担损失的公平分担。有学者将此种责任解释为"因拥有财产而产生的责任"是不无道理的。司法实践也采取此种做法。例如，在"李某、龚某诉五月花公司人身伤害赔偿纠纷案"[①] 中，法院认为，考虑受害人一家的经济状况，为平衡双方当事人的受损结果，酌情由五月花公司给受害人补偿一部分经济损失，是适当的。由此表明，损失的公平分担很大程度上是依据财产状况进行的责任分担，这体现了损失的公平分担所具有的社会法特点。

3. 损失的公平分担责任是基于公平的观念进行补偿。一方面，损失的公平分担的承担方式是"补偿"，而不是赔偿。损失的公平分担责任主要以当事人的财产状况来确定责任，因此，分担能力越强、财产越多，其承担的责任就可能越大。而在赔偿的情况下，当事人的财产状况并不影响其责任承担。损失的公平分担责任主要是为了补偿受害人遭受的损失，实现损失的合理分配，也就是说，在损失的公平分担的情况下，并不考虑过错等因素，而主要是为了使损失在当事人之间进行公平合理的分担。从这个意义上说，损失的公平分担责任体现了分配正义的理念。另一方面，损失的公平分担责任必须以公平观念作为价值判断标准来确定责任，此处的"公平"绝不是指平均，而是要依据法律的规定，综合考虑当事人的经济状况等具体情况，在当事人之间合情合理地分配民事责任。由此可见，损失的公平分担是一项弹性较大的责任，它给予了司法审判人员一定的自由裁量权，使他们能够针对案件的具体情况，公平合理地作出判决，这也充分体现了我国司法中所贯彻的原则性与灵活性相结合的原则。

4. 损失的公平分担责任适用于法律规定的特殊情况。从《民法典》第 1186 条的规定来看，似乎让人误以为损失的公平分担可以广泛适用于各种情形，不限于法律明确规定的情形。但本书认为，损失的公平分担只能适用于法律特别规定的情形，我国法律只对特定情况下适用损失的公平分担作了规定。在这些情形之外，不能适用损失

① 《最高人民法院公报》，2002（2）。

的公平分担，否则就会对过错责任形成冲击。应当将第 1186 条理解为对损失的公平分担适用条件的规定，而不能理解为是损失的公平分担适用的一般规则。

损失的公平分担责任具有其独特的归责基础，即根据经济分担能力来分配责任。在受害人遭受损害之后，行为人没有过错，又不能从其他法律中找到依据，如果没有损失的公平分担作为补偿，就会导致不合理的结果。在我国司法实践中，素来把考虑当事人的经济状况作为确定损害赔偿额的一项重要原则，也历来贯彻了原则性和灵活性相结合的司法原则，这些原则都在一定程度上体现了损失的公平分担的内容，因此，损失的公平分担责任也是我国司法实践经验的总结。但是，损失的公平分担并非是与过错责任原则等并列的原则，而只是辅助性的原则。它应当是在过错责任原则等难以适用的时候才能适用的归责原则。

（二）损失公平分担责任的适用范围

1. 损失的公平分担的适用条件

依据《民法典》第 1186 条规定，损失公平分担责任的适用条件包括如下几项。

（1）必须发生了实际的损害

公平分担的前提是存在损害，而且是现实的损害。一般来说，由于公平分担的损失主要是财产损失，损失的公平分担主要适用于侵害人身、财产而造成了财产损失的案件。损失的公平分担的目的是衡平当事人之间的财产状况和财产损失，并对不幸的损失在当事人之间进行合理分配，努力恢复被破坏的财产利益的平衡。可见，损失的公平分担作为衡平财产利益的方式，其适用应以侵害他人人身、财产而造成财产损失为限。即便是在对人身权的侵犯案件中，损失的公平分担也仅限于造成财产损失的情况，如人身伤害和死亡所支付的花费（医疗费、误工损失、补助费、丧葬费等）。由此也决定了损失的公平分担主要适用于财产损害，而不适用于精神损害。因为精神损害赔偿的目的主要在于制裁不法行为人并抚慰受害人，因而应适用惩罚过错的过错责任。同时，由于精神损害本身具有难以确定的特点，需要根据过错程度来确定加害人的责任，而不宜适用弹性较大的损失的公平分担。

（2）受害人和行为人对损害的发生都没有过错

如何理解《民法典》第 1186 条中关于“受害人和行为人对损害的发生都没有过错的，依照法律的规定由双方分担损失”的含义？所谓“没有过错”包括加害人与受害人均没有任何过错。没有过错是损失的公平分担适用的重要前提条件，具体而言：

首先，不能确定行为人有过错。换言之，受害人既难以证明行为人有过错，也不能够通过过错推定的办法来确定行为人有过错。在实践中，经常发生此种情况，即由于各方面的原因，使原告难以就被告的过错问题进行举证，但被告也不能通过反证证明其没有过错，对此种情况，即应适用损失的公平分担。

其次，不能找到有过错的当事人。例如，一辆满载乘客的公共汽车在正常行驶途中，对面驶来一辆满载硫酸的卡车，两车交会时，卡车因道路不平而剧烈地颠簸了一下，致所装的硫酸溅至公共汽车内，驾驶员与十多名乘客在不同程度上被灼伤或衣服被烧。事发后，虽经多方追查，未能找到肇事的卡车司机。为此，负伤的乘客向法院提起诉讼。在本案中，事故的发生是由有过错的第三人所引起的，但却不能找到有过错的当事人，公交司机虽无过错，但其行为与受害人的损害之间却有一定的事实上的联系，故适当分担损失是合理的。

最后，确定当事人一方或双方的过错，显失公平。在日常生活以及民事活动中，经常发生此种情况，即损害的发生不能确定双方或一方的过错，而且认定或推定过错也显失公平。例如，在前述“五月花案”中，法院认为，对顾客带进餐厅的酒类产品，不可能要求经营者进行安全检查，受害人也无过错，因此，对本案亦可考虑适用损失的公平分担。

（3）根据法律规定确定损失的分担

《民法典》第 1186 条规定：“受害人和行为人对损害的发生都没有过错的，依照法律的规定由双方分担损失。”该条实际上明确要求，适用损失的公平分担规则必须有法律依据，也就是说，必须有法律依据，才能适用公平责任。这主要是因为长期以来，在实践中，公平责任经常被泛化和滥用，本来当事人依法无须承担责任的，或者应当全部承担责任的，有的法官通过适用公平责任原则，采用“和稀泥”的方式，使不应承担责任的主体承担了责任，使应当承担较轻责任的行为人承担较重的责任，其他归责原则的适用受到不当影响。

2. 法定的损失的公平分担责任适用的情形

（1）有财产的无民事行为能力人或限制民事行为能力人致人损害的责任

损失的公平分担主要是从有财产的未成年人致人损害中发展出来的责任。根据大多数国家的法律规定，法官依法享有一定的自由裁量权，基于对当事人的经济状况、经济收入和造成损害的实际情况的考虑，而决定由当事人公平分担损失。① 因为未成年人没有意识能力，所以，其没有过错。从过错责任的角度来看，其是可以免责的，但是，在其具有财产的情况下，加害人完全被免除责任也不合理。《民法典》第 1188 条第 2 款规定：“有财产的无民事行为能力人、限制民事行为能力人造成他人损害的，从本人财产中支付赔偿费用；不足部分，由监护人赔偿。”这一规定对于救济受害人十分必要。同时，它还有利于减轻监护人的责任，在父母以外的人担任监护人的情况下，这一规定有利于避免当事人相互推诿，而使受害人得不到补偿。例如，某个精神病人拥有大量财产，在其实施了侵害行为之后，应当由其承担一定的责任，从而使监护人相应地减轻责任。

（2）暂时没有意识或者失去控制的完全行为能力人致人损害的责任

暂时丧失意思能力的致害责任是指行为人在正常情况下是具有相当的意思能力的，但由于疾病、外界刺激等原因而暂时地丧失正常的意思能力而致人损害。例如，某人在开车途中突发心脏病或中风而对机动车失去控制，导致交通事故的发生。② 在

① See Hans Stoll，*International Encyclopedia of Comparative Law*，Vol. 4，Torts，Chapter 8，Consequences of Liability：Remedies，J. C. B. Mohr（Paul Siebeck，Tübingen），1972，p. 148.

② 参见［德］冯·巴尔：《欧洲比较侵权行为法》（上卷），张新宝译，127 页，北京，法律出版社，2001。

通常情况下，暂时没有意识者应当被免责，因为其暂时没有意识，所以也没有过错，但是，其具有财产而完全免除其责任，对受害人是不公平的，毕竟损害是因其行为引起的。所以，《民法典》第 1190 条第 1 款规定："完全民事行为能力人对自己的行为暂时没有意识或者失去控制造成他人损害有过错的，应当承担侵权责任；没有过错的，根据行为人的经济状况对受害人适当补偿。"

《民法典》第 1190 条第 2 款规定："完全民事行为能力人因醉酒、滥用麻醉药品或者精神药品对自己的行为暂时没有意识或者失去控制造成他人损害的，应当承担侵权责任。"该规定与本条第 1 款规定不同，本条第 1 款在规定完全民事行为能力人对自己的行为暂时没有意识或者失去控制造成他人损害的责任时，如果行为人没有过错，则对损失应当进行公平分担，而第 2 款规定的是过错责任。因为在行为人醉酒、滥用麻醉药品或者精神药品等情形下，行为人是因自己的原因而对自己的行为失去控制，其本身是有过错的。例如，行为人醉酒驾车致人损害，该行为本身就是危害社会和他人的行为，行为人不仅不能主张免责，而且可能需要依法承担行政责任、刑事责任。当然，如果行为人是因他人的原因导致醉酒、滥用麻醉药品或者精神药品，并因此造成对自己的行为暂时没有意识或者失去控制造成他人损害的，则应当根据具体情况减轻或者免除其责任。

（3）紧急避险人的适当责任

从过错责任的角度来看，虽然紧急避险与正当防卫相比，行为人"容于思考的时间往往较长些，危险也稍轻"①，但紧急避险人是为了使公共利益、本人或他人的人身或其他合法权利免受正在发生的危险，不得已而采取的一种损害行为，就主观而言没有过错。如果依过错责任使紧急避险人完全免责，而危险是由自然原因引起的或找不到引起险情发生的人，且无辜的受害人得不到任何补偿，又显失公平。因此，我国《民法典》第 182 条第 2 款规定："危险由自然原因引起的，紧急避险人不承担民事责任，可以给予适当补偿。"所以，在危险是由自然原因引起的情况下，如果任何人都无须依过错责任原则向受害人负责，为了维护受害人利益，法院可从案件的实际情况出发，考虑受害人所受损失的程度、当事人的经济状况、所保全的财产和所造成的损害在价值上的比较等因素，责令紧急避险人从损失的公平分担角度承担适当的民事责任或免除其责任。

（4）高楼抛物致人损害的责任

高楼抛掷物件致人损害是指从高层建筑物中抛掷物品，致他人损害，而又不能证明谁是真正的行为人的损害事件。高楼抛掷物件致人损害之所以成为侵权责任法上的一个真空，乃是因为此种侵权行为致人损害以后，如果能够找到直接的行为人，那么此种侵权不过是普通的侵权而已，按照一般侵权责任就可解决。但问题的复杂性在于，一旦抛弃物致人损害，尤其是造成严重的损害以后，往往难以确定真正的行为人，而受害人在造成损害的刹那间很难发现抛掷物来自哪一个具体的位置，更不可能

---

① Jean Limpens, *International Encyclopedia of Comparative Law*, Torts, Vol. XI Chapter 2, Liability for One's Act, International Association of Legal Science (1983), p. 92.

确定具体的行为人并就此举证。正是因为在抛掷物致人损害的情况下，不易找到真正的行为人，因而对于近年来由于高楼抛掷物造成的人身伤亡事故，法律为了强化对受害人的生命、健康等人身权益的保护，规定由可能加害的建筑物使用人给予补偿。《民法典》第1254条规定："从建筑物中抛掷物品或者从建筑物上坠落的物品造成他人损害的，由侵权人依法承担侵权责任；经调查难以确定具体侵权人的，除能够证明自己不是侵权人的外，由可能加害的建筑物使用人给予补偿。可能加害的建筑物使用人补偿后，有权向侵权人追偿。"

（三）适用损失的公平分担责任应考量的因素

如前所述，损失的公平分担责任仅适用于法律明确规定的情形，其适用范围受到严格限制，但法院在具体适用该规则、确定当事人的损失分担份额时，仍需要考虑一些因素，而不能完全由法官自由裁量。由于损失的公平分担是在不考虑当事人的过错和过错程度的情况下，基于当事人的经济状况和受害人所受损害的程度的考虑而决定的责任[①]，所以，在适用损失的公平分担时，法官所要考虑的因素不是当事人的行为，而是当事人的损害程度和负担能力，具体来说，包括两个方面。

一是损害程度。它直接决定当事人分担的必要性和分担方式。损害既可以是一方遭受的损害，也可能是双方均遭受损害，无论是何种损害，都仅限于财产损失，而且只应限于直接的经济损失，不包括利润损失、未来利益损失等间接损失。尤其应当指出，损害必须是较严重的，如果只是轻微的损失，则完全可以由受害人自己承担损失或由加害人一方承担损失，而不必采取公平分担责任的办法。因为在损失的公平分担的情况下，双方当事人对损害的发生均无过错，而一方遭受的损失是较严重的，那么完全由受害人自己承担损失就是不公平的。所以，损失的公平分担的适用应限制在"损失重大"的案件。

二是当事人的经济状况。它是确定损失的公平分担要考虑的基本因素。这一点是由损失的公平分担乃是在当事人之间公平分担损失的性质所决定的。经济状况包括当事人的经济收入、必要的经济支出和应对家庭和社会所承担的经济负担。根据许多国家的法律规定，考虑当事人的经济状况，主要是加害人的经济状况。对此，国外立法有不同的法律规定：有的规定，如果有财产，基于公平的考虑应承担全部损失或承担更多的损失。这就是温格所说的"财富产生债务"的情形。有的规定，如果损害赔偿将严重影响加害人的生计，基于公平的考虑，应酌情减轻加害人的赔偿责任。[②] 本书认为，考虑经济状况时应考虑当事人双方的经济状况，这就是说，不仅要考虑加害人的经济状况，而且要考虑受害人的经济状况。一方面，加害人的经济情况只有和特定的受害人的经济情况相比较，而不是和一般人的相比较，才能确定出公平分担责任的根据。如果加害人的经济情况优越于一般人但不如受害人，或者当事人财产状况大体相当，受害人又无特殊困难，在此情况下，加害人依据过错责任原则而不承担民事责任，则不能认为是有失公平的。反之，如果加害人作出赔偿将妨碍其生

① 参见中国人民大学法律系编译：《外国民法论文选》(1)，370页，1984。

② 参见《德国民法典》第829条。

计，但是，受害人相较于他人经济更为困难，如果令受害人自己承担损失将会使受害人陷入更严重的困境，则应考虑由加害人适当分担责任。另一方面，受害人的经济状况与其受损害程度是联系在一起的。如果损害较轻，受害人则可能有能力承担而不必由当事人双方分担。总之，本书认为，应当综合考虑当事人双方的经济状况，只有对当事人的经济状况作出全面了解，才能恰当地处理由当事人公平地分担责任的问题。

第二节　财产损害赔偿

一、侵害财产的损害赔偿

《民法典》第 1184 条规定："侵害他人财产的，财产损失按照损失发生时的市场价格或者其他合理方式计算。"该条对侵害财产权的损害赔偿责任作出了规定，该条所规定的财产损害赔偿责任有如下特点：

1. 仅仅适用于侵害财产权。它包括如下几种类型：一是侵害物权，即因侵权行为而导致他人所有权、用益物权、担保物权遭受损害。例如，房地产开发公司取得了建设用地使用权，后来因第三人的挖掘活动，导致地面下陷，构成对该房地产开发公司的建设用地使用权的侵害。再如，债权人取得了对他人房屋之上的抵押权，因第三人的过错导致该房屋失火，此时不仅是对抵押人的所有权的侵害，也构成对债权人所享有的抵押权的侵害。因此，侵害物权既包括对物本身的侵害，也包括对权利的侵害。二是侵害知识产权。是指侵害了他人的著作权、商标专用权、专利权、发现权等知识产权。三是侵害了其他权利，如股权、继承权等。所有这些侵害行为都构成对财产权的侵害，并造成了财产损失。

2. 确定了财产损害赔偿计算的时间点。关于侵害财产的赔偿标准的计算时间点，存在不同观点。《民法典》第 1184 条主要采纳了损害发生时的标准，其合理性在于：一方面，采纳这一标准有利于保护受害人。在实践中，财产遭受侵害主要是动产遭受侵害，不动产遭受侵害而毁损较少。很多动产特别是工业产品（如汽车、冰箱等）的市场价格总体上处于不断下降之中，以损失发生时为准，对受害人往往比较有利。例如，汽车被撞一年以后，价格下降。如果按照损失发生时的市场价格，显然对受害人有利。另一方面，侵权行为发生时，受害人遭受了损害，侵权责任就已经成立。因此，赔偿责任的确定应当以损失发生时为准。从侵权责任的产生来说，其应当是在侵权行为发生之时产生，而不能以事后的某个时间点来确定责任。此外，采取损害发生时的标准也有利于督促受害人及时提起诉讼。以损害发生为时间点，受害人在损害发生以后，应当及时收集证据，并且及时提起诉讼，这不仅有利于证据的收集和保存，而且有利于纠纷的及时与妥善解决。

当然，应当看到，以损害发生时为标准，主要考虑的是价格下降的趋势，但也不排除从损害发生到案件审理之间，被侵害的物的价格可能上涨。在此情况下，完全以损害发生时为标准对受害人不一定有利，所以《民法典》第 1184 条规定也可以采取其他方式计算。

3. 确定了财产损害赔偿计算的标准。

一是以损害发生时的市场价格为标准。这就是说，在计算损害时，应当按照损害发生时的市场价格来确定赔偿的数额。财产损害赔偿本质上就是变相的交易，侵权人造成被侵权人的财产损害之后，通过赔偿一定的金钱，实际上是变相地“购买”其造成的损害，这也是完全赔偿价值法则的反映。正因为如此，在计算损害赔偿时，应当考虑市场价格。例如，造成某辆汽车毁损，就要考虑该汽车在当时市场中的价格。新车和二手车的价格是不同的。所以，造成汽车毁损之后，需要进行市场价格的评估，以准确确定应当赔偿的数额。[①] 如果是造成了部分毁损，应当考虑按照比例确定其赔偿数额。

二是以其他合理方式为标准。《民法典》第 1184 条规定的“其他合理方式计算”实际上就是确立了市场价格以外的其他标准。之所以应当采取市场价格以外的标准，一方面是因为许多物本身不是商品不能进入流通，难以用市场价格计算。另一方面，许多物不仅具有市场价格，而且存在特别的价格。[②] 例如，年代久远的珍贵照片、祖传的古董、恋爱时的定情物等，它不仅很难用市场价格计算，而且作为特殊的纪念物品，具有感情因素。正是因为上述原因，所以在市场价格之外，还有必要考虑按照其他方式计算。由于上述特殊的物品（如文物）并没有市场价格，这往往是因为其具有稀缺性和独特性。侵害这些物品就无法依据市场价格来确定损失，而应当借助评估的方式来确定其价格。

关于依据市场价格计算和依据其他方式计算，两者之间是否存在先后顺序？本书认为，以损害发生时的市场价格为标准是确定财产损害数额的一般标准，也就是说，凡是能够适用该标准的，都应当适用该标准。而以其他合理方式确定损害数额为例外标准，即只有无法适用损害发生时的市场价格标准，或者适用该标准明显不合理时，才能适用其他合理方式这一例外标准。

二、侵害人身权益的财产损害赔偿：获利返还

所谓获利返还，也称为“利润剥夺”，它是指在行为人因侵害他人人身权益而获利的情形下，对方当事人有权请求行为人返还因此所获得的利益。[③] 《民法典》第 1182 条对侵害人身权益的财产损害赔偿责任作出了规定，其主要适用于人格权许可利用的情形，该条规定：“侵害他人人身权益造成财产损失的，按照被侵权人因此受到的损失或者侵权人因此获得的利益赔偿；被侵权人因此受到的损失以及侵权人因此获得的利益难以确定，被侵权人和侵权人就赔偿数额协商不一致，向人民法院提起诉讼的，由人民法院根据实际情况确定赔偿数额。”依据该条规定，在行为人未经许可

① 参见全国人大常委会法制工作委员会民法室编：《中华人民共和国侵权责任法条文说明、立法理由及相关规定》，70 页。

② 参见［日］於保不二雄：《日本民法债权总论》，庄胜荣校订，135 页，台北，五南图书出版公司，1997。

③ 也有学者将其称为利润返还或者利润剥夺。参见朱岩：《“利润剥夺”的请求权基础》，载《法商研究》，2011（3）。

对他人人格权进行许可利用的情形下，权利人有权请求行为人承担财产损害赔偿责任，关于财产损害赔偿数额的确定，被侵权人可以以其遭受的实际损失要求赔偿，也可以主张按照行为人的侵权获利赔偿，受害人可以在这两种方式中作出选择。具体而言，受害人可以选择如下两种方式确定其财产损失数额：

（一）按照实际损失赔偿

在行为人未经许可对他人人格权进行许可利用的情形下，依据《民法典》第1182条的规定，如果权利人能够证明其实际财产损失数额，则其有权请求行为人按照该数额承担损害赔偿责任。尽管侵害的对象是人身权益，但是，造成了受害人财产损害，所以，也适用财产损害赔偿的原则。另外，从侵权责任法的一般原理来说，损害赔偿就是按照受害人的现实损害进行赔偿，所以，该条规定也符合一般原理。因此，在造成财产损失的情况下，受害人应当举证证明损害的存在和范围，据此确定赔偿的数额。

在权利人选择请求行为人按照实际损失赔偿时，按照损害确定性的要求，权利人应当证明其客观上遭受了确定的财产损害，也需要证明其财产损失的具体数额，否则将难以获得救济。

（二）按照获利数额赔偿

依据《民法典》第1182条的规定，权利人也有权请求行为人按照其获利承担财产损害赔偿责任，该条所确立的获利赔偿规则有利于剥夺行为人的非法获利，从而发挥侵权法的损害预防功能。早在罗马法中，就确立了"禁止非法获利"的原则，这是罗马法法谚"任何人不得因他人不法行为获利"（neminem cum alterius detrimento et iniuria fieri locopletiorem）的基本要求。禁止非法获利也是矫正正义的具体体现，《民法典》第1182条规定了获利返还请求权，一方面有利于缓解受害人证明其客观上遭受财产损害的困难；另一方面，将行为人的获利视为受害人的损害，也可以有效剥夺行为人的非法获利。

获利标准也称为侵权获利标准，这就是说，在受害人的损失难以确定时，可以按照侵权人的获利进行赔偿，其也被称为将获利视为损害的规则。这一规则符合侵权责任法上的完全赔偿原则，即只要是与侵权行为有因果关系的损害，都应当予以赔偿，以使受害人恢复到如同损害没有发生的状态。该条适用于侵害他人人身权益的情况，被侵害人身权益包括的范围非常宽泛，不仅包括人格权、身份权，而且包括权利以外的利益，但是不能包括财产权益。它适用的典型情形就是侵害肖像权。这一规则主要运用于可许可利用的人格权受侵害的情形。在确定行为人的获利数额时，应当考虑如下因素。

第一，考虑权利人人格权在行为人全部获利中的贡献度。德国学者Schultz认为，应该根据不同考量要素（商品、版权、劳动力、企业等）对获利的贡献进行公平的分割，并根据贡献进行分配。[①] 例如，以他人的肖像做广告，对产品的促销究竟有多大

① Schultz，"System der Rechte auf dem Eingriffserwerb"，105 AcP 1（1909）；Sacco，L'arricchimento ottenuto mediante fatto ingiusto（1959）；Kellmann，Grundsatze der Gewinnhaftung 139（1969）.

的作用，应当综合考量上述因素加以判断。

第二，使用费标准。从比较法上看，德国法允许权利人按照拟制的许可使用费标准请求行为人赔偿，即在行为人未经许可对他人人格权进行利用时，受害人有权请求行为人按照其通常的许可使用费赔偿。[①] 我国也有学者主张，在人格权侵权的情形下，可以考虑引入使用费标准，即将《民法典》第 1182 条所规定的赔偿损失解释为包括使用费标准。[②]

第三，比较标准。即比较行为人因利用他人权利后获得的利润总额与假如未利用他人权利而获得的利润总额，二者之间的差额就应当是因利用他人权利而获得的利益。例如，某人未经他人许可而利用其肖像做广告，因此节省了相应的广告费用，所以，他应赔偿聘请同类的人做广告所应支付的费用。如果某个肖像权人是明星等公众人物，使用其肖像所得利益比使用普通人的肖像更为巨大。一般而言，肖像权人的名气和获益成正比关系，因此，在计算损害赔偿金额时，可以考虑各明星肖像使用许可的市场价格。对于肖像的非商业化的利用，如果确实造成精神损害，应当赔偿精神损害。

依据《民法典》第 1182 条，受害人可以在这两种方式中选择一种对其更为有利的方式。[③] 本书认为，在侵害人身权益造成财产损失的情形下，允许受害人选择按照实际损失赔偿或者按照行为人的获利赔偿具有一定的合理性，主要理由在于：一方面，允许受害人作出选择，有利于尊重受害人的意志和意愿，充分体现私法自治。在人身权益遭受侵害的情形下，如果不允许受害人作出选择，则受害人只能首先主张按照实际损失赔偿，要求行为人赔偿其实际损失，只有在该请求权因举证困难、受阻或者被驳回的情形下，受害人才能主张获利返还请求权，这显然不当提高了获利返还请求权的适用条件，也会不当增加受害人的诉讼成本。另一方面，因为侵权法的主要功能在于损害填补，一般情形下，受害人要请求行为人赔偿其损害，不仅要证明其遭受了实际损害，而且需要证明其所遭受损害的具体数额，否则难以获得救济。因此，获利返还不能完全被侵权损害赔偿请求权概括。正是因为这一原因，所以不必要求受害人首先主张按照实际损失赔偿，而应当允许其在按照实际损失赔偿与获利返还之间作出选择。另外，允许受害人选择，可以降低受害人的举证负担。由受害人根据自身诉求和举证能力作出选择，受害人在主张获利返还时并不需要证明自身损失难以确定，这就极大地减轻了受害人的举证负担，显然更有利于对受害人权利的救济。

（三）法院酌定标准

依据《民法典》第 1182 条的规定，酌定的情形适用于获利难以确定的情况，也包括侵权人没有获利的情况。这一规定也是借鉴我国知识产权法相关规定的结果，是

① Dreier/Schulze/Dreier，UrhG，§97，Rn. 58；Ohly/Sosnitza/Ohly，UWG，§9，Rn. 14；Fezer，Markenrecht，§14，Rn. 1024 f.

② 参见张红：《人格权总论》，209 页，北京，北京大学出版社，2012。

③ MünchKomm/Säcker，BGB §12（2015），Rn. 166；Delahaye GRUR 1986，217；Wandtke GRUR 2000，942，943；Schaub GRUR 2005，918，919.

我国司法实践中运用得最为广泛的一种计算方式。法院在酌定赔偿数额时，应考虑侵权人的过错程度、具体侵权行为和方式、造成的损害后果和影响等因素综合考量确定。[①] 法院在酌定赔偿数额时，虽然没有最高或最低数额的限制，但是也应当谨慎确定，避免赔偿数额过高或过低。在司法实践中，有的法院认为："如果有一般许可使用费可以参照，法院可以结合侵权人过错、侵权的情节、该许可使用的范围、时间、受害人知名度等因素，参照许可使用费确定赔偿数额。"[②] 此种看法不无道理。事实上，在《民法典》颁行前，有的法院在决定人格权许可使用财产损害赔偿数额时，已经开始参考拟制的许可使用费。例如，在"艾瑞比·鲍威尔·泰勒诉人像摄影杂志社侵犯著作权、肖像权纠纷案"[③] 中，法院认为，对于赔偿的具体数额，本院将参照模特行业肖像使用费的一般付费标准及被告侵权的情节等因素酌情予以确定。

三、人身伤亡的财产损害赔偿

人身伤亡主要是指因侵权人侵害身体权、健康权和生命权等造成的损害后果。在人身伤亡的情况下，不仅会导致受害人精神损害，也会导致其财产损害。《民法典》针对人身伤亡的财产损害赔偿标准专门作出规定，该法第 1179 条规定："侵害他人造成人身损害的，应当赔偿医疗费、护理费、交通费、营养费、住院伙食补助费等为治疗和康复支出的合理费用，以及因误工减少的收入。造成残疾的，还应当赔偿辅助器具费和残疾赔偿金；造成死亡的，还应当赔偿丧葬费和死亡赔偿金。"该条区分了侵害他人人身造成一般人身伤害、残疾和死亡三种情况，而分别确立了不同的赔偿标准。

（一）人身伤害的一般赔偿标准

人身伤害主要是指侵害他人身体权和健康权所造成的损害后果。如果人身伤害并没有导致残疾或死亡的结果，在此情况下，依据《民法典》第 1179 条的规定，应当赔偿医疗费、护理费、交通费等为治疗和康复支出的合理费用，以及因误工减少的收入。这些费用必须是为治疗和康复支出的费用。所谓为治疗和康复支出的费用，是指费用的支出与侵权行为之间存在因果关系。而且这些费用应当是合理的费用，即按照受害人的具体情况，而应当支出的费用。合理与否要从社会一般人的角度来衡量，并综合考虑受害人的各种具体情况。[④] 侵权人认为费用支出不合理的，应当负举证责任。具体来说，包括如下几项。

第一，医疗费。医疗费，是指受害人遭受人身伤害之后，因为接受检查、治疗与康复所应当支付的必要费用。医疗费包括挂号费、医药费、检查费、治疗费、手术费、住院费以及其他必要的费用，这些费用都是与侵害人格权具有因果关系的，应当

---

① 参见全国人大常委会法制工作委员会民法室编：《中华人民共和国侵权责任法条文说明、立法理由及相关规定》，76 页。

② "张柏芝诉梧州远东美容保健品有限公司肖像权案"，载《人民法院案例选》2006 年第 4 辑，北京，人民法院出版社，2007。

③ 北京市第一中级人民法院（2003）一中民初字第 10253 号民事判决书。

④ 参见王利明主编：《人身损害赔偿疑难问题：最高人民法院人身损害赔偿司法解释之评论与展望》，551～552 页。

作为直接损失予以赔偿。[①]《人身损害赔偿司法解释》第19条规定："医疗费根据医疗机构出具的医药费、住院费等收款凭证，结合病历和诊断证明等相关证据确定。赔偿义务人对治疗的必要性和合理性有异议的，应当承担相应的举证责任。医疗费的赔偿数额，按照一审法庭辩论终结前实际发生的数额确定。"这就意味着，在受害人证明了医疗费支出以后，赔偿义务人应当对治疗的不必要和不合理承担举证责任。如果赔偿义务人不能提出反证，就认定该医疗费支出是合理的、必要的。

第二，护理费。护理费是指受害人因遭受人身伤害，由他人进行护理而支出的费用。与医疗费相比，虽然护理费相对较少，但也是与人格权侵害具有因果关系的费用。护理费的情况比较复杂，包括住院期间的护理费、康复期间的护理费、残疾期间的护理费等。只要因人身伤害导致受害人需要护理的费用，都应当赔偿。护理费不仅包括专业人员的护理费，而且包括近亲属等其他人的护理费。[②] 因此，《人身损害赔偿司法解释》第21条规定："护理费根据护理人员的收入状况和护理人数、护理期限确定。"但无论护理的形式如何，护理费用应当是实际发生的合理费用。有关该费用的计算标准，应当依据司法解释确定。[③]

第三，交通费。交通费是指受害人遭受人身伤害之后，本人为治疗支出的交通费，以及必要的陪护人员为了受害人的治疗而支出的交通费。交通费包括两部分：一是受害人因治疗活动而支出的交通费。例如，本人前往就诊或转院等而发生的车旅费。二是必要的陪护人员的交通费。此处所说的必要陪护人员可能是受害人的近亲属，也可能是其他人。但受害人的近亲属往来探望的费用不宜归入赔偿的范围。

第四，营养费。营养费是指受害人遭受损害之后，为了康复的需要而补充营养所支出的费用。为治疗和康复支出的其他合理费用。这里所说的合理费用应当赔偿。

第五，住院伙食补助费。伙食补助费是指受害人在住院治疗期间，补助伙食所需要的费用。这些费用都必须是为了受害人的治疗和康复所支出的合理费用。

第六，误工损失。《民法典》第1179条所规定的"因误工减少的收入"也称为误工费。误工费，就是指受害人从遭受损害到完全康复期间，因无法从事正常的工作和劳动而导致收入的损失。误工损失仅限于受害人自己的误工损失。

第七，其他损失。其他损失是指上述损失之外受害人所遭受的合理损失。例如，受害人住院期间受害人的近亲属陪护和往来探望时因住宿而支付的费用。只要相关费用是合理的，侵权人都应当予以赔偿。

（二）人身伤害导致残疾的赔偿标准

在人身伤害致残的情况下，前述一般赔偿标准仍然适用。此外，侵权人还要

---

① 参见程啸：《侵权行为法总论》，462页。

② 参见程啸：《侵权行为法总论》，463页。

③ 《人身损害赔偿司法解释》第21条第2～4款规定："护理人员有收入的，参照误工费的规定计算；护理人员没有收入或者雇佣护工的，参照当地护工从事同等级别护理的劳务报酬标准计算。护理人员原则上为一人，但医疗机构或者鉴定机构有明确意见的，可以参照确定护理人员人数。护理期限应计算至受害人恢复生活自理能力时止。受害人因残疾不能恢复生活自理能力的，可以根据其年龄、健康状况等因素确定合理的护理期限，但最长不超过二十年。受害人定残后的护理，应当根据其护理依赖程度并结合配制残疾辅助器具的情况确定护理级别。"

赔偿残疾生活辅助具费和残疾赔偿金。人身伤害是否导致残疾，必须通过相关部门的鉴定。对此，我国相关部门制定了各自的标准，以确定是否残疾和残疾的等级。①

1. 辅助器具费。在人身伤害致残的情况下，受害人可能需要配备辅助器具费。辅助器具费是指受害人因身体机能的全部或部分丧失，而需要配备有关辅助器具所支付的费用。这一费用是因侵害行为而增加的，因此也应当赔偿。②《人身损害赔偿司法解释》第 26 条规定："残疾辅助器具费按照普通适用器具的合理费用标准计算。"这就是说，残疾辅助器具费应当按照普通适用的器具来确定，受害人不能随意购置特殊器具并要求相应的赔偿。购置器具的费用也必须合理，但伤情有特殊需要的，可以参照辅助器具配制机构的意见确定相应的合理费用标准。

2. 残疾赔偿金。所谓残疾赔偿金，是指受害人因身体或健康遭受侵害后，因全部或部分丧失劳动能力所应当获得的赔偿。关于残疾赔偿金的性质，有收入丧失说和劳动能力丧失说两种观点。本书认为，以"劳动能力丧失"来界定残疾赔偿金是合理的，因为收入丧失说会导致实质上的不平等，各个受害人的收入水平是不同的，而且，它还要求受害人必须有实际的收入损失，未成年人、待业人员等可能都不存在收入损失，因此不能获得赔偿，这显然不合理。③

考虑到劳动能力丧失的赔偿标准应当尽可能具有可操作性，同时为了避免各地实际判决中的不一致。《人身损害赔偿司法解释》第 25 条第 1 款规定："残疾赔偿金根据受害人丧失劳动能力程度或者伤残等级，按照受诉法院所在地上一年度城镇居民人均可支配收入或者农村居民人均纯收入标准，自定残之日起按二十年计算。但六十周岁以上的，年龄每增加一岁减少一年；七十五周岁以上的，按五年计算。"具体来说，残疾赔偿金的计算应当考虑如下因素。

第一，受害人丧失劳动能力程度或者伤残等级。按照丧失劳动能力的严重程度和伤残等级的高低，确定不同的赔偿额。

第二，受诉法院所在地上一年度城镇居民人均可支配收入或者农村居民人均纯收入标准。所谓城镇居民人均可支配收入，是指城镇居民可以用来自由支配的收入，即家庭总收入扣除各种税费后的收入。所谓农村居民人均纯收入，是指农村居民当年从各个来源获得的总收入扣除各种税费的剩余部分。④ 而城镇居民人均可支配收入、农村居民人均纯收入，应当按照政府统计部门公布的数据确定。

第三，受害人的年龄。通常来说，残疾赔偿金的赔偿年限是定残之日起的 20 年。但在计算时，也应考虑受害人的年龄，因为年龄越大，其余命就递减，所以，残疾赔

① 参见国家质量监督检验检疫总局《道路交通事故受伤人员伤残评定》、国家技术监督局《职工工伤与职业病致残程度鉴定》、中国残疾人联合会《中国残疾人实用评定标准》等。

② 参见程啸：《人身伤亡有关费用的赔偿标准》，载王利明主编：《人身损害赔偿疑难问题：最高人民法院人身损害赔偿司法解释之评论与展望》，608 页。

③ 参见黄松有：《在最高人民法院公布〈关于审理人身损害赔偿案件适用法律若干问题的解释〉新闻发布会上的讲话》。

④ 参见程啸：《残疾赔偿金和死亡赔偿金》，载王利明主编：《人身损害赔偿疑难问题：最高人民法院人身损害赔偿司法解释之评论与展望》，562 页。

偿金的赔偿年限也应当减少。[①]

第四，残疾赔偿金的适当调整。残疾赔偿金的确定是为了救济残疾造成的收入丧失，而根据实际情况，其收入丧失没有受到严重影响的，就需要进行适当调整。按照《人身损害赔偿司法解释》第 25 条第 2 款的规定，残疾赔偿金的赔偿也可以根据实际情况进行适当调整，这包括两种情况：一是受害人因伤致残但实际收入没有减少，二是伤残等级较轻但造成职业妨害严重影响其劳动就业的。在前一种情况下，应当适当减少残疾赔偿金；而在后一种情况下，应当适当增加残疾赔偿金。

（三）人身伤害导致死亡的赔偿标准

在人身伤害导致死亡的情况下，《民法典》第 1179 条规定："造成死亡的，还应当赔偿丧葬费和死亡赔偿金。"如何理解该条的含义？本书认为，首先，在造成死亡的情况下，也要赔偿一般项目，包括医疗费、护理费、交通费等合理费用，以及因误工减少的收入。因为从文义解释来看，《民法典》第 1179 条中的"还应当"的含义，就是除了包括前项之外，还包括"赔偿丧葬费和死亡赔偿金"。其次，在造成死亡的情况下，还要赔偿丧葬费和死亡赔偿金。具体来说：一是丧葬费。这里的"丧葬费"是因安葬死者所支出的费用。《人身损害赔偿司法解释》第 27 条规定："丧葬费按照受诉法院所在地上一年度职工月平均工资标准，以六个月总额计算。"例如，原告在某市法院起诉，该市上一年度职工月平均工资是 2 000 元人民币，按 6 个月计算，应为 12 000 元。二是死亡赔偿金。我国法律规定了在侵害生命权的情况下应当赔偿死亡赔偿金，这是财产损害赔偿的项目之一。

四、死亡赔偿金的计算标准

所谓死亡赔偿金，是指自然人死亡后，行为人对死亡的损失依法应当赔偿的数额。死亡赔偿金是否应当有统一标准，对此问题，一直存在争议。[②] 最高人民法院的司法解释已经对此作出了明确规定。《人身损害赔偿司法解释》第 29 条规定："死亡赔偿金按照受诉法院所在地上一年度城镇居民人均可支配收入或者农村居民人均纯收入标准，按二十年计算。但六十周岁以上的，年龄每增加一岁减少一年；七十五周岁以上的，按五年计算。"依此规定，死亡赔偿金的计算应当按照如下规则确定：

第一，死亡赔偿金按照受诉法院所在地上一年度城镇居民人均可支配收入或者农村居民人均纯收入标准计算。这里所说的上一年度，是指一审法庭辩论终结时的上一统计年度。这一部分同残疾赔偿金认定标准相同。

第二，死亡赔偿金原则上按 20 年计算，但在计算时，也应当考虑受害人余命的长短问题。如果受害人是 60 周岁以上的，年龄每增加 1 岁减少 1 年；如果受害人是

① 参见程啸：《残疾赔偿金和死亡赔偿金》，载王利明主编：《人身损害赔偿疑难问题：最高人民法院人身损害赔偿司法解释之评论与展望》，562 页。

② 参见傅蔚冈：《"同命不同价"中的法与理——关于死亡赔偿金制度的反思》，载《法学》，2006（9）；张新宝、明俊：《空难概括死亡赔偿金性质及相关问题》，载《法学研究》，2005（1）。

75 周岁以上的，按 5 年计算。

第三，赔偿权利人举证证明其住所地或者经常居住地城镇居民人均可支配收入或者农村居民人均纯收入高于受诉法院所在地标准的，死亡赔偿金可以按照其住所地或者经常居住地的相关标准计算。这就是说，前述受诉法院的收入水平可能低于按受害人住所地或者经常居住地的相关标准计算的收入水平，为了更充分地保护受害人，允许受害人举证证明其收入高于受诉法院所在地的标准，从而按照其住所地或者经常居住地的相关标准计算。

五、同一案件适用同一赔偿标准的原则

《民法典》第 1180 条规定："因同一侵权行为造成多人死亡的，可以以相同数额确定死亡赔偿金。"该条确立了同一案件适用同一赔偿标准的原则，具体来说包括如下内容：第一，必须适用于同一案件，即同一侵权行为而导致损害结果。同一侵权行为可以是因过错而实施的侵权行为，也可以是没有过错，法律规定应当承担责任的侵权行为。从实践来看，同一案件主要是指适用严格责任的案件，如机动车事故责任案件、产品责任案件、工作物致害责任案件等。第二，必须是因同一侵权行为造成多人死亡。例如，在同一交通事故中，导致多人死亡，或者因同一矿难而导致多人死亡。在通常情况下，同一侵权行为导致多人死亡，都是大规模侵权，因侵权行为引发众多受害人的损害，采用同一标准赔偿，既减轻了受害人的举证负担，又有利于提高诉讼效率。第三，可以以相同数额确定死亡赔偿金。该条虽然使用了"可以"这一表述，但一般认为，应当将其解释为"应当"，即法院应当按照同一标准确定死亡赔偿金的数额。

六、人身伤害导致死亡时的赔偿请求权主体

人身伤害导致死亡时的赔偿请求权主体，是指因侵权行为导致他人死亡，享有赔偿请求权的民事主体。在侵害生命权的情况下，死者近亲属享有请求给付死亡赔偿金的权利。《民法典》第 1181 条第 1 款规定："被侵权人死亡的，其近亲属有权请求侵权人承担侵权责任。被侵权人为组织，该组织分立、合并的，承继权利的组织有权请求侵权人承担侵权责任。"依据该条规定，在被侵权人死亡的情况下，死者近亲属有权请求侵权人承担侵权责任。近亲属包括配偶、父母、子女、兄弟姐妹、祖父母、外祖父母、孙子女、外孙子女。①

七、第三人作为赔偿请求权人

《民法典》第 1181 条第 2 款规定："被侵权人死亡的，支付被侵权人医疗费、丧葬费等合理费用的人有权请求侵权人赔偿费用，但是侵权人已经支付该费用的除外。"该条规定主要是为了解决在第三人支付费用的情况下，通过赋予第三人损害赔偿请求权的方法，便利其向侵权人求偿。在理论上，第三人求偿的依据如何，存在不同的解

---

① 参见《民法通则意见》第 12 条。

释，有无因管理说、不当得利说和侵权行为说等不同的观点。此种方式是法律直接规定的方式，因此可以理解为法定的赔偿请求权，以避免第三人的请求遇到障碍。

该条规定的适用应当符合如下条件：第一，必须是死者近亲属以外的第三人支付了相关费用。在实践中，常常出现侵权行为发生以后，第三人为被侵权人支出医疗费、丧葬费等合理费用的情况。例如，受害人被汽车撞伤，某路人将其送往医院抢救，并预付了一部分医疗费。在第三人支付了相关费用的情况下，第三人也应当享有赔偿请求权。根据该条规定，原则上，第三人可以请求侵权人赔偿该费用。第二，必须因侵权行为导致受害人死亡。如果受害人没有死亡，支付了相关费用的第三人，只能基于无因管理、不当得利等制度请求赔偿，而无法依据第 18 条第 2 款请求赔偿。第三，必须是侵权人没有支付该费用。此处所说的“侵权人已支付该费用”，是指侵权人已经将相关费用支付给了死者近亲属。[①] 如果侵权人已经将该费用支付给了死者近亲属，第三人就应当请求死者的近亲属承担相应的责任，其请求的依据一般是无因管理或不当得利。

八、赔偿费用的支付方式

所谓赔偿费用的支付方式，是指侵权人是采用一次性支付，还是分期支付，或其他方式。《民法典》第 1187 条规定：“损害发生后，当事人可以协商赔偿费用的支付方式。协商不一致的，赔偿费用应当一次性支付；一次性支付确有困难的，可以分期支付，但是被侵权人有权请求提供相应的担保。”该条实际上允许当事人就赔偿费用的支付进行协商，这是私法自治原则在侵权责任法领域的适用。而且依据该条规定，在当事人协商不一致时，应当采用一次性支付的方式，这不仅有利于解决实践中的争议，而且强化了对受害人的保护。

《民法典》第 1187 条对《侵权责任法》的规定作出了一定的修改。将分期支付时“应当提供相应的担保”修改为“被侵权人有权请求提供相应的担保”。立法作出此种修改的理由主要在于，在侵权人支付确有困难的情形下，一方面，债务人可能没有能力提供相应的担保，要求其必须提供担保并不现实；另一方面，被侵权人也可能并不一定要求侵权人向其提供担保。根据私法自治的原则，此时应当考虑被侵权人的意愿，如果被侵权人不要求侵权人提供担保，则法院可以不要求被侵权人提供。此外，此处被侵权人提供的担保应当是“相应的担保”，这就要求担保数额与损害赔偿的数额应当相适应。

从适用范围上来说，定期金的适用范围是有限的，其应当适用于人身损害的情形。按照《人身损害赔偿司法解释》第 33 条的规定，定期金的适用范围限于残疾赔偿金、被扶养人生活费、残疾辅助器具费的情况。这就是说，对于一般的财产损害赔偿和精神损害赔偿来说，其不适用定期金。其原因在于，残疾赔偿金、被扶养人生活费、残疾辅助器具费是未来才能确定的损害，而其他损害在判决时就已经是确定的损

---

① 参见全国人大常委会法制工作委员会民法室编：《中华人民共和国侵权责任法条文说明、立法理由及相关规定》，68 页。

害。对于未来才能确定的损害，通过定期金的方式，有利于准确确定损害的范围，如果采取一次性赔偿的方式，就需要在判决时估计损害的范围，而这与实际发生的损害可能并不一致。

第三节　精神损害赔偿

一、精神损害赔偿概述

（一）精神损害赔偿的概念和特征

精神损害赔偿是侵权法中的一种责任方式，也是针对人格权侵害的主要救济方式。精神损害是指自然人在遭受外界刺激所产生的一种不良情绪，它是心理学、病理学和医学的研究对象。精神损害就是指自然人因其人格权受到侵害而遭受的生理上、心理上的痛苦及其他不良情绪，即精神痛苦。①

《民法典》第 1183 条第 1 款规定："侵害自然人人身权益造成严重精神损害的，被侵权人有权请求精神损害赔偿。"据此，所谓精神损害赔偿，是指自然人因人身权益受到不法侵害而导致严重精神痛苦，受害人因此可以就其精神痛苦要求金钱上的赔偿，以对受害人予以抚慰并制裁不法行为人。精神损害赔偿是由于精神损害无法通过恢复原状等救济方式使受害人回复到原有的精神状态，因此，法律只能要求以金钱赔偿方式对此种精神损害作出抚慰，从而间接弥补受害人的精神损害。精神损害赔偿的主要特点在于：

1. 精神损害赔偿是针对自然人遭受的精神痛苦、肉体痛苦等进行补救的方式。精神损害赔偿仅适用于自然人，法人和非法人组织不能提起精神损害赔偿。精神损害是范围非常宽泛的概念，其包括因人身权益遭受侵害而导致的各种心理障碍、不安、极度苦恼等，精神损害赔偿的救济对象包括了所有这些痛苦和情绪。

2. 精神损害赔偿主要是针对自然人因人身权益受损所引发的精神痛苦的补救。精神损害赔偿的保护范围主要限于人身权益，主要包括人格权益和身份权益。一般而言，受害人因财产权受侵害而遭受的精神损害，无法通过精神损害赔偿的方式进行救济。诚然，侵害他人财产权虽然也可能使受害人遭受精神痛苦，但依据《民法典》第 1183 条的规定，受害人只能请求行为人赔偿财产损害，而无权请求行为人承担精神损害赔偿责任。当然，在特殊情形下，侵害具有人身意义的物，受害人也可以请求精神损害赔偿。可见，精神损害与精神利益的损失是完全不同的两个概念，精神损害赔偿主要适用于人身权益受到侵害的情况下所产生的精神痛苦的补救。

《民法典》第 1183 条第 2 款规定："因故意或者重大过失侵害自然人具有人身意义的特定物造成严重精神损害的，被侵权人有权请求精神损害赔偿。"《精神损害赔偿司法解释》第 4 条规定："具有人格象征意义的特定纪念物品，因侵权行为而永久性灭失或者毁损，物品所有人以侵权为由，向人民法院起诉请求赔偿精神损害的，人民

① 参见张新宝：《侵权责任法原理》，524 页，北京，中国人民大学出版社，2005。

法院应当依法予以受理。”《民法典》第1183条第2款的规定在吸收《精神损害赔偿司法解释》第4条的基础上，对该规则进行了一定程度的修改，肯定了侵害“具有人身意义的特定物”的精神损害赔偿。对于“具有人身意义的特定物”可以从以下几个方面理解。

第一，该物必须是有体物。权利、自然力等不属于有体物的范畴，因而也自然不应成为本条所保护的客体。因此，具有人身意义的物应当限于有体物，行为人侵害他人无体物，或者其他财产的，无法适用本条规定。

第二，该物需具有人身意义。在《精神损害赔偿司法解释》第4条中，使用了“人格象征意义”的表述，但是在《民法典》编纂中，立法者予以修改，使用了“人身意义”的表述。“具有人身意义的特定物”相较于“具有人格象征意义的特定纪念物品”而言，增加了具有身份象征意义的特定物。该条所保护的对象不再限于过世之人具有强烈人格象征意义的遗物等，诸如墓碑等具有身份象征意义的物也被纳入保护范围之内。因此，具有人格象征意义与身份象征意义的特定物均成为本条保护的客体范畴。对于诸如人体胚胎、器官、冷冻精子等脱离人体的部分，应当区分是否构成“为保持被取出人的身体机能或将来再植入其身体”的情形，如果构成上述条件，则不应当认为这些与人体分离的胚胎、器官、组织构成物[①]，而应当直接适用侵害人身权益造成严重精神损害的规则。而如果不满足上述条件，则可以适用本条的规则予以保护。

第三，该物需具有情感价值或与人格尊严紧密联系。对于本条中“具有人身意义的特定物”不应作过于宽泛的解释。某物是否具有特定的人身意义有时可能难以为他人所知晓[②]，过于宽泛地进行解释，将可能导致精神损害赔偿的泛化。本条之所以例外地肯定了侵害物的精神损害赔偿责任，其背后的原因在于该物所具有的情感价值，或与人格尊严的联系导致被侵权人遭受了精神损害。在物不具有情感价值，或与人格尊严不存在紧密联系的情况下，不宜肯定被侵权人的精神损害赔偿请求权。

3. 精神损害赔偿是以侵权为基础而请求的损害赔偿。关于违约责任中能否适用精神损害赔偿责任，比较法有不同的做法。绝大多数国家将精神损害赔偿限于侵权领域。依据我国《民法典》第1183条第1款的规定，只有在因侵权造成他人严重精神损害时才能请求赔偿，因此，精神损害赔偿主要是在侵权责任中发生，违约责任一般并不适用精神损害赔偿责任。

4. 精神损害赔偿的主要目的在于对受害人的抚慰和对加害人的制裁，其功能具有多重性。一方面，精神损害赔偿旨在对受害人所遭受的精神痛苦通过赔偿而予以安慰。尽管“赔偿”一语有所不当，但赔偿概念的包容性更为广泛。正因精神损害赔偿具有补偿性，所以在刑事附带民事赔偿中，也应当可以适用精神损害赔偿。另一方面，精神损害赔偿也具有制裁不法行为人的功能。正是因为精神损害赔偿责任具有制裁功能，所以，在衡量精神损害赔偿数额时应考虑行为人的过错程度。

---

① 参见温世扬：《民法总则中“权利客体”的立法考量——以“特别物”为重点》，载《法学》，2016（4）。

② 参见叶金强：《精神损害赔偿制度的解释论框架》，载《法学家》，2011（5）。

（二）精神损害赔偿与财产损害赔偿的关系

精神损害赔偿与财产损害赔偿都是民法典侵权责任编所规定的损害赔偿方式，二者也都是对受害人提供救济的有效方式，在广义上均属于损害赔偿的范围，财产损害赔偿与精神损害赔偿是损害赔偿的重要形式。但二者也存在以下区别。

第一，适用范围不同。财产损害赔偿的适用范围较广，侵害财产权益和人身权益，均可产生财产损害赔偿责任。但精神损害赔偿责任的适用范围相对较小，依据《民法典》第1183条规定，精神损害赔偿主要适用于人身权益遭受侵害的情形。在特殊情形下，侵害具有人身意义的特定物也可以适用精神损害赔偿。可见，精神损害赔偿的适用范围相对狭窄。

第二，功能不同。财产损害赔偿的主要功能是损害填补，即填补受害人所遭受的损害。而精神损害赔偿的主要功能在于抚慰受害人并制裁不法行为人，也正是因为这一原因，有的国家和地区也将精神损害赔偿金称为精神损害抚慰金。

第三，适用条件不同。财产损害赔偿的适用通常以受害人遭受一定的财产损失为前提，并且采用完全赔偿原则，只要受害人遭受了一定的财产损失，其就可以依法请求行为人承担财产损害的全部赔偿责任。而精神损害赔偿的适用并不以受害人遭受一定的财产损失为前提，而只是以受害人遭受严重精神损害为适用条件。

第四，损害赔偿数额的确定方法不同。财产损害赔偿的功能在于填补受害人的实际损失，由于财产具有市场价格，因此，在确定受害人财产损失时，要考虑财产的市场价格。例如，《民法典》第1184条规定："侵害他人财产的，财产损失按照损失发生时的市场价格或者其他合理方式计算。"当然，依据《民法典》第1182条的规定，在侵害人身权益造成受害人财产损失的情形下，还可能依据行为人的获利数额或者法院酌定的数额来确定行为人的财产损害赔偿数额。而精神损害赔偿数额的确定则需要考虑多种因素，如行为人实施侵权行为的方式、侵权行为的实施场所、行为人的主观恶性等，均可能对精神损害赔偿数额产生影响。

二、精神损害赔偿责任的适用要件

依据《民法典》第1183条第1款的规定，精神损害赔偿的适用条件包括如下三点。

（一）侵害他人人身权益和具有人身意义的物

如前所述，精神损害赔偿仅适用于侵权案件，不适用违约责任。《民法典》第1183条第1款将其规定在侵权责任中，表明精神损害赔偿请求权的基础，原则上限于侵权责任。[①]《精神损害赔偿司法解释》第1条明确提出，只有在受害人以侵权为由向人民法院起诉请求赔偿精神损害的，法院才可以受理，因此，一方面，精神损害赔偿限于侵权的范畴，而排斥了在违约情况下的适用。另一方面，精神损害赔偿主要适用

① See W. V. Horton Rogers (ed), *Damages for Non-Pecuniary Loss in a Comparative Perspective*, Springer Wien New York, 2001, p. 56.

于人身权益受损害的情况，当然，侵害人身权益未必会造成精神损害后果，只有在侵害人身权益的同时还造成精神损害后果时，精神损害赔偿才有适用余地。

（二）须有严重精神损害后果

依据《民法典》第1183条第1款的规定，必须是在造成严重精神损害时才能赔偿。如果只是轻微的损害，则不应当获得补救。这就是说，精神损害的后果不是轻微的损害后果，而应当是严重的侵害后果。造成严重精神损害是获得精神损害赔偿的法定必要条件。如果受害人只是遭受了偶尔的精神痛苦或者心理情绪上的不愉悦，则不属于应予以赔偿的精神损害。[①]

如何判断严重的精神损害，学界看法不一。本书认为，可以借鉴最高人民法院关于精神损害赔偿的司法解释来加以判断，《精神损害赔偿司法解释》第8条规定："因侵权致人精神损害，但未造成严重后果，受害人请求赔偿精神损害的，一般不予支持，人民法院可以根据情形判令侵权人停止侵害、恢复名誉、消除影响、赔礼道歉。"因此，所谓严重是指后果的严重性，即超出社会一般人的容忍限度的损害。或者说，是指社会一般人在权利遭受侵害的情况下，都难以忍受和承受的精神痛苦和肉体痛苦。它往往也会对受害人的正常生产、生活造成负面影响。因此，对于"严重后果"应当依具体情况判断，主要应考虑受害人的受害程度，包括受害人在人格权益遭受侵害后，其心理与生理上的反应是否达到了影响其正常的生活、工作以及影响其正常交往的程度等。

（三）侵害行为与损害后果之间具有因果关系

所谓因果关系，是指按照社会一般人的合理判断，认为行为人实施的侵害人格权的行为与受害人遭受的损害后果之间具有相当的因果联系，或者受害人所遭受的损害后果是行为人能够预见的，则行为人应当承担精神损害赔偿责任。在判断因果关系的时候可以采取相当因果关系说，确定行为和精神损害之间是否有相当因果关系。

三、精神损害赔偿数额的计算

依据最高人民法院《精神损害赔偿司法解释》第10条的规定，关于精神损害赔偿需要综合考虑如下因素来确定。

第一，过错程度。由于精神损害赔偿具有制裁的功能，所以，应当根据过错归责原则，根据加害人的过错程度来决定赔偿数额。过错的严重程度也会影响到损害的严重程度。[②] 对于侵权人的过错程度首先应当区分故意和过失，并可以进一步区分恶意、一般的故意、重大过失、一般过失和轻微过失。通常情况下，行为人的过错程度越重，其承担的精神损害赔偿数额就越高。如果是恶意侵权，显然，其赔偿数额要高于过失侵权。

第二，侵害的手段、场合、行为方式等具体情节。侵权人的侵害手段、场合、行

① 参见扈纪华、石宏：《侵权责任法立法情况介绍》，载《人民司法（应用）》，2010（3）。

② 参见《荷兰民法典》第619条；《葡萄牙民法典》第496条。

为方式等具体情节和侵权行为所造成的后果等因素，应对确定精神损害赔偿的数额产生影响。例如，侵权人在网上发布诽谤他人的言论，与侵权人向第三人传播诽谤他人的言论相比，其情节严重程度是不同的。

第三，侵权行为所造成的后果。对于后果的判断，可以从多个方面来考虑：一是要考虑行为人实施的侵害他人人格权的行为所造成的社会影响和不良后果。二是受害人自身遭受的痛苦程度。例如，受害人精神极度痛苦、绝望、沮丧等。在考虑损害后果时，不能仅仅考虑受害人的精神痛苦。对于一些精神病人、未成年人等无法感知精神痛苦的人，如果某种侵权行为对社会一般人会产生严重损害后果，即使受害人本人无法感知其精神痛苦，也应当按照社会一般人在此情况下所可能遭受的损害来确定精神损害赔偿数额。

第四，侵权人承担责任的经济能力。在精神损害赔偿中，是否要考虑侵权人承担责任的经济能力问题，在学理上存在不同的观点。本书认为，在确定行为人要支付的数额时，应当考虑行为人的支付能力，考虑支付能力来确定赔偿数额，能够发挥精神损害赔偿对行为人的制裁和遏制作用，因为对经济能力较强的行为人而言，赔偿数额过低可能难以起到制裁作用，此时适当提高赔偿额，才能对其产生一定的惩戒作用。

第五，当地的平均生活水平。在我国司法实践中，法官在衡量精神损害赔偿数额时，需要考虑侵权人承担责任的财产状况。由于城乡差别、地区差别较大，各地的收入和生活水平等有区别，这些都影响到加害人的赔偿能力问题。因而，最高人民法院的有关司法解释要求在确定精神损害赔偿数额时适当考虑当地的平均生活水平，这也具有一定的合理性。

第四节　惩罚性赔偿

一、惩罚性赔偿概述

所谓惩罚性损害赔偿（punitive damages，Strafschadensersatz），也称示范性的赔偿（exemplary damages）或报复性的赔偿（vindictive damages），是指由法院所作出的超出实际损害数额的赔偿。[①] 它具有补偿受害人遭受的损失、惩罚和遏制不法行为等多重功能。我国民事立法长期以来都认可在特殊情形下适用惩罚性赔偿规则。惩罚性赔偿的特点主要在于：

第一，功能具有多样性。惩罚性赔偿是集补偿、惩罚、遏制等功能为一身的一项制度[②]，其具有补偿受害人遭受的损失、惩罚和遏制不法行为等多重功能。因为惩罚性赔偿在性质上是惩罚性的，而不是救济性的。惩罚性赔偿侧重于惩罚，因而与侵权责任法的救济法性质相冲突。

第二，惩罚性赔偿仅适用于法律有特别规定的情形。例如，《民法典》第 1185 条

① See Note，"Exemplary Damages in the Law of Torts"，70 *Harv. L. Rev*，517，517（1957），and Huckle v. Money，95 Eng. Rep. 768（K. B. 1763）.

② See Malzof v. United States，112 S. Ct. 711，715（1992）.

规定了故意侵害知识产权的惩罚性赔偿。第 1207 条规定了明知产品存在缺陷而生产、销售的惩罚性赔偿。第 1232 条规定了故意污染环境、破坏生态的惩罚性赔偿。惩罚性赔偿仅适用于法律明确规定的情形，在法律没有明确规定时，不得适用。

第三，关于惩罚性赔偿数额的确定，《民法典》采用“相应的”概念予以限定，相应的含义就是指惩罚性赔偿的具体数额由法官综合考量行为人的过错程度、损害后果的严重性、行为人实施侵害行为的情节等各种因素，予以具体确定。

二、侵害知识产权的惩罚性赔偿

（一）民法典规定侵害知识产权惩罚性赔偿规则的必要性

侵害知识产权的惩罚性赔偿制度主要是近代以来，随着知识产权制度的发展以及惩罚性赔偿制度的产生而在普通法国家逐步形成和发展的。从美国知识产权法的立法史来看，惩罚性赔偿最初在一些案例中采用，而后被立法所正式采纳。[①] 美国侵害知识产权的惩罚性赔偿制度对其他普通法系国家如英国、加拿大等国的立法和判例也产生了重大影响。[②] 但在大陆法系国家和地区，因为历史传统等原因，并未完全采纳惩罚性赔偿。从比较法上来看，两大法系尚未就惩罚性赔偿能否成为一般的原则取得共识。我国高度重视对知识产权的保护，为达到强化保护知识产权的目的而采纳了惩罚性赔偿制度。2013 年《商标法》修订时，确立了侵害商标权的惩罚性赔偿规则，即在行为人恶意侵害商标权且情节严重的情形下，受害人有权请求行为人承担惩罚性赔偿责任。《商标法》的规定为我国民法典确立侵害知识产权惩罚性赔偿的一般规则提供了有益的借鉴。

《民法典》第 1185 条规定：“故意侵害知识产权，情节严重的，被侵权人有权请求相应的惩罚性赔偿。”法律作出此种规定的原因主要在于：

第一，知识产权具有无形性，很难确定实际损害。[③] 特别是因为知识产权的客体具有无形性，行为人侵害他人知识产权，通常并不会影响权利人对其知识产权的利用，这就很难确定权利人是否遭受了现实的损害。例如，行为人未经许可在相同或类似的商品类别上使用了与他人注册商标相同或近似的商标，通常并不会影响权利人对其商标的使用，权利人甚至不知道行为人侵权的事实。

第二，知识产权一旦遭受侵害，将难以恢复原状，因而有必要通过惩罚性赔偿救济受害人，并惩罚行为人。例如，就商标权侵权而言，商标具有标识商品或者服务来源的作用，指向特定的商品或者服务，在行为人未经许可将该商标用于其商品或者服务时，即便可以通过损害赔偿的方式弥补受害人减少的利润，但难以重建该商标与受害人产品或者服务之间的关联性，难以复原该商标承载的商誉，这也使得商标权的价值难以回归，所造成的损害也难以恢复原状。

---

① 参见《美国专利法》第 284 条第 2 款、1946 年《美国商标法》第 35 条（a）。

② 参见朱丹：《知识产权惩罚性赔偿制度研究》，67～75 页，北京，法律出版社，2016。

③ 参见［奥］库齐奥：《侵权责任法的基本问题（第一卷）：德语国家的视角》，朱岩译，51 页，北京，北京大学出版社，2017。

第三，惩罚性赔偿可以激励当事人通过许可使用的方式行使知识产权，鼓励创新。[①] 规定惩罚性赔偿有利于克服我国知识产权领域存在的守法成本高、违法成本低的现象，而通过运用惩罚性赔偿制度，可以大幅提高被告的违法成本，从而逐步培育守法成本低于违法成本的观念[②]，并通过加重责任对行为人的行为进行处罚，以防止将来重犯。

第四，在《商标法》已经对恶意侵害商标权的惩罚性赔偿规则作出了规定，民法典规定故意侵害知识产权的一般规则，有利于协调商标法、专利法、著作权法之间的关系，建立统一的侵害知识产权惩罚性赔偿的法律规则。虽然《商标法》已经明确规定了惩罚性赔偿规则，但现行《著作权法》和《专利法》并未规定这一规则，三部法律之间对于是否采纳惩罚性赔偿规则不统一。我国民法典规定侵害知识产权惩罚性赔偿的一般规则，有利于实现制度规则的统一化。另外，《民法典》关于故意侵害知识产权的惩罚性赔偿规则也可以发挥兜底条款的功能，实现对未来新的知识产权保护的需要。随着科技的进步和市场经济的发展，知识产权的客体呈现出多样化的趋势，除了传统的专利权、商标权和著作权外，还包括商业秘密权，以及植物新品种权、集成电路布图设计权等新型知识产权。因此，《民法典》关于故意侵害知识产权的惩罚性赔偿规则，也有助于实现类似问题类似处理。

（二）侵害知识产权惩罚性赔偿规则的适用条件

1. 行为人故意侵害他人知识产权

比较法上的经验表明，侵害知识产权的惩罚性赔偿应当以故意为要件。在侵害知识产权的情况下，只有对故意的行为进行惩罚，这种制裁才具有合理性，在行为人过失不慎侵害他人知识产权时，对其适用惩罚性赔偿，显然会形成“罚不当责”的后果。同时，惩罚故意行为也是发挥惩罚性赔偿的遏制和预防功能的基础。惩罚性赔偿也称为示范性赔偿，是通过对故意行为的惩罚从而确定一个样板，使他人从该样板中吸取教训而不再从事此行为。[③] 但这种惩罚显然只能针对故意才能发挥作用，因为故意的行为相较于过失的行为具有更高的可避免性和可预防性。因此，将惩罚性赔偿的适用对象限于故意侵权行为，更有利于实现惩罚性赔偿的惩罚和预防的社会控制功能。[④] 在特殊情况下，行为人主观上出于恶意或者故意但其造成的损害后果并不严重，如果按照实际损失赔偿，则行为人只需承担较轻的赔偿责任，这显然不足以遏制侵权行为的再次发生。因此，有必要依据行为人的主观过错程度对其施加惩罚性赔偿。[⑤]

2. 情节严重

《民法典》第 1185 条在规定侵害知识产权惩罚性赔偿的一般规则时，规定以情节

---

① 参见胡海容、雷云：《知识产权侵权适用惩罚性赔偿的是与非——从法经济学角度解读》，载《知识产权》，2011（2）。

② See Kilgore，R. Collins，“Sneering at the Law：An Argument for Punitive Damages in Copyright”，*Vanderbilt Journal of Entertainment and Technology Law*，Vol. 15，Issue 3（Spring 2013），p. 656.

③ See David F. Partlett，“Punitive Damages：Legal Hot Zones”，56 *La. L. Rev.* 781，797（1996）.

④ 参见朱晓峰：《功利主义视角下惩罚性赔偿规则的完善》，载《吉林大学社会科学学报》，2017（6）。

⑤ 参见谢哲胜：《财产法专题研究》，第 2 卷，20 页，台北，元照出版公司，1999。

严重为要件，主要理由在于：

第一，在主观故意之外增加情节严重作为要件，有利于防止惩罚性赔偿的泛化。在侵害知识产权的情形下，仍应当贯彻损害填补的一般原则，如果不要求情节严重，而仅要求行为人恶意，则可能导致惩罚性赔偿规则适用的泛化，因为从实践来看，在侵害知识产权的情形下，行为人大多具有侵权的故意。也就是说，行为人在侵害他人知识产权时，一般都知道或者应当知道其侵害了他人的知识产权，因过失侵害他人知识产权的情形较少，因此，如果不要求行为人侵权的情节严重，而仅要求行为人具有侵权的故意，则可能导致惩罚性赔偿在知识产权侵权中的广泛适用，这显然不符合惩罚性赔偿的制度功能，也可能不当加重行为人的负担。同时，要求情节严重也有利于实现惩罚性赔偿主客观要件的结合。

第二，在主观故意之外增加情节严重作为要件，有利于防止惩罚过度、确保"罚当其责"。对故意侵害知识产权的行为应当进行惩罚，但应当做到"罚当其责"[①]。因此，在适用侵害知识产权的惩罚性赔偿规则时，首先要考虑行为人主观上是否具有故意，继而对行为人的行为方式、所获利益，受害人所遭受的损失等综合进行考量[②]，这样才能做到"罚当其责"。要求侵害知识产权惩罚性赔偿的适用以情节严重为条件，有利于平衡知识产权保护与知识流通、再创造之间的关系。也就是说，在侵害知识产权的情形下，行为人虽然有侵权的故意，但如果行为人的行为方式并不恶劣或没有造成严重的损害后果等，则按照损害填补的一般规则，由行为人承担实际损害赔偿责任，即可有效填补受害人的损害，而没有必要适用惩罚性赔偿规则，否则可能会不当加重行为人的负担，影响知识的流通与再创造。

第三，要求侵害知识产权惩罚性赔偿责任的适用以情节严重为要件，也有利于有效处理民法典与《商标法》的关系。从《商标法》第 63 条规定来看，其实际上规定了两种情形下侵害知识产权的赔偿责任：一是通常情形下的赔偿责任，此种责任应当是侵害知识产权财产损害赔偿责任的一般原则，即不论是按照实际损失赔偿、获利赔偿还是拟制的许可使用费合理倍数赔偿，实际上贯彻的都是损失填补原则，即造成多少损害，承担多少赔偿责任。二是行为人故意侵权，且情节严重的情形。此种情形属于侵害知识产权财产损害赔偿责任的例外情形，可见，要求侵害知识产权惩罚性赔偿以情节严重为条件，也符合侵害知识产权财产损害赔偿责任的特点。

问题在于，如何认定行为人的侵权情节严重？如果"情节严重"的评价标准不明确，将不可避免地影响惩罚性赔偿的可操作性，为此，有必要明确界定情节严重的内涵。总结我国司法实践经验，在认定情节严重时，至少可以从如下几个方面予以考虑：一是侵权手段恶劣。此种情形通常表现为手段恶劣或损害结果严重。二是侵权时间长（如 1 年以上）、多次侵权（如 3 次以上）或经行政处罚或法院判决后再次侵权的，等等。三是以侵权为业。例如，在"雅马哈发动机株式会社与浙江华田工业有限公司、台州华田摩托车销售有限公司等商标侵权纠纷案"中，法院认为，被告以侵权

① 徐聪颖：《知识产权惩罚性赔偿的功能认知与效用选择》，载《湖北社会科学》，2018 (7)。

② 参见袁曙宏主编：《商标法与商标法实施条例修改条文释义》，75～78 页，北京，中国法制出版社，2014。

为业，应当返还其获得的利润。[①] 本书认为，在惩罚性赔偿“情节严重”的判断中，也可将行为人以侵权为业作为“情节严重”的判断依据。四是侵权人从事的侵害行为对权利人产生了巨大的损害与消极影响。例如，被告的侵权产品粗制滥造，严重降低他人知识产权的市场价值，应当构成情节严重。

总之，侵权人侵权行为持续时间较长，重复性侵权，或者给权利人造成的损失比较大，或者产品的质量比较差，粗制滥造，严重损害消费者的利益等，都是判断行为人侵权“情节严重”的重要参考。

思考题

1. 财产损害赔偿有哪些特征?
2. 比较精神损害赔偿与财产损害赔偿的异同。
3. 如何理解精神损害赔偿的适用范围?
4. 精神损害赔偿的适用条件有哪些?

① 参见最高人民法院（2006）民三终字第1号民事判决书。

第二编 分 则

第八章　监护人责任

【案例】 甲带其6岁的孩子乙到邻居丙家玩，甲和丙正在屋内聊天时，乙与丙的孩子丁（6岁）因争抢玩具相互推搡，乙将丁从椅子上推倒，丁撞上一件家具，导致胳膊骨折。丁去医院治疗，花去医疗费1万元。丙后请求甲承担损害赔偿责任。

简要评析： 该案属于监护人责任纠纷，依据《民法典》第1188条的规定，无民事行为能力人、限制民事行为能力人造成他人损害的，应当由监护人承担侵权责任。在该案中，甲带孩子玩时没有尽到照管义务，导致丁的损害，因此应当承担侵权责任。

第一节　监护人责任概述

所谓监护人责任，是指监护人就无民事行为能力人或限制民事行为能力人造成他人的损害，依法所应承担的责任。[①]《民法典》第1188条第1款规定："无民事行为能力人、限制民事行为能力人造成他人损害的，由监护人承担侵权责任。监护人尽到监护责任的，可以减轻其侵权责任。"这就在法律上确立了监护人责任制度。《民法典》对监护人责任作出规定，有利于督促监护人履行其监护责任、避免被监护人侵害他人权益，也有利于对受害人进行救济。依据《民法典》第1188条的规定，监护人责任具有如下特点。

第一，监护人责任以特定监护关系的存在为前提。监护关系一般是以监护人和被监护人存在一定的血缘或亲属关系为前提的，在发生了被监护人造成他人损害之后，监护人就应当承担责任。由于监护人对被监护人负有一定的监护职责，因而，在被监护人造成他人损害的情况下，监护人在法律上应当承担一定的责任。我国司法实践也普遍肯定了监护人责任。例如，在"吴某诉朱某、曙光学校人身损害赔偿责任纠纷案"[②] 中，吴某、朱某均系被告曙光学校的学生，原告在寝室内休息时，被朱某扔的橘子砸伤右眼。人民法院认为，朱某的监护人将朱某送至学校学习，并不等于将其监护职责转移给学校，因此应对朱某的行为承担监护人责任；同时，曙光学校虽然不对其学生承担监护职责，但仍应承担教育、管理和保护的义务。在本案中，吴某受伤与

① 参见张新宝：《侵权责任法原理》，306页。

② 《最高人民法院公报》，1996（1）。

学校就寝制度管理不严有一定关系，且在伤害事故发生后，曙光学校未能及时采取医疗措施，导致吴某伤情加重。因此，曙光学校的行为也已经构成对原告合法权益的侵害，应当承担相应的赔偿责任。

第二，监护人责任是一种替代责任。所谓替代责任，是指责任人对他人的行为所承担的责任。[①] 监护人自身不是造成损害的行为人，只是因为其所监护的无民事行为能力人或限制民事行为能力人造成他人的损害而应承担责任的，其是为被监护人的行为负责。如果监护人自己造成了损害，则不属于监护人责任的适用范围，而应适用一般的过错责任。

第三，监护人责任主要是一种严格责任。侵权责任法要求监护人为被监护人致人损害的行为承担责任并不是因为监护人存在过错，而是因为监护人和被监护人之间基于血缘和亲属关系而产生的监护关系。为了保护受害人利益，维护社会安全，法律责令监护人必须为被监护人的行为承担责任。因此，《民法典》第 1188 条第 1 款前段规定："无民事行为能力人、限制民事行为能力人造成他人损害的，由监护人承担侵权责任。"因此，在被监护人造成他人损害的情况下，即使监护人尽到了监护职责，其也应当承担责任。我国司法实践中也采取了同样的立场。例如，在"邬甲等与朱某监护人责任纠纷上诉案"[②] 中，原告朱某在医院就诊时，被告邬乙冲入诊室并持刀连捅朱某背部数刀，致朱某重伤。经公安机关鉴定，邬乙患有严重精神病，属限制民事行为能力人，作案时为患病期。人民法院认为，虽然朱某没有证据证明邬乙案发前就精神疾病就诊过，但监护人责任适用的是无过错归责原则，因此，邬甲、忻某作为邬乙的法定监护人，理应对其行为承担责任，不能以不知道邬乙患有精神病为由进行抗辩。

第四，监护人的责任具有次位性。依据《民法典》第 1188 条第 2 款的规定，在确定监护人责任时，首先要考虑被监护人是否有财产，如果其有财产，则应当从其自己的财产中支付赔偿费用。只有在被监护人没有财产，或者其财产不足以赔偿全部损害的情况，监护人才承担责任，因此，监护人的责任处于第二顺位。第一顺位是拥有财产的被监护人自己的责任。有学者认为，被监护人有独立财产应当独立承担责任，因而监护人的责任具有补充性。[③] 本书认为，监护人的责任在性质上并不属于补充责任：一方面，补充责任只有在法律明确规定的情况下才承担，而《民法典》并没有将监护人的责任明确规定为补充责任；另一方面，补充责任有可能存在追偿问题，而监护人承担责任后不可能向被监护人追偿。

第二节　监护人责任的构成要件

依据《民法典》第 1188 条的规定，监护人责任的成立应当具备如下条件：

① 参见周友军：《侵权责任认定：争点与案例》，57 页，北京，法律出版社，2010。

② 上海市第一中级人民法院（2012）沪一中民一（民）终字第 1635 号民事判决书。

③ 参见刘菲：《监护人法律地位的认定》，载《人民司法·案例》，2010（12）。

一、监护关系的存在

监护人责任是一种替代责任，监护关系的存在是此种责任产生的前提和基础。依据《民法典》的上述规定，监护人承担监护人责任的前提，是其与被监护人之间存在监护关系。在监护人是父母的情况下，监护人的确定通常不存在争议。但是我国《民法典》第 1189 条承认监护人可以将监护职责委托给他人，在委托关系合法成立之后，受托人也负有监护职责，如果因其未履行监护职责，致使被监护人造成他人损失的，受托人也应当承担相应的责任。

二、无民事行为能力人、限制民事行为能力人造成他人损害

在被监护人致人损害的情况下，必须造成了损害，才能请求赔偿。因此，监护人责任以无民事行为能力人或限制民事行为能力人造成受害人的实际损失为前提。具体来说，一方面，必须是被监护人的行为致人损害。另一方面，被监护人的行为必须构成侵权。在确定监护人责任时，应当以无民事行为能力人、限制民事行为能力人的行为与损害之间具有因果关系为前提。

三、无民事行为能力人、限制民事行为能力人没有独立财产

依据《民法典》第 1188 条的规定，如果被监护人有财产的，则应当从其财产中支付赔偿费用，只有被监护人的财产不足以赔偿受害人的损害时，才由监护人承担赔偿责任。因此，监护人责任成立的条件之一，是被监护人没有独立财产。如果被监护人有自己的独立财产，却仍然要求监护人承担完全责任，显然是不合理的：一方面，毕竟是被监护人自己的行为造成实际损害后果。在其有能力承担责任的情况下，被监护人不对自己的行为负责，缺少相应的正当性。另一方面，从替代责任合理性来看，很大程度上也是因为实际行为人没有独立财产。因此，若被监护人有独立的财产，仍然由监护人负责，显然不符合替代责任的基本原理。

需要指出的是，我国《民法典》在确定监护人责任时，并没有考虑行为人的责任能力。所谓责任能力也称为意思能力，或者侵权责任能力、过错能力。被监护人致人损害，无论有无识别能力，只要造成了损害，监护人都要承担责任。从监护人责任来说，在确定其责任时，是不考虑被监护人的责任能力的。

第三节 监护人责任的承担

一、监护人的范围

《民法典》第 1188 条所规定的监护人主要是指法定监护人。未成年人的父母是未成年人的监护人。父母作为未成年子女的法定监护人，以子女出生这一法律事实为发生原因，一直延续到子女年满 18 周岁。父母对未成年子女的监护因子女出生的法律事实而发生，除因死亡或按法定程序予以剥夺外，任何人不得加以剥夺或限制。按照

《婚姻法》的规定，养子女和生父母间的权利与义务，因收养关系的成立而解除。因此，未成年人被他人收养后，收养人即应为其法定监护人。在父母离婚后，抚养子女的一方应是未成年子女的监护人。在抚养子女的一方不履行监护职责时，另一方可以请求法院撤销原来的裁决，由自己来担任监护人。在被监护人致人损害的情况下，监护人应当承担责任。

关于监护人责任的主体是否包括委托监护人，值得探讨。依据《民法典》第 27 条第 1 款的规定，父母是未成年子女的监护人。但是，在未成年人父母已经死亡或者没有监护能力时，依据本条第 2 款，则其他人也可能担任未成年人的监护人。《民法典》第 28 条对无民事行为能力或者限制民事行为能力的成年人的监护人作出了规定。问题在于，除了上述监护人之外，是否可以通过委托监护的方式确定监护人。本书认为，从我国现行立法来看，除成年人意定监护可以通过委托确定监护人之外，未成年人监护以及无民事行为能力、限制民事行为能力的成年人的监护中，均不存在委托监护，当事人之间订立委托合同，只是将监护职责委托给他人，但其并不会导致监护人资格的移转。因此，在监护人将其监护职责委托给他人的情形下，如果被监护人造成他人损害，监护人仍然需要依法承担监护人责任。

二、监护人责任的范围

《民法典》第 1188 条第 2 款规定："有财产的无民事行为能力人、限制民事行为能力人造成他人损害的，从本人财产中支付赔偿费用。不足部分，由监护人赔偿。"据此，监护人责任的范围以被监护人能否承担责任、承担多大的责任为前提，即如果被监护人具有充足的财产承担全部责任，则监护人的责任事实上已不存在；如果被监护人的财产不足或者无财产，则监护人需要承担大部分甚至全部的责任，这就是所谓"不足部分，由监护人赔偿"的含义。

三、监护人责任的减轻

《民法典》第 1188 条第 1 款后半段规定："监护人尽到监护责任的，可以减轻其侵权责任。"由此可以看出，虽然《民法典》对监护人责任采用严格责任，但可以考虑各方面情况减轻其责任。如何理解该条所规定的"尽到监护责任"？本书认为，判断监护人是否尽到监护职责，应当根据个案予以考量。在判断时，应当按照"善良家父"的标准，即以一个合理的第三人标准为参照。例如，未成年人甲用弹弓致乙损害，若其父在此之前也曾经发现其有类似危险举止，而仅止于口头教育、告诫，尚不足以表明其已尽到监护之责，还必须采取合理措施，如收缴弹弓等，以防止甲用弹弓伤人事件的发生。

法律设置减轻责任的规则一方面是为了鼓励监护人履行其监护职责，另一方面也是为了适当缓和监护人责任的严格性。在我国，监护人责任是严格责任，监护人几乎没有免责事由。法律上设置了减轻责任的规则，这一做法被称为"严格责任的衡平化"。监护人依据《民法典》第 1188 条第 1 款的规定主张减轻责任时，应当对其已尽到监护职责负担举证责任。

在确定如何减轻监护人责任时，法官应当考虑案件具体情况进行酌情裁量。从审判实践来看，法院考虑减轻监护人的责任，主要是考虑被监护人的年龄大小。如果被监护人的年龄低于10周岁的，对监护人责任的减轻要比较谨慎，因为减轻监护人的责任，其依据是监护人是否尽到监护职责，被监护人的年龄越小，其监护职责也越重。

四、监护人将监护职责委托给他人时的责任承担

《民法典》第1189条规定："无民事行为能力人、限制民事行为能力人造成他人损害，监护人将监护职责委托给他人的，由监护人承担侵权责任；受托人有过错的，承担相应的责任。"本条规定了监护人将监护职责委托他人时被监护人造成他人损害的问题，弥补了监护制度中没有规定委托监护的缺陷和不足。

民法典总则编在编纂中删除了委托监护的规定，只是在监护的撤销中涉及委托监护。但是在实践中出现了大量的委托监护的情形，例如父母外出打工，将子女委托给邻居或亲属照看，此时被监护人造成他人损害时，应该如何处理常常引发争议。此时，适用《民法典》第1189条的规定必须满足以下三个条件。

第一，当事人之间存在委托协议。委托协议的内容是委托人将其监护职责委托给受托人，受托人负有履行监护责任的义务。该协议可能是有偿的，也可能是无偿的。如果协议规定了，受托人有权请求报酬，则委托人应当按照约定支付。

第二，监护职责的移转。《民法典》第1189条只是规定"监护人将监护职责委托给他人"，并没有规定是全部还是部分的监护职责。有学者认为，在委托监护中可以将全部监护职责委托给受托人行使。[①] 本书认为，这一观点可能难以获得认同。因为监护人的职责是非常广泛的，其包括保护被监护人身体健康、管理被监护人财产等。从实践来看，监护人只是委托他人照看被监护人，不太可能将所有的监护职责都委托给他人。在当事人约定不明的情形，不能理解为全部职责都委托给了受托人，而且，有些监护职责只能由法定代理人行使。

第三，在委托监护期间被监护人造成了他人损害。这种损害既包括财产损害，也包括人身损害。但这里造成他人损害，不包括造成了受托人的损害，如果是受托人自身遭受了损害，应当通过委托监护协议来解决，而不适用本条的规定。

在此需要讨论的是，委托监护和意定监护的区别。意定监护是指具有完全民事行为能力的成年人与其近亲属及其他愿意担任监护人的个人或者组织协商，以书面形式确定监护人的制度。我国《民法典》第33条专门就此类监护作出了规定。委托监护和意定监护虽然都是通过合同确立的监护，但两者是存在区别的。一方面，意定监护是作为被监护人的成年人与他人达成的协议，其目的是为自己选择监护人。而委托监护是监护人为被监护人的利益，与他人达成的协议，是为他人选择受托的监护人。在委托监护的情形，监护人的身份没有发生变化，也不可能将其全部职责移转。而在意定监护的情形，是被监护人为自己在未来新设监护人。此外，在被监护人造成他人损

① 参见黄薇主编：《中华人民共和国民法典侵权责任编解读》，103页，北京，中国法制出版社，2020。

害时，意定监护人要承担监护人责任，原则上是完全赔偿；而在委托监护的情形，受托监护人仅就其过错承担相应的责任。

在委托监护中，如果被监护人造成他人损害，首先应当由监护人承担责任。主要理由在于，监护人的身份是不能移转的。委托监护协议只是对委托人和受托人产生效力，只可能影响委托人与受托人内部的责任分担问题，并不影响监护人与他人的外部关系。在外部关系上，监护人仍然有监护责任。

依据《民法典》第1189条的规定，受托人有过错的，承担相应的责任。应当如何理解受托人有过错？这要结合监护人责任的条款进行判断，即第1188条的规定进行体系解释。此处的过错主要是指受托人没有尽到合同约定的监护职责，应当采用客观标准。例如，合同约定，受托人监督、管教未成年人，但是，受托人在被监护人与他人打架斗殴时不予以制止，此时，其显然是有过错的。虽然法律规定在委托监护中由监护人负责，但是，毕竟受托人负有监护职责，如果受托人没有履行其监护职责，其应当对受害人承担相应的责任。

第四节　被监护人的公平责任

一、被监护人的公平责任的概念和特征

所谓被监护人的公平责任，是指在无民事行为能力人、限制民事行为能力人致人损害时，如果被监护人拥有财产，应当首先从其本人的财产中支付赔偿费用。在此种责任中，责任的主体不是监护人，而是被监护人。由于无民事行为能力人、限制民事行为能力人要以自己的财产进行赔偿，因而，此种责任也可称为被监护人的公平责任。

《民法典》第1188条第2款规定：“有财产的无民事行为能力人、限制民事行为能力人造成他人损害的，从本人财产中支付赔偿费用。不足部分，由监护人赔偿。”这就在法律上确立了被监护人的公平责任。当然，在这种责任中，监护人也并非完全不承担责任，在被监护人以自己的财产支付赔偿费用后，不足部分仍由监护人来完成赔偿责任。

被监护人的责任具有如下特点：

第一，它是一种独立的责任。《民法典》第1188条所规定的有财产的被监护人所承担的责任，并不是为弥补过错责任或责任能力制度不足而设置的辅助性的责任制度。该责任以被监护人是否拥有财产为前提，只要被监护人具有财产，就应当以其财产支付赔偿费用，因此，这种责任不是基于责任能力而承担的责任，而是以财产为基础而承担的责任。法官在考虑被监护人是否要承担责任时，不必考虑其年龄大小、行为能力等，甚至也不以损害的严重程度来确定。

第二，它是第一顺位的责任。依据《民法典》第1188条，在被监护人致人损害的情况下，有财产的被监护人首先应当以其自有财产支付赔偿费用。从这个意义上说，其处于第一顺位的责任人地位，只有在被监护人不承担责任时，或者被监护人的

财产不足以完全赔偿时，才由监护人负责。据此，在受害人直接请求监护人承担责任的情况下，监护人可以以有财产的被监护人没有承担责任为由提出抗辩。

第三，它是一种公平责任。《民法典》第1188条第2款规定“从本人财产中支付赔偿费用”，而没有采用“承担责任”的表述，立法意图表明其不是基于过错而承担的责任。由于无民事行为能力人没有意思能力，所以没有过错，在其造成损害的情况下，要求其承担过错责任，不符合侵权法的过错责任原则。但在其具有财产的情况下，基于公平考虑，应由其实际承担赔偿责任。

二、被监护人公平责任的构成要件

依据《民法典》第1188条第2款的规定，被监护人公平责任的成立应当具备如下条件。

第一，被监护人造成他人损害。公平责任的承担首先应以存在损害为前提。除了未成年人以外，是否还包括精神病人？本书认为，该条并未将范围限定在未成年人之内，因此应当包括精神病人。

第二，被监护人的侵权行为与损害之间存在因果关系。虽然被监护人承担的是公平责任，但是，这一责任也必须以存在因果关系为前提，只有在因被监护人的侵权行为造成了受害人的损害后果时，才应当产生公平责任。

第三，被监护人具有自己的责任财产。关于被监护人以自己的财产承担责任，并不是因为财产决定了意思能力。就具有财产的被监护人承担责任而言，其承担责任并非因为责任能力的有无，而是从公平分担损失和合理确定责任的角度来考虑的。法律要求有财产的无民事行为能力人、限制民事行为能力人也要承担一部分赔偿责任，只有当他们的财产不足以赔偿受害人的损失或无财产赔偿时，其监护人才需要承担赔偿责任。因此，我国《民法典》规定了公平责任，有助于平衡受害人、监护人和被监护人的利益。

在法定监护关系中，监护人与被监护人之间的财产关系一般属于家庭共同财产关系，未成年人一般不拥有自己的独立财产，但是被监护人也可能因继承、受赠或因纯获利益合同等取得一定的财产。尤其是这些财产大多在监护人的管理之下，正是因为监护人有权代未成年人管理财产，其财产由监护人代为保管，当这些有一定支付能力的未成年人致他人损害之后，监护人可以以其代为保管的未成年人的财产支付赔偿费用，当被监护人财产不足赔偿时，才需要监护人承担严格责任。

三、被监护人责任的承担

《民法典》第1188条在立法上采用了“从本人财产中支付赔偿费用”的表述，而没有直接使用“承担赔偿责任”的表述，这就意味着，此种赔偿并不是基于过错而进行的赔偿，而是基于公平原则作出的考虑，是为了补充受害人的损失。被监护人责任的归责依据不是过错，因为被监护人大多没有意思能力，不是基于其过错使其负责，而是基于其财产作出的公平分担的考虑。被监护人责任的赔偿范围也不是全部赔偿，而是以现有的财产为限度，现有财产有多少就支付多少。如果造成的损失巨大而被监护人的财产有限，不足部分仍应由监护人赔偿。

思考题

1. 监护人责任的归责原则是什么？
2. 如何理解监护人责任与被监护人自身责任的关系？
3. 如何理解监护人责任的构成要件？

第九章　用工责任

【案例】甲到乙珠宝店购物，在走出大门时，店内的报警器突然响起，珠宝店保安丙将甲带到保安室，强行对甲搜身，因为甲拒绝，丙打了甲两个耳光，搜身后并未发现未付款的物品。后经查实，店内的物品并未丢失，而是店内的警报器发生故障。事后，甲请求保安丙和乙赔礼道歉，并赔偿精神损害。

简要评析：该案属于用工责任纠纷，依据《民法典》第1191条的规定，用人单位的工作人员因执行工作任务造成他人损害的，应当由用人单位承担侵权责任。在该案中，珠宝店乙的保安强行对甲搜身，并打了甲两个耳光，侵害了甲的身体权，并造成甲精神损害，依据上述规定，应当由用人单位即珠宝店乙对甲承担侵权责任。

第一节　用工责任概述

一、用工责任的概念和特征

用工责任在国外被称为雇主责任或用人者责任，它是指被用工者因执行工作任务或劳务造成他人损害，用工者所应承担的侵权责任。用工责任是随着劳动分工的出现而逐渐产生的，是因使用他人从事一定的工作所产生的责任。在现代社会，用工关系是社会生活中的重要关系，各种劳务关系是合同法中的重要类型[①]，因而用工责任也是广泛存在的责任形态。在我国，有关职务侵权、外包、劳务派遣、有偿帮工、义务帮工、小时工、家庭保姆等侵权纠纷时有发生，因此，侵权责任编设立数个条文专门规范用工责任，这对于保护受害人的合法权益、维护正常的用工关系、促进社会生活的和谐发展具有重要意义。

我国民法典侵权责任编采用了用工责任的概念，这一概念摒弃了以往区分所有制而设计不同规则的做法，《民法典》所规定的用工责任涵盖了各种用工关系中的责任，包括个人的用工和单位的用工。《民法典》所规定的用工责任具有如下特点。

第一，它以用工关系的存在为前提。用工者承担的是替代责任，其之所以要对被用工者造成他人的损害负责，是因为他们之间存在用工关系。用工关系既包括用人单位与劳动者之间订立劳动合同的关系，也包括个人之间提供劳务的关系。用工关系既可以是长期的，也可以是短期的。被用工者从事一定的活动，或者是按照用工者的意

① 参见［日］我妻荣：《债权各论》中卷二，周江洪译，1页，北京，中国法制出版社，2008。

志，或者是为了用工者的利益，或者是在用工者的监督下进行。被用工者在工作过程中造成他人损害，都与工作本身具有内在关联性。

第二，它是替代责任的一种类型。用工责任是替代责任，即用工者并非对自己的侵权行为负责，而是对被用工者的侵权行为负责。这就是说，只要被用工者的行为符合侵权责任的构成要件，用工者就要承担责任，并不以其具有过错为要件。《民法典》将用工责任界定为替代责任，符合雇主责任的发展趋势，对于有效救济受害人具有重要意义。

第三，它是用工者对第三人的责任。在用工过程中的责任包括两种关系，一是用工者与被用工者之间的关系，它是一种内部关系。这种关系是合同关系，而且被用工者遭受侵害往往是通过工伤保险制度来救济，不需要借助于侵权责任制度。二是用人者与第三人之间的关系，它是一种外部关系。用工责任是因工作人员在工作过程中造成他人损害引发的侵权责任，即对劳动关系之外的第三人造成的侵权责任。通常来说，用人单位责任的特点在于造成了第三人的损害，而应当由用人单位向第三人负责。在此有必要区分工作人员在工作过程中自身遭受损害与其导致第三人的损害。在损害赔偿责任的承担主体上，劳动关系内部责任主要由工伤保险等社会风险分散方式来完成，用人单位通常在未完成法定的投保义务时才承担相应责任。而工作人员引发的外部侵权关系通常无涉保险赔偿问题，责任承担主体主要是用人单位。当然，用人单位在赔偿以后可能因工作人员的过错享有追偿权。

第四，它是被用工者因用工造成他人损害的赔偿责任。依据《民法典》第 1191 条和第 1192 条的规定，用工责任的产生基础从形式上看包括两项：一是因执行工作任务而造成他人损害；二是因劳务造成他人损害。二者的主要区别在于，个人用工比较宽泛，并没有要求明确的工作任务。只要是根据用工者的要求提供劳务，无论从事何种工作，由此造成的损害，用工者都要承担责任。而在单位用工时，被用工者都是基于其担任一定的职务，因完成一定的工作任务而导致他人损害。当然，二者都是在用工过程中因被用工者执行职务的行为致他人损害而产生的责任，而且无论是个人用工还是单位用工，其责任形式都主要是损害赔偿责任，用工者不可能承担停止侵害、排除妨碍、消除危险的责任，因为用工责任是对损害提供事后救济的责任，不具有事先预防的功能。

第五，用工责任的构成要件与其归责原则之间存在密切关系，不同的归责原则决定了相应的构成要件。例如，在过错推定责任原则之下，用工责任的构成要件中必然包含了用工者的过错。我国《民法典》对用工责任采严格责任原则，因此不以过错为要件。

《民法典》第 1191 条第 1 款规定："用人单位的工作人员因执行工作任务造成他人损害的，由用人单位承担侵权责任。用人单位承担侵权责任后，可以向有故意或者重大过失的工作人员追偿。"第 1192 条规定："个人之间形成劳务关系，提供劳务一方因劳务造成他人损害的，由接受劳务一方承担侵权责任。"从上述规定来看，《民法典》对用工责任实际上采纳了严格责任：一方面，从文义解释看，无论第 1191 条规定的单位用工责任，还是第 1192 条规定的个人用工责任，都没有提到过错，只要被用工者造成了损害，用工者就要承担责任。另一方面，从历史解释看，立法者在设计用工责任时，就是将其定位为严格责任，用工者对被用工者的侵权行为承担责任，并不以用工者的过错为要件，只要被用工者的行为符合侵权责任的构成要件，用工者就要承担替代责任。① 由此可见，我国现行立法对雇主的侵权责任问题，并未明确规定以过错作为构成要件，实际上采取的是严格责任。《民法典》就用工责任采纳严格责任原则，有利于强化对受害人的救济。在被用工者造成第三人损害的情况下，受害人证明用工者具有过错通常是非常困难的。毕竟用工者是如何选任、监督被用工者的，如何进行其内部的管理活动以及如何组织其生产经营活动，这些都是用人者的内部事务，受害人难以判断。要求受害人证明用工者的过错十分困难，因而有必要采取严格责任。

二、用工责任与法人侵权责任

法人侵权责任是指法人对其机关（如法定代表人）的行为所承担的侵权责任。许多国家严格区分了雇主责任和法人对其机关的责任。例如，在德国法上，法人对其机关的责任，属于严格责任，但对其雇员执行职务所承担的责任，则采用过错推定责任。② 这就是说，只要法人尽到了其对雇员的选任、监督、配备等方面的义务，就可以免除责任。③ 但从比较法的发展动态来看，已出现了雇主责任和法人侵权责任的融合趋势。例如，在瑞士，对这两种责任尽管法律上作了区分，但实务上对其侵权责任的承担已经趋于统一。④

从我国《民法典》第 1191 条的规定来看，该条所规定的用工责任实际上包括了法人对其机关的责任。《民法典》之所以采取这一做法，主要是基于如下考虑：第一，《民法典》上的用工责任采严格责任，这就使得两者的区分没有实际意义。区分法人侵权责任和用工责任并不会导致法律后果上的差异。第二，以用工责任吸收法人侵权责任，可以实现法律适用的便捷。用工责任包含了法人侵权责任，不必区分行为人究竟是法人的机关，还是法人的其他工作人员，从而可以实现法律适用上的简化。第三，这一规定也是对《民法通则》立法经验的总结。《民法通则》第 43 条采用了“法定代表人和其他工作人员”的表述，该条也是统一规范用工责任和法人对其机关的责任，《民法典》的规定可以说是《民法通则》立法经验的一种延续。

第二节 单位用工责任

一、单位用工责任的概念和特征

所谓单位用工责任，是指用人单位的工作人员因执行工作任务造成他人损害的，

① 参见全国人大常委会法制工作委员会民法室编：《中华人民共和国侵权责任法条文说明、立法理由及相关规定》，131 页以下。

② 参见《德国民法典》第 31 条。

③ 参见《德国民法典》第 831 条。

④ 参见［荷］施皮尔主编：《侵权法的统一：对他人造成的损害的责任》，梅夏英、高圣平译，390 页，北京，法律出版社，2009。

由用人单位承担侵权责任。《民法典》第1191条第1款规定："用人单位的工作人员因执行工作任务造成他人损害的，由用人单位承担侵权责任。用人单位承担侵权责任后，可以向有故意或者重大过失的工作人员追偿。"该条不仅确立了单位用工的一般规则，而且规定了劳务派遣情况下的用工责任承担，单位用工责任具有用工责任的一般特点。不过，其作为具体的用工责任类型，相对于个人用工责任，具有其自身的特征。

第一，责任主体是单位。单位用工责任的主要特点在于其主体的特殊性。这里所说的单位大体相当于组织的概念，其包括法人和非法人组织。用工单位，包括多种所有制之下的企业、事业等单位。此外，"单位"还包括个体工商户、农村承包经营户。[①] 而个人合伙如果形成了企业，也应当被认为是"单位"。在单位解散的情况下，如果在解散前未能完全承担雇主责任，单位的设立者，如原股东应继续承担赔偿责任。[②] 在用人单位中工作的人员称为"工作人员"，工作人员是概括的称呼，其既包括用人单位的正式员工，也包括临时工作人员[③]；既包括签订了正式劳动合同的员工，也包括没有签订正式劳动合同的员工。

第二，责任发生的前提是用工关系。用人单位和其工作人员之间往往存在劳动关系，但是，劳动关系与用工关系并不完全等同。劳动关系只是认定用工关系的基础，用工关系较之于劳动关系更为宽泛，即使没有形成劳动法上的劳动关系，但双方形成了实际的指示服从等关系，也可以认定用工关系的存在，如在"张某与何某、谭某提供劳务者致害责任纠纷案"[④] 中法院认为，当事人之间虽无用工合同，但实际上形成了用工关系。需要指出的是，即使某个劳动合同无效，但双方只要形成实质的指示服从关系，也可以认定用工关系的存在。无论如何，用人单位对其工作人员的行为负责，必须以用工关系为前提，不存在用工关系，就不能产生用工责任。

第三，责任的构成要件是工作人员因执行工作任务造成他人损害。《民法典》第1191条规定用工责任时使用了"因执行工作任务"的表述，此处所说的"因"是指因为的意思，这就是说，是出于执行工作任务的原因造成了他人损害，即便不是在工作过程中发生的，只要与执行职务有关联，也可以认为是执行职务。一方面，单位用工责任必须是单位的工作人员执行职务造成他人损害。单位用工和个人用工不同，在单位用工的情况下，其工作人员是因执行工作任务造成他人损害，而个人用工是因被用工者提供劳务造成他人损害。另一方面，单位用工责任必须是工作人员造成他人损害，而不是他人造成工作人员自身的损害。用人单位的责任是对被用工者造成他人损害的责任，而不是在执行职务过程中因为他人的行为使受雇人自己造成损害，后者构成工伤事故。用工责任是为了解决被用工者造成他人损害后，受害人是否可以要求用

① 参见全国人大常委会法制工作委员会民法室编：《中华人民共和国侵权责任法条文说明、立法理由及相关规定》，132页。

② 参见"邹某诉孙某、刘某工伤事故损害赔偿纠纷案"，载《最高人民法院公报》，2010（3）。

③ 参见全国人大常委会法制工作委员会民法室编：《中华人民共和国侵权责任法条文说明、立法理由及相关规定》，132页。

④ 北京市第二中级人民法院（2014）二中民终字第01562号民事判决书。

工者承担责任的问题，而不解决被用工者自身所遭受损害的救济问题。构成工伤事故应属于劳动法调整的范畴。

第四，适用工伤保险制度。工伤保险是指劳动者在工作过程中，因意外伤害或患职业病而遭受损害，劳动者或其近亲属从国家获得赔偿的一种社会保险。在我国，职工应当参加工伤保险，但依据《社会保险法》第 33 条的规定，用人单位缴纳工伤保险费，职工不缴纳工伤保险费。工伤保险采取社会保险的模式，而不采商业保险的模式。因此，工伤保险是由国家机关进行管理的，而不是由商业性的保险公司经营管理的。用工责任常常与工伤保险产生密切联系。依据《劳动合同法》第 17 条第 1 款的规定，劳动合同应当包含社会保险的条款。因此，用人单位应当为劳动者购买工伤保险。如果用人单位为其职工购买了工伤保险，那么，在其职工执行职务期间，因工伤事故造成损害（包括第三人侵权），都可以获得工伤保险的赔偿。我国司法实践从最大限度保护受害人的角度出发，在一定程度上允许受害人获得双重赔偿。例如，在“杨某诉宝二十冶公司人身损害赔偿纠纷案”① 中，法院认为，因用人单位以外的第三人侵权造成劳动者人身损害，构成工伤的，劳动者因工伤事故享有工伤保险赔偿请求权，因第三人侵权享有人身损害赔偿请求权。二者虽然基于同一损害事实，但由于分别存在于两个不同的法律关系之中，互不排斥，故受害人有权获得双重赔偿。

二、归责原则

在我国《民法典》中，用工责任采取严格责任的模式，因此，被用工者的行为只有符合了侵权责任的构成要件，用工者才要承担责任。一旦确定被用工者的行为符合责任成立要件，用工者即应当承担责任，而不考虑用工者对于被用工者的选任、监督等是否具有过失。即便用工者对于其选任、监督没有过失，也应当承担责任，这是严格责任的必然要求。

三、单位用工责任的构成要件

（一）被用工者致他人损害并应承担侵权责任

被用工者实施了侵权行为。用工责任成立的前提是被用工者实施了侵权行为，如果被用工者没有实施侵权行为，则无法成立用工责任。“被用工者”是指为他人提供劳务或工作，并受他人指挥或监督的人。在单位用工的情况下，被用工者既可以是其正式的工作人员，也可以是其临时工作人员。虽然《民法典》第 1191 条使用了“用人单位的工作人员”的表述，但只要是受用人单位指挥或监督而为用人单位工作的人员，都应当被认定为被用工者。需要指出的是，劳动关系或劳务关系只是认定用工关系的基础，不应当因其无效而否定被用工者身份的认定。只要某人提供了一定的劳务或从事了一定的工作，即便劳动或劳务关系以后被认定无效，一般也不应影响到被用工者身份的认定。

① 《最高人民法院公报》，2006（7）。

用工责任要以被用工者实际造成他人损害为前提，无损害则无责任。这里所说的损害，是指被用工者和用工者以外的第三人的损害。此种责任排除了雇员自身遭受损害的责任，如果被用工者的行为不构成侵权，就不符合用工责任的构成要件。同时，被用工者的行为虽然造成了损害，但如果存在法定的免责事由，则应当被免除责任，也无法成立用工责任。例如，张某驾车为某公司运输液化气，中途因处置不当导致液化气爆炸，使第三人受伤。但如果液化气是张某停车期间被他人窃取，在使用中发生爆炸，则其不构成高度危险责任。自然，用工者也不应对其行为负责。

（二）当事人之间存在用工关系

所谓用工关系，是指用工者和被用工者之间因用工而形成的关系。用工关系的主体包括用工者和被用工者，用工者是指利用他人为自己提供劳务或工作，并享有指挥或监督权利的人；被用工者是指为他人提供劳务或工作，并受他人指挥或监督的人。从我国的实际情况来看，用工关系既可以是长期的，也可以是临时的。用工关系具有如下特点。

第一，被用工者按照用工者的意志从事一定的行为，由此形成的利益归用工者。

第二，用工者与被用工者之间形成指挥监督关系。用工责任的产生，源自被用工者在很大程度上处于用工者的控制之下，确切地说，被用工者的活动内容和活动方式都受到用工者的控制。

第三，用工关系不以当事人之间具有劳动关系为前提。严格地说，劳动关系是用工关系的一种，劳动者向用人单位提供劳动是劳动合同的核心内容，但用工关系又不限于劳动关系，为了保护受害人的合法权益，应当尽量对用工关系进行扩大解释。用工关系的存在并不一定以劳动合同的存在为前提，即使是在临时用工中，当事人没有签订劳动合同，也可以形成用工关系。因此，《民法典》中的用工关系，显然比《劳动法》中劳动关系的范围更为宽泛。我国司法实践对用工关系的界定也十分宽泛。例如，在“张某与何某、谭某提供劳务者致害责任纠纷案”[①] 中，原告张某因不慎摔伤，将其保姆谭某，以及谭某的派遣企业诉至法院。法院认为，虽然本案所涉合同名为中介合同，但由于派遣企业除了收取雇主和服务员的中介费外，还为包括谭某在内的其他保姆提供住宿，并对其施行有效管理，因而，谭某与派遣企业之间已实际构成劳动关系，派遣企业应对其雇员给张某造成的损害承担赔偿责任。

第四，用工者大多要向被用工者支付报酬。《民法典》在用工责任中排斥了无偿帮工的情形，因此，用工关系的认定应当以有偿提供劳务为前提。

（三）被用工者因执行工作任务或提供劳务造成他人损害

从比较法的观点来看，在雇主责任属于严格责任的国家，这种联系通常占据决定性地位：雇主的唯一免责事由就是证明雇员的过失行为已经“超出了雇佣的范围”或“超出了雇员的职责”[②]。但从比较法总的发展趋势来看，对于执行职务的认定有逐渐

---

① 北京市第二中级人民法院（2014）二中民终字第01562号民事判决书。

② ［荷］施皮尔主编：《侵权法的统一：对他人造成的损害的责任》，399页。

宽松化的趋势。

关于被用工者因执行工作任务或提供劳务造成他人损害的认定，我国《民法典》第1191条在单位用工时采用“执行工作任务”的提法。简单地讲，执行工作任务，就是指被用工者按照用工者的要求从事一定的工作。如何理解“执行职务”，对此存在不同观点。本书认为，尽管《民法典》没有明确如何认定执行职务，但是，从有利于保护受害人考虑，采外观说较为合理。所谓外观说，是指只要形成了执行职务的外观，就可以认定用工者应当承担责任。[①] 一方面，从比较法的发展趋势来看，在执行职务的判断方面，为了保护受害人，解释上有越来越宽松的趋势。另一方面，我国司法实践历来也采外观说。例如，《人身损害赔偿司法解释》第9条第2款规定：“前款所称‘从事雇佣活动’，是指从事雇主授权或者指示范围内的生产经营活动或者其他劳务活动。雇员的行为超出授权范围，但其表现形式是履行职务或者与履行职务有内在联系的，应当认定为‘从事雇佣活动’。”此处所说的“表现形式”就是指被用工者行为的外观。因此，不管用工者和被用工者是否签订了正式的劳动合同，也不管其是上班还是下班，只要雇员造成了他人的损害，且第三人认为其是在执行职务，就认定为因执行职务而致害。

用工责任的承担必须是被用工者的行为与职务有关联。一是纯属执行职务的行为，尤其是按照用工者的意思来实施某种行为，造成他人损害的。例如，在送货途中，因货物坠落而砸伤他人，因送货本身是执行用工者的意愿，所以属于执行职务。二是与执行职务具有关联性。此种关联性，往往要求具有密切关联性。这就是说，被用工者的行为虽然不是执行职务，但属于执行职务所必要的行为。例如，在上下班途中，因为开车不慎而撞伤他人，是否属于执行职务的行为？对此，实践中存在争议。本书认为，上下班虽然不是执行职务本身，但是属于执行职务履行职责的必要条件，且具有密切联系，应当认定属于执行职务。

四、单位用工者的追偿权问题

（一）承认用工单位追偿权的必要性

所谓追偿权，是指用工者承担责任之后，对于有过错的被用工者所享有的追偿的权利。从比较法上来看，雇主对雇员的求偿权不断受到限制。《民法典》第1191条第1款规定：“用人单位的工作人员因执行工作任务造成他人损害的，由用人单位承担侵权责任。用人单位承担侵权责任后，可以向有故意或者重大过失的工作人员追偿。”《民法典》规定用工者对被用工者的追偿权的理由在于：

第一，符合责任自负的原则。按照责任自负的原则，行为人要对其过错行为负责，特别是在被用工者具有故意或重大过失的情况下，就应当对其行为负责，这与责任自负原则是一致的，也符合权利义务相一致的原则。严格地说，在用工责任中，用工者对被用工者承担替代责任，其本意是用工者替被用工者对外承担责任，而并非意

---

① 参见于敏：《日本侵权行为法》，226页，北京，法律出版社，1998。

味着用工者要承担最终的责任，因此，法律上规定用工者对被用工者的追偿权，也符合责任自负的基本原理。

第二，有利于预防侵权的发生。从实践来看，被用工者处于预防侵权的最有利地位，可以以最小的成本避免侵权行为的发生。如果用人单位对受害人承担了责任，但其不能向被用工者追偿，将使得被用工者免于承担责任。设立追偿权，有利于防止被用工者在工作中不认真履行工作职责[①]，在“秦某姑、陈某政财产损害赔偿纠纷二审案”中，法院就明确指出：本院认为，雇主也享有在特定条件下对雇员行使追偿的权利，这样更有利于安全生产环境的营造，加强雇主和雇员双方的安全生产责任，促使雇员在提供劳务的过程中承担谨慎的注意义务，以达到保护雇员、雇主人身和财产安全的目的。[②] 同时，否定用工者在被用工者故意侵权时对被用工者享有追偿权，也可能引发道德风险，即被用工者在故意侵权时并不需要承担责任，可能会产生被用工者的道德风险。如果在被用工者故意致人损害的情形，仍然由用工者承担侵权责任，则被用工者可能因此实施故意侵害他人的行为，这就不利于减少道德风险。

第三，有利于实现用工者和被用工者之间的利益平衡。一般而言，用工者的经济能力要大于被用工者，因此，课以用工者对被用工者的行为承担替代责任，更有利于对受害人的救济，而在用工者承担责任后不允许其向被用工者追偿，最终也是由最有能力分担损害的人承担最终的责任，具有一定的正当性。[③] 但在一些特定的情形，被用工者也可能比用工者的赔偿能力更强，俗称“穷庙富和尚”。在这些情形，赋予用工者追偿权，就更具有实质上的正当性。

第四，承认用工者对被用工者的追偿权，也与我国其他法律的相关规定保持了一致。例如，《民法典》第 222 条第 2 款规定，因登记错误给他人造成损害的，登记机构承担赔偿责任后，可以向造成登记错误的人追偿。此外，我国《律师法》第 54 条、《公证法》第 43 条等都规定了，因为律师或公证员的故意或重大过失给当事人造成损害的，在律师事务所或公证机构承担责任后，有权向有过错的律师或公证员追偿。这些规定本身实际上都是有关用工者对被用工者追偿权的规定，因此，承认用工者对被用工者的追偿权，也符合我国现行法的做法。[④]

（二）追偿权的行使条件

《民法典》第 1191 条第 1 款规定：“用人单位承担侵权责任后，可以向有故意或者重大过失的工作人员追偿。”将用工者追偿的事由限定在被用工者具有故意或重大过失的情形，具有合理性，理由主要在于：一是在被用工者仅存在一般过失的情形下，被用工者仍然是按照用工者的指示和意志在行为，按照责任自负原则，仍然应当由用工者承担责任。二是在被用工者因一般过失致人损害的情形下，其应当属于用工

---

① 参见李璐：《论利益衡量理论在民事立法中的运用——以侵权立法为例》，211 页，北京，中国政法大学出版社，2015。

② 参见“秦某姑、陈某政财产损害赔偿纠纷二审案”，桂林市中级人民法院（2018）桂 03 民终 2068 号民事判决书。

③ 参见李明发、李欣：《论雇主对雇员追偿权之限制》，载《江淮论坛》，2018（6）。

④ 参见王胜明主编：《〈中华人民共和国侵权责任法〉解读》，171 页，北京，中国法制出版社，2010。

行为的正常风险，甚至是难以避免的风险。也就是说，即便用工者选择了更为仔细、细心的被用工者，也难以完全避免被用工者的过失侵权行为。从这一意义上说，因被用工者的过失侵权而造成的损害在性质上属于用工者正常的经营风险，应当由用工者承担责任。三是有利于保护被用工者。从被用工者的角度看，其在执行工作任务时虽然应当谨慎行为，但不能要求被用工者在执行工作任务时不存在任何过失，在被用工者具有一般过失的情形下，其所造成的损害应当被认定为执行工作任务的正常风险，因此，在被用工者因过失而侵害他人权利时，如果仍然允许用工者向被用工者追偿，将会不当加重被用工者的负担。四是有助于侵权行为的预防。在被用工者因故意或重大过失侵害他人的情形下，被用工者的行为实质上已经超出了执行工作任务的范畴，用工者在承担责任后，应当有权向被用工者追偿，以避免因故意或重大过失造成他人损害的被用工者继续实施侵权行为。

具体而言，用工者行使追偿权的情形包括如下两种。

一是被用工者具有故意。所谓被用工者具有故意，是指被用工者明知其实施的某种侵权行为会致他人损害，而仍然为之。例如，被用工者在工作期间实施了盗窃、猥亵、强奸等犯罪行为，或实施了殴打、性骚扰等侵权行为，造成他人损害。在此情形下，虽然用工者也可能要承担替代责任，但如果完全否定其追偿权，则对用工者显然过于苛刻。一方面，虽然用工者对被用工者有选任和监督等义务，但在被用工者故意侵权的情形下，被用工者的行为显然已经超出了用工者监督、控制的范围，此时，不宜由用工者承担责任。另一方面，在被用工者故意侵权甚至构成刑事犯罪的情形下，由被用工者承担责任，是自己责任原则的体现。此时，如果否定用工者的追偿权，可能因此引发道德风险。此外，从预防侵权行为的角度考虑，允许用工者向被用工者追偿，实际上是要求终局责任人承担责任，这也有利于对侵权行为的预防。对故意的情形，虽然用工者在选任和监督方面具有一定的过失，但在这种情形下，损害后果的发生主要是被用工者个人意志作用的结果，而主要不是因为用工者选择、监督的过失。例如，被用工者在搬家过程中偷东西，或者将他人打伤，主要体现的是被用工者个人的意志，如果都由用工者承担责任，显然不符合责任自负原则。

二是被用工者具有重大过失。重大过失是指行为人极为粗心大意、毫不顾及其行为可能给他人造成的损害后果。例如，被用工者在送货途中因为严重疏忽大意引发交通事故，造成他人重大伤亡，或者肇事后逃逸。但在认定被用工者的重大过失时，应当根据不同的行业、不同的工作特征、工作环境等进行具体判断。从我国司法实践来看，如果被用工者具有重大过失，一般也都允许用工者向被用工者追偿。例如，在“王某同诉魏某华、崔某兵追偿权案”中，法院认为，在被用工者存在故意或重大过失时，用工者可以向被用工者追偿。①

五、劳务派遣中的用工责任

劳务派遣又称劳动派遣或劳动力派遣，它是指劳务派遣单位根据合同，聘用符合

① 参见山东省淄博市中级人民法院（2013）淄民三终字第84号民事判决书。

约定条件的劳动者，并将其派遣到接受单位的用工形式。劳务派遣是由派遣单位支付给劳动者报酬，并为劳动者办理社会保险登记和缴费等各项事务；用工单位向派遣单位就提供的服务支付劳务费。[①] 2007 年《劳动合同法》第 58 条首次正式明确规定劳务派遣的概念[②]，同时明确了劳务派遣单位和接受单位之间的关系，因劳务派遣而引发的侵权纠纷时有发生，所以，也有必要在法律上予以规范。

劳务派遣与一般用工关系的区别在于：在一般用工关系中，合同当事人仅有用工单位和劳动者；而劳务派遣用工合同关系则涉及三方当事人。在劳务派遣中，实际用工单位无须自己招收劳动者，其可以通过专司劳动力招收的派遣单位直接获得劳动力，因此，其在工资支付、劳工保护等一系列合同关系上都区别于一般的用工关系。[③]

在劳务派遣的情况下，出现了多个用工者，因此，如何确定责任主体是侵权法中必须解决的重大问题。《民法典》第 1191 条第 2 款规定："劳务派遣期间，被派遣的工作人员因执行工作任务造成他人损害的，由接受劳务派遣的用工单位承担侵权责任；劳务派遣单位有过错的，承担相应的责任。"据此，劳务派遣单位的责任在性质上属于过错责任，其责任构成要件如下。

第一，必须是在劳务派遣期间发生损害。在实践中，劳务派遣采取了多种形态，以被用工者与派遣单位、用工单位劳动关系存续时间的长短为标准，劳务派遣可以分为长期劳务派遣和临时劳务派遣。在一些劳务派遣中，被用工者与派遣单位之间签订了长期的劳动合同，但与用工者之间只存在临时的劳务关系。例如，某单位举办大型展出活动，请求派遣单位临时派出大量保洁人员清理场地，该保洁人员与用人单位之间就是临时的劳务关系。无论采取哪一种方式，被用工者必须与派遣单位形成派遣关系，派遣单位不是从事纯粹的职业介绍等居间活动，而事实上与被用工者之间形成了一种法律关系。依据《劳动合同法》的规定，劳务派遣单位应当与被派遣劳动者订立 2 年以上的固定期限劳动合同，按月支付劳动报酬；如果没有劳务派遣关系，就无法适用该条规定的责任。劳务派遣通常要订立派遣合同，如果是在劳务派遣期间以外发生损害，用工单位并不承担责任，劳务派遣单位是否承担用工责任，要考虑是否符合责任构成要件。

第二，必须是被派遣的工作人员因执行工作任务造成他人损害。一方面，必须是劳务派遣单位派出的工作人员。如果是用工单位自己招聘的员工造成他人损害，应当适用《民法典》第 1191 条第 1 款。另一方面，必须是被派遣的工作人员执行工作任务而造成他人损害。这里所说的执行工作任务，是按照用工单位的要求执行工作任务。《民法典》第 1191 条第 2 款采用与该条第 1 款相同的表述，即"因执行工作任务造成他人损害"，因此，在判断是否是执行工作任务时要采与普通的用工责任相同的标准。

---

① 参见王全兴：《劳动法》，3 版，189 页，北京，法律出版社，2008。

② 《劳动合同法》第 58 条规定："劳务派遣单位是本法所称用人单位，应当履行用人单位对劳动者的义务。劳务派遣单位与被派遣劳动者订立的劳动合同，除应当载明本法第十七条规定的事项外，还应当载明被派遣劳动者的用工单位以及派遣期限、工作岗位等情况。"

③ 参见王全兴：《劳动法》，3 版，189 页。

第三，劳务派遣单位具有过错。虽然被用工者造成他人损害，主要由用工单位负责，但是，劳务派遣单位也可能具有过错。此种过错主要是指在选任、培训等方面的过错。派遣单位具有从用工单位分离出来的用工者身份和职能，被用工者的招收通常是由派遣单位直接负责完成的。与用工单位相比，其更有能力去甄别劳动者的工作技能和业务水平。在派遣时，被派遣劳动力也由其选择和派遣，具有对被用工者工作技能的控制能力。因此，如果派遣单位在招收和选派被用工者环节未积极履行选择合格劳动力的义务，其主观上具有过错，应当承担一定的责任。例如，某劳务派遣单位委派了不具有相应技能的电焊工，该电焊工后来在接受劳务派遣单位工作时，其焊接出现质量问题，导致第三人的身体受到伤害。

《民法典》第 1191 条第 2 款规定："劳务派遣期间，被派遣的工作人员因执行工作任务造成他人损害的，由接受劳务派遣的用工单位承担侵权责任；劳务派遣单位有过错的，承担相应的责任。"依据该条规定，被派遣的工作人员因执行工作任务造成他人损害的，应当由接受劳务派遣的用工单位承担侵权责任，法律作出此种规定的主要原因在于：一方面，每一个用工者都必须与被用工者之间形成劳动关系或者劳务关系。虽然劳务派遣单位和劳动者之间存在劳动关系，但接受派遣的单位实际上享有对劳动者的控制权，在被用工者与用工者之间形成用工关系以后，被用工者本身以及用工活动都是在用工者监管下完成的，后者有能力也有必要及时发现和解决被用工者技能的缺陷。[1] 因此，与派遣单位相比，用工者对被派遣人员具有更强的控制能力。另一方面，用工单位是劳动合同的用工方，它们有义务对被派遣劳动力进行必要的培训，包括上岗、转岗培训等，也有必要对其在工作中执行工作任务的活动进行必要的监督和管理。对于不符合岗位工作要求的被派遣用工者，实际用工者可以要求派遣单位更换。此外，被用工者不但要按照用工者的要求提供劳务，而且其劳动创造的价值最终归用工者享有，因此，用工者作为劳动活动的相对监管者和利益享有者，应承担此种活动可能带来的侵权损害赔偿风险。因此，应当首先由接受劳务派遣的单位承担用工责任。[2] 被用工者因工作造成他人损害的，用工者应当对外承担损害赔偿责任。

依据《民法典》第 1191 条第 2 款的规定，派遣单位应当承担相应的补充责任。因为派遣单位对于被用工者造成他人损害也具有过错，其应当对自己的过错行为负责。所谓"相应的补充责任"，是指首先要由用工单位承担责任，如果用工单位承担了全部责任，派遣单位就不必再承担责任。如果用工单位不能承担或者不能完全承担责任，则派遣单位要在未能承担责任的范围内负责。派遣单位实际承担的责任是在用工单位未承担责任的范围内，根据其过错程度和原因力在整个损害事件中所起作用的大小，最终确定其责任的范围。其过错程度越重，责任越重，反之则责任越轻。

问题在于，如果派遣单位与用工单位在劳务派遣协议中约定了免除派遣单位对第

---

① 参见章亮明：《派遣劳动者职务侵权时的雇主责任》，载《法学论坛》，2009（4）。

② 《劳动合同法》第 59 条规定："劳务派遣单位派遣劳动者应当与接受以劳务派遣形式用工的单位（以下称用工单位）订立劳务派遣协议。劳务派遣协议应当约定派遣岗位和人员数量、派遣期限、劳动报酬和社会保险费的数额与支付方式以及违反协议的责任。"

三人的责任，此种免责协议是否对第三人有效？本书认为，派遣单位的补充责任是一种外部责任，派遣单位与用工单位之间的约定在性质上属于内部约定，仅在当事人之间产生效力，无法免除当事人的外部责任。

第三节　个人用工责任

一、个人用工责任的概念和特点

所谓个人用工责任，是指在个人之间提供劳务关系的情况下，提供劳务一方因劳务造成他人损害时，接受劳务一方对他人承担的侵权责任。例如，个人聘请保姆、月嫂、小时工等。伴随着我国经济的发展和人均收入、消费水平的提高，个人劳动分工更加精细化。许多公民因为工作繁忙，将传统的家务活动交由专门的劳务提供者来完成，并与之形成用工关系。因家庭消费而形成的雇佣关系，以及近几年形成的私人医生、私人司机、私人保镖等因工作引发第三人损害的，都属于个人用工责任的范畴。与单位用工相似，个人用工者也面临对被用工者造成第三人损害之后的损害赔偿责任承担问题。《民法典》第 1192 条专门就个人用工责任作出了规定。个人用工责任不同于单位用工责任之处主要在于：

第一，当事人之间必须形成劳务关系。《民法典》第 1191 条使用了“用人单位”的提法，其表述的就是狭义的用工关系，即单位用工关系；而第 1192 条没有使用“用工关系”的提法，而使用了“劳务关系”或“提供劳务”的表述，这表明，个人之间形成的是劳务关系。虽然劳务关系仍然属于广义的用工关系的范畴，但其与单位用工关系相比较仍然存在一定的区别：表现在：一是从主体上看，劳务关系主体双方当事人都是自然人，而劳动关系主体一方必须为符合法定的用人条件的单位，另一方是符合劳动年龄条件的自然人。[①] 二是劳动关系主要由劳动法等法律调整；劳务关系则由《民法典》等法律调整。三是从持续的时间来看，单位用工关系一般持续较长的时间，而个人之间的劳务关系往往比较短暂，不具有稳定性的特点。四是劳动关系中，用人单位与劳动者之间存在隶属关系，被用工者往往都是该用人单位的成员。而在劳务关系中，用工者是个人，被用工者不可能是用工者的组织体的一部分，双方之间不存在隶属关系。[②] 五是劳动关系中，用人单位应当依据有关法律规定（如遵守最低工资标准）向员工支付工资。在劳务关系中，劳务报酬完全由双方当事人协商确定。[③]

第二，责任主体是自然人。个人用工主体是自然人，而不是单位。从文义解释来看，《民法典》第 1192 条所规定的“个人”指称的是自然人，而不包括合伙、法人等独立的民事主体。就前述替代责任的基本原理而言，非自然人与自然人并无二致，且非自然人的责任承担能力可能更强。但考虑到《民法典》第 1191 条所规定的单位用

① 参见黄薇主编：《中华人民共和国民法典侵权责任编解读》，113 页。

② 参见黄薇主编：《中华人民共和国民法典侵权责任编解读》，114 页。

③ 参见王胜明主编：《〈中华人民共和国侵权责任法〉解读》，166 页。

工责任，给单位规定了严格责任，因此，在某些情况下，将非自然人纳入“单位”的范畴，对受害人更为有利。所以，在用工者是非自然人的情况下，可以适用单位用工责任。不过，由于个人用工主体是自然人，因而，在责任的承担方面与单位用工责任仍然是有区别的。例如，因为个人并不具有与企业等单位相同的赔偿能力，而且个人通常也不可能购买有关保险，所以，在个人用工的情况下，用工者在承担责任之后，应当对于被用工者的故意或重大过失行为享有一定的追偿权。再如，个人用工所使用的人是有限的，往往不太可能使用为数众多的劳务提供者。在执行职务的判断上，不能够根据其岗位、职务等来认定。

第三，一般不适用工伤保险制度。在单位用工关系中，当事人之间通常存在劳动关系，按照我国劳动法等法律的规定，用工单位应当为其工作人员购买工伤保险，因此，其工作人员自身遭受的损害主要通过工伤保险解决。而在个人之间的劳务关系中，接受劳务者并不负有为提供劳务者购买工伤保险的义务。

二、个人用工责任的三种情形

个人用工责任包括三种情形：提供劳务一方造成他人损害、提供劳务一方因劳务使自己受到损害、第三人的行为造成提供劳务一方损害。

（一）提供劳务一方造成他人损害

在个人用工中，提供劳务的一方可能因劳务而造成对他人的损害。例如，受雇的保姆在照顾老人期间，与他人发生争执并殴打他人，造成他人人身伤害。再如，聘请的小时工在擦洗玻璃时，不慎导致玻璃掉下，造成过往行人的损害。《民法典》第1192条第1款规定：“个人之间形成劳务关系，提供劳务一方因劳务造成他人损害的，由接受劳务一方承担侵权责任。接受劳务一方承担侵权责任后，可以向有故意或者重大过失的提供劳务一方追偿。提供劳务一方因劳务受到损害的，根据双方各自的过错承担相应的责任”。

此类损害必须是提供劳务一方因劳务造成他人损害。与单位用工责任不同的是，个人用工责任并非是因执行工作任务造成他人损害，而是因提供劳务造成他人损害。考虑到在个人之间形成的劳务关系中，提供劳务者并不具有一定的职务，也没有相应的岗位职责，因此，《民法典》第1192条采用了“提供劳务”的提法。从解释上来说，“提供劳务”只不过是“执行职务”的另一种表达，在认定“提供劳务”时也应当采外观说。《民法典》第1192条没有采用“工作人员”，在个人用工关系中“因劳务造成他人损害的，由接受劳务一方承担侵权责任”。何谓“因劳务”？本书认为，从体系解释而言，“因劳务”与单位用工中“因执行职务”具有相似性，都是指在劳动过程中，被用工者按照用工者的要求提供劳务的行为。而且无论是单位用工中的“因执行工作任务”，还是个人用工中的“因劳务”，其认定都应当采外观说，即只要社会一般人认为，提供劳务一方的行为具有执行职务的外观，就认定为执行职务。在认定是否“因劳务”而造成他人损害时，应当考虑被用工者是否遵循接受劳务一方的指令，虽然此种指令并不像单位用工关系中的指令那样具有概括性和较强的约束力，但其对劳务的具体提供具有重要影响。

在满足法律规定的条件以后，首先应当由接受劳务一方承担侵权责任。之所以应当由接受劳务的一方而不是提供劳务的一方承担责任，这是因为一方面，提供劳务一方的侵权行为是在提供劳务过程中发生的，与劳务具有联系。假如提供劳务一方私自外出旅游或在购物期间造成他人损害，与劳务没有关系，则不应当由接受劳务一方承担责任。另一方面，接受劳务的一方从劳务中获得了利益。毕竟提供劳务一方是为了接受劳务一方的利益而实施的行为。由接受劳务一方负责，符合“损益同归”的原理。按照报偿理论，被用工者的行为是为了用工者的利益，用工者因被用工者行为而获得利益，也应当承担因被用工者的行为带来的风险。此外，在某些情况下，接受劳务一方要比提供劳务一方有着更强的经济负担能力，因此，由接受劳务一方承担责任是合理的。

依据《民法典》第 1192 条第 1 款，在接受劳务一方对受害人赔偿之后，其可以向有故意或者重大过失的提供劳务一方追偿。一是故意，是指提供劳务一方明知其实施的某种侵权行为会致他人损害，而仍然为之。二是重大过失，是指提供劳务一方在实施某种行为时，毫不在意他人的财产或人身安全。例如，保姆在开车送食物期间，毫不顾及他人安全，严重违章，导致撞伤他人。在这两种情形下，表明提供劳务一方的行为不是体现为接受劳务一方的意志，而是体现了提供劳务一方的意志，如果接受劳务的一方不能追偿，既不利于双方之间的利益平衡，也不利于侵权行为的预防。因此，法律明确规定，接受劳务一方可以追偿。

（二）提供劳务一方因劳务使自己受到损害

在提供劳务的过程中，提供劳务一方因为自己的过失，使自身遭受了人身或财产损害。例如，某小时工在切菜时，不小心切伤自己的手指，或者擦玻璃时不小心跌落。在此情形下，《民法典》第 1192 条第 1 款规定：“提供劳务一方因劳务受到损害的，根据双方各自的过错承担相应的责任。”

法律之所以规定由双方根据各自的过错来分担损失，其原因在于，提供劳务一方使自己遭受损害，通常都是有过错的，甚至具有重大过失。例如，小时工擦洗玻璃时，应当注重对自己的保护，但是，提供劳务一方违反操作规程导致自己摔伤。在此情形下，如果完全由接受劳务的一方予以赔偿，对其是不公平的。另外，如果接受劳务一方有过错时，也应当承担责任，这有利于接受劳务一方采取合理措施、谨慎行为，以预防损害的发生。

《民法典》第 1192 条要求按照双方的过错来负担损失，这实际上就是要比较双方的过错程度。这就是说，过错程度较重者，承担较多的损失，而过错程度较轻者，承担较少的损失。这也符合责任自负的原则，按照责任自负的原则，行为人要对其过错行为负责，特别是被用工者具有故意或重大过失情况。

（三）第三人的行为造成提供劳务一方损害

1. 对被用工者损害责任的特点

《民法典》第 1192 条第 2 款规定：“提供劳务期间，因第三人的行为造成提供劳务一方损害的，提供劳务一方有权请求第三人承担侵权责任，也有权请求接受劳务一方给予补偿。接受劳务一方补偿后，可以向第三人追偿。”该条对因第三人行为造成提供劳务者一方损害的责任承担规则作出了规定。例如，家庭聘请保姆料理家务，保姆在买菜时遭受他人伤害，或第三人入室盗窃被保姆发现，遂将保姆打伤等。虽然在《民法典》中被置于用工责任的相关条文中，但严格地说，其并非用工责任。此种责任的特点表现在：

第一，此种责任是对提供劳务一方的责任，而不是对第三人的责任。用工责任是对外的责任，就个人用工责任而言，它是指提供劳务的一方造成他人损害，接受劳务的一方所承担的责任。但提供劳务一方自己遭受损害的责任，并非对第三人的责任，因此不应当属于用工责任的范畴，而是法律对用工者所承担的其他责任的规定，应当认为是用工责任的附带性规定。

第二，此种责任是一种补偿责任，而不是赔偿责任。《民法典》第 1192 条规定的“给予补偿”，表明接受劳务的一方对提供劳务的一方所提供的补偿，不是赔偿责任，因此，并不一定要对全部损失负赔偿责任。

第三，此种责任在性质上属于损失的分担，而不是侵权责任。一般的侵权责任是因自己的过错而造成他人损害的责任，在性质上是依据公平原则作出补偿，而不是基于过错承担赔偿责任。

2. 责任构成与责任后果

依据《民法典》第 1192 条的规定，个人用工中被用工者损害的分担应当具备如下要件：一是必须双方之间形成了劳务关系。《民法典》第 1192 条之所以将其置于本条中规定，就是因为当事人之间形成了劳务关系，所以，也对其进行规范。二是侵害行为必须是发生于提供劳务期间。如果是提供劳务的人在自己家中，或者诸如旅游途中等非出于提供劳务的期间，则不适用本条。三是第三人的行为造成提供劳务一方的损害，而非接受劳务一方的损害。

依据《民法典》第 1192 条的规定，接受劳务一方的责任为补偿责任。主要理由在于，一方面，虽然接受劳务的一方从劳务中获利，但是与单位用工关系仍然存有区别。在单位用工责任中，用人单位的职工在工作期间造成他人损害，用人单位未尽到监管职责等，用人单位应当负责。但是，本条规定的是第三人对提供劳务一方造成损害，接受劳务的一方也不可能具有监督等责任。比照用人单位的规定负责，责任可能过重。另一方面，接受劳务的一方与提供劳务的一方并没有明显的经济分担能力的区别，甚至在某些情形下，提供劳务的一方分担损失的能力可能更强。此外，在目前的保险制度中，对于单位用工关系，工伤保险制度可以有效填补用人单位的损失，但是目前针对个人劳务关系，并没有普遍的保险制度，如果由接受劳务一方对提供劳务一方遭受第三人侵害的损失负全部赔偿责任，不仅过重，而且似乎不太符合情理。因此，规定为“补偿”责任是公平合理的。

3. 接受劳务一方补偿后享有追偿权。

《民法典》第 1192 条第 2 款规定：“接受劳务一方补偿后，可以向第三人追偿。”之所以规定追偿权，一方面毕竟是因为第三人的侵权行为造成提供劳务一方的损害，第三人属于终局的责任者。如果接受劳务的一方不享有追偿权，等于放纵了行为人。另一方面，接受劳务一方享有追偿权更为公平。尤其是本条没有强调接受劳务一方承担“补充性”的责任，提供劳务一方即使知道第三人的存在，也可以先主张接受劳务一方补偿。如果接受劳务一方没有追偿权，在此种案件中就可能导致严重的利益失衡。

思考题

1. 简述用工责任的归责原则。
2. 简述个人用工和单位用工的区别和联系。
3. 如何理解个人用工责任中的追偿权?

第十章 定作人的侵权责任

【案例】甲和乙签订了一份承揽合同，约定甲为乙修缮、加固自家的房屋，装修材料由乙列出清单，由甲购买备料。但是在合同履行过程中，由于材料A价格上涨过快，因而乙指示甲采购价格相对低廉的材料B予以替代，甲深知材料B规格不足，遇水可能会产生较大的质量问题，劝说乙不要更换材料，乙坚持要求甲使用材料B。房屋修缮完成交付之际，恰逢当地雨季，连日大雨，乙的房屋所使用的材料B开裂、脱落致甲受伤。甲请求乙承担定作人侵权责任，有无根据？

简要评析：承揽合同是承揽人按照定作人提出的要求完成一定的工作，并将工作成果交付给定作人，定作人接受工作成果，并给付约定报酬的合同。承揽合同一般要求承揽人独立完成承揽工作并交付工作成果，其在性质上属于结果之债。承揽人根据合同约定完成相应的工作，当事人虽然具有一定的人身信任关系，但承揽人却没有义务完全遵照定作人的指示和要求行为，其完成承揽工作具有相对独立性。一般情况下，定作人在承揽合同纠纷中承担合同责任而非侵权责任。然而在本案中，承揽人已经明确提醒定作人如果降低材料质量，可能造成一定后果，但乙为了节省成本坚持要求甲使用替代建筑材料B完成约定工作，因此，其对承揽人甲显然具有指示过错，依据《民法典》第1193条，承揽人甲有权请求定作人乙承担侵权责任。

第一节 定作人的侵权责任概述

一、定作人的侵权责任的概念

定作人的侵权责任是指定作人对于定作、指示或者选任上存有过错造成他人损害时应当依法承担的责任。定作人的侵权责任涉及定作人、承揽人与第三人，定作人与承揽人是承揽合同的当事人。承揽合同是承揽人按照定作人提出的要求完成一定的工作，并将工作成果交付给定作人，定作人接受该工作成果，并给付约定报酬的合同。《说文解字》云：“承，奉也。受也。”“揽”，是指揽持、把持。因而，从字面来看，承揽就是揽下他人的工作而交付工作成果。关于定作人的侵权责任，《民法典》第1193条规定：“承揽人在完成工作过程中造成第三人损害或者自己损害的，定作人不承担侵权责任。但是，定作人对定作、指示或者选任有过错的，应当承担相应的责任。”定作人责任属于过错责任的一种具体类型，民法典只不过进一步明确了定作人过错的表现形态而已。因此，有学者认为，定作人的侵权责任是一种没有太大特殊性的侵权责任。[1]我国《民法典》第1193条专门对定作人的责任作出规定，这实际上是将其规定为一种特殊的侵权类型，从该条规定来看，定作人的侵权责任主要具有如下特征。

第一，定作人侵权责任的责任主体是定作人。从《民法典》第1193条规定来看，定作人侵权责任的责任主体是定作人，而不包括承揽人，承揽人的侵权责任不宜作为一种独立的侵权责任类型来对待。因为承揽人在承揽活动中造成第三人损害的，应由承揽人对第三人负责，此种侵权责任究竟采何种归责原则，也不宜一概而论，而取决于其实施的是何种行为。例如，如果承揽人从事地下挖掘活动，其属于严格责任或无过错责任；而如果承揽人从事地面施工活动，则其属于过错推定责任。

第二，定作人责任产生的原因是承揽人在完成工作过程中造成第三人损害或者自己损害。从《民法典》第1193条规定来看，定作人侵权责任主要适用于两种情形：一是承揽人在完成工作过程中造成第三人损害。例如，承揽人在地面施工过程中未设置安全标志，造成第三人损害。二是承揽人在完成工作过程中造成自己损害。例如，承揽人在铺设电路过程中，因发生触电事故造成自身损害。《民法典》第1193条所规定的定作人侵权责任仅包括上述两种情形，而不包括其他情形。

第三，定作人责任属于过错责任的一种具体类型。在承揽关系中，承揽人一般独立从事工作，承揽人在独立完成承揽合同中的工作内容时，一般不受定作人的干预，因此，承揽人因完成承揽工作造成他人或自己损害的，定作人原则上不承担责任。但是，如果定作人在承揽工作的完成中，对承揽人进行了错误的指示，定作行为本身具有过错，或定作人在承揽人的选任上具有过错时，则应当承担责任。定作人责任在归责原则上仍然属于过错责任，以行为人具有过错为构成要件。

《民法典》第1193条所规定的定作人责任与个人劳务关系中提供劳务的一方造成他人损害的责任不同。依据《民法典》第1192条："个人之间形成劳务关系，提供劳务一方因劳务造成他人损害的，由接受劳务一方承担侵权责任。接受劳务一方承担侵权责任后，可以向有故意或者重大过失的提供劳务一方追偿。提供劳务一方因劳务受到损害的，根据双方各自的过错承担相应的责任。"两种责任的区别在于：一方面，责任主体不同。在个人之间的劳务关系中，提供劳务的一方的给付内容为提供自身的劳务完成接受劳务一方指定的工作；而承揽合同中，承揽人需要独立完成承揽工作，并交付一定的工作成果。因此，在个人劳务关系中，提供劳务的一方受到接受劳务的一方的影响更大，而承揽人相较于提供劳务的一方更为独立，因此，提供劳务一方因劳务造成他人损害的，由接受劳务一方承担侵权责任。而在承揽关系中，承揽人在完成工作过程中造成第三人损害或者自己损害的，定作人一般不承担侵权责任。另一方面，归责原则不同。《民法典》第1192条规定，提供劳务一方因劳务造成他人损害的，由接受劳务一方承担侵权责任，接受劳务的一方承担的是一种严格责任。而依据《民法典》第1193条规定，承揽人在完成工作过程中造成第三人损害或者自己损害的，定作人承担的是过错责任。

---

① 参见王泽鉴：《侵权行为》，451页。

二、定作人责任的归责原则

从《民法典》第1193条规定来看，承揽人在完成工作过程中造成第三人损害或者自己损害的，定作人通常不承担责任，而只有在定作人对定作、指示或者选任有过错时，其才需要承担责任。可见，定作人的侵权责任是一种过错责任，其责任的基础仍然在于过错。按照过错责任原则，对损害的发生具有过错的主体应当承担责任，而不考虑何者的行为造成了损害的发生。[①] 正是基于这一认识，在承揽人因承揽工作造成自身或他人损害时，由于承揽人的行为乃是自己决定的，其应当对自己的过错承担责任，所以原则上应当由承揽人承担责任。只有定作人对定作、指示或者选任有过错时，其才需要承担侵权责任。

三、定作人对承揽人在完成工作过程中造成的损害原则上不承担责任

对承揽人在完成工作过程中所造成的损害，定作人原则上不承担责任，而应当由承揽人承担责任。因为一方面，承揽和用工关系不同，用工关系一般是指根据当事人约定，一方于一定或不定的期限内为他方提供劳动，他方给付报酬的关系。用工关系的成立主要根据用工关系的核心特点来判断，其核心特点为：被用工者是否以提供劳务为内容，被用工者是否受用人单位的控制、指挥和监督。由于用工关系具有从属性和人身依附性，因此，在用工责任中，发生的损害应当由用工一方承担责任。而在承揽关系中，承揽人的行为具有独立性，承揽人完成工作的地点、方式等均不受定作人的指定，可以按照其自身的意思完成承揽工作，因此，承揽人不受相对方过多的约束，其所造成的损害也不应由定作人承担责任。另一方面，对承揽人在承揽过程中所造成的损害而言，定作人通常也没有过错，其不应当承担责任，而应当由承揽人承担责任。

在承揽关系中，承揽人在完成工作过程中所造成的损害，原则上应当由承揽人负责，当然，此种损害必须是在完成工作过程中造成的，即承揽人按照承揽合同约定，为完成承揽工作任务而造成损害。承揽人行为所造成的损害既包括造成第三人损害，也包括造成承揽人自己损害。例如，装修房屋过程中造成装修人自己的损害。《民法典》第1193条借鉴了英美法上“独立承揽人”（independent contractor）责任的规则。独立承揽人是与雇员相对应的概念。在英美法中，原则上雇主应当就雇员的行为承担替代责任。但是，在一些情形中，受雇为他人从事工作的人却并不一定受到他人的控制，而是自己独立完成工作的，此时，就不宜由雇主对其行为承担替代责任。“独立承揽人”的概念正是指代这些受雇于他人从事一定工作，却不受他人控制的主体。[②] 在区别雇员与独立承揽人的过程中，主要应当考虑如下因素：受雇人能在何种程度上决定工作的细节；受雇人工作是否受到雇主的监督；受雇人是否同时从事其他的业务和工作；完成工作的场所和工具由何人提供；工作时间的长短；支付价款的方

① 参见［德］冯·巴尔：《欧洲侵权行为法中的替代责任》，张新宝译，载梁慧星主编：《民商法论丛》，第15卷，49页，北京，法律出版社，2000。

② See James A. Henderson et al., *The Torts Process*, Aspen Law & Business, 2003, p. 139.

式等。[①] 独立承揽人应当对其承揽活动中造成的损害承担责任。在大陆法系，也有一些国家和地区采纳了该理论。[②] 我国《民法典》虽然借鉴了这一理论，但同时，该条规定也是总结我国司法实践经验的结果。承揽人完成承揽工作造成他人或自身损害的规则最初是在《人身损害赔偿司法解释》第 10 条中作出规定的，此次民法典编纂将该条纳入侵权责任编之中，经实践证明，具有一定的合理性。

第二节　定作人侵权责任的构成要件

一、定作人侵权责任的构成要件概述

依据《民法典》第 1193 条规定，如果定作人在定作、指示、选任方面有过错，则其应当承担侵权责任，这一责任在性质上应当属于转承责任，而承揽人承担的责任则为自己责任，二者在责任性质上存有区别。[③] 因此，定作人侵权责任的成立除需要满足承揽人具有侵害行为、第三人或承揽人遭受损害的要件以外，还需要满足以下要件。

第一，必须存在承揽关系。承揽合同是承揽人按照定作人提出的要求完成一定的工作，并将工作成果交付给定作人，定作人接受该工作成果，给付约定报酬的合同。在承揽合同中，承揽合同以承揽人完成一定工作并交付工作成果为目的，承揽人仅仅提供劳务并不意味着其义务的完成，而必须将其劳务最终凝结为一定的工作成果、一定的物，并将之交付给定作人，才真正实现了合同目的。定作人的目的是获取一定的工作成果，并不仅仅是为了获得承揽人所提供的劳务本身。[④]

第二，承揽人是因为执行定作人的事项而造成自身或他人损害。这一要件要求造成的损害必须是因为执行定作人事项过程中造成的损害，对承揽人非因执行承揽事项而造成的损害，定作人不承担责任。

第三，定作人在定作、指示、选任上具有过失。对于定作人是否具有过失，应当依据定作人所负有的义务进行判断。例如，定作人在定作特定的工作成果时，需要提供一定的技术材料，否则可能使承揽人遭受损害，如果因定作人未提供该技术材料而使承揽人遭受损害的，定作人即存在定作过失，其应当对承揽人的损害承担责任。

第四，定作人的过错与损害后果之间存在因果关系。[⑤] 也就是说，虽然定作人可能在定作或指示上有过失，但如果承揽人并未依照定作人的指示从事承揽行为，在此情形下，损害结果的发生就与定作人的过错之间缺乏因果关系，此时，即使定作人存在过失，也无须承担责任。[⑥]

---

① See William L. Prosser, W. Page Keeton et al., *Prosser and Keeton on the Law of Torts*, West Group, 1984, p. 501.

② 例如，《日本民法典》第 716 条借鉴英美法的独立承揽人的责任，规定了定作人的责任。我国台湾地区“民法”第 189 条也对此作出了规定。

③ 参见杨署东：《民事转承责任比较研究》，49 页，北京，知识产权出版社，2014。

④ 参见崔建远：《合同法》，4 版，425 页，北京，法律出版社，2007。

⑤ 参见王泽鉴：《侵权行为》，459 页。

⑥ 参见耿云卿：《侵权行为之研究》，90 页，台北，商务印书馆，1972。

二、定作人过错的形态

定作人责任中，定作人的过错主要表现为以下三种形态。

一是定作行为本身存在过错。这种形态主要是指定作人与承揽人签订的承揽合同的给付内容本身不合法、不正当。例如，定作人要求承揽人完成不符合国家安全标准的产品加工工作。如果承揽人按照定作人要求完成一定的工作。此时，定作人与承揽人具有共同的过错，应当承担连带责任，受害人可以向二者或其中一方主张部分或全部责任。例如，定作人明知承揽人以不符合安全标准的方式完成承揽工作，但出于节省成本的考虑，仍然批准承揽人采用此种方式，造成了第三人的损害，此时定作人应当承担连带责任。

二是指示过错。指示过错主要是指在承揽工作进行中，定作人对承揽人的工作作出的指示不妥当，一定程度上影响了承揽人从事承揽工作的独立性，承揽人按照定作人的错误指示行为，因此造成损害的，应当由定作人承担责任。例如，承揽人按照定作人要求，将装修材料放在阳台上，后该材料被风吹落，砸伤他人。在定作人存在指示过错的情形下，定作人的干涉将使承揽人的工作丧失独立性，此时，定作人应承担替代责任。①

三是选任过错。定作人在选任承揽人的过程中，具有审查承揽人是否具有相应资质和能力的义务，如果定作人疏于履行这一义务，而选择了不具有资质或能力的承揽人，造成他人损害的，定作人应当对其在选任承揽人中的过错承担责任。例如，在“孙某亭、滨州市瑞恒染织有限公司提供劳务者受害责任纠纷案”中，法院认为，瑞恒公司将自有的厂内供气管道安装承包给无资质的孙某彬，存在选任不当的过失，应承担30％的责任。②

三、定作人责任的承担

定作人的责任是根据其过错承担侵权损害赔偿责任。这就是说，在损害发生以后，定作人要根据其过错对于承揽人对他人或者自己造成的损害负责。依据《民法典》第1193条规定，在定作人有过错时，其应当承担“相应的责任”。所谓相应的责任，是指定作人应当承担与其过错相适应的责任。也就是说，定作人的责任大小与其过错程度存在直接关联，定作人的过错程度应当根据其对损害发生的原因力来判断，其过错程度越高，则其责任越重。

思考题

1. 什么是定作人的侵权责任？
2. 试述定作人侵权责任的构成要件。

---

① 参见最高人民法院民事审判第一庭编著：《最高人民法院人身损害赔偿司法解释的理解与适用》，155页，北京，人民法院出版社，2015。

② 参见山东省高级人民法院（2019）鲁民再834号民事判决书。

第十一章　网络侵权责任

【案例】 甲在乙经营的网站开了一个博客，每天在博客上对其同事丙发泄强烈不满，并说丙包养情人、厚颜无耻。丙发现后，通知乙删除、屏蔽甲的相关博客中的文章，并提交了相关侵权的证据，但乙长达一个月未予理睬。后该博客的文章被其他网站转载。丙认为，甲的行为造成其名誉损害，应当承担侵权责任，乙没有及时删除、屏蔽相关博客，应当承担连带责任。

简要评析： 在该案中，甲在其博客中发布不实言论，毁损丙的名誉，应当对丙的损害承担侵权责任。乙网站在收到丙删除、屏蔽相关博客的通知后未及时采取相关措施，导致丙的损害进一步扩大，依据《民法典》第 1195 条第 2 款的规定，乙应当就丙损害扩大的部分与甲承担连带责任。

第一节　网络侵权责任概述

一、网络侵权责任的概念和特征

网络侵权责任是指网络用户、网络服务提供者因过错在网络上侵害他人民事权益所应承担的责任。在互联网时代，网络侵权迅速发展，各种网络侵权如网络暴力、人肉搜索、网络谣言、信息泄露等，已经成为严重的社会问题，不仅网络侵权的类型和方式在发展，而且侵权的数量也在不断增长。在行为人实施网络侵权的情形下，行为人所发布的信息可以被无数次下载，所造成的损害后果也是难以估计的，且损害发生之后，如覆水难收，难以恢复原状。因此，如何有效地规制网络侵权行为，成为我国侵权责任法需要解决的重大疑难问题。

网络侵权是一种新型的侵权形态，这并非意味着其在归责原则、构成要件、责任承担等方面存在特殊性，其特殊性主要在于发生场所和侵权主体的特殊性，即网络侵权责任主要发生在互联网空间内。[①] 侵权的主体主要是网络服务提供者和网络用户，因此，《民法典》将其作为一种特殊的侵权形态加以规定，也是十分必要的。

《民法典》第 1194 条规定："网络用户、网络服务提供者利用网络侵害他人民事权益的，应当承担侵权责任。法律另有规定的，依照其规定。"网络侵权的特殊性主要表现在如下几个方面：

① 参见张新宝：《互联网上的侵权问题研究》，24 页，北京，中国人民大学出版社，2003。

第一，利用网络环境的特殊性。《民法典》第1194条所规定的网络侵权的特点在于“利用网络”侵权，这是其与一般侵权的重要区别。网络环境具有虚拟性，且具有时空的不明确性和开放性，因为互联网没有物理界限、地域空间的限制，这就决定了网络侵权的发现和认定具有一定的困难。由于互联网的开放性和交互性[①]，在世界的任何一个角落，通过一台手提电脑甚或手机上网就可以向全世界发布侵权的信息。而侵权性信息一经上传，很快就可以传遍全球，任何人只要点击该信息都可能看到它。因此，在网络侵权发生以后，对侵权行为发生地和侵权行为结果地的判断都十分困难。[②]

第二，侵权主体具有一定的特殊性。网络的虚拟性（非物质性），使得网络环境下侵权主体具有一定的特殊性。网络侵权的主体主要是网络用户和网络服务提供者。网络服务提供者也可能成为侵权主体，其既可能成为直接的侵权人，也可能是侵权行为的纵容者。正是因为这一原因，《民法典》将网络侵权规定在第三章“关于责任主体的特殊规定”部分。一般的侵权形态都是网络用户借助于网络中介服务而进行的，是利用他人提供的网络平台而实现的，此种情形涉及网络服务提供者是否需要对第三人行为承担责任的问题，即行为主体与责任主体发生分离时的责任承担问题。因此，有必要在《民法典》的特殊主体部分对此作出规定。

第三，侵害对象具有特殊性。在网络环境下，侵权行为的对象主要是非物质形态的民事权益，具体包括：一是名誉、肖像、隐私等人格权。二是知识产权。知识产权尤其是著作权，在网络侵权中容易受到盗版之害。三是其他财产权，如虚拟财产、信息财产等。此外还包括权利外的其他利益，例如，个人的购物偏好在现实生活中不一定具有重要意义，但在网络环境下，就具有一定的经济价值，可以成为侵权的对象。

第四，侵害行为具有特殊性。这表现在以下三个方面：一是工具、手段的特殊性。这就是说，网络侵权人借助于互联网通过发表、传播、链接、植入等方式来侵害他人权益。随着互联网的发展，侵害手段越来越多样化。二是行为的交互性。进入网络之后，人人是信息接受者也是传播者。互联网上的每一个用户都可以成为信息的发布者，并且侵害人通常以匿名的形式从事网络活动，其实施侵害行为以后，查找侵权行为人也比较困难。[③] 三是侵权行为具有隐蔽性、侵权地域具有不确定性。例如，某人坐在家里，就可以以匿名的形式发布侵害他人名誉的信息。[④] 网络的技术性越来越强，使得其对人格权的侵害更为复杂。网络环境下侵犯隐私权通常需要使用一定的技术手段。cookie技术、黑客用于远程攻击的木马程序、群发邮件技术等，都使得通过网络侵害人格权的形式越来越多样化。[⑤]

---

① 参见李艳主编：《网络法》，2页，北京，中国政法大学出版社，2008。

② See Raymond Wacks, *Personal Information*, Oxford University Press, 1989, p. 196.

③ 参见岑剑梅：《电子时代的隐私权保护——以美国判例法为背景》，载《中外法学》，2008（5）。

④ 关于网络，有句流行的话：“在互联网上，没人知道你是一条狗。”（On the Internet, nobody knows you are a dog.）

⑤ 参见张新宝：《隐私权的法律保护》，164～168页，北京，群众出版社，2004。

第五，侵害后果的影响范围具有广泛性和不确定性。所谓广泛性，是指由于互联网具有多维、多向、无国界、开放性等特点，通过网络手段侵害他人人格权，一旦侵权信息在网上公布，则迅速在网上传播流转，甚至可以说是向全世界传播，影响极为广泛，并可能被许多网站转载、链接，损害后果无法确定。① 所谓不确定性，就是指实际发生的损害往往是难以确定的。就损害赔偿而言，由于隐私及诽谤言辞的传播范围难以确定，这也导致损害的计算十分困难。以侵害知识产权为例，互联网全球联通的现代社会，只要行为人在互联网的任何一个角落发布侵害知识产权的信息，该信息在瞬间可以在全世界范围内传播。②

正是因为网络侵权具有上述特殊性，所以，《民法典》在过错责任原则的指导下针对网络侵权作出了特别规定。从这个意义上说，网络侵权是特殊类型的侵权。

二、特别法对网络侵权有特别规定的，适用其规定

从我国立法层面来看，法律关于网络侵权的规则分别散见于《网络安全法》《消费者权益保护法》《著作权法》《电子商务法》等法律之中。另外，最高人民法院也颁布了《利用信息网络侵害人身权益司法解释》，《民法典》第 1194 条规定："网络用户、网络服务提供者利用网络侵害他人民事权益的，应当承担侵权责任。法律另有规定的，依照其规定。"该规则沟通了民法典与其他立法关于网络侵权的规则，使其形成了一个整体。如果相关立法针对网络侵权有特别规定而民法典没有规定的，则适用特别法的规定。但如果特别法的规定与民法典的规则不一致，或者民法典已经修改了特别法的规定，则应当适用民法典的规定，而不能适用特别法的规定。

第二节　网络用户和网络服务提供者的单独侵权责任

一、单独侵权责任概述

所谓网络用户和网络服务提供者的单独侵权责任，是指网络用户和网络服务提供者因过错而利用网络侵害他人民事权益所应当承担的侵权责任。例如，网络用户将他人享有著作权的视频上传到网上，从而应当对著作权人承担侵权责任。《民法典》第 1194 条规定："网络用户、网络服务提供者利用网络侵害他人民事权益的，应当承担侵权责任。法律另有规定的，依照其规定。"这就在法律上确认了网络用户和网络服务提供者利用网络侵权的单独侵权责任。

此种责任可以从主体上区分为两类：一是网络用户的单独侵权责任。网络用户是相对于网络服务提供者而言的，是指使用他人提供的网络服务的人。网络用户既可以是自然人，也可能是法人，任何人只要利用网络接收或发布信息，都可以称为网络用

① 参见张新宝：《侵权责任法原理》，258 页。

② 参见李艳主编：《网络法》，18 页，北京，中国政法大学出版社，2008。

户。二是网络服务提供者的单独侵权责任。所谓网络服务提供者的单独侵权责任，是指网络服务提供者利用自己经营的网络侵害他人民事权益，所应当承担的侵权责任。我国司法实践也将网络侵权作为新型的侵权类型。例如，在“张承志诉世纪互联通讯技术有限公司侵犯著作权纠纷案”[①] 中，法院认为，被告世纪公司依靠计算机把张承志的作品转换成二进制数字编码后在国际互联网上传播，这种行为本身不具有著作权法意义上的独创性，没有产生新的作品，只是作品的载体形式和使用手段发生变化而已。上述作品的著作权仍属于原告。作品在网上传播，虽与传统常见的传播方式不同，但仍构成侵权。网络服务提供者包括网络中介服务者（ISP）和内容提供者（ICP)，前者是指专门提供网上服务以方便交流的双方进行联系的主体，包括提供物理网络、接入服务、空间储存服务、搜索引擎服务、技术外包等主体；后者一般来说是在网络上自己收集、整理、编辑、发布信息提供给用户阅读、下载的主体。[②]

网络用户和网络服务提供者单独侵权责任的特点主要表现在：

第一，它是特殊的过错责任。严格地说，网络用户与网络服务提供者的单独侵权责任，本质上都是过错责任，其可以直接适用《民法典》第 1165 条第 1 款的规定。但此种责任又是特殊的过错责任。《民法典》第 1194 条之所以对单独侵权责任作出规定，主要是基于两方面的考虑：一是为了保持体系的完整性，二是为了与网络服务提供者间接侵权责任的衔接和协调。网络服务提供者的间接侵权责任是以网络用户的单独侵权责任为基础和前提的。

第二，它主要是利用网络实施的侵权。与一般的侵权不同，网络侵权是行为人利用网络而实施的侵权，如果行为人在网络之外实施侵权行为，则不属于网络侵权。网络侵权既可以体现为行为人利用网络实施了侵权行为，也可以体现为网络服务提供者在接到通知之后没有采取删除等必要措施，从而导致受害人损害的扩大。

第三，它是自己责任原则的体现。在网络用户和网络服务提供者直接利用网络实施侵权行为的情况下，其是对自己的行为负责，体现了自己责任原则。在这一点上，其不同于网络服务提供者对于网络用户实施的侵权行为负责。

二、网络用户和网络服务提供者单独侵权责任的构成要件

1. 利用网络实施了侵权行为。所谓利用网络，是指以网络作为媒介或工具。这里所说的网络是指互联网以及其他公共信息网络。利用网络实施侵权行为主要包括利用网络实施侮辱、诽谤行为，侵害他人人格权、知识产权等权益。例如，“‘艾滋女’案”就是典型的侵害他人名誉、肖像、隐私权、个人信息等案件。[③] 侵害他人知识产

① 《最高人民法院公报》，2000（1）。

② 参见全国人大常委会法制工作委员会民法室编：《侵权责任法立法背景与观点全集》，578 页，北京，法律出版社，2010。

③ 2009 年 10 月 12 日，杨某将其前女友“闫某”的名字贴在网上，并将自己掌握的 282 个手机号码公布，捏造号码持有人为闫某的嫖客等信息，并编造闫某被其继父强奸、在北京当“小姐”卖淫、患有艾滋病等内容。经查证，这些内容完全属于捏造。杨某因利用互联网等侮辱、诽谤他人被容城县人民法院判处有期徒刑 3 年。参见巩志宏：《专访“艾滋女”闫某：请还给我清白》，见新华网，2009－10－23。

权也时有发生。再如，将他人享有著作权的电影、音乐等视听资料传到网络，构成侵害知识产权。

2. 网络用户和网络服务提供者具有过错。在单独侵权的情况下，责任主体主观上都是有过错的，甚至可能是存在故意的，如明知或应知是他人享有知识产权的作品而提供非法下载、复制等服务，即为故意侵犯他人知识产权的行为。受害人发现侵权行为之后，如果知晓具体用户的真实信息，可以直接通知其删除或采取其他方式，也可以直接到法院提起诉讼。这种侵权的实质与一般的过错侵权具有高度的一致性。例如，某人在博客中散布侵害他人名誉或隐私的信息，与一般侵害他人人格权的行为相比较没有本质差别。

3. 受害人遭受了损害。网络用户和网络服务提供者的侵权行为必须导致他人的损害，此处所说的损害，既包括财产损害，又包括非财产损害。例如，网络用户侵害他人的著作权，就属于造成财产损害；而网络服务提供者侵害他人隐私权，即可能造成他人非财产损害。

4. 网络用户和网络服务提供者的侵权行为与损害之间存在因果关系。因果关系的存在是责任正当性的基础，只有行为人的行为与受害人的损害具有因果关系，课以行为人承担侵权责任才具有正当性。在因果关系的判断方面，也应当适用因果关系判断的一般规则，如采相当因果关系说等。

在特定情形下，行为人的侮辱、诽谤行为即使针对的是他人的网名而非真实姓名，导致他人社会评价降低的，也可构成对他人名誉权的侵害。例如，在“张某诉俞某网络环境中侵犯名誉权纠纷案”中，被告使用网名“大跃进”发表网络文章，针对网名为“红颜静”的原告使用侮辱性的语言贬低对方。事实上，原、被告双方各自采用了虚拟的网名，但双方都知道对方的真实身份，法院认为，此时，交流的对象不再是虚拟的人，而是具有现实性和真实性的人，因此构成侵权。[①] 该案中，由于双方都知道对方的真实身份，因而存在人格权受侵害的事实。但问题在于，如果双方并不知道对方的真实身份，纯粹是在虚拟环境下进行的侮辱贬损，那么是否存在名誉受损的问题？本书认为，只有特定的网名与特定的自然人联系起来，相关行为才可能导致他人社会评价的降低，并可能构成侵害名誉权。

三、责任的承担

《民法典》第 1194 条规定：“网络用户、网络服务提供者利用网络侵害他人民事权益的，应当承担侵权责任。法律另有规定的，依照其规定。”在网络用户和网络服务提供者构成单独侵权的情况下，应当由其单独承担侵权责任。在构成单独侵权责任的情况下，网络用户、网络服务提供者直接对其过错行为负责。因此，其主要应当承担完全赔偿责任。至于其是否要承担停止侵害等责任，则应考虑具体情形，允许受害人选择各种救济方式。

① 参见公丕祥主编：《典型裁判案例》，92 页，北京，法律出版社，2009。

第三节　通知规则与反通知规则

一、通知规则

（一）通知规则的概念

通知规则也称为“通知—删除”规则，[①] 或避风港原则，它是指在网络用户利用网络服务者提供的网络实施侵权行为时，只有在受害人通知网络服务提供者，要求采取必要措施以后，网络服务提供者才有义务采取必要措施以避免损害的扩大。《民法典》第1195条第2款确立了通知规则。

通知规则之所以称为避风港原则，就是因为，在网络侵权的情形下，因为网上的信息是海量的，从技术上来说，要求网络经营者完全防止所有侵权信息在网络上出现是极为困难的，现有的技术也无法阻止侵权信息在网络上的出现。因而，法律上无法确立网络服务商负有的一般性的审查义务（no general obligation to monitor），只能在受害人向网络服务提供者通知有关信息构成侵权的情形下，除了网络服务提供者知道或者应当知道相关信息构成侵权以外，网络服务提供者才负有必要的审查义务。尤其应当看到，互联网是一个新兴产业，代表着信息技术未来发展的方向，承载着知识经济发展的重任，如果一旦出现侵权信息，都要由网络服务提供者承担责任，将使其承担过重的法律责任，妨碍互联网这一行业的发展。采取通知规则也有利于保护公民的表达自由以及公众的知情权和监督权，如果将网上发布的任何信息都纳入事先审查的范围，就会导致许多信息无法在网络上发布，无法实现信息的自由传播。

通知规则具有如下特点。

第一，该规则确立了网络服务提供者的责任。严格地说，网络用户的责任是比较容易确定的，因为网络用户利用网络侵害他人权益，属于一般的过错侵权，应当按照过错责任的一般条款来确定其责任。但认定网络服务提供者的责任比较困难，因为网络服务提供者并没有直接实施侵权行为，且难以对每一条信息进行审查，所以，网络服务提供者在知道侵权发生之前，只有在接到受害人的通知以后，才能够采取措施。为此，法律才确立通知规则以明确网络服务提供者的责任。

第二，此种责任主要是不作为侵权责任。根据通知规则，网络服务提供者在收到受害人的通知以后，没有根据权利人提供的构成侵权的初步证据或服务类型采取删除、屏蔽等必要措施，从而应当为损害的扩大负责。从这个意义上说，网络服务提供者是因为未尽到法定的义务而承担责任。《民法典》第1195条第2款的规定在法律上确立了网络服务提供者负有作为义务，且此种义务是法定的义务。网络服务提供者未尽到此种义务，就应当承担不作为侵权的责任。这就是说，网络服务提供者不是因为自己实施了积极的侵权行为，而是因为没有避免网络用户利用网络侵害他人，从而导

---

① 参见吴伟光：《视频网站在用户版权侵权中的责任承担——有限的安全港与动态中的平衡》，载《知识产权》，2008（4）。

致受害人损害的扩大，从而应当承担的责任。

第三，此种责任是对他人行为承担的责任。在《民法典》第 1195 条第 2 款规定的侵权责任中，网络服务提供者本身并没有发布侵害他人的信息等，而是在网络用户利用网络侵害他人的情形下，由于其没有采取必要措施，所应承担的责任，其属于对他人行为承担责任。正是因为这一原因，《民法典》将网络侵权置于第四章“关于责任主体的特殊规定”。当然，应当看到，网络服务提供者在接到受害人的通知以后，拒绝采取措施，或不及时采取措施，本身是有过错的。但毕竟损害的发生主要是由网络用户的侵权行为造成的。

网络服务提供者的责任与违反安全保障义务的责任之间关系比较密切，二者都属于不作为侵权，且都违反了法定的保护性义务，只不过一个发生在现实生活中，一个发生在虚拟空间内。网络服务提供者在接到受害人的通知之后，没有根据构成侵权的初步证据或服务类型采取必要措施，实际上也违反了其应尽的法定义务。但本书认为，网络服务提供者的责任不同于违反安全保障义务的责任，二者的区别主要体现为：一方面，是否需要通知不同。网络服务提供者承担责任的前提是受害人的通知。而安全保障义务人承担责任并不需要接到类似的“通知”。另一方面，承担责任的范围不同。网络服务提供者只是对其接到通知以后损害的扩大部分负责，而安全保障义务人承担责任的范围是全部损害，只不过法律上为了限制责任，规定了“相应的补充责任”。

（二）通知规则的具体适用

1. 权利人必须通知网络服务提供者采取措施。依据《民法典》第 1195 条规定，“通知应当包括构成侵权的初步证据及权利人的真实身份信息”。依据这一规定，权利人针对网上发布的侵权信息，向网络服务提供者发出通知，必须包括如下两方面内容。

一是提交“初步证据”。“初步证据”主要是指证明行为人的行为可能构成侵权的证据，该证明虽然不能充分证明行为人构成侵权，但表明行为人可能构成侵权。例如，权利人针对某个微信平台发布的新闻报道，指责其偷税漏税，其提交了有关纳税的初步证明，这就可以构成初步证据。

二是提供“权利人的真实身份信息”。它是指能够证明权利人身份的相关信息，而且该信息应当是权利人的真实身份信息。因为很多情况下，平台可能只有邮箱地址，或者微信通讯地址，不知道权利人真实身份。如果权利人只是留下网名等信息，则不利于确定权利人的真实身份，无法确定其是否为真正的权利人，甚至无法确定相关信息是否构成侵权。网络服务提供者在收到通知后，对该通知内容也有进行判断的义务，如此，有利于防止恶意投诉和虚假投诉。

2. 通知应当包括要求网络服务提供者采取何种措施。因为网络服务提供者可以采取的措施包括删除、屏蔽、断开链接等，具体究竟采取哪一种或者哪几种措施，应当在通知中明确指出。

3. 通知的效力

在受害人进行通知之后，就引发了网络服务提供者的审查核实义务，即网络服务提供者在接到受害人的通知之后，有义务审查核实相关信息是否侵权，然后对侵权的信息及时采取删除、屏蔽、断开链接等措施。依据《民法典》第 1195 条第 2 款，网络服务提供者要“根据构成侵权的初步证据和服务类型”来决定是否采取必要措施：一是构成侵权的初步证据由真正权利人提供的，网络服务提供者需要根据该初步证据判断行为人构成侵权的可能性。例如，真正权利人在发出通知时，提供了自己享有知识产权的证明，如专利证书等，此时，也很容易判断行为人是否构成侵权。网络服务提供者在收到该通知后，就应该及时采取措施。二是需要考虑网络服务提供者所提供的“服务类型”，网络服务提供者所提供的服务类型不同，其审核义务也存在一定的区别，对内容服务提供者而言，其应当负担更高的审核义务。如一些微信公众号自己发布和转载信息，其应当对发布的信息承担更高的审核义务。对技术服务提供者而言，如一些平台（如微博）只是提供发布信息的平台，其自身并不发布信息，其对网络信息的审核义务相对较低。

网络服务提供者采取的措施具体包括：第一，删除。删除是直接将存在侵权行为的网页内容进行删除，使侵权信息的文字、图片、音频、视频等内容不再在网页上出现。第二，屏蔽。屏蔽本意是指遮挡、遮蔽，在网络技术上是指有针对性地阻止某些网站、网页或信息出现在特定的网站上，因此，屏蔽一般是特定的网站主动针对某些信息作出的技术处理，可以防止本网站对某些侵权信息的扩散。但屏蔽只是将涉及侵权信息的部分加以屏蔽，而并非要屏蔽所有的网页。第三，断开链接。断开链接一般是在难以直接删除侵权信息的情况下，通过将搜索网站与该网页内容之间的链接切断的形式，阻止该网页的侵权信息进一步散布。断开链接是指断开的范围限于含有侵权内容的页面，能够断开页面的某一部分就不应当影响到其他部分的内容。第四，其他必要措施。此处所说的其他必要措施是指停止侵害的必要措施，而不是赔礼道歉等补救措施。确定是否属于必要措施，并非仅考虑受害人的保护，而是要综合考虑各种因素，包括信息自由、网络产业发展等。需要指出的是，这些措施都是法定的义务，而并不是侵权责任。由于不同网络服务者提供的服务类型不同，所采取的必要措施的类型也不尽相同，如提供存储空间的服务者主要是删除信息，而提供搜索引擎服务的提供者主要是屏蔽信息，但均应达到有效遏制侵权行为继续发生的效果。

4. 未及时采取必要措施的责任

在收到权利人的通知后，网络服务提供者应当判断是否需要采取必要的措施，如果网络服务提供者难以判断行为人是否构成侵权，也可以不采取措施。依据《民法典》第 1195 条第 2 款的规定，网络服务提供者根据构成侵权的初步证据和服务类型应当采取必要措施，而未及时采取必要措施的，则应当与行为人一起，对损害的扩大部分对受害人承担连带责任。此种责任的特点在于：一是责任的范围限于损害的扩大部分，而不是就全部的损害承担责任。所谓损害的扩大部分，是指网络服务提供者应当采取措施而未采取措施，并因此造成受害人损害的扩大。也就是说，在网络服务提供者应当采取必要措施而未采取的情形下，网络服务提供者应当对在此之后所发生的损害部分承担责任。二是网络服务提供者应当对受害人损害扩大的部分与网络用户承担连带责任。这就意味着，权利人就损害扩大的部分，既可以请求行为人承担责任，也可以请求网络服务提供者承担责任。

5. 错误通知的后果

《民法典》第 1195 条第 3 款规定："权利人因错误通知造成网络用户或者网络服务提供者损害的，应当承担侵权责任。法律另有规定的，依照其规定。"依据这一规定，首先，权利人错误通知也应当承担责任。从实践来看，权利人及时通知确实有利于防止网络侵权，遏制侵权的发生，防止损害的扩大，但通知规则也可能被滥用。例如，有的竞争对手可能利用通知规则，通过恶意通知打击竞争对手。[①] 因此，在通知规则之下，网络用户的利益也需要保护。《民法典》第 1195 条第 3 款明确了权利人因错误通知造成网络用户或者网络服务提供者损害的，应当承担侵权责任，有利于避免通知制度的滥用。同时，这一规定也有利于强化对网络用户和网络服务提供者的救济。例如，在商品热销期间，因为权利人错误地通知厂家侵权，导致货物下架，不仅使厂家遭受了严重的经济损失，而且平台也可能遭受利润损失。其次，依据该规定，如果特别法有单独规定的，应当适用特别法的规定。例如，《电子商务法》第 42 条第 3 款规定："恶意发出错误通知，造成平台内经营者损失的，加倍承担赔偿责任。"因此，在电子商务领域，错误通知的，应当适用该规则。

二、反通知规则

（一）反通知规则的概念

所谓反通知规则，是指在权利人对涉嫌侵权内容发出通知以后，且网络服务提供者对该通知转送发帖人以后，应允许发帖人就系争信息内容向网络服务提供者提交不存在侵权行为的声明，要求网络服务提供者恢复被删除内容。《民法典》第 1196 条第 1 款规定："网络用户接到转送的通知后，可以向网络服务提供者提交不存在侵权行为的声明。声明应当包括不存在侵权行为的初步证据及网络用户的真实身份信息。"这就确立了反通知规则，这一规则给予了网络用户自行辩解的机会，有助于保护用户的表达自由，行使舆论监督的权利，实现当事人之间的利益平衡。

（二）反通知的程序

第一，网络用户应当向网络服务提供者作出反通知。当网络服务提供者将权利人的通知转给网络用户后，网络用户如果要作出反通知，则应当向网络服务提供者作出。当然，是否作出反通知应由发布网络信息的发帖人自己决定，如果其不作出反通知，则网络服务提供者将依法采取措施。

第二，发帖人作出反通知，也应当提供其不构成侵权的初步证据和其真实身份信息。具体而言：一是不构成侵权的初步证据。这就是说，发帖人应当针对权利人关于其构成侵权的指责作出回应，说明其行为不构成侵权，并且要提交初步证据。该证据并不需要十分充分，但应当能够初步证明其不构成侵权。二是告知其真实身份信息。

---

① 例如，2016 年，仅阿里巴巴知识产权投诉平台就共发现疑似恶意投诉方账号 5 862 个，因其恶意投诉行为造成卖家的损失为 1.07 亿元。参见黄薇主编：《中华人民共和国民法典侵权责任编解读》，128 页。

因为很多情况下，平台可能只有网络用户的邮箱地址，或者微信通讯地址，而不知道其真实身份，因此，网络用户在作出反通知时，也应当提供其真实身份信息。

第三，平台收到反通知后，应将其转发给权利人，告知其如何采取权利保护措施。就反通知而言，网络服务提供者在收到反通知以后，并不需要对反通知的内容进行审查，而应直接将发帖人发送的反通知转送至权利人，并等待权利人采取后续措施。

（三）反通知的效力

依据《民法典》第 1196 条第 2 款，反通知的效力主要包括如下几项。

第一，网络服务提供者转送反通知。依据《民法典》第 1196 条第 2 款规定：网络服务提供者接到声明后，应当将该声明转送发出通知的权利人，由其决定是否采取权利保护措施。网络服务提供者在收到反通知后，其应当审查反通知中是否包括网络用户不构成侵权的初步证据和网络用户的真实身份信息，但其没有义务对该证据进行实质审查。只要网络服务提供者收到了反通知，其就应当将该反通知及时转送权利人。

第二，网络服务提供者应当告知权利人所应当采取的措施，即其可以向有关部门投诉或者向人民法院提起诉讼。毕竟网络服务提供者不是执法部门，其并不具有认定侵权、解决纠纷的职责。

第三，网络服务提供者在转送声明到达权利人后的合理期限内，未收到权利人已经投诉或者提起诉讼通知的，应当及时终止所采取的措施。依据《民法典》第 1196 条第 2 款后句的规定，“网络服务提供者在转送声明到达权利人后的合理期限内，未收到权利人已经投诉或者提起诉讼通知的，应当及时终止所采取的措施”。这就是说，网络服务提供者在收到反通知后，并不需要立即终止已经采取的措施，而应等待权利人是否采取维权措施。如果权利人收到反通知以后，没有采取权利保护措施，表明权利人已经默认了反通知的内容，则网络服务提供者应当及时终止所采取的措施。毕竟网络服务提供者采取的措施仅具有临时性的特点，及时终止所采取的措施，有利于督促权利人及时通过投诉、诉讼等方式最终解决纠纷。

第四节　知道规则

一、知道规则的概念

所谓知道规则，又称为“红旗规则”[①]，是指网络服务提供者知道网络用户利用其网络侵害他人民事权益时，未采取必要措施以避免损害的发生或扩大，对该损害应与网络用户承担连带责任。《民法典》第 1197 条规定：“网络服务提供者知道或者应当知道网络用户利用其网络服务侵害他人民事权益，未采取必要措施的，与该网络用户

① 之所以称为红旗规则，是因为网络侵权信息是非常清晰明确的，就像红旗飘扬一般，因此，网络服务提供者知道或者应当知道相关信息属于侵权信息。

承担连带责任。”该条改变了《侵权责任法》第 36 条所规定的知道规则，将其改为“知道或者应当知道”，“知道”是指按照社会一般人的观点，根据相关网络信息判断，网络服务提供者已经知道相关信息构成侵权。例如，有人在网上发布他人裸照，则网络服务提供者应当知道该信息构成侵权。“应当知道”是指按照社会一般人的观点，网络服务提供者根据网上发布的信息，应当知道相关信息构成侵权。知道规则的特点主要表现在：

第一，知道规则是通知规则的例外情形。法律上出于保护网络服务提供者考虑，通常要适用通知规则，只有在受害人有足够的证据证明网络服务提供者对侵权内容是明知或者应当知道的，才能适用知道规则。由于适用此种规则对受害人的举证责任有较高的要求，因而，该规则适用于特殊的情况。在适用知道规则的情况下，并不要求受害人向其通知，即便受害人作出了通知，也不影响其依据知道规则请求网络服务提供者承担责任。

第二，知道规则是网络服务提供者根据自己的技术手段、审核能力等认定相关的网络信息是否属于侵权信息。也就是说，知道规则的适用并不以通知规则的适用为前提，其并不需要权利人提供相关信息构成侵权的初步证据，并由网络服务提供者对该初步证据进行审查，而是网络服务提供者自己积极、主动审查相关信息。从某种意义上说，这也是网络服务提供者应当承担的一项法定义务。

第三，知道规则并不适用于网络服务提供者自己利用网络发布侵权信息的情形。也就是说，对于网络服务提供者自己发布的侵权信息，如果其未尽到审核义务，则应当适用《民法典》第 1194 条认定其责任。

《民法典》第 1197 条规定知道规则具有两方面的意义：一方面，网络服务提供者已经知道或者应当知道他人在自己的网络上实施侵权行为，而不采取措施，这表明网络服务提供者具有过错。所以，要求其承担侵权责任，具有法理基础。另一方面，网络服务提供者既然已经知道或者应当知道网络用户利用其网络实施侵权行为，其就应当采取措施以避免损害的发生或扩大。因为网络服务提供者支配了网络空间，其处于最易于避免损害发生的地位。因此，法律要求其承担责任，可以督促其采取措施避免损害。

二、知道规则的构成要件

1. 网络用户利用网络服务提供者提供的服务侵害他人民事权益。在适用知道规则的情况下，必须要以网络用户利用网络服务侵害他人民事权益为前提。

2. 网络服务提供者知道或者应当知道网络用户利用网络服务侵害他人民事权益。所谓知道是指网络服务提供者明知网络用户利用其网络服务实施侵害行为，其不仅要知道有人发布有关信息，而且要知道这些信息已构成对他人权益的侵害。知道是指网络服务提供者已经意识到、了解到网络用户实施的侵权行为。例如，某人在某网络平台上发布他人的裸照，网络服务提供者应当知道该行为构成侵权。所谓应当知道，是指就网络上发布的相关信息是否构成侵权，应当以一般的、合理人的标准来判断。如果社会一般人在此情形下都认为构成侵权，则可以认为属于应当知道。

关于如何判断网络服务提供者知道或应当知道，《利用信息网络侵害人身权益司法解释》第9条规定："应当综合考虑下列因素：（一）网络服务提供者是否以人工或者自动方式对侵权网络信息以推荐、排名、选择、编辑、整理、修改等方式作出处理；（二）网络服务提供者应当具备的管理信息的能力，以及所提供服务的性质、方式及其引发侵权的可能性大小；（三）该网络信息侵害人身权益的类型及明显程度；（四）该网络信息的社会影响程度或者一定时间内的浏览量；（五）网络服务提供者采取预防侵权措施的技术可能性及其是否采取了相应的合理措施；（六）网络服务提供者是否针对同一网络用户的重复侵权行为或者同一侵权信息采取了相应的合理措施；（七）与本案相关的其他因素。"该条实际上采用了动态系统论的方法，根据司法解释所列举出来的各种因素，综合进行判断，其并不要求各项因素都必须同时具备，也并不要求每一项因素都必须符合，而应当个案情况，根据上述因素确定网络服务提供者是否知道相关情形。

关于"知道或应当知道"的举证责任由谁承担问题，本书认为，按照"谁主张，谁举证"的规则，应当由受害人举证。在证明时，可以借鉴英美法上的"事实自证"规则，也可以采用客观的过错判断标准，以合理人在此情况下的行为标准来判断。例如，如果网络服务的提供者对相关的侵权信息进行了一定编辑、宣传、加工，则可以认定网络服务提供者已经知晓了相关信息。

3. 网络服务提供者未及时采取必要措施。所谓未采取必要措施，一方面，是指网络服务提供者没有采取合理的措施以防止损害的发生或扩大。这些措施与《民法典》第1195条第2款的规定相一致，包括删除、屏蔽、断开链接等措施。"合理"措施的确定要对侵权行为、受保护的民事权益、网络服务提供者提供服务的形式、措施的适当性等因素进行综合考量。另一方面，它是指网络服务提供者采取的措施不及时。依据《利用信息网络侵害人身权益司法解释》第6条的规定，应当根据网络服务的性质、有效通知的形式和准确程度以及网络信息侵害权益的类型和程度等因素，综合判断网络服务提供者采取的删除、屏蔽、断开链接等措施是否及时。

4. 网络服务提供者没有及时采取必要措施与损害之间存在因果关系。因果关系的判断要采相当因果关系说。这就是说，如果网络服务提供者及时采取了删除、屏蔽等措施，就不会发生侵权，或者损害不会扩大，就可以认定存在因果关系。如果网络服务提供者证明，即使其及时采取了必要的措施，损害仍然发生，就可以否定因果关系的存在。从举证责任来看，受害人应当就因果关系的存在承担证明责任。

三、责任的承担

依据《民法典》第1197条的规定，在符合上述责任构成要件的情况下，网络服务提供者与该网络用户承担连带责任。如前所述，之所以要求网络服务提供者与网络用户之间承担连带责任，是因为在明知或应当知道的情况下，其也具有过错，应当对因其过错造成的损害承担责任。

在确定网络服务提供者和网络用户之间责任的范围时，应当区分损害的发生和损害的扩大。一是网络服务提供者对损害的发生有过错。如果网络服务提供者通过采取必要措施可以避免损害的发生，其就要对全部的损害负责。例如，网络用户刚发布裸照，就被网络服务提供者发现，如果其及时采取措施，损害就不会发生。二是网络服务提供者对损害的扩大有过错。如果网络服务提供者知道侵权行为的存在时，损害已经发生，但如果其及时采取必要措施，可以避免损害的扩大。例如，某人将他人的裸照放在网站上之后，网络服务提供者长期没有删除，导致其他网站转载，这就造成了损害的扩大。在此情况下，网络服务提供者仅对扩大的损害承担责任。

因为网络服务提供者和网络用户对受害人承担连带责任，所以就内部关系而言，应确定其各自责任份额，难以确定责任大小的，平均承担赔偿责任。无论是网络用户还是网络服务提供者，其支付超出自己的赔偿数额的，都有权向对方追偿。

思考题

1. 如何理解网络侵权中的通知和知道规则？
2. 如何理解网络服务提供者的侵权责任？
3. 如何理解网络用户和网络服务提供者的连带责任？
4. 如何理解反通知规则？

第十二章　违反安全保障义务的责任

【案例】 乙与数个朋友到甲餐厅（一家小餐厅）用餐，刚开始吃饭时，突然闯进几个彪形大汉，揪住邻座一个用餐顾客丙，说丙欠他们的钱没有还。双方开始争吵并相互推搡，餐厅工作人员上前劝阻，被这几个人推倒在地。后甲餐厅的老板打110报警，正在打电话期间，这几个人不仅将丙打伤，而且在争斗中有人扔出一个盘子，将乙砸伤，后打人者逃走。乙请求甲餐厅承担违反安全保障义务的责任。

简要评析： 本案属于安全保障义务纠纷，虽然餐厅甲对前来就餐的顾客负有安全保障义务，但其安全保障义务应当与其经营规模、经营目的、经营范围相适应。在本案事故发生中，甲的工作人员上前劝阻并及时报警，已经尽到了其安全保障义务，其无法配备相应的保安防止此类损害事故的发生。因此，甲不应当对乙的损害承担违反安全保障义务的责任。

第一节　违反安全保障义务责任概述

一、违反安全保障义务责任的概念

所谓违反安全保障义务的责任，是指侵权人未尽到法律、合同、习惯等产生的对他人的安全保障义务，造成他人损害时应承担的赔偿责任。安全保障义务，又称安全关照义务，来源于德国法上的社会交往安全义务①，它是指在一定社会关系中当事人一方对另一方的人身、财产安全依法承担的关心、照顾、保护等义务。在违反安全保障义务的情况下，违反义务的行为可能因行为人的不作为直接导致损害的产生，也可能因第三人的直接侵权行为而导致损害的发生。因此，安全保障义务人可能是直接侵权人，也可能是间接侵权人，或者说是行为人以外的责任人。

现代社会是风险社会，需要强化安全保障。现代侵权法为了有效保护社会交往参与人的人身财产权利，其对人们的行为要求从"不得侵害他人"转变为"适度的关照"。《民法典》第1198条第1款规定："宾馆、商场、银行、车站、机场、体育场馆、娱乐场所等经营场所、公共场所的经营者、管理者或者群众性活动的组织者，未

① 该概念的翻译不尽一致，有的译为"交易安全义务"，有的译为"交通安全义务"，有的译为"社会安全注意义务"，大多数学者将其译为"交往安全义务"。参见周友军：《交往安全义务理论研究》，1页，北京，中国人民大学出版社，2008。

尽到安全保障义务，造成他人损害的，应当承担侵权责任。”该条规定主要是在我国司法解释的基础上发展起来的。[①] 该条规定违反安全保障义务的侵权责任，对于预防和防范损害的发生，保护一般人的人身和财产安全，十分必要。

违反安全保障义务的责任具有如下特点。

1. 它是一种不作为侵权责任。所谓不作为侵权，是指因违反作为义务造成他人损害，应承担的过错责任。在此种不作为的侵权中，加害行为就体现在有作为的义务而没有作为。[②] 安全保障义务人负有积极作为的义务，因其没有尽到义务，才负有责任。例如，因酒店厕所地面湿滑，导致顾客滑倒受伤，酒店就没有尽到相应的安全保障义务，应当承担侵权责任。[③] 由于是不作为侵权，责任人是因消极的不作为而承担责任，并非因为其实施了积极的行为。在一般侵权行为中，责任人都是直接加害人，基于自己责任原则，其要对自己的行为负责。而在违反安全保障义务的案件中，安全保障义务人往往并非直接加害人，由此也产生了该类责任的诸多特殊性，如此种责任归责的基础、责任的构成要件等具有特殊性。

2. 它是法定的特殊的过错责任。《民法典》第 1165 条第 1 款规定了过错责任的一般条款，但对于几种特殊的情形又作了特别规定，其中包括了违反安全保障义务的侵权责任。违反安全保障义务的责任之所以是特殊的过错责任、并且需要法律特别规定，一方面是因为其过错的判断具有特殊性，违反安全保障义务责任的认定采客观标准，即以对安全保障义务的违反来认定过错；另一方面，其责任的范围具有特殊性，在存在直接侵权人的情况下，安全保障义务人只承担补充责任。这在很大程度上也是基于限制安全保障义务人的责任的法政策考量。尤其需要指出的是，违反安全保障义务的责任在一定程度上突破了传统的自己责任原则，要求负有安保义务的人在一定情况下对他人的行为负责。具体到侵权法领域，就需要法律对安全保障义务的确认。

3. 责任主体具有特殊性。在违反安全保障义务的情况下，可能有直接侵权人，也可能没有直接侵权人。但在实践中，一般都有直接侵权人，此时，安全保障义务人并非行为人，但由于其没有尽到安全保障义务，所以要对损害结果负责，这就出现了行为主体和责任主体分离的现象。这就是说，违反安全保障义务的人不一定是直接侵权人，但其要对损害后果承担责任。因此，出现了责任人的范围大于行为人范围的现象。正是因为这一原因，安全保障义务被置于《民法典》第三章“关于责任主体的特殊规定”。当然，违反安全保障义务的责任与监护人责任和用工责任又存在区别，因为安全保障义务人自身可能不是直接侵权人，其不是对所有的损害负责，而只是承担相应的补充责任。

4. 责任承担方式具有特殊性。在没有他人实施侵权行为的情况下，安全保障义

---

① 《人身损害赔偿司法解释》第 6 条规定：“从事住宿、餐饮、娱乐等经营活动或者其他社会活动的自然人、法人、其他组织，未尽合理限度范围内的安全保障义务致使他人遭受人身损害，赔偿权利人请求其承担相应赔偿责任的，人民法院应予支持。”

② 参见张新宝：《侵权责任法原理》，286 页。

③ 参见“罗某与吴某违反安全保障义务责任纠纷案”，辽宁省沈阳市中级人民法院（2015）沈中民一终字第 00720 号民事判决书。

务人违反了义务造成损害结果的发生，安全保障义务人要对自己的过错负责。但在存在直接侵权人的情况下，安全保障义务人仅承担相应的补充责任。违反安全保障义务的责任主要是损害赔偿责任，因为安全保障义务的设立，一般情形下，当事人并不能请求义务人为积极的行为，而只能在义务违反之后请求其承担责任。因此，此类案件通常都是损害发生以后的救济问题，而不存在恢复原状或停止侵害的问题。

二、违反安全保障义务的责任与相关责任的比较

（一）违反安全保障义务的责任与不作为侵权责任

过错侵权包括作为侵权和不作为侵权。不作为侵权责任是指因违反作为义务的不作为，而承担的过错侵权责任。违反安全保障义务责任在性质上属于不作为侵权责任，因为安全保障义务是作为义务的一种，行为人承担违反安全保障义务的责任主要是因为其违反了作为义务，这与不作为侵权责任具有内在的一致性。当然，不能将违反安全保障义务的责任等同于不作为侵权责任，因为不作为侵权的范围十分广泛，安全保障义务只是作为义务的一种类型而已；而且不作为义务的类型也十分丰富，其并不限于违反安全保障义务的责任，严格地说，《民法典》中网络服务提供者的责任、教育机构的责任等都可能涉及不作为侵权。《民法典》总体上对违反安全保障义务的责任采取了限制的立场，其主要目的是保障人们的行为自由，避免作为义务的任意扩张。如果将该法第 1198 条作为不作为侵权责任的一般条款，就违反了这一立法目的。

（二）违反安全保障义务的责任与合同责任

在违反安全保障义务的情况下，安全保障义务人和受害人之间可能存在合同关系，这特别发生在宾馆、医院、银行、娱乐场所等负有安全保障义务的情形。例如，在“银河宾馆案”中，二审法院认为，“本案中罪犯七次上下宾馆电梯，宾馆却没有对这一异常举动给予密切注意。宾馆未履行对王某的安全保护义务，自应承担违约责任”。因此，法院以银河宾馆违反合同义务，而确立银河宾馆应承担的违反安全保障义务的责任。[①] 二审法院是用违约责任来解释义务产生的原因，这就涉及违反安全保障义务的责任与合同责任的关系问题。

虽然违反安全保障义务的责任与合同责任之间具有密切联系，但两者之间仍存在明显的区别，主要表现在以下几个方面。

第一，义务的性质不同。安全保障义务是侵权法上的作为义务，而合同责任中保护他人固有利益的义务是附随义务。

第二，归责原则不同。违反安全保障义务的责任是过错责任，而合同责任的归责原则是严格责任。

第三，当事人之间的关系不同。在违反安全保障义务的情况下，当事人之间可能存在合同关系，也可能不存在合同关系，责任的认定不考虑当事人之间是否存在合同关系。但合同责任必须以当事人之间存在合同关系为前提。如果没有形成合同关系，

---

① 参见《最高人民法院公报》，2010（2）。

或者所形成的合同关系不足以对受害人提供充分保护，就可以考虑适用违反安全保障义务责任的制度。

第四，赔偿范围不同。合同责任的赔偿范围既不包括精神损害，又要受到可预见性原则的限制。而在违反安全保障义务的责任中，其赔偿范围包括赔偿精神损害。不过，在存在直接侵权人时，安全保障义务人仅负有相应的补充责任。因此，负有安全保障义务的主体无须承担全部赔偿责任，而只需要承担相应的责任。

如果当事人之间存在合同关系，就可能构成责任竞合，受害人既可能请求一方当事人承担侵权责任，也可能请求其承担违约责任。依据《民法典》第 186 条的规定，受害人可以选择对其最为有利的方式提出请求。

第二节　违反安全保障义务责任的归责原则

一、违反安全保障义务责任原则上采过错责任

《民法典》第 1198 条第 1 款规定："宾馆、商场、银行、车站、机场、体育场馆、娱乐场所等经营场所、公共场所的经营者、管理者或者群众性活动的组织者，未尽到安全保障义务，造成他人损害的，应当承担侵权责任。"虽然该条没有明确使用"有过错"的表述，但从解释上看，其仍然采过错责任原则，因为所谓"未尽安全保障义务"实际上就是指具有过错，即如果已经尽到了安全保障义务但仍然造成了损害，行为人不必承担责任。之所以将违反安全保障义务的责任界定为过错责任，主要原因在于：

第一，适当限制安全保障义务人的责任。在违反安全保障义务的情况下，安全保障义务人往往并非行为主体，但需要对所发生的损害负责。因此，为了避免不当加重安全保障义务人的责任，有必要通过过错要件适当限制其责任。判断安全保障义务人是否存在过错，主要是看其是否有识别和控制相关危险的能力，如果安保义务人对潜在的风险具有识别和控制能力，且此种风险对与其交易的相对人的人身和财产安全有着至关重要的影响，但是其没有积极消除和防范此种风险的发生，则说明安保义务人主观上具有过错，因此应当承担违反安全保障义务的侵权责任。例如，在"李某诉陆某等人身损害赔偿案"中，原告与朋友在被告所开办的西凤饮食店就餐时，被身份不明的人入店寻衅，无辜被打受伤。法院认为，被告经营的是一家规模小、收费低、设施简陋的个体饭店，在被告力所能及的范围内，已经对原告的人身安全尽到了谨慎注意和照顾的义务，不应承担赔偿责任。[①] 在确定安全保障义务人的责任时，尤其应当考虑其防范能力，因为不能要求一个人尽到事无巨细的防范。再如，在"马某等诉信泰证券公司、古南都明基酒店等人身损害赔偿纠纷案"中，法院认为，经营者提供的安全保障义务应受到合理限度的限制；有证据证明受害人的损害是因为其自身故意或者重大过失所致，且超出安全保障义务的范围的，安全保障义务人不承担赔偿责任。[②]

① 参见《最高人民法院公报》，2002（4）。

② 参见公丕祥主编：《审判工作经验（1）》，336 页，北京，法律出版社，2009。

第二，防止作为义务的过分扩张。原则上，社会一般公民仅负有不得损害他人的消极不侵害义务，而不应一般性地负有积极保护他人的义务。在特殊情况下，基于政策考量，法律也在一定范围内设定了积极保护他人的义务。尤其是对于银行、酒店、物业公司等特定的经营者而言，为了保护公众的人身安全，应当积极履行安保义务。但是，作为义务的产生并非意味着要突破过错责任原则。过错要件的设计，虽然是从安全保障义务人主观心理状态的角度考虑的，但其也间接具有限制作为义务扩张的作用。

第三，平衡安全保障义务人的行为自由和受害人的权益保护。在违反安全保障义务的案件中，行为人是否承担责任，要判断其是否具有过错，过错的判断要在不同的情况下由法官根据不同的标准来作出，因而过错的标准也成为限制责任的一种重要因素。通过要求受害人举证证明安全保障义务人的过错，就可以平衡自由保障和权益保护。例如，在某个案件中，受害人到某小区拜访客人，在小区内的拐弯处因为没有路灯，且地面湿滑，导致受害人摔倒受伤。本案中，事故发生在道路拐角黑暗处，该损害的发生若采取设置路灯等安全措施即可防范，而管理者没有尽到该必要的安保义务，因此应当负责。如果侵权法对此种责任采取严格责任，规定无论是否设置路灯都承担责任，将会导致诉讼泛滥，甚至引发道德风险。

第四，公平合理地确定责任范围。《民法典》对违反安全保障义务的责任采过错责任原则，规定在因第三人行为造成损害的情况下，违反安保义务的人应承担相应的补充责任。相应的责任是以过错责任为基础的，这种责任的设计既公平合理，又很好地实现了预防侵权行为的目标。

二、违反安全保障义务的责任与一般过错责任的区分

如前所述，虽然违反安全保障义务的责任是过错责任，但其不同于一般的过错责任，其在过错的认定、责任承担方式等方面，都具有特殊性。从这个意义上，仍然应当将其作为特殊侵权对待。

在此需要讨论，《民法典》第 1198 条和第 1165 条第 1 款关于过错责任的一般条款的相互关系。本书认为，第 1165 条第 1 款的规定在性质上是一般条款，在法律上没有作出特别规定的情况下，都要依据一般条款来判断侵权责任的构成。第 1165 条第 1 款和其他过错责任的规定之间形成一般规范与特别规范的关系，如果法律上对过错责任作出了特别规定，则应当按照“特别规范优先于一般规范”的规则来适用法律。《民法典》关于违反安全保障义务的责任的规定，限于场所责任和组织者的责任，但其并没有规定因先前行为而引发的责任问题。例如，三人在一起饮酒，一人醉倒，另两人将其送回家，将醉酒者送至家门口后，二人即离开，醉酒者在家门口昏睡，后冻伤致死。受害人家属诉请二人承担损害赔偿责任。从广义上说，此类案件也应属于违反安全保障义务责任的类型，且属于因在先行为而引发的安全保障义务，违反此种安全保障义务也应当承担责任。但我国《民法典》并无明文对此种情形提供救济，因此，因先前行为引发的违反安全保障义务的责任，并无适用第 1198 条的余地。此时，就应当适用该法第 1165 条第 1 款关于过错责任归责原则的一般规定。

第三节　违反安全保障义务责任的构成要件

《民法典》第 1198 条第 1 款规定："宾馆、商场、银行、车站、机场、体育场馆、娱乐场所等经营场所、公共场所的经营者、管理者或者群众性活动的组织者，未尽到安全保障义务，造成他人损害的，应当承担侵权责任。"依据该条规定，违反安全保障义务责任的构成要件如下。

一、损害

在违反安全保障义务的情况下，产生的主要是损害赔偿责任，而无法适用停止侵害、排除妨害、消除危险等责任方式。因此，责任的构成要件首先是存在损害，而且限于现实的损害。

损害应当是侵害绝对权的结果。具体来说，包括侵害生命权、身体权、健康权。安全保障义务的产生很大程度上是因为侵权行为造成了受害人的人身伤亡，如果是单纯的财产损害，似乎没有必要确立安全保障义务。但这并不是说，安全保障义务仅救济人身损害，其对于财产损害也可以提供救济。从《民法典》第 1198 条的规定来看，其仅规定了"造成他人损害"，而没有限定此种损害的范围，因此，违反安全保障义务责任的救济范围包括人身损害和财产损害。其中，人身损害不仅包括侵害人身权益本身，也包括侵害人身权益的后果。例如，侵害生命健康权所导致的医疗费、丧葬费、误工费、死亡赔偿金、残疾赔偿金等。

应当看到，违反安全保障义务的责任在救济财产损害和人身损害的情况下，应当存在一定的差异。具体表现为：在保护人身的时候，安全保障义务人所负担的义务较重；而在保护财产时，安全保障义务人所负担的义务较轻。例如，在酒店就餐期间，顾客随身携带的财产丢失，对此，酒店一般情况下不负有违反安全保障义务的责任。但如果顾客在酒店遭受他人的人身侵害，酒店原则上负有安全保障义务。因为人身权益是最高的法益，法律对此种权益的保护应当置于最高的位阶，故有必要要求公共场所的经营者、管理者或群众性活动的组织者承担更高的安全保障义务。

二、过错

（一）安全保障义务人过错的内涵

过错是指安全保障义务人未尽安全保障义务的主观心理状态，其通常是通过责任人违反安全保障义务的具体行为表现出来的。从实践来看，其主要形态是过失。

过错与违反安全保障义务的关系如何，对此存在不同观点：一是等同说，即认为过错和违反安全保障义务是同一问题，违反安全保障义务本身就意味着有过错。二是区分说，即认为安全保障义务和过错的判断标准之间虽然趋同，但两者毕竟属于侵权责任中不同的构成要件的范畴，不能相互替代。一般认为，《民法典》第 1198 条采纳了等同说。这就是说，未尽到安全保障义务本身就是过错。本书赞同此种观点，主要理由在于：一方面，等同说意味着违反安全保障义务的过失是客观过失，应当以客观的行为标准来判断，这是符合客观情况的。因为实践中，违反安全保障义务的情形都是过失的行为，应当以客观标准来判断。也就是说，考察行为人是否违反了安全保护义务主要的依据还是行为人是否采取了合理的措施，尽到了必要的注意义务。另一方面，采取等同说有利于简化侵权责任的认定，这不仅有利于对受害人的救济，而且有利于简化法官认定责任的过程。本书认为，违反安全保障义务的行为本身便体现了义务人的过错，若要求受害人在证明行为人违反义务之外再额外证明其过错，显属不当。

（二）过错的判断

如前所述，安全保障义务人的过错主要体现为其违反安全保障义务。据此，对此种过错的判断可以分为两个步骤：一是确定责任人是否负有针对特定人的安全保障义务；二是要确定责任人是否尽到了安全保障义务。

1. 义务的来源。安全保障义务来源于法律规定、行业习惯、合同约定及基于特定关系而负有的注意义务。具体而言，安全保障义务应当根据如下标准确定：

一是法定标准。即根据法律、法规、规章或者操作规定等所要求达到的程度，判断义务人是否尽到了法律要求的特定安全防护措施的设置义务。此处所说的法律既包括法律法规，也包括部门规章和地方规章。例如，《妇女权益保护法》中关于禁止性骚扰的规定，这些规定实际上是强加了公司、企业等的安全保障义务。再如，娱乐场所应当采取必要措施防止安全门被堵塞，这是法律明确规定的义务。如果因为火灾造成受害人不能及时脱离现场而遭受损害，就违反了消防法的有关规定。如果承担相应义务的主体未能依法履行安全措施设置义务，则可以认定违反了此种义务。

二是行业标准。在法律、法规没有明确规定的情况下，安全保障义务应当达到同类经营者或者其他社会活动组织者所应当达到的通常注意义务。[①] 行业标准在一定程度上就是习惯标准，具有补充法律不足的作用，因而，在考虑法定标准之后，如果无法查找到法律规定的依据，就应当考虑行业标准。例如，目前许多银行的 ATM 自动取款机的密码输入键盘采用了盒盖式保护装置，如果经过一段时间的发展，此种措施已经成为一种操作惯例，但如果银行未采用此种措施的，则应当被认定为未尽必要的安全保障义务。

三是合同标准。安全保障义务的判断也要考虑当事人的约定，如果合同约定一方负有对另一方的安全保障的义务，则在违反合同约定的情况下，可能也会产生违反安全保障义务的责任。当然，此种情况也会产生合同责任与侵权责任的竞合。例如，在公交车上有人突然昏倒，公交公司的乘务员未及时通知 120 救护车前来急救，导致该乘客错过了最佳抢救时间而死亡。在该案中，公交公司所负有的义务，虽然没有法律规定，但基于合同所产生的附随义务，公交公司应当积极进行抢救，以帮助顾客脱离险情。如果未能做到事后的救济，那么责任人就违反了安全保障义务。

---

① 参见眭鸿明等：《经营者的安全保障义务之探析》，载李飞坤、李力主编：《参阅案例研究》，民事类第一辑，24 页，北京，中国法制出版社，2009。

四是合理人标准或善良管理人标准。安全保障义务人应当达到一个理性的人应当具有的注意义务。安全保障义务大多是基于法律规定而产生的义务，法官在确定义务人是否违反安全保障义务时，首先要查找相关规定，如果确定其已违反了有关规定，就可以直接判断其违反了安全保障义务。但法律不可能对每一种义务都作出具体规定，在很多情况下，无法查明安全保障义务是否存在法律法规的规定。在此情况下，就要考虑义务人的行为是否尽到了合理的、谨慎的行为人应当尽到的注意义务。在法定安全保障义务和行业标准之外，行为人是否还负有安全保障义务，不仅需要根据合理谨慎的一般人的标准来判断，而且在某些情况下的要求可能更高。例如，商场楼梯年久失修而存在瑕疵，商场应当及时修理或采取警示标志而未作出相应行为，则可以认为商场未尽到合理的注意义务。

在确立安全保障义务人所应负有的义务时，还应当考虑几种特殊的情形，准确认定其义务：一是安全保障义务的保护对象。保护对象在一定程度上可以影响安全保障义务的确定。对于特殊的群体如残疾人、孕妇、未成年人、老人等经常出入的经营场所和相关领域应当负担更重的安全保障义务。二是考虑违反安全保障义务人防范损害的能力以及预防与控制风险和损害的成本。如果预防成本过高，远远超出了安全保障义务人的承受限度，则其未尽到此种义务便不能认为其具有过失。① 例如，在前述"马某诉古南都酒店案"的二审判决书中，法院认为涉案房屋内没有通向平台的门，常人据此应当能判断窗外平台是不允许进入的。出事的窗户还有限位器限制窗户开启的幅度，正常情况下人们不可能通过窗口到达平台。因此，要求古南都酒店、信泰证券公司营业部对该窗外平台的危险性再予警示，超出了安全保障义务的合理限度。② 三是受害人是否为允许进入某场所的人。如果安全保障义务人邀请某人进入特定的场所，就要负有较高的义务；而对于擅自闯入的非邀请者，其保护义务可能要轻一些。③ 例如，某宾馆装修时，在门口悬挂指示牌，上书"内部装修，请勿入内"，某废品收集人擅自闯入该装修区域来收取物品，后跌倒摔伤。此种情况下，不应要求宾馆承担责任。四是考虑安全保障义务人是否获得利益。例如，酒店的顾客在停车场停车，如果酒店收取了停车费用，就应当尽到较高的义务；而如果酒店允许顾客免费停车，酒店的注意义务就较低。

2. 义务的内容。安全保障义务主要包括如下几个方面的内容：一是保护义务。安全保障义务主要是针对人身的保护义务。例如，宾馆对入住其中的顾客，要提供保护义务，避免其遭受不法的人身侵害。当然，依据《民法典》第 1198 条的规定，其也不限于保护人身权益，也可以保护财产权益。二是警示义务。在公共场所和群众性活动中可能存在危及他人的危险时，安全保障义务人应当负有警示义务，提醒潜在的受害人注意危险的存在，如在组织灯会时提醒游人注意安全。④ 三是防护义务。此处

① 参见眭鸿明等：《经营者的安全保障义务之探析》，载李飞坤、李力主编：《参阅案例研究》，民事类第一辑，24 页。

② 参见公丕祥主编：《典型裁判案例》，165 页。

③ 参见全国人大常委会法制工作委员会民法室编：《侵权责任法立法背景与观点全集》，632 页。

④ 参见周友军：《侵权责任认定：争点与案例》，303 页。

所说的防护主要是指提供防护措施，对受害人进行保护。例如，在公园内的深水池边设置栅栏，避免游人不慎落入水中。四是看管义务，即对他人所有的或自己所有的危险物装置保护措施，并加以保管的义务。[①]

3. 义务的违反。关于如何判断安全保障义务人是否违反了其安全保障义务，《民法典》并没有作出明确规定，相关的法律规定和行业标准也没有明确规定如何判断安全保障义务人是否违反了其安全保障义务。从我国司法实践来看，法院在判断行为人是否违反了其安全保障义务时，应当考虑行为人安全保障义务的范围、损害的来源、侵害的强度以及损害预防的能力等多种因素，综合加以判断。例如，在前述“李某诉陆某案”中，法院认为，受害人所受到的伤害，不是由陆某等人的经营行为所直接造成的，而是被第三人入店滋事所伤，且当不明身份的第三人进入店内滋事时，陆某等人确实进行了劝阻并报警，其已经在经营者力所能及的范围内对李某进行了保护，虽未能成功，但依法不承担赔偿责任。[②] 这就是说，对于一个小店而言，面对一群犯罪行为人的行为，其根本没有防范能力，只要其已打电话报警，就履行了其义务；而对于五星级酒店来说，面对同样情形，则应当要求其保安人员尽力制止相应的犯罪行为。

三、因果关系

本书认为，在违反安全保障义务的情况下，因果关系的判断可以分为两种情况。

1. 在没有直接侵权人的情况下，如果安全保障义务人违反安全保障义务，造成了损害结果，可以直接认定其违反安全保障义务的行为与损害结果之间具有因果关系。[③] 例如，某风景区内不对游客开放的地方都有明确的标志，且设置了防护栏，但某游客私自进入该区域并遭受了损害。在本案中，风景区管理者如果能够证明，其已经尽到了其应尽的注意义务，而游客遭受损害，完全是因自身的过错所致，则可以认为，不存在因果关系。但如果游客证明，风景区管理者虽然设置了标志，但是没有设置防护栏，风景区管理者没有尽到安全保障义务以阻止损害的发生。[④] 那么，上述情形下应认定为违反安保义务与损害结果之间具有因果关系。

2. 在存在直接侵权人的情况下，要考虑违反安全保障义务是否对损害结果发生起到了一定的作用。只要义务人违反义务的行为对结果的发生起到了一定的作用，就认定有因果关系存在。在许多案件中，被告的不作为并不是损害后果发生的真正原因，而损害后果之发生是由于其他原因如第三人的侵害造成的。被告不履行安全保障义务只是加大了损害发生的盖然性，或者说如果被告认真履行安全保障义务，则极可能避免损害的发生，此时应当认为存在因果关系。[⑤] 在此情况下，受害人必须证明安

① 参见周友军：《侵权责任认定：争点与案例》，304页。

② 参见《最高人民法院公报》，2002（4）。

③ 参见杨立新：《侵权责任法》，278页，北京，法律出版社，2010。

④ 参见全国人大常委会法制工作委员会民法室编：《侵权责任法立法背景与观点全集》，632页。

⑤ 参见眭鸿明等：《经营者的安全保障义务之探析》，载李飞坤、李力主编：《参阅案例研究》，民事类第一辑，26页。

全保障义务的违反与损害结果之间的因果关系。受害人虽不必证明安全保障义务的违反是损害发生的充分原因，但是，要证明二者之间存在关联性。此种关联性的判断，主要考虑损害发生的时间、空间、被告的不作为是否增加了损害发生的可能性以及被告的不作为是否对损害的扩大也发挥了作用等因素。例如，受害人擅自进入他人的院内偷枣，在翻墙时不慎摔倒，受害人的人身伤害与安全保障义务违反之间没有任何关联性，就不能要求他人承担责任。

第四节　违反安全保障义务的两种类型

《民法典》第 1198 条第 1 款规定："宾馆、商场、银行、车站、机场、体育场馆、娱乐场所等经营场所、公共场所的经营者、管理者或者群众性活动的组织者，未尽到安全保障义务，造成他人损害的，应当承担侵权责任。"据此，违反安全保障义务的行为大致可以分为场所责任和组织者责任两类。

一、场所责任

所谓场所责任，是指在宾馆、商场、银行、车站、娱乐场所等经营场所、公共场所，因场所的经营者、管理者未尽到安全保障义务导致受害人遭受损害，而应当承担的责任。

1. 此类责任仅适用于经营场所、公共场所发生的责任

只要是向社会公众开放的、允许不特定人进入的场所，都可以称为公共场所。具体而言，《民法典》第 1198 条所规定的"公共场所"具有如下特点。

首先，它是允许社会公众进入的场所。"公共"是相对于私人而言的，这一概念并非从物权归属的角度进行界定，而是从是否允许社会公众进入的角度来界定的。一些私人场所，即便允许他人进入（如访客进入），也不宜一概认定为公共场所。例如，小区业主邀请他人来访，或者在家中举行酒会邀请他人参与，因家中楼梯坍塌致访客受害，不属于公共场所发生的责任。

其次，它是经营者、管理者所能够控制的特定区域。公共场所应当是管理者能够控制的，如果管理者无法控制，则无法要求其负有安全保障义务。例如，某人夜晚擅自进入非夜间经营的公共浴场游泳而淹死，则难以确定浴场经营者违反了安全保障义务。因为非夜间经营的公共浴场在晚上是无人管理的，管理者也无法对擅自下海游泳的游客负有此义务。此外，管理者承担责任的区域也应当是特定的，如果要求其对于不特定的区域负责，可能使其负担过重的义务。例如，饭店的经营者对饭店内发生的因地板太滑而摔倒的事故要承担安全保障义务，但是如果某人骑车在某饭店门口的马路上因路滑而摔倒，除非路滑是因为饭店倾倒油渍之类的行为造成的，否则饭店并不负有维护门前马路安全的义务。

再次，"公共场所"主要是经营性的。依据《民法典》第 1198 条的规定，场所责任中的场所主要是指经营场所。因为只有对营利性质的经营场所管理者课以此种责任，才符合责任与利益相平衡的原则。而且在经营性场所中，游客或顾客向场所管理

者支付了一定数额的门票、服务费，或进行了其他消费，此时游客或顾客基于自己的付费而有理由期待场所管理者为大家提供优质的、细致的服务；在免费场所里，游客的此种期待则难谓正当。例如，进入收取门票的公园景区游玩，在下雪之后，游客有理由期待公园管理者清除道路上的积雪，以免游客滑倒。是否支付相应的费用，导致游客或顾客的期待会有所不同，而这种期待理应受法律保护。再如，百货公司应采取措施防止安全门不被阻塞；商场、旅馆或酒店应当采取措施防止顾客或旅客摔倒等而遭受人身或财产的损害。① 当然，即便是非经营性的公共场所（如政府办公大楼等），也不意味着场所管理者不负有安全保障义务。是否应当负责应依具体情况而定。

2. 经营者、管理者对公共场所内的不特定的人违反了安全保障义务

一方面，损害应当是在公共场所之内发生的。场所责任的经营者、管理者是因为其在场所控制方面的不作为而产生的责任，特定的场所是经营者、管理者承担义务和责任的依据。另一方面，场所责任并非针对特定的人，经营者、管理者对于所有进入公共场所的人都负有安全保障义务，无论受害人是否与管理者存在合同关系，经营者、管理者对进入场所之中的所有不特定人所遭受的损害，都可能要承担违反安全保障义务的责任。

3. 场所责任的主体是经营者、管理者

依据《民法典》第 1198 条，场所责任的主体是经营者、管理者，如何理解“经营者、管理者”？经营者、管理者是指宾馆、商场、银行等公共场所的所有者、使用人和占有人。经营者、管理者是一个宽泛的概念，其首先是指所有人。有些情况下，所有人也可能将该场所出租给他人经营，而经营者可能聘请专门的管理者进行管理，此时，实际的经营管理者应当是“经营者、管理者”。经营者、管理者之所以应当承担责任，主要是因为管理者通过控制特定场所获取了利益，而且管理者开设或管理某个场所，实际上开启了危险源，因而管理者负有防范危险、避免损害发生的义务。

当然，在所有人将其场所交由他人经营、管理的情形下，也并不能当然免除其责任。例如，某人将自己的物业交给他人开歌厅，所有人仍然要对房屋的各种安全设施等承担责任。在此情况下，场所的所有人、使用人、占有人都是经营者、管理者，适当扩大场所责任的责任主体范围，有利于对受害人进行充分救济。

二、组织者责任

组织者责任是指群众性活动的组织者在组织有关活动的过程中，未尽到安全保障义务，造成他人损害，应当承担的侵权责任。规定组织者责任有利于督促大型活动的组织者加强安全措施和防范，保护活动参与人的人身权益。组织者责任的特点主要在于：

第一，它是因组织行为而引发的安全保障义务。组织者责任是因在先行为而引发的责任，这一在先行为就是组织群众性活动。组织者负有安全保障义务的根据在于：一是组织者组织了群众性活动，并导致了危险的产生。二是组织者对于组织的活动具

① 参见王泽鉴：《侵权行为》，94 页。

有一定的控制力，即组织者应当在活动中负监督、管理等义务。若组织者对于参与活动者没有管理、监督等可能性（如邀请数人爬山，但并不能约束他人的行为），也就不应当承担组织者责任。

第二，它是因组织群众性活动而产生的责任。群众活动主要是指大型集会活动，其大多具有一定的社会性，会产生一定的社会影响。群众性活动的参与人较为庞杂，而且群众性活动往往是偶发的活动或者事件，吸引了不特定群众的参与。如果特定场所经常性地开展某种活动，则属于“公共场所”责任的范畴。此外，虽然“群众性活动”的参与人具有不确定性、开展的非普遍性，但其仍然是有人组织开展的。在群众性活动中，即便组织者没有从活动中营利，但其仍然是此种活动场所的知悉者和控制者。为此，要求组织者保障活动参与者的人身财产安全，防范损害发生。

第三，它主要是针对群众性活动的参与者所承担的责任。因为组织者对于群众性活动的参与者具有指挥、监督等义务，因而应保障其安全。例如，在“姜某与天津市天福汽车水箱厂群众性活动组织者责任纠纷案”[①] 中，原告系被告水箱厂的职工，在参加被告组织的职工聚餐结束后，因醉酒而摔倒受伤。法院认为，被告作为聚餐活动的组织者，对参与聚餐活动人员的安全负有保障义务，特别是当姜某在聚餐活动中饮酒后，应对其付出更多关注义务以保障其安全。但对于不属于该活动的参与者的第三人，组织者一般不对其负担安全保障义务。

组织者责任和场所责任之间存在很多共同之处，两者都是违反安全保障义务的责任，都属于不作为侵权。组织大型活动时一般也需要在一定的场所实施，如果在组织某个大型群众性活动过程中，因为设施缺陷（如楼梯坍塌等）而导致他人损害，组织者和场所的管理者都可能要承担违反安全保障义务的责任。但是两种责任之间仍然是存在区别的。主要表现在：第一，场所责任注重的是经营者、管理者针对特定场所是否尽到安全保障义务，经营者、管理者的义务以场所的范围为界限，只要是在特定场所内发生的损害，则场所管理者就可能对场所范围内的受害人承担责任。而组织者责任的范围是以活动期间为标准的，即从活动开始到活动结束的时间段之内，组织者都负有安全保障义务，无论活动进行的地点是否发生变化。第二，组织者责任大多是因在先行为而引起的不作为侵权责任，也就是因前组织了某种活动而负有安全保障义务。而场所责任意味着要针对进入特定场所的不特定人，管理者负有安全保障义务。第三，责任主体不同。组织者责任是以“组织群众性活动”为出发点，从而界定责任主体，即组织者。而场所责任是以场所的控制为出发点，从而界定责任主体，即经营者、管理者。

《民法典》第 1198 条规定了两种类型的安全保障义务，采取的是封闭式列举的方式，没有设置兜底条款。立法者的意图就在于严格限制安全保障义务责任的范围，但这并不意味着出现了一些新型的违反安全保障义务的责任之后，就完全没有法律适用的依据。因为《民法典》第 1198 条条关于违反安全保障义务的责任规定，在性质上是过错责任的特别规定，如果不符合《民法典》第 1198 条规定的两种形态的安全保

① 天津市第一中级人民法院（2013）一中民四终字第 1074 号民事判决书。

障义务，则可以适用第1165条第1款关于过错责任的一般规定。

第五节 违反安全保障义务的责任

一、第三人造成损害应当承担侵权责任

《民法典》第1198条第2款规定："因第三人的行为造成他人损害的，由第三人承担侵权责任。"依据该条规定，即使是经营者、管理者或者群众性活动的组织者未尽到安全保障义务，但由于损害是因第三人的行为造成的，首先应当由第三人承担侵权责任。法律作出此种规定，不仅符合为自己负责的基本原则，同时，由第三人负责，也有利于制裁不法行为、预防损害的发生。

二、经营者、管理者或者组织者的责任：相应的补充责任

《民法典》第1198条第2款规定："经营者、管理者或者组织者未尽到安全保障义务的，承担相应的补充责任。"据此，经营者、管理者或者组织者违反安全保障义务的责任，在性质上属于相应的补充责任。此种责任的特点在于：

1. 它是一种补充责任。所谓补充责任，是指首先应当由直接行为人承担责任，而直接行为人承担责任之后，再确定补充责任人的责任。换言之，实施行为的第三人所承担的责任为第一顺序的责任（primary liability）[①]，且是独立的责任。从因果关系的角度来看，该行为独立地引发了损害后果，故直接加害人应对损害结果负责。只有在受害人无法从第三人那里获得救济的情况下，才应当要求违反安全保障义务的人承担责任，这就是所谓补充责任。如果受害人已经获得了完全的补偿，就不能额外地要求安全保障义务人赔偿；如果第三人无法确定，或者第三人虽然确定但受害人无法向第三人主张赔偿，或者第三人无力赔偿，安全保障义务人才需要承担责任。

2. 它是一种相应的补充责任。所谓相应的补充责任，是指根据补充责任人的过错程度和原因力大小承担的责任。从因果关系的角度来看，如果存在第三人（直接加害人）的行为，第三人的行为是损害发生的充分原因，在此情况下，首先应当由第三人负责。如果第三人不能承担，或者不能全部承担责任，就要考虑违反安全保障义务人的过错以及行为对结果的原因力，来确定其最终所要承担的责任。

在确定违反安全保障义务人承担的相应的补充责任时，应当考虑如下几个因素。

第一，原因力大小。在所有的安全保障义务案件中，都应当考虑原因力的问题。原因力是指安全保障义务人对于损害的防止和制止所起的作用大小。在判断原因力时，必须考虑如下因素：一是义务程度。例如，在大酒店住宿，酒店所收取的费用较高，其所负担的保障顾客人身安全的义务也应当更重。而在小旅馆住宿，旅馆所收取的费用较低，其所负担的保障顾客人身安全的义务也应当较轻。一般来说，从事不同的经营活动，举行不同形式的集会，组织不同的活动其义务的程度也不同。例如，组

① 参见王竹：《侵权责任分担论》，184页，北京，中国人民大学出版社，2009。

织高山探险活动与组织一般的文体活动，其危险程度也不同。注意程度越高，越要求组织者尽到更多的注意和保障义务，没有尽到此种义务就是有过错的。二是未尽安全保障义务，对结果产生的影响力。在安全保障义务案件中，违反安全保障义务对于损害发生的影响力也是不同的。例如，安全保障义务人的行为与自然力结合，其行为对于损害发生的影响力可能较小。

在通常的侵权案件中，判断原因力是比较容易的。但是，在安全保障义务案件中，判断原因力的大小相对困难。因为损害是由直接加害人造成的，责任人只是起到了疏于防范或者未能阻止的作用。在考虑原因力时，应当综合考虑直接加害人的行为对损害结果的作用、违反安全保障义务人对阻止损害发生所具有的能力和采取的措施等因素。如果违反安全保障义务的人采取了其能够采取的各种措施，也不能阻止损害的发生，则不能认为，其行为对结果的发生具有原因力。例如，在“银河宾馆案”中，犯罪行为人多次上下楼梯形迹可疑，宾馆应当注意到这一事实并采取措施。如果宾馆安排了足够的保安人员并进行了按照规定的保安巡逻，宾馆的行为与损害结果之间便没有直接因果联系。

第二，过错程度的考量。在具体认定安全保障义务人的范围时，有必要考量安全保障义务人的过错程度，一般而言，其过程程度越重，则其责任也就越大。例如，在前述“姜某诉水箱厂案”中，法院认为，被告作为聚餐活动的组织者，对参与聚餐活动人员的安全负有保障义务，特别是当姜某在聚餐活动中饮酒后，应对其付出更多关注义务以保障姜某的安全。但鉴于姜某系完全民事行为能力人，在聚餐过程中理应控制饮酒量并合理预见酒后的行动能力，对于已发生的损害后果，姜某本人具有更为严重的过错，应承担主要法律后果。

本书认为，确定相应的补充责任应当根据如下步骤：第一，确定补充责任的范围。这就是说，在第三人能够承担全部责任的情况下，违反安全保障义务人的责任将消灭，不承担任何责任。如果找不到第三人，或者第三人无力赔偿，那么，第三人所承担的全部赔偿责任就是补充责任的范围。如果第三人仅承担了部分责任，那么，剩余部分的责任就是补充责任的范围。第二，要确定相应的责任比例。这就是说，要根据违反安全保障义务人的过错程度和原因力在整个损害赔偿中所应当占有的比例，来确定责任。例如，如果法官根据违反安全保障义务人的过错程度和原因力，确定其应当负有30%的责任，该比例就是相应的责任范围。第三，最终确定相应的补充责任。这就是说，在补充责任的范围内，乘以相应的补充责任的比例，最终确定的责任就是相应的补充责任。例如，某小旅馆中两位顾客甲、乙因身体碰撞而发生争吵，甲挥拳将乙多个身体部位打伤，但小旅馆未及时制止。后乙诉至法院，要求甲和某小旅馆一起就其医疗费和误工损失费等10万元承担连带赔偿责任。人民法院经各种证据认定，甲的行为系乙遭受损害的直接原因，应对受害人损失承担全部赔偿责任。某小旅馆不及时制止打斗，未尽必要安全保障义务，其主观过错对损害的发生占有30%的原因力，即应当赔偿3万元。在本案中，所谓相应的补充责任，首先要确定补充责任的范围，如果甲有8万元的责任财产赔偿，那么，在未获赔的2万元之内，应当由小旅馆补充赔偿。但是，如果甲的责任财产只有5万元，那么，小旅馆的补充责任范围仍然不超过 3 万元，受害人只能请求其承担 3 万元的赔偿责任。如果补充责任范围超过相应份额的，以相应份额为准；如果补充责任范围小于相应份额的，以实际需要补充的份额为准。

三、安全保障义务人对第三人的追偿权

《民法典》第 1198 条第 2 款规定："经营者、管理者或者组织者承担补充责任后，可以向第三人追偿。"该条修改了《侵权责任法》第 37 条规定，增加了安全保障义务人对第三人的追偿权。之所以经营者、管理者和组织者对第三人的追偿权，主要理由在于：第一，第三人是造成损害的行为人，是终局责任人，允许安全保障义务人向其追偿，符合自己责任原则。[①] 第三人的故意表明其主观上有重大过错，如果不允许责任人向第三人追偿，就不利于制裁第三人。在第三人具有故意的情况下，毕竟是行为人造成的损害，违反安全保障义务的人对于损害发生的原因力较低，如果其不能向行为人追偿，侵权法"令加害人就其侵权行为负责"的立法目的就会落空。[②] 第二，假如不允许安全保障义务人追偿，就等于放纵了不法行为人，不利于损害的预防和防范。只有使真正的行为人承担责任，才能起到损害预防的作用。第三，如果不允许安全保障义务人向行为人追偿，则意味着安全保障义务人将终局地承担部分责任，这将不当地减轻行为人的责任，显然并不妥当。尤其是在第三人具有财产能力，而安全保障义务人没有财产能力时，不允许安全保障义务人追偿，也不公平。第四，《侵权责任法》第 37 条虽然没有规定此种追偿权，但也没有禁止，而《人身损害赔偿司法解释》第 6 条允许追偿，司法实践中的做法并不一致，一些法院允许追偿，一些法院不允许追偿，这就造成了规则的不统一。因此，该条款规定允许追偿，有利于规则的统一。

思考题

1. 如何理解安全保障义务的适用范围？
2. 如何理解《民法典》第 1198 条第 1 款和第 2 款的区别？
3. 如何理解《民法典》第 1198 条第 2 款所规定的"相应的补充责任"？

① 参见黄薇主编：《中华人民共和国民法典侵权责任编解读》，142 页。
② 参见纪红心：《对安全保障义务人因第三人侵权所承担责任的再探讨》，载《法学论坛》，2008（6）。

第十三章　教育机构的责任

【案例】甲是某市乙中学的在校学生，其每天放学后都要到学校足球场踢一小时足球。一天，足球场来了几名社会闲散人员踢球，因为场地问题，甲和其中一名校外人员丙发生争执，丙将甲推倒在地踢了一脚，当场踢断甲一根肋骨。经住院治疗，花去医药费10万元。后甲请求乙和丙承担责任。

简要评析：该案属于教育机构的责任，依据《民法典》第1201条的规定，限制民事行为能力人在学校学习、生活期间，受到学校以外的人员侵害的，应当由侵权人承担侵权责任，但学校未尽到管理职责的，应承担相应的补充责任。本案中，丙踢伤了甲，应当由丙承担责任，但是学校乙未能阻止校外闲散人员进入学校踢球，也未尽到管理职责，应当承担相应的补充责任。

第一节　教育机构的责任概述

一、无民事行为能力人和限制民事行为能力人在教育机构受到侵害的责任概述

所谓教育机构的责任，是指无民事行为能力人和限制民事行为能力人在幼儿园、学校等教育机构学习、生活期间，因教育机构未尽到相应的教育管理职责，导致其遭受人身损害或者致他人损害时，教育机构所应当承担的赔偿责任。

校园是学生接受教育的主要场所，在这个场所中所从事的教育活动是人类特有的活动。而校园安全则是人类教育活动的目的得以实现的前提。[①] 在校学生大都是未成年人，自我保护意识和能力都不强，且学校内人口密度较大，一旦发生侵权行为，极易造成多人伤亡。近几年来，国家高度重视校园安全，制定了一系列的相关法律法规（如2002年教育部颁布的《学生伤害事故处理办法》），《侵权责任法》也针对校园安全事故责任确定了基本法律规则。[②] 针对校园安全事故，《民法典》以3个条款专门规定了教育机构的责任，以全面保护学生的合法权益，督促教育机构尽到其管理职责。这在理论和实践中都具有重大意义。

教育机构责任的主要特点在于：

---

① 参见李柏佳：《校园安全面面观》，载《台湾教育》，第531卷（1995年3月），25页。

② 参见《侵权责任法》第38、39、40条。

1. 责任主体的特殊性。教育机构的责任主体是幼儿园、学校或其他教育机构。此处所说的学校主要是指中小学，不包括高等学校。其他教育机构，包括聋哑学校、技术学校、职业学校等。正是因为考虑到责任主体的特殊性，《民法典》才将教育机构的责任放在了第三章“关于责任主体的特殊规定”中。这种责任主体的特殊性主要表现在：一是教育机构性质的特殊性。教育机构具有公益性，其主要承担社会教育职责，因此不宜使其承担过重的赔偿责任。[①] 即使是民办教育机构，其仍然以教育为主要目的，具有浓厚的公益色彩。二是教育机构对于学生的学习、生活环境具有一定的责任和控制力。学生在校学习、生活期间，因其脱离了监护人的监护，故而教育机构对其负有保护、看管等义务和职责；同时，也因为其对学生学习、生活环境具有控制力，因而有义务避免学生在学习、生活期间的危险因素发生。三是教育机构对于学生所负有的教育、管理的职责也具有一定的特殊性。

2. 保护的对象具有特殊性。教育机构责任的保护对象是在校学习的无民事行为能力人或限制民事行为能力人的人身。具体来说，一是受害人必须是未成年人。只有在未成年学生遭受人身损害的情况下，才有可能成立教育机构的侵权责任。由于未成年学生往往社会经验较少，识别能力较弱，辨别能力不强，尤其是其正处于成长过程中，自我保护能力较差，在脱离了监护人保护的情况下，有必要通过《民法典》对其进行特别保护。《民法典》中关于教育机构责任的受害人限于无民事行为能力人和限制民事行为能力人，其主要是未成年人，原则上不包括成年的精神病人。完全民事行为能力人如大学生在校期间遭受了损害，不属于此处的教育机构侵权责任，而应当援引《民法典》第 1165 条关于过错责任的一般规定来确定教育机构的责任。二是受害人必须是在校学习的未成年人。如果是已经毕业离校的学生，或者是因辍学、退学、开除等离开学校的学生，就不属于在校学习的学生，因为教育机构和这些学生之间的权利义务关系已经终止。三是教育机构责任是针对无民事行为能力人或限制民事行为能力人在学习、生活期间所遭受的人身损害承担的责任。依据《民法典》第 1199～1120 条的规定，教育机构的责任限于对人身损害提供救济。

3. 责任产生的时空范围的特殊性。教育机构责任针对的是未成年学生在教育机构中学习、生活期间所遭受到的损害。首先，从时间上来看，损害必须发生在教育机构学习和生活期间。当然，学习和生活期间不一定是指学生在校园内的学习期间，因为学校在寒暑假或周末等节假日也可能组织学生参加一些校外活动，此种因学校未尽教育、管理之责，使学生遭受的侵害也属于教育机构的责任范围。其次，从职责上来看，必须是在教育机构的监督管理范围内。这就是说，教育机构责任的范围并不一定局限于特定的教育机构的相关场所。例如，学校组织学生走出校园进行郊游或毕业旅行，在空间上虽然超出校园范围，但由于学生的活动仍然处于学校的监督管理和组织之下，因而仍然属于教育机构的责任范围。只要是学校组织的活动，即使不是在校园内发生的，也属于学校负责的范围。但超出该范围，应由监护人承担责任。[②] 例如，

---

① 参见张新宝：《侵权责任法原理》，314 页。

② 参见教育部人事司等：《校园安全》，261 页，北京，北京师范大学出版社，2008。

在一般情况下，学生在校园学习期间，学校对其负有保护的职责。但是，在学生放学回家的路上，除非学校提供接送服务，否则，学校对学生的安全很难承担保护义务。

4. 教育机构责任类型具有多样性。教育机构责任主要包括三种类型：一是无民事行为能力人在教育机构学习、生活期间遭受损害时教育机构的责任；二是限制民事行为能力人在教育机构学习、生活期间遭受损害时教育机构的责任；三是无民事行为能力人或限制民事行为能力人遭受学校以外的人的侵害，教育机构承担违反安全保障义务的责任。这三种责任在归责原则、构成要件和责任范围上均有不同，发生的原因也不相同，但其责任主体都是教育机构，因此，《民法典》将它们全部纳入教育机构责任的范畴。

二、教育机构与学生之间的关系的性质

对教育机构与学生之间关系性质的界定直接关系到教育机构的责任的认定，如果教育机构和学生之间是行政关系，则教育机构的责任属于行政法的范畴，而如果教育机构和学生之间是民事关系，则教育机构的责任属于民法的范畴。关于教育机构与学生之间的关系，学界存在行政关系说、准行政关系说、监护关系说、教育管理关系说、安全保障义务说等不同观点。本书认为，教育机构与学生之间的关系既不是行政关系，也不是准行政关系，学校只是组织、实施教育教学活动的机构，并不享有公权力，因此，不能认定其与学生之间是行政关系或准行政关系。因教育机构违反其教育管理职责导致在校学生损害，原则上不适用行政法。教育机构和学生之间也不应当认定为存在监护关系。尽管未成年人脱离监护人之后，教育机构对其负有保护、管理等职责，但这种职责并非监护义务。因此，在发生损害以后，不能适用监护人责任制度。本书认为，教育机构与学生之间的关系在性质上属于教育、管理关系，主要理由在于：

第一，学校教育是家庭教育的延伸和发展，学校基于家长的委托，对未成年人负有教育、管理的职责[①]，如果学校未尽到职责而造成学生损害，则应当承担相应的责任。在具体内容上，教育管理职责包括以下几个方面，即教育教学工作应当符合教育规律和学生身心发展特点，面向全体学生，教书育人，将德育、智育、体育、美育等有机统一在教育教学活动中，注重培养学生独立思考能力、创新能力和实践能力，促进学生全面发展。[②] 学校也对学生负有保护的职责。[③] 从现实来看，教育机构与学生之间既没有形成行政关系，也没有形成委托监护关系，两者之间只存在教育和管理的关系。

第二，从现行立法来看，也主要是以教育、管理关系来构建教育机构与学生之间的关系，根据《教育法》《义务教育法》《人身损害赔偿司法解释》等相关规定，教育

① 参见尹力：《试论学校与学生的法律关系》，载《北京师范大学学报（社科版）》，2002（2）。

② 参见《义务教育法》第 34 条。

③ 《义务教育法》第 24 条规定："学校应当建立、健全安全制度和应急机制，对学生进行安全教育，加强管理，及时消除隐患，预防发生事故。县级以上地方人民政府定期对学校校舍安全进行检查；对需要维修、改造的，及时予以维修、改造。"

机构并非行政机构，也不是委托监护人，只是负有教育、管理职责的机构。教育机构在实践中发挥的功能也主要是传道授业，培养对社会有用的人才，其并没有扮演监护人的角色。

第三，从教育机构在生活实践中发挥的作用来看，教育机构也主要发挥着教育、管理的作用。此种定位有利于平衡教育机构和学生之间的利益。如果将两者之间的关系定位为行政关系或监护关系，就必须依照相关的规则，如国家赔偿、监护人责任等制度确定教育机构的责任。而通过教育、管理关系的认定，可以妥当地设计教育机构的责任，实现学生和教育机构的利益平衡。

教育机构对未成年学生依法负有教育、管理和保护的义务，但教育机构不是未成年人的监护人，只有在教育机构违反了相关规定，未尽到教育管理职责时，其才对因自己的过错而给未成年学生造成的损害承担侵权责任。[①] 我国司法实践也采纳了这一观点，例如，在“吴某诉朱某、曙光学校人身损害赔偿责任纠纷案”[②] 中，人民法院认为，虽然被告朱某的监护人将朱某送至学校学习，并不等于将其监护职责转移给学校，曙光学校虽不承担监护责任，但其仍应对其学生承担教育、管理和保护的义务。

三、教育机构责任和监护人责任

监护人责任和教育机构的责任都属于特殊主体的责任。在大陆法系国家，通常认为教育机构负有监管义务，在违反该监管义务的情形下可能会承担监管责任。但关于教育机构的责任是否属于监护人责任，比较法上存在不同的规定。我国《民法典》区分了教育机构的责任和监护人责任，对其分别作出了规定。《民法典》明确规定了教育机构和学生之间不是监护关系：一方面，《民法典》将教育机构的责任从监护责任中分离，两者虽然都被规定在第四章之中，但作为两项不同的制度分别规定，表明了教育机构与学生之间并非监护关系；另一方面，《民法典》在第 1199 条和第 1200 条中没有采严格责任，而是采过错责任和过错推定责任，表明立法者也否定了教育机构的责任是监护人责任。具体来说，监护人责任和教育机构责任之间的区别表现在：

第一，归责原则不同。监护人责任适用的是严格责任；教育机构责任则是一种过错推定责任和过错责任。依据《民法典》第 1199 条、第 1200 条的规定，对于无民事行为能力人，教育机构承担的是一种过错推定责任；而对于限制民事行为能力人，教育机构承担的是一种过错责任。因此，只要教育机构尽到了教育、管理职责就不承担责任。

第二，保护对象不同。教育机构责任是直接保护未成年人的，即当未成年人在教育机构受到侵害后，教育机构应当承担相应的民事责任；而监护人责任则主要是赔偿未成年人对他人造成的损害。因此，二者保护的对象截然不同，教育机构责任保护的是未成年人本人的利益，而监护人责任保护的是未成年人侵害的他人利益。

第三，责任基础不同。监护人责任都是替代责任，监护人承担责任的前提是被监

---

① 参见张新宝：《侵权责任法原理》，314 页。

② 《最高人民法院公报》，1996（1）。

护人实施了侵权行为，并不需要考虑监护人的过错。即便监护人过错较轻甚至没有过错，其也要对受害人的损失承担全部或部分赔偿责任。而教育机构责任通常是一种自己责任，是教育机构未尽到教育、管理职责所应承担的责任。[①] 只有在第三人侵权造成未成年学生伤害，且无法追究第三人责任时，教育机构方才需要根据过错承担相应的补充责任。

第四，责任发生的原因不同。监护人责任并没有时间和空间的严格限制，只要是被监护人造成他人损害，监护人就应当承担责任，其责任的时间范围包括未成年人在达到成年之前的所有时间，贯穿于未成年人成长的每一时间段。而教育机构的责任是有时间和空间范围限制的，即限于未成年人的在校学习和生活期间。这一期间具有明显的起点和终点的时间界限，而且具有空间上的限制，通常限于学校的管理范围之内，以及学校组织的校外活动的范围。同时，监护人的责任是对未成年人致他人损害所承担的责任，而教育机构的责任主要是指对未成年人在校学习、生活期间因教育机构的过错导致损害所承担的责任。

第五，责任承担不同。就监护人责任而言，如果被监护人自己具有责任财产，首先应当由被监护人承担责任；只有在被监护人没有责任财产或责任财产不足以清偿时，才需要以监护人的财产承担责任。而对教育机构责任而言，其对被监护人的财产并不存在监督关系，因无民事行为能力人或限制民事行为能力人致人损害需要承担责任时，如果其具有过错，则应当以自己的责任财产承担责任。

四、教育机构责任的分类

（一）校外人员侵害责任和校内人员侵害责任

教育机构责任可以分为校外人员侵害责任和校内人员侵害责任。所谓校外人员侵害，是指教育机构以外的人或物所造成的损害。此处的“校外人员”是指教育机构以外的人员，而不包括该教育机构的工作人员。例如，校外的施工车辆坠落的物件，造成放学回家的学生的损害，即属于校外人员的行为或物致害。所谓校内人员侵害，是指未成年学生在教育机构内，因教育机构内部的人或物的因素而遭受的损害。在校内人员侵害中，大多是学生相互致害，即学生在学习、生活期间，因学校内其他学生的行为遭受损害。一般而言，学生相互致害的，由无民事行为能力人和限制民事行为能力人的监护人承担侵权责任，但校外人员致害的，由校外人员承担侵权责任，学校仅在没有尽到安全保障义务的范围内承担相应的责任。此外，在学生相互致害的情况下，如果学校存在过错，学校也必须承担侵权责任。

在《民法典》中区分这两类损害的意义在于：一是责任主体不同。在校外人员侵害的情况下，直接侵权人要承担责任，教育机构也可能要承担相应的补充责任。而在校内人员侵害的情况下，直接侵权人可能不承担责任，而仅由教育机构承担责任。二是责任形态不同。在校外人员侵害的情况下，教育机构承担相应的补充责任。而在校

① 参见奚晓明主编：《〈中华人民共和国侵权责任法〉条文理解与适用》，282 页。

内人员侵害的情况下，教育机构承担一般的侵权责任。另外，教育机构只是因其不作为而导致了损害的发生，其也不应当承担直接侵权的责任。三是损害的发生原因不同。在校外人员侵害的情况下，只有在教育机构以外的人员导致学生伤害的，教育机构才承担责任。而在校内人员侵害的情况下，无论是因人员还是因物件导致损害，教育机构都要承担责任。

（二）因教育设施引起的责任与因教育活动引起的责任

此种分类主要是依据引起损害发生的原因而进行的分类。所谓因教育设施引起的责任，主要是指因教育设施存在瑕疵甚至缺陷，导致在校未成年学生的损害，由教育机构承担的责任。此种责任一般是由教育设施本身的瑕疵引起，如操场上的活动器械存在质量缺陷，因此造成学生的损害，此种情况即为因教育设施引起的责任。但如果学生的损害并非由教育设施的瑕疵造成的，则教育机构不承担此种责任。所谓因教育活动引起的责任，主要是指在教学过程中因教育机构没有尽到教育、管理的职责造成无民事行为能力人和限制民事行为能力人的损害，由教育机构承担的责任。严格地说，因教育活动而引起的责任，是教育机构在实施教育活动过程中因其过错而导致在校未成年学生遭受损害，从而应当由教育机构承担的责任。在此种责任中，过错是教育机构承担责任的依据，如果教育机构在实施教育活动中没有过错，则不应当承担责任。

《民法典》区分这两类责任形态的主要意义在于：一是过错的判断不同。因教育设施导致损害，可以直接推定教育机构具有过错。但因教育活动导致损害，教育机构过错的认定比较复杂，要确定其是否尽到了教育、管理职责。二是是否发生与物件致人损害责任的竞合。因教育设施导致损害的情形，可能发生与物件致人损害责任的竞合；而因教育活动导致损害的情形，则没有前述竞合的可能。

（三）作为的侵权责任和不作为的侵权责任

所谓作为的侵权责任，是指教育机构的工作人员实施积极的侵权行为造成学生的人身伤害，教育机构应当承担的责任。例如，教师体罚学生、某个教职工殴打学生等造成学生损害。所谓不作为的侵权责任，是指教育机构因其消极不作为的侵权行为造成学生的人身伤害，所应当承担的责任。教育机构的责任大多是不作为侵权责任，即大多是因为教育机构没有尽到教育、管理职责而导致学生在学习、生活期间遭受损害，或者因教育机构以外的第三人侵害学生造成损害。依据《民法典》第1201条的规定，无民事行为能力人或者限制民事行为能力人在幼儿园、学校或者其他教育机构学习、生活期间，受到幼儿园、学校或者其他教育机构以外的人员人身损害的，由侵权人承担侵权责任；幼儿园、学校或者其他教育机构未尽到管理职责的，承担相应的补充责任。该条实际上规定了典型的不作为侵权责任。

教育机构责任中作为的侵权责任和不作为的侵权责任的区别主要在于：

第一，作为义务的来源不同。在不作为侵权中，教育机构必须负有作为义务，违反了作为义务才构成侵权。而在作为侵权中，教育机构的积极行为可以直接被认定为侵权。

第二，侵权的表现形式不同。教育机构的作为侵权责任一般是教育机构及其工作人员所实施的，教育机构一般是唯一的责任主体；而教育机构的不作为侵权责任一般是教育机构违反作为义务而应当承担的责任，在教育机构不作为侵权中，一般会有第三人加入，并且是该第三人的行为直接造成受害人损害。

第三，责任范围不同。在作为侵权中，教育机构要对其行为负责。而在不作为侵权中，可能会存在第三人的责任、监护人的责任等。如果因第三人侵权导致损害，教育机构仅负有相应的补充责任。

第二节　校内人员致学生人身损害的责任

在民法典侵权责任编中，针对学生在校期间遭受人身损害的责任，其区分了校内人员致学生人身损害的责任与校外第三人致学生人身损害的责任两种情形，《民法典》第 1199 条和第 1200 条规定了校内人员致学生人身损害的责任，因教育机构未尽到教育、管理职责而造成损害，应当承担相应的责任。就校内人员致学生损害的责任而言，《民法典》根据学生属于无民事行为能力人还是限制民事行为能力人，对于教育机构因校内人员侵害的责任类型，分别规定了两种形态。当然，《民法典》虽然区分了无民事行为能力人和限制民事行为能力人损害的侵权责任，但这并非意味着二者存在本质差异。这两种形态具有很多共同之处，尤其是在责任构成要件上，如损害后果的证明等方面，仍然具有共同之处，下面分别阐述。

一、对无民事行为能力人在教育机构学习、生活期间遭受人身损害的责任

无民事行为能力人在教育机构学习、生活期间遭受损害，教育机构未尽到教育、管理职责的，应当承担侵权责任。这主要是指幼儿园和小学中的学生遭受损害的责任。《民法典》第 1199 条规定："无民事行为能力人在幼儿园、学校或者其他教育机构学习、生活期间受到人身损害的，幼儿园、学校或者其他教育机构应当承担侵权责任；但是，能够证明尽到教育、管理职责的，不承担侵权责任。"这就针对无民事行为能力人在教育机构学习、生活期间遭受人身损害的责任作出了规定。此类责任的特点主要表现在：

第一，受害人必须是无民事行为能力人。此处所说的无民事行为能力人限于不满 8 周岁的未成年人，而不包括完全不能辨认自己行为的精神病人，而且这里只是强调受害人必须是无民事行为能力人，至于加害人是否是无民事行为能力人，则不予考虑。从实践来看，加害人可能是无民事行为能力人，也可能是限制民事行为能力人或完全民事行为能力人，当然，加害人不应当是教育机构以外的人员，否则就应当属于《民法典》第 1201 条的适用范围，而不属于该法第 1199 条的适用范围。

第二，受害人必须是在教育机构学习、生活期间因教育机构未尽到教育、管理职责而遭受人身损害，受害人的损害与教育机构的过错之间具有因果关系。也就是说，受害人如果是因为自身原因遭受损害，或者不是在教育机构学习、生活期间遭受损害

(如在放学途中遭受损害),则教育机构无须依据该条规定承担责任。

第三,在归责原则上采用过错推定原则。这就是说,无民事行为能力人在教育机构学习、生活期间遭受损害,首先应推定教育机构具有过错,但如果其能够举证证明自己确已尽到教育、管理职责的,则可以免除责任。之所以采用过错推定的方式,一是因为无民事行为能力人或监护人要证明学校的过错几乎是不可能的。[①] 因为无民事行为能力人年龄较小、社会经验不足,缺乏足够的识别能力,很难对于遭受损害的原因和过程进行举证。二是因为无民事行为能力人的年龄尚小,教育机构应对其承担更重的保护职责,故本条采用了举证责任倒置方法,由教育机构证明其没有过错。三是因为过错推定原则有利于督促教育机构采取更为完善的安全措施来维护学生的人身安全。因此,《民法典》对此采用了过错推定原则,由教育机构承担证明自己没有过错的举证责任。

第四,本条的救济对象为人身损害。依据《民法典》第 1199 条的规定,只有在在校的无民事行为能力人遭受人身损害时,才适用该条规定。可见,本条救济的对象为人身损害。如果是在校的无民事行为能力人遭受了财产损害,则无法依据该条规定确定教育机构的责任。这对于督促教育机构加强对在校的无民事行为能力人的人身保护、防范损害的发生十分必要。

二、对限制民事行为能力人在教育机构学习、生活期间遭受人身损害的责任

限制民事行为能力人在教育机构学习、生活期间遭受人身损害,教育机构未尽到教育、管理职责的,应当承担侵权责任。《民法典》第 1200 条规定:“限制民事行为能力人在学校或者其他教育机构学习、生活期间受到人身损害,学校或者其他教育机构未尽到教育、管理职责的,应当承担侵权责任。”本条规定的对于限制民事行为能力人的侵害所承担的责任,主要是针对中小学学生遭受人身损害时学校所应当承担的责任。这一类责任的特点在于:

第一,受害人必须是在校学习的限制民事行为能力人。此处的限制民事行为能力人主要是指 8 周岁以上在中小学校学习的未成年学生,而不包括 8 周岁以下的未成年人或不能完全辨认自己行为的精神病人。《民法典》之所以区分针对无民事行为能力人侵害的责任和针对限制民事行为能力人侵害的责任,主要是基于如下原因:一是由于无民事行为能力人和限制民事行为能力人在认识能力、自我保护能力等方面存在差异,教育机构对他们的教育、管理职责不同,由此所承担的责任也不同。二是归责原则不同。考虑到无民事行为能力人的年龄、智力等因素,要求受害方对教育机构是否尽到了教育、管理职责进行举证是比较困难的,因此,教育机构对无民事行为能力人的损害的责任采过错推定责任。而限制民事行为能力人的年龄、智力等决定了受害人具有一定的举证能力,要求其对教育机构是否尽到教育、管理职责举证,可以在一定

① 参见全国人大常委会法制工作委员会民法室编:《中华人民共和国侵权责任法条文说明、立法理由及相关规定》,165～166 页。

程度上减轻教育机构的责任，从而避免教育活动受到较多的妨碍。三是针对不同年龄的学生，教育机构所应当承担的职责也应当存在区别。《学生伤害事故处理办法》第5条第2款规定："学校对学生进行安全教育、管理和保护，应当针对学生年龄、认知能力和法律行为能力的不同，采用相应的内容和预防措施。"因此，《民法典》针对无民事行为能力人和限制民事行为能力人设计不同的责任，体现了教育机构对两者的教育、管理职责的不同。

第二，在归责原则上采用过错责任。与无民事行为能力人不同，《民法典》对于限制民事行为能力人遭受人身损害，采用了过错责任原则。这主要是因为，限制民事行为能力人已经具有一定的识别能力，具有一定的社会经验，能够对于事件的性质和原因作出判断和理解，换言之，其具有一定的举证能力，应该能够理解行为的性质和后果，并对事情的原因进行判断，从而证明相关主体的责任。因此，如果限制民事行为能力人及其监护人不能证明教育机构存在过错，则教育机构无须承担责任。例如，在"宋某诉济宁学院人身损害赔偿纠纷案"① 中，法院认为，由于原告受伤系其在晚上10时许的时候因叫开宿舍的门而与同校学生房某发生纠纷，进而被房某的同伴李某打伤面部所致，而非其所参加学校组织的集体比赛等正常的教育、教学活动所致，且与自己未采取冷静方式妥善处理遇到的问题相关联，存在直接的侵权人，故被告对原告的受伤损失不应承担赔偿责任。

可见，教育机构对限制民事行为能力人的责任较之于对无民事行为能力人的责任要轻。例如，5岁的儿童在幼儿园学习期间擅自跑到园门外，在门口被自行车撞伤，应当直接推定幼儿园具有过错，除非其能够证明是因第三人行为等造成的。但如果是已满14岁的中学生在上课时离开教室从校园中走出，在校门口被自行车撞伤，学校原则上不应当承担责任，除非受害人能够证明学校确实具有过错。

第三，受害人在校学习、生活期间遭受人身损害。这就是说，本条的适用对象是受害人在校学习、生活期间遭受的损害，而不是在校外遭受的损害。当然，如果受害人在参加学校组织的校外活动时遭受损害，也应当认定其是在校学习、生活期间所遭受的损害。同时，本条的救济对象为受害人的人身损害，如果是受害人遭受的财产损害，如在校期间丢失钱物，则无法依据该条规定确定教育机构的责任。

第四，教育机构没有尽到教育、管理职责。依据《民法典》第1200条的规定，教育机构未尽到教育、管理职责的，应当承担责任。所谓教育职责，是指依法进行保护未成年人自身以及避免其侵害他人的教育机构所应尽的职责。所谓管理职责，是指教育机构对与未成年人的人身安全有关的事务依法应尽到的妥善管理的职责。管理职责主要是针对未成年人的人身安全所实施的，其不仅要求教育机构建立各项安保制度，防范第三人侵害未成年人的人身，还要求其提供各种安全的场所、设施，以及在各种组织活动中要尽到安全保护的义务。②

① 山东省曲阜市人民法院（2013）曲民初字第790号民事判决书。
② 参见奚晓明主编：《〈中华人民共和国侵权责任法〉条文理解与适用》，277页。

三、教育机构未尽到教育、管理职责的具体判断

无论是依据《民法典》第1199条关于无民事行为能力人的责任，还是第1200条关于限制民事行为能力人的责任，都涉及对教育机构过错的判断问题。在这两条中，教育机构的过错都是指教育机构没有尽到教育、管理职责。问题在于，如何判断教育机构没有尽到教育、管理职责，进而认定其存在过错？在实践中具体如何判断还应当从如下几个方面考虑。

一是教育机构的设施是否安全。学校应当提供达到安全标准的校舍、场地、其他教学设施和生活设施。① 学校如果因其校舍、场地和其他公共设施不符合国家规定的标准或者具有明显不安全的因素而造成学生损害，就应当依法承担责任。②

二是教育机构是否违反了相关的规定。国家在有关校园门卫制度、校车制度、危险物品管理制度、消防安全制度等方面，都有一些明确规定。违反这些规定造成损害，应当承担责任。③ 例如，学校应当建立校内安全定期检查制度和危房报告制度，按照国家有关规定安排对学校建筑物、构筑物、设备、设施进行安全检查、检验；发现存在安全隐患的，应当停止使用，及时维修或者更换；维修、更换前应当采取必要的防护措施或者设置警示标志。学校无力解决或者无法排除的重大安全隐患，应当及时书面报告主管部门和其他相关部门。④ 教育机构违反了相关的规定，就表明其没有尽到管理职责。

三是教育机构是否尽到必要的注意义务。在实践中，有关法律法规的规定可能未必详细周全，应当结合具体情况考虑其是否尽到了必要的注意义务。例如，学校组织学生从事校外游泳活动，未对学生进行相应的安全教育，也没有采取相应的安全防范措施，以致学生溺水身亡，就应当认定学校未尽到必要的注意义务。

四是教育机构是否尽到必要的保护义务。例如，在"广州市白云区京溪小学与黄某侵权纠纷案"⑤ 中，京溪小学组织学生1 800多人参加春游活动，在活动期间，原告被一个风筝插入左眼，致使左眼受伤。事后各方均无法确认涉案风筝为谁所放。法院认为，由于在春游开始后，被告并未安排老师全程陪同，而是将学生完全交由景区导游管理，其行为已经构成严重失职。而原告遭受之损害，与被告未采取必要措施防止意外发生具有直接关系，因此，在无法查明直接侵权人的情况下，被告理应对原告遭受的损害承担全部责任。

从《民法典》第1200条的规定来看，其保护的权益客体是有限的，即只有在受害人遭受了人身损害以后，才可要求教育机构承担责任。如果受害人的财产遭受了侵害，则不能依据该条规定请求教育机构承担责任。

---

① 参见2002年教育部《学生伤害事故处理办法》第4条。
② 参见2002年教育部《学生伤害事故处理办法》第9条。
③ 参见教育部人事司等：《校园安全》，261页。
④ 参见教育部人事司等：《校园安全》，269页。
⑤ 《最高人民法院公报》，2008（9）。

第三节 校外第三人致学生人身损害的责任

一、校外第三人致学生人身损害的，应当由第三人负责

所谓校外第三人的致害责任，主要是因教育机构的师生以及工作人员以外的第三人进入教育机构造成学生的人身损害所应当承担的责任。例如，某人为报复社会，闯入校园，严重伤害学生。近年来所发生的校园安全重大事故，如震惊全国的“南平 3·23 校园惨案”① 等，大多涉及外来人员在校园内侵害学生的权益。《民法典》第 1201 条专门规定了教育机构对校外人员侵害的责任，该条规定：“无民事行为能力人或者限制民事行为能力人在幼儿园、学校或者其他教育机构学习、生活期间，受到幼儿园、学校或者其他教育机构以外的第三人人身损害的，由第三人承担侵权责任；幼儿园、学校或者其他教育机构未尽到管理职责的，承担相应的补充责任。”该条规定对保障学生安全、维护其合法权益、防止第三人侵害具有重要意义。

依据《民法典》第 1201 条的规定，因第三人的行为造成无民事行为能力人或限制民事行为能力人人身损害，首先应当由行为人承担责任。受害人应当向直接侵害人提出请求，要求其承担责任。法律作出此种规定是自己责任原则的具体体现，任何人造成他人损害，都应当对其造成的损害后果负责，即便行为人已经被追究了刑事责任或者行政责任，也不应当免除其应承担的民事责任。《民法典》将教育机构对校外人员侵害的责任与对校内人员侵害所造成的未成年学生损害的责任都置于教育机构责任的范围内，在比较法上是较为独特的，也表明了立法机关对校园安全和未成年人保护的高度关注。

校外第三人致学生人身损害责任的成立应当具备如下要件。

第一，损害事实。校外第三人致学生人身损害的责任，其所保护的权益范围限于人身权益，与此相应，损害必须是在教育机构学习和生活的未成年人所遭受的人身损害。一方面，遭受损害的受害人必须是幼儿园、中小学等学校的学生，如果是非在校学生遭受损害，则不属于在“教育机构学习、生活期间”遭受的损害，因此，不应当适用《民法典》第 1201 条的规定。另一方面，必须是未成年人遭受了损害。此处的损害应当限于人身损害。《民法典》第 1201 条将损害的概念作了限制，即只限于人身，不包括财产。但未成年人因遭受人身损害而支出的各种费用，也应当予以赔偿。例如，学生遭受第三人的侵害而受伤，其支出的医疗费属于财产损害，当然，除了人身损害之外，还包括因人身损害而遭受的精神损害。

第二，必须是校外第三人造成学生损害。依据《民法典》第 1201 条的规定，未成年人“受到幼儿园、学校或者其他教育机构以外的第三人人身损害”，所谓第三人，是指教育机构以外的人员，如果是教育机构的工作人员（如教师、行政人员）造成学生

① 2010 年 3 月 23 日早晨，郑某携带一把尖刀窜至福建省南平市延平区文体路 108 号南平实验小学门口持刀行凶，造成 8 名小学生死亡，5 名小学生重伤。郑某后被判处死刑。

损害，则不属于本条所规定的第三人。如果某人与教育机构存在用工关系，因其行为造成在校学生的损害，也不属于校外人员侵害。例如，在教育机构内施工的人员，因施工中的过错导致学生遭受损害，如果其与教育机构存在用工关系，也不属于校外人员。

第三，第三人的行为与损害后果之间具有因果关系。也就是说，学生所遭受的人身损害应当是由第三人的行为所造成的，如果是因为其他原因（如教育机构的原因或者学生自身的原因）造成学生的损害，则无法依据该规则认定第三人的责任。

二、教育机构违反安全保障义务的责任

在因第三人行为造成无民事行为能力人或限制民事行为能力人损害的情况下，虽然损害的发生是因为第三人的原因引起的，但如果教育机构尽到了自身的教育、管理职责，其也可能避免类似损害的发生。例如，某个在校学生踢足球时，被校外为寻衅滋事而闯入学校的歹徒打伤。《民法典》第 1201 条明确规定："幼儿园、学校或者其他教育机构未尽到管理职责的，承担相应的补充责任。"这就是说，教育机构如果没有尽到管理职责的，则应当承担相应的补充责任，此种责任的特点在于：

1. 教育机构没有尽到其管理职责，就表明其具有过错。此种过错在性质上属于一般的过错，不适用过错推定原则。[①] 如何判断教育机构未尽到管理职责？本书认为，判断教育机构是否尽到了管理职责，一方面要依据其是否遵循了有关管理性规定来确定。虽然管理性规定不是确定其是否尽到管理职责的决定性标准，但可以作为重要的参考。例如，学校按照有关规定应当设置门卫而没有设置，就没有尽到管理职责。另一方面，在不能按照有关管理性规定确定管理职责时，应当借鉴合理人标准、善良管理人标准等，在法律法规没有相关规定的情况下，确定其合理的保护义务。通常，关于教育机构是否尽到管理职责，应当由受害的学生一方负担举证责任。

2. 它在性质上是教育机构违反安全保障义务的责任。通常教育机构承担的管理职责是基于其与学生之间的法定的教育关系而产生的一种义务，教育机构违反安全保障义务的责任，在性质上仍然是安全保障义务的一种类型[②]，更确切地说，是安全保障义务中场所责任的一种。严格地说，此种责任可以包括在《民法典》第 1198 条之中，但考虑到教育机构对未成年人的管理职责，与一般的安全保障义务有所区别，尤其是教育机构的管理职责大多是法律法规明确规定的，因此，《民法典》对其单独作出规定，也表明立法者对校园安全的高度重视。

虽然从广义上说，教育机构的教育管理职责也属于安全保障义务的范畴，但《民法典》第 1201 条与《民法典》第 1198 条的安全保障义务的一般规则之间存在如下区别：

第一，安全保障的对象不同。虽然教育机构对未成年学生的教育、管理义务的内容和公共场所管理人的安全保障义务的内容具有相似性，一般体现为对他人人身安全的保护，但二者的保护对象是不同的：《民法典》第 1198 条的保护目的比较宽泛，所有类型的民事主体都可以成为其保护的对象，包括成年人和未成年人；而《民法典》

①② 参见张新宝：《我国侵权责任法中的补充责任》，载《法学杂志》，2010 (6)。

第1201条主要是针对在校学习的未成年人的人身安全强调应给予特别的保护，从而体现对校园安全的高度重视。

第二，保护的权益范围不同。《民法典》第1201条保护的权益范围限于人身权益，该条特别强调“人身损害”，而《民法典》第1198条保护的权益范围并没有特别的限定，解释上可以包括人身权益和财产权益。第40条如此规定，主要是为了强化对在校学生人身安全的保护。

第三，内容不同。一般认为，安全保障义务主要体现了对他人的注意义务。教育机构所负有的义务虽然也是安全保障义务，但其保护的对象是特殊群体，即在校学习的无民事行为能力人或限制民事行为能力人。正是为了对他们实行特殊的保护，法律上往往也明确规定了教育机构所负有的教育、管理职责。从义务产生的区域来看，一般的安全保障义务产生的区域限于公共场所；而教育机构的义务产生于负有教育、管理职责的特定区域，其发生的场所具有特定性，当然，无论是在校内或校外，只要是由教育机构组织的正常教学活动，教育机构均需要承担安全保障义务。

第四，适用的顺序不同。如果教育机构应承担场所责任和组织者责任时，究竟应适用《民法典》第1201条，还是适用该法第1198条关于违反安全保障义务的规定？本书认为，应当先适用《民法典》第1201条。主要理由在于：一方面，教育机构违反安全保障义务的责任是特别规定，而安全保障义务制度是一般规定。我国《民法典》针对教育机构的责任专门对此作出了规定，因此，应当适用法律的特别规定。另一方面，在判断标准上，《民法典》第1198条是以违反安全保障义务为责任前提的。而教育机构的责任是以违反教育、管理职责为责任前提的。

3. 教育机构未尽到管理职责的，应当承担相应的补充责任。所谓相应的补充责任，意味着受害人首先要请求第三人承担责任，第三人是直接责任人，也是第一顺序的责任人。如果第三人能够承担全部的责任，则教育机构无须承担责任。如果第三人无法承担全部责任，则教育机构就应当在其过错范围内承担补充责任。“相应”的含义是指在确定责任时，根据教育机构的过错对损害后果发生的原因力，具体认定其责任范围。

三、教育机构有权向第三人追偿

依据《民法典》第1201条，“幼儿园、学校或者其他教育机构承担补充责任后，可以向第三人追偿”。法律之所以规定教育机构的追偿权，主要理由在于：

第一，第三人作为直接侵权人，而且是终局的责任者，其应当对自己的行为负责。如果教育机构在承担相应的补充责任后，不允许其追偿，则意味着，真正的行为人没有对其行为负责。

第二，有利于预防损害。第三人最终负责，有利于预防侵权行为的发生，从而有利于保护未成年人的健康成长。[①]

① 参见黄薇主编：《中华人民共和国民法典侵权责任编解读》，153页。

第三，教育机构毕竟不是直接侵权行为人，其应当承受仅仅是追偿不能的风险而已，而不能由其承担终局的责任。

思考题

1. 如何理解教育机构的责任与违反安全保障义务的责任之间的关系?

2. 限制民事行为能力人在教育机构学习、生活期间遭受损害时，教育机构应当承担何种责任?

3. 校外人员进入校园造成学生人身损害的，教育机构应当承担何种责任?

第十四章　产品责任

【案例】甲的汽车轮胎破裂，后到乙处（某汽车修理厂）修理，乙为甲换了一个新的轮胎，收费500元。后甲开车上高速后，该轮胎又发生爆裂，车辆撞上护栏，甲身受重伤，后住院花去医药费50万元，车辆损失20万元。甲请求乙赔偿，乙则提出，轮胎是由丙（某轮胎生产企业）生产的，而且可以证明该轮胎是假冒伪劣产品，因此应当由丙负责。

简要评析：该案属于产品责任纠纷，丙是该轮胎的生产者，事后证明该轮胎是假冒伪劣产品，甲有权请求丙承担侵权责任。乙虽然是汽车修理厂，但其更换该轮胎，并按照市场价格收费，可视为该轮胎的销售者，依据《民法典》第1203条的规定，甲有权请求乙和丙承担连带责任。

第一节　产品责任概述

一、产品责任的概念和特征

所谓产品责任，是指因产品缺陷造成他人的财产或人身损害，产品的生产者和销售者对受害人承担的严格责任。[①] 在现代社会，产品的安全（尤其是食品和药品的安全）是公共安全的重要组成部分，也是维护个人基本人权的重要内容。我国《民法典》在总结《侵权责任法》《产品质量法》《消费者权益保护法》的实践经验基础上，借鉴国外先进立法经验，单设产品责任一章，对于维护消费者合法权益、保障产品安全具有极为重要的意义。

什么是产品？这一概念的界定关系到产品责任的适用范围，我国《民法典》没有规定“产品”的定义，但依据《产品质量法》第2条第2款的规定，产品是指经过加工、制作，用于销售的物品。具体来说，产品具有如下特点：一是产品必须是经过加工、制作的物。因此，原材料、初级农产品等没有经过加工、制作的物，就不属于产品的范畴。[②] 产品质量法中的加工、制作应当是指生产者使用一定的工艺技术，改变了物的某些基本特性，从而使其能够符合一定的用途。二是产品主要是指动产。虽然

① 参见刘静：《产品责任论》，6页，北京，中国政法大学出版社，2000。

② 需要指出的是，欧盟指令中的产品最初不适用于初级农产品，但1999年欧盟修改了其指令，取消了其对农业天然产品的优待，这种变化随后也在欧盟各国对其自身立法的修改中体现出来。

《产品质量法》第2条没有明确将产品局限于动产，但是根据该法第2条第3款的规定，建筑工程不适用本法规定，因此，产品主要是指动产。当然，建筑工程所使用的建筑材料、建筑构配件等，仍然属于产品的范围。[①] 三是产品必须是用于销售的。《产品质量法》第2条将产品界定为用于销售的物品，这表明，凡是不以销售为目的，而以自用、储存、赠与亲朋等为目的的物品，则不属于产品。四是产品必须已经投入流通。产品只有在投入流通后，如果存在缺陷才会对消费者的人身、财产安全造成危险，方受到产品责任的规范。如果产品并未投入流通，则产品的生产者无须依据《民法典》承担严格责任。例如，某公司研发的新产品在仓库中被盗走，或被技术人员遗失在地铁上被他人拾到，即便由于该产品的缺陷造成他人损害，也不适用产品责任。

《民法典》第1202条规定："因产品存在缺陷造成他人损害的，生产者应当承担侵权责任。"依据《民法典》的规定，产品责任是指产品存在缺陷而造成他人财产、人身损害，产品的生产者、销售者所应承担的侵权责任。我国《民法典》中产品责任的特点表现在：

第一，产品责任的致损原因是产品缺陷。一方面，产品责任是因为缺陷产品导致损害而产生的。产品缺陷造成的损害与利用产品给他人造成损害是不同的。例如，利用啤酒瓶砸伤他人，属于一般的过错侵权责任，即便该产品存在缺陷，也不适用产品责任。但如果受害人的损害是因为啤酒瓶爆炸所致，则属于产品缺陷造成的损害，适用产品责任。另一方面，产品责任调整的是因为产品存在缺陷所致的损害赔偿问题。产品责任是以产品缺陷为核心而设计的制度，因此，认定产品责任存在与否，首先要认定是否存在产品缺陷。反之，如果损害不是由产品缺陷引起，而是由于受害人对产品的不当使用造成时，则通常不适用产品责任。

第二，产品责任是严格责任。无论生产者或者销售者对于产品的缺陷以及损害是否存在过错，受害人都可以请求其承担侵权责任。即使是因为第三人的原因引发损害，仍然应由生产者、销售者负责。《民法典》采纳严格责任的目的在于强化对受害人的保护，督促生产者、销售者生产或销售合格的产品，以保障产品安全。产品责任的归责基础是危险，即产品的缺陷给他人人身、财产所带来的不合理的危险。但产品不同于一般的高度危险物，虽然有部分产品本身有高度危险的性质，但是在《民法典》上是被区别对待的。

第三，责任主体的多元化。产品从设计、制造到进入流通领域，其间往往经过许多环节（如从产品的生产者到批发商、分销商、零售商等），社会分工的细化和销售方式的多样化使人们很难确定一件缺陷产品究竟是在哪个环节出现缺陷，受害者在确定责任人时常常面临一定的困难。因此，为了让受害人能够便捷有效地获得救济，《民法典》第1203条第1款规定："因产品存在缺陷造成他人损害的，被侵权人可以向产品的生产者请求赔偿，也可以向产品的销售者请求赔偿。"因此，消费者既可以请求生产者承担责任，也可以请求销售者承担责任，但不能直接请求产品的仓储者、

---

① 《产品质量法》第2条第3款规定："建设工程不适用本法规定；但是，建设工程使用的建筑材料、建筑构配件和设备，属于前款规定的产品范围的，适用本法规定。"

运输者等承担责任。

第四，免责事由具有特殊性。产品责任适用严格责任，因此在确定责任人是否承担侵权责任时不再考虑其主观过错，责任人也不能以其没有过错作为免责事由。同时，产品责任的免责事由又有别于其他的严格责任，产品责任不同于一般的物件致人损害的责任，它通常都是因交易而产生的，与商品流通有关，因此，依据《产品质量法》第41条的规定，产品责任的免责事由主要有产品未投入流通、产品投入流通时缺陷尚不存在等，这显然不同于其他特殊侵权的免责事由。

第五，产品责任制度具有国际化的特点。随着市场经济在全球范围内的发展，各国普遍面临产品安全的问题，尤其是随着经济全球化的发展，产品的生产和流通也已经全球化，这也决定了产品责任的规则逐渐开始具有全球化的趋势。综观各国的产品责任制度，其具有较强的相似性，如归责原则基本都采严格责任，责任主体都包括生产者，产品缺陷的类型、产品责任的免责事由等方面也都有类似的规则。

二、产品责任采取严格责任

我国自1986年《民法通则》以来，就将产品责任界定为严格责任。《民法典》第1202条规定："因产品存在缺陷造成他人损害的，生产者应当承担侵权责任。"从此规定来看，其并没有规定过错要件，因此，从文义解释的角度，也应得出其属于严格责任的结论。

我国《民法典》对于生产者责任采严格责任的具体体现是：一方面，从《民法典》第1202条规定来看，其并没有规定过错要件，在《民法典》上，凡是规定过错责任和过错推定责任，都存在过错的表述，而该法第1202条没有要求受害人证明生产者的过错。另一方面，免责事由受到严格限制。产品责任的免责事由是由特别法规定的，这些特别法的规定也是很严格的，例如《产品质量法》第41条规定，只有在满足"未将产品投入流通的"、"产品投入流通时，引起损害的缺陷尚不存在的"、"将产品投入流通时的科学技术水平尚不能发现缺陷的存在的"三项事由之一时，生产者才能主张免责。此外，依据《民法典》第1203条，因为第三人的原因使产品存在缺陷，造成他人损害的，生产者仍然应当对受害人承担损害赔偿责任，这也表明生产者承担的是严格责任。

三、产品责任和合同责任

产品责任可能涉及合同责任，如产品缺陷致人损害时销售者和消费者之间也可能存在合同关系，因此产品责任和不适当履行责任经常发生交叉。尤其是在消费者和销售者之间因为产品不合格造成损害的情况下，消费者既可以通过合同法要求销售者承担合同责任，也可以通过《民法典》第1203条要求销售者承担侵权责任。但本书认为，由于合同责任和侵权责任是两种不同的责任形式，在实践中区分这两种责任形式主要应从以下几个方面来考虑。

首先，产品责任是一种特殊侵权责任；而不适当履行责任则是一种违约责任，以当事人之间存在买卖合同关系为前提。如果当事人之间没有合同关系，就只能够通过侵权责任来获得赔偿。即使存在合同关系，由于产品责任是一种侵权责任，其可以突破合同责任中合同相对性的限制，受害人可以直接向与其没有合同关系的生产者和销售者请求承担损害赔偿责任。但如果依据《民法典》主张产品责任，就将不能同时适用合同责任。当然，受害人也可以选择适用合同责任。

其次，在产品责任中，受害人应当举证证明产品存在缺陷，在无法证明产品存在缺陷的情况下，就不能以产品责任主张赔偿，而应当根据违约来请求不适当履行的责任。

再次，从赔偿的范围来看，依据《民法典》第1202条的规定，产品责任中损害的概念非常宽泛，不仅包括缺陷产品本身的损害，也包括缺陷产品以外的人身和财产损失；不仅包括财产损害赔偿，而且包括精神损害赔偿。但合同责任中损害的概念主要是指履行利益的损失，一般限于缺陷产品本身的损害。

最后，从责任主体来看，产品责任的责任主体包括生产者和销售者，而不适当履行的责任主体一般只限于与消费者有合同关系的销售者。

第二节 产品责任的构成要件

《民法典》第1202条规定："因产品存在缺陷造成他人损害的，生产者应当承担侵权责任。"产品责任的成立应当具备如下要件：一是产品具有缺陷，二是产品缺陷造成了受害人的损害，三是二者之间具有因果关系。

一、产品具有缺陷

（一）产品缺陷的概念

产品缺陷是承担产品责任的基础和前提。《民法典》中没有对产品缺陷作出规定，应当依据《产品质量法》的规定认定产品缺陷。《产品质量法》第46条规定："本法所称缺陷，是指产品存在危及人身、他人财产安全的不合理的危险；产品有保障人体健康和人身、财产安全的国家标准、行业标准的，是指不符合该标准。"据此，关于缺陷的概念，应当从如下几方面来理解。

首先，缺陷是一种不合理的危险。严格地说，现代社会，产品可能都会具有一定的危险，如汽车就可能给使用者带来很大的危险，电器如果不合理安装或者使用可能发生爆炸。所以，这些危险是客观存在的，但这并不意味着它们都存在缺陷。是否具有合理危险，应当结合消费者的合理预期判断产品缺陷的危险是否合理。如果产品具有超出消费者预期的危险，就属于不合理的危险。例如，雨伞的通常用途是避雨，受害人将其用于遮挡冰雹而遭受了损害，就不能据此认定产品存在缺陷。此外，产品具有不断改进、更新换代的特点，不能仅仅因为后来有更好的产品投入流通而认为以前的产品存在缺陷。

其次，缺陷对他人的财产或人身形成了不合理的危险。产品缺陷概念的提出是为了保障消费者的安全，而不是为了提高产品自身的效用。因此，产品缺陷就是指产品对消费者的财产或人身所形成的危险。缺陷不仅可能导致消费者在买卖合同中的履行利益的丧失，而且还造成了履行利益以外的其他利益的损害。[①] 因此，产品缺陷主要是对他人的财产或者人身所形成的不合理的危险。

最后，国家标准和行业标准是认定产品缺陷的依据之一。如果产品不符合国家标准和行业标准，则应当认定其存在缺陷。当然，产品即便符合国家标准和行业标准，也不能当然认定其不存在缺陷。实践中，生产者和销售者往往以其已经取得检验合格证明为由提出抗辩。对此，《食品药品纠纷司法解释》第 7 条明确规定："食品、药品虽在销售前取得检验合格证明，且食用或者使用时尚在保质期内，但经检验确认产品不合格，生产者或者销售者以该食品、药品具有检验合格证明为由进行抗辩的，人民法院不予支持。"这一司法解释虽然仅仅针对食品和药品作出规定，但其应当可以类推适用于其他产品责任案件。

我国产品责任法律中设定了产品缺陷和产品瑕疵两个概念。无论是产品瑕疵还是缺陷，都表示产品本身存在缺点。只不过，两者所表示的缺点大小和程度是有差异的，但二者之间没有绝对的界限，且可能相互转化。例如，包装裸露通常属于瑕疵，但裸露的包装导致产品的安全性受到较大影响，就可以构成缺陷（如裸露的菜刀伤害他人）。但一般而言，产品瑕疵通常是微小的缺点，其可能导致产品自身价值的降低，但一般不会造成他人人身、财产重大损害，而缺陷则通常意味着比较大的缺点，很可能对他人财产和人身构成不合理危险，容易给他人的固有人身、财产利益造成重大损害。产品瑕疵主要是合同法上的概念，而缺陷是产品责任中的概念。从产品具有缺点而言，瑕疵比缺陷更为宽泛，瑕疵包括不同程度的欠缺、不完善，其中程度比较严重的才称为缺陷，程度轻微的仅是一般性瑕疵。从这个意义上说，缺陷是瑕疵的一种。

（二）缺陷的类型

（1）制造缺陷。制造缺陷是指产品在制造过程中，因质量管理等原因而出现了不符合设计要求的情形，从而导致产品存在缺陷。这就是说，产品的设计本身并无缺陷，但在产品的生产制造过程或产品的质量管理过程中，因为原材料、零配件存在缺陷，或者因装配出现错误，导致部分或单一产品具有不合理危险。例如，在生产机械设备时，因使用的钢材不符合设计的要求，该机械设备在使用中部分零件破裂，导致受害人的损害。确立制造缺陷的意义主要在于：只要可以认定存在制造缺陷，就完全属于生产者的责任，而且生产者不能向设计者求偿，更不能够向销售者求偿。但在某些情况下，在运输和储存过程中，也可能出现制造缺陷。例如，在运输过程中，因产品的分开包装、组装中出现问题，也属于制造缺陷。[②]

（2）设计缺陷。设计缺陷是指因产品设计方案不合理而导致产品的缺陷。[③] 设计缺陷和制造缺陷的区别在于：设计缺陷主要是指设计方案的问题，如对产品结构、配方等问题缺乏科学合理的考虑。例如，产品配方不合理。而制造缺陷只是没有按照良

① 参见杨立新：《侵权责任法》，304 页。

② 参见许传玺主编：《侵权法重述第三版：产品责任》，肖永平等译，20 页，北京，法律出版社，2006。

③ 参见王利明等：《中国侵权责任法教程》，530 页，北京，人民法院出版社，2010。

好的设计方案进行制造。因制造缺陷而导致产品具有不合理的危险，通常仅有部分产品具有缺陷。但两者也可能是交叉的。例如，包装缺陷既可能是设计缺陷，也可能是制造缺陷。如果对于某种危险物质本应以铁皮包装，却采用塑料包装，后来导致泄漏，就属于设计缺陷；而如果设计的包装是铁皮包装，但由于生产中把关不严，导致铁皮包装出现问题，最终导致危险物质的泄漏，则属于制造缺陷。在判断是否存在设计缺陷时，通常要以现有技术或者“业内技术发展水平”为标准，即产品设计是否反映了业内已经采用的最安全、最先进的技术，或者现有的技术发展不可能提出更高的设计标准或要求。[①] 当然，如果被告能够证明考虑到当时的科技水平，此种缺陷不可能被发现时，也可以免责。

（3）警示缺陷。所谓警示缺陷，是指当产品在投入流通之前，就存在固有的不合理危险时，生产者没有给予适当的说明或警示。[②] 例如，生产者应当在产品上标明，消毒剂不应误入眼睛，以免对消费者的眼睛造成伤害。如果生产者没有给予适当的警示，就构成警示缺陷。警示的语言应当为普通人所能理解，例如，某种药品可能具有的副作用应当清晰表述出来，而不能仅仅笼统地表示该药可能具有副作用。警示也应当处于消费者所能够注意到的位置。至于警示程度则由危险的性质和程度，以及被不当使用的可能性所决定。对于一些特殊的产品（如易燃、易爆物品等），应当对其危害性等作出特别的警示。强化生产者的警示义务，对避免损害的发生是十分重要的。如果生产者已经发出警示，而消费者没有按照该警示进行使用，则应当属于不当使用。

（4）跟踪观察缺陷。所谓跟踪观察缺陷，是指产品投入流通以后，生产者和销售者应当继续跟踪观察，如果产品在使用中存在可能危害消费者、使用者等危险，生产者和销售者就有义务对此种危险采取措施，以减少危险的发生。如果发现产品存在缺陷，就有必要采取警示、召回等措施。此种缺陷实际上是现代产品责任中的新缺陷类型。我国《民法典》第1206条对此也有明确规定。在法律上确立跟踪观察缺陷的意义在于，督促生产者和销售者根据最新的科学技术发展，持续跟踪产品，保障产品的安全性。尤其是对于可能发展的风险，跟踪观察更具有重要意义。因为生产者和销售者可以根据最新的科学技术水平，发现原产品的危险，从而采取警示或召回等措施，以避免消费者遭受损害。[③]

（三）产品缺陷的证明

《民法典》将产品责任规定为严格责任，受害人在请求产品的生产者、销售者承担产品责任时，虽然不需要证明其存在过错，但仍需要证明产品存在缺陷，否则难以成立产品责任。按照举证责任的一般规则，在产品责任中，应当由受害人证明产品存在缺陷。在因产品缺陷致人损害的情形下，受害人虽并不需要确切证明缺陷的种类，但依然要对证明产品存在不合理危险，以及因该缺陷造成了实际损害承担举证责任。

---

① 参见许传玺主编：《侵权法重述第三版：产品责任》，22页。

② 参见杨立新：《侵权责任法》，306页。

③ 参见杨立新：《侵权责任法》，307页。

例如，在“刘某与三菱公司产品责任纠纷案”[①] 中，刘某在驾驶被告公司生产的汽车时，因躲避障碍物而发生翻车，导致车损人伤。法院认为，产品存在缺陷、使用缺陷产品导致损害以及产品缺陷与损害之间存在法律上的因果关系是产品责任的构成要件，在本案中，由于原告未能证明事故车存在缺陷，因而其请求不能获得支持。

当然，在特定情形下，相关规定也可能对当事人的证明义务作出不同的规定。例如，针对食品存在缺陷的案件，《食品药品纠纷司法解释》第 6 条明确规定：“食品的生产者与销售者应当对于食品符合质量标准承担举证责任。”因此，该司法解释实际上要求食品的生产者和销售者就产品不存在缺陷承担举证责任，这是基于保障食品安全的法政策考虑而作出的特别规定。

二、产品缺陷造成了受害人的损害

（一）损害的概念

产品责任中的损害赔偿责任以损害的发生为要件。《民法典》第 1202 条明确，只有在因产品缺陷造成损害的情况下，受害人才能要求生产者承担产品责任。《民法典》第 1202 条所说的“损害”其既包括产品本身的损害，也包括产品之外的人身与财产的损害。具体来说，产品责任中的损害主要包括以下三种类型：

一是产品本身的损害，即因为产品的缺陷致使产品本身毁损或丧失使用功能。例如，汽车因存在缺陷而发生自燃，因此而导致汽车本身的损害，属于缺陷产品本身的损害，传统观点认为，此种损害属于合同法救济的对象。再如，因汽车轮胎爆裂，导致车辆突然转向，撞上路边的树木，驾驶人受伤，本案中轮胎本身的损害也属于缺陷产品自身的损害。

二是产品以外的人身损害。这里所说的人身损害，是指与财产损害相对应的损害类型，确切地说，是指侵害人身权益而导致的损害，被侵害的人身权益主要限于生命、身体和健康。例如，在“贾某诉北京国际气雾剂有限公司等人身损害赔偿案”中，煤气罐爆炸造成了受害人的人身伤害。[②] 其他人身权益（如名誉、隐私等），一般不属于产品责任中受侵害的人身权益。需要指出的是，在产品缺陷造成人身伤亡的情况下，也可能会导致受害人严重的精神痛苦，在此情况下，仍有必要对受害人遭受的精神痛苦给予补救。例如，在上述“贾某案”中，法院即酌情确定了 10 万元的伤残赔偿金，其中主要是精神损害赔偿金。[③]

三是缺陷产品以外的财产损害。它是指因为产品存在缺陷引起燃烧、爆炸等事故导致其他财产的损害，或者在与其他产品安装组合后，因其具有缺陷，导致其他产品毁损、灭失。如因汽车自燃造成了车内的财物损害，又如因热水器零部件缺陷导致热水器爆炸。

还需要指出的是，我国《民法典》上的损害不仅包括实际的损害，还包括妨害和

---

① 北京市高级人民法院（2005）高民终字第 624 号民事判决书。

②③ 参见北京市海淀区人民法院（1995）海民初字第 5287 号民事判决书。

危险。因为《民法典》第1205条就产品责任规定了多种责任形式，根据该规定，即使没有损害，但有妨害或妨害的可能和危险的，被侵权人也可以请求排除妨碍、消除危险。例如，消费者购买了特定品牌的汽车，但是，其安全气囊存在缺陷，消费者有权请求其进行修理或更换，这就是行使请求消除危险的权利。

（二）关于是否应当区分缺陷产品自身的损害和缺陷产品以外的财产损害

如前所述，比较法上大多区分了缺陷产品自身的损害和缺陷产品以外的财产损害。依据我国《产品质量法》第41条的规定，产品责任中的损害是指"人身、缺陷产品以外的其他财产损害"，显然也采纳了这一观点。这是从合同法和侵权法所保护的利益有所区别的角度出发而进行的区分。合同法保护的利益主要是履行利益，而侵权法保护的是履行利益以外的其他利益，学理上称为固有利益或维护利益，它是指债权人享有的不受债务人和其他人侵害的现有财产和人身利益。区分这两类损害，也有利于区分合同法和侵权法所保护的不同范围，避免二者在适用中的混淆。

然而，我国《民法典》第1202条在规定产品责任的概念时，并没有重复《产品质量法》第41条的规定，尤其是没有提到"人身、缺陷产品以外的其他财产损害"，关于缺陷产品自身的损害是否也能通过侵权责任的产品责任加以赔偿，存在不同的理解。按照立法者的解释，我国《民法典》第1202条、第1203条规定的损害，"既包括缺陷产品以外的其他财产的损害，也包括缺陷产品本身的损害，这样，有利于及时、便捷地保护用户、消费者的合法权益"①。这就意味着，在因产品缺陷造成损害的情况下，无论是何种损害（包括缺陷产品本身的损害），受害人都可以请求赔偿。如此规定有利于减少司法实践中请求权竞合的情况，充分保护受害人的利益。例如，甲交付的电视机有严重瑕疵，乙购买以后在使用中发生爆炸，造成乙身体受伤，花费医疗费1万元，并且遭受了精神损害。电视机本身的价值是1万元，乙又遭受了1万元的财产损失。这样，乙的损失有两种：一是电视机本身的价值损失1万元，此种损失属于履行利益的损失，只能根据合同责任要求赔偿。二是因电视机爆炸造成乙身体受伤所花费的医疗费1万元以及乙遭受的精神损害，此种损失属于履行利益以外的损失，应当根据侵权法提供补救。如果乙基于侵权提出请求，只能就医疗费1万元以及精神损害要求赔偿，但不能对电视机本身的损失要求赔偿；如果乙基于合同责任要求甲赔偿损失，则只能就电视机的损失主张赔偿，而原则上不能就其身体受到伤害以及精神损害要求赔偿。如果受害人只能选择违约责任或者侵权责任中的一种，将使受害人遭受的全部损害无法获得完全赔偿。如果按照上述解释，受害人可以依据产品责任对这两种损失都主张赔偿。

三、因果关系

所谓产品责任的因果关系，是指缺陷产品与受害人遭受的损害之间的因果关系。《民法典》虽然将产品责任规定为严格责任，不以行为人的主观过错作为责任成立要

① 全国人大常委会法制工作委员会民法室编：《中华人民共和国侵权责任法条文说明、立法理由及相关规定》，174页。

件，但仍然要求缺陷产品与受害人损害之间具有因果关系。受害人对此仍负有举证义务，需要提供相应证据，以证明缺陷产品与其遭受的损害之间存在因果关系。例如，在“上海格莱达电气有限公司与白某产品责任纠纷上诉案”[①] 中，原告购买了被告生产的家用净水机，并在使用过程中因净水机漏水导致其遭受经济损失。原告以被告产品存在质量问题为由，要求被告承担侵权责任。法院认为，根据法院委托的司法鉴定机构的结论，涉案净水机因滤芯罐橡胶圈压缩率不符合相关标准，已经构成质量缺陷，且该缺陷与净水机漏水存在因果关系。同时，被告无法提供相关证据证明原告对净水机的使用行为造成了漏水发生，因此，应由被告对原告遭受的损失承担赔偿责任。如果受害人的损害并非因产品缺陷导致的，则不能认定产品缺陷与受害人损害之间具有因果关系。比如，某人出售了有缺陷的啤酒瓶，但是损害却是由被告使用啤酒瓶砸伤他人所致，此时损害并不因啤酒瓶的缺陷所致，应当属于一般侵权。

关于产品责任中因果关系的证明，本书认为，在法律没有特别规定的情况下，原则上因果关系的证明应当采用相当因果关系说。如果受害人证明产品存在缺陷，且其损害是缺陷造成的，就已经完成了证明责任。至于缺陷是发生在产品投入流通之前，还是发生在投入流通之后，应当由生产者或者销售者一方反证证明，以减免其责任。当然，因为在现代社会，科技的发展以及技术的进步，产品的构件日益复杂，而消费者由于技术等方面的原因不可能了解产品的生产过程、创制工艺、性能、结构及危险性等情况，这就导致了在产品致人损害以后，消费者对产品的缺陷和损害之间的因果关系难以举证证明。因此，在例外情形中，法院也可以采取因果关系推定的方式予以确定，以减轻消费者的举证负担。

第三节　产品责任的减免事由

虽然《民法典》并没有规定产品责任的免责事由，但这并不意味着《民法典》不承认产品责任中存在免责事由。《产品质量法》第 41 条规定：“因产品存在缺陷造成人身、缺陷产品以外的其他财产（以下简称他人财产）损害的，生产者应当承担赔偿责任。生产者能够证明有下列情形之一的，不承担赔偿责任：（一）未将产品投入流通的；（二）产品投入流通时，引起损害的缺陷尚不存在的；（三）将产品投入流通时的科学技术水平尚不能发现缺陷的存在的。”该条对产品责任的免责事由作出了规定。本书认为，由于《民法典》并没有明确修改《产品质量法》第 41 条关于产品责任免责事由的规定，因而，该规定仍然有效。据此，产品责任的免责事由主要有如下几类：

1. 产品尚未投入流通。所谓产品尚未投入流通，是指生产者没有将其产品投入市场。产品责任主要是为了保护交易过程中的受害人，从而维护交易秩序。产品没有进入流通，尚未发生交易，即便发生损害，也不应通过产品责任来进行救济。产品投入流通领域之前，其并不属于产品责任中所说的产品，即使是可能发生的损害，也不

① 上海市第一中级人民法院（2013）沪一中民一（民）终字第 3251 号民事判决书。

是产品责任中所说的损害。例如，尚未出厂的产品被某人盗窃并出售，此时与生产者的行为就不存在因果联系。

判断产品是否投入流通，应当以最初的生产者投入流通为准。这就是说，一旦最初的生产者将产品投入流通，在此之后的批发商、零售商是否再将其投入流通，都不影响已经投入流通的认定。但在某项产品被开发出来之后，最初的生产者没有将其投入流通之前，即便生产者为了储存而将其转移或运输，也不属于投入流通。

2. 产品在投入流通领域时引起损害的缺陷尚不存在。所谓产品在投入流通领域时引起损害的缺陷尚不存在，是指产品虽然投入了流通，但引起损害的缺陷在投入流通时并不存在，或者该缺陷是在产品已经脱离了生产者的控制之后发生的，生产者可以以此抗辩。例如，产品投入流通时不存在缺陷，属于合格产品，但由于消费者自己擅自改装、不当使用而导致产品缺陷致其损害，则可以适用过失相抵减轻或免除责任。产品在投入流通领域时引起损害的缺陷尚不存在，只是指生产者将产品投入流通时缺陷并不存在，产品投入流通以后，如果因销售者的过错以及受害人自身的原因导致产品缺陷，销售者不能以此作为抗辩事由。法律之所以承认此种抗辩事由，是因为产品责任采用严格责任的归责原则，要求确定受害人遭受的损害与产品存在缺陷之间具有因果关系，如果生产者能够证明产品在投入流通领域时引起损害的缺陷尚不存在，则意味着不存在此种因果联系①，因此应免除生产者的责任。

当然，依据《民法典》第1204条的规定，此种抗辩事由的适用应当受到一定的限制，产品的生产者对产品脱离自己控制之后，因运输者或者销售者的原因造成产品缺陷的，并不能当然免责。根据《民法典》的相关规定，即便是因为销售者的过错，导致产品缺陷，生产者也要负责，但生产者承担责任之后，有权向销售者追偿。同时，依据《民法典》第1204条的规定，因为运输者、仓储者等第三人的过错而导致产品缺陷并造成他人损害的，生产者也要与它们一起承担连带责任。但这并非意味着该抗辩是无意义的。如果产品在投入流通时引起损害的缺陷尚不存在，生产者在承担责任之后有权向销售者、运输者、仓储者追偿。此外，因受害人自身的原因导致损害发生，应减轻或免除生产者的责任。

3. 将产品投入流通时的科学技术水平尚不能发现缺陷的存在。此种免责事由被称为发展风险抗辩，它是指产品投入流通时，依据当时的科技水平仍然不能发现并避免缺陷，在此情况下，生产者和销售者不承担责任。② 我国《民法典》并没有将发展风险规定为产品责任的抗辩事由，但《产品质量法》第41条采纳了发展风险的概念。本书认为，《民法典》事实上采取了有限承认发展风险抗辩的做法。一方面，《民法典》没有规定抗辩事由，但也没有明确否定和修改《产品质量法》关于发展风险的规定。因此，《民法典》在一定程度上仍然承认了发展风险的抗辩事由。另一方面，《民法典》第1223条规定："因药品、消毒产品、医疗器械的缺陷，或者输入不合格的血液造成患者损害的，患者可以向药品上市许可持有人、生产者、血液提供机构请求赔

① 参见刘静：《产品责任论》，185页。

② 参见王泽鉴：《特殊侵权行为》，322页，台北，自版，2006。

偿，也可以向医疗机构请求赔偿。患者向医疗机构请求赔偿的，医疗机构赔偿后，有权向负有责任的药品上市许可持有人、生产者、血液提供机构追偿。”根据该条规定，即便在现有科学技术的条件下医疗机构无法完全检测出血液是否合格，但因漏检导致血液不合格以后，医疗机构也要对损害后果承担责任，这实际上是在血液不合格致人损害的情况下否定了发展风险抗辩。在法律上，消费者的生命健康安全要高于生产者的经济利益，不能以牺牲消费者的生命健康权益为代价来保护企业的经济利益。因此，在特定的情形下，不应当承认此种抗辩。除了血液产品之外，仍然应承认发展风险抗辩。考虑到发展风险抗辩可能给消费者带来的不利影响，《民法典》第 1206 条规定了产品跟踪观察义务以及采取警示、召回等措施，以减少产品的发展风险带来的不利影响。

第四节　产品责任的承担

一、产品责任的主体是产品的生产者、销售者

《民法典》第 1202 条规定：“因产品存在缺陷造成他人损害的，生产者应当承担侵权责任。”第 1203 条规定：“因产品存在缺陷造成他人损害的，被侵权人可以向产品的生产者请求赔偿，也可以向产品的销售者请求赔偿。产品缺陷由生产者造成的，销售者赔偿后，有权向生产者追偿。因销售者的过错使产品存在缺陷的，生产者赔偿后，有权向销售者追偿。”产品责任的主体既包括产品的生产者，也包括产品的销售者，法律之所以将产品销售者规定为产品责任的责任主体，主要原因在于：一方面，产品责任制度产生的根本目的是强化对消费者的保护。如果将销售者排除在责任主体之外，在无法确定生产者时，受害人单纯通过合同责任，无法获得充分的救济，这就不利于受害人的保护。另一方面，一些产品缺陷本身就是在销售过程中而不是在生产过程中产生的。例如，因销售者保管不善，导致食品的变质等。因此，产品责任的责任主体应当包括产品的生产者和销售者。

1. 生产者。生产者是指制造、加工产品的自然人和法人，以及在他人产品上注明自己标识的人。生产者包括最终产品的生产者、原材料的生产者和零配件的生产者[①]，还包括在产品上标示名称（或姓名）、商标或其他标识的人[②]，它们往往被称为准生产者。除了真正的生产、制造、加工者外，任何人只要在产品上标示其姓名或名称、商标或其他文字、符号，足以表彰自己是生产者的，就应当视为生产者，此种生产者常常被称为“表见的生产者”[③]。

2. 销售者。销售者是指任何以经营为目的，通过出售、出租、融资租赁等方式经营产品的人。销售者通过产品的经营获取利润，而不是满足自身的需要。销售者销

① 参见刘静：《产品责任论》，173 页。

② 参见韩世远：《中国产品责任法上的当事人》，载江平主编：《侵权行为法研究》，502 页以下，北京，中国民主法制出版社，2004。

③ 曾隆兴：《详解损害赔偿法》，120 页，北京，中国政法大学出版社，2004。

售产品的对象、方式包括出售、融资租赁等。随着现代社会的发展，销售的概念不断发展，并不限于转移产品所有权方式的销售，出租也被视为销售。因此，销售者包括如下几种：以保留所有权等方式销售产品者、以融资租赁等方式销售产品者、以易货贸易等方式销售产品者、以任何其他方式将产品依对价转让给他人者。① 此外，销售者既包括批发商，也包括零售商，以及以其他方式向消费者销售产品的人。但销售者必须是以销售作为经营活动的主体，而经营活动的营利性和持续性的特点决定了私人之间偶尔从事买卖的人不是产品责任中的销售者。②

销售者应当限于直接进行产品销售的经营者。在我国，随着互联网的发展，网购的方式日益普遍，网购的交易量已经位居全球第一。但网购产品导致损害的事件也时有发生。关于网络交易平台是否属于销售者，本书认为，网络交易平台是指提供平台服务，其一般不应当属于产品销售者，但考虑到在网络交易中，消费者寻找具体的销售者较为困难，因此，如果网络交易平台不能够提供产品生产者、销售者的真实名称、地址与有效联系方式，则也应当将其视为产品销售者，以强化对消费者的保护。我国相关司法解释也采取了这一立场。例如，《食品药品纠纷司法解释》第 9 条第 1 款规定："消费者通过网络交易平台购买食品、药品遭受损害，网络交易平台提供者不能提供食品、药品的生产者或者销售者的真实名称、地址与有效联系方式，消费者请求网络交易平台提供者承担责任的，人民法院应予支持。"

《民法典》第 1203 条规定："因销售者的过错使产品存在缺陷的，生产者赔偿后，有权向销售者追偿。"依据该条规定，在对外责任上，如果受害人主张销售者负责，销售者应当承担赔偿责任。但是，在内部责任的分配上，则采取过错责任的方式。所以，销售者对外负责，属于先行垫付赔偿费用。但是，在内部关系上，生产者只有在销售者有过错时才能向其追偿。例如，食品在销售者处因为保管不善导致变质，生产者承担责任之后，就有权向销售者追偿。

二、生产者和销售者的不真正连带责任

在承认双重主体模式下，必然产生生产者和销售者是否承担连带责任的问题。《民法典》第 1203 条第 1 款规定："因产品存在缺陷造成他人损害的，被侵权人可以向产品的生产者请求赔偿，也可以向产品的销售者请求赔偿。"虽然该条没有明确使用"连带"的表述，但在解释上应当认定生产者和销售者承担连带责任。因为一方面，被侵权人选择任何一个责任主体，其都要承担全部责任，所以其不可能是按份责任，而只能是连带责任。另一方面，《民法典》第 1203 条第 2 款规定："因销售者的过错使产品存在缺陷的，生产者赔偿后，有权向销售者追偿。"因此，只有在连带责任之下，才发生追偿的问题，因此，产品生产者和销售者应当承担连带责任。《民法典》确立连带责任旨在强化对受害人的保护，为受害人提供更多的求偿对象和责任

---

① 参见张新宝：《侵权责任法原理》，390 页。

② 参见高圣平主编：《中华人民共和国侵权责任法立法争点、立法例及经典案例》，527 页，北京，北京大学出版社，2010。

财产。

问题在于，《民法典》第1203条规定的生产者和销售者的连带责任，是一般的连带责任，还是不真正连带责任？本书认为，《民法典》第1203条所规定的连带责任并非一般的连带责任，而是一种不真正连带责任。所谓不真正连带责任，是指数个责任人基于不同的原因而依法对同一被侵权人承担全部的赔偿责任，某一责任人在承担责任之后，有权向终局责任人要求全部追偿。在产品责任中存在所谓最终责任原则，根据这一原则，谁最终造成产品的缺陷，谁就应当承担最终责任。具体来说，最终责任者的认定要从如下几个方面考虑：一是产品的生产者造成缺陷，生产者就是最终责任者。二是因销售者的原因造成产品缺陷，销售者是最终责任者。三是销售者不能指明缺陷产品的生产者或供货者的，销售者就成为最终责任者。[①]《民法典》第1203条第1、2款规定销售者和生产者的追偿权，表明承担了责任的主体可以向终局责任人全部追偿，其显然不同于一般的连带责任，因为在一般的连带责任中，并不存在终局责任人，也不可能全部追偿。

三、产品责任中的追偿权

在产品责任中，某个责任人承担责任之后，如果其依据法律规定享有追偿权，可以向其他责任主体追偿。追偿权产生的规定是法律的直接规定，而且以满足了法律规定的要件为前提。依据《民法典》的规定，产品责任中的追偿权主要有以下几种。

（一）销售者对生产者的追偿权

《民法典》第1203条规定："因产品存在缺陷造成他人损害的，被侵权人可以向产品的生产者请求赔偿，也可以向产品的销售者请求赔偿。产品缺陷由生产者造成的，销售者赔偿后，有权向生产者追偿。因销售者的过错使产品存在缺陷的，生产者赔偿后，有权向销售者追偿。"《民法典》第1203条第2款规定："产品缺陷由生产者造成的，销售者赔偿后，有权向生产者追偿。"该条规定了销售者对生产者的追偿权，此种追偿权的行使应当具备如下要件：一是销售者承担了责任。无论销售者承担了全部责任还是部分责任，其都可以向生产者追偿，在产品缺陷是由生产者造成的情形下，生产者就是终局责任人，销售者可以向其追偿。二是产品缺陷是生产者造成的。虽然本条在规定销售者的追偿权时使用了产品缺陷"由生产者造成"这一表述，但其并没有强调生产者对产品缺陷的产生具有过错，也就是说，只要销售者能够证明产品缺陷是因生产者的原因造成的，其就可以向生产者追偿，生产者也不能以其对产品缺陷没有过错为由拒绝承担责任。因此，销售者必须证明产品缺陷是由生产者造成的，也就是说，产品在投入流通之前存在设计、制造、警示缺陷。此处所说的"产品缺陷由生产者造成"应当做广义解释，即在交付前产品缺陷是在运输、仓储等过程中造成的，只要产品没有交付给销售者，产品出现缺陷就属于生产者造成的缺陷。如果在交付后发生缺陷，则应当属于销售者的责任。

---

① 参见王竹：《侵权责任法配套规定》，85页，北京，法律出版社，2010。

（二）生产者对销售者的追偿权

《民法典》第 1203 条规定："因产品存在缺陷造成他人损害的，被侵权人可以向产品的生产者请求赔偿，也可以向产品的销售者请求赔偿。产品缺陷由生产者造成的，销售者赔偿后，有权向生产者追偿。因销售者的过错使产品存在缺陷的，生产者赔偿后，有权向销售者追偿。"该条规定了生产者对销售者的追偿权，该追偿权的行使应当具备如下条件：第一，因销售者的过错使产品存在缺陷。生产者不仅要证明产品投入流通时尚不存在缺陷，而且应当证明销售者对于产品缺陷的产生具有过错（例如，因销售者储存中的错误，导致食品变质）。如果生产者仅仅证明产品在投入流通之前不存在缺陷，并不足以表明销售者具有过错。它还应当证明销售环节中销售者具有过错。例如，生产者提供给销售者的热水器没有缺陷，并不会漏电，但因销售者保管不善，导致该热水器存在漏电的问题。此时，该产品缺陷就是因销售者的过错造成的。第二，生产者已经承担了责任。生产者必须实际地承担了责任，才能向销售者追偿，其承担责任可以是部分责任，也可以是全部责任。

（三）生产者和销售者向运输者、仓储者等的追偿权

《民法典》第 1204 条规定："因运输者、仓储者等第三人的过错使产品存在缺陷，造成他人损害的，产品的生产者、销售者赔偿后，有权向第三人追偿。"该条规定了生产者和销售者对其他主体的追偿权。产品缺陷可能是因生产者、销售者以外的人造成的，例如，在运输过程中，因运输者的原因而导致食品腐烂变质，致消费者损害。在此情况下，虽不能免除产品生产者和销售者的责任，但产品生产者、销售者在承担责任后，有权向造成产品缺陷的第三人追偿。

在此需要讨论的是，产品的运输者、仓储者等第三人是否也是产品责任的主体？本书认为，产品责任的主体限于生产者和销售者，运输者、仓储者等并不是产品责任的主体，因此，受害人不能直接向运输者、仓储者等提起诉讼。其主要原因在于：

第一，生产者、销售者承担严格责任已足以保护消费者利益。《民法典》第 1166 条规定："行为人造成他人民事权益损害，不论行为人有无过错，法律规定应当承担侵权责任的，依照其规定。"这就意味着，除非法律有规定，否则不能要求被告承担严格责任。我国法律已经要求生产者和销售者连带承担产品责任，这已足以保护消费者的权益，没有必要再另行增加仓储者和运输者等作为责任主体。

第二，运输和仓储等关系实际上是发生在生产者、销售者与运输者或仓储者之间的内部关系。运输者、仓储者通常不会与消费者发生直接的联系，如果消费者可以直接要求其承担责任，就混淆了内部关系和外部关系。更何况，消费者不了解运输、仓储等过程，其通常难以知晓运输者和仓储者等人，即便规定其是产品责任主体，受害人也难以行使其权利。由于消费者通常难以知晓仓储、运输等过程，法律上即使允许受害人请求仓储者、运输者承担责任，该请求权在客观上也难以实现。

第三，运输者、仓储者等在产品责任中实际上是以第三人的身份出现的，由于产品责任属于严格责任，《民法典》不承认因第三人原因造成损害的情况可以作为免责事由。因而，即便是因第三人造成损害，受害人仍有权请求生产者、销售者承担

责任。

第四，从诉讼经济的角度考虑，法律上设计过多的责任主体，可能带来诉讼的低效率，也可能引发过多的追偿之诉。[①] 因此，将产品责任的责任主体限于生产者、销售者，更符合诉讼效率的要求。

生产者和销售者要行使追偿权，必须要具备如下要件：第一，生产者、销售者承担了责任。承担责任是行使追偿权的前提，如果生产者、销售者没有承担责任，追偿的前提就不存在，不可能行使追偿权。第二，必须是运输者、仓储者等的原因导致产品存在缺陷。此处使用“等第三人”的表述，表明第三人的范围是开放的，从实践来看，其还应当包括产品的设计者等人。第三，必须是因运输者、仓储者等的过错导致产品存在缺陷。例如，在仓储保管过程中，保管人不妥善保管，导致食品变质。生产者或销售者主张权利时，要证明运输者、仓储者等的过错。此处所说的过错，是指运输者、仓储者等导致产品缺陷的过错。

追偿权的行使不仅可以依据合同，也可以依据《民法典》的规定行使侵权请求权。《民法典》之所以作出特别规定，就是要在合同法之外确立独立的追偿权。但这并不排除追偿者依据合同享有追偿权。因此，生产者、销售者向运输者、仓储者等主张责任时，存在侵权责任和违约责任竞合的问题。例如，在“阜新市和美工程机械有限公司与铜陵华磊商品混凝土有限责任公司产品责任纠纷案”[②] 中，和美公司与华磊公司之间存在混凝土搅拌站买卖合同关系，但因搅拌站生产的混凝土不合格，华磊公司以和美公司提供的设备存在严重质量问题为由，根据侵权责任法的相关规定，要求和美公司赔偿损失。人民法院认为，在华磊公司与和美公司既存在买卖合同关系，又因产品质量产生了侵权责任关系的情形下，原告有权自主选择是主张侵权责任还是合同责任，法院则应根据原告的选择，适用合同或侵权法律规范进行裁判。

第五节　责任承担方式

因产品缺陷造成损害时，通常是造成了人身伤亡或财产损害，因此，在大陆法系国家，产品责任的承担方式主要是损害赔偿责任。但不应将产品责任的责任承担方式仅限于损害赔偿，因为损害赔偿是事后的救济方式，无法实现侵权法的预防功能。如果产品缺陷存在危及他人的危险，也应当采取预防性的救济措施，避免损害的发生。

一、产品责任承担方式

（一）排除妨碍、消除危险等责任

《民法典》第 1205 条规定：“因产品缺陷危及他人人身、财产安全的，被侵权人有权请求生产者、销售者承担停止侵害、排除妨碍、消除危险等侵权责任。”这就确

① 参见全国人大常委会法制工作委员会民法室编：《中华人民共和国侵权责任法条文说明、立法理由及相关规定》，186 页。

② 最高人民法院（2013）民申字第 908 号民事判决书。

立了产品责任中的预防性责任方式。被侵权人请求生产者、销售者承担排除妨碍、消除危险等责任时，应当满足两个要件：一是产品存在缺陷。产品缺陷是指产品具有不合理的危险。在认定产品缺陷时，并不考虑生产者或销售者的过错，只要产品存在缺陷，被侵权人都可以依据《民法典》第1205条的规定提出请求。二是产品缺陷危及他人人身、财产安全。所谓“危及”是指法律并不要求缺陷产品已经实际造成了损害，只要存在造成他人人身或财产损害的危险，就满足了法律规定的要件。

在满足了上述要件的情况下，被侵权人有权请求生产者、销售者承担停止侵害、排除妨碍、消除危险等侵权责任。一是停止侵害。停止侵害是指因产品存在缺陷，使受害人持续遭受损害。例如，受害人所购买的装修材料甲醛超标，严重危害受害人的健康，此时，受害人即有权请求生产者、销售者停止侵害。二是排除妨碍。所谓排除妨碍，是指排除缺陷产品对他人人身或财产的妨碍。一般情况下，排除妨碍都是指被告的物造成对他人权利行使的妨碍。在产品责任中，产品属于购买人所有，因此，一般不会有自己的物对自己构成妨碍的问题。三是消除危险。所谓消除危险，是指消除缺陷产品可能给他人的人身或财产造成损害的危险。例如，产品在投入流通以后发现存在缺陷，生产者、销售者应当采取警示、召回等补救措施，如果没有采取这些措施，而可能危及他人财产或人身，被侵权人有权请求生产者或销售者承担消除危险的责任。四是其他责任，如修理、更换等。《民法典》第1205条规定了“等侵权责任”，从文义解释的角度来看，这表明其是开放式的列举。另外，从历史解释的角度来看，立法者也认为，其不限于排除妨碍、消除危险。① 因此，该条的适用中，受害人可以请求的责任承担方式不限于这两种，只要有利于救济受害人的方式都可以采用。这就意味着，除了排除妨碍、消除危险之外，生产者和销售者还可能承担其他责任。② 另外，该条规定了生产者或销售者的责任，虽然没有明确受害人的选择权，但解释上应当认为，受害人可以自由选择。

《民法典》第1205条规定产品责任可采取排除妨碍、消除危险等责任，充分体现了侵权法的预防功能，也有利于对受害人提供全面保护。因为在很多情况下，产品缺陷可能并没有造成实际损害，但只要造成了妨碍、危险，就应当允许受害人提出请求。

需要指出的是，《民法典》第1205条关于“因产品缺陷危及他人人身、财产安全的，被侵权人有权请求生产者、销售者承担排除妨碍、消除危险等侵权责任”的规定，与《民法典》第1206条关于缺陷产品的召回义务的规定是密切联系在一起的。当然，在一般情况下，如果生产者和销售者已经履行了警示、召回义务，就没有必要再要求其承担排除妨碍、消除危险等侵权责任。

（二）赔偿损害

赔偿损害是指因为产品缺陷造成他人损害，受害人可以要求生产者或销售者承担赔偿责任。《民法典》第1203条规定：“因产品存在缺陷造成他人损害的，被侵权人

①② 参见全国人大常委会法制工作委员会民法室编：《中华人民共和国侵权责任法条文说明、立法理由及相关规定》，189页。

可以向产品的生产者请求赔偿，也可以向产品的销售者请求赔偿。”损害赔偿是对受害人进行救济最有效的方法，也是产品责任的最主要形式。

损害既包括财产损害，也包括人身损害；既包括直接损害，也包括间接损害。例如，因汽车轮胎爆裂，导致车辆突然转向，撞上路边的树木，驾驶人受伤，该案中的损害既包括车辆受损的损害（其中包括修理费、价值减少的损失等），也包括驾驶人的人身伤害，这些损害都应当由生产者或销售者赔偿。因产品存在缺陷造成受害人人身伤害的，侵害人应当赔偿医疗费、治疗期间的护理费、因误工减少的收入等费用；造成残疾的，还应当支付残疾者生活辅助具费、生活补助费、残疾赔偿金以及由其扶养的人所必需的生活费等费用；造成受害人死亡的，并应当支付丧葬费、死亡赔偿金以及由死者生前扶养的人所必需的生活费等费用。需要指出的是，因产品缺陷造成生命权、健康权的侵害，引发受害人严重精神损害，受害人也有权要求赔偿。所谓严重的精神损害，通常是指因产品缺陷造成受害人直接的人身伤亡而引发精神损害。例如，造成死亡、残疾等引发受害人严重的精神痛苦和肉体痛苦。如果只是造成了一般的轻微伤害，不宜请求精神损害赔偿。

二、诉讼时效的适用

产品责任中的诉讼时效是指产品缺陷的受害人要求生产者、销售者承担责任的时效期间。我国《民法典》第 188 条规定的诉讼时效为 3 年。但《产品质量法》第 45 条规定：“因产品存在缺陷造成损害要求赔偿的诉讼时效期间为二年，自当事人知道或者应当知道其权益受到损害时起计算。”这两者之间存在不一致，如果依据《民法典》第 11 条则应当适用特别法的规定。但是，鉴于《民法典》是在《产品质量法》之后制定的，应当认为，《民法典》修改了《产品质量法》的规则，按照新法优先于旧法的规则进行法律适用。

此外，《产品质量法》还规定了 10 年的诉讼时效期间，该法第 45 条第 2 款规定：“因产品存在缺陷造成损害要求赔偿的请求权，在造成损害的缺陷产品交付最初消费者满十年丧失；但是，尚未超过明示的安全使用期的除外。”学理上一般将该 10 年的期限解释为最长的诉讼时效期间。本书认为，这可以解释为对上述 2 年诉讼时效期间计算的限制，也就是说，如果超出了 10 年的期间，受害人就不能再主张产品责任的承担。不过，在例外情况下，如果产品明示的安全使用期超过 10 年，则应以该安全使用期作为最长的诉讼时效期间。

第六节　投入流通以后的召回等义务

一、投入流通以后的召回等义务的概念

《民法典》第 1206 条规定：“产品投入流通后发现存在缺陷的，生产者、销售者应当及时采取停止销售、警示、召回等补救措施；未及时采取补救措施或者补救措施不力造成损害扩大的，对扩大的损害也应当承担侵权责任。”这就在法律上确立了警

示、召回等义务。

（一）停止销售义务

产品一旦有缺陷，就应当立即停止销售，其目的在于防止损害的扩大。这就是说，对于正在销售的产品，应当下架封存，使其不再进入流通，避免损失的发生或扩大。在本质上，这可以理解为是停止侵害的一种方式。因为保护受害人的最好方式就是停止销售，以实现防患于未然。

（二）警示义务

产品进入流通后生产者有义务观察，如果发现缺陷应当警示。[①] 《民法典》第1206条明确规定了生产者和销售者的警示义务。所谓警示，是指产品投入流通后，因发现产品存在缺陷，产品的生产者、销售者通过各种方式对消费者加以提示、予以警告的一种补救措施。警示不同于召回，它主要适用于产品存在发展缺陷的情形，即产品在投入流通时的科学技术水平尚不足以发现该产品存在不合理的危险，而投入流通后，因科学技术水平的提高等原因，产品的生产者发现了该不合理的危险，应向公众提示该不合理的危险以预防损害的发生。警示通常是关于产品正常使用的说明，其提供的通常是关于不当使用的危险以及可能存在的潜在危险的信息。如果需要，警示信息应配以明显的符号或者图片信息，以便消费者能及时发现和了解这些信息。对于产品可能引发的危险（如药品具有的副作用）要及时提出警示。

警示义务和发展风险抗辩存在密切联系，如果不存在发展风险抗辩，那么就没有警示义务存在的必要性。正是因为存在该抗辩，所以才有必要要求生产者承担警示义务，而当生产者违背警示义务，即“未及时采取补救措施或者补救措施不力”时，生产者才应当承担侵权责任。

（三）召回义务

召回是指产品的生产者或者销售者在得知其生产或者销售的某类产品存在危及消费者人身财产安全的缺陷时，依法将该类产品从市场上回收，并免费进行检测、修理、更换或退货的制度。[②] 在产品存在制造缺陷或设计缺陷的情形下，采取警示通常不足以保护消费者的安全，往往需要通过召回的方式予以补救，如收回产品予以销毁或修理、更换部件等。

召回主要包括主动召回和强制召回两种方式，二者在具体程序上存在较大差别。所谓主动召回，也称为自愿召回，是指生产者一旦发现其生产的某类产品具有可能导致他人人身和财产损害的缺陷，应当主动将该类产品召回并进行检测、修理或者更换。主动召回缺陷产品实质上体现了企业的社会责任，对每个企业来说，不能因为产品已经销售出去而就此免责。所谓强制召回，是指在企业不主动召回时，由主管机关责令企业召回。自愿召回是召回的主要形式，应当在法律上予以鼓励。[③] 通常在产品

① 参见王泽鉴：《侵权行为法》，第2册，322页。
② 参见贺光辉：《论我国缺陷产品召回制度的具体构建》，载《社会科学辑刊》，2007（1）。
③ 参见田丽：《论我国缺陷产品召回制度》，载《经济问题》，2007（10）。

提供者不主动召回时，才由有关政府部门依法监督实施强制召回。从发达国家关于召回的经验和实践来看，自愿召回是主要形式。[①] 自愿召回越多，召回制度就越有效。

《民法典》第 1206 条第 2 款规定："依据前款规定采取召回措施的，生产者、销售者应当负担被侵权人因此支出的必要费用。"所谓必要费用，是指召回缺陷产品所必须支付的费用。例如，因运输缺陷产品所支付的运输费用。这些费用是因产品存在缺陷而引发的，理应由产品的生产者、销售者承担，法律作出此种规定，也有利于强化对消费者的保护。警示和召回等的费用应当由生产者和销售者负担，关于消费者是否需要分担该部分召回的费用，《民法典》并未作出明确规定，有些地方性法规和规章等规定，特定产品的召回费用由厂家承担。[②] 本书认为，这些地方性法规和规章的规定值得肯定，既然召回义务是生产者和销售者的义务，就应当由其自行承担费用，而不应由消费者分担。

（四）其他义务

其他义务包括提供各种售后服务，以消除产品缺陷等。在召回之后，生产者应当通过免费检测、修理或者更换等措施，确保消除安全隐患。至于具体采取何种措施，则应当根据具体产品的缺陷情况以及其对人身安全、公众安全的影响程度来确定。[③]

产品停止销售、警示、召回制度对于预防和消除缺陷产品对公民个人人身和财产的危害具有预防性、主动性等独特的功能。《民法典》第 1206 条所规定的召回制度，适用于各类产品，将其作为产品责任的责任承担方式，有利于督促生产者和销售者履行召回义务，从而保障消费者的安全。

二、未履行停止销售、警示和召回义务的责任构成要件

既然召回是一种法律义务，那么负有召回义务的生产者违反该义务，也应当承担相应的法律后果。如前所述，在违反警示和召回义务的情况下，义务人应当承担法律责任。依据《民法典》第 1206 条的规定，生产者、销售者违反停止销售、警示、召回义务的责任构成要件包括：

（一）产品投入流通后发现缺陷

根据《产品质量法》第 41 条第 2 款的规定，产品投入流通时尚未发现缺陷的情况，可以作为《民法典》第 1206 条投入流通后发现缺陷前的抗辩事由。在此情况下，依据《产品质量法》的规定，生产者不承担损害赔偿责任，但仍应履行召回义务。如果产品在投入流通时就已存在缺陷，只是尚未发现，在此情况下造成受害人损害的，生产者既要承担损害赔偿责任，又要承担召回义务。

---

① 参见郝翔鹰：《构建食品召回制度的法律思考》，载《郑州航空工业管理学院学报（社会科学版）》，2007（4）。

② 浙江省工商局、浙江省消保委联合发布的《丰田召回事件浙江消费维权措施通报》中指出：如主动上门召回，应该给消费者提供同车型使用或者补偿相应的交通费用；如车主返店修理，应当补偿消费者包括汽油费、误工费、误时费等等；车辆尚未交付的，应当允许解除预约，全额退还。

③ 参见郝翔鹰：《构建食品召回制度的法律思考》，载《郑州航空工业管理学院学报（社会科学版）》，2007（4）。

（二）生产者、销售者违反其负有的停止销售、警示、召回等义务

《民法典》第1206条规定的所谓“未及时采取补救措施”，是指生产者、销售者发现产品缺陷以后，没有在合理期限内采取停止销售、警示、召回等补救措施。例如，汽车制造商发现其汽车设计存在缺陷，而且已经大批量地生产，生产者没有及时召回，以致造成多起交通事故，致受害人损害。所谓“补救措施不力造成损害的”，是指生产者、销售者发现产品缺陷后，没有采取足以保护消费者安全的合理措施。例如，生产者或销售者本来应当全部召回缺陷产品，但只是部分召回；再如，其应当召回，却仅仅发出警示通知以警示消费者。

确定生产者和销售者是否履行义务，也要考虑其义务的存续期间。一般而言，自生产者将产品投放市场开始，到缺陷产品交回到生产者手中止，生产者都负有警示、召回等义务。在此期间内，生产者、销售者应当主动履行其警示、召回义务，而不以消费者提出请求为前提。

（三）造成受害人损害

生产者和销售者承担停止销售、警示、召回义务时，并不以实际损害的发生为前提。产品召回制度是一种事前救济制度，建立在潜在的损害基础上，召回义务人在产品缺陷尚未对人身财产造成实际损害之前就应将产品召回，并采取修理等补救措施，防患于未然。但如果生产者和销售者违反其警示、召回等义务，并造成了实际损害，就要对消费者承担赔偿责任，因此，损害赔偿责任必须以消费者遭受了实际损害为前提。

（四）义务的违反与损害之间存在因果关系

因果关系是所有侵权责任承担的必备要件。在此类责任中，其因果关系就表现为，生产者和销售者违反了停止销售、警示、召回等义务，并给受害人造成了损害，此种义务的违反与损害结果之间具有因果关系。在因果关系的判断上，应当与产品责任中其他因果关系的判断采同一规则。

三、违反停止销售、警示、召回义务的责任

依据《民法典》第1206条的规定，生产者、销售者“未及时采取补救措施或者补救措施不力造成损害扩大的，对扩大的损害也应当承担侵权责任”。依据该条规定，违反停止销售、警示、召回义务的责任适用的条件为：

第一，生产者、销售者未及时采取补救措施或者补救措施不力。这就是说，一方面，生产者、销售者未及时采取补救措施，这些措施包括停止销售、警示、召回等。另一方面，生产者、销售者虽然及时采取了补救措施，但补救措施不力。例如，生产者、销售者虽然及时对产品的危险作出了警示，但警示的内容不充分，不能有效避免损害的发生。

第二，生产者、销售者未及时采取补救措施或者补救措施不力，造成损害扩大。如果生产者、销售者及时采取补救措施，就可以防患于未然，防止损害的进一步扩大，但如果采取的措施不力，其结果就可能导致受害人损害的扩大。例如，生产者明

知其生产的汽车刹车系统失灵，但未及时采取补救措施，不仅造成汽车本身的损害，而且造成受害人受伤或者死亡的后果，这就属于造成损害的扩大的情形。

第三，生产者、销售者应当依法承担责任。从该条规定来看，其并没有明确限定生产者和销售者应当承担何种侵权责任。因此，在违反停止销售、警示、召回义务的情况下，生产者或销售者所应承担责任的形式包括产品责任的各种形式：一是如果造成了损害，受害人有权请求赔偿损害。这里所说的损失包括财产损害和精神损害。二是缺陷产品已经形成了危险，受害人有权请求消除危险，受害人请求消除危险时，未必要有实际损害的发生。

违反警示、召回义务时，受害人既可以请求生产者承担责任，也可以请求销售者承担责任，或者请求生产者、销售者承担连带责任。需要指出的是，受害人在遭受损害的情况下，其只能基于《民法典》第1206条的规定，请求召回义务人承担侵权责任，而不能要求法院强制生产者、销售者承担召回责任。一方面，如前所述，停止销售、警示、召回等义务不是法律责任，而是法定义务，因此，法院不能强制其从事警示或召回。另一方面，违反停止销售、警示、召回等不是法律责任方式，法院不能采取此种方式。至于受害人遭受损害以后，可以采取侵权责任的各种方式要求义务人承担责任，但不能通过召回制度来救济。

第七节　产品责任中的惩罚性赔偿

惩罚性损害赔偿也称为惩戒性的赔偿或报复性的赔偿，它是指由法院作出决定的赔偿数额超出实际损害数额的赔偿。[①] 惩罚性赔偿作为集补偿、惩罚、遏制等功能为一身的一项制度，主要在美国法中采用，是美国法固有的制度。[②] 但近几十年来，该制度开始受到广泛关注，并在有些国家逐步被采纳。我国《消费者权益保护法》第55条最早确认了惩罚性赔偿制度。《民法典》第1207条规定："明知产品存在缺陷仍然生产、销售，或者没有依据前条规定采取有效补救措施，造成他人死亡或者健康严重损害的，被侵权人有权请求相应的惩罚性赔偿。"该规定不仅适用于有缺陷的食品，而且适用于所有的缺陷产品。我国《民法典》虽然没有将惩罚性赔偿规定为一种一般的责任形态，但是依据《民法典》第1207条的规定，可以认为惩罚性赔偿是特殊的侵权责任方式。惩罚性赔偿集惩罚和补偿于一身，最能体现侵权法的个别预防功能与一般预防功能。

惩罚性赔偿责任的构成要件包括如下几项。

（一）生产者、销售者的行为从事了严重的违法行为

1. 明知产品存在缺陷仍然生产、销售

惩罚性赔偿主要体现了制裁功能，而制裁主要以过错为基础。依据《民法典》第1207条的规定，惩罚性赔偿的适用以行为人主观上明知为前提，既然惩罚性赔偿是

① See "Exemplary Damages in the Law of Torts", 70 *Harv. L Rev.* 517, 517 (1957).

② See Malzof v. United States, 112 S. Ct. 711, 715 (1992).

针对那些恶意的、在道德上具有可非难性的行为而实施的，那么，只有那些行为人主观过错较为严重的情况，才能适用惩罚性赔偿。因此，应当严格限制该条中“明知”的范围，将其限于行为人已经知道产品存在缺陷的情形，而不应当扩张适用于应当知道的情形。具体而言，明知包括两种形态：一是生产者在设计、制造产品的过程中已经发现了产品的缺陷，仍然制造并投入流通。例如，“三鹿奶粉”事件中，生产者明知其产品中有超标的三聚氰胺，且此种缺陷会造成消费者损害，而仍然生产该产品。二是销售者明知产品有缺陷。这就是说，销售者在销售产品之前或销售过程中已经发现了该产品存在缺陷而仍然予以销售。对于销售者来说，其毕竟没有设计、制造该产品，因此，其发现产品缺陷相对困难。但如果其在产品销售过程中，因为接到投诉、举报等，发现了产品存在缺陷，也可以构成明知。另外，产品缺陷也可能因为销售者的原因而产生，此时，其也可能明知缺陷的存在。

关于生产者和销售者明知产品存在缺陷的举证责任由受害人承担，也就是说，受害人要获得惩罚性赔偿，就必须证明生产者和销售者明知产品存在缺陷。由于要求受害人证明行为人确切知道将造成多大的损害后果是很困难的，因而行为人的“明知”并不是指行为人明知一定会造成多大的损害，而是指明知产品存在缺陷。如果其仅证明销售者明知，则可请求销售者承担责任；如果其仅能证明生产者的明知，则可请求生产者承担责任。从这一意义上说，生产者和销售者承担的惩罚性赔偿责任并不是连带责任。当然，在某些情况下，也可以适用“事实自证”或通过推定等方式来确定生产者或销售者的明知。例如，受害人如果证明销售者已经多次接到消费者关于产品缺陷的投诉，销售者接到投诉后没有采取任何措施，此时可以推定销售者是明知的。

2. 生产者、销售者未及时采取补救措施

在产品投入流通以后，如果发现有瑕疵，依据《民法典》第1206条规定，生产者、销售者应当及时采取停止销售、警示、召回等补救措施；但是，生产者、销售者明知产品有缺陷，未及时采取补救措施或者补救措施不力造成损害扩大的，也表明其主观上的可谴责性程度较高，因此，也应当承担惩罚性赔偿责任。

（二）造成人身伤亡的严重损害后果

惩罚性赔偿本身不是对一般的受害人提供的救济，而是对遭受人身伤亡严重损害后果的受害人提供救济。《民法典》第1207条是对受害人的生命健康权进行特别保护而设置的制度。因为在产品有缺陷致人损害的情况下，如果造成的损害后果仅是财产损失，或者造成并不严重的人身伤害，完全可以通过一般的损害赔偿来救济。更何况，产品成千上万，因产品缺陷造成损失的情形复杂，如果都适用惩罚性赔偿，将使企业负担过重、成本过高，最终也会使消费者间接地为此付出极大代价。依据《民法典》第1207条的规定，惩罚性赔偿必须造成人身伤亡的严重损害后果。具体来说，包括两个方面：一是造成他人死亡，即因为缺陷产品使受害人的生命权遭受侵害。例如，出售有毒食品，导致受害人死亡。二是造成他人健康严重损害。例如，出售假酒，导致受害人饮用后双目失明。

（三）因果关系

因果关系是指缺陷产品与损害之间的因果关系。《民法典》虽然对产品责任采严格责任原则，但受害人请求生产者、销售者承担侵权责任时，仍需要证明其损害与产品缺陷之间具有因果关系。

依据《民法典》第1207条的规定，受害人请求的赔偿是“相应的”惩罚性赔偿。这就是说，受害人在要求一定的惩罚性赔偿数额时，应证明其请求的数额的“相应性”。而有关相应性的举证由受害人承担。一般而言，相应性应根据各种因素综合判断。所谓相应，是指惩罚性赔偿数额应当与行为人的过错程度、损害后果、获利情况等相适应。一般来说，如果造成了死亡，较之于健康严重损害，其后果更为严重，惩罚性赔偿数额也应当更高。如果造成了众多的受害人死亡，形成大规模侵权，则损害后果又较个别人死亡更为严重。因此，缺陷产品造成的损害后果越严重，行为人承担的责任也就越重。

思考题

1. 如何理解产品缺陷的概念，如何认定产品缺陷？
2. 产品责任的责任主体有哪些？
3. 简述产品责任的免责事由。
4. 如何理解产品投入流通后的警示、召回义务？
5. 产品责任中惩罚性赔偿的适用条件有哪些？

第十五章　机动车交通事故责任

【案例】 甲是某公司职员，在某日上班驾车经过某路口时，为了不迟到，硬闯红灯，在穿行过程中，恰好遇到违章变道的乙，两车相撞，导致乙受重伤，花去医药费15万元，乙请求甲赔偿医药费、误工损失和车辆修理费。但在车辆相撞时，甲的奔驰车也被撞坏，花去修理费5万元，甲请求乙赔偿该损失。

简要评析： 该案属于机动车交通事故责任，依据《民法典》第1208条和《道路交通安全法》的相关规定，机动车之间发生交通事故的，归责原则为过错责任原则，即双方应当按照其过错对损害后果发生的原因力分担责任。本案中，甲驾车闯红灯，乙违章变道，对损害后果的发生均存在过错，依据上述规定，应当按照双方的过错程度分担责任。

第一节　机动车交通事故责任概述

一、机动车交通事故责任的概念和特征

所谓机动车交通事故责任，是指因机动车交通事故导致他人人身或财产的损害，机动车一方所应承担的侵权责任。在我国，机动车事故频发，导致机动车事故责任案件在所有民事案件中的比例居高不下，且造成了严重的人身伤亡和财产损害后果。2004年，我国颁布了《道路交通安全法》(2011年修正)，2006年，国务院颁布《机动车交通事故责任强制保险条例》(以下简称《交强险条例》，2012年修正)，在机动车事故领域推行强制保险。《民法典》设专章对机动车交通事故责任加以规定，为机动车交通事故责任提供了一个相对全面的规范体系。《民法典》第1208条规定："机动车发生交通事故造成损害的，依照道路交通安全法律和本法的有关规定承担赔偿责任。"该条不仅规范了民法典侵权责任编与《道路交通安全法》的关系，而且，明确了处理交通事故责任要依据《道路交通安全法》和《民法典》。

概括来说，机动车交通事故责任具有如下特点。

1. 它是由机动车造成事故而引发。依据《道路交通安全法》第119条的规定，"机动车"是指"以动力装置驱动或者牵引，上道路行驶的供人员乘用或者用于运送物品以及进行工程专项作业的轮式车辆"。因此，机动车交通事故中的"机动车"包括汽车、摩托车、非农用拖拉机、各种专用机械车、特种车等用于载人、载物和从事

某种作业的轮式车辆。[①] 构成“机动车”需要符合如下几个条件：一是以动力装置驱动或者牵引。此处所说的动力是指机械动力，与人力、畜力相对应，以后者为动力驱动或者牵引的车辆属于非机动车。二是供人员乘用或者用于运送物品以及进行工程专项作业。三是机动车不包括法律明确排除的车辆类型。例如，《道路交通安全法》规定，拖拉机等农业用车不属于其适用范围。[②]

2. 它是指机动车在道路上运行造成事故的责任。一方面，机动车交通事故必须发生在机动车的运行过程中，即只有因机动车的物理运行活动造成的事故才属于交通事故。《民法典》之所以设专章对“机动车交通事故责任”作出规定，主要是因为机动车可能给人们的人身和财产安全带来极大的安全隐患，而此种隐患正是来源于机动车在道路上的运行活动，非因运行活动而造成的事故和损害，不属于本章所调整的机动车交通事故。例如，机动车停在路边，而行人不慎撞在他人机动车上受伤，这就不是机动车运营风险的实现，不属于交通事故。另一方面，机动车交通事故必须是在公共通行道路上发生的事故，才能引发机动车事故责任。[③] 不过，考虑到在公共通行道路以外的地方也可能发生机动车事故，因此，《道路交通事故损害赔偿解释》第28条规定：“机动车在道路以外的地方通行时引发的损害赔偿案件，可以参照适用本解释的规定。”例如，机动车在封闭施工路段、村民宅前宅后建造的路段、单位内部的路面等因通行造成他人损害，虽然不属于机动车交通事故，但也可以参照适用该司法解释。

3. 它是因机动车运行致他人损害的责任。在机动车致人损害的情形，通常是造成行人和非机动车一方的损害，但也可能造成机动车使用人或者车内人员（如车内乘客）的损害。例如，两辆机动车发生碰撞，大多会造成机动车内人员的损害。本书认为，民法典侵权责任编第五章“机动车交通事故责任”中所规定的损害主要是指造成行人和非机动车一方的损害，其一般不包括机动车使用人、车内人员的损害。机动车使用人、车内人员的损害原则上不适用第五章关于机动车交通事故责任的规定，而应根据过错责任的规则加以处理。例如，骑车人违章骑车，造成了汽车的剐蹭，机动车一方要求骑车人赔偿，此种损害赔偿应当受一般过错责任调整，而不应当属于第六章“机动车交通事故责任”调整的范围。

4. 它在归责原则、责任主体等方面具有特殊性。《民法典》之所以在分则中设专章规定机动车交通事故责任，就是因为此种损害赔偿责任具有特殊性，此种特殊性主要表现在如下方面：一是归责原则具有特殊性。机动车对行人和非机动车造成的交通事故主要适用过错推定责任，以及10%范围内的严格责任，因此，在归责原则方面不同于其他类型的责任。二是责任主体的复杂性。《道路交通安全法》将此种责任主体统称为“机动车一方”，可能涉及机动车所有人、使用人、借用人、承租人，甚至盗

---

① 参见丁凤楚：《机动车交通事故侵权责任强制保险制度》，15页，北京，中国人民公安大学出版社，2007。

② 参见《道路交通安全法》第121条。

③ 《道路交通安全法》第119条规定，机动车运行的场所必须是“允许社会机动车通行”的场所，凡是不允许车辆通行的场所，或者只允许特定人的车辆通行的场所，即便是机动车运行引发的损害，也不属于机动车交通事故的范畴。

窃者、抢夺者等各类责任主体。三是不同责任类型项下的责任减免事由都具有其特殊性。四是法律适用上的特殊性。机动车事故责任涉及《民法典》《道路交通安全法》和责任保险法律制度的综合适用，因而其不同于一般的侵权责任。五是责任形态的特殊性。机动车交通事故的责任方式主要限于损害赔偿，极少涉及停止侵害、排除妨碍、消除危险等责任方式。

二、机动车交通事故责任与相关责任类型

（一）机动车交通事故责任与用工责任

机动车交通事故责任与用工责任存在一定的相似性，对于受害人来说，在机动车致人损害发生后，其可直接请求机动车一方承担责任。实践中，机动车可能由机动车所有人或其聘用的驾驶员驾驶。如果发生交通事故，可能同时引起用工责任和机动车交通事故责任的适用问题，如果驾驶人员是因执行职务驾驶机动车而发生事故，应按照《民法典》关于用工责任的规定，由用工者承担责任。但在驾驶人员非因执行职务驾驶机动车发生交通事故的情况下，究竟应当如何确定责任，值得探讨。本书认为，从致害活动方式的特殊性看，其属于机动车交通事故责任的范畴；驾驶人员虽然是机动车一方所聘用的人员，但因其不是执行职务，因而难以适用用工责任。在此情形下，可以将其作为《民法典》第1209条所规定的机动车“使用人”对待。

（二）机动车交通事故责任与产品责任

产品责任所救济的损害主要是由产品缺陷所引起的。由于机动车也是一种动产，因机动车缺陷造成损害的，也属于广义上的产品致害。但机动车交通事故责任与产品责任仍然存在区别：机动车在运行中造成他人损害，受害人只能请求机动车一方承担损害赔偿责任；如果是因为机动车的缺陷而造成他人受损，原则上应由机动车一方在对受害人作出赔偿之后，再去追究机动车生产者的产品责任。当然，如果机动车一方难以赔偿受害人遭受的全部损害，受害人也可以直接请求生产者赔偿。例如，某人驾驶的机动车因刹车失灵而无法避让行人，致行人伤害的，受害人在机动车一方无力全面赔偿时可以直接请求机动车生产者赔偿。

三、我国机动车交通事故责任的特点

我国《民法典》所规定的机动车交通事故责任具有如下特点。

第一，贯彻以人为本的理念，强化对受害人的保护。道路交通事故一旦发生，大多是因为过失行为引起的，甚至可能是轻微的过失所致。因此，在机动车交通事故发生后，法律应当侧重于对受害人提供救济，而不是制裁行为人的不法行为。例如，《民法典》第1215条第2款通过规定保险公司的垫付责任，就体现了对个人生命权、健康权的尊重，体现了以人为本的立法理念。

第二，着眼防患于未然，强调机动车交通事故的预防功能。这一点尤其体现在责任主体的认定方面。在机动车运行中发生事故（也称为交通事故）时，应要求能够对机动车进行控制的一方承担责任，这样就可以督促其尽到注意义务避免交通事故的发

生。《民法典》第1210条规定：“当事人之间已经以买卖或者其他方式转让并交付机动车但是未办理登记，发生交通事故造成损害，属于该机动车一方责任的，由受让人承担赔偿责任。”买受人之所以要承担责任，是因为其能够控制机动车的危险。

第三，受害人救济方式的多元化。在现代社会，多元化的社会救济机制首先以侵权法功能的转变为先导，在此基础上逐渐形成了侵权损害赔偿、责任保险、社会救助三种救济机制并存的多元化受害人救济机制。《民法典》尤其注重机动车交通事故责任与强制责任保险的结合，旨在对受害人提供综合救济。除保险责任外，在机动车肇事人逃逸或机动车未投保的情况下，我国还引入了社会救助基金等社会综合救济的方法，以解决该社会问题。由此可见，为全面救济受害人，我国《民法典》规定了多元的救济方式。

第四，有效地衔接了一般法和特别法的关系。《道路交通安全法》已经对机动车事故责任作出了规定，为了实现一般法和特别法的衔接，实现法律之间的协调，《民法典》第1208条通过法规指引的方式，将法律适用的依据指向《道路交通安全法》，这就有效协调了机动车交通事故责任中一般法和特别法的关系。

第二节　交通事故责任的归责原则

《民法典》第1208条规定：“机动车发生交通事故造成损害的，依照道路交通安全法律和本法的有关规定承担赔偿责任。”该条直接指向了《道路交通安全法》，因此，机动车事故责任的归责原则应当依据《道路交通安全法》确定。修改后的《道路交通安全法》第76条规定：“机动车发生交通事故造成人身伤亡、财产损失的，由保险公司在机动车第三者责任强制保险责任限额范围内予以赔偿；不足的部分，按照下列规定承担赔偿责任：（一）机动车之间发生交通事故的，由有过错的一方承担赔偿责任；双方都有过错的，按照各自过错的比例分担责任。（二）机动车与非机动车驾驶人、行人之间发生交通事故，非机动车驾驶人、行人没有过错的，由机动车一方承担赔偿责任；有证据证明非机动车驾驶人、行人有过错的，根据过错程度适当减轻机动车一方的赔偿责任；机动车一方没有过错的，承担不超过百分之十的赔偿责任。”对于该条所确立的归责原则，本书认为，应当从如下几个方面理解。

1. 机动车之间发生交通事故，实行过错责任归责原则

根据《道路交通安全法》第76条第1项所说的过错，一般认为主要是指机动车一方因故意或过失违反了有关道路交通安全的法律法规和规章，或者因驾驶不当导致了交通事故的发生。在机动车之间发生损害的情况下，只要双方证明自己没有过错，就可以减轻或免除责任。所谓按照各自的过错比例分担责任，也就是指根据过错程度的大小来确定责任，过错越大则责任越重。[①] 之所以对机动车之间的事故在法律上要实行过错责任原则，一方面是因为在机动车之间，很难说双方存在危险开启、维持和控制能力的强弱之别，也很难说哪一方是弱者、哪一方是强者，不具备采用危险责任

① 参见郎胜主编：《中华人民共和国道路交通安全法释义》，171页，北京，法律出版社，2004。

(也即严格责任)的现实基础。因此，机动车之间的侵权案件应当按照普通的侵权以过错责任原则来加以处理，由对事故发生有过错的一方承担损害赔偿责任。另一方面，由于机动车各方在运行支配和运行利益方面没有区别，尤其是在预防损害发生的能力上，并无差别。因而机动车之间发生交通事故仍然适用过错原则，如果双方都有过错的，按照相互过错的程度分担损害赔偿责任。

需要探讨的是，机动车之间发生的道路交通事故(如机动车碰撞)，是否也可以适用民法典侵权责任编第五章关于机动车交通事故责任的规定？对此存在两种不同的观点。本书认为，从归责原则上来看，机动车之间的机动车交通事故责任与第五章的规定不同，故原则上不能适用该章的规定，而应当适用过错责任的一般条款。

2. 机动车与非机动车驾驶人、行人之间发生交通事故，采用过错推定和严格责任相结合的模式

(1) 主要适用过错推定责任。对《道路交通安全法》第 76 条关于机动车与非机动车、行人之间的归责原则，应当作如下解释：首先，只要机动车与非机动车驾驶人、行人之间发生交通事故，就推定机动车一方有过错，以减轻非机动车一方的举证责任。其次，该条规定只是一种过错的推定，而非认定，因此，机动车一方还可以通过反证来推翻此种推定。再次，有证据证明非机动车驾驶人、行人有过错的，可以减轻机动车一方的责任。如果交通事故确实是由于非机动车一方的过错造成的，例如行人违反交通规则闯红灯而横穿马路，机动车一方采取了必要的措施仍然未能避免损害的发生，则机动车一方可以对此进行反证，表明自己并无过错，从而可以减轻其责任。根据《道路交通安全法》第 76 条的规定，如果有证据证明非机动车驾驶人、行人有过错的，机动车一方可以在 90%的范围内减轻责任。据此，在因道路交通事故造成人身伤亡、财产损失的情况下，机动车一方在 90%的责任范围内适用过错推定责任。

(2) 在不超过 10%的范围内适用严格责任。《道路交通安全法》第 76 条规定："机动车一方没有过错的，承担不超过百分之十的赔偿责任。""交通事故的损失是由非机动车驾驶人、行人故意碰撞机动车造成的，机动车一方不承担赔偿责任。"这不仅明确了在机动车一方无过错的情况下减轻责任的范围，而且确定了故意碰撞可以导致机动车一方免责的规则。具体而言，该条规定包括两个规则：

第一，机动车一方没有过错的，承担不超过 10%的赔偿责任。该规定与 1991 年国务院颁布的《道路交通事故处理办法》所确立的赔偿原则类似，也是多年以来我国道路交通事故处理经验的总结。之所以要承担 10%的责任，是因为这是与机动车危险性相适应的严格责任。[①]

第二，故意碰撞可以完全免责。此处所说的故意碰撞的动机、目的具有多样性，有可能是故意讹诈的"碰瓷"现象，也可能是自杀行为，还可能是为了阻止车辆通行，只要有证据证明受害人存在故意碰撞的行为，且机动车一方没有过错，机动车一

---

① 参见熊丙万：《机动车交通事故责任》，载王利明主编：《中华人民共和国侵权责任法释义》，246～247 页，北京，中国法制出版社，2010。

方可以免责。

总之，《道路交通安全法》采用了多重归责体系，根据该法第 76 条的规定，机动车之间的交通事故责任适用过错责任；机动车与非机动车、行人之间的交通事故适用过错推定责任；机动车一方无过错时，也要承担不超过 10%的赔偿责任，此种责任属于严格责任。

第三节　责任构成要件和免责事由

一、机动车交通事故责任的构成要件

由于《道路交通安全法》将机动车之间的侵权责任规定为一般过错责任，在责任构成要件上并不具有特殊性，因而，此处所说的机动车交通事故责任构成要件主要是针对机动车与非机动车、行人之间的交通事故责任。

（一）机动车因交通事故造成了损害

损害是机动车事故责任承担的前提。《民法典》第 1208 条规定："机动车发生交通事故造成损害的，依照道路交通安全法律和本法的有关规定承担赔偿责任。"此处只是规定了损害，而没有规定具体的损害类型。根据《道路交通安全法》第 76 条的规定，机动车交通事故责任中的损害主要包括两类。

第一，人身伤亡。《道路交通事故损害赔偿解释》第 14 条第 1 款规定："道路交通安全法第七十六条规定的'人身伤亡'，是指机动车发生交通事故侵害被侵权人的生命权、健康权等人身权益所造成的损害，包括侵权责任法第十六条和第二十二条规定的各项损害。"在机动车发生交通事故的情况下，经常会造成受害人生命健康权受到严重的侵害。例如，因交通事故致他人残疾甚至死亡。因此，人身伤亡的损失包括两个方面：一是《民法典》第 1179 条规定的医疗费、护理费、交通费等为治疗和康复支出的合理费用，因误工减少的收入，以及残疾生活辅助具费、残疾赔偿金、丧葬费和死亡赔偿金。二是《民法典》第 1183 条规定的精神损害。机动车交通事故中的人身伤亡是指机动车事故造成的机动车一方以外的受害人的人身伤亡，不包括机动车一方所遭受的人身伤亡。尽管"本车人员"和机动车一方也可以成为受害人，但是其损害的赔偿并不适用《民法典》第五章的规定，而应适用过错责任的一般规则。

第二，财产损失。《道路交通事故损害赔偿解释》第 14 条第 2 款规定："道路交通安全法第七十六条规定的'财产损失'，是指因机动车发生交通事故侵害被侵权人的财产权益所造成的损失。"机动车交通事故可能将他人财产损毁，如将他人车辆撞毁。财产损失既包括直接损失，也包括间接损失（如经营性车辆修复期间的停运损失、因交通事故导致车辆的使用中断所造成的营业收入的损失）。

（二）机动车运行与损害之间具有因果联系

因果关系是责任的构成要件，也是侵权责任承担的正当性基础。在机动车一方与非机动车、行人之间发生交通事故的情况下，需要强调机动车运行造成了损害。例

如，在车展上机动车从展台坠落导致他人损害，此时，机动车并没有运行，损害与机动车运行之间就不存在因果关系。我国通说要求机动车运行与损害之间存在因果关系，即应当考虑机动车运行与损害之间的引起与被引起的关系。

就机动车事故责任而言，其在因果关系判断上往往需要借助于公安交通机关对交通事故的认定。公安交通机关通过对相关资料的技术分析，对事故发生的原因和各方当事人对事故所起作用大小进行判断，这些结论大多涉及对因果关系的判断，这一判断虽然不是对最终责任承担的判断，但其可以作为责任认定的重要依据。①

（三）机动车一方不能证明自己没有过错

在机动车与非机动车或行人之间发生事故时，机动车致人损害的责任主要是过错推定责任，机动车一方必须在事故发生之后证明自己没有过错，才能在法定的范围内减轻其责任，如果其不能证明自己没有过错，则应当承担损害赔偿责任。本书认为，机动车一方要证明自己没有过错，不能仅仅证明自己尽到了注意义务，还必须证明其存在法定的免责事由，例如，因受害人的故意或第三人的原因等导致损害的发生。

二、机动车交通事故责任的免责事由

虽然《民法典》没有特别规定机动车事故责任的免责事由，但根据《民法典》侵权责任编第五章的规定以及《道路交通安全法》的规定，机动车事故责任的免责事由主要包括如下几项。

第一，受害人的故意。《道路交通安全法》第 76 条第 2 款规定："交通事故的损失是由非机动车驾驶人、行人故意碰撞机动车造成的，机动车一方不承担赔偿责任。"据此，在受害人"故意碰撞机动车"的情况下，机动车一方免除责任。本书认为，从文义解释来看，对"故意碰撞"的含义可以作宽泛的解释，只要是故意与机动车接触，无论有没有遭受损害的故意，都应当使机动车免责。该免责事由产生的重要背景在于实践中出现了恶意的"碰瓷"现象，有必要通过该免责事由的设立防范此种恶意行为的发生。但从该条的现实意旨来考察，其并非仅限于故意"碰瓷"，也包括了受害人所从事的其他恶意碰撞行为。

需要指出的是，依据《民法典》第 1173 条的规定，如果受害人对于交通事故发生也有过错的，可以根据过错程度适当减轻机动车一方的赔偿责任，但受害人自身的特殊体质不属于此种情形。例如，在"荣某诉王某、永诚财产保险股份有限公司江阴支公司机动车交通事故责任纠纷案"② 中，被告王某驾驶轿车与原告荣某发生刮擦，致其受伤，经交管部门认定，被告对事故负全责。法院认为，虽然原告体质与常人之间存在一定区别，导致其所遭受损害更为严重，但体质状况并不构成交通事故责任中受害人的过错，不属于可以减轻侵权人责任的法定情形。

第二，第三人的行为。在机动车交通事故责任中，机动车一方侵权责任的成立条件之一，是机动车运行与受害人损害之间具有因果关系，因此，如果机动车交通事故

① 参见庄洪胜等：《交通事故侵权责任损害鉴定与赔偿》，24 页，北京，中国法制出版社，2010。

② 《最高人民法院公报》，2014（8）。

是因第三人行为引发，则机动车一方即无须承担侵权责任。例如，被告在驾车过程中被第三人碰撞，结果撞伤了受害人。在该案中，第三人行为是损害发生的原因，被告的行为与受害人的损害之间并没有因果关系，因此无须承担侵权责任。

第三，不可抗力。依据《民法典》第180条的规定，除非法律另有规定，不可抗力都可以作为免责事由，而从《民法典》关于机动车交通事故责任的规定来看，并没有否定不可抗力可以作为免责事由，因此，不可抗力可以作为机动车交通事故责任的免责事由。

第四，紧急避险。机动车在运行中也可能发生紧急避险。例如，在公路上，为了躲避突然翻越护栏闯入公路的人，被告的机动车撞上了受害人的摩托车，致受害人损害。在紧急避险的情形下，机动车一方没有过错，在90%的范围内要免除责任。

需要指出的是，除了受害人故意碰撞行为以外，其他免责事由只能导致机动车一方在90%范围内的免责，对于剩下的10%责任，机动车一方仍然应当承担赔偿责任。

第四节　机动车交通事故责任承担的特殊情形

一、所有人与使用人分离的责任承担

（一）所有人与使用人分离的概念

所谓所有人与使用人分离，是指法律上的所有人与实际使用人不一致。这种不一致通常是因合法原因而造成的，如因出租、出借、所有权保留买卖等原因，导致所有人将其车辆交付给他人使用，因而形成了所有人与使用人分离的现象。一般来说，如果因机动车所有人自己驾驶发生道路交通事故的，依据《民法典》第1208条和《道路交通安全法》第76条就可以直接确定责任人及责任大小。但在所有人与使用人不是同一人情形下，情形比较复杂，必须根据一定的规则来认定责任主体。对此，《民法典》第1209条规定："因租赁、借用等情形机动车所有人、管理人与使用人不是同一人时，发生交通事故造成损害，属于该机动车一方责任的，由机动车使用人承担赔偿责任；机动车所有人、管理人对损害的发生有过错的，承担相应的赔偿责任。"该条实际上确立的是所有人和使用人发生分离的一般规则，这就是说，在任何情况下，只要出现了所有人与使用人不是同一人的情形，就应当依据《民法典》第1209条的规定，由使用人承担赔偿责任。

（二）所有人、管理人与使用人分离时的责任构成要件

1. 发生了机动车租赁、借用等情形。一是租赁。机动车租赁是指机动车所有人将机动车在一定时间内交付承租人使用、收益，机动车所有人收取租赁费用，不提供驾驶劳务的行为。[①] 在我国，随着汽车租赁行业的发展，机动车租赁现象在实践中较多，已经成为重要的产业。因而，因租赁而发生的所有人与使用人的分离日益普遍，

① 参见全国人大常委会法制工作委员会民法室编：《中华人民共和国侵权责任法条文说明、立法理由及相关规定》，208页。

实践中甚至出现了“附驾驶服务租赁”的情形，即出租人同时提供机动车和驾驶服务。本书认为，在附驾驶服务租赁关系中，出租人仍然实际控制机动车，应当由出租人承担责任，而不应由承租人承担责任。二是借用，即指机动车所有人无偿地将其机动车交给他人使用的行为。在社会生活中，人们之间为了互通有无和互相帮助，经常发生机动车借用的现象。借用和租赁的主要区别在于借用为无偿，租赁为有偿使用。三是其他情形。这主要是指基于保管、质押、所有权保留、维修等而导致的所有人和使用人的分离。需要指出的是，《民法典》第1209条规定的“等情形”虽然包括的范围很广，但其应当限于因合法原因而导致所有人和使用人的分离。所有人与使用人不是同一人，必须是基于所有人的意志而发生的分离。如果这种分离的状况是违背所有人意愿的，如因盗窃、抢劫等原因造成的，则很难要求所有人承担责任。因此，第1209条的规定适用于基于合法行为（主要是基于法律行为）所发生的所有人与使用人分离的情形。

2. 所有人、管理人与使用人不是同一人。《民法典》第1209条实际上确立了机动车在所有人与使用人分离情形下侵权责任承担的一般规则。该规则的适用前提是发生了所有人与使用人的分离。“所有人与使用人”的分离具有以下特点：首先，这种分离是基于所有人的意思而产生的所有人与使用人的分离，如出租、出借机动车等。如果非基于所有人的意思，如因盗窃、抢夺、抢劫而导致机动车的所有人与使用人分离，则应当适用《民法典》第1215条的规定。其次，所有人与使用人的分离也意味着，所有人不再实际占有机动车，而是由使用人占有并使用机动车。正是因为使用人实际占有并使用机动车，所以基于运行支配说与运行利益说，应当由实际支配、控制机动车的运行并因此享受利益的使用人承担侵权责任。

机动车的所有人就是指对机动车享有所有权的自然人、法人等民事主体，既包括机动车登记簿上记载的机动车所有人，也包括虽未登记但实际享有机动车所有权的人。在物权法上，对于车辆买卖实行登记对抗主义，即便没有登记，但已经支付了价金，也可以发生所有权的移转。也正是因为这一原因，即便没有办理变更登记，受让人也可能成为所有人，只是不能对抗登记权利人。因此，《民法典》第1210条规定，在没有办理登记时，由买受人负责，这也是合理的。所谓机动车的管理人，是指虽然不是机动车的所有权人，但委托给某个单位管理，该单位就属于管理人。

使用人是指依据合同的约定或者法律的规定，合法占有他人机动车的人。使用人具有如下特征：一是合法占有了机动车。原则上，当事人之间必须形成合法的合同关系，所有人基于此种合同关系将其机动车交付给了使用人。也就是说，使用人占有和使用所有人的机动车，是符合所有人意愿的。但在特殊情况下，擅自使用他人机动车的人也可以认定为此处所说的使用人。例如，甲、乙系邻里关系，交往密切。某日乙因用车需要，在甲不知情的情况下，将甲的车开走，后发生交通事故致人损害。对乙驾驶的行为，甲并不知情，也未同意。对于此种非基于法律行为发生的所有人和使用人分离的情况，也应当属于该条的调整范畴。二是使用人实际控制了机动车辆。如果双方签订了机动车租赁合同，但并没有实际交付，则承租人并不是实际的使用人。至于使用人占有了机动车之后，再次将其移转给第三人占有的，其仍然可以构成使用人。三是使用人享有机动车运行的利益。需要指出的是，在某些情况下，机动车驾驶人并不一定是机动车使用人，如雇用驾驶、职务驾驶、委托驾驶等情形，此时，雇用驾驶人、职务驾驶人和委托驾驶人并不是此处所称的“使用人”。至于在代驾的情况下，由于机动车使用人和代驾者之间实际上形成了临时用工关系，依据《民法典》第1192条，双方形成了劳务关系，提供劳务的一方因劳务造成他人损害，应当由接受劳务的一方对外承担责任。对于受害人而言，被代驾者是机动车一方，代驾者可以看作是其聘请的雇员。所以，仍然应当由被代驾者对外负责，至于代驾者和被代驾者之间的责任承担，属于内部关系，如发生追偿责任等。

3. 发生交通事故后属于该机动车一方责任。这就是说，在发生交通事故以后，确定由机动车一方负责。此处所说的机动车一方就是指所有人和使用人。在所有人与使用人分离的情况下，使用人是直接的责任人，在发生交通事故后，使用人要承担责任。但作为机动车的所有人，其可能也有一定的过错，如机动车不具有适驾性而交给他人使用。只有在机动车一方应当承担责任的情况下，机动车的使用人或所有人才需要承担机动车交通事故责任。

（三）所有人、管理人与使用人不是同一人的责任承担

在我国司法实践中，对于所有人与使用人分离时如何承担责任，做法并不完全一致。《民法典》作出了明确的规定。《民法典》第1209条规定：“因租赁、借用等情形机动车所有人、管理人与使用人不是同一人时，发生交通事故造成损害，属于该机动车一方责任的，由机动车使用人承担赔偿责任；机动车所有人、管理人对损害的发生有过错的，承担相应的赔偿责任。”根据该条的规定，所有人与使用人不是同一人的情形下，责任的承担规则如下。

1. 使用人承担交强险赔付以外的赔偿责任。《民法典》第1213条规定：“不足部分，由机动车使用人承担赔偿责任。”这就是说，在保险赔付之外，受害人仍然有损害的，应当由机动车使用人承担赔偿责任。① 此处所说的使用人，主要是指租赁合同中的承租人、借用合同中的借用人、所有权保留中买受人、维修合同中的修理人等。确立该规则的主要原因在于：一是从运行支配和运行利益来看，这两种利益都已经集于使用人一身，所以其应当承担责任。使用人从其对机动车的利用中获得利益，要求其承担责任符合严格责任中损益同归的原则。出租人虽然享有运行利益，但并没有真正支配机动车，因此原则上不应当承担责任。② 二是从预防损害来看，使用人控制了机动车的运行，其可以实际地控制机动车的危险，要求其承担责任，有利于督促其采取措施预防损害的发生。三是保险公司支付的赔偿，在一定程度上可以说是所有人支付保费的对价。所有人支付保费本身意味着其已经承担了一定的责任，所以让所有人继续承担责任，等于由其承担了全部责任，对所有人不公平。因此，在所有人与使用人不是同一人的情形下，因交通事故造成受害人损害，受害人首先应当请求使用人承担赔偿责任。

① 参见奚晓明主编：《最高人民法院法官阐释侵权法疑难问题》，166页，北京，中国法制出版社，2010。

② 参见熊丙万：《机动车交通事故责任》，载王利明主编：《中华人民共和国侵权责任法释义》，256～257页。

2. 所有人、管理人依据其过错承担相应的赔偿责任。《民法典》第 1209 条规定："机动车所有人、管理人对损害的发生有过错的，承担相应的赔偿责任。"如何理解所有人、管理人的过错？本书认为，所有人、管理人的过错，是指其没有尽到合理的、谨慎的人应尽的注意义务。依据《道路交通事故损害赔偿解释》第 1 条，具有下列情形之一的，可以认定所有人具有过错：一是知道或者应当知道机动车存在缺陷，且该缺陷是交通事故发生原因之一。例如，明知其汽车的刹车失灵，而不告知驾驶人，导致交通事故。但如果缺陷与事故的发生不存在因果联系，也不能因此要求机动车所有人承担责任。① 二是知道或者应当知道驾驶人无驾驶资格或者未取得相应驾驶资格。在驾驶人不具备驾驶资格的情况下，开车上路本身就是违法的，如果所有人在交付机动车时违反这一规定而没有审查使用人是否具有驾驶资格，或者明知其没有驾驶资格而仍然将机动车交付他人使用，就应当认定其具有过错。三是知道或者应当知道驾驶人因饮酒、服用国家管制的精神药品或者麻醉药品，或者患有妨碍安全驾驶机动车的疾病等依法不能驾驶机动车。实践中所说的"毒驾""醉驾"都是违法犯罪行为，也是对公众安全的威胁。四是其他应当认定机动车所有人或者管理人有过错的情形。例如，某些机动车不适合在特定类型道路上驾驶的，所有人应当在交付使用人时，及时告知此种情况。

依据《民法典》第 1209 条的规定，在所有人、管理人有过错的情况下，其应当承担"相应的赔偿责任"，本书认为，该条所规定的"相应的赔偿责任"，是一种依据过错程度而确立的责任。相应的责任表明，责任的范围要根据其过错程度来确定。同时，在机动车所有人、管理人对损害发生有过错的情况下，应当由所有人、管理人和使用人各自承担相应的责任。因为立法者已经确定了在所有人、管理人没有过错的情形下，应当由机动车使用人承担全部的赔偿责任，此时，机动车使用人的责任就是完全责任，一旦所有人、管理人有过错，其就应当分担部分责任，此种责任在性质上属于按份责任。

在所有人、管理人和使用人的责任承担上，原则上没有顺序的限制，在这两个主体之间，受害人可以进行选择。当然，如果受害人选择了使用人，则使用人要承担全部责任，如果受害人选择了所有人、管理人，则所有人、管理人只是在其过错范围内承担相应的责任，而不用承担全部的责任。如果所有人和使用人之间通过约定，确定各自的责任范围，此种约定仅具有内部效力，不能对抗受害人。②

二、未办理过户手续时的责任

（一）未办理过户手续时的责任的概念

《民法典》第 1210 条规定："当事人之间已经以买卖或者其他方式转让并交付机动车但是未办理登记，发生交通事故造成损害，属于该机动车一方责任的，由受让人

① 参见奚晓明主编：《最高人民法院关于道路交通损害赔偿司法解释理解与适用》，32 页，北京，人民法院出版社，2012。

② 参见奚晓明主编：《〈中华人民共和国侵权责任法〉条文理解与适用》，363 页。

承担赔偿责任。”这就在法律上确立了在未办理过户手续的情况下机动车事故责任的承担规则。该条规定实际上借鉴了有关司法解释的经验。未办理过户手续时的责任与所有人和使用人发生分离的责任是不同的，因为在此情形下，机动车的所有权已经发生了变动，机动车的实际使用人就是其所有人，此种情形不属于《民法典》第1209条所规定的“所有人与使用人相分离”的情况。依据《民法典》第225条的规定，机动车物权的变动采登记对抗主义，交付但没有登记的，买受人仍然取得物权，只是不能对抗善意第三人。据此可见，即使在没有办理变更登记的情况下，受让人也已经成为机动车所有人。买受人已经集所有人与使用人的双重身份于一身，其应当是机动车交通事故责任的责任主体。因此，在买卖而没有办理过户手续的情况下，买受人应当承担责任，出卖人不承担责任。

（二）受让人未办理过户手续时责任的构成要件

依据《民法典》第1210条，受让人未办理过户手续时责任的构成要件包括：

第一，发生了买卖或其他方式的转让行为。此处的转让行为既包括买卖，也包括赠与等方式。问题在于，如果机动车买卖合同以后被宣告无效，是否也可以适用该条规定？本书认为，机动车事故责任主要依据机动车一方是否进行支配并享有利益而确立，至于保有机动车的基础法律关系是否有效，则不予考虑。更何况，当事人没有办理登记，本身不会导致合同无效，是否办理登记与机动车事故是否发生以及损害的大小没有实质联系。即便在合同无效的情况下，如果已经发生了交付，发生了机动车事故，仍应由实际支配车辆的买受人负责。如果事故发生时尚未有转让和交付机动车，则应当由出让人负责。如果受让人在发生事故时已经返还了原机动车，则应当由出让人负责。

第二，当事人之间已经交付了机动车但未办理登记。这就是说，一方面，当事人之间没有办理登记。实践中，在机动车所有权发生转移时，因节省费用、以物抵债等多种原因可能出现买受人或受赠人未办理机动车所有权转移登记的情形，结果导致机动车的名义所有人与实际所有人不一致的情形。[①] 没有办理过户手续实际上有三种情形，一是转让人和受让人在订立机动车转让合同之后，转让人交付了机动车，但是没有办理过户。二是转让人自始就没有办理登记手续，因此，在转让时也没有办理过户登记手续。三是转让人在购买机动车之后没有办理登记手续，因此在再次转让机动车时也没有办理登记手续。无论出现哪种情况，都属于未办理登记。另一方面，转让人已经交付了机动车。只有交付了机动车，才会发生运行支配的移转，受让人也才应当承担侵权责任。问题是，如果价款没有付清，是否适用本条？从本条规定来看，对此未予考虑。基于与前述相同的原理，是否支付价款是合同关系要考虑的问题，与机动车事故责任的承担无关。

第三，受让人使用过程中因使用车辆而发生了交通事故。在没有办理过户登记的情况下，如果受让人使用机动车导致事故的发生，就应当由受让人负责。如果机动车在受让人处再次发生所有人与使用人的分离，如受让人将机动车借给第三人使用，此

---

① 参见程啸：《机动车损害赔偿责任主体之研究》，载《法学研究》，2006（4）。

时仍然要适用《民法典》第1209条的规定，由借用人负责。在连环购车中，同一辆机动车被多次以买卖方式转让并已经实际交付，但都未办理所有权的移转登记。本书认为，在此情况下，应当确认最终的实际使用人为使用人。

第四，属于该机动车一方责任。也就是说，在发生机动车交通事故之后，受让人一方并不当然需要承担责任，在必须由该机动车一方承担责任时，受让人才需要承担责任。如果该机动车一方不需要承担责任，则受让人也无须承担责任。例如，依据《道路交通安全法》第76条的规定，机动车之间发生交通事故的，采过错责任原则，此时，如果受让机动车一方没有过错的，则无须对损害后果承担责任。

（三）未办理过户手续时的责任承担

依据《民法典》第1210条的规定，在没有办理车辆过户的情况下，首先由保险公司在机动车责任保险的范围内予以赔偿。在保险公司承担赔偿责任之后，不足部分由受让人承担赔偿责任，而出卖人不向受害人承担侵权责任。如果机动车被多次转让，则应当以最后的受让人为责任主体。《道路交通事故损害赔偿解释》第4条规定："被多次转让但未办理转移登记的机动车发生交通事故造成损害，属于该机动车一方责任，当事人请求由最后一次转让并交付的受让人承担赔偿责任的，人民法院应予支持。"该条确认了以最后的受让人作为责任主体的规则。

在法律上之所以由最后的受让人承担责任，主要是要与前述依据运行支配和运行利益认定责任主体的规则保持一致。最后的受让人虽然没有办理过户登记，但其已经受领了机动车，可以支配机动车的运行，并享有机动车的运行利益。而且出卖人已经依法为转让的机动车购买了强制责任保险，其已经履行了法定的义务，所以不存在任何过错，不能再要求出卖人承担赔偿责任。当然，如果出卖人没有为机动车投保强制责任保险，即便其将机动车转给他人，在机动车发生交通事故造成损害时，出卖人也应当在强制责任保险的限额范围内对受害人承担赔偿责任。

三、机动车挂靠情形下的责任承担

所谓挂靠，通常是指为了进行道路运输经营活动，自然人将其购买的机动车登记在具有运输经营资质的组织名下，并以该组织的名义进行道路运输运营活动。挂靠人往往要向被挂靠人支付一定的管理费。《民法典》第1211条规定："以挂靠形式从事道路运输经营活动的机动车，发生交通事故造成损害，属于该机动车一方责任的，由挂靠人和被挂靠人承担连带责任。"这就对因挂靠而发生交通事故责任的主体作出了明确规定。机动车挂靠情形下责任承担的构成要件是：

第一，以挂靠形式从事道路运输经营活动。实践中之所以出现机动车挂靠现象，是因为挂靠人没有运输经营资质。在机动车挂靠的情况下，挂靠人自己出资购买机动车，但在车辆登记时使用了被挂靠人的名义。因此，在挂靠的情形下也会出现名义车主与实际车主分离的现象。在当事人之间存在挂靠关系的情形下，如果挂靠人不是从事运输经营活动，则无法适用该条规定。

第二，发生交通事故造成损害。此处所说的发生交通事故，是指挂靠人一方驾驶机动车发生交通事故。如果是非挂靠的其他车辆发生交通事故，则不适用本条规定。

第三，属于该机动车一方责任。也就是说，在发生机动车交通事故后，挂靠人一方应当依法承担机动车交通事故责任，如果依据法律规定，挂靠人一方无须承担机动车交通事故责任，则无法适用本条规定。例如，在受害人故意碰撞挂靠机动车发生交通事故的，机动车一方无须承担责任，此时，也无法依据本条规定认定挂靠人和被挂靠人的责任。

在挂靠的机动车导致交通事故的情形下，究竟由名义车主还是由实际车主承担责任，对此，《民法典》第 1211 条规定："发生交通事故造成损害，属于该机动车一方责任的，由挂靠人和被挂靠人承担连带责任。"民法典规定在挂靠的情形下，名义车主和实际车主应当对受害人承担连带责任，原因在于：一方面，在挂靠的情形下，挂靠人是以被挂靠人的名义进行运输经营活动的。虽然挂靠人和被挂靠人之间有内部协议，但是，受害人无从得知其内部的损失分担规则。因为挂靠人以被挂靠人的名义从事活动，这也使得受害人产生了合理的信赖。因此，从保护受害人考虑，应当允许其向挂靠人和被挂靠人主张赔偿。[①] 另一方面，这一规定与前述以运行支配和运行利益来认定责任主体的规则具有内在的一致性，因为挂靠人是直接控制机动车的人，其通过运输经营活动取得了利益，应当承担责任；而被挂靠人通常也要借挂靠收取管理费，也获得了利益，而且被挂靠人也可以影响挂靠人的行为，从而间接地控制机动车的运行。此外，这一规定也有利于督促被挂靠人对挂靠人从事运输活动的能力进行核查，并采取各种措施控制风险，强化其对日常经营活动的管理。[②]

在挂靠人和被挂靠人对外承担连带责任之后，也不排除其双方按照内部的协议进行分担。因为双方往往都会签订协议（如挂靠管理协议），以明确内部的责任划分。

四、未经允许驾驶他人机动车的责任承担

所谓未经允许驾驶他人机动车，就是说某人未经机动车所有人的同意，擅自占有并使用他人机动车。在驾驶过程中造成对他人损害的，就需要确定责任主体。《民法典》第 1212 条对此类责任的主体作出了明确规定。从实践来看，未经允许驾驶他人机动车，通常发生在亲朋好友之间，因为一时急需而暂时使用他人的机动车。甚至在特殊情况下，未经允许的驾驶行为可能是互助行为。例如，在汽车修理之后，修理人出于好意而驾驶机动车送还给其所有人。从性质上说，此类行为不同于抢劫、抢夺、盗窃机动车。因为一方面，未经允许的驾驶，行为人主观上并没有将机动车据为己有的意思。另一方面，盗窃、抢劫、抢夺从根本上是完全违背机动车所有人意愿的，而未经允许驾驶他人机动车时很难如此认定。

《民法典》第 1212 条规定："未经允许驾驶他人机动车，发生交通事故造成损害，属于该机动车一方责任的，由机动车使用人承担赔偿责任；机动车所有人、管理人对损害的发生有过错的，承担相应的赔偿责任，但是本章另有规定的除外。"依据这一

---

① 参见黄薇主编：《中华人民共和国民法典侵权责任编解读》，179 页。

② 参见黄薇主编：《中华人民共和国民法典侵权责任编解读》，180 页。

规定，确定责任的规则如下。

第一，在未经允许驾驶他人机动车的情形，属于机动车一方责任的，应当由机动车使用人负责。这主要是因为毕竟机动车使用人未经他人许可，完全是基于自己的意志而使用他人的机动车，所有人或管理人对此并不知情。因此，应当由机动车使用人负责。

第二，机动车所有人、管理人对损害的发生有过错的，承担相应的赔偿责任。这就是说，如果所有人、管理人对损害的发生有过错的（例如，所有人、管理人可能将其钥匙放在他人处而没有及时取回，或者车主修理完汽车后没有及时取回），按照过错责任原则，其也应当根据其过错程度承担责任。

第三，本章另有规定的除外。该但书主要是指该章第 1215 条第 1 款规定了盗窃、抢夺机动车等情形下的责任。《民法典》第 1215 条第 1 款规定："盗窃、抢劫或者抢夺的机动车发生交通事故造成损害的，由盗窃人、抢劫人或者抢夺人承担赔偿责任。"从该条规定来看，在盗窃、抢劫、抢夺机动车的情形下，行为人驾驶他人机动车也可以纳入《民法典》第 1212 条所规定的"未经允许驾驶他人机动车"的情形，因此，本条但书将该情形排除在外。[①]

五、转让拼装车或者报废车而发生交通事故的责任

（一）转让拼装车或者报废车而发生交通事故的概念

《民法典》第 1214 条规定："以买卖或者其他方式转让拼装或者已经达到报废标准的机动车，发生交通事故造成损害的，由转让人和受让人承担连带责任"。转让拼装车或者报废车而发生交通事故，是指在转让拼装车或者报废车以后，受让人驾驶该车辆发生交通事故造成他人损害。所谓拼装车，是指使用报废的汽车发动机等以及其他零配件组装的机动车。所谓报废机动车，是指达到国家报废标准，或者虽然没有达到国家报废标准，但是发动机或者底盘严重损坏，经检验不符合国家机动车运行安全技术条件或者国家机动车污染物排放标准的相关车辆。[②] 拼装车或者报废车属于法律禁止转让的机动车。在实践中，除了拼装车和报废车发生致人损害行为之外，还存在"山寨版"汽车（即由没有生产机动车资格的企业违法生产的汽车）等致人损害的行为，因此《道路交通事故损害赔偿解释》第 6 条补充规定了"依法禁止行驶的其他机动车"导致交通事故的责任问题。

（二）转让拼装车或者报废车而发生交通事故的责任构成

1. 以买卖或其他方式转让拼装车或已经达到报废标准的机动车。如前所述，拼装车和报废车都是法律基于公共安全而禁止流通的物，转让行为不但无效，而且违法。所谓以买卖等方式转让，是指自愿交易，它既包括有偿转让，也包括无偿转让（如赠与），其体现的是当事人的自主自愿。但由于此种转让是违法的，对因此造成损

---

① 参见黄薇主编：《中华人民共和国民法典侵权责任编解读》，183 页。

② 参见国务院 2001 年《报废汽车回收管理办法》第 2 条。

害的，可以认为转让双方构成共同侵权，故要求其承担连带责任是合理的。

2. 机动车所有权发生了移转。严格地说，拼装车和报废车是法律禁止转让的，即便当事人签订了转让合同，也不能发生所有权移转的效果。但当事人在订立转让合同之后，可能已经交付了机动车，已发生占有的移转，在此情形下，就要使受让人和转让人共同负责。如果双方订立了转让合同，但受让人并没有取得对机动车的占有，在此情形下，由于受让人没有控制机动车，其无须承担责任。

3. 因转让的拼装车、报废车的运行致人损害。一方面，一旦转让的拼装车、报废车发生交通事故，无论是车辆的技术缺陷所致，还是车辆驾驶人违反交通规则所引起，都应当适用《民法典》第 1214 条的规定。需要指出，拼装车、报废车致人损害，只需要认定肇事车辆是否是拼装车或报废车，而不需要认定其是否存在缺陷。因为责任人所承担的责任并非产品责任，而是因其购买了法律禁止转让的拼装车和报废车，并因这些车辆的运行而导致损害。对于受害人而言，只需要证明肇事的车辆是拼装车或已达到报废标准的车辆，不需要证明该车辆是否存在缺陷。另一方面，必须是转让的拼装车、报废车的运行致人损害。如果因运行以外的原因导致损害（如机动车在家中自燃后发生损害），则不属于《民法典》第 1214 条的适用范围。此外，尽管转让拼装车的行为是违法的，但如果损害并不是因为拼装车辆、报废车辆造成的，而是因为受害人的过错、第三人原因等造成的，此时，车辆拼装、报废缺陷并非损害发生的原因，与损害的发生并没有因果关系，也不能适用该条规定。如果拼装车辆买受之后放置在仓库之中被盗，非法占有人驾驶该车造成他人损害，则应适用《民法典》第 1215 条的规定。

（三）转让拼装车或者报废车而发生交通事故的责任承担

依据《民法典》第 1214 条的规定，转让人和受让人应当承担连带责任。法律上之所以要求转让人和受让人共同承担连带责任，其主要原因在于：一方面，当事人双方具有共同的过错。因为拼装车本身属于禁止流通物，在法律上是不能转让的。从交易习惯来看，买卖机动车时，买受人通常会查验机动车行驶证等，也应当能够发现其购买的车是否是拼装车、报废车。更何况，我国实行车辆的年检等制度，车辆是否合格应当容易了解。另一方面，这是维护公共安全的需要。拼装车属于危险物，因为其完全不符合车辆的质量要求，转让这种高度危险的物品，本身就会对公共安全造成极大的威胁，从转让人的角度来说，其明知是拼装车或报废车而转让，这就等同于将危险物移转给他人，从而对社会安全造成威胁。而受让人明知是危险物而接受，应当知道由此给社会带来的危险。此外，适用连带责任也有利于保护受害人。因此，转让拼装车或者报废车而发生交通事故的，应当由转让人和受让人承担连带责任。

在连环购车的情况下，同一辆拼装或报废车被多次以买卖方式转让，发生交通事故造成损害的，如何确定责任？对此，《道路交通事故损害赔偿解释》第 6 条明确规定，“拼装车、已达到报废标准的机动车或者依法禁止行驶的其他机动车被多次转让，并发生交通事故造成损害，当事人请求由所有的转让人和受让人承担连带责任的，人民法院应予支持。”本书认为，这一规定是合理的，因为当事人明知这种交易行为存在违法性，且因为各当事人都参与了交易，使有关车辆最终流转到使用人处，所以，连环购车的当事人与事故的发生都有一定的联系，在发生事故之后，所有的转让人和受让人都应承担责任。

六、盗窃、抢劫或者抢夺的机动车发生交通事故造成损害的责任

（一）盗窃、抢劫或者抢夺的机动车发生交通事故造成损害的责任概念

所谓盗窃、抢劫或者抢夺的机动车发生交通事故造成损害的责任，是指因为盗窃、抢劫等违法犯罪行为导致所有人与使用人的分离，而应当由违法行为人承担的侵权责任。《民法典》第 1215 条规定："盗窃、抢劫或者抢夺的机动车发生交通事故造成损害的，由盗窃人、抢劫人或者抢夺人承担赔偿责任。盗窃人、抢劫人或者抢夺人与机动车使用人不是同一人，发生交通事故造成损害，属于该机动车一方责任的，由盗窃人、抢劫人或者抢夺人与机动车使用人承担连带责任。"该条对盗窃、抢劫或者抢夺的机动车发生交通事故的责任作出了规定，该条规定也可以视为《民法典》第 1212 条所规定的未经允许驾驶他人机动车责任的例外。

严格地说，盗窃、抢劫或者抢夺的机动车发生交通事故造成损害的责任也是所有人与使用人分离的现象①，但其与《民法典》第 1209 条规定不同，《民法典》第 1209 条规定的主要是基于机动车所有人的意志而发生机动车使用权变更的情形，而在盗窃、抢劫、抢夺的情况下，机动车使用权的变更是违背所有人意愿的，行为人采用暴力或其他手段，以侵占机动车的所有权为目的。因此，《民法典》第 1215 条第 2 款规定："保险人在机动车强制保险责任限额范围内垫付抢救费用的，有权向交通事故责任人追偿。"该条规定也可以看作是《民法典》第 1209 条的例外。

（二）盗窃、抢劫或者抢夺的机动车发生交通事故造成损害的责任构成

1. 机动车因盗窃、抢劫或者抢夺原因脱离了所有人的占有。《民法典》第 1215 条规定列举了三种情形，包括盗窃、抢劫或者抢夺。这三种情形都属于因违法犯罪行为人的行为而导致所有人丧失对其机动车的占有，属于非所有人擅自驾驶他人机动车的违法犯罪情形。②

2. 被盗窃、抢劫或者抢夺的机动车发生交通事故造成了损害。在因盗窃、抢劫或者抢夺等原因而导致机动车脱离所有人占有时，所有人也可能具有一定的过失（如所有人没有拔下汽车钥匙等），此时，所有人是否应当对其过错承担相应的赔偿责任？应当看到，在实践中，所有人确有可能具有过错，例如将车辆停放在马路边上而没有将车门关严，甚至没有取下钥匙就离开，使犯罪嫌疑人轻易得手，这是否可以减轻或者免除盗窃者、抢劫者等的责任？从《民法典》第 1215 条的规定来看，其并没有考虑机动车所有人的过错，只要被盗窃、抢劫或者抢夺的机动车发生交通事故造成损害的，就应当由违法行为人负责。因为一方面，从因果关系的角度来看，损害的发生是盗窃者等的原因造成的，所有人的过错只是为盗窃等提供了方便，与损害的发生之间

①② 参见王胜明主编：《〈中华人民共和国侵权责任法〉解读》，261 页。

并没有因果关系。[1] 另一方面，从惩罚违法行为人的角度考虑，要求盗窃者等承担全部责任，有利于预防侵权及犯罪行为。尤其是机动车被盗、被抢等情况，完全违背了所有人的意愿，此时要求所有人负责，对所有人极不公平。[2] 因此，即便所有人对机动车辆存在管理上的疏忽和过错，也无须承担责任。

3. 属于机动车一方的责任。即便是在被盗窃、抢劫或者抢夺的机动车发生交通事故的情况下，也要查明损害的发生是否因机动车一方的原因造成。如果是因为受害人“故意碰撞”造成交通事故，虽然盗窃、抢劫者等依法应当承担刑事责任、行政责任等，但是就民事责任而言，仍然可以被免责。如果完全是因第三人的原因造成损害结果，第三人也应当承担责任。

（三）盗窃、抢劫或者抢夺的机动车发生交通事故造成损害的责任承担

1. 由盗窃人、抢劫人或者抢夺人承担赔偿责任。在机动车被盗的情况下，由盗窃人、抢劫人或者抢夺人承担赔偿责任，机动车所有人不应当负责。在盗窃、抢劫或者抢夺机动车的情形下，损害的发生完全超出了所有人可以控制的范围，甚至与所有人的意志是完全相违背的，而且在机动车被盗窃、抢劫、抢夺的情况下，盗窃者、抢劫者、抢夺者已经取得了对机动车的运行支配，并享有其运行利益，按照我国机动车事故责任主体认定的一般理论，其应当作为责任主体，而机动车所有人不应作为责任主体。最高人民法院《关于被盗机动车辆肇事后由谁承担损害赔偿责任问题的批复》（法释〔1999〕13 号）也曾规定：“使用盗窃的机动车辆肇事，造成被害人物质损失的，肇事人应当依法承担损害赔偿责任，被盗机动车辆的所有人不承担损害赔偿责任。”《民法典》第 1215 条延续了这一做法，并将其上升到民事基本法的层面加以规定。

2. 保险公司在机动车强制保险责任限额范围内有义务垫付抢救费用。在盗窃、抢劫、抢夺机动车造成损害的情况下，很可能找不到盗窃者或者即便找到其也无力赔偿，为了对受害人提供充分救济，有必要让保险公司提供一定的垫付资金。此处所说的垫付义务与赔偿义务不同，因为按照保险法的一般原理，被盗、抢劫或者抢夺的机动车发生交通事故，属于除外责任。但在交强险的情况下，出于对受害人保护的考虑，法律要求保险公司承担垫付义务。当然，保险公司负担垫付义务的前提是该机动车投保了交强险，否则就应当由道路交通事故社会救助基金负担垫付义务。

关于在盗窃等情况下保险公司垫付义务的性质，本书认为，此种义务应当属于法定的合同义务，主要理由在于：一方面，它是法律规定的义务，因为当事人不可能在保险合同中约定，由于法律对其作出规定，因而自动转化为合同义务。另一方面，它是合同义务，而不是侵权法上的义务。尽管《民法典》对其作出了规定，但是，其不是违反法定义务产生的侵权责任，保险公司负担的仍然是保险合同中的义务。

---

① 参见全国人大常委会法制工作委员会民法室编：《中华人民共和国侵权责任法条文说明、立法理由及相关规定》，218 页。

② See Andre Tunc, *International Encyclopedia of Comparative Law*, Torts, Chapter 14, Traffic Compensation: Law and Proposals, 1970, p. 13.

3. 保险公司履行垫付义务之后，有权向盗窃人、抢劫人、抢夺人追偿。《民法典》第 1215 条第 2 款规定："保险人在机动车强制保险责任限额范围内垫付抢救费用的，有权向交通事故责任人追偿。"由于保险公司承保的通常是机动车所有人或者其授权的人的合法驾驶活动，并不包括盗窃者等人的非法驾驶活动，因而，其在依据法律规定履行垫付义务之后，应当有权向盗窃者等人追偿。保险公司享有追偿权符合不真正连带责任的法理，保险公司和盗窃人等都对受害人负有责任，属于因偶然原因对同一损害负责，构成不真正连带责任，盗窃人等是终局责任人，因此，保险公司有权要求终局责任人负责。如果保险公司无法向盗窃人等追偿，就必然导致保险费率的上升，增加投保人的负担。

问题在于，在机动车被盗之后，根据《交强险条例》的规定，机动车所有人或管理人可以解除交强险合同，此时，盗窃人等人可能无力赔偿，此时应由谁来承担垫付责任？本书认为，此时应当类推适用《民法典》第 1216 条的规定，由道路交通事故社会救助基金垫付。虽然该条是针对机动车肇事逃逸的规定，但从加强对受害人的救济出发，应当可以类推适用于此种情形。另外，从道路交通事故社会救助基金的设立目的来看，其就是为了保障在机动车没有投保交强险或者无法查明具体车辆时，给受害人提供救济。在机动车被盗的情况下，如果没有投保交强险，也需要道路交通事故社会救助基金承担垫付责任。当然，该基金垫付之后，应可以向盗窃人等相关责任人追偿。

第五节　好意同乘

一、好意同乘的概念和性质

《民法典》第 1217 条规定："非营运机动车发生交通事故造成无偿搭乘人损害，属于该机动车一方责任的，应当减轻其赔偿责任，但是机动车使用人有故意或者重大过失的除外。"该条规定了机动车好意同乘造成搭乘人损害的责任承担问题。好意同乘就是一种生活中搭载他人的行为。该条通过确认好意同乘时的责任减轻规则，有利于鼓励绿色出行，缓解交通压力，也有利于鼓励社会互助。

关于好意同乘的性质，存在三种不同的学说。

一是法律行为说，此种观点认为，好意同乘是当事人基于意思表示所形成的合同关系，其在性质上属于法律行为。例如，对于好意同乘行为，德国学者曾经将其作为法律行为予以解释，出现了无偿客运合同说、无偿委托合同说、无偿借用合同说、特殊类型合同说、混合合同说等不同的观点。[①] 我国司法实践中也有观点将好意同乘解释为是基于意思表示形成的无偿客运合同关系。[②]

二是事实行为说，此种观点认为，好意同乘法律效果的发生并不是基于当事人的

① 参见王雷：《民法学视野中的情谊行为》，213～214 页，北京，北京大学出版社，2014。
② 参见张勇：《顺风车搭出的官司》，载《农村天地》，2004（6）。

意思表示，而是基于法律规定，因此，好意同乘在性质上属于事实行为。该学说又可以进一步分为侵权行为说与无因管理说，侵权行为说认为好意同乘性质上属于不作为的侵权，行为人因违反了保护他人的作为义务而构成侵权。[①] 而无因管理说则认为车辆所有人或驾驶人是在管理他人事务，且车辆所有人或驾驶人具有管理意思，因此其与搭乘者之间的关系构成无因管理关系。[②]

三是情谊行为说。此种学说认为，好意同乘性质上属于情谊行为。因为当事人本无受到法律拘束的意思，对于情谊行为本身也不产生法律配置的权利义务关系。[③] 好意同乘具有无偿性、好意利他性等特点。好意同乘过程中，施惠者如果对受惠者有加害行为，好意同乘行为可能转化为侵权行为，施惠者须承担一定的侵权责任。依据此种观点，如果好意同乘没有致人损害，则并无法律予以调整的必要。但是这并不意味着好意同乘不可能受到法律的调整，在因情谊行为而做出给付时，也可能因构成侵权责任等产生法律上的责任。[④] 只不过，要区分好意同乘本身与好意同乘所致后果的不同性质。[⑤] 我国司法实践也采纳了这一观点。[⑥]

本书认为，一方面，好意同乘是施惠者出于情谊的建立、维持或者增进而给受惠者提供的搭乘便利，当事人并不具有受法律约束的意思，不构成法律上的意思表示。[⑦] 因此，好意同乘并非法律行为，当事人双方虽然表面上就搭乘机动车形成了合意，但并没有缔约的意思，也不受合同的约束。另一方面，好意同乘也不是事实行为，在发生损害的情况下，好意同乘也可以产生一定的法律效果。本书认为，好意同乘在性质上属于情谊行为，因为当事人之间的“搭便车”行为，往往都是在亲友、熟人之间发生，当事人在好意同乘之时，是出于相互帮助的目的提供方便，其在性质上属于情谊行为。如果不发生交通事故等纠纷，则并不在当事人之间产生债权债务关系。

二、好意同乘的构成要件

本条相较于《侵权责任法》而言是新增的条款，本条的适用条件比较严格，主要包含以下几点。

第一，该机动车为非营运机动车。所谓非营运机动车，是指并非用于营运目的的机动车。这里所说的营运，可以是旅客运输，也可以是货物运输。例如，公交车就属于营运机动车。因为营运机动车发生事故的频率高，所以其保费也相对比较高，也需要办理道路运营许可证。非营运机动车可以是私家车，也可以是单位的车。从实践来看，适用好意同乘的一般都是私家车。

第二，受害人是无偿搭乘。在实践中，好意同乘常被称为“搭便车”。好意同乘

---

① 参见王旭玲：《好意同乘的法律性质新解》，载《甘肃政法学院学报》，2013（1）。
② 参见王长发：《好意同乘及其债法规制》，载《法治研究》，2010（11）。
③ 参见王雷：《民法学视野中的情谊行为》，215页。
④ 参见张家勇：《因情谊给付所致损害的赔偿责任》，载《东方法学》，2013（1）。
⑤ 参见王雷：《民法学视野中的情谊行为》，213页。
⑥ 参见钟富胜、胡新：《好意同乘的定性分析及责任承担》，载《人民司法·案例》，2009（2）。
⑦ 参见王雷：《民法学视野中的情谊行为》，212～216页。

中的搭乘人应当没有支付费用。如果搭乘人支付了费用，则在承运人之间形成了客运合同，按照法律规定，承运人要将其安全送达目的地。这就是好意同乘与有偿搭乘之间的区别。需要指出的是，如果搭乘网约车中的顺风车，因为搭乘支付了一定的费用，不宜认定为无偿搭乘。

第三，造成搭乘人损害的交通事故责任属于该机动车一方。如果是对方机动车的责任，则应当由对方负责，且不需要减轻责任。

第四，机动车使用人不具有故意和重大过失。如果机动车使用人是基于故意或重大过失，如严重违反交通法规等造成交通事故，则仍然应当承担完全赔偿的责任。

三、好意同乘的法律效果

依据《民法典》第1217条的规定，在好意同乘的情况下，造成无偿搭乘人损害，即使属于机动车一方的责任，也应当减轻其责任，之所以可以减轻机动车一方的责任，而不是由其承担全部赔偿责任。主要原因在于：一方面，好意同乘是无偿的搭便车行为，机动车一方没有从中获得利益，在本质上是提供相互帮助的情谊行为。所以，要机动车一方承担全部责任，人们就不敢从事此种行为，不仅不利于绿色出行，也不利于社会互助，不符合中华民族的互助美德。好意同乘有效提高了机动车的使用效率，实现了绿色出行，有利于环境保护的要求。因此，有必要通过减轻责任的方式倡导这种行为。本款之所以仅仅规定了减轻责任，而并未规定为免责主要是考虑到：一方面是为了防止道德风险的发生；另一方面，毕竟在好意同乘的情况下，机动车一方不像承运人那样，负有安全送达的法律义务。这也是好意同乘与客运合同之间的区别。[①] 所以，要求机动车一方完全赔偿，不符合合同的基本原理。

虽然法律上规定可以减轻机动车一方的责任，但是，其并不能完全免责。也就是说，在好意同乘的情形下，如果造成了无偿搭乘人的损害，机动车一方要承担适当的赔偿责任。因为一方面，机动车一方有可能是有过错的，而且是因为其原因导致了事故的发生。另一方面，机动车一方完全免责，也可能不利于督促其尽到注意义务，甚至有可能诱发道德风险。

依据《民法典》第1217条的规定，在好意同乘的情况下，造成无偿搭乘人损害，如果机动车一方具有故意或者重大过失，不能减轻其责任。如果此时不要求其完全赔偿，就可能诱发道德风险。通常来说，要求其负责，有利于避免交通事故的发生。例如，在车主酒驾的情况下，搭乘人不知情，可以认定为车主具有重大过失。

第六节 机动车交通事故责任的承担

一、交通事故责任的主体概述

我国《道路交通安全法》第76条首次使用了“机动车一方”的概念，比较准确

① 参见黄薇主编：《中华人民共和国民法典侵权责任编解读》，196页。

地涵盖了实践中各类具体的机动车交通事故的责任主体。民法典侵权责任编第四章在对机动车交通事故责任主体的规定中也继续使用了“机动车一方”的概念。在因机动车发生交通事故造成损害时，机动车一方应当依法承担赔偿责任，机动车一方既可能是机动车的所有人、管理人，也可能是其他依法应当承担赔偿责任的主体，如机动车的借用人、承租人等。“机动车一方”是一个包容性很广的概念，它包括了机动车的所有人、管理人、使用人等各类依法应当承担赔偿责任的民事主体。

《民法典》第1208条规定：“机动车发生交通事故造成损害的，依照道路交通安全法和本法的有关规定承担赔偿责任。”显然，该法维持了《道路交通安全法》第76条关于“机动车一方”作为机动车事故责任主体的规定。机动车一方可以理解为包括了机动车所有人、机动车驾驶人、登记簿记载的所有人、机动车的承租人、借用人、买受人、盗窃者等诸多主体。从非机动车驾驶人、行人等受害人的角度来讲，这些主体被视为一个整体，即“机动车一方”[①]。本书认为，在《民法典》实施之后，法院在审判实践中在依据法律对机动车一方作出明确规定的情形之外，仍然会遇到大量需要具体判断何人属于机动车一方的情形，因此，运行支配说与运行利益说的标准对于判断机动车一方仍然具有非常重要的指导意义。

二、机动车交通事故责任承担的顺序

依据《民法典》第1213条的规定：“机动车发生交通事故造成损害，属于该机动车一方责任的，先由承保机动车强制保险的保险人在强制保险责任限额范围内予以赔偿；不足部分，由承保机动车商业保险的保险人按照保险合同的约定予以赔偿；仍然不足或者没有投保机动车商业保险的，由侵权人赔偿。”机动车发生交通事故造成人身伤亡、财产损失的，由保险公司在机动车第三者责任强制保险责任限额范围内予以赔偿；不足的部分，按照一定的规则，由机动车一方承担责任。具体而言，该规则包括如下内容：

第一，机动车发生交通事故造成损害的，“先由承保机动车强制保险的保险人在强制保险责任限额范围内予以赔偿”。也就是说，在发生机动车交通事故责任后，如果属于机动车一方的责任，则应当由保险公司在机动车第三者责任强制保险范围内予以赔偿。在判断交通事故的受害人是否属于交强险的保险范围时，应根据交通事故发生时的情形并结合《交强险条例》来进行判断。例如，在“郑某诉徐某、中国人民财产保险股份有限公司道路交通事故人身损害赔偿纠纷案”[②]中，原告郑某在乘坐被告员工驾驶的汽车时发生交通事故，被甩出车外后又被该车碾压，导致遭受严重人身伤害。人民法院认为，判断交通事故的受害人属于“第三者”还是属于“车上人员”，必须以该人在交通事故发生当时这一特定的时间是否身处保险车辆之上为依据。在本案中，造成郑某遭受损害的交通事故发生时，郑某已经被甩到车外，故其身份应属于第三者责任保险条款中的“第三者”，被告人保公司应根据第三者责任险向原告进行

① 奚晓明主编：《最高人民法院法官阐释侵权法疑难问题》，165页。
② 《最高人民法院公报》，2008（7）。

理赔。

需要探讨的是，强制责任保险究竟是仅赔偿人身损害，还是也应赔偿财产损害？《交强险条例》第 21 条第 1 款规定："被保险机动车发生道路交通事故造成本车人员、被保险人以外的受害人人身伤亡、财产损失的，由保险公司依法在机动车交通事故责任强制保险责任限额范围内予以赔偿。"从该规定来看，其并没有将财产损失排除在救济范围之外。从实践来看，交强险的赔付不仅包括人身损害，还包括财产损失。本书认为，从有利于受害人的救济出发，其应当涵盖所有类型的损害。而且财产损害和人身损害有时也难以区分，在侵害人身权益的情况下，其损害最终仍会转化为财产损失，如医疗费等。

此外，如果机动车所有人没有购买强制保险，是否应当由机动车所有人在强制保险责任限额范围内先行赔偿，法律对此没有明确作出规定。本书认为，既然购买责任强制险是一种法定义务，则行为人应当在责任强制保险范围内承担责任。在绝大多数情况下，投保义务人和责任人都是同一人。如果投保义务人未购买保险，则应由该义务人在责任保险责任限额范围内予以赔偿。如果义务人与责任人不是同一人，则应当由投保义务人和责任人在责任保险限额内承担连带责任。

第二，机动车强制保险无法赔偿的部分，由承保机动车商业保险的保险人按照保险合同的约定予以赔偿。法律作出此种规定，一方面是为了强化对受害人的救济，防止受害人因无法获得及时赔偿而难以得到及时救济。另一方面，对于机动车强制保险无法赔偿的部分，由承保机动车商业保险的保险人按照保险合同的约定予以赔偿，也符合保险合同的约定，并不会不当加重保险人的负担。在实践中，受害人可以将承保商业三者险的保险公司作为共同被告起诉到法院。

第三，对于机动车强制保险和机动车商业保险均无法赔偿的部分，则由侵权人赔偿。也就是说，对该部分损害，由侵权人依照《道路交通安全法》《民法典》的有关规定承担赔偿责任。

三、机动车强制责任保险的具体适用

（一）强制保险人的严格责任

强制保险人的严格责任是指机动车发生交通事故致人损害的，无论机动车一方有无责任，由保险公司在机动车第三者责任强制保险限额范围内予以赔偿。因此，只要机动车发生交通事故致人损害，无论机动车一方有无责任，均应由保险公司在机动车第三者责任强制保险责任范围内予以赔偿。本书认为，从有利于受害人保护的角度出发，只要发生了机动车事故并造成了损害，就应当认为保险的条件已经成就，保险人要承担责任。交强险是为了救济受害人而设立的，如果在分清责任之后，属于机动车一方责任，保险公司才赔付，受害人就有可能无法得到救济。且在分清责任之后保险公司才予以赔付，时间较长、费用过高，不利于对受害人提供保护。当然，在实践中，交通事故发生后，道路交通管理部门通常会根据事故现场出具交通事故认定书，但交通事故认定书只是确定责任的一种证据，其本身也要和其他证据一起考虑，共同作为事实认定的依据。如果当事人有相反的证据，足以推翻认定书的，法院仍应予以采信。

当然，我们说强制保险人的责任是严格责任，并非没有免责事由。《交强险条例》第 21 条第 2 款规定，“道路交通事故的损失是由受害人故意造成的，保险公司不予赔偿”。据此，受害人自己故意碰撞而受有损害，保险公司可不予赔偿。

（二）投保义务人是机动车的所有人或者管理人

依据《交强险条例》第 2 条的规定，交强险的投保义务人是机动车的所有人或者管理人。之所以将机动车的所有人或管理人作为购买强制责任保险的主体，是因为机动车的所有人和管理人对机动车享有控制力，因机动车的运营而获得利益，因此基于运行控制说和运行利益说，机动车的所有人与管理人负有购买强制责任保险的义务。虽然《交强险条例》第 2 条明确了机动车的所有人或管理人的投保义务，但在实践中也存在没有投保的情形，此时如何救济受害人是应当解决的问题。为此，《道路交通事故损害赔偿解释》第 19 条规定，未依法投保交强险的机动车发生交通事故造成损害，当事人有权请求投保义务人在交强险责任限额范围内予以赔偿。如果投保义务人和侵权人不是同一人，当事人有权请求投保义务人和侵权人在交强险责任限额范围内承担连带责任。不过，投保义务人没有投保交强险，也可能是因为多种原因造成的，如果具有从事交强险业务资格的保险公司违法拒绝承保、拖延承保或者违法解除交强险合同，导致投保义务人未能投保，依据《道路交通事故损害赔偿解释》第 20 条的规定，投保义务人在向第三人承担赔偿责任后，有权请求该保险公司在交强险责任限额范围内承担相应的赔偿责任。

（三）机动车强制责任保险的限额

根据中国保险监督管理委员会 2008 年 1 月 11 日发布的《关于调整交强险责任限额的公告》，被保险机动车在道路交通事故中有责任的赔偿限额为：死亡伤残赔偿限额 110 000 元；医疗费用赔偿限额 10 000 元；财产损失赔偿限额 2 000 元。被保险机动车在道路交通事故中无责任的赔偿限额为：死亡伤残赔偿限额 11 000 元；医疗费用赔偿限额 1 000 元；财产损失赔偿限额 100 元。从总体上看，我国交强险的责任限额比较低，它虽然有助于避免保费的升高，但也在一定程度上存在赔偿不足的问题。尤其是采取分项赔偿的制度，使得交强险对受害人的保护明显不足。例如，在造成人身伤亡的情况下，即使机动车一方有责任，医疗费用赔偿限额仅 1 万元，这明显不足以支付医疗费用。因此，为强化对受害人的救济，有必要突破责任限额的规定。

（四）受害人的直接请求权

《保险法》第 65 条第 1 款关于“保险人对责任保险的被保险人给第三者造成的损害，可以依照法律的规定或者合同的约定，直接向该第三者赔偿保险金”的规定，为第三人享有直接请求权确立了法律依据，但这并非意味着在所有的责任保险之中，第三人都享有直接请求权。按照《交强险条例》第 28 条的规定，“被保险机动车发生道路交通事故的，由被保险人向保险公司申请赔偿保险金”。如果被保险人没有向保险公司申请赔偿保险金，受害人也可以向保险公司申请。[①] 这实际上是有条件地赋予了第三人直接请求权，即在被保险人不请求的情况下可以直接请求保险公司赔偿。

（五）强制保险与商业保险的关系

《民法典》第1213条规定："机动车发生交通事故造成损害，属于该机动车一方责任的，先由承保机动车强制保险的保险人在强制保险责任限额范围内予以赔偿；不足部分，由承保机动车商业保险的保险人按照保险合同的约定予以赔偿；仍然不足或者没有投保机动车商业保险的，由侵权人赔偿。"依据这一规定，无论是强制责任险还是商业责任险，都应当在损害赔偿的范围内来支付。只要投保的对象是因侵害第三人引起的责任，则原则上都属于利益第三人合同，受害人都可以直接请求保险赔偿。强制保险赔偿和商业保险赔偿，都有利于实现救济受害人的目的。

依据《民法典》第1213条，在存在强制保险和商业保险的情况下，先由承保交强险的保险公司在责任限额范围内予以赔偿。从实践来看，我国保险公司采取的理赔程序是，先通过交强险赔付。不足部分，由承保商业三者险的保险公司根据保险合同予以赔偿。如果仍有不足，依照《民法典》的相关规定由侵权人予以赔偿。侵权责任的承担处于最后的顺位。这在一定程度也有利于适当减轻机动车一方的责任。

四、机动车交通事故责任与社会救助基金补偿

道路交通事故社会救助基金具有社会救助的性质，其与保险公司的垫付义务是不同的。保险公司承担垫付义务是基于保险合同，而社会救助基金的支付是基于法律的规定。该基金设立的基本目的是衡平补偿，类似于刑事受害人的补偿制度，均具有社会保障性质。《民法典》第1216条规定："机动车驾驶人发生交通事故后逃逸，该机动车参加强制保险的，由保险人在机动车强制保险责任限额范围内予以赔偿；机动车不明、该机动车未参加强制保险或者抢救费用超过机动车强制保险责任限额，需要支付被侵权人人身伤亡的抢救、丧葬等费用的，由道路交通事故社会救助基金垫付。"由社会救助基金垫付费用，必须符合如下条件。

第一，机动车不明或机动车未参加强制保险。所谓机动车不明，是指机动车一方驾车逃逸的，无法找到机动车一方当事人。如果受害人知晓机动车的车牌号，但并不知机动车的权属状况，也可能查明承保该机动车的保险公司，从而要求该保险公司承担赔偿责任。这种情形不属于机动车不明。如果机动车一方没有参加责任保险的，且机动车一方未能支付抢救费用和丧葬费用的，受害人一方也可以请求社会救助基金予以垫付。[②] 在我国，由于机动车强制责任保险建立时间较短，未依法参加强制保险的情形仍然大量存在，尤其是在农村地区，一些农用车和摩托车既不上牌照，也未依法投保强制责任保险。在机动车事故发生以后，如果机动车不明或者机动车没有参加强制保险，受害人遭受的损害往往难以弥补。

第二，需要支付被侵权人人身伤亡的抢救、丧葬等费用。国家设立社会救助基金

---

① 《交强险条例》第31条第1款规定："保险公司可以向被保险人赔偿保险金，也可以直接向受害人赔偿保险金。"

② 参见杨立新：《〈中华人民共和国侵权责任法〉条文理解与司法适用》，368页，北京，人民法院出版社，2010。

的根本目的在于缓解道路交通事故受害人的救治燃眉之急，保证受害人的基本生命安全和维护基本人权，因而救助基金主要用于支付受害人抢救费、丧葬费等必需的费用。从这个意义上讲，只要受害人一方存在抢救费、丧葬费等方面的急切需求而又暂时没有资金来源的，就可以申请道路交通事故救助基金垫付。在机动车一方造成交通事故以后，可能造成人员伤亡，需要及时抢救病人，或者在造成死亡之后需要安葬死者并支付相关费用。在此情况下，由于机动车不明或者该机动车未参加强制保险，受害人无法请求保险公司履行赔偿义务。因而只能通过社会救助的方式，使受害人获得救济。

《民法典》第 1216 条规定："道路交通事故社会救助基金垫付后，其管理机构有权向交通事故责任人追偿。"在行使追偿权的过程中，受害人及其近亲属有义务为基金管理机构行使追偿权提供必要的帮助。[①]

思考题

1. 如何理解机动车事故责任与责任保险、救助基金之间的关系？
2. 如何理解机动车事故责任的归责原则？
3. 简述买卖拼装车、报废车时的机动车事故责任承担。
4. 简述机动车所有人与使用人分离时的责任承担。
5. 简述盗窃、抢劫机动车时的机动车事故责任承担。

---

① 参见郎胜主编：《中华人民共和国道路交通安全法释义》，169～170 页。

第十六章　医疗损害责任

【案例】 甲因攀高摔伤血流不止，到乙医院治疗，医务人员为甲消毒止血。3天后，甲发现伤口感染，并紧急转到另一家医院治疗，后虽然治愈了伤口，但由此花费了3万多元的医疗费。经查明，甲伤口感染是因为乙医院的消毒器械不合格，医务人员也未尽到必要的诊疗义务所致。甲请求乙医院承担侵权责任。

简要评析： 该案属于医疗损害责任纠纷，如果甲的损害是因为乙医院的医疗器械不合格所致，依据《民法典》第1223条的规定，甲有权请求乙医院以及该医疗器械的生产者承担责任。如果甲的损害是因乙医院医务人员未尽诊疗义务所致，则甲有权依据《民法典》第1221条的规定，请求乙医院承担侵权责任。

第一节　医疗损害责任概述

一、医疗损害责任的概念和特征

所谓医疗损害责任，是指因医疗机构及其医务人员在诊疗活动中的过错给患者造成损害，而应当承担的侵权责任。我国《民法典》所规定的医疗损害责任的范围十分广泛，包括医疗过错责任、医疗产品责任、侵害隐私权的责任、不必要检查所致的责任等。近些年来，有关医疗纠纷在实践中大量发生[①]，诉讼纠纷也不断增加，尤其是医疗事故常常引发严重的后果，造成受害人的死亡、残疾等。如果处理不当，很容易导致社会矛盾激化。因此，为了化解纠纷，维护社会和谐，保护医患双方的合法权益，我国《民法典》第六章对医疗损害责任专章作出了规定。

《民法典》第1218条规定："患者在诊疗活动中受到损害，医疗机构或者其医务人员有过错的，由医疗机构承担赔偿责任。"据此可知，医疗损害责任的特点可以归纳如下。

1. 责任主体是医疗机构。诊疗活动具体由医务人员实施，但其在诊疗活动中给患者造成损害的，责任应由医疗机构承担。此处所谓医疗机构是指依法取得医疗经营许可证的合法机构。关于医疗机构的类型，我国有关法律法规专门作出了规定[②]，医

① 据卫生部统计，目前中国每年发生的医疗纠纷逾百万起，平均每家医疗机构约四十起。尤其是近几年，医疗纠纷的增长幅度超过100%。参见朱旭东：《"人民调解"试解医患死结》，载《瞭望》，2010（2），14页。

② 参见《医疗机构管理条例实施细则》第3、4条。

疗机构的通用名称主要包括：医院、卫生院、疗养院、急救中心、急救站等。在我国《民法典》中，医疗损害责任的主体是医疗机构。一方面，各级各类医院的医务人员都是隶属于医疗机构的，他们并不是以个人的身份对外行医，而是以医疗机构的名义对外活动，因此，在因医疗过错导致损害的情况下，应由医疗机构承担责任。[①] 在一般情况下，医务人员的过错都属于医疗机构的过错。另一方面，即便是个体行医，依据有关规定其也必须成立医疗机构，而不能单纯以个人身份从事职业活动。至于医务人员从事兼职活动，对外也仍然要以其兼职所在的医疗机构的名义从事医疗活动。

2. 此种损害是因诊疗活动给患者造成的损害。所谓诊疗活动，是指通过各种检查，使用药物、器械及手术等方法，对疾病作出判断和消除疾病、缓解病情、减轻痛苦、改善功能、延长生命、帮助患者恢复健康的活动。[②] 由此可见，诊疗活动的范围是比较宽泛的，既包括诊断活动和治疗活动，也包括预防、护理、康复等多种活动。[③]

医疗损害责任是在医疗活动中的、因为医疗机构实施的医疗活动所引起的损害赔偿责任，与医疗活动本身具有密切的联系。医疗损害必须与诊疗活动密切相关，这就意味着大量无关的但也发生在医疗机构内的侵权责任不属于医疗损害责任。例如，某个病人在楼道内摔倒、医疗机构的建筑物等物件倒塌致病人损害等，这些侵权行为都可能发生在医疗机构内，并造成患者损害，但其不属于医疗损害责任，因为其并非因诊疗活动造成损害。严格地说，我国《民法典》第 1226 条关于泄露患者隐私和个人信息的责任也不属于医疗损害责任，而属于一般侵权责任。但考虑到医疗机构及其医务人员是在诊疗活动中知道了患者的隐私，因此也与诊疗活动具有一定的关联性，侵权责任编“医疗损害责任”一章对此专门作出明确规定，有助于预防对患者隐私的侵害，强化对患者隐私的保护。

需要指出的是，诊疗活动必须是有诊疗资质的机构和医务人员从事的活动，只有依法取得合法资质的医疗机构和医务人员导致他人损害，才属于医疗损害责任。任何不具备合法诊疗资质而从事诊疗活动，都构成非法行医。虽然“行医者”也从事诊疗活动，但其并不具有合法的资质，不适用医疗损害责任。

3. 它是一种类似于替代责任的责任。医务人员在诊疗过程中因其过错造成患者损害，应当由医疗机构承担责任。因此，医疗机构承担的责任属于对他人行为负责，类似于替代责任。当然，如果是由于医务工作人员非从事职务的行为所致患者的损害，应由其个人或者其他医疗机构负责。例如，某医生私自外出从事诊疗活动，或未经单位批准在家里擅自为他人进行诊疗等，由此造成的患者损害，应由医务人员个人负责，而医疗机构因与诊疗活动缺乏实质性联系而不应承担责任。但医疗损害责任和典型的替代责任（如用工责任）仍然存在区别：一方面，用工责任适用严格责任，责任的承担不以责任人的过错为要件。而在医疗损害责任中，医务人员的过错被视为医疗机构的过错，因此，医疗机构承担的是过错责任。另一方面，在用工责任等替代责

① 参见姜柏生：《医疗事故法律责任研究》，3 页，南京，南京大学出版社，2005。

② 参见卫生部《医疗机构管理条例实施细则》第 88 条第 1 款。

③ 参见臧冬斌：《医疗犯罪比较研究》，49 页，北京，中国人民公安大学出版社，2005。

任中，存在行为人与责任人两个主体，但在医疗损害责任中，因为医疗机构是对医务人员的行为负责，所以，医务人员执行职务的行为就是医疗机构的行为，实际上并没有发生行为主体与责任主体的分离。

4. 它是因医疗机构及其医务人员的过失所引发的责任。依据《医疗机构管理条例》第 60 条第 1 款的规定，医疗机构“是指依照《医疗机构管理条例》的规定取得《医疗机构执业许可证》的机构”①。医务人员有狭义和广义之分：狭义的医疗人员仅指卫生技术人员，即按照国家有关法律、法规和规章的规定取得卫生技术人员资格或者职称的人员。从广义上说，医务人员则是指从事医疗、护理工作的自然人。医疗损害必须是因为医疗机构的过失所引发的，因而，没有过错的医疗机构则不承担责任。尽管《民法典》第 1218 条采用了过错的概念，但是它主要是指过失。如果医疗机构及其医务人员故意给患者造成损害，则不应构成医疗损害责任。

5. 它是因患者遭受人身损害而承担的赔偿责任。虽然侵权责任编规定了多种侵权责任方式，但是就医疗损害责任而言主要适用的是损害赔偿责任。侵权责任编第六章之所以称为“医疗损害责任”，就是表明此种责任一定要造成损害后果，因而其适用的主要责任方式是损害赔偿责任。在绝大多数情况下，患者遭受的主要是人身损害，即医疗机构及其医务人员在诊疗活动中的过错行为给患者的生命权、健康权等人身权造成了损害，没有损害，则无法成立医疗损害责任。

二、医疗损害责任与违反医疗服务合同的责任

在医疗过程中，医疗损害的侵权责任与合同责任的关系是非常密切的，因为患者到医院治疗时就与医院形成了一种医疗服务合同关系。根据医疗服务合同关系，医疗机构及医务人员负有为患者提供诊疗服务的义务，而患者负有支付费用的义务。通说认为，此种合同在性质上是劳务合同。只要双方当事人的意思表示一致，合同就成立，合同的订立可以采取明示的方式，也可以采取默示的方式。② 在我国，立法和司法实践历来是将医疗损害作为侵权来对待的，但从实践中来看，以下几类医疗活动造成患者损害，也时常作为合同纠纷处理：一是医疗美容。它是指医疗机构以医疗手段为当事人提供的美容服务。之所以将这种医疗损害按照合同处理，是因为当事人在合同中对于医疗服务的内容等通常要作出规定。二是人工辅助生殖服务。它是指医疗机构与当事人之间签订合同，为其提供人工授精、无性生殖等服务。例如，在“郑某、陈某诉江苏省人民医院医疗服务合同纠纷案”中，原、被告双方对签订的“试管婴儿辅助生育诊疗协议”发生争议。法院认为，医院应当依据合同履行治疗义务。③ 我国有关部门规章对此也作了规定。④

---

① 《医疗机构管理条例》第 16 条规定的申请医疗机构执业登记所应当具备的条件有 6 项，即有设置医疗机构批准书；符合医疗机构的基本标准；有适合的名称、组织机构和场所；有与其开展的业务相适应的经费、设施、设备和专业卫生技术人员；有相应的规章制度；能够独立承担民事责任。

② 参见黄丁全：《医事法》，157 页，北京，中国政法大学出版社，2003。

③ 参见奚晓明主编：《最高人民法院法官阐释侵权法疑难问题》，181 页。

④ 参见 2001 年卫生部《人类辅助生殖技术管理办法》。

由于医疗服务合同履行过程中可能导致患者遭受损害，因而，医疗损害责任与违反医疗服务合同的责任可能发生竞合。当然，医疗损害责任与违反医疗服务合同的责任仍存在一定的区别：第一，医疗损害侵权责任中，必须是医疗机构及其医务人员具有过错，而且判断是否具有过错是以医疗机构及其医务人员是否尽到“与当时的医疗水平相应的诊疗义务”为标准，该义务主要是一种方式性或行为性义务，医疗机构和医务人员不可能保证其从事的诊疗活动就一定能治好患者的疾病。但是，在医疗美容合同中，当事人双方往往对医疗美容所需要达到的具体效果进行约定，如果诊疗活动没有达到合同约定的效果就构成了违约。因此它是一种结果性义务。第二，归责原则不同。依据《民法典》的规定，医疗损害责任原则上采过错责任原则，受害人要对医疗机构及其医务人员的过错负担举证责任。但患者在接受治疗期间，可能很难知道医疗单位是否具有过失。例如，患者在手术期间，完全不知道手术是如何进行的，难以证明医务人员具有过错。但如果采用合同责任，则只要证明医疗单位违反了合同的约定，且不具有免责事由，就可以使医疗单位承担责任。例如，在提供整容服务时，医疗单位许诺可以使就诊人在整容以后达到何种效果，但最终并没有达到这种效果，医疗单位便构成违约。第三，赔偿的范围不同。在违约责任中，当事人之间可以事先约定损害赔偿，一旦发生违约，就可直接执行约定的损害赔偿条款，而无须再进行鉴定。例如，在提供整容服务时，顾客与整容师可以事先就可能造成的损害赔偿进行约定。而在侵权责任中，当事人通常无法就赔偿事先约定，因为侵权行为的发生具有偶然性和突发性。尤其需要指出的是，在赔偿范围方面，两者也存在区别，合同责任不能包括精神损害赔偿，而在侵权责任中，受害人可以请求精神损害赔偿。从今后的发展趋势来看，随着医疗服务越来越呈现出个性化、特色化的特点，患者与医疗机构之间会越来越多地明确约定医疗活动会取得何种预期后果。

《民法典》第186条规定：“因当事人一方的违约行为，损害对方人身、财产权益的，受损害方有权选择请求其承担违约责任或者侵权责任。”因此，在发生医疗损害之后，患者或其家属可以在违约责任和侵权责任之间选择对自己最为有利的责任方式提出请求。

第二节　医疗损害责任的归责原则

一、医疗损害责任主要采过错责任原则

《民法典》所确定的医疗损害的归责原则是由过错责任和过错推定组成的，即以过错责任作为一般的、主要归责原则，过错推定是特殊的归责原则，它主要适用于法律有特别规定的情形。[①] 按照举证责任的一般规则，应当由受害人对医疗机构的过错负担举证责任。例如，在“吴某诉某医院医疗损害责任纠纷案”[②] 中，原告吴某在被

① 参见《民法典》第1222条。

② 北京市朝阳区人民法院（2011）朝民初字第752号民事判决书。

告处进行人工流产手术，由于原告存在子宫畸形情况，故被告实施两次手术方告成功。原告认为被告两次手术对其身体健康造成了损害，故向法院提起诉讼。法院认为，医疗损害赔偿纠纷案件中，患者一方认为医疗机构有医疗过错，以及医疗行为与损害后果之间存在因果关系，应当由患者一方承担相应的举证责任。本案中，原告未对导致二次手术的原因申请过错鉴定，应当承担举证不能的不利后果。

过错责任原则在《民法典》中具体体现为：一是以过错作为归责的依据。《民法典》第1218条规定："患者在诊疗活动中受到损害，医疗机构或者其医务人员有过错的，由医疗机构承担赔偿责任。"依据该条规定，医务人员从事诊疗活动，应当以过错作为归责的一般原则。二是以过错作为减轻或免除责任的依据。《民法典》第1224条第1款规定："患者在诊疗活动中受到损害，有下列情形之一的，医疗机构不承担赔偿责任：（一）患者或者其近亲属不配合医疗机构进行符合诊疗规范的诊疗；（二）医务人员在抢救生命垂危的患者等紧急情况下已经尽到合理诊疗义务；（三）限于当时的医疗水平难以诊疗。"三是以过错作为确定责任范围的依据。《民法典》第1224条第2款规定："前款第一项情形中，医疗机构或者其医务人员也有过错的，应当承担相应的赔偿责任。"在过错责任中，意外事故作为减轻责任的依据，其存在仍然具有意义。例如，在医疗条件尚不发达的地区和医院，医疗抢救过程中发生意外停电，造成患者因无法抢救而死亡。虽然在此种情况下不能完全免除医疗机构的责任，但医务人员的过错程度较轻，依据《民法典》第1224条的规定，医疗机构应当承担"相应的赔偿责任"，这就意味着，要考虑医务人员的过错程度，从而认定其责任。

《民法典》对医疗损害责任原则上采过错责任原则，主要原因在于：一是过错责任符合诊疗活动的特点。诊疗活动在性质上是救死扶伤的活动，医务人员都是为了治疗病人而从事诊疗活动。正如有学者所指出的，"医疗行为具危险性存在，但此项危险是在增进人类身体健康所必要，为可容许性危险"①。因此，在没有过错的情况下，要求其承担责任，不利于鼓励其从事诊疗活动。而且患者的体质和心理素质等情况也各不相同，对医疗损害责任采过错责任符合医疗活动的特点。二是有利于鼓励医务人员进行医学创新，大胆诊疗。诊疗活动具有未知性、特异性、专业性等特点②，对于许多疾病的发生原因和治疗方法，人们尚处于未知状态，诊疗活动存在一定的未知性，必须要给医疗机构和医务人员一定的自由空间，允许其根据具体情况来操作，对医疗损害责任采过错责任原则，有利于鼓励医务人员大胆治疗，进行医疗创新。③ 三是过错责任原则并不会过分加重患者的举证负担。过错责任原则虽然在一定程度上加重了患者的举证负担，但法律规定在特定情况下实行举证责任倒置、采过错推定，在一定程度上也减轻了患者的举证负担。尤其应当看到，如果对医疗机构课以过重的责任，医务人员必将对患者采取消极治疗和保守治疗，不敢积极采取治疗措施，以免承担侵权责任。如此则将极大地影响患者病症的治疗和康复，最终受害的仍然是患者群

① 王泽鉴：《侵权行为法》，第2册，268页。
② 参见王胜明主编：《〈中华人民共和国侵权责任法〉解读》，271～272页。
③ 参见孟强：《医疗损害责任：争点与案例》，43页，北京，法律出版社，2010。

体。因此，对医疗损害责任主要应当采过错责任原则。

二、特殊情况下采过错推定原则和严格责任原则

《民法典》就医疗损害在采纳过错责任的同时，也在该法第1222条规定了过错推定原则。过错推定是指对医疗人员过错的推定，在出现法定的情形时，就可以采取举证责任倒置的方法，推定医疗机构具有过错。医疗机构要反证自己没有过错，否则就要承担侵权责任。过错责任和过错推定责任的结合，避免了单一归责原则的僵化，有助于兼顾医患双方利益。如前所述，从我国现实需要出发，单纯的过错责任在许多情况下并不利于对患者的保护，鉴于患者对医疗机构过错举证能力的有限性，有必要对部分情况采用过错推定。由于医疗活动具有很强的专业性，而且医疗活动具有固有的风险性和不确定性，因而普通患者证明医方的过失比较困难，在很多情况下，患者甚至处于无证据的状态，因此，针对一些特殊情况采用过错推定的方式有利于减轻患者的证明责任，从而保护患者利益。①

还应当看到，《民法典》第1223条规定了医疗产品责任，其属于严格责任。在实践中，不少医疗纠纷也是因特殊医疗产品的侵权所造成的。此种责任实际上是产品责任的特殊形式，也是医疗损害责任的特殊形式。

第三节　医疗损害责任的构成要件

医疗损害责任需要具备损害、过错和因果关系三个构成要件。

一、损害

损害是给他人的财产、人身和其他利益造成的不利益状态。《民法典》第1221条规定："医务人员在诊疗活动中未尽到与当时的医疗水平相应的诊疗义务，造成患者损害的，医疗机构应当承担赔偿责任。"因此，只有在造成患者损害的情况下，才能要求医疗机构承担赔偿责任。就医疗损害责任而言，损害的特点主要表现在：第一，损害是指造成患者的损害。如果医疗机构或医务人员导致患者以外的其他人损害，则不属于因诊疗活动而导致的损害。例如，患者的家属在医院的楼道内摔伤，则应属于违反安全保障义务的责任。第二，它是因医疗过错所引发的损害。在正常合理的诊疗行为中，医务人员对患者也可能采取对人体具有一定损伤性的治疗措施，但此种诊疗措施的目的是促进患者的康复，而不构成过错。因此，医疗损害责任中的损害大多是因为医疗机构及其医务人员的过错行为所致。第三，它主要是指患者所遭受的人身损害和财产损失。具体而言，医疗侵权责任中的损害包括如下两种。

一是人身伤亡的损害。也就是说，因侵害患者生命权、健康权和身体权而造成的损害。例如，错误截肢、不当手术等，导致患者的身体组织完整性受到侵害，严重的

---

① 参见张新宝：《侵权责任法立法研究》，282页，北京，中国人民大学出版社，2009。

医疗过失可能造成病人的死亡等。在医疗损害中，损害主要是人身损害，因为诊疗行为直接作用于人体，其一旦发生失误或错误，则人体极可能直接遭受该侵权行为的损害。在医疗损害中，人身伤害还包括精神损害，即因医疗机构的过错导致人身伤害之后，相应地产生精神痛苦、肉体痛苦等。如在侵害生命权、身体权、健康权时，会导致精神损害。此外，在侵害患者隐私权的情况下，也会使患者产生精神损害。

二是财产损害。从《民法典》关于医疗损害责任的规定来看，其使用的是概括性的“损害”概念，并没有将医疗损害限于人身损害，其中也包括患者的财产损害。因为在诊疗行为中因为医务人员的侵权行为而造成的损害主要是身体健康受损，但也可能因为医务人员的侵权行为而导致患者增加了各种额外费用的支出。例如，因医务人员的过失造成患者治疗成本的增加，导致患者需要支付超出预定范围的医疗费、住院伙食补助费、护理费、交通费等，在此种情况下，医疗损害中的损害就不仅仅限于人身损害，也应包括患者的财产损失。① 当然，按照举证责任分配的一般规则，患者主张医疗机构赔偿其财产损害时，应当对其客观上遭受了财产损害以及财产损害的具体数额负担举证责任。

二、过错

（一）医疗损害中的过错的特点

所谓过错，是指医疗机构及其医务人员在诊疗活动中未尽到诊疗义务而应当受到谴责的心理状态。《民法典》第1218条规定：“患者在诊疗活动中受到损害，医疗机构或者其医务人员有过错的，由医疗机构承担赔偿责任。”因此，确立医疗机构的侵权责任，必须首先确认医疗机构及其医务人员具有过错。医疗损害中过错的特点表现在：

第一，医疗损害中的过错是指与诊疗有关的过错。只有在诊疗活动中，医疗机构与患者的关系才适用《民法典》关于医疗损害责任的规定。因此，判断医疗损害中的过错，必须将其限定于诊疗活动过程之中。如果过错不是发生在诊疗活动中或者与诊疗活动无关，则不属于医疗损害责任的范畴，非法行医本身违反了有关行政法规的规定，此种行为性质上不属于诊疗活动，因此，即便非法行医者有过错，其也不属于医疗损害中的过错。

第二，医务人员的过错应当被认定为医疗机构的过错。在我国，医务人员都隶属于一定的医疗机构，都是以医疗机构的名义行医，而不是独立地以自己的名义行医。因此，患者只要证明医务人员存在过错，就可直接认定医疗机构存在过错，并可以请求医疗机构承担责任。这就是说，一方面，需要判断医务人员和医疗机构之间是否存在用工关系。用工关系不仅包括长期的，而且包括临时的（如临时聘任的和临时邀请的）。但医务人员必须是医疗机构的工作人员。另一方面，医务人员必须是在履行职

① 参见姜柏生：《医疗事故法律责任研究》，105～109页。

务的过程中具有过错。医疗机构对其医务人员的过错承担责任，也应当以医务人员在履行职务的过程中导致损害为前提。因此，医务人员在履行职务以外造成他人损害的，医疗机构不必承担责任。例如，医务人员私自“走穴”，导致患者损害的，医疗机构不必对其行为负责。此外，认定医疗机构的过错时，并不考虑其对于医务人员的选任和监督方面是否具有过错。无论其在选任或监督上是否有过错，都要对医务人员的过错承担责任。

第三，医疗损害中的过错，通常是指“过失”。因为诊疗活动本身就是一种以“救死扶伤”为宗旨的行为。实践中医务人员故意致患者损害的情形极少发生，此种行为可能已经上升为刑法调整的犯罪行为，所以，医疗损害中的过错主要是过失。

（二）医疗损害中的过错的判断

《民法典》第1221条规定：“医务人员在诊疗活动中未尽到与当时的医疗水平相应的诊疗义务，造成患者损害的，医疗机构应当承担赔偿责任。”依据这一规定，对于医务人员过错的判断，应当从如下几个方面进行。

1. 应当以当时全国通行的医疗水平为标准来判断

所谓医疗水平，是指基于医学理论和实践经验的积累而普遍适用的专业水平。所谓诊疗义务，就是指医务人员在诊疗过程中，对患者应尽的注意义务。[①] 如何理解“当时的医疗水平”？虽然《民法典》并未对此作出限定，但本书认为应当是指全国统一的医疗水平。我国立法对于医务人员诊疗义务的判断采取的是客观判断的标准，即应当以医疗行为进行之时一般医务人员应达到的医疗水平作为判断标准。因此，可以认为，《民法典》所规定的“当时的医疗水平”是指当时的全国范围内通行的医疗水平。

我国《民法典》采纳了全国通行标准，既符合医疗损害责任的发展趋势，也有利于对受害人的保护：一方面，如果采取地区标准，出现医疗损害以后，一些地方的医疗机构就可能以当地的医疗水平较低为由，拒绝承担责任。而受害人证明当地的医疗机构是否应当达到较高医疗水准，也比较困难。另一方面，地区的医疗水平虽然有限，但只要是特定级别的医院（如二级甲等），其医疗技术水平应当是统一的。医疗机构如果被认定为达到了一定的级别，就应当达到相应的医疗技术水平。如果在一定级别的医疗机构内，无法为患者提供适当的诊疗服务，就应当及时告知患者或其近亲属转院治疗。还应当看到，采用全国统一标准认定医疗过错，也有利于医疗水平的提高。而且，如果采用地区标准，还可能导致的一个后果便是，越是经济发达、医疗水平发达地区的医疗机构，其医疗水平越高，承担的责任反而越重，因为对其过错的判断采用的是对其最为严格的地方标准；对于落后地区的医疗机构，其医疗水平越低，反而承担的责任越轻，因为同样对其采用地区标准。如果长期实行地区标准，最后会导致发达地区的医疗水平下降，落后地区的医疗水平更加落后。[②]

需要指出的是，采取全国统一标准是否会妨碍紧急情况下对患者的抢救？本书

① 参见王竹：《侵权责任法配套规定》，110页。

② 参见关淑芳：《论医疗过错的认定》，载《清华大学学报（哲学社会科学版）》，2002（5）。

认为，要求在紧急情况下必须达到全国统一标准，对于医务人员来说似乎过于苛刻。但我国《民法典》第1224条规定，在紧急情况下抢救患者，只要医务人员尽到合理诊疗义务就可以免责。这就是说，在此情况下，医务人员不必达到全国统一标准。

2. 医务人员在诊疗活动中未尽到相应的诊疗义务

第一，在诊疗活动中未尽到义务。即以诊疗行为发生的时间为标准。即便是纠纷处理的过程较长，也不能以纠纷裁判时为标准，而仍然应当以侵权行为发生的时期为判断标准。这就是说，医疗过错的认定应当以诊疗活动之时为标准，而不能因为嗣后的医疗技术的发展而认定此前的医疗行为具有过错。例如，随着医学的发展，现在可以对特定疾病（如癌症）进行检测，但是，治疗之时无法进行检测，就不能追究医疗机构的责任。因此，医疗过错的认定与当时的医疗发展水平有密切关系，不能因某种疾病嗣后发现了治疗方法，就认为诊疗之时具有过错。当然，“当时”的标准就意味着这一标准不是固定不变的，而是随着时代的发展、医疗技术和医疗水平的进步而变化的。[①] 所以，《民法典》的规定也是兼顾了医患双方的利益。

第二，未尽到全国范围内通行的医疗水平所要求的诊疗义务。对于医务人员诊疗义务的判断，只能考虑诊疗期间全国通行的整体医学的水平，而不能考虑医务人员个人的因素和地区医疗水平发展不均衡的因素。我国有全国的统一标准，原卫生部制定了大量的相关规范，在医疗行业内部也有诊疗操作规范，尤其是对不同等级的医院，也都有与其资质等级相适应的不同规范，这些都是认定诊疗义务的依据。

第三，未尽到相应的诊疗义务。所谓相应的诊疗义务，是指在医疗领域，平均的、一般的诊疗义务。既不是要求其达到超过当时的专业水平的高度，也不能低于该专业水平。也就是说，不考虑医务人员的个体专业水平，既不能以最高水平的医务人员为准，也不能以该领域最低水平的医务人员为准，而是采“通常的”或“平均的”医务人员的标准。

在根据“与当时的医疗水平相应的诊疗义务”的标准来判断过错时，还要适当地考虑医疗机构和医务人员的资质因素。一方面，在我国，医疗机构本身也是存在资质方面的差异的，有的医院是二级甲等医院，有的医院是三级甲等医院。医疗机构的资质本身就表明，其在医疗水平方面存在差异。而患者选择资质较高的医院就诊，也表明了其期待获得更高水平的医疗服务。因此，考虑医疗机构的资质因素，符合我国目前对医疗机构进行区别管理的现状。另一方面，医务人员的资质是存在差异的。在实践中，医务人员自身也有资质上的差异，医务人员的资质对于其注意义务的认定也应当有影响。对于具有特定医疗资质的人，就应当推定其具有相应的医疗水平。因此，在判断医疗机构和医务人员的过错时，应当适当考虑其资质。

总之，依据《民法典》第1221条规定，医务人员在诊疗活动中未尽到与当时的医疗水平相应的诊疗义务，就构成过错。

---

① 参见奚晓明主编：《最高人民法院法官阐释侵权法疑难问题》，186页。

三、因果关系

（一）因果关系的判断标准

医疗损害责任中的因果关系是指医疗过错与损害之间的引起与被引起的关系。具体而言，它是指医务人员在诊疗活动中未尽到与当时的医疗水平相应的诊疗义务，因此造成了患者的损害，在患者损害与医务人员违反诊疗义务之间应当具有因果联系。虽然在医疗损害中，因为诊疗行为具有专业性和技术性，尤其是引发损害的原因较多，诸如医疗机构的过失、设施的陈旧、患者的特殊体质、患者及其近亲属的不配合、药物及医用产品的不合格等，都可能导致损害的发生，但是，在医疗损害责任中，因果关系判断基本标准还是要考虑医务人员未尽到相应的诊疗义务与损害结果之间的关联性。

从我国司法实践来看，在医疗损害责任中，一般认为应当采纳相当因果关系理论来认定因果关系。从社会一般观念出发，如果可以确定有此行为通常有此结果，就认定存在因果关系。但如果医疗机构的诊疗过错与受害人的损害之间不存在因果关系，则医疗机构无须承担侵权责任。例如，在“石某诉南京明基医院有限公司医疗损害赔偿纠纷案”① 中，原告到被告处进行体检，在被告出具的《体检报告》中，虽然在CEA数据上显示了原告具有罹患早期癌症的可能，但并未明确提示。后原告罹患肺癌，但查出时已经处于晚期，错过了最佳医疗时机。法院认为，被告未能对原告可能罹患癌症的数据进行专门提示，其行为存在过失。但经医学专家介绍，CEA数据只是判断癌症的参考指标之一，不能以此即推定原告当时已患有肺癌。因此，被告的过失行为与原告未能及早发现和治愈癌症之间并不具有因果关系。

在特殊情形下，在判断医疗损害中的因果关系时，也可以考虑适用特殊的因果关系类型，尤其是多重充分原因（multiple sufficient causes）。所谓多重充分原因，就是指同时存在数个都足以导致同一损害的原因，这些原因都和损害具有关联并且不能按比例分割，每个行为人都足以导致损害后果的发生。例如，受害人因交通事故而受伤，后来，在诊疗过程中因医疗过错导致其死亡，后一种行为导致先前的因果关系中断。多重充分原因就是要考虑因果关系的介入因素，将多重原因综合考虑进行判断，确定哪一个或哪些是损害发生的原因。法官在具体确定时，可以根据先前行为与以后的行为对损害所起的作用大小，来具体判断。

（二）因果关系的证明

关于医疗损害责任因果关系的证明，原则上，应当按照“谁主张谁举证”的规则由患者承担举证责任。但是，在特殊情况下，也可以进行因果关系推定。《民法典》仅在特殊情形下规定了推定医疗的过错（《民法典》第1222条），但并没有一般性地规定因果关系的推定规则，因为采用因果关系推定的方法，将使医院承担沉重的举证负担，既影响医院从事正常的诊疗活动，最终也会损害患者的利益。在实践中，一些

① 江苏省南京市中级人民法院（2012）宁民终字第2101号民事判决书。

医院为了收集证据、避免承担责任，就采用过度检查等办法，反过来加重了患者的负担。

第四节 特殊情形下的过错推定责任

一、特殊情形下的过错推定责任概述

过错推定也称为过失推定，是指行为人侵害他人民事权益的，依据法律的规定，推定行为人具有过错，如行为人不能证明自己没有过错的，应当承担侵权责任。《民法典》第1222条规定："患者在诊疗活动中受到损害，有下列情形之一的，推定医疗机构有过错：（一）违反法律、行政法规、规章以及其他有关诊疗规范的规定；（二）隐匿或者拒绝提供与纠纷有关的病历资料；（三）遗失、伪造、篡改或者违法销毁病历资料。"这就针对几种特殊的情形规定了过错推定责任。

如前所述，医疗损害责任原则上采过错责任原则，但在特殊情形下，《民法典》也在医疗损害责任中规定了过错推定责任。之所以要采用过错推定，一是为了减轻患者的举证责任。因为《民法典》对医疗损害责任采取了过错原则作为基本的归责原则，所以要求提起诉讼的一方完成举证责任。但在实践中，患者相对于医疗机构而言，在信息的掌握和资料的占有上处于弱势。在许多情况下（如手术期间），患者难以举证。[①] 因此，对于一些明显的违法情形，法律直接推定医疗机构存在过错，便可以在一定程度上减轻患者的举证责任。二是采用过错推定也兼顾了医患双方的利益。毕竟采用过错推定的情形仅限于法律所列举的三种情形，大部分的医疗损害纠纷，仍然应当由患者来完成初步的举证责任，因此该条平衡了医患双方的利益。

特殊情形下的过错推定的特点主要表现在如下几点。

第一，实行举证责任倒置。如前所述，在医疗损害责任中，医疗机构的过错应当由患者证明。但是，在某些情形下，法律从保护患者利益考虑，为了减轻其举证负担，实行举证责任的倒置。依据《民法典》第1222条的规定，一旦出现该条出现的情形之一，就可以在法律上推定医疗机构具有过错。一旦推定，就不需要患者就此进行举证。在出现适用过错推定的事实时，应当由医疗机构就其没有过错的事实举证证明。例如，医生的医疗行为违反了基本的诊疗规范和程序等，就应实行举证责任倒置。实行举证责任倒置，将因果关系或过错的举证负担由接近事故源的一方承担，为法官查清案件事实真相并在此基础上作出公正的裁判提供了制度保障。

第二，过错推定的前提是，患者在诊疗活动中受到了损害。即使《民法典》第1222条所规定的情形发生，但是，如果与诊疗活动没有关系，也不能推定医疗机构的过错。例如，医疗机构遗失了病历资料，导致患者的个人信息被泄露，此时，因为患者并非在诊疗活动中遭受损害，因此，不能依据本条进行医疗过错的推定。

第三，过错推定毕竟不同于过错认定，应当允许医疗机构提出反证证明自己没有

① 参见于敏：《日本侵权行为法》，131页。

过错。也就是说，即便出现了医疗机构违反法律、行政法规、规章等确定的诊疗规范，但这只是形成了其具有过错的表面证据，并不意味着，其必然有过错。如果医疗机构有确切的证据能够反证自己没有过错，仍可以推翻此种法律推定，也可以使其免于承担责任。

第四，过错推定仅适用于法定的特殊情形，而不是普遍适用于各种医疗损害责任。

二、过错推定的具体内容

《民法典》第1222条规定所规定的适用过错推定的情况主要有以下三种。

（一）违反法律、行政法规、规章以及其他有关诊疗规范的规定

诊疗规范是指法律、行政法规、规章等规定的诊疗活动方面的技术标准和操作规程，它主要涉及医疗机构和医务人员在进行医疗、护理、检验、保健、诊断等各项活动中所应当遵循的工作方法、程序、步骤。[①] 依据发布诊疗规范的机关不同可以作出如下区分：一是法律和行政法规规定的诊疗规范。例如，《执业医师法》第23条第1款规定："医师实施医疗、预防、保健措施，签署有关医学证明文件，必须亲自诊查、调查，并按照规定及时填写医学文书，不得隐匿、伪造或者销毁医学文书及有关资料。"二是由有关部门规定的行政规章。这主要是指由原卫生部、国家中医药管理局制定或认可的诊疗规范，如《处方管理办法》《消毒管理办法》等。从实践来看，诊疗规范大多是通过规章规定的。三是医疗机构制定的诊疗规范。这一类诊疗规范属于效力层级较低的诊疗规范，但其也是医务人员应当遵循的行为规则，如果医务人员违反该诊疗规范，也可以推定其具有过错。

诊疗规范确定了医务人员的基本行为规则和注意标准，依据《民法典》第1222条的规定，医疗机构违反法律、行政法规、规章以及其他有关诊疗规范的规定，造成患者损害的，应当推定医疗机构有过错。在过错推定的情况下，患者也不是不承担任何的举证责任。如果医务人员没有按照上述诊疗规范的要求从事诊疗活动，应直接推定其具有过错。一般来说，诊疗规范涵盖的范围非常宽泛，适用范围很广，许多医疗纠纷中过错的判断都可以运用诊疗规范来作出推定，这对于减轻患者的举证责任是十分有利的。

（二）隐匿或者拒绝提供与纠纷有关的病历资料

《民法典》第1225条第1款规定："医疗机构及其医务人员应当按照规定填写并妥善保管住院志、医嘱单、检验报告、手术及麻醉记录、病理资料、护理记录等病历资料。"该条实际上是对诊疗规范的具体规定，它确定了医疗机构及其医务人员应当按照规定填写并妥善保管病历资料的义务。所谓病历资料，是指以文字、图像、数据等记录患者治疗过程的资料，包括住院志、医嘱单、检验报告、手术及麻醉记录、病理资料、护理记录、医疗费用等。

---

① 参见王竹：《侵权责任法配套规定》，114页。

对于医疗机构来说，其对于病历资料负有填写和妥善保管的义务。具体来说，一是如实填写病历资料。例如，按照有关程序和规程，医务人员应当按照规定填写门诊病历、住院志、医嘱单、检验报告、病理资料、护理记录等医学文书及有关资料。在发生纠纷以后，如果出现病历资料不齐全，或者应当记录的诊断过程没有记录等情形，则可以推定医疗机构具有过错。二是妥善保管病历资料的义务。所谓妥善保管病历资料，是指要尽到善良管理人的注意义务来保管病历资料。即便患者已经治愈出院，病历资料也应当妥当保管。在发生纠纷的情况下，病历资料可以作为认定医疗机构及其工作人员过错的重要依据。

依据《民法典》第1222条，在如下两种情况下，可以直接推定医疗机构具有过错：一是隐匿与纠纷有关的病历资料。所谓隐匿，是指医疗机构故意隐瞒、藏匿病历资料，使患者无法获取。隐匿的病历资料应当与纠纷有关，才能直接推定医疗机构的过错。二是拒绝提供与纠纷有关的病历资料。依据《民法典》第1225条第2款，患者要求查阅、复制前款规定的病历资料的，医疗机构应当提供。该条确认了患者有查阅、复制病历资料的权利。因为病历资料虽然是由医疗机构制作和保管的，但是它记录的是患者的诊疗过程，尤其是在发生纠纷的情况下，它对于查明事实、确定医疗机构是否具有过错不无意义。因此，法律上赋予了患者查阅、复制病历资料的权利。

（三）遗失、伪造、篡改或者违法销毁病历资料

由于病历资料的重要性，法律要求医疗机构负有妥善保管资料的义务。又由于病历资料处于医疗机构的控制之下，因而，如果医疗机构伪造、篡改或销毁病历资料，应推定其具有过错。具体来说，在如下四种情况下，应推定医疗机构具有过错：

第一，遗失病历资料。所谓遗失病历资料，是指因医疗机构保管不善，导致病历资料无法被找到。在遗失病历资料的情形，医疗机构往往都有过错。因为病历资料的遗失，导致诊疗活动的事实证明发生困难，无法明确医疗机构是否有医疗过错。

第二，伪造病历资料。伪造，简单来说即“无中生有”，也就是说，原本没有相关的病历记载，但是医疗机构没有根据地加上原本没有的相关病历记录。是否属于伪造病历，应当考虑“后补”的病历与真实的诊疗活动是否相符，如果其与实际情况符合，则不属于伪造。例如，在“刘某等诉上海市徐汇区中心医院医疗损害责任纠纷案”① 中，法院认为，病史材料系对整个诊疗过程的记载，反映了患者病情以及被告诊疗措施的实施情况，是进行医疗损害鉴定的基础材料。鉴于被告存在伪造、篡改或者销毁病历资料的情形，故可推定被告存在过错。

第三，篡改病历资料。篡改是指医疗机构对病历资料中原有的记载进行无依据的修改。比如病人入院时尚可自由行动，医疗机构将病历上原来的记载改为病人已不能自由行动，即属于篡改。病历资料的涂改是否属于篡改？本书认为，如果涂改是正常修改，则不属于篡改，但如果是关键部分的修改，并且修改的结果不利于患者，则有

---

① 上海市徐汇区人民法院（2013）徐民一（民）初字第5987号民事判决书。

可能构成篡改。一般而言，应由患者举证证明病历存在修改情形，然后由医疗机构证明其修改不属于篡改而属于正常修改。

第四，违法销毁病历资料。医疗机构依法应当妥善保管病历资料，但是，有些病历资料因为时间较长，按照法律法规的规定不需要再保留，医疗机构也可以予以销毁。但是，按照法律法规的规定，应当妥善保存的，医疗机构不得违法销毁；否则，可以推定其具有过错。

医疗机构伪造、篡改、违法销毁医学文书及有关资料应由患者一方证明，但法院也有查明是否存在以上事实的职责。需要指出的是，即使存在上述过错推定的情形，也并非意味着，在实行过错推定之后，医疗机构要全部负责。因为一方面，推定过错还不足以认定损害后果与医疗机构的行为之间具有因果关系，其只是对过错的认定，而不包括因果关系的认定。例如，伪造、篡改或销毁病历，是否是损害发生的原因，其对损害发生的作用有多大，还需要进一步判断。如果医疗机构从事上述行为与患者的损害之间不存在直接因果联系，医疗机构也未必要全部负责。① 另一方面，过错推定不同于过错认定，因为此种推定的结论不具有终局性。被告可以提出反证，证明自己没有过错，以推翻前一过程得出的推定结论。例如，医疗机构能够证明其没有篡改病历，而只是因病历书写错误而作出正常修改，则不能认定其有过错。

必须指出，依据《民法典》第1222条，只要医疗机构存在其中任何一种行为，就可以推定其具有过错。

第五节　医疗领域内的特殊产品责任

一、医疗领域内的特殊产品责任的概念和特征

医疗领域内的特殊产品责任，是指因医疗领域内的特殊产品的缺陷导致损害而应当承担的侵权责任。《民法典》第1223条规定：“因药品、消毒产品、医疗器械的缺陷，或者输入不合格的血液造成患者损害的，患者可以向药品上市许可持有人、生产者、血液提供机构请求赔偿，也可以向医疗机构请求赔偿。患者向医疗机构请求赔偿的，医疗机构赔偿后，有权向负有责任的药品上市许可持有人、生产者、血液提供机构追偿。”该条对药品、医疗器械等医疗产品责任作出了规定，这对于保护患者的合法权益，保障医疗产品的质量，都具有重要意义。

医疗领域内的特殊产品责任具有如下特点。

第一，它是适用于特殊医疗产品的责任。特殊的医疗产品责任是否也属于医疗损害责任？对此存在争议。有一种观点认为，其既然是特殊的产品责任，就应当规定在产品责任之中。本书认为，虽然其属于特殊的产品责任，考虑到其与医疗的密切联系，因此，将其置于医疗损害责任部分，也具有合理性。

就一般的产品而言，如果是微小的缺陷（如外观上的瑕疵等），可能只会造成消

① 参见赵明华：《医疗损害纠纷案件适用侵权责任法初探》，载《人民司法（应用）》，2010（11）。

费者在使用上的某些不便，但一般不会造成严重的损害后果。然而对于医疗产品而言，其往往直接作用于患者身体之上，甚至需要植入患者体内，其任何微小的缺陷都有可能给患者的身体造成极大的伤害，而进行检查、更换器材、康复治疗等过程，又将给患者带来极大的金钱损失，甚至还会给患者带来相当大的精神痛苦。因此，医疗产品中对于缺陷的定义应当更为明确，其认定标准也应当更加严格，以求对医疗产品的生产者形成责任激励机制，促使其生产高质量的医疗产品。

第二，它是在诊疗过程中发生的产品责任。医疗损害责任是否应当包括产品责任，对此存在不同看法。本书认为，医疗活动本身就要借助大量的医疗器械，对患者的治疗也需要借助于药物的作用。但是如果没有进行诊疗，而只是出售药物或医用器械等，则医院纯粹只是一个产品的销售者，对其应当直接适用侵权责任编第四章“产品责任”的规定。如果是在诊疗过程中因为医用产品缺陷造成患者损害的，应当适用侵权责任编第六章“医疗损害责任”的相关规定。因此，《民法典》第 1223 条所规定的“患者”，必须是到医疗机构进行诊疗的患者，而不是没有任何诊疗行为、单纯只是购买医用产品的消费者。

第三，它是一种严格责任。因诊疗而发生的损害赔偿责任，原则上都是过错责任，但对于《民法典》第 1223 条所规定的特殊产品责任来说，其适用严格责任。这本身就表明其和产品责任的归责原则是一致的。《民法典》第 1223 条之所以对于因药品、消毒药剂和医疗器械的缺陷，和输入不合格的血液造成患者损害要采用严格责任，其主要目的在于保护患者的人身权益。因为药品特别是血液作为一种产品，其危险性明显高于普通的食品等日常用品。既然食品等日常用品能够适用严格责任，那么危险性较高的血液制品等，更应当适用严格责任。通过规定医用产品的责任，有利于强化对患者权益的保护。

第四，它是一种不真正连带责任。缺陷产品的生产者和销售者之间承担的是不真正连带责任。《民法典》第 1223 条主要是按照产品责任制度的基本原则，确立了医疗机构和生产者的连带责任。因为受害人既可以向生产者，也可以向医疗机构请求赔偿。允许患者直接向医疗机构索赔，是因为医疗机构出售了药品等，其作为销售者原本应当承担产品责任。尤其是因为药品、消毒药剂、医疗器械的生产者和血液的供应者可能距离受害人过于遥远，要求医疗机构赔偿便于受害人主张权利。此外，药品等的生产者可能并不具有足够的赔偿能力。因此，法律应当赋予患者选择权，同时赋予医疗机构以追偿权。但医疗产品责任与一般连带责任并不相同，此种责任大都存在终局责任者，一方承担责任后，可以向终局责任者全部追偿，因此，医疗机构就医疗产品所承担的责任在性质上属于不真正连带责任。

需要指出的是，医疗产品责任是一种特殊的产品责任，其与一般产品责任的区别具体表现在：一方面，医疗产品（尤其是血液）是否等同于一般的产品，在学理上一直存在争议。就医疗产品侵权责任而言，产品责任中的三项免责事由（如产品未投入流通等）是否适用，学界也存在不同的看法。另一方面，医疗机构既作为销售者承担产品责任，同时，也可能因为其在开具处方等方面的过错，而承担医疗损害责任。虽然医疗产品责任与一般的产品责任之间存在区别，但因为此种责任与诊疗活动存在一定的关联，所以，《民法典》将其规定在“医疗损害责任”一章。尤其应当看到，《民法典》关于医疗产品责任的规定强化了对患者生命健康权的保护，依据《民法典》第1223条的规定，即便在现有科学技术的条件下，医疗机构无法检测出血液是否合格，但只要造成了损害后果，医疗机构仍然要承担责任，这实际上是在输血感染的情况下否定了发展风险抗辩。而一般产品责任中仍然可以适用发展风险抗辩。

二、医疗领域内的特殊产品责任的构成要件

（一）因药品、消毒产品、医疗器械的缺陷及输入不合格血液造成患者损害

1. 因药品缺陷造成患者损害

因为药品缺陷而导致的侵权，主要是指因假药或者劣药而造成的患者损害。药品是指用于预防、治疗人的疾病，有目的地调节人的生理机能并规定有适应征或者功能主治、用法和用量的物质，包括中药材、中药饮片、中成药、化学原料药及其制剂、抗生素、生化药品、放射性药品、血清、疫苗、血液制品和诊断药品等。[①] 严格地讲，药品也是一种产品，是制药企业所生产的、向不特定消费者销售的产品。其特殊之处在于药品的功能不同于一般产品的功能，其不在于辅助人们的生活和生产或提升生活品质，而在于治疗人体的疾病，使患者得到康复。药品不合格致人损害的责任在本质上也是一种产品责任，只是因为药品的使用一般都和诊疗活动密切结合在一起，所以，《民法典》没有将药品致人损害的责任置于产品责任之中，而是置于医疗损害责任之中加以规定。如果是医疗机构自行配制、生产的药剂造成他人损害，则医疗机构应当如同产品的生产者那样就该损害承担侵权责任。

2. 因消毒产品缺陷导致患者损害

消毒产品，是指用于灭杀传播媒介上病原微生物，使其达到无害化要求的产品。[②] 因消毒产品而导致的责任，在构成要件上应当包括：第一，必须是消毒产品本身不合格。消毒产品的主要功能是灭菌消毒，但如果消毒药剂本身存在缺陷，则不仅不能达到消毒的目的，而且可能造成患者新的损害。例如，医用棉球被污染而带有病菌，医务人员将此种棉球用于患者输液前的消毒，则被污染的棉球携带的病菌可能进入患者血管之内，造成患者新的损害。第二，必须是医疗机构使用或销售的消毒产品。如果患者自己从市场上购买消毒药剂，就应当由患者自己负责。第三，因使用不合格的消毒产品而造成了患者的损害。

3. 因医疗器械缺陷导致患者损害

医疗器械，是指单独或者组合使用于人体的，以达到对疾病的预防、诊断、治疗、监护、缓解等目的的仪器、设备、器具、材料或者其他物品。[③] 在诊疗过程中，医疗器械主要发挥对药品的辅助作用。但医疗器械不合格，也会造成对患者的损害。因医疗器械缺陷而导致的责任的构成要件包括：第一，医疗器械不合格。医疗器械是

① 参见2001年《药品管理法》第102条。
② 参见王竹：《侵权责任法配套规定》，113页。
③ 参见国务院2000年《医疗器械监督管理条例》第3条。

一种典型的产品，生产医疗器械，应当符合医疗器械国家标准；没有国家标准的，应当符合医疗器械行业标准。[①] 医疗器械的使用说明书、标签、包装应当符合国家有关标准或者规定。第二，医疗器械是由医疗机构使用或安装的。因医疗器械而导致的责任包括两种情况：一是医疗机构售出的医疗器械本身有瑕疵，如心脏的起搏器不合格等。如果患者自行购买了医疗器械，因医疗器械的缺陷导致损害，应当由患者向医疗器械的生产者或销售者主张产品责任。二是医疗机构售出的医疗器械本身没有瑕疵，但医疗机构的使用、安装存在瑕疵。例如，心脏起搏器因安装不规范而导致导线断裂。第三，因医疗器械不合格导致患者的损害。如果是因为患者对医疗器械的不当使用或其他违背医嘱的使用而造成了自身的损害，则不属于医疗器械不合格而造成的损害。

4. 因血液不合格致人损害

血液不合格是指用于诊疗用途的血液或血液制品不符合诊疗要求。血液要输入患者体内，直接与患者自身的血液融为一体，并经过心脏输送到全身，一旦血液不合格(例如带有某种传染性病菌)，则输入患者血管之后将在极短的时间内输送到患者全身，从而造成无法弥补的损害。例如，许多艾滋病患者并非通过传统的艾滋病传播途径而受到感染，而是因为输入带有艾滋病病菌的不合格血液而成为艾滋病病毒携带者。在我国，因为输血感染乙肝病毒等纠纷也时有发生。如何认定医疗机构的责任和血液提供机构的责任成为实践中需要解决的重要问题。

（二）必须是在诊疗活动中的医疗产品导致了患者损害

民法典在医疗损害责任部分专门规定医疗产品的责任问题，是因为这些医疗产品是在诊疗活动中使用的产品。如果患者在药店等地方自行购买了医疗产品，则属于普通的产品责任问题，不应当适用本条规定。

还应强调必须是从医疗机构购买的药品、医疗器械等。如果医疗机构只开具了处方，患者自行从市场上购买了特定的药品，此时也不应当要求医疗机构承担产品责任。[②] 在此需要探讨的是，如果诊疗人员开具的处方中的用药方案是正确的、符合患者的病情的，但是由于患者特异的体质和既往病史等因素，导致该用药方案不符合患者的身体状况，从而产生不良反应，而诊疗人员对于此种可能产生的过敏等不良反应应当察觉却并未察觉，从而使患者在用药之后其生命健康权受到了损害的[③]，在此情况下，也要考虑医院是否具有过错，从而确定其是否应当承担侵权责任。

（三）必须是因为药品等的缺陷造成了患者损害

必须是因药品的缺陷而造成了损害。这里的损害通常都表现为，使患者的病情加重，导致患者死亡等。损害往往都是人身损害，包括精神损害。

如果是因为医疗机构开具处方的问题，则属于一般的医疗损害责任，而不是医疗产品责任。如果在医疗机构开具的用药处方中，用药方案是错误的，没能做到对症下

① 参见国务院2000年《医疗器械监督管理条例》第15条。

② 参见林文学：《〈侵权责任法〉医疗损害责任规定若干问题探析》，载《法律适用》，2010 (7)。

③ 参见古津贤：《医疗侵权法论》，133页，长春，吉林大学出版社，2008。

药，其开出的药物并不能治疗患者的病患，反而可能加剧甚至危害患者的健康，对于此种情形应当按照一般的医疗损害责任处理。

三、归责原则

对于药品、医疗器械等的缺陷导致患者损害的责任，应当适用严格责任。我国《民法典》对医疗产品缺陷造成的损害采纳严格责任，主要理由在于：

第一，强化对患者的保护。因为患者因药品等遭受的损害，往往是严重的人身损害，而且可能是不可逆的损害，所以，为了强化对患者的保护，应当要求医疗机构等承担严格责任。例如，血液是一种特殊产品，就应当适用产品责任。血液制品需要输入患者身体之内，这些产品在进行手术之后，往往就会成为患者身体的组成部分，因此一点细微的缺陷都必然直接造成患者身体的损害。如果不适用严格责任，而仅适用过错责任，对受害人的保护极其不利。

第二，从产品责任归责的一致性考虑，也应当要求医疗机构等承担严格责任，以实现体系化的要求。例如，血液是一种特殊的产品，其在与人体分离之前，属于人体的组成部分，但是在与人体分离之后，则要经过一定的加工，才能出售给患者。血液采集机构将血液收集之后，也要进行加工处理，并作为商品出售给医疗机构，最后由医疗机构出售给患者使用，这一过程和一般的产品流通过程并无区别。既然血液也是产品，那么在血液不合格的情况下，也应当适用产品责任，即严格责任。

第三，如果在血液不合格造成输血感染的情况下，医疗机构不承担责任，而仅仅由血液提供者负责，而这些血液提供者大多只是一些小型的采血站，根本无力赔偿，这显然对患者的保护不利。此外，医疗机构的身份实际上类似于产品责任中的销售者。虽然医疗机构履行的是救死扶伤的职责，但其从血液提供机构获取血液之后，收取了一定的费用，因此，其有义务对血液进行认真的检查。如果因为血液不合格造成损害，其应当承担责任。

四、医疗损害责任中的产品责任承担

（一）责任主体

依据《民法典》第 1223 条的规定，在发生医疗产品侵权的情形下，患者可以向如下主体请求赔偿。

第一，药品上市许可持有人。《民法典》第 1223 条增加了药品上市许可持有人对于药品等缺陷造成患者损害的赔偿责任。《药品管理法》第 6 条第 1 款规定：“药品上市许可持有人是指取得药品注册证书的企业或者药品研制机构等。”药品上市许可持有人可以认定为药品的生产者，因为它要对药品研制、生产、经营、使用全过程中药品的安全性、有效性和质量可控性负责。其作为生产者承担责任，符合产品责任的一般原理。

第二，药品、消毒产品等的生产者和血液提供机构。民法典实际上是将血液提供机构作为生产者来对待，要求其以生产者的身份对患者负责。至于献血者，则不能作为生产者来负责。

第三，医疗机构。在诊疗期间，医疗机构使用了存在缺陷的药品、消毒产品以及不合格的血液等，造成患者损害的，患者也有权请求医疗机构承担赔偿责任。法律之所以规定患者可以请求医疗机构负责，是因为患者常常无法知道药品等的生产者，而只是接受了医疗机构的意见使用了该医疗产品。要求医疗机构负责，有助于保护患者权益，解决患者的举证困难。

（二）医疗机构的追偿权

由于医疗产品生产者或血液提供者与医疗机构之间应当承担不真正连带责任，所以，患者往往会选择向医疗机构主张赔偿。从实践来看，因为患者往往不了解医疗产品的生产者等信息，因此，其通常也会选择医疗机构作为被告。

《民法典》第1223条规定："患者向医疗机构请求赔偿的，医疗机构赔偿后，有权向负有责任的药品上市许可持有人、生产者、血液提供机构追偿。"法律上之所以规定医疗机构的追偿权，是因为医疗机构无法控制产品的生产过程和质量。如果法律不允许医疗机构追偿，对于其是不公平的。另一方面，医疗机构在承担责任之后，还应当查清事实，如果不是因为医疗机构的原因，而是由于医用产品的生产者或血液提供者的过错造成损害，则生产者和血液提供者就是终局责任者，医疗机构在对患者承担赔偿责任之后，可以向终局责任者进行全部追偿。另外，如果赋予医疗机构追偿权，有助于提高药品等的质量，防止假药等的出现。

当然，如果医疗机构和医疗产品的生产者或血液提供机构对于特殊医疗产品的缺陷致人损害都有过错，也可能转化为共同侵权，由双方承担连带责任。此时就不存在终局责任人，而应当在内部关系上按照各自的责任大小承担责任。

需要讨论的是，《民法典》第1223条规定的特殊医疗产品的责任是否可以适用有关一般产品责任的规定。例如，《民法典》第1223条没有规定因销售者的过错所应当承担的责任，而只是规定了生产者和血液提供机构的责任。在患者遭受损害的情况下，是否有权请求销售者承担责任？本书认为，《民法典》第1223条在性质上是一种特殊的产品责任，它与该法中产品责任的规定之间的关系，应当属于特别法与一般法之间的关系。如果《民法典》第1223条没有特别规定，则应当可以适用该法中关于产品责任的规定。因此，医疗产品责任原则上也可以适用产品责任制度的相关规则。

第六节　侵害患者知情权和同意权的责任

一、患者知情权和同意权概述

所谓患者知情权，是指患者在诊疗过程中所享有的知悉其病情和医疗机构将对其采取的医疗措施及其后果的权利。所谓患者同意权，是指临床上具备独立判断能力的患者，或者在其丧失独立判断能力时由其近亲属代为行使的、对医疗人员制订的诊疗计划自行决定取舍的一种权利。《民法典》第1219条规定："医务人员在诊疗活动中应当向患者说明病情和医疗措施。需要实施手术、特殊检查、特殊治疗的，医务人员应当及时向患者具体说明医疗风险、替代医疗方案等情况，并取得其明确同意；不能或者不宜向患者说明的，应当向患者的近亲属说明，并取得其明确同意。”这就对患者的知情权和同意权作出了规定。

我国历来重视患者的知情同意权。① 正是在总结我国立法经验的基础上，《民法典》第1219条确认了患者知情权，这有利于患者充分了解自己的病情，判断、接受特定医疗活动的危险，并自主决定是否接受特定医疗活动并承担相应的风险。即患者有权知悉医疗机构及其医务人员将对其采取的诊疗措施、存在的风险、可能需要支出的费用等情况，并在此基础上决定是否同意医疗机构采取相关的医疗措施。同时，患者知情同意权也是患者自主决定权的体现，我国《民法典》之所以强调患者的知情权和同意权，体现了法律对人作为民事主体的自主权的尊重，是对自然人的自主决定权的尊重。② 在我国，患者知情同意权还具有特殊的意义，确立患者的知情同意权也有利于缓和医患关系，化解医患矛盾，有利于社会主义和谐社会的构建。

如前所述，赋予患者知情同意权，就是为了保证患者自主决定是否通过承担特定风险来追求诊疗活动的利益。因此，该权利属于患者的自主决定权，是指患者对于造成自身损害的医疗行为有自主决定的权利。正是因为这一原因，一些国家将患者知情同意权纳入了人格权的范畴。例如，在德国法中，患者的自主决定权被认为是一般人格权的内容；而在美国法上，其被认为是隐私权所包含的基本权利。③ 本书认为，患者的知情同意权应当属于人格权的范畴，具体而言，其应当属于人格尊严和人身自由的内容，其在行使过程中，又与生命健康权、身体权有着密切的联系。因而，在我国未来人格权立法中，应当对此加以规定。

二、患者知情权的行使

患者知情权是患者所享有的一项重要权利，保护患者知情权也是医疗机构的义务。从患者的角度来说，知情权是患者的权利；而从医疗机构的角度来说，就是其负有的告知义务，此种义务被称为“说明义务”④。如果医疗机构未能全面告知相关情况，甚至不向患者告知真相，则违反了其说明义务，可能构成侵权。《民法典》所规定的医疗机构说明义务的内容可以分为两个部分，即一般的说明义务和特殊的说明义务。所谓一般的说明义务，是指在所有诊疗活动中，医疗机构所负有的就患者的病情和医疗措施的说明义务。所谓特殊的说明义务，是指在法律特别规定的特定类型的诊疗活动中，医疗机构所负有的说明义务。医疗机构的告知义务主要包括：

（一）医疗机构在诊疗活动中应当向患者说明病情和医疗措施

《民法典》第1219条第1款规定：“医务人员在诊疗活动中应当向患者说明病情和医疗措施。需要实施手术、特殊检查、特殊治疗的，医务人员应当及时向患者具体

① 参见《医疗机构管理条例》第33条、《医疗机构管理条例实施细则》第62条、《执业医师法》第26条。

②③ 参见赵西巨：《医事法研究》，62页，北京，法律出版社，2008。

④ 黄丁全：《医事法》，244页。

说明医疗风险、替代医疗方案等情况，并取得其明确同意；不能或者不宜向患者说明的，应当向患者的近亲属说明，并取得其明确同意。”这是对医疗机构在一般诊疗活动中应当对患者负有说明义务的规定。依据该条规定，医疗机构在诊疗活动中应当向患者履行的说明义务主要包括两个方面的内容：一是说明病情的义务。即医疗机构要具体告知患者所患何种疾病，并且该疾病的严重程度等。二是告知医疗措施的义务。这主要是指针对患者的病情，医疗机构可以选择的各种医疗措施、各种医疗措施的利弊分析，医疗机构希望采取的医疗措施等。告知是医院负有的义务，其目的在于通过告知病人相关事项，由患者在充分知情的基础上，作出相应的决定。因为医患关系本身就是具有高度人身信赖性质的关系，患者对于医疗机构和医务人员具有高度的信赖，如果任何诊疗活动都必须得到患者的同意才能实施，则医疗活动难以正常开展，这对于患者显然是不利的。因此，在一般情况下，医务人员只需要对患者说明病情和医疗措施，如果患者对此没有明确提出异议，则医务人员就可以实施医疗措施。但是如果患者明确表示反对，则医务人员不得实施。

（二）医疗机构需要实施手术、特殊检查、特殊治疗时，应当尽到特殊说明义务

《民法典》第1219条规定：“医务人员在诊疗活动中应当向患者说明病情和医疗措施。需要实施手术、特殊检查、特殊治疗的，医务人员应当及时向患者具体说明医疗风险、替代医疗方案等情况，并取得其明确同意；不能或者不宜向患者说明的，应当向患者的近亲属说明，并取得其明确同意。”此处规定了特殊的说明义务。根据该条规定，特殊情况下的特别说明义务主要适用于三种特殊情形，即需要实施手术、特殊检查和特殊治疗。

1. 实施手术。出于尊重个人生命权的需要而对病人实施新的治疗方法，实施麻醉、外科手术、切除或移植器官，必须得到患者本人的同意。《民法典》第1219条规定，实施手术时，医疗机构应当履行告知义务，此种告知的内容包括手术过程中可能要承受的不适和麻烦以及手术不成功可能出现的后果、潜在危险，手术的成功率、目的、方法、预期效果等。[①]

2. 特殊检查。此处所称的特殊检查并不是指一般的检查，而是可能给就诊者带来一定身体伤害的检查，例如人体特定组织的活检。特殊检查包括使用CT、B超、X光等诊断仪器和对体液的化验等诊断方法。特殊检查可能运用对肉体造成侵袭性伤害的治疗方法与手段，因此可能给患者带来一定的痛苦，甚至会影响患者的健康，因此需要取得患者的同意。[②]

3. 特殊治疗。所谓特殊治疗，是指医疗机构对患者采取的不同于常规治疗的治疗方法。

针对上述三种情形，医务人员应当负有特殊的说明义务。之所以要规定特殊的说明义务：一方面是因为这些活动具有一定危险性，是可能产生不良后果的检查和治

---

① 参见唐德华主编：《〈医疗事故处理条例〉的理解与适用》，158页，北京，中国社会科学出版社，2002。
② 参见唐德华主编：《〈医疗事故处理条例〉的理解与适用》，160页。

疗。例如对患者进行化疗可能导致患者极度消瘦。另一方面是由于患者体质特殊或者病情危急，采取上述医疗措施可能对患者产生不良后果和危险的检查和治疗。另外，医疗机构的特殊检查和治疗可能对患者造成较大经济负担。[①] 例如，对患者进行脑部CT 扫描等。由于特殊检查和特殊治疗措施的采取，都将对患者的人身和财产产生较大的影响，因而医疗机构应当慎重对待，必须对患者或者其近亲属进行充分的告知说明，并取得其明确同意方可进行。这些说明义务包括：

一是及时向患者具体说明医疗风险、替代医疗方案等情况。依据《民法典》第1219 条的规定，采取上述医疗措施的时候，应当及时向患者说明，不能拖延。同时，该说明应当具体、清楚、明确，充分尊重患者的知情权，以便患者能够作出决定。如果医疗机构的说明含糊不清，影响患者的自主决定，也不能认为，医疗机构尽到了说明义务。

二是取得患者的明确同意。此处所说的“明确同意”并非是指书面同意。只要患者明确表明其愿意接受上述医疗措施，不一定要采取签订知情同意书等书面形式。因为这些措施有可能是在紧急情况下采取的，要求书面同意可能耽误治疗，因此，只要有证据证明患者表示同意即可。[②]

三是不能或者不宜向患者说明的，应当向患者的近亲属说明，并取得其明确同意。所谓不能，是指根据患者的病情、情绪等情况，如果向患者说明诊疗措施等，患者无法理解或者判断，反而可能延误诊疗。所谓不宜，是指直接告知患者会增加患者的心理负担且不利于患者康复。例如，患者对癌症极为恐惧却身患癌症，医疗机构就应当向其近亲属告知。同时，在患者不具有正常的理解能力或完全的行为能力时（如患者年龄尚小，不足以理解医疗机构的告知内容），医疗机构可以告知其父母。在不宜向患者本人告知说明时，医疗机构也应当尊重患者的同意权，由于患者的近亲属与患者具有血缘等亲密的关系，能够代表患者的利益，因而医疗机构应当向患者的近亲属进行说明，由患者的近亲属代替患者作出判断，这仍然是对患者知情权和同意权的尊重。

三、患者同意权的行使

在医疗机构及其医务人员行使告知义务之后，只有符合相应条件的患者才能行使同意权，且只有按照法定方式行使的同意权才具有法律效力。患者同意权包含如下内容：

1. 患者行使其同意权应当具有同意能力。所谓同意能力，是指患者同意医疗机构对其实施手术等特殊治疗的能力。[③] 患者的同意能力包括两个方面：一方面，在通常情况下，患者应当具有行为能力。患者本人必须具有完全民事行为能力。完全民事行为能力表明患者能够自主从事民事法律行为并自负其果。另一方面，即使是具有完全民事行为能力的人，若其神志不清醒，如成年患者因疾病而处于昏迷状态的，也不

① 参见《医疗机构管理条例实施细则》第 88 条。

② 黄薇主编：《中华人民共和国民法典侵权责任编解读》，205 页。

③ 参见黄丁全：《医事法》，270 页。

具有同意能力。如果患者不具有完全民事行为能力，则应当由其法定代理人来作出同意的意思表示。若本人为未成年人、丧失行为能力人或者处于昏迷状态的，则必须得到其父母、监护人或近亲属的同意。

2. 同意的前提。患者行使同意权以医疗机构尽到法定说明义务为前提。因为患者要行使同意权，医疗机构首先要履行必要的说明义务，才能使其作出正确的判断，从而实现患者的自主决定。患者在知晓医生提供其医疗决定所必需的足够信息的基础上，才能自愿作出同意。依据《民法典》第 1219 条第 2 款的规定，如果医疗机构违反了第 1 款的规定，就视为医务人员具有过错，此时应当承担侵权赔偿责任。

3. 同意的内容。患者同意的内容应当是针对医疗机构要采取的特殊治疗方式，包括医疗机构对患者的身体组织进行切开、切除、隔开、更换等具有一定伤害性的行为。对此类医疗行为，患者的同意构成医疗机构的免责事由。一旦医务人员对患者实施的诊疗行为超出了合同约定的范围，或者诊疗过程中存在过错，并造成患者损害，医疗机构仍然不能被免除责任。

4. 同意的方式。依据《民法典》第 1219 条的规定，患者必须作出明确同意，但此处并没有要求必须采用书面形式。明确是指同意应当是肯定的、确定的，而不能是含混不清的。同意的形式可以结合患者的病情、诊疗规范或者操作经验等综合考虑。① 法律之所以如此规定，是考虑到同意权不论是对患者还是对医院来说，关系都非常重大。对患者来说，同意治疗的行为可能会严重伤害自己的身体，尤其是在手术具有较大风险的情况下，是否同意治疗对患者的意义更为重大。患者明确作出同意，就是医务人员依法履行告知义务的主要证据。② 同意必须以明示的方式作出，否则应当视为不同意。

四、医疗机构侵害患者知情同意权的责任

《民法典》第 1219 条第 2 款规定："医务人员未尽到前款义务，造成患者损害的，医疗机构应当承担赔偿责任。"医疗机构侵害患者知情同意权的责任构成包括：

第一，医疗机构未尽到告知和取得患者同意的义务。医疗机构只有在取得患者明确同意之后，才能对患者采取特殊诊疗行为。如果不宜向患者说明的，则应当取得患者近亲属的明确同意。依据《民法典》第 1219 条的规定，凡是需要实施手术、特殊检查、特殊治疗的，都应当取得患者及其近亲属的明确同意。如果医务人员未尽告知义务，则在造成损害的情况下，应认为治疗行为具有过错，医疗机构应对其造成患者损害的行为承担责任。

第二，造成损害。在医疗机构未能尽到对患者的告知和取得患者同意的义务的情况下，必须要造成患者损害的结果。例如，医务人员没有告知有关的诊疗方案，患者无法积极配合，结果导致手术失败。只有在给患者造成实际损害时，医疗机构才需要承担责任。

---

① 参见黄薇：《中华人民共和国民法典侵权责任编解读》，205 页。

② 参见林文学：《〈侵权责任法〉医疗损害责任规定若干问题探析》，载《法律适用》，2010 (7)。

第三，医疗机构未尽到告知义务与患者损害之间应当具有因果关系。《民法典》第 1219 条第 2 款规定：“医务人员未尽到前款义务，造成患者损害的，医疗机构应当承担赔偿责任。”此处所说的损害，必须和医疗机构没有尽到告知义务之间存在因果关系。例如，在要求病人配合治疗的情况下，因为医院未尽告知和取得同意的义务，使病人未能予以配合，进而导致患者遭受人身损害的，医院应当承担侵权责任。

凡是在前述三种情况下医疗机构未征得患者同意而造成的患者损害，都属于此处所说的损害的范围。此外，《民法典》第 1220 条规定：“因抢救生命垂危的患者等紧急情况，不能取得患者或者其近亲属意见的，经医疗机构负责人或者授权的负责人批准，可以立即实施相应的医疗措施。”该条确定了医疗机构在紧急情况下可以不经过患者及其近亲属的同意就可以对患者采取相应的治疗措施的规则，该规则是在总结有关法律、法规的实践经验的基础上制定的。依据该条规定，紧急情况下可以不取得患者或者其近亲属的意见，但医疗机构采取相关的医疗措施时，应当经医疗机构负责人或者授权的负责人批准。《民法典》作出此种例外规定是为了保护患者的生命健康，因此，医疗机构在采取紧急抢救时，其所采取的措施也应当以抢救患者生命健康为限，而不能以此为由对患者进行过度检查、过度医疗，否则必将加重患者的经济负担，从而损害患者的合法权利。此外，从该条规定来看，即便是在紧急情况下，如果能够取得患者及其近亲属同意的，也应当尽量征求患者及其近亲属的同意，这也可以避免事后发生医患纠纷。

第七节 侵害患者隐私权和个人信息的责任

一、患者隐私权和个人信息的概念

《民法典》第 1226 条规定：“医疗机构及其医务人员应当对患者的隐私和个人信息保密。泄露患者的隐私和个人信息，或者未经患者同意公开其病历资料的，应当承担侵权责任。”该条确认了患者隐私和个人信息的保护。

所谓患者隐私权，是指患者依法享有的对其隐私不被他人知晓、非法披露，不受他人侵害的权利。隐私权是公民享有的私生活安宁与私人信息依法受到保护，不被他人非法侵扰、知悉、搜集、利用和公开等的一种人格权。[①] 所谓个人信息，是指可以直接或者间接识别特定自然人的信息。就医疗机构可能泄露的个人信息来说，其范围也比较广泛，但其中一种重要类型就是个人健康信息，即涉及自然人的疾病、身体健康以及参与诊疗活动等方面的个人信息。健康信息是个人的核心隐私，是个人的敏感信息，对他人健康信息的侵害，也会影响个人的人身安全。我国相关立法对个人的健康信息保护作出了规定。例如，《传染病防治法》第 12 条第 1 款第 2 句规定：“疾病预防控制机构、医疗机构不得泄露涉及个人隐私的有关信息、资料。”《艾滋病防治条例》第 39 条第 2 款规定：“未经本人或者其监护人同意，任何单位或者个人不得公开

① 参见张新宝：《隐私权的法律保护》，21 页。

艾滋病病毒感染者、艾滋病病人及其家属的姓名、住址、工作单位、肖像、病史资料以及其他可能推断出其具体身份的信息。”对于依法收集的敏感的个人信息，医疗机构应当尽到妥善保管义务，相关主体在处理此类信息时负有更高度的注意义务，法律法规对其有更严格的要求，如必须进行风险评估等。

患者隐私权和个人信息的客体包括如下几项内容。

第一，患者的病历资料。病历资料是指在诊疗过程中形成的，记载患者病情、病史、症状以及治疗的进展和结果等情况的资料。[①] 就患者的病历资料而言，主要是指以患者疾病信息为主的一系列相关信息的总和。个人身患疾病、传染病，本人一般不愿意对公众公开。一旦公开，有可能会影响其与他人的交往，甚至使个人遭受他人歧视。对于传染性疾病或者隐秘性较强的疾病，如肺炎、肝炎、宫外孕、肿瘤疾病及性病等，患者更是不愿意暴露自己的隐私。[②] 当然，如果出于疾病防控等正当目的，医疗机构向政府卫生主管部门披露患者私人信息时，该行为并不构成侵权。

第二，患者的生理信息。生理信息包括个人先天得来的一切遗传信息和后天成长发育过程中形成的有关信息。例如，关于个人的身高、体重、血型、肤色、长相等的信息。在个人的生理信息中，基因信息是生理信息的核心。[③] 基因是人类基础的遗传信息单位，它决定着一个人由生到死的整个生命过程，决定着一个人所有的生理特性和行为特征。[④] 基因信息的泄露，将导致个人的未来生活部分或全部地暴露在公众面前，使其丧失私人生活的私密性。肖像本身不是隐私，但也可能涉及生理隐私。

第三，患者的身体隐私。身体隐私是指不愿对他人公开的身体的各个部位，尤其是性器官、有残疾的部位等。《民法典》第 1033 条明确禁止“拍摄、窥视他人身体的私密部位”。身体隐私是个人的敏感区域，甚至关系到个人的名誉、贞操，尤其是对女性而言，身体的隐私更为重要。身体隐私不仅包括个人不愿意公开的身体部位，还包括个人的裸体照片等。所以患者在治疗期间，拍摄有关其身体的各种照片和视频资料，不得擅自将其公开，否则，构成对患者隐私权的侵害。

第四，患者及其家属的病历史。患者个人的病历史属于个人信息资料的组成部分，而患者家属的病历史则属于患者家庭隐私的一部分。这两者都属于法律应当保护的隐私权的内容，因此，在医疗机构掌握相关病历资料的情况下，必须对这些信息提供充分的保护，以保护他人的隐私权。

二、医疗机构侵害患者隐私权和个人信息的责任

依据《民法典》第 1226 条的规定：“医疗机构及其医务人员应当对患者的隐私和个人信息保密。泄露患者的隐私和个人信息，或者未经患者同意公开其病历资料的，应当承担侵权责任。”依据这一规定，侵害患者隐私权和个人信息责任的构成要件是：

---

① 参见孟强：《医疗损害责任：争点与案例》，270 页。

② 参见曲直：《留给隐私多大空间》，95 页，北京，中华工商联合出版社，2003。

③ 参见李秀芬：《论隐私权的法律保护范围》，载《当代法学》，2004（4）。

④ 参见李文、王坤：《基因隐私及基因隐私权的民事法律保护》，载《武汉理工大学学报（社会科学版）》，2002（2）。

第一，医疗机构及其医务人员泄露患者的隐私和个人信息。依据《民法典》第1226条的规定，保护患者的隐私和个人信息是医疗机构的一项基本义务，医疗机构在从事正常的医务活动时必须履行这一法定义务。未经患者的同意，不得将其隐私和个人信息泄露给他人。因为患者的隐私和健康信息是患者的核心隐私，也是其敏感信息，一旦泄露可能使其正常个人生活受到重大影响，而且会给其个人或家庭成员的安全带来威胁。所以，即使是公众人物，其健康信息与公共利益或公众兴趣无关，也应当受到保护。行为人非法披露、公开或散布患者的隐私，将构成对他人隐私权的侵害。

未经权利人明确同意非法泄露他人的私密信息，不仅包括非法收集权利人本人的个人信息，也应当包括泄露患者家庭成员的健康信息，如遗传病史等。这些信息也不得非法泄露。

第二，泄露患者的隐私和个人信息，不具有法定的正当理由。患者的隐私和健康信息，也可能关系到公共利益。例如，新冠肺炎患者的病情涉及疫情防控，因此，出于公共利益的需要，也有必要了解、追踪、收集这些患者的信息，甚至依据相关的法律规定，在合理范围内可以进行必要的处理。在传染病暴发流行时，疾病控制中心、卫生行政部门应当向公众通报传染病的病情以及预警、检测的信息，不得隐瞒、缓报，公布预警信息也应当及时、准确。但是，对于患者隐私和个人信息的限制，必须合法，且遵循比例原则，不得过度限制。对于患者的个人信息，非出于医学研究或者社会公共目的，不能够随意加以使用。即使出于防疫等需要披露信息时，也应当注意保护有关当事人的隐私，不能向公众披露当事人的姓名、肖像、家庭住址，否则也可能构成对患者隐私和个人信息的侵害。

第三，泄露患者的隐私和个人信息造成患者损害。此种损害既可能是财产损害，也可能是精神损害。例如，泄露患者隐私，而导致患者被公司解雇，从而导致其财产损失。再如，因泄露患者身体隐私，而导致其严重的精神痛苦。

侵害患者隐私权的行为成立医疗损害责任，还是成立一般的侵犯隐私权的责任？本书认为，医疗机构侵犯患者隐私权在本质上属于一般的侵犯隐私权的行为。《民法典》之所以在“医疗损害责任”一章中对患者隐私权的保护作出特别规定，并不是因为其属于医疗损害责任，而是为了凸显患者隐私权保护的重要性。因此，在侵害患者隐私或者个人信息的情况下，应当依据侵权责任编的相关规定追究医疗机构的损害赔偿责任，也可以依据人格权请求权主张停止侵害、赔礼道歉等。在侵害患者隐私权、造成患者精神损害的情况下，患者有权请求医疗机构承担精神损害赔偿责任，同时也有权依照人格权编的相关规定，要求医疗机构承担赔礼道歉、消除影响、恢复名誉等责任。

第八节　医疗机构的免责事由

一、医疗机构的免责事由概述

患者在诊疗活动中受到损害，并不意味着，医疗机构就当然要承担责任。依据《民法典》第1224条的规定，医疗机构在特殊情况下的免责事由包括：

（一）患者或者其近亲属不配合医疗机构进行符合诊疗规范的诊疗

医疗服务活动是一种救死扶伤的、有利于社会整体福祉的活动。但这一目标的实现不仅需要医疗机构及其医务人员勤勉尽职、精心治疗，还需要患者及其近亲属的配合。缺少此种配合，医疗活动将无法顺利进行。在因患者或者其近亲属不配合医疗机构进行必要诊疗而导致医疗损害的情形下，仍然要求医疗机构承担责任，显然不妥当。因此，《民法典》将患者及其近亲属不配合医疗机构符合诊疗规范的诊疗行为作为免责事由。构成该免责事由应当符合如下条件。

1. 患者或者其近亲属不配合医疗机构进行诊疗活动。如何理解该条所规定的“不配合治疗”？一般而言，如果医务人员将要采取的治疗措施是符合诊疗规范的措施，需要患者提供相应的病史资料、支付相应的医疗费用，而患者能提供而未提供、能支付而未支付，则属于不配合治疗。如果患者在进行诊疗前，同意了医方提出的诊疗方案，但在诊疗过程中，又突然不同意其中的某些诊疗措施，而且该诊疗措施是符合诊疗规范的且患者没有正当理由，则属于患者单方变更医疗合同、违反合同的约定，由此造成的损失就应当由患者承担，医方可以免除责任。当然，如果医疗机构和医务人员在这一过程中也有过错的，则应当承担相应的赔偿责任，赔偿责任的大小应当根据其过错程度来判断。

2. 医疗机构进行符合诊疗规范的诊疗。只有在医疗机构从事符合诊疗规范的诊疗的前提下，患者才有配合的义务，如果医疗机构从事的诊疗活动或者提出的诊疗措施明显不符合诊疗规范，如进行过度检查或过度医疗，患者有权对此加以拒绝。所谓过度检查，是指医疗机构提供了超出患者治疗所需要的检查，使患者支付不必要的费用，甚至造成身体的损害。《民法典》第1227条规定：“医疗机构及其医务人员不得违反诊疗规范实施不必要的检查。”例如，某人因淋雨而感冒，到医院就诊，但医院却要求其进行一系列的特殊检查，例如拍摄X光片、脑部CT扫描、心电图检测等，患者认为这些检查完全不必要，而且费用高昂，因此拒不配合，医院也没有及时为患者开具治疗感冒的药物，导致患者感冒加重，转化成为肺炎。如果事后经过鉴定查明患者的病情确实是由于普通感冒未能得到及时治疗、加重转化而成的，则医疗机构此时并不能以患者不配合来主张免除自身的责任，因为患者拒绝的诊疗措施是不符合诊疗规范的措施，医疗机构提供此种不符合诊疗规范的诊疗方案和措施，本身就表明其具有过错，因此不能免责。

3. 患者或者其近亲属不配合医疗机构进行诊疗活动与其损害之间具有因果关系。只有在患者或者其近亲属不配合医疗机构进行诊疗活动的行为与其损害之间具有因果关系时，医疗机构才能主张不承担责任。例如，某人腿部受伤就医，医务人员对患者的伤患处采取合理的护理措施之后，明确告知患者在一周之内不得从事任何剧烈运动，但患者却私自去打篮球，导致其腿部病情加重。[①] 如果患者不配合治疗与损害的发生或扩大之间不存在因果关系，则不能减轻医疗机构的责任。比如，某人患脑血

① 参见“方某诉同安医院医疗损害赔偿纠纷案”，载《最高人民法院公报》，2004（2）。

栓，医生告知其不能饮酒，后患者病情加重而死亡，但如果患者家属举证证明，死者饮酒与其死亡之间不存在因果关系，此时即不能减轻医疗机构的责任。

（二）紧急情况下抢救患者并已尽到合理诊疗义务

《民法典》第1224条第1款第2项的规定将“医务人员在抢救生命垂危的患者等紧急情况下已经尽到合理诊疗义务”确定为医疗侵权责任的免责事由。据此，在病人生命垂危的情况下，医院负有紧急抢救的义务，即不能以病人无钱付费为由拒绝诊治。该免责事由的正当性在于：一方面，为了保障患者的生命健康权，应当尽量鼓励医疗机构采取措施抢救患者。这不仅符合患者的利益，而且满足了保障人权的需要。另一方面，患者处于生命垂危状态，医疗机构出于救死扶伤的初衷而从事的救助行为是符合社会整体利益的行为，对此应当加以鼓励而不应设置过多限制。在患者处于生命垂危状态的情形下，很难要求医疗人员对诊疗活动作出全面的、非常准确的判断，医务人员只能在最短的时间内采取最能够救活患者的措施，而且在紧急抢救病人的情况下，医务人员可能会出现轻微的过失，在此情形下，只要医疗机构尽到了合理诊疗义务，即便造成患者损害，医疗机构也无须承担责任。

当然，此种免责事由的适用应当符合法律规定的条件，依据《民法典》第1224条第1款的规定，此种免责事由的成立应当满足以下要件：第一，必须是在抢救生命垂危的患者等紧急情况下从事诊疗活动。所谓紧急情况，是指患者存在真实的、迫切的生命健康的严重威胁，如果不采取相应的抢救措施，则患者的生命健康将会立即受到严重的损害甚至失去生命。此时，只要医务人员尽到了合理的诊疗义务，即可以成为医务人员的免责事由。例如，某医生为紧急抢救病人而做人工呼吸和抢救，因用力过猛，致患者某个部位受伤，应减轻或免除医生的责任。第二，已经尽到合理诊疗义务。所谓尽到合理诊疗义务，是指医疗机构已经尽到了一个合理的、谨慎的人应尽的注意义务，在紧急情况下，医疗机构应当尽可能达到当时的医疗水平，但如果未能达到该水平，也不应一概认定医疗机构应当承担责任。因为在紧急状态下，为了抢救患者的生命，医疗机构采取某种紧急措施是别无选择的，或者说，在当时的情况下没有其他更好的救助措施可以实施。[①] 因此，不能完全根据一般的判断标准来确定是否尽到诊疗义务。

（三）限于当时的医疗水平难以诊疗

如何理解“限于当时的医疗水平难以诊疗”？本书认为，难以诊疗是指在全国范围内在当时条件下平均医疗水平无法治疗或者无法治愈。平均医疗水平是指同等级医院能够达到的医疗水平。在我国，根据医疗机构的技术水平，将医院划分为不同的等级。例如，对于癌症患者的治疗，按照诊疗规范，不同等级的医院能够收治的病症种类不同，级别较低的医院在遇到其无法治愈的病症时，应当立即安排转院。[②] 因此，

① 参见唐德华主编：《〈医疗事故处理条例〉的理解与适用》，288页。

② 医院的种类按医疗技术水平划分为以下三类：(1) 三级医院，主要指全国、省、市直属的市级大医院及医学院校的附属医院；(2) 二级医院，主要指一般市、县医院及省辖市的区级医院，以及相当规模的工矿、企事业单位的职工医院；(3) 一级医院，主要指农村乡、镇卫生和城市街道医院。

没有达到一定医疗等级的医院，收治了其无法治疗的病人，不能认定为“难以”治疗。所谓“难以”，是指按照当时的医疗水平，医疗机构已经尽到了相应的诊疗义务，但囿于医疗科学水平的限制，确实难以医治。

二、医疗机构或者其医务人员也有过错的责任

《民法典》第1224条第2款规定：“前款第一项情形中，医疗机构或者其医务人员也有过错的，应当承担相应的赔偿责任。”由此可以看出，即便存在该条第1款第1项所规定的免责事由（即患者或者其近亲属不配合医疗机构进行符合诊疗规范的诊疗），但如果医疗机构或者医务人员对患者损害的发生也有过错的，医疗机构也应当承担相应的责任。适用《民法典》第1224条第2款的条件包括两项：一是出现《民法典》第1224条第1款规定的“患者或者其近亲属不配合医疗机构进行符合诊疗规范的诊疗”的情况。通常情况下，如果患者或者其近亲属不配合医疗机构从事符合诊疗规范的诊疗活动而造成患者自身的损害，医疗机构本身是没有过错的，损害是由于受害人的原因造成的，原则上说，不应当由医疗机构承担医疗损害责任。二是医疗机构或者医务人员也有过错。这就是说，尽管出现了患者或者其近亲属不配合医疗机构进行符合诊疗规范的诊疗的情况，但是在诊疗过程中，医疗机构也存在一定的过错，从而共同造成了患者的损害，在此情况下，就不能使医疗机构完全被免除赔偿责任。例如，在诊疗过程中，患者对于诊疗方案并不配合，未按照预定的诊疗方案进行调养，而同时在诊疗过程中，医务人员的用药也出现了一些失误，两者共同导致患者病情加重，因此医疗机构应当承担相应的责任。

依据《民法典》第1224条第2款的规定，在患者或者其近亲属不配合医疗机构进行符合诊疗规范的诊疗的情形下，医疗机构及其医务人员也有过错的，则医疗机构应承担相应的赔偿责任。所谓相应的赔偿责任，是指根据责任人的过错程度和原因力大小承担的责任。相应的责任是与全部责任对应的，它只是部分赔偿责任。该条所规定的“相应的赔偿责任”主要是根据医疗机构的过错程度来确定其责任。在确定医疗机构责任的范围时，应当考虑如下因素：一是医疗机构的过错程度。例如，患者虽然在诊疗活动中不配合，但是医疗机构也没有尽到说明义务，只是这种过错程度较轻，因此应承担较轻的责任。[①] 二是原因力因素。如果患者不配合医疗活动的行为仅仅会影响到一部分的诊疗效果，患者只需要为这一部分医疗活动不能顺利进行所造成的损害承担责任，而在其他诊疗活动中，如果医疗机构存在过错，仍然需要承担相应的责任。如果某种治疗方法对某身患绝症的患者可能有起死回生之功效，但具有极大的风险，一旦失败就可能造成患者死亡，此时，患者享有决定是否治疗的权利，但医疗机构在未取得患者同意的情况下，就使用此种诊疗药物，结果导致患者死亡。在此情况下，需要考虑患者的死亡和治疗方法之间的因果联系。如果医疗机构对结果发生的责任较重，则应承担更多责任。

---

① 参见孟强：《医疗损害责任：争点与案例》，176页。

三、医疗机构及其医务人员的合法权益受法律保护

《民法典》第1228条第1款规定："医疗机构及其医务人员的合法权益受法律保护。"第2款规定："干扰医疗秩序，妨碍医务人员工作、生活，侵害医务人员合法权益的，应当依法承担法律责任。"在近几年的实践中，医疗纠纷明显增多，医患矛盾较为突出，看病难、住院难、看病贵等问题没有从根本上得到解决。一些医疗机构长期投入不足，再加上管理不到位，患者又对医疗机构有很高的期待，所以，一旦病情加重或无法治愈，患者就将矛盾转嫁给医疗机构和医务人员。实践中"医闹""暴力伤医"现象也时有发生。这些行为不仅妨碍了医疗机构的正常活动，而且给医务人员的人身安全带来威胁。所以，法律单设医疗机构和医务人员合法权益保护条款，目的在于在法律上进一步强化民法对医疗机构和医务人员合法权益的保护。①

从性质上说，本条实际上是宣示性条款，其需要相关的特别法予以具体落实。例如，暴力伤医可能构成刑事责任，医闹可能违反《治安管理处罚法》的规定，而殴打、辱骂医生等，则要承担相应的民事责任。

思考题

1. 简述医疗损害责任与合同责任的关系。
2. 简述医疗过错的认定标准。
3. 如何理解医疗领域内的特殊产品责任？
4. 简述侵害患者知情权和同意权的法律责任。
5. 如何理解医疗机构的免责事由？

① 参见黄薇主编：《中华人民共和国民法典侵权责任编解读》，237页。

第十七章　环境污染和生态破坏责任

【案例】 甲承包了一亩鱼塘，该鱼塘与旁边的一条小河相连。某天，甲发现其饲养的鱼大量死亡，后经查明，是因为河流遭到严重污染所致。经环保机构调查，证实是上游三家企业（乙、丙、丁）排放的污水导致河流污染。甲请求乙、丙、丁承担责任，但这三家企业均主张，其排污均符合标准，甲无权请求其承担责任。

简要评析： 该案属于环境污染侵权责任纠纷，在该案中，甲的损害是因乙、丙、丁三企业的排污行为导致的，依据《民法典》的规定，即便三企业的排污行为符合国家标准，但只要造成他人损害，其仍然应当承担侵权责任。同时，依据《民法典》第1231条的规定，乙、丙、丁三企业应当根据污染物的种类、排放量等因素，确定其责任份额。

第一节　环境污染和生态破坏概述

一、环境污染和生态破坏责任的概念

环境污染和生态破坏责任是指行为人因污染环境、造成他人民事权益损害而应当承担的侵权责任。保护环境是我国的一项基本国策，也是侵权责任法所承担的重要功能。随着我国工业化和城市化的发展，我国的环境污染已经达到了相当严重的程度，因环境污染侵害民事主体权益的情形也屡见不鲜。环境侵权事故是现代社会中新型的、发生频率较高的、损害严重的事故。此种侵权纠纷不仅具有较大的普遍性，而且其责任构成要件和免责事由较为特殊。我国有关环境保护的单行法律一般也对环境污染侵权责任作出规定，侵权责任编单设一章对环境污染、破坏生态责任作出规定，极大地完善了环境污染责任[①]制度，对于保护受害人的利益、维护环境，具有重要意义。

良好的生态环境是美好幸福生活的重要组成，是最普惠的民生福祉。但我们现在面临严重的生态危机，工业发展导致环境被严重破坏，全球变暖、酸雨、水资源危机、海洋污染等已经对人类的生存与发展构成了直接的威胁，引起了全世界的广泛关注。我国是世界上最大的发展中国家，为了发展经济，我们必须利用各种资源，但同时又面临资源严重紧缺、生态严重恶化的危机[②]，大气污染、黑臭水体、垃圾围城等

---

① 民法典侵权责任编第七章将《侵权责任法》第八章“环境污染责任”修改为“环境污染和生态破坏责任”，本章中有时仍将之简称为“环境污染责任”，但在内涵上包含“生态破坏责任”。

② 2006年6月5日，国务院新闻办公室发表了《中国的环境保护（1996—2005）》白皮书。白皮书指出，由于中国人均资源相对不足，地区差异较大，生态环境脆弱，生态环境恶化的趋势仍未得到有效遏制。

成为民生之患[①]，这就要求我们必须更重视资源的有效利用，并防止生态环境进一步恶化。民法典直面这一问题，在全世界范围内首次把绿色原则规定为民法基本原则，并在侵权责任编专章规定了环境污染和生态破坏责任，明确了生态修复的法律责任，对故意违反国家规定污染环境、破坏生态造成严重后果的，被侵权人有权请求相应的惩罚性赔偿。这些规则为维护生态环境、为人民群众创造良好生产生活环境提供制度保障。

民法典侵权责任编第七章首先规定了环境污染的责任。所谓环境污染，是指引起自然因素总体不良变化的损害，换言之，即人类所处的自然条件和状态发生了不利于人类生活的各种变化，产生了对人类良好生存环境的损害。[②]“环境污染”的定义最早是由 OECD 环境委员会在 1974 年提出并被广泛采用。[③] 此处的环境污染包括各种污染，如生活污染、生产污染和生态污染。从污染的类型来看，包括水污染、大气污染、光污染、噪声污染、放射性物质污染、化学物品污染、固体废物污染、海洋环境污染等，因为这些污染导致对自然的有害影响，危及人类健康生命，破坏生态环境，妨碍人们正常生活和生产环境。[④] 凡是对人类的生活、生态环境造成污染的，都属于环境污染，污染的形式也是多种多样的，一旦造成污染致他人损害，污染人都应当承担赔偿责任。在民法上，环境污染是通过特定媒介，即通过空气、土壤、水等媒介的作用导致损害的。它是在造成环境污染之后，引发了对特定受害人和公益的损害。

民法典侵权责任编第七章在规定环境污染责任的基础上，增加了生态破坏责任的规定。所谓生态破坏，是指因为行为人不合理的开发、利用、滥砍滥伐、过度捕捞等行为，造成生态退化、环境结构和功能的变化，出现水土流失、沙漠化、荒漠化、森林被破坏、土壤被污染、生物多样性减少等现象。[⑤] 生态破坏就导致生态服务功能的丧失。如导致水流原有饮用、灌溉等功能丧失，土壤破坏造成生态承载能力下降等情形，环境与生态是自然系统的组成部分，均是多种自然因素的结合，两者都具有公共产品的属性，不能截然分开，单独以任何一者指代全部均不够全面。环境污染与生态破坏也常常体现出紧密的联系，环境的污染可能导致生态的破坏，生态的破坏也可能加剧环境的污染。

民法典侵权责任编增加生态破坏责任，进一步完善了《侵权责任法》的规定，体现了对生态的维护。维持良好的生态环境是建设美丽中国的必然要求，更是实现人民群众美好幸福生活的必要手段。

二、环境污染和生态破坏的特点

依据《民法典》第 1229 条的规定，环境污染和生态破坏的责任，具有如下特点。

1. 它包括环境污染和生态破坏两种侵权行为。如前所述，我国《侵权责任法》

---

① 参见钟寰平：《调查研究，谋事之基成事之道》，载《中国环境报》，2019 - 07 - 31。

② 参见马俊驹、余延满：《民法原论》，1071 页，北京，法律出版社，2007。

③④ 参见汪劲：《环境法学》，155 页，北京，北京大学出版社，2011。

⑤ 参见曹明德主编：《环境与环境保护法》，187 页，北京，中国人民大学出版社，2013。

只规定了环境污染责任，显然其保护的范围过于狭窄。一方面，环境污染本身并不能概括所有的破坏生态的情形。而生态破坏又与环境污染有着不可分割的关系。例如，滥砍滥伐、滥捕滥猎、过度放牧、毁林造田等，都会导致水土流失、荒漠化、风沙肆虐等，最终损害的仍然是环境。排放污水造成环境污染，导致生物多样性遭受破坏，从而引发生态破坏；或者由于生态遭受破坏导致自然修复能力减弱，无法完成自我修复，因而加剧环境污染的发生。所以，仅仅只规定环境污染责任，显然不足以保护生态环境。另一方面，《侵权责任法》的规定与我国特别法的规则也不衔接。例如，《环境保护法》第 64 条明确规定："因污染环境和破坏生态造成损害的，应当依照《中华人民共和国侵权责任法》的有关规定承担侵权责任。"显然，该条包括了环境污染和生态破坏，而《侵权责任法》之中并无生态破坏的概念。而且，从实践来看，虽然生态破坏大量侵害的是公益，但也有私益受到侵害的，例如，过度挖掘地下的煤炭，导致承包地的塌陷，这就构成对他人民事权益的侵害。因此，《民法典》增加破坏生态的责任，弥补了《侵权责任法》的不足。

2. 环境污染和生态破坏具有私害性和公害性的双重特点。[①] 一是私害性。这就是说，它是因环境污染和生态破坏导致特定民事主体损害而产生的责任。《民法典》第 1229 条规定："因污染环境、破坏生态造成他人损害的，侵权人应当承担侵权责任。"该条没有明确指明"造成他人损害"的内涵。本书认为，该条所规定的"造成他人损害"应当限于对特定民事主体的损害，所侵害的通常是财产权、生命权、健康权。例如，河流污染导致某人养殖的鱼虾死亡，或者导致某人承包的土地受到污染。再如，因环境污染导致患病，就是侵害健康权。二是公害性。所谓公害性，是指环境污染造成了国家或集体利益的损失，其并不完全是对特定民事权益的侵害，同时也可能会对具有公益性的环境造成破坏。环境污染可能造成生态环境和自然条件的恶化，这种改变即便没有造成具体的个人损害，也侵害了社会公共利益，使社会蒙受了损害。我国《民法典》第 1234 条、第 1235 条所规定的生态环境修复责任和生态环境损害的赔偿责任，都是针对公害而确立的责任。

3. 环境污染和生态破坏责任的主体常常具有多重性。环境污染经常不是由单一的污染者产生的，而可能是多个污染者造成的。在许多情况下，一家企业的排污不可能造成环境的污染，但数家企业的排污结合到一起，发生化学、物理和生化上的反应，就可能发生环境污染。排污行为的结合不仅对环境污染中因果关系的判断造成困难，也使得环境污染责任的主体常常具有多重性。[②] 一旦认定侵权责任成立，则可能由数个主体对受害人承担责任。正是基于这一原因，《民法典》第 1231 条专门就数个污染者的责任承担问题作出了规定。该条采用按份分担的方式，排除了连带责任的适用，这也表现出其责任的特殊性。

4. 环境污染和生态破坏责任的方式具有多样性。在民法典侵权责任编第七章规定了多种责任形式。一是损害赔偿责任。《民法典》第 1229 条规定："因污染环境、

① 参见王明远：《环境侵权救济法律制度》，18 页，北京，中国法制出版社，2001。

② 参见张梓太：《环境法律责任研究》，68 页，北京，商务印书馆，2005。

破坏生态造成他人损害的，侵权人应当承担侵权责任。”尽管该条规定采用了“损害”的概念，但这并不意味着环境污染责任的责任方式仅限于损害赔偿。《民法典》第1235条规定了造成生态环境损害的赔偿责任。二是《民法典》第179条规定的多种责任方式，也可能适用于环境污染责任，如停止侵害、消除危险、排除妨碍、恢复原状等形式可能适用于环境污染责任。三是《民法典》第1232条规定的故意污染环境或破坏生态的惩罚性赔偿责任。四是《民法典》第1234条规定了生态环境修复责任。环境污染责任的责任方式的多样性也是我国环境污染责任制度的一个重要特色。

5. 私益诉讼和公益诉讼的结合。正是由于污染环境和破坏生态既具有公益性又具有私益性，所以，法律上确立了两种诉讼。本书认为，《民法典》第1229条至第1233条规定的都是私益诉讼，而第1234条和第1235条则规定了公益诉讼。

环境污染和生态破坏责任是一种特殊的侵权责任。首先，环境污染责任是侵权责任编分则规定的侵权责任，而且散见于各个特别法中，如《环境保护法》等，所以环境污染责任不仅需适用侵权责任编，还要适用其他特别法的规定。其次，环境污染责任也是侵权法中特别规定的责任，属于严格责任的一种类型，其在构成要件如环境污染行为、因果关系等诸多方面都具有特殊性。最后，在数人侵权的情况下，其责任的承担也具有特殊性。

三、环境污染责任与不可量物侵害

不可量物侵害与环境侵权具有类似性。所谓不可量物，是指按照通常的计量手段无法加以精确测量的某些物质，不可计量的物，大体如气体、音响、光线、尘埃、采石之粉、灰、火花、湿气、真菌类、噪声、电流、臭气、烟气、煤气以及“光的有意图之侵入”[①]。至于固体或液体等物，例如沙石、污水等则不包括在内。[②] 在不可量物造成损害的情况下，究竟应当适用《民法典》关于环境污染责任的规定，还是应当适用物权法中调整相邻关系的规范?《民法典》第294条规定：“不动产权利人不得违反国家规定弃置固体废物，排放大气污染物、水污染物、土壤污染物、噪声、光辐射、电磁辐射等有害物质。”该条实际上是关于所谓“不可量物”的侵害所引发的相邻关系的规定。因为不可量物的侵害，常常会给相邻的一方造成损害，严重的不可量物侵害常常会影响环境，对许多不特定的人造成损害。在实践中，对此类纠纷也可能按照侵权处理，例如，在“陆某诉永达公司案”中，人民法院认为：“被告永达公司在自己的经营场所设置路灯，为自己的经营场所外部环境提供照明，本无过错。但由于永达公司的经营场所与周边居民小区距离甚近，中间无任何物件遮挡，永达公司路灯的外溢光、杂散光能射入周边居民的居室内，数量足以改变居室内人们夜间休息时通常习惯的暗光环境，且超出了一般公众普遍可忍受的范围。”因此，永达公司构成侵权。[③] 在相邻关系中，不可量物侵害既可能造成对环境的污染，也可能损害他人的权

---

① 陈华彬：《德国相邻制度研究》，载梁慧星主编：《民商法论丛》，第4卷，227页，北京，法律出版社，1996。
② 参见王泽鉴：《民法物权·通则·所有权》，184页，台北，自版，1992。
③ 参见上海市浦东新区人民法院（2004）浦民初字第10589号民事判决书。

益。但相邻关系中的不可量物侵害与环境污染损害存在区别，主要表现在：

第一，责任主体不同。环境污染是因经营活动而导致的损害，而不可量物侵害是因日常生活而导致的损害。一般而言，企业排污致人损害的，应当适用环境污染责任，但是居民之间因日常生活相邻关系发生的纠纷，主要适用《民法典》第294条等相关规定。在不可量物侵害中，责任主体往往是普通的民事主体，而环境污染中，责任主体大多为从事经营活动的主体。尽管我国《民法典》并没有明确规定环境污染责任的主体，但从实践来看，其大多限于从事经营性活动的企业。[①] 环境污染通常是在生产经营活动中造成的损害，它之所以成为新的问题，是因为随着工业的发展，生产经营活动中出现了环境污染。而不可量物侵害是在日常生活中造成的损害，并非因生产经营活动造成。例如，对生活中的一般噪声，受害人负有容忍义务，不适用环境污染责任。

第二，从是否侵害环境来看，环境污染往往是持续的经营性活动造成的。而不可量物侵害往往是日常生活造成的，不可量物侵害虽然有可能导致环境质量的下降，但是在许多情况下并不必然造成环境污染，也不足以直接造成显性的人身或财产损害。例如，遮挡阳光和通风的行为、制造噪声的行为，并不会对阳光和空气本身造成损害。[②] 但是在环境污染责任案件中，一般都存在特定民事主体的人身、财产权益受害。环境污染大多会造成对环境的损害，如果只是针对一个特定主体的通风、采光等环境的破坏，通常不构成环境污染。正是因为这一原因，相邻关系中的环境损害一般不适用《民法典》有关环境污染责任的规定。

第三，受害人的范围不同。在不可量物侵害中，受害人的范围往往比较狭窄，通常限于相邻不动产的所有人和使用人。而在环境污染中，受害人的范围可能是众多的，常常导致大规模侵权。尤其是污染者和受害人之间并不必然是相邻不动产的所有人和使用人。

第四，是否造成人身损害的后果不同。环境污染经常会造成人身损害，如有的污染造成饮用水源的污染，从而导致众多受害人患病，因而环境污染造成的损害后果往往更为严重，不仅限于财产损害，而且包括人身损害。但不可量物侵害大多是轻微的，一般不会造成严重人身损害后果，如噪声污染会影响他人的正常生活、侵犯他人合法权益，但一般不会造成明显的人身伤害后果。

第五，责任承担方式不同。相邻关系中因环境问题造成实际人身、财产损害的，应当承担侵权责任；没有造成实际人身、财产损害的，一般适用物权请求权的规定予以救济。

如果不可量物侵害也造成了环境污染，并侵害了受害人的民事权益，造成了实际损害，应当如何处理？本书认为，纯粹自然人之间因相邻关系而发生“污染”，属于物权法的调整范围；即便造成了轻微的环境损害，仍然属于相邻关系范畴。尤其是不可量物侵害并没有造成环境的污染，没有通过损害环境而造成他人的财产、人身损害

---

① 参见吴继刚：《环境侵权的类型探析》，载《山东师范大学学报（人文社会科学版）》，2003（6）。

② 参见周珂主编：《环境法学研究》，97页，北京，中国人民大学出版社，2008。

的，仍然属于“私害”的范畴，不能适用环境污染责任。

第二节 环境污染和生态破坏责任的归责原则

环境污染事故是现代社会中新型的、频率较高的、损害严重的事故。但关于环境污染和生态破坏责任究竟应当采何种归责原则，存在不同的观点：一是过错责任说。此种观点认为，环境污染并不完全以造成污染的结果作为归责的依据，而应当以有过错和违法为依据。[①] 二是过错责任和无过错责任结合说。此种观点认为，根据1996年的《水污染防治法》第55条第1款的规定，“造成水污染危害的单位，有责任排除危害，并对直接受到损失的单位或者个人赔偿损失”。该条并非完全采用无过错责任，而是实行过错责任和无过错责任的结合，两者是相互补充，而不是相互排斥的关系。[②] 三是严格责任说。此种观点认为，1982年的《海洋环境保护法》第42条首先确定了环境污染的严格责任。而1984年的《水污染防治法》第55条进一步确立了这一规则。因此，造成了环境污染，只要不存在法律规定的免责事由，都应当承担责任。[③]

我国《民法典》第1229条规定：“因污染环境、破坏生态造成他人损害的，侵权人应当承担侵权责任。”依据这一规定，环境污染责任在性质上属于严格责任，主要理由在于：

第一，从文义解释来看，《民法典》对环境污染责任采严格责任。该条并没有使用“过错”的表述，甚至排斥了违法的表述，没有类似违反排污标准等的规定，可见其不是采过错责任，而是采严格责任。从立法者的原意考察，其认为，在受害人有损害，污染者的行为与损害结果有因果关系的情况下，不论污染者有无过错，都应对其污染造成的损害承担侵权责任。[④]

第二，从抗辩事由来看，《民法典》也是采严格责任。严格责任作为特殊的归责原则，其抗辩事由必须由法律明文规定。《民法典》第1230条对环境污染侵权责任的免责事由作出了特别规定，即必须是“法律规定的”责任减免事由。因此，凡是法律没有明确列为责任减免事由的具体情形，都不能作为环境污染责任的责任减免事由。从具体的抗辩事由来看，其采用严格责任的主要表现在：一是《民法典》没有将合标排污规定为抗辩事由，且从该法的相关规定来看，也认为即便合法排污造成损害，排污者也应承担责任。污染者不能援引合标排放作为抗辩事由。二是严格责任与过错推定的区别在于，第三人的行为导致损害是否可以免责。依据《民法典》第1233条的规定，第三人造成损害，并不能导致责任的免除，可见，我国环境污染责任并非采过错责任。三是《民法典》第1230条规定：“因污染环境发生纠纷，污染者应当就法律规定的不承担责任或者减轻责任的情形及其行为与损害之间不存在因果关系承担举证

---

① 参见王成：《环境侵权行为构成的解释论及立法论之考察》，载《法学评论》，2008（6）。

② 参见罗典荣等：《略论环境保护法律制度中的损害赔偿责任》，载《法学研究》，1986（2）。

③ 参见曹明德：《环境侵权法》，153～155页，北京，法律出版社，2000。

④ 参见全国人大常委会法制工作委员会民法室编：《中华人民共和国侵权责任法条文说明、立法理由及相关规定》，267页。

责任。”此处“应当就法律规定的不承担责任或者减轻责任的情形”，是否就是指侵权责任编第二章“不承担责任和减轻责任的情形”的规定？因为第二章规定了各种抗辩事由，如果这些事由都可以适用到环境污染的话，则环境污染在性质上就不再是一种严格责任，而是过错责任了。本书认为，此处所说的法律规定，不是指侵权责任编第二章的规定，而是指特别法关于环境污染中不承担责任和减轻责任的规定。从特别法的规定来看，免责事由往往限于不可抗力和受害人故意。这与严格责任的“严格性”是一致的。

第三，从保护受害人而言，采用严格责任更有利于对受害人的保护。因为在环境侵权中，行为人排放各种废水废气废物，造成了环境的污染。受害人通常都不具有专业知识和能力，去查找污染的原因以及污染主体及其排放量。如果采用过错责任，受害人必须自己举证证明，其往往会遇到举证的困难。而采用严格责任，就可以减轻其举证负担，从而有利于保护其利益。[①]

第四，采用严格责任是与我国长期以来的立法经验一脉相承的。1982 年的《海洋环境保护法》（1999 年修正）第 42 条规定：“因海洋环境污染受到损害的单位和个人，有权要求造成污染损害的一方赔偿损失。”该条实际上明确了海洋环境污染中的严格责任。《民法通则》制定以后，理论和实务中曾经对该法第 124 条的规定是否是严格责任存在争议。1991 年 10 月 10 日，国家环保局作出的《关于确定环境污染损害赔偿责任问题的复函》将环境污染责任界定为侵权责任。自该复函作出以后，实践中就形成了一致的意见，即认为环境污染实行严格责任。因此，我国《民法典》采纳严格责任，也是长期以来立法经验的积累。[②] 而且从历史解释的角度看，立法者在解释《侵权责任法》第 65 条时也认为其是严格责任。[③]《环境侵权责任司法解释》在《侵权责任法》规定的基础上，进一步明确将环境污染责任界定为严格责任，该司法解释第 1 条规定：“因污染环境造成损害，不论污染者有无过错，污染者应当承担侵权责任。”

在此需要讨论，符合排污标准的污染是否仍需承担侵权责任？《民法典》第 1229 条规定：“因污染环境、破坏生态造成他人损害的，侵权人应当承担侵权责任”。因此，即便排污行为符合标准，行为人仍需要承担侵权责任，法律作出此种规定的原因在于：一方面，排污行为是否“合标”主要是一个行政法上的问题，将影响到排污者的行政责任的确立和额度。不合标排污将引起行政责任，而合标排污一般无须承担行政责任。但企业不承担行政责任并不意味着其不应当承担民事责任。侵权责任的保护对象在于受害人的人身、财产权益，其强调对受害人的补救。依此立法目的，无论排污是否合标，只要因环境污染造成了损害，都有通过侵权责任予以救济的必要。另一方面，某个企业所实施的单独排放行为是合标的，可能不会造成污染，但多个企业的

---

① 参见黄薇主编：《中华人民共和国民法典侵权责任编解读》，242 页。

② 参见全国人大常委会法制工作委员会民法室编：《中华人民共和国侵权责任法条文说明、立法理由及相关规定》，268 页。

③ 参见全国人大常委会法制工作委员会民法室编：《中华人民共和国侵权责任法条文说明、立法理由及相关规定》，267 页。

排放物质结合可能会造成污染，因此合标排放行为也是损害发生的原因。还应当看到，排污标准常常是对环境保护所确定的最低要求，且有些排污标准具有滞后性，或者在制定时并没有经过科学的论证。排污标准的上述缺陷决定了，污染者即使遵循了该标准，仍然可能给受害人造成很大的损害。[①] 因此，不能以排污行为合标作为环境污染责任的免责事由。

第三节　环境污染和生态破坏责任的构成要件

一、实施了污染环境、破坏生态的行为

环境污染责任的成立首先需要加害人实施了污染环境、破坏生态的行为。一是实施了污染环境行为。《侵权责任法》将环境污染责任的主体由“排污者”改为“污染者”，这就表明，环境污染的概念从水污染已经扩大到其他各种污染，如大气污染、噪声污染等。各种污染行为，有的造成现实的损害（如因水污染导致鱼苗死亡），有的造成生产生活的不便（如工厂的排污导致水源被污染，居民饮水困难），有的造成物权等权利不能行使（如因污染导致海边浴场不能开业、渔民不能出海捕鱼等）。虽然造成的损害后果不同，但损害必须导致对民事主体的民事权益的侵害。二是实施了破坏生态的行为。例如，不合理地开发，乱砍滥伐、破坏森林资源，造成沙土流失，致使人类生存条件恶化。破坏生态的侵权行为，通常导致生态的服务功能丧失。此类行为侵害的不仅是普通民众的生命健康权、财产权等，也会对包括环境在内的一系列公共利益造成难以弥补的损害。

既然环境污染责任是严格责任，那么无论污染者有无过错，造成了污染都要承担责任，因此，不应当以违法性作为责任的构成要件，否则，受害人在获得赔偿时，必须证明污染者的行为具有违法性，这就增加了受害人的举证负担。《民法典》第 1229 条没有提及“违反国家保护环境防止污染的规定”的部分，表明立法者不再以违法性为要件的立场。即便要以违法性为要件，也应当首先区分作为侵权责任构成要件的违法性和违反行政法规的违法性的概念。《民法典》中的违法性与行政法上的违法性并不完全相同，违反行政法的后果和违反民法的后果也不完全一致。不同的法律部门承担不同的功能，因此，在法律上应当将其区分开。本书认为，作为环境污染侵权责任而言，并不需要违法性要件，即使是合法、合标的排污，只要造成对受害人的损害，污染人就应当承担责任。[②] 即使污染者的行为没有违反国家排污标准，但是如果造成民事主体的民事权益损害，不具有法定的免责事由，也应当承担侵权责任。

二、损害

环境污染责任、破坏生态所造成的损害，既包括私益损害也包括公益损害。它们

---

① 参见竺效：《生态损害的社会化填补法理研究》，70～71 页，北京，中国政法大学出版社，2007。

② 参见王利明等：《中国侵权责任法教程》，643 页。

都是因为污染环境或破坏生态造成的。在环境污染案件中，损害可以分为两种类型：一是污染行为对特定民事主体权益造成了损害后果，且此种损害通常是通过环境为媒介而形成的。如果没有造成对环境的不良影响，则不属于环境污染案件中的损害。二是污染行为仅造成了对环境的损害，而没有造成特定的民事主体的民事权益侵害。此时的损害称为生态损害，例如，对于水资源、大气、植被或者动物生态系统等的破坏。[①] 传统的环境侵害责任中的损害主要是指对民事权益的损害。但随着工业社会的发展，第二种类型的损害已经频繁出现，并受到人们的关注。[②]

此类损害通常具有如下几个特点。

第一，具有不确定性。这种不确定性主要表现为因果关系的不确定性。在环境侵权的情况下，每一个污染者的排污行为和结果之间的因果联系，往往都只具有盖然性，很难用相当因果关系来判断。在很多情况下，每个污染者的排放量等很难判断，因为排污行为的发生已经时间久远，经过长期的积累才导致了损害。所以，在环境污染案件中，经常要采用因果关系推定等规则。[③]

第二，具有持续性和潜伏性。所谓持续性，是指环境污染可能持续很长的时间，在相当长的时间内都不会被发现。所谓潜伏性，也称为缓慢累积性，是指环境污染对受害人的损害可能现实地被察觉，也可能经过较长的时间损害才被发现。[④] 通常情况下，侵权行为引起的损害结果具有及时性特点，损害事实和损害范围能够及时确定，因此，损害后果能够及时得以确定。[⑤] 但在环境污染侵权的情形下，污染物对环境的损害，以及通过环境对人身、财产的伤害是逐步缓慢形成的。环境污染物质需要经过一定时间的量的积累后，才能够产生质的影响，即引发实际的损害。在环境污染导致的损害要从量的积累达到引起质变时，损害结果才能被发现。即便现实的损害被发现之后，最终的损害事实可能难以及时确定。因此，在损害事实无法最终确定的情况下，此类侵权之诉也很难在短时间内结案。[⑥]

第三，具有广泛性，这主要表现在受害人分布范围和数量的广泛性、地域的广泛性、遭受侵害的权益的广泛性。[⑦] 由于污染物具有迅速大面积扩散的特点，因而在许多情况下，其引起的受害人数量众多、分布范围广，并且此种数量和规模难以在短时间内确定。所以环境污染往往与大规模侵权联系在一起，甚至许多环境污染本身就是大规模侵权，从而可能引发集体诉讼。

三、因果关系

因果关系是指加害行为与损害事实之间有先后的客观联系。在一般民事损害赔偿

① Geneviève Viney, Patrice Jourdain, Les conditiions de la responsabilité, 3éd., LGDJ, 2006, p. 68.
② 参见竺效：《生态损害的社会化填补法理研究》，72～75 页。
③ 参见张新宝：《侵权责任法原理》，377 页以下。
④ 参见曹明德：《环境侵权法》，33 页，北京，法律出版社，2000。
⑤ 参见曹明德：《环境侵权法》，32～33 页。
⑥ 参见许明月等：《公民环境权的民事法律保护》，110 页，重庆，西南师范大学出版社，2005。
⑦ 参见张新宝：《侵权责任法原理》，376 页。

案件中，受害人需要举证证明因果关系的存在。但在环境污染侵权诉讼中，受害人无法了解企业的生产过程，且排放情况以及排放物质如何形成污染等都具有极强的技术性，受害人很难证明因果关系。由于科学技术的发展，环境污染中的损害大都具有不确定性，且具有潜伏性、隐蔽性、复杂性、持续性和广泛性等特点，环境污染损害的证明和观测需要很多专业知识，这些原因都致使受害人难以证明污染环境的行为与环境污染的损害后果之间的因果关系。[①] 受害人对于工厂的排污行为是否出于过错，往往无法知道，也很难收集和提供有关的事实证据。如果在环境污染案件中，适用一般的因果关系理论，将难以使受害人获得救济。[②] 因此，我国《民法典》第1230条规定了因果关系推定规则，该条规定："因污染环境、破坏生态发生纠纷，行为人应当就法律规定的不承担责任或者减轻责任的情形及其行为与损害之间不存在因果关系承担举证责任。"依据该条规定，如果污染者不能举证推翻因果关系推定，其就要承担侵权责任。这实际上是将举证不能的风险分配给了污染者。[③]

《民法典》第1230条关于环境污染责任因果关系证明的基本规则适用于各种环境污染、破坏生态侵权责任，该条所规定的因果关系推定在性质上应当属于因果关系举证责任倒置，主要理由在于：一方面，从文义解释来看，该条明确规定，"污染者应当就……其行为与损害之间不存在因果关系承担举证责任"，即直接规定了由污染者承担证明不存在因果关系的证明责任，而对原告的证明责任只字不提，这实际上已经非常明确地将举证责任置于污染者一方，而不是受害人一方。另一方面，从目的解释来看，立法者就是要通过举证责任倒置的方法，减轻受害人的举证负担，从而强化对受害人的保护。[④] 因果关系推定的适用目的是保护受害人。随着社会的发展，因果关系的推定所适用的范围日益广泛。特别是由于科技的发展，新设备和新产品相继问世，经济活动日趋复杂，许多损害影响范围广泛，致损的原因并不是通过一般的常识就能够判断的，而需要有广泛的科学知识才能判断。由于这些原因导致受害人就因果关系举证面临障碍。在此情况下，从保护受害人的角度出发而赋予法官一定的自由裁量权，可以由法官根据经验法则推定因果关系的存在。

此外，该条并不涉及过错推定的问题，因为环境污染责任属于严格责任，其成立不以污染者具有过错为要件。"污染者应当就法律规定的不承担责任或者减轻责任的情形……承担举证责任"，这并不是过错推定的规定，而是关于减轻和免责的规定。也就是说，该条属于指引性规定，通过承认其他法律的规定的方式，使《民法典》与其他法律有效衔接起来。至于污染者可以通过举证受害人的过错（尤其是故意）等来免除责任或减轻责任，这只是过失相抵规则的适用，而非是对归责原则的规定。

当然，《民法典》第1230条虽然规定了因果关系举证责任的倒置，但这并不意味

---

① 参见周珂主编：《环境法学研究》，97页，北京，中国人民大学出版社，2008年。

② 参见王利明等：《中国侵权责任法教程》，652页。

③ 参见杨立新：《侵权责任法》，82页；王胜明主编：《〈中华人民共和国侵权责任法〉解读》，330页以下。

④ 参见王胜明主编：《〈中华人民共和国侵权责任法〉解读》，335页。

着将所有的举证负担都转移给被告，原告不必承担任何举证负担。相反，在具体运用中，原告应当负有初步证明的责任。具体来说，《民法典》第1230条的运用，应当包括如下几个方面。

（一）受害人的初步证明义务

依据《环境侵权责任司法解释》第6条的规定，受害人请求承担环境侵权责任的，应当证明"污染者排放的污染物或者其次生污染物与损害之间具有关联性"。这实际上就明确了受害人的初步证明义务。这就是说，受害人首先要证明污染者的污染行为与其受到的损害之间存在一定的联系，即污染行为具有造成损害的可能性。因此，在环境污染责任中，受害人并非完全不承担对因果关系的任何举证义务，原则上，受害人必须要就初步的因果关系进行证明。[①] 实践中，一些人将因果关系的推定误认为原告不承担任何举证义务，这种理解是不正确的。被告的污染行为与原告的损害后果之间应当存在一定的因果联系，否则，将无法确定作为诉讼主体的被告。这就是说，在实行因果关系推定前，受害人应当证明损害存在，即他必须证明其遭受了实际损害。同时，受害人必须证明污染行为存在致害的可能性，即被告行为足以引起这种损害。所以无论是采盖然性的因果关系理论，还是采间接反证理论，都必然要求原告证明污染行为与造成损害之间存在可能性。[②]

一般而言，原告可以通过以下方式履行其证明义务：一是原告可以证明其所受到的损害与被告污染行为所造成的损害是同种类型，但是原告无法证明污染行为和损害之间是否存在直接的联系。二是原告可以证明当被告的污染介入之后，原告受到了此种损害，而且这种损害具有一定的普遍性。例如，在受污染地区的多数居住者都出现了此种损害，但是原告并不能够证明污染者排放的污染物质是否能够造成这种损害。[③] 三是原告可以证明，被告的污染行为导致其遭受损害的可能性增加。

（二）污染者应当就其行为与损害之间不存在因果关系承担举证责任

当受害人证明了损害与被告的污染行为之间具有可能联系性之后，依照《民法典》第1230条后半句的规定，应当由污染者反证证明其污染行为与损害之间没有因果关系。例如，在"济南银座奥森热电有限公司等与李某环境污染责任纠纷案"[④] 中，原告主张，被告在进行脱硫设施运营期间，将碱性污水排入其果园之内，导致其果树被淹死亡，故要求被告承担损害赔偿责任。法院认为，原告提供的证据已经证实污水由被告院内排出，导致其果园内的树木死亡，在此种情况下，被告既不能证实向外排放污水与李某的损失不存在因果关系，也不能举证证明存在法定的不承担责任和减轻责任的情形，因此，应对原告遭受的损失承担赔偿责任。

一般来说，可以从如下几个方面证明污染者的行为与损害之间不存在因果关系：一是污染者可以证明其并没有排放任何污染物；二是污染者可以证明其没有排放造成

---

① 参见陈国义：《民法因果关系、概念及举证责任在德国环境损害赔偿事件的适用及其转变》，载《法学丛刊》，第160期。

②③ 参见张梓太：《环境法律责任研究》，304页。

④ 山东省济南市中级人民法院（2013）济民四终字第372号民事判决书。

损害的污染物；三是污染者可以证明其排放的污染物不能造成原告所受到的损害。[①] 一般来说，如果污染者能够证明第二种情形，也不能当然免责。因为其污染物在通常情况下可能不会造成损害，但其也可能与其他物质结合而造成污染。如果在特定案件中存在数人同时排放的问题，则情况比较复杂，需要依照具体案件来讨论。

（三）法官根据污染者的反证内容，从而确定是否存在因果关系

在实践中，法官要考虑被告对其行为和损害结果之间的反证内容，从而认定是否存在因果关系。《环境侵权责任司法解释》第 7 条规定："污染者举证证明下列情形之一的，人民法院应当认定其污染行为与损害之间不存在因果关系：（一）排放的污染物没有造成该损害可能的；（二）排放的可造成该损害的污染物未到达该损害发生地的；（三）该损害于排放污染物之前已发生的；（四）其他可以认定污染行为与损害之间不存在因果关系的情形。"此处所说的"其他可以认定污染行为与损害之间不存在因果关系的情形"，应当结合个案进行认定，例如，受害人患上某种疾病，但是被告证明此种疾病完全是由受害人自身的原因引起的，与污染物质无关。相反，如果其反证的内容不足以推翻推定的存在，则可以认定因果关系的存在。

第四节　数个主体污染环境、破坏生态的责任

一、数个主体污染环境、破坏生态的责任的特点

根据环境污染责任承担主体的数量不同，环境污染责任形态可以分为单一主体污染环境的责任和数个主体污染环境和破坏生态的责任。《民法典》第 1231 条规定："两个以上侵权人污染环境、破坏生态的，承担责任的大小，根据污染物的种类、浓度、排放量，破坏生态的方式、范围、程度，以及行为对损害后果所起的作用等因素确定。"这就在法律上确立了数个主体污染环境的责任，学界常常将其称为"比例负担"原则，我国司法实践也将数个污染者的责任界定为按份责任。例如，在"慈溪市建塘江水库管理所诉宁波富兰特尼龙树脂有限公司等环境污染损害赔偿纠纷案"中，法院认为，三被告均向河道排放硫化物、氰化物、非离子氨、总铬、总汞等有害物质，造成河道污染。原告将带有污染物的河水翻入水库，造成鱼类死亡，应当按照各自的过错程度分别承担责任。[②] 从实践来看，环境污染责任中单一污染者的情形较少，大多是数个污染者和生态破坏者的污染行为造成他人损害的案件。此种责任的特点主要在于：

第一，主体是数个污染者和生态破坏者。这就是说，在环境污染中，因数个主体的污染活动最终导致了损害。数个主体可能是自然人，也可能是法人。但其最终的结果是因为数个主体的污染所致。由于污染者的多重性，因而其责任主体具有多样性。在有数个主体污染的情况下，责任主体也相应地是该数个污染者。

① 参见张梓太：《环境法律责任研究》，305 页。

② 参见浙江省慈溪市人民法院（2001）慈民初字第 2451 号民事判决书。

第二，数个主体造成同一损害。如果数个主体污染环境，但各自造成了不同的损害，则应当属于单一主体污染环境的情形。因此，在此种责任中，数个行为具有客观的关联共同性，也就是说，数个行为偶然结合在一起，造成了污染的结果。①

第三，它所包含的因果关系形态具有多样性。在数个污染者和生态破坏者造成损害的情况下，可能出现部分的因果关系，也可能出现聚合的因果关系，还可能出现择一因果关系。例如，单个企业的排污并不足以产生损害，但是，数个企业的污染物相互作用产生了新的污染物最终导致损害，就属于部分因果关系。② 在数个主体污染环境的情况下，可能涉及狭义的共同侵权、共同危险、无意思联络的数人侵权，在各种形态中，因果关系的表现形式并不相同。例如，狭义的共同侵权中，各个污染者和生态破坏者的行为与损害结果之间都具有因果联系；在共同危险行为中，因果关系表现为择一因果关系；而在无意思联络的数人侵权中，各个污染者和生态破坏者的行为既可能部分造成损害结果，也可能全部造成损害结果，但从实践来看，如果两个以上的人污染环境，大多是无意思联络的数人侵权。因此，我国《民法典》第 1231 条对此专门作出了规定。

第四，责任后果的多样性。在数个主体污染环境和破坏生态的情况下，责任的后果要依据共同侵权、共同危险、无意思联络的数人侵权等制度分别认定。因此，污染者承担的责任是多样的，既可能是连带责任，也可能是按份责任。虽然《民法典》第 1231 条仅规定了按份责任，但是，该条规定并非规范了所有类型的数个主体污染环境案件，有些类型的案件要依据该法的其他相关规定来处理，并非都是按份责任。

二、数个主体污染环境和破坏生态的责任承担

《民法典》第 1231 条确定了二人以上共同污染环境造成侵权责任的承担规则，依据该条规定，如果多个污染者分别排污造成同一损害，各个污染者应当承担按份责任，而不是连带责任。对受害人来说，其不能够请求每个排污者承担连带责任，也不能要求其承担全部的赔偿责任。《环境侵权责任司法解释》第 3 条第 2 款规定："两个以上污染者分别实施污染行为造成同一损害，每一个污染者的污染行为都不足以造成全部损害，被侵权人根据侵权责任法第十二条规定请求污染者承担责任的，人民法院应予支持。"该条进一步明确了其属于外部责任，而不属于内部责任。这种责任都是直接对受害人所承担的责任。因此，此处所说的分担是外部的分担而非内部的分担，即每个排污者对外承担的责任应当按照其排污量、污染物种类等因素来确定。

《民法典》之所以确立这一外部分担规则，是我国长期以来司法实践经验的总结。在无法确定污染物的种类、排放量等情况下，我国多年的司法实践是采用由各个污染人平均分摊责任的做法③，在实践中，根据每个企业污染物的种类、排放量等确定责任，有利于分清是非，正确地认定责任。将此种责任确定为按份责任，也有利于防止

① 参见蔡颖雯：《环境污染与高度危险》，26 页，北京，中国法制出版社，2010。

② 参见竺效：《生态损害的社会化填补法理研究》，134～135 页。

③ 参见晋海：《论环境共同侵权行为》，载《广东法学》，2001 (6)。

因连带责任的承担使效益较好的企业失去竞争优势，妨碍经济发展。采纳这一规则也有利于保护大企业的正常运营。因为小企业排污的现象虽然严重，但因其往往无力承担对受害人的赔偿费用，因而如果要求数人污染环境就承担连带责任，因为受害人通常不会请求小企业赔偿，大企业在承担责任以后很难向小企业追偿。所以，要求排污者承担连带责任，就可能使某个大企业全部承担赔偿责任，从而严重影响其生产经营活动。[①]

《环境侵权责任司法解释》第 4 条规定："两个以上污染者污染环境，对污染者承担责任的大小，人民法院应当根据污染物的种类、排放量、危害性以及有无排污许可证、是否超过污染物排放标准、是否超过重点污染物排放总量控制指标等因素确定。"这实际上是要根据原因力来确定责任份额。尽管原因力对于确定责任范围具有重要意义，但在环境污染责任的情形下，原因力的确定是很困难的。例如，数个行为是密切结合在一起的，不可分割，无法将一个行为与另一个行为区别开，在这种情况下便难以判断原因力。此外，对于适用因果关系推定的案件，由于不能准确确定事情发生经过，所以也难以判断原因力。依据《民法典》第 1231 条的规定，在污染环境和破坏生态责任中，确定各污染者的责任范围应当考虑如下因素：

第一，根据污染物的种类确定责任。所谓污染物的种类，是指导致损害结果的污染物的具体类型。有的污染物具有更大的危险性，有的直接可以导致损害发生，有的需要与其他物质结合才能导致损害。

第二，根据污染物的浓度确定责任。污染物的浓度，是指排污者所排放的废水废物废气等包含污染物质的量。例如，一家企业排放污水 10 吨，但其浓度仅为 0.1%；而另一家企业排放污水 5 吨，浓度是 0.2%，排放量按照排放污水总量乘以浓度计算。因此，考虑污染物浓度来确定责任大小，可以准确确定被告的责任。[②]

第三，根据排放量确定责任。在环境污染中，也可能存在数个污染人的污染行为导致同一损害的情形。例如，两个化工厂都对外排污，虽然每个化工厂的污水都不至于导致农作物的死亡，但两个化工厂的污染物结合起来，发生化学反应，产生一种新的有毒物质，最后导致农民的农作物死亡。在计算排放量时，既要考虑排放污染物的总量，也要考虑排放浓度，排放量是排放污染物的总量乘以排放浓度。污染者承担责任大小的依据，主要是污染者的行为在导致损害的结果中所占的原因力的比例。而环境污染中原因力的确定比较复杂，需要具体考虑排污者排放污染物的种类、排放量等因素[③]，而排放量的计算有利于准确计算原因力。

第四，破坏生态的方式、范围、程度。破坏生态的方式，有的是采取大面积的滥砍滥伐，有的是采取偷伐。这两种方式有轻重之别。从范围来看，有的导致生态的大面积破坏，有的只是导致小范围的破坏。从程度来看，有的是永久性的损害，而有的是暂时性的损害。这些都应当在确定责任时予以考虑。

---

① 参见王胜明主编：《〈中华人民共和国侵权责任法〉解读》，282 页。

② 参见黄薇主编：《中华人民共和国民法典侵权责任编解读》，249 页。

③ 参见王胜明主编：《〈中华人民共和国侵权责任法〉解读》，339 页。

第五节 环境污染和生态破坏责任的承担方式

所谓环境污染、生态破坏责任的承担方式，是指在造成环境污染、生态破坏的情况下，污染者应当承担的各种具体责任形式。《民法典》第1229条仅规定了污染者应当承担侵权责任，但该条并没有规定环境污染、生态破坏的具体责任承担方式。《民法典》规定了多种责任承担方式，这些方式凡是能够适用于环境污染的、生态破坏责任的，都可以适用。《环境侵权责任司法解释》第13条进一步明确规定："人民法院应当根据被侵权人的诉讼请求以及具体案情，合理判定污染者承担停止侵害、排除妨碍、消除危险、恢复原状、赔礼道歉、赔偿损失等民事责任。"可见，除了一些仅仅适用于人身权益侵权的责任方式（如消除影响、恢复名誉等），以及仅适用于财产占有侵权（如返还财产等）不能适用以外，其他的责任方式都可以适用于环境污染、生态破坏。这就是说，环境污染、生态破坏责任承担方式具有多元化特点。尤其是如果损害仍在不断持续，或者没有发生实际损害但形成危险或妨碍，此时，责任人需要承担的责任方式就不仅仅限于损害赔偿，还应当包括停止侵害、排除妨害等多种责任方式。

一、停止侵害、排除妨害

在环境污染、生态破坏中，停止侵害、排除妨害两种责任承担方式着眼于防止损害的发生或者防止损害的进一步扩大，其分别适用于妨害状态处于持续状态中，或存在环境污染、生态破坏损害之虞的情形。与实际损害发生后的损害赔偿责任承担方式相比，由于此种方式可以将损害消除在萌芽之中，因而其对人们的人身权益保护更为有力。例如，2010年BP石油泄漏事故案的经验表明，如果相应主体能事前请求BP石油公司采取"打减压井以安装声发射防喷器"等消除危险的措施，则巨大的灾难就很可能幸免。[①] 这也表明了损害预防在环境侵权中的重要意义。一些生态环境在破坏之后往往不具有可恢复性，而且损害一旦发生，其造成的后果往往非常严重，消除损害影响的花费也非常巨大，因而预防损害就显得十分必要，从经济的角度来说，其能够用较少的花费避免很大的损失。因此，欧盟《关于预防和补救环境损害的环境责任指令》第5条第1款规定，在环境损害尚未发生，但存在发生此种损害的急迫危险时，行为人应当毫不迟疑地采取必要的预防性措施。有时候，这种责任方式主要是行政责任，与作为行政法中行政机关责令污染者停止排污、排除妨害不同，在《民法典》规定的环境污染、生态破坏侵权中，停止侵害、排除妨害必须是污染者的污染行为威胁到、侵害了受害人的民事权益时，由受害人对污染者提出。单纯的污染环境，如果没有危及受害人的民事权益时，不得适用停止侵害、排除妨害的民事责任承担方式。

---

① 参见［美］Robert V. Percival：《被刻意隐藏的BP，漏油事故真相》，载《南方周末》，2010-07-29，C15版。

二、赔偿损失

（一）环境侵权中的损害赔偿

赔偿损失是指在环境污染侵权中，污染者对受害人所遭受的人身财产损害，应当承担的损害赔偿责任。一般而言，环境污染侵权中的人身财产损害是由环境污染引起的，即以环境污染为媒介而引起的，因此在环境污染侵权中，损害一般涉及两个方面，即环境本身的污染和受害人的人身财产损害。

《环境侵权责任司法解释》第 15 条规定："被侵权人起诉请求污染者赔偿因污染造成的财产损失、人身损害以及为防止污染扩大、消除污染而采取必要措施所支出的合理费用的，人民法院应予支持。"依据该条规定，受害人请求赔偿的范围既包括直接损失，也包括间接损失。具体来说，主要包括：一是财产损失，如因环境污染导致水产品的死亡而遭受的损失。二是人身损害，如因环境污染导致受害人死亡或健康受到损害，从而产生的医疗费、护理费、误工损失、残疾赔偿金、丧葬费、死亡赔偿金等。三是为防止污染扩大、消除污染而采取必要措施所支出的合理费用。例如，受害人的养殖场受到污染，为了消除污染物而聘请专业人员进行环境治理的费用。

（二）生态环境损害的赔偿责任

《民法典》第 1235 条就生态环境损害的赔偿责任作出了规定，尤其明确了赔偿的范围。据此，违反国家规定造成生态环境损害的，国家规定的机关或者法律规定的组织有权请求侵权人赔偿相关损失和费用。法律上之所以对生态环境损害赔偿的范围进行规定，是因为在生态环境破坏的情形下，损害类型较多，恢复生态的费用和种类也较为复杂，法律上有必要明确地加以规定，以确保法律运行的统一。因此，本条主要列举了如下几种损失和费用。

1. 生态环境受到损害至修复完成期间服务功能丧失导致的损失。该条实际上针对的是，生态破坏之后直到修复完成之前，因生态服务功能的丧失而导致的损害。服务功能的丧失包括生态环境破坏导致的生产生活等损失。例如，因拍摄电影破坏生态环境致使景区不能正常开放供游客参观游览所遭受的营业损失；因水源污染导致河流不能引水灌溉造成的农业生产损失等。

2. 生态环境功能永久性损害造成的损失。这种损失针对的是不可逆的生态环境破坏，这种损失相较于第一种损失更为严重。例如，地下水被污染后，需要经过数百年的自然净化才能使生态修复，此种情况属于生态环境功能的永久性损害。但需要注意的是，永久性是一个相对的概念，凡是需要漫长的生态自我修复的，均应当认为构成永久性的损失。例如，大面积的森林砍伐造成植被破坏，无法在短时间内恢复植被；土壤大面积遭受有毒化学物质严重污染，在现有技术条件下短期内无法恢复，均应当包括在内。由于生态环境功能的永久性损害是无法恢复的，因此，行为人无法通过生态恢复的责任形式承担责任。因此，在此情况下，行为人只能承担赔偿责任。

3. 生态环境损害调查、鉴定评估等费用。在造成生态环境损害事故之后，首先需要确定实际损害的范围，因此，就需要进行调查和鉴定评估等。对于生态环境损害事故发生后，调查、鉴定评估等费用，行为人应当承担责任。但责任人应当承担的费用可能并不一定以上述费用为限，在环境保护部制定的《突发环境事件应急处置阶段环境损害评估推荐方法（第Ⅱ版）》中，对应急处置费用的种类和计算方法进行了详细的规定。各级政府与相关单位针对可能或已经发生的突发环境事件而采取的行动和措施所产生的费用，这些费用也应当予以赔偿。

4. 清除污染、修复生态环境费用。造成了环境污染和生态破坏之后，需要清除污染，从而达到修复生态的目的。污染清理费用指对污染物进行清除、处理和处置的应急处置措施，包括清除、处理和处置被污染的环境介质与污染物以及回收应急物资等产生的费用。修复生态环境费用是指行为人在自己未能在合理期限内修复时，应当支付的由他人代为修复的费用。

5. 防止损害的发生和扩大所支出的合理费用。本项包含两种费用：一是防止损害发生的费用，二是防止损害扩大的费用。防止损害发生的费用，是指当环境损害尚未实际发生但是具有可能性时，应当采取一定措施避免损害的发生。污染控制包括从源头控制或减少污染物的排放，以及为防止污染物继续扩散而采取的措施，如投加药剂、筑坝截污等。由此产生的费用均应当由行为人承担。[①] 防止损害扩大的费用是指当损害发生以后，如何采取措施尽可能减少损害，由此支付的费用，应当由行为人支付。

三、惩罚性赔偿

《民法典》第1232条规定："侵权人违反法律规定故意污染环境、破坏生态造成严重后果的，被侵权人有权请求相应的惩罚性赔偿。"该条规定了环境污染和破坏生态中的惩罚性赔偿。惩罚性赔偿是集补偿、惩罚、遏制等功能为一身的一项制度[②]，其具有补偿受害人遭受的损失、惩罚和遏制不法行为等多重功能。法律上规定此种惩罚性赔偿的原因在于，在环境生态领域，长期存在违法成本低、执法成本高的问题，生态环境的维护问题长期得不到解决。法律作出此种规定对于维护生态环境具有重要意义。

《民法典》第1232条的适用应当满足以下几个要件：第一，行为必须具有违法性。此处的法律规定可能来自《环境保护法》《水污染防治法》《大气污染防治法》《固体废物污染环境防治法》等法律的规定，也可能来自行政法规的规定。第二，行为人必须具有主观故意。行为人故意实施污染环境、破坏生态行为的，具有较强的主观恶性，因此法律对于当事人课以惩罚性损害赔偿，以有效遏制此种行为。第三，行为必须造成严重的损害后果。对于损害后果是否严重的判断，除依据直接造成的经济损失以外，还需要法官结合损害范围、持续时间、能否恢复等具体情形加以考量。

关于惩罚性赔偿的具体数额，依据《民法典》第1232条规定，"被侵权人有权请

---

① 参见《突发环境事件应急处置阶段环境损害评估推荐方法（第Ⅱ版）》。

② See Malzof v. United States, 112 S. Ct. 711, 715 (1992).

求相应的惩罚性赔偿”。所谓“相应的”责任，要依据行为人的过错程度、损害后果的严重性、行为人实施侵害行为的情节等各种因素，予以具体确定。也就是说，其承担的责任后果应当与其过错、损害后果等相适应。

问题在于，惩罚性赔偿的规则是否适用于公益诉讼?《民法典》第1232条关于惩罚性赔偿的规则不应适用于公益诉讼，而主要适用于私益遭受侵害的情形，主要理由在于：一方面，从文义解释来看，本条使用了“被侵权人”这一表述，这表明受害人是特定的主体，而在公益诉讼中，并没有特定的被侵权人。另一方面，从体系解释来看，《民法典》将污染环境、破坏生态的惩罚性赔偿规则规定在公益诉讼之前，这也表明其主要是针对私益损害的情形而言的。此外，如果采取公益诉讼的方式，由国家规定的机关或者法律规定的组织取得该部分赔偿金，也缺乏正当性。

四、生态环境的修复责任

《民法典》第1234条规定：“违反国家规定造成生态环境损害，生态环境能够修复的，国家规定的机关或者法律规定的组织有权请求侵权人在合理期限内承担修复责任。侵权人在期限内未修复的，国家规定的机关或者法律规定的组织可以自行或者委托他人进行修复，所需费用由侵权人负担。”依据这一规定，在破坏生态的情况下，能够修复的，应当进行修复。所谓能够修复，是指以现有的科学技术水平等能够将生态环境恢复到损害发生前的相应状态，恢复生态功能。在环境污染、生态破坏的情况下，仅赔偿损失还不足以完全起到保护环境、充分救济受害人的效果。因为生态环境本身具有脆弱性，一旦被污染和破坏，可能数十年、百年都难以恢复，只有通过修复才能实现环境保护的效果。

依据《民法典》第1234条，生态环境损害修复责任的两种方式：第一种方式是由行为人自己修复。修复责任以生态环境能够修复为要件，对于能够修复的，由侵权人在合理期限内承担修复责任。修复必须在合理期限内进行。对于生态环境的破坏，为避免损害的扩大，行为人必须在合理的期限内完成修复。这一修复期限不能无限制延伸，而必须在合理期限内进行。合理期限应当依据现有的科学技术水平，结合生态环境破坏程度进行综合判断。且生态修复应当达到恢复原状的效果。[①] 第二种方式是委托他人修复。此种方式也被称为替代性修复。替代性修复是指行为人未在合理期限内完成修复时，应当由国家规定的机关或者法律规定的组织自行或者委托他人进行修复，同时由行为人承担费用。从实践来看，因为生态破坏的修复责任是技术性非常强的责任，需要由具有资质的组织进行。而行为人往往不具有相应的资质或能力，因此，行为人自行修复不仅不可能按期完成修复，甚至可能导致二次破坏。所以，委托修复的方式是一种比较可行的方法。

环境修复责任与惩罚性赔偿能否并用？本书认为，这两种责任不能并用，主要理由在于：第一，一方面，惩罚性赔偿的主要功能是使被侵权人的损害获得补救，而不是让其从中获利；另一方面，惩罚性赔偿也具有修复环境的作用，即惩罚性赔偿的重

① 参见姚贝：《环境侵权责任承担方式之审视与完善》，载《环境保护》，2020（15）。

要功能在于修复环境、保护生态。惩罚性赔偿并非是给予被侵权人，而是要用于环境修复。如果行为人承担了惩罚性赔偿之后，还要承担环境修复责任，则意味着他承担了双重的责任。第二，环境修复责任只能通过公益诉讼的方式来实现，而惩罚性赔偿是以私益诉讼的形式来实现的，两者无法兼容。如果环境管理部门需要对行为人进行惩罚，可以通过行政处罚的方式进行，没有必要通过惩罚性赔偿的方式。第三，避免过分加重企业负担。如果二者并用，则意味着企业在承担环境修复责任之外，还需要承担惩罚性赔偿责任，两者并用可能违反了比例原则，过分加重了企业的负担。

依据《民法典》第1234条，关于生态环境修复责任和生态环境损害的赔偿责任，国家规定的机关或者法律规定的组织，有权请求侵权人承担修复责任或者委托他人修复。《民法典》第1235条规定，违反国家规定造成生态环境损害的，国家规定的机关或者法律规定的组织，有权请求侵权人赔偿相关的损失和费用。这就确立了侵权责任法中的公益诉讼。之所以在民法典侵权责任编第七章“环境污染和生态破坏责任”中规定公益诉讼，主要是因为该章保护的范围，已经不限于民事权益的侵害，还包括社会公共利益，由此，就必然要求引入公益诉讼，因此，本条着重明确了提起公益诉讼的主体。

需要讨论的是，民法典之所以在侵权责任编第七章的最后两条规定公益诉讼，是因为某些适用于私益诉讼中的规则是不能适用于公益诉讼的。具体而言：一是《民法典》第1230条关于举证责任倒置的规则，主要适用于私益诉讼，原则上不应当适用于公益诉讼。因为本条是为了解决被侵权人提起诉讼，遇到举证障碍的情形，对其进行特殊的保护。而国家规定的机关和法律规定的组织往往具有较强的举证能力，没有必要通过此种方式对其进行保护。二是《民法典》第1232条关于惩罚性赔偿的规定，原则上不适用于公益诉讼。

第六节 环境污染和生态破坏责任的免责事由

一、免责事由

《民法典》第1230条规定：“因污染环境、破坏生态发生纠纷，行为人应当就法律规定的不承担责任或者减轻责任的情形及其行为与损害之间不存在因果关系承担举证责任。”该条规定实际上采取了举证责任倒置的方式，就污染者和生态破坏者的行为是否合法、是否存在法律规定的免责或减轻责任的事由，由行为人反证证明。如果其不能反证证明，则应当由其承担责任。此处所说的法律，不仅包括《民法典》，也包括所有由全国人大及其常委会通过的其他法律。

原则上，环境污染责任的免责或减轻责任事由主要有：不可抗力、第三人行为、受害人的过错。其中，受害人的过错是导致免责还是减轻责任，要具体分析，如果其过错是故意，则构成免责事由；如果只是一般的过错，则只构成减轻责任事由。如果污染者不能够证明以上减轻或者免除责任事由，则应当承担侵权责任。环境污染责任的免责事由主要包括如下几种：

（一）不可抗力

不可抗力，是指不能预见、不能克服和不能避免的客观事件。在环境污染责任中，不可抗力要成为免责事由，必须损害后果完全是因不可抗力造成的，如果不可抗力只是造成污染发生的部分原因，则不能使污染者完全免责。[①] 不可抗力之所以是环境污染责任的免责事由，是因为在发生不可抗力的情况下，不可抗力是造成受害人损害的原因，行为人的行为与受害人的损害之间并不存在因果关系，因此，行为人不需要承担责任。[②] 如果在发生不可抗力的情形下，仍然要求污染者承担责任，则对其过于苛刻。

需要指出的是，在环境污染责任中，不可抗力作为免责事由是受到限制的，即原则上仅限于自然灾害，而不包括政府行为和社会异常事件。在认定环境污染侵权责任时，需要对不可抗力作限缩解释，防止污染者随意逃避责任。在不可抗力发生之后，污染者也应当采取必要措施，防止损害的扩大。未采取必要措施导致损害进一步扩大的，也应当承担责任。[③]

在此需要讨论的是，意外事故能否成为环境污染责任的免责事由？比如，由于暴雨导致储存在污水处理厂中的污水溢出，造成环境污染事件，那么污水处理厂是否需要对这种损害承担赔偿责任？本书认为，意外事故原则上不能够成为免责事由，因为严格责任的规定就是为了强化对受害人的保护，防止加害人任意免责，所以，在法律没有明文规定意外事故可以作为免责事由时，不宜允许加害人据此主张免责。

（二）受害人故意

受害人故意是指在环境污染侵权案件中，受害人对损害的发生具有故意。例如，受害人为了盗窃原油，故意损害输油管道，导致其自己承包的土地受到污染。受害人的故意包括两种，一种是追求损害结果的直接故意，另一种是放任损害结果的间接故意。例如，在上例中，发生污染不是受害人直接追求的结果，但是其为了盗窃原油，放任自己的土地受到污染，此时也应当认定成立受害人故意。尽管《民法典》对受害人故意作为环境污染侵权责任的免责事由未作出明确规定，但有关特别法对此作出了规定。例如，《水污染防治法》第85条第3款规定："水污染损害是由受害人故意造成的，排污方不承担赔偿责任。水污染损害是由受害人重大过失造成的，可以减轻排污方的赔偿责任。"受害人故意之所以可以作为免责事由，一方面，如果损害主要是由于受害人的故意造成的，则污染者的污染行为与受害人所受损害之间即不具有因果关系；另一方面，在受害人故意造成损害发生的情形下，表明其对损害的发生和损害后果的产生能够预见，此时应当由其自担损失。如果任何人故意造成的损害都由污染源一方承担责任，则污染源一方将无法预防和控制他人的故意破坏、造成污染的行为。

① 参见蔡颖雯：《环境污染与高度危险》，33页。

② 参见张梓太：《环境法律责任研究》，109页。

③ 参见蔡颖雯：《环境污染与高度危险》，33页。

问题在于，在受害人具有重大过失的情况下，污染者能否以此免责，对此存在不同观点。本书认为，在法律明确规定受害人故意作为免责事由的情况下，不能将受害人的故意作扩大解释，使之包括受害人的重大过失。更何况，环境污染侵权责任是一种严格责任，严格责任就是要防止加害人被随意免责，否则不利于受害人获得救济，从而使严格责任的立法目的落空。因此，在受害人具有重大过失的情况下，只能减轻加害人的责任，而不能完全免除加害人的责任。

在此需要讨论的是，在混合过错的情况下能否采用过错相抵规则？本书认为，严格责任并不排斥过错相抵规则，但是并不能完全适用一般的过错相抵原则，因为普通民事主体在预防和控制环境污染方面处于弱势，如果受害人有轻微过失就要减轻侵权人的责任，这既不利于保护受害人，也不利于促使潜在的环境污染人及时发现和预防环境污染。因此，在严格责任下，不宜将受害人的轻微过失作为侵权行为人减轻责任的事由。

（三）第三人的行为

所谓第三人造成环境污染，是指因行为人和受害人以外的第三人造成环境污染。例如，某人因破坏输油管道，造成原油污染。如果污染者的工作人员在执行职务活动时造成受害人的损害，仍然属于污染者造成他人损害。例如，某化工企业的员工因操作不当，擅自拧开了公司的排污管道，导致污水流向附近的农田，造成污染。此种情形即属于污染者的雇员在执行职务中造成他人损害，工作人员并非第三人，此时仍然属于污染者造成他人损害。

《民法典》规定了第三人污染情况下的责任，第1233条规定："因第三人的过错污染环境、破坏生态的，被侵权人可以向侵权人请求赔偿，也可以向第三人请求赔偿。侵权人赔偿后，有权向第三人追偿。"据此，因第三人行为造成损害，并不能当然免除污染者的责任。但如果受害人直接请求第三人赔偿，第三人承担了全部赔偿责任，也可以使污染者免除责任。在第三人造成污染的情况下，污染者仍需承担责任，主要理由在于：第一，在我国侵权法中，严格责任一般不将第三人行为作为免责事由。在过错推定的情况下，可以通过证明损害是第三人原因造成而表明自己没有过错。但在严格责任的情况下，责任的承担并不以过错为要件，因此，第三人的行为也不可能作为免责事由。第二，从救济受害人的角度考虑，在第三人造成污染的情况下，由于难以查明实施行为的第三人，或者查到第三人以后第三人没有清偿能力，如果污染者不承担责任，受害人很难获得救济。第三，从预防损害的角度考虑，在第三人造成损害的情况下，由污染人承担责任，有利于督促污染人采取措施，避免因第三人行为而造成的污染。例如，输油管道可能因第三人的盗窃石油行为而导致污染，因此，石油公司应当尽可能将管道埋至一定的深度，以减少损害事故的发生。第四，在第三人造成污染的情况下，一般不适用因果关系中断理论，因为污染人应当预见到污染会因第三人的行为而引起。例如，某公司的管线已经开始泄漏，但第三人又实施了破坏行为，造成更大规模的污染。此时，第三人的行为并不会导致因果关系中断。由于污染人的行为与损害结果之间仍有一定的因果联系，因而要承担责任。

从《民法典》第 1233 条的规定来看，该条实际上确立了两个规则。

一是被侵权人的选择权。这就是说，在因第三人原因造成污染的情况下，即使被侵权人知道第三人的存在，而且能够确定污染是第三人造成的，被侵权人仍然可以请求污染人承担责任。因此，被侵权人可以基于自己的利益考虑，选择第三人或污染人承担责任。问题在于，被侵权人能否请求两者承担连带责任？本书认为，《民法典》第 1233 条所规定的责任实际上是不真正连带责任。法院应当在最终确定责任时确定责任人，而不能笼统地确定两者承担连带责任，连带责任应当是基于法律规定或合同约定而产生的，该条没有规定污染者与第三人之间承担连带责任，因此，不能简单地适用连带责任。考虑到第三人和污染人是基于偶然原因而对同一损害承担责任，《民法典》第 1233 条将二者的责任界定为不真正连带责任。

二是污染者的追偿权。这就是说，如果受害人选择污染者承担责任，污染者在承担了全部赔偿责任之后，有权向第三人追偿。法律上规定追偿权的原因在于：一方面，污染者和第三人承担的是不真正连带责任，第三人属于终局责任人。但法律从保护受害人的需要考虑，允许受害人直接请求污染人先行承担责任，而在因第三人行为造成污染的情况下，第三人毕竟是终局责任人，如果污染者无法向其追偿，这不符合不真正连带的要求。另一方面，污染者不能向第三人追偿也有违公平原则。在上述情形下，损害的发生是因第三人的行为造成的，污染者本身可能也是受害人，污染者享有向第三人追偿的权利，符合公平的要求。

《民法典》第 1233 条可以看作是该法第 1175 条规定的例外，《民法典》第 1175 条规定："损害是因第三人造成的，第三人应当承担侵权责任。"因此，在第三人造成损害的情况下，原则上应当按照责任自负的原则，由第三人承担侵权责任，但在法律有特别规定的情况下，即便是在第三人造成损害的情况下，责任人仍然应当承担责任。可见，《民法典》第 1233 条的规定属于法律规定的特殊情形。

二、减轻责任的事由

严格责任意味着对于责任的承担规定是严格的，但责任人仍然可以根据一定的减轻责任的事由主张减轻责任。《民法典》第 1230 条规定："因污染环境、破坏生态发生纠纷，行为人应当就法律规定的不承担责任或者减轻责任的情形及其行为与损害之间不存在因果关系承担举证责任。"因此，关于减轻责任的事由应当由污染者来进行证明。

按照严格责任的一般法理，只有在受害人具有重大过失时才能减轻责任人的责任，受害人的一般过失不能导致责任的减轻。《水污染防治法》第 85 条规定："因水污染受到损害的当事人，有权要求排污方排除危害和赔偿损失。由于不可抗力造成水污染损害的，排污方不承担赔偿责任；法律另有规定的除外。水污染损害是由受害人故意造成的，排污方不承担赔偿责任。水污染损害是由受害人重大过失造成的，可以减轻排污方的赔偿责任。"此处规定因受害人重大过失而引起污染的情形，作为减轻污染者赔偿责任的事由，也符合严格责任的一般原理。

思考题

1. 简述环境污染责任保护的权益范围。
2. 如何判断环境污染责任中的因果关系？
3. 简述数人污染环境的责任分担规则。
4. 如何理解环境侵权中的惩罚性赔偿责任？
5. 如何理解环境修复责任的适用？

第十八章　高度危险责任

【案例】 甲退休后，每天到附近的一个鱼塘钓鱼，一天，甲在拉扯一条大鱼时，不慎将鱼钩钩到了鱼塘上方的高压电线上，导致甲当场触电死亡，甲的家属请求乙（某电力公司）承担侵权责任。乙则提出，依据《电力法》第60条的规定，甲的死亡是因其自身过错造成的，因此电力企业不承担责任。

简要评析： 该案属于高度危险责任纠纷，设置高压电线属于高度危险活动，依据《民法典》第1240条，电力公司的免责事由仅限于受害人故意和不可抗力，该规则也改变了《电力法》第60条关于电力公司免责事由的规定。本案中，甲在高压电线下钓鱼，发生意外而死亡，但甲的死亡并不是因其故意和不可抗力所致，不符合《民法典》第1240条所规定的免责事由，因此，乙应当承担侵权责任。

第一节　高度危险责任概述

一、高度危险责任的概念和特征

所谓高度危险责任，是指因高度危险活动或高度危险物导致他人损害，行为人应当承担的侵权责任。《民法典》第1236条规定："从事高度危险作业造成他人损害的，应当承担侵权责任。"该条确认了高度危险责任的一般条款。

高度危险责任包括以下两种类型：一是从事高度危险活动所承担的责任。高度危险活动是指从事高空、高压、地下挖掘活动、使用高速轨道运输工具等对周围环境具有较高危险性的活动。因这类活动所产生的对财产和人身的损害，属于高度危险责任的范畴。二是对高度危险物所承担的责任。高度危险物是指易燃、易爆、剧毒、放射性等具有高度危险的物品。这两种责任的主要区别在于：两者是从不同的角度来观察高度危险活动致害的，前者着眼于行为致害，后者着眼于物品致害。在许多情况下，虽然造成受害人损害的是具有高度危险的物，但常常与行为人未履行义务等行为结合在一起，比如因行为人贮藏不当造成危险物质泄漏而致他人损害。当然，在某些情况下，即使完全因危险物质致人损害，仍有可能适用高度危险责任。高度危险活动和高度危险物都包含了内在的、高度的危险，鉴于行为人所承担责任的特殊性，尤其是免责事由上的特殊性，我国民法典侵权责任编单设第八章规定了"高度危险责任"。

概括而言，高度危险责任具有如下特点。

第一，其归责基础是高度危险。现代侵权责任法中的严格责任主要是从危险责任中发展起来的，高度危险责任最典型地体现了严格责任的基本特点。高度危险责任的归责依据不是过错而是危险。我国《民法典》中所规定的高度危险不是一般的危险，而是高度的危险。如果是一般的危险，可能仍然属于过错责任的适用范围，或者受严格责任中的其他责任（如产品责任）调整。只有当危险达到高度危险的程度，才能适用高度危险责任。需要指出的是，高度危险责任所说的高度危险活动，虽然具有高度风险，但大多是为现代社会所必需的。它们在相当程度上具有提供公共产品和公共服务的性质，而且是现代社会得以运行的基本条件之一。既然法律允许人们从事这些活动，此类活动本身便无不法性可言。但由于这些活动本身含有高度的风险，它们具有远远超出一般活动所可能具有的风险，并且一旦发生损害，所造成的后果较为严重，因此，法律上有必要将其类型化为一种特殊的侵权，对其作出专门规定。

第二，其免责事由受到严格限制。我国《民法典》并没有笼统规定危险责任，而只规定了类型化的高度危险责任。之所以要对其进行类型化进而与其他的严格责任类型相区分，很大程度上是因为此种责任更为严格，其免责事由受到严格限制。例如，民用航空器在运行中致他人损害，依据《民法典》第1238条的规定，只有受害人故意才能免责。而在其他的严格责任中，不可抗力可能导致免责。在这些危险活动造成损害后，其后果常常是非常严重的，甚至可能导致大规模侵权。因此，损害发生以后，从救济受害人考虑，就有必要具体明确并限制各种高度危险责任的免责事由。

第三，其是从事高度危险活动或对高度危险物的责任。如前所述，高度危险责任包括两种类型：一是高度危险活动致人损害的责任；二是高度危险物致人损害的责任。这两种责任不同于其他类型的严格责任之处就在于，它们是高度危险责任。所谓“高度”，就是指超出了一般危险的范围，意味着危险已经不是通常的危险，而是超出了合理范围的危险。[①] 所谓超出合理范围，既可能表现为危险发生的可能性很大，也可能表现为危险实现导致的后果非常严重。现代社会是风险社会，任何社会活动都有其危险性，但这并不意味着要将所有的社会活动都纳入高度危险责任的范畴，否则可能导致社会生活无法继续，也不利于鼓励人们承担正常的风险。[②] 对于一般的行为所随带的危险可能，应当视为行为人在正常的社会生活中所应当自己承担的风险，只有在危险性非同寻常的领域，即对那些产生危险的可能性超出一般的几率，或者虽然产生危险的几率不高，但是一旦危险发生、损害异常巨大的活动，法律上才需要设立高度危险责任。

第四，可以设定法定的责任限额。与过错责任坚持完全赔偿原则不同，高度危险责任大多是设定最高赔偿限额的责任。高度危险责任常常都是对危险活动或危险物承担的责任，为了在一定程度上限制责任，也有利于在一定程度上保护特定的行业，使行为人不至于因过高的赔偿而破产，法律有必要对其设立最高赔偿限额。《民法典》第1244条明确规定：“承担高度危险责任，法律规定赔偿限额的，依照其规定，但是行为人有故意或者重大过失的除外。”依据这一规定，如果相关法律对高度危险责任

---

① 参见《美国侵权法重述》第520条。

② 参见范利平：《特殊侵权责任的意识》，载《西南政法大学学报》，2004（1）。

规定了责任限额，则行为人只需要在该限额内承担责任。

二、高度危险责任的归责原则

《民法典》对于高度危险责任采严格责任原则，之所以对高度危险责任采严格责任原则，主要原因在于：一方面，在高度危险责任中，行为人的活动都是合法的，而且是对社会有益的，但由于高度危险活动具有危险性，行为人从事该活动就开启了危险来源，因而，行为人应当对其形成的风险负责。设立高度危险责任的主要原因是人们认识到新的设施、技术、物质或材料在带给人类巨大的收益和便利的同时，也带来了巨大的风险。如果该高度危险活动或者设施自发地造成了他人的损害，则此人应当承担此种损害。[①] 而且行为人基于危险物或者危险活动获得了收益。高度危险责任的根据还在于损益分配。高度危险责任常常与一条古老的原则有关，即“利之所在，损之所归（cuius commodum，eius et incommoda)”，其也常常被称为“报偿”理论，即享受利益者应当承担风险。另一方面，有利于控制危险。危险制造者应当采取有效措施，防止损害后果发生。课以行为人就危险活动承担严格责任，有利于督促行为人采取有效措施，减少损害事故的发生。此外，采取严格责任也有利于充分救济受害人。在过错责任原则之下，受害人要获得救济，应当以加害人具有过错为前提。但在高度危险活动中，行为人可能并没有过错，如果一概否定受害人的请求权，就使受害人最终自行承受损害。高度危险责任正是在这一背景下产生的。在侵权责任法上，高度危险责任是要分配“不幸”的损害，属于分配正义的范围。[②]

第二节 高度危险作业致害的责任

一、高度危险作业致害的概念和特征

《民法典》第 1236 条规定：“从事高度危险作业造成他人损害的，应当承担侵权责任。”这明确规定了其适用的范围是“高度危险作业”，“作业”就其文义而言，指的是一种活动，无法包含高度危险物的概念。“高度危险作业”可能要使用高度危险物，但其与高度危险物之间并不存在必然的关联。在高度危险责任中，《民法典》将高度危险作业放在首位，且通过第 1236 条设定高度危险责任的一般条款加以规定，主要是基于以下几个方面原因。

第一，高度危险作业致害的范围具有宽泛性。现代社会是一个风险社会，而各种风险大多由于高度危险作业所致，危险的范围极为宽泛，除了高度危险物致害的情形外，其他所有的高度危险活动致人损害都可以纳入该条的调整范围。正是因为这一原因，《民法典》第 1236 条具有兜底性和开放性的功能，也就是说，凡是民法典侵权责任编第八章所没有规定的高度危险活动致人损害行为，都可以适用该条的规定。

---

① 参见［德］卡尔·拉伦茨：《德国民法通论》上册，王晓晔等译，82 页，北京，法律出版社，2003。

② 参见周友军：《侵权法三审稿总则评析（上）》，见中国民商法律网。

第二，高度危险作业损害的严重性。损害后果的严重性，主要从以下三个方面来考虑：一是危险作业所威胁的民事权益的位阶较高。如果可能受损害的权利是生命、身体等位阶较高的权利，则此种活动构成高度危险活动的可能性较大。之所以强调被侵害权利的位阶和价值，是因为高度危险责任属于严格责任。从严格责任的历史发展来看，其设立的目的之一就在于提高对人身权利保护的力度，而高度危险责任也具有同样的制度目的。二是危险作业所导致的实际损害具有严重性。高度危险作业应当是危险一旦实现就导致严重损害的作业，它甚至会造成大规模的人身伤亡或重大的财产损失。例如，苏联切尔诺贝利核电站的泄漏导致了极其严重的后果，甚至是国际性的重大影响。① 三是有可能造成大规模侵权。因为高度危险活动可能同时造成多人损害，从而构成所谓大规模侵权。就高度危险作业而言，一旦发生事故，受害人数众多，损害后果严重，往往造成生命财产严重损害，并可能形成大规模侵权。

第三，高度危险作业损害的难以控制性。所谓危险的难以控制性，是指人们难以控制危险的发生，即使危险作业人采取了所有可能的措施，也可能无法避免损害的发生。② 一方面，高度危险作业所具有的危险性，超过了一般人的预见可能性。危险作业具有潜在的危险性，这些危险性的发生通常不在人们的预见范围之内，即使作业人尽到了最大的注意义务也可能无法预见到损害的发生。例如，航空事故的发生，可能因天气等因素导致无法避免的损害。另一方面，对于高度危险作业所致的损害，作业人是无法防范、无法避免的。在现有科技发展水平下，高度危险作业所可能引发的危险，超出了人们在正常生活中的一般风险防患能力范围。③ 即便是行为人尽到合理的防患义务，付出合理的防患成本，也不足以避免这些危险的现实发生。④

第四，高度危险作业损害的异常性。在比较法上，异常性是与通常的做法相对应的，“一个活动如为社会上大部分人采用的，显然是通常做法”⑤。而不为大多数人所采用的，就可能具有异常性。高度危险作业的认定要考虑作业是否是通常的做法，如果其是通常的做法，就不属于高度危险作业。例如，使用家用天然气符合普遍使用标准，而通过地下管道或者特种天然气运输车辆运输天然气的活动则不符合普遍使用标准。⑥ 有观点认为，如果某个活动是社会上大多数人所实施的，即便其具有一定的风险，也不是高度危险。因为多数人都实施了某个活动，相互之间都给予了危险。⑦ 本书认为，这一经验值得借鉴。在确定《民法典》高度危险致害责任的适用范围时，应当考虑这一因素。

---

① 参见杨立新：《侵权责任法》，485～486 页。

② See B. A. Koch/H. Koziol (ed), *Unification of Tort Law: Strict Liability*, Kluwer Law International, 2002, p. 401.

③ 参见杨立新：《侵权责任法》，485～486 页。

④ 参见［德］格哈德·瓦格纳：《当代侵权法比较研究》，高圣平、熊丙万译，载《法学家》，2010 (2)。

⑤ 欧洲侵权法小组编著：《欧洲侵权法原则：文本与评注》，156 页。

⑥ See Vincent R. Johnson & Alan Gunn, *Studies in American Tort Law*, 4th edn, Carolina Academic Press, 2009, p. 680.

⑦ 参见欧洲侵权法小组编著：《欧洲侵权法原则：文本与评注》，157 页。

二、高度危险作业致害责任的一般条款

《民法典》第1236条规定了高度危险责任的一般条款，也就是说，它通过兜底性和开放性的规定，涵盖了高度危险作业致害的情形。之所以将该条认定为高度危险作业致害责任的一般条款，主要理由在于：

第一，该条规定具有一般条款的特点。该条既规定了构成要件，又规定了法律后果。构成要件主要是通过对“从事高度危险作业造成他人损害”的解释而确定出损害、因果关系和高度危险作业三项要件，法律后果是指“应当承担侵权责任”。从条文的表述来看，其属于完全法条，法官可以援引其作为裁判依据，因而可以作为一般条款适用。

第二，该条款可以单独适用。《民法典》第1236条没有出现“法律规定”四个字，这表明其适用范围没有严格限制。在出现新的高度危险责任类型时，如果法官无法援引其他法律条文，则可以援引《民法典》第1236条，因而其可以作为独立的裁判依据。

第三，从立法者本意来看，是将《民法典》第1236条作为高度危险责任的一般条款来设计的。因为立法者认为，采用列举的方式，不可能将所有常见的高度危险作业列举穷尽，列举过多也使条文显得烦琐。列举的方式过于狭窄，容易让人误以为高度危险行为仅指列明的那几种。错误的列举还可能导致行为人承担不合理的责任。所以，有必要采用“高度危险作业”的表述，通过开放性的列举确立一般条款。①

我国《民法典》第1236条通过设置高度危险作业致害责任一般条款的方式，使侵权法的发展适应了风险社会的需要。高度危险责任一般条款是现代侵权法发展的产物。正如德国社会法学家乌尔里希·贝克教授（Ulrich Beck）所言，现代社会是一个“风险社会”，风险无处不在，且难以预测，所产生的损害也往往非常巨大。文明和危险如孪生兄弟，高度危险是现代科技发展的必然产物。各种危险的产生具有未知性和不可预测性，而且随着社会的发展，高度危险作业的类型也会不断增加，《民法典》难以对所有的高度危险作业致害行为进行全面的列举，这就需要通过设置高度危险作业致害责任一般条款的方式，保持侵权责任法关于高度危险作业致害责任规则的开放性，以适应社会的发展。

需要指出的是，《民法典》第1236条虽然是一般条款，但其仅适用于高度危险作业致害的情形，而不包括高度危险物，这是因为侵权责任编在第八章中，专门就高度危险物致害的责任作出了规定，尤其是《民法典》第1239条关于高度危险物致害的责任，采用了“等高度危险物”的表述，表明侵权法关于高度危险物的规定本身就是开放性的，各种高度危险物致害责任，都可以适用第1239条的规定，而不必适用《民法典》第1236条的规定，所以，《民法典》第1236条仅适用于高度危险作业致人损害的责任。

---

① 参见全国人大常委会法制工作委员会民法室编：《中华人民共和国侵权责任法条文说明、立法理由及相关规定》，286页。

三、高度危险作业致害责任的构成要件

（一）从事了高度危险作业

行为人从事了高度危险作业，此种作业是指各种具有危险性的行为，不论是经营性的，还是非经营性的作业，都可以包括其中。例如，深圳某游乐园的“太空迷航”娱乐项目设备突发故障，导致多人伤亡。在该案中，太空迷航设施并无轨道，不属于高速轨道运输工具，同时因为是娱乐活动，而不是一种生产活动，也不宜纳入《民法典》第1240条关于高度危险行为的范畴，但可以适用《民法典》第1236条关于高度危险责任一般条款的规定。当然，如前所述，高度危险作业不包括高度危险物。高度危险活动致害责任与高度危险物致害责任的类似之处在于，它们都是因固有危险的实现而承担的责任。固有危险是指高度危险活动内在的、本质性的危险。只要行为人从事的行为属于危险物致害以外的危险活动，都应当属于高度危险作业。

（二）因高度危险作业造成他人损害

高度危险作业只有造成了他人损害，行为人才需要承担责任。所谓造成他人损害，是指造成高度危险作业人以外的损害，如果造成作业人自身的损害，则应当属于工伤事故的范畴，不应当属于高度危险作业的责任。此种损害应当是指现实的人身和财产损害，具体来说：一是造成他人财产损害。例如，因高度危险作业导致他人财产受损。如前所述，高度危险作业的危险一旦实现，可能造成严重后果，所以，在法律上应当采取各种措施予以预防。二是人身损害。例如，因放射物侵害他人健康权。三是造成了妨害和危险。妨害和危险在性质上属于广义的损害。例如，某仓库存放大量的危险化学品，没有采取相应的安全保障措施，也没有相应的应急设施，该行为给周围居民的人身、财产安全造成了现实的危险。上述损害均属于因高度危险作业而产生的损害。如果发生了现实损害，可能产生损害赔偿责任；如果造成了现实的危险或者妨害，则可能产生消除危险、排除妨害等侵权责任。

（三）高度危险作业与损害后果之间存在因果关系

成立高度危险责任，除具备上述要件外，还要求高度危险作业与受害人的损害后果之间具有因果关系。虽然高度危险责任在性质上属于严格责任，其成立不需要行为人主观上具有过错，但必须要求受害人的损害与高度危险作业行为之间具有因果关系，如果受害人的损害并非因高度危险作业引发，则受害人无权请求行为人承担侵权责任。

第三节　民用核设施致害责任

一、民用核设施致害责任的概念和特征

所谓民用核设施致害责任，是指民用核设施发生核事故，造成他人人身或财产损害，经营者应承担的侵权责任。在现代社会，民用核设施提供了清洁能源，产生了巨

大的能量，在为人类的生产生活提供极大方便的同时，也减少了环境污染，发挥了节能环保的作用。尤其是在能源资源日益短缺的情况下，其可以极大地弥补资源的不足。但民用核设施在给人们带来好处的同时，也给人们带来了很大的风险，一旦核设施发生爆炸、泄漏等情况，可能导致大范围的人身伤亡和财产损失，引发大规模侵权，甚至可能对环境造成毁灭性的破坏。例如，著名的苏联切尔诺贝利核电站泄漏事故，迄今为止其影响仍然没有消除，甚至影响到欧洲其他国家。[①] 由此可以看出，核事故发生后的损害后果极为严重，甚至可能发生超出国界的损害。为了规范核设施致害责任，预防核事故的发生，我国《民法典》对此专门作出了规定。《民法典》第1237条规定："民用核设施或者运入运出核设施的核材料发生核事故造成他人损害的，民用核设施的营运单位应当承担侵权责任；但是，能够证明损害是因战争、武装冲突、暴乱等情形或者受害人故意造成的，不承担责任。"该条规定提供了民用核设施致害责任的基本规则。

《民法典》之所以将核设施事故责任纳入其中，主要原因在于：第一，明确核设施事故责任的基本规则。虽然《民法典》的规定相对简略，但是，其通过民事基本法的形式，可以明确基本的规则，从而为特别法的制定提供了基础。第二，提高法律的位阶。之前，我国通过国务院批复、卫生部的相关规定等来予以规范民用核设施致害责任，其法律位阶较低，与《立法法》要求民事基本制度必须制定法律的规定不符，因此有必要在《民法典》中作出规定。第三，完善我国《民法典》体系。我国采取侵权责任法自成体系的做法，这就要求形成相对独立和完善的侵权责任制度体系，而这一制度体系中不宜缺少民用核设施事故责任。

民用核设施造成损害的责任的特点主要在于：

第一，它是因民用核设施营运造成损害的责任。所谓民用核设施，包括核动力厂（核电厂、核热电厂、核供汽供热厂等），核动力厂以外的其他反应堆（研究堆、实验堆、临界装置等）[②]，核燃料生产、加工、贮存及后处理设施，放射性废物的处理和处置设施等需要严格监督管理的核设施。[③] 总之，凡是因民用核设施投入营运过程中造成的各种损害，都属于民用核设施致害，但不包括那些只具有较低危险性的核材料与核活动，如教学科研、医学、工农业生产中运用的放射性同位素以及铀矿开采和冶炼等活动（例如，利用核材料检查身体、诊断病情），因为这些并非民用核设施的经营[④]，应当界定为"高度危险物"，适用《民法典》第1237条的规定。

第二，它是因高度危险作业而产生的责任。民用核设施属于高度危险物，但其与

---

① 1986年4月26日，位于基辅地区的切尔诺贝利核电站四号反应堆发生猛烈爆炸，引起熊熊大火，泄漏了大量放射性物质，造成环境严重污染。苏联政府组织各方力量，并且出动了空军，经过一百五十多天的紧急扑救，才控制住这场灾难。核电站周围13万居民被疏散。放射性物质污染范围很大，邻近国家也受到了一定程度的影响，许多国家向苏联提出经济赔偿的要求。参见曹明德：《生态法新探》，121页，北京，人民出版社，2007。

② 《维也纳公约》第1条规定，"核反应堆"系指任何含有核燃料且其布置方式使得在无额外的中子源的条件下能在其中发生自持链式核裂变过程的结构。这与我国《民用核设施安全监督管理条例》第2条规定的核反应堆的内涵是相同的。

③ 参见1986年国务院《民用核设施安全监督管理条例》、1992年卫生部《核设施放射卫生防护管理规定》。

④ 参见蔡先凤：《核损害民事责任的国际法基础》，载《郑州大学学报（哲学社会科学版）》，2008（3）。

《民法典》第1237条中的高度危险物相比，属于法律特别规定的高度危险物，因此，在法律适用上不能再适用《民法典》第1237条的规定。同时，民用核设施的经营属于高度危险作业，应当由作业人承担责任，即经营者承担责任。民用核设施的危险不同于一般的危险，其危险程度远超一般危险。虽然随着现代科学技术的发展，核设施的安全性得到提高，其发生事故损害的几率极低，但一旦发生核事故，后果不堪设想。尤其是人类对于核裂变的控制能力有限，并不能对其实现完全的控制，所以，即便采用最先进的技术也不能完全避免损害的发生。正是因为民用核设施造成损害的特殊性、损害后果的严重性，所以，我国《民法典》才有必要将其类型化，单独进行规定。

第三，它的免责事由受到严格限制。因为核事故一旦发生，后果极其严重，而且其侵害的是众多受害人的生命权和健康权，故受害人需要获得充分的救济。有关国际公约都明确规定，核设施事故责任是严格责任。例如，《维也纳公约》第4条第1款规定："依据本公约，运营者对核损害的责任应是绝对的。"我国《民法典》也借鉴比较法和有关国际条约的经验，将其免责事由限于"因战争、武装冲突、暴乱等情形或者受害人故意"。可见，在我国法上，民用核设施致害责任的免责事由也是有严格限制的。这主要是考虑到核设施具有高度危险性，其经营者要对其承担严格责任，免责事由的严格限制可以实现充分救济受害人的目的。

第四，它规定了责任限额。在核设施造成损害的情况下，其损失可能十分巨大，核设施的经营者，往往难以赔偿。如果没有责任限额，就可能使得核设施的经营者无法估量其经营风险，也不利于其从事该项活动。一旦发生核事故，其所造成的损害是灾难性的，一次核事故的赔偿后果将导致核电企业彻底破产。实行赔偿责任限制的主要目的是保护责任人的生存和促进核工业的发展，以求得两者的平衡。[①] 另外，如果不存在责任限额，核设施的经营者投保责任保险也会存在一定的困难。因此，有关国际公约规定了民用核设施致人损害的最高赔偿限额。例如，根据2001年修订后的《巴黎原子能责任协定》，核设施营运人的责任限制为7亿欧元。我国法律也采取了此种制度。国务院2007年6月30日发布的《关于核事故损害赔偿责任问题的批复》（国函〔2007〕64号）第7条规定："核电站的营运者和乏燃料贮存、运输、后处理的营运者，对一次核事故所造成的核事故损害的最高赔偿额为3亿元人民币；其他营运者对一次核事故所造成的核事故损害的最高赔偿额为1亿元人民币。核事故损害的应赔总额超过规定的最高赔偿额的，国家提供最高限额为8亿元人民币的财政补偿。"

第五，它不仅受国内法调整，而且受国际条约和国际惯例的调整。正是因为核设施的损害可能超越国界，所以，它也被纳入国际法的范围。例如，《巴黎原子能责任协定》规定了该公约不仅适用于在国内造成的损失，而且适用于在国外造成的损失。

二、民用核设施造成损害的归责原则

从比较法上来看，民用核设施造成损害责任基本上都采严格责任。[②] 由于放射性

---

① 参见圣国龙：《核损害民事责任制度研究》，15页，厦门大学硕士学位论文，2006。

② See B. A. Koch/H. Koziol (ed), *Unification of Tort Law: Strict Liability*, p. 402.

污染属于高风险责任，一旦赔偿，数额巨大，核设施机构也难以承受，需要采用放射性污染的强制性保险制度，这也客观上要求采严格责任。从国际公约来看，基本上都采严格责任。例如，根据《巴黎原子能责任协定》第3条，如果人身、物品和财产的损害是由于核反应所发生的事件所引起的，则核设施的所有人应当承担责任。《维也纳公约》第4条第1款规定，民用核设施致人损害，采严格责任。我国《民法典》第1237条采取与国际公约一致的立场，即采严格责任。凡是从事建造、营运、研究有关核技术和从事有关有放射性污染的矿产开发和利用活动，从事有关放射性物质和射线装置的安装工作，排放具有放射性污染的废料，从事核设施营运活动和核技术的利用活动，生产销售和使用放射性同位素和射线装置的活动等，都属于高风险的行业，性质上是一种高度危险活动，应当实行严格责任。

三、民用核设施造成损害的构成要件

（一）经营民用核设施

民用核设施事故责任的前提是，营运单位经营民用核设施或者运入运出核设施的核材料发生核事故致人损害。国务院《关于核事故损害赔偿责任问题的批复》第1条规定："中华人民共和国境内，依法取得法人资格，营运核电站、民用研究堆、民用工程实验反应堆的单位或者从事民用核燃料生产、运输和乏燃料贮存、运输、后处理且拥有核设施的单位，为该核电站或者核设施的营运者。"由此可见，经营民用核设施的范围十分宽泛，它不仅包括营运核电站、民用研究堆、民用工程实验反应堆，而且包括从事民用核燃料生产、运输和核燃料贮存、运输等。另外，《民法典》的规定仅限于民用核设施，而不包括军用核设施。

（二）损害后果

损害后果是指因经营民用核设施或者运入运出核设施的核材料发生核事故，而导致他人人身或财产损害。这里的损害必须是因民用核设施自身蕴涵的巨大危险的实现而导致的损害，也就是说因其核物质或核裂变等造成的损害。《巴黎原子能责任协定》细化了"核损害"的概念内涵，将经济损失、预防措施费用、受损环境的恢复措施费用以及因环境损害而产生的其他损失等构成核事故损害的主要部分。由此可以看出，核损害不仅包括财产损害、人身损害和精神损害，而且包括其他损失，因此其损害赔偿的范围是相对比较宽泛的。

在我国，国务院《关于核事故损害赔偿责任问题的批复》第2条规定："营运者应当对核事故造成的人身伤亡、财产损失或者环境受到的损害承担赔偿责任。"据此，损害包括了三方面的内容：一是人身伤亡，即因核事故造成的生命权或健康权的侵害；二是财产损失，即因核事故导致物权或其他财产权的侵害；三是环境受到的损害。总体而言，国际核责任公约对"核损害"界定的范围呈现逐步扩张和细化的趋势，尤其注重对环境的保护。[①] 但是，对于环境受到的损害，究竟是指因环境损害最

① 参见蔡先风：《核损害民事责任的国际法基础》，载《郑州大学学报（哲学社会科学版）》，2008（3）。

终导致民事主体的损害，还是指单纯的环境公益损害，并不清晰。本书认为，从《民法典》的角度来看，原则上只有造成特定民事主体的损害，才能获得救济。通常来说，单个的受害人无法请求环境公益受到的损害，只能由特定的主体（如环境保护部门）通过提起公益诉讼的方式提出请求。

（三）经营核设施与损害之间的因果关系

经营核设施与损害之间的因果关系是指核设施的经营与损害之间的引起与被引起的关系。在经营民用核设施或者运入运出核设施的核材料发生核事故致人损害的情况下，在判断因果关系时，只要因核事故或核泄漏造成损害，都可以认定民用核设施的经营与损害之间存在因果关系。此种规定似乎表明，因果关系的认定是比较简单的，但实际上，在民用核设施造成损害的案件中，因果关系的认定是非常复杂的。一般来说，在民用核设施发生核事故造成损害的情况下，因为其具有高度的技术性和专业性，对于受害人而言，很难举证证明因果关系的存在。而且许多的损害具有潜伏性和持续性，为了减轻受害人的举证负担，对于因果关系的判断，应当采取特殊的规则。法官可以引入盖然性因果关系、因果关系推定等方式来减轻原告的举证负担。[①] 另外，民用核设施致人损害，往往构成大规模侵权，在认定因果关系时，也可以参考类似案件的认定结论。考虑到核事故的专业性，也可以通过专家鉴定的方式认定因果关系。

四、责任主体

从比较法上看，对民用核设施致人损害的责任主体采取了营运单位责任的制度，排除了参与核设施的其他主体的责任，如核原料的提供者、运输者等主体的责任。此种现象在学理上称为“责任集中”方式，即将核事件的责任全部归结于核设施的营运者，其他任何人包括制造商或供应商等都不承担责任。采取这种责任制度的理由在于，一方面，因为受害人无法知晓核设施的原材料供应者、运输者等人的情况，民用核设施一般是在固定的地方进行营运，所以受害人相对而言比较容易知悉核设施营运者的情况，且营运者通常具有足够的赔偿能力。在遭受损害之后，应当由经营者对受害人的损失进行赔偿，否则将不利于受害人主张权利和获得救济。另一方面，民用核设施致人损害往往是因为在核设施的营运或者运输过程中因为管理的疏忽或其他原因而造成，通过责任集中由经营者负责可以顺利解决损害赔偿问题，避免过多的诉讼程序形成诉累。[②] 此外，由于原材料的供应者、运输者等主体对核事故的发生通常并不能进行控制，因而，由核设施的营运单位承担损害赔偿责任，也有利于督促营运单位采取措施、预防损害的发生。

国务院《关于核事故损害赔偿责任问题的批复》第 2 条规定：“营运者应当对核事故造成的人身伤亡、财产损失或者环境受到的损害承担赔偿责任。营运者以外的其

---

① See Ferdinand F. Stone, *International Encyclopedia of Comparative Law*, Torts, Liability for Damage Caused by Things, J. C. B. Mohr (Paul Siebeck) Tübingen, 1970, p. 55.

② 参见蔡先凤：《核损害民事责任中的责任集中原则》，载《当代法学》，2006 (4)。

他人不承担赔偿责任。”《民法典》使用“营运单位”的概念，其与“营运者”的概念相同。这与有关国际公约规定的责任主体是相当的，综合我国其他法律的相关规定，营运单位应当既包括所有者，又包括经营管理者。在我国，核设施是国有企业经营的，在发生核设施事故以后，不应当适用《国家赔偿法》的规定，而应当适用《民法典》，由营运单位承担侵权责任。同时，根据国务院《关于核事故损害赔偿责任问题的批复》第5条的规定，如果核事故涉及多个营运单位，则应当区分各个营运单位的行为对损害所起的作用，从而确定其各自承担的责任。如果不能确定各自的原因力，则各个营运单位应对受害人承担连带责任。

需要指出的是，《民法典》在责任主体上使用了“营运单位”的概念，事实上，核设施的运行包括核材料的生产、运输、储存，以及核废料的处理等多个环节。但该法只是规定了核设施的营运者的责任，原则上排斥了其他主体的责任。在例外情况下，如果其他主体在生产、运输、储存等过程中确已构成侵权，可以分别适用《民法典》的特别规定，或者如果受害人证明行为人有过错，也可以援引过错责任的一般条款。例如，运输者在运输核材料的过程中导致了损害，可以援引《民法典》第1239条的规定，要求其承担高度危险物致人损害的责任。

五、免责事由

国务院《关于核事故损害赔偿责任问题的批复》第6条规定：“对直接由于武装冲突、敌对行动、战争或者暴乱所引起的核事故造成的核事故损害，营运者不承担赔偿责任。”我国《民法典》第1237条采纳这一规定，免责事由包括两种类型。

第一，因战争、武装冲突、暴乱等情形，这些情形都属于不可抗力，但该条并没有使用不可抗力的表述，这是因为，不可抗力包括的情形更为宽泛，而本条所规定的免责事由只是列举了几种特殊的不可抗力事由，这也意味着，此种责任的免责条件更为严格。例如，山洪、海啸就不属于本条中的免责事由，采取具体列举的方式，不仅更有利于保护受害人，而且与有关国际公约也是一致的。[①] 例如，《维也纳公约》第4条第3款规定：“如果运营者证明核损害是直接由军事冲突行为、敌对行动、内战或暴乱所引起，运营者不负本公约规定的任何责任。”《民法典》第1237条中规定：“因战争、武装冲突、暴乱等情形”，按照“明示其一、排斥其他”的解释规则，应当解释为，与战争、武装冲突、暴乱等情形类似的事件。但在非战争状态下，因从事正常的训练、演习等活动而损害核设施引发灾难等的行为不应认为是战争行为。[②] 因此，不能扩张解释“等情形”的范围，否则将不利于保护受害人。

第二，受害人故意。受害人故意是指受害人明知损害结果必然发生或可能发生，而追求或放任结果的出现。在民用核设施致害责任中，对受害人故意应当作相对严格的解释，主要是指受害人对于核损害发生的故意，而不包括受害人进入核设施所在区域的故意。从实践来看，受害人故意通常是指受害人自杀或故意破坏核设施而放任自

① 参见黄薇主编：《中华人民共和国民法典侵权责任编解读》，272页。
② 参见圣国龙：《核损害民事责任制度研究》，15页，厦门大学硕士学位论文，2006。

己遭受损害等情形。

依据《民法典》第1237条的规定，本条列举的几种特殊的免责事由以外的不可抗力和第三人的行为都不能作为免责事由。例如，因为地震、海啸、泥石流等造成核设施的毁损，并引发核泄漏，营运者仍然应当承担责任。正是因为民用核设施致害责任将一般的不可抗力排除在免责事由之外，因而其责任非常严格。需要指出的是，根据国务院《关于核事故损害赔偿责任问题的批复》第9条的规定，核事故损害是由自然人的故意作为或者不作为造成的，营运者向受害人赔偿后，可对该自然人行使追索权。由此可见，即使因第三人的故意行为而导致核设施事故，也首先要由核设施的经营者承担责任，而不能完全免除营运者的责任。当然，营运者承担责任以后，可以向第三人追偿。

第四节　民用航空器致害责任

一、民用航空器致害责任的概念

所谓民用航空器致害责任，是指民用航空器在飞行中导致他人的人身损害或财产损害，其经营者所应承担的严格责任。民用航空器在为人们带来极大便利的同时，也带来了巨大的危险。虽然民用航空器发生事故的可能性较低，但一旦发生事故，将造成重大损害，因此法律必须对其作出规范。我国《民法通则》《民用航空法》等都规定了民用航空器造成他人损害的责任。在总结既有立法和借鉴比较法经验的基础上，《民法典》第1238条规定："民用航空器造成他人损害的，民用航空器的经营者应当承担侵权责任；但是，能够证明损害是因受害人故意造成的，不承担责任。"民用航空器致人损害的责任具有如下几个特点。

第一，它是因为航空器在飞行中致人损害而引发的赔偿责任。根据我国民航总局1998年颁布的《民用航空器国籍登记规定》第2条的规定，航空器"是指任何能够凭借空气的反作用力获得在大气中的支承力并由所载人员驾驶的飞行器械，包括固定翼航空器、旋翼航空器、载人气球、飞艇以及中国民用航空总局（以下简称民航总局）认定的其他飞行器械"①。《民法典》第1238条的规范对象限于民用航空器，其特点包括：一是它必须是民用的。航空器可以分为民用和非民用，《民法典》中的航空器只限于民用航空器。二是它能够作为运输工具使用，包括运输旅客和货物。民用航空器属于运输工具的范畴，如果其不作为运输工具使用，则无法适用《民法典》第1238条。因此，气垫船和地面效应船等不属于航空器，因为它们虽然能够离开地面或水面，在离地面较低的高度上滑行，但它们的升力大部分都是靠地面效应产生的，以至于它们根本无法真正在大气中飞行，所以不是民用航空器。② 火箭是以热气流高速向

① 航空器的定义最早是在1919年《巴黎空中航行管理公约》中出现的，该公约规定："航空器是指可以从空气的反作用而在大气中取得支撑力的任何机器。"参见贺富永：《航空法学》，47页，北京，国防工业出版社，2008。

② 参见全国人大常委会法制工作委员会民法室编：《中华人民共和国侵权责任法条文说明、立法理由及相关规定》，292～293页。

后喷出，并非利用空气的反作用力向前运动，也不属于航空器的范畴。三是因为航空器在飞行中致人损害而引发的损害赔偿责任。

第二，免责事由有严格限制。民用航空器致人损害的责任虽然属于严格责任的范畴，但与其他的严格责任比较，其在免责事由方面受到严格限制，仅限于受害人故意。从《民法典》第1238条的规定来看，立法者仅将免责事由限定为受害人故意，而没有承认不可抗力。即便发生地震、海啸、雷击、恐怖活动等，经营者仍然要承担责任。由此表明，此种责任较之于其他的严格责任更为严格。

第三，它涉及侵权责任和违约责任的竞合。在乘客遭受损害的情形下，因为乘客与航空器经营者之间存在航空运输合同，受害人也可以基于合同请求赔偿。此时，就会发生侵权责任和违约责任的竞合。从《民用航空法》的规定来看，受害人请求赔偿的基础并没有被限制为合同或者侵权，所以，受害人应当可以自由选择。由于民用航空器致人损害的侵权责任可能存在责任限额，因而有观点认为，在发生损害事故后，受害人可以考虑选择依据违约责任提出请求，从而排除责任限制规则的适用。[①] 但本书认为，从《民用航空法》规定赔偿限额的目的来看，即便违约责任也应当适用赔偿限额，以免其立法目的落空。

第四，它是一种受限额限制的责任。2006年2月28日由中国民用航空总局公布，并于2006年3月28日起实施的《国内航空运输承运人赔偿责任限额规定》第3条规定："国内航空运输承运人（以下简称承运人）应当在下列规定的赔偿责任限额内按照实际损害承担赔偿责任，但是《民用航空法》另有规定的除外：（一）对每名旅客的赔偿责任限额为人民币40万元；（二）对每名旅客随身携带物品的赔偿责任限额为人民币3 000元；（三）对旅客托运的行李和对运输的货物的赔偿责任限额，为每公斤人民币100元。"之所以对民用航空器致害责任采限额赔偿，主要原因在于：一方面，在民用航空器致害的情况下，可能导致重大损害，如果责任过重，不利于航空业的发展。另一方面，民用航空器致害责任设定赔偿限额，有利于经营者投保责任保险，避免因没有责任限额而导致保费过高。此外，这也是我国履行国际条约所确定的义务的要求。例如，1999年的《蒙特利尔公约》第21、22条对最高赔偿限额作了限制。[②]

二、归责原则

关于民用航空器致人损害责任的归责原则，在比较法上有不同的做法：一是区分模式。在此模式下，按照受害人是乘客还是地面第三人，分别适用不同的归责原则。二是统一模式。在此模式下，不区分受害人是乘客还是地面第三人，都适用统一的严格责任。我国《民用航空法》区分了对乘客的责任和对地面第三人的责任。从表面上看，似乎采取了不同的制度，但是，从归责原则来看，我国仍统一采严格责任原则。[③]

---

① 参见王小卫、吴万敏：《民用航空法概论》，77页，北京，航空工业出版社，2007。

② 我国于1980年9月10日加入《蒙特利尔公约》，同时声明中国政府将不受关于将争端提交国际法院的规定的约束，同年10月10日对中国生效。

③ 参见全国人大常委会法制工作委员会民法室编：《中华人民共和国侵权责任法条文说明、立法理由及相关规定》，293页。

《民法典》第1238条并没有区分这两种形态，而只是笼统地规定，“民用航空器造成他人损害的”，并规定适用统一的规则，这就表明其采统一模式。采纳此种模式的主要理由在于：我国既然参加了《蒙特利尔公约》，就应当在立法上与该公约保持一致。在统一模式之下，对于机上乘客和服务人员的损害都采严格责任，因此，可以强化对乘客和机上服务人员的保护。而在区分模式下，对地面第三人的损害适用严格责任，对机上乘客和服务人员的损害适用过错推定原则，这显然弱化了对后者的救济。而且从实践来看，在航空器发生事故的情形，多数是造成机上乘客和服务人员的损害，其更有获得救济的必要性。

从我国《民法典》第1238条的规定来看，其对于民用航空器致害责任采严格责任原则①，采该原则的原因主要在于：第一，这符合我国参加的国际公约的规定，也是履行我国应当承担的国际义务。依据1999年的《蒙特利尔公约》第17条的规定，对于因旅客死亡或者身体伤害而产生的损失，只要造成死亡或者伤害的事故是在航空器上或者上、下航空器的任何操作过程中发生的，承运人就应当承担责任；依据该公约第18条的规定，对于因货物毁灭、遗失或者损坏而产生的损失，只要造成损失的事件是在航空运输期间发生的，承运人就应当承担责任。这两条的规定表明，其采严格责任。第二，这是民用航空器的高度运营危险决定的。严格责任的归责基础是危险，而民用航空器具有高度的运营危险。所谓运营危险，是指航空器运营固有的特别危险。② 运营危险是基于运营活动而产生的危险。民用航空器的归责依据不是因为其经营者的过错，而是因为其固有的危险，此种危险正是在运营过程中存在的特殊风险。第三，这符合我国长期以来的做法。我国《民法通则》第123条规定的高度危险责任，其中规定的“高速运输工具”包含了民用航空器，可见，该法已经就民用航空器致害责任采严格责任。后来的《民用航空法》更是明确采严格责任的立场。可见，长期以来，我国立法和司法实践都要求民用航空器的经营者承担严格责任。第四，我国立法对民用航空器损害也采用限额赔偿的方法，这也符合严格责任的特征。限额赔偿原则上不能存在于过错责任和过错推定责任之中，而只能存在于严格责任之中。我国对民用航空器致害责任采限额赔偿，这就意味着，其应当采严格责任。

三、责任构成要件

（一）因民用航空器致人损害

民用航空器致人损害的责任，必须以损害的发生为前提。损害主要是对人身、财产的损害。例如，因空难造成严重的人员伤亡；再如，飞机降落时，越出跑道，撞毁楼房。需要指出的是，因民用航空器的噪声等造成受害人的损害，目前国际上并没有统一的条约可适用。③ 航空器噪声损害是指航空器在起飞、降落、滑行、空中飞行、

① 参见全国人大常委会法制工作委员会民法室编：《中华人民共和国侵权责任法条文说明、立法理由及相关规定》，293页。

② 参见［德］马克西米利安·福克斯：《侵权行为法》，286～287页。

③ 参见贺富永：《航空法学》，246页。

试飞等活动时产生的噪声，通常是在机场附近发生，又称为机场噪声，属于交通噪声的范畴。① 我国关于噪声损害的直接补偿性法律规定仍然处于空白状态，《民用航空法》第 157 条规定，“所受损害并非造成损害的事故的直接后果”，显然不包括上述损害。本书认为，如果噪声确实严重超标，应当适用环境污染责任制度的相关规定。如果民用航空器的噪声不符合环境污染责任的构成要件，则可以通过对《民法典》第 1165 条第 1 款的解释，要求其经营者承担过错责任。

在民用航空器致害责任中，损害是否包括间接损害和精神损害？对此，《民用航空法》第 157 条第 1 款规定：“因飞行中的民用航空器或者从飞行中的民用航空器上落下的人或者物，造成地面（包括水面，下同）上的人身伤亡或者财产损害的，受害人有权获得赔偿；但是，所受损害并非造成损害的事故的直接后果，或者所受损害仅是民用航空器依照国家有关的空中交通规则在空中通过造成的，受害人无权要求赔偿。”可见，该法实际上将损害限于直接损害。但从《民法典》第 1238 条规定来看，并没有作出此种限制，解释上应当认为，《民法典》已经修改了《民用航空法》的规则，只要是因航空器运营造成的有因果关系的损害，都应当获得救济。

（二）必须因航空器经营致人损害

在航空运输中，因航空器造成的损害既包括对乘客的损害，也包括对地面上的第三人的财产和人身损害。《民法典》第 1238 条规定的民用航空器造成他人损害，是指因航空器经营致人损害。通常是指航空器飞行中致人损害。飞行中是指民用航空器从起飞至着落期间，在这个过程中造成乘客以及地面上的第三人的人身伤亡，以及随身携带物品的损害。所谓对地面第三人造成的损害，是指因飞行中的民用航空器或者从飞行中的民用航空器上落下的人或者物，造成地面上的人身伤亡或者财产损害。②《民用航空法》区分了这两种损害责任，并分别作出规定，但《民法典》第 1238 条并没有区分这两种形态，而只是笼统地规定，“民用航空器造成他人损害的”，由此表明，《民法典》实际上采取不区分的态度，两种损害形态都适用统一的规则。

民用航空器只有在运营中才可能导致损害，在航空器尚未运营时，一般不可能发生损害。所谓运营，《民用航空法》表述为“飞行中”，根据《民用航空法》第 157 条第 2 款的规定，它是指自民用航空器为实际起飞而使用动力时起至着陆冲程终了时止。正是因为民用航空器是在运营中造成损害，所以，才应由经营者承担责任。

（三）航空器运营与损害之间的因果关系

航空器的运营与受害人的损害之间应当具有因果关系。换言之，损害必须是因为航空器在飞行过程中造成的对受害人财产和人身的损害。例如，航空器上落下的人或者物造成地面第三人的损害，就属于因航空器的飞行造成的损害。再如，航空器之间的碰撞造成地面第三人的损害，也属于航空器飞行造成的损害。关于航空器运营与受

① 参见王维：《我国机场噪声评价量与噪声影响的定量分析》，载《应用声学》，2004（1）。

② 参见《民用航空法》第 157 条。

害人损害之间的因果关系，依据《民用航空法》第157条的规定，“所受损害并非造成损害的事故的直接后果……受害人无权要求赔偿”，本书认为，这一规定值得商榷。在民用航空器事故责任中，应当采相当因果关系说，而不应当将其限于直接因果关系。《民法典》第1238条采“民用航空器造成他人损害”的表述，就表明其只要是民用航空器造成的有因果关系的损害，都应当赔偿。

另外，因民用航空器飞行造成的损害，应当作广义的理解，只要损害可以理解为民用航空器固有危险的实现，都可以认定为有因果关系。例如，在德国法院的某个判决中，飞机飞行中的噪声导致了损害，法院也认定航空器飞行与损害之间存在因果关系。

四、免责事由

《民法典》第1238条规定的免责事由限于受害人故意，这表明民用航空器致害责任是非常严格的责任，即使是不可抗力也不能免责。所谓受害人故意，是指受害人故意造成自身的损害。例如，受害人故意劫持航空器，造成飞机失事，受害人应当自己承担损失。但某一个受害人的故意行为造成了损害，不应当影响其他受害人请求损害赔偿的权利。

在民用航空器致害的情况下，法律不承认不可抗力作为免责事由。[①] 这也是其严格性的体现。法律之所以限制其免责事由，主要是考虑到如下原因。

第一，航空飞行是具有高度危险性的活动，通过限制其免责事由可以保护受害人的利益。虽然在严格责任中，法律往往以不可抗力作为免责事由，但民用航空器的运营具有高度的危险性，与此相应，就应当严格限制其责任的免除，并强化对受害人的救济，从而保障旅客的人身及财产安全。

第二，在比较法上，许多国家对航空等高度危险活动，均规定不可抗力不得作为免责条件。1999年的《蒙特利尔公约》规定，不可抗力不能作为免责事由。[②] 目前美国、加拿大、英国、日本等都采纳了《蒙特利尔公约》，一些国家在国内法中也规定不可抗力不得作为航空运输承运人的免责条件。

第三，不可抗力的典型形式是地震、火山喷发、气流等，对于这些事故，民用航空器的经营者应当有所预见。即便没有预见，也属于航空公司的责任。

总的来说，《民法典》第1238条较之于《民用航空法》规定的免责事由更为狭窄，对于两者的关系如何理解有不同的看法。本书认为，虽然《民法典》第11条确立了特别法优先适用的规则，但这并不意味着，凡是《民法典》与《民用航空法》不一致之处，都要适用后者的规定。鉴于《民用航空法》在责任方面规定得比较详尽，而《民法典》的规定只有一条，如果都适用《民用航空法》，《民法典》的规定就变得没有意义。就《民法典》与《民用航空法》的适用关系，应当将《民法典》第11条

---

① 也有学者认为，《民用航空法》第160条第1款属于不可抗力的规定。参见王小卫、吴万敏：《民用航空法概论》，77页。但本书认为，它只是不可抗力的部分内容，不是一般性地以不可抗力作为免责事由。

② 参见1999年《蒙特利尔公约》第17、18条。

所规定的“其他法律对侵权责任另有特别规定的，依照其规定”解释为：在《民法典》没有修改《民用航空法》之处，就应当适用《民用航空法》，但如果已经修改了《民用航空法》的规定，则应当适用《民法典》。就免责事由而言，由于《民法典》已经修改了《民用航空法》的规定，因而关于民用航空器致人损害的责任，应当适用《民法典》的规定。

第五节　高度危险物致害责任

一、高度危险物致害责任的概念和特征

所谓高度危险物致害责任，是指因占有或使用高度危险物造成他人损害，占有人或使用人应当承担的严格责任。《民法典》第 1239 条规定：“占有或者使用易燃、易爆、剧毒、高放射性、强腐蚀性、高致病性等高度危险物造成他人损害的，占有人或者使用人应当承担侵权责任；但是，能够证明损害是因受害人故意或者不可抗力造成的，不承担责任。被侵权人对损害的发生有重大过失的，可以减轻占有人或者使用人的责任。”这就对高度危险物致人损害的责任作出了全面、系统的规定。高度危险物致人损害的责任是高度危险责任的一种类型，从实践来看，因高度危险物致人损害的纠纷日益增加，例如，在“程某甲诉程某丙等高度危险责任纠纷案”中，法院认为，尽管被告程某丙在其自家住房内设立的爆竹加工厂已废弃，但因废弃爆竹加工厂内存放的引线燃烧而致人损害，由此而引发的侵权纠纷应属特殊侵权纠纷，即高度危险责任纠纷。本案中，被告程某丙设立爆竹加工厂、占有引线等高度危险物，因管理不善致原告程某甲与被告程某丁、程某己在玩耍时点燃引线造成人身损害，被告程某丙应当承担赔偿责任。①

高度危险物致人损害责任的主要特征在于：

第一，它是高度危险物导致损害的责任。《民法典》第 1239 条所说的“高度危险物”，并非泛指所有的危险物，而是具有特定内涵的危险物，具体而言，主要是指具有内在的易燃、易爆、剧毒、高放射性、强腐蚀性、高致病性等危险的物，此种危险极容易造成人身、财产损害。《民法典》第 1239 条中所说的高度危险物与《安全生产法》第 96 条规定的“危险物品”的含义相当。② 对于高度危险物的认定，主要应当根据国家规定或危险物的标准来判断。当然，国家颁布上述标准只是规定了原则性的认定标准，具体认定是否构成高度危险物还应当结合高度危险责任一般条款，要综合考虑物的危险性程度、损害的严重程度、损害发生的几率、物的占有人或使用人尽到其注意义务是否可以避免损害的发生等因素。例如，燃放烟花爆竹不一定是高度危险行为，但运输和贮藏烟花爆竹的活动一般属于高度危险行为。作出此种考虑的原因在于，虽然少量的烟花爆竹的危险性有限，但运输和贮藏过程中通常涉及大量的烟花爆

---

① 参见湖南省宜章县人民法院（2013）宜民一初字第 65 号民事判决书。

② 《安全生产法》第 96 条规定的“危险物品”，是指易燃易爆物品、危险化学品、放射性物品等能够危及人身安全和财产的物品。

竹，这种数量巨大的烟花爆竹聚集在一起，往往会产生很高的危险性。[①]

第二，它是由高度危险物的固有危险造成损害的责任。所谓固有危险，是指物本身所具有的易燃、易爆、剧毒、高放射性、强腐蚀性、高致病性所带来的危险。高度危险类似于英美法上的异常危险，也类似于德国法上的特别危险。它表明物的危险程度较高，已经明显超出一般的危险。这是因为这些物具有易燃、易爆、剧毒、高放射性、强腐蚀性、高致病性等危险性。剧毒物泄漏，进入肌体后，累积达一定的量，能与体液和组织发生生物化学作用或生物物理学变化，损害人体健康，甚至危及生命的物品。

第三，它不适用高度危险责任的一般条款。《民法典》第1236条规定了高度危险责任的一般条款，但该一般条款规定的是高度危险作业致人损害责任，而没有将高度危险物致害责任纳入其中。因此，《民法典》第1239条对高度危险物致害责任作出了规定，其不同于第1236条所规定的高度危险责任的一般条款。

第四，责任主体具有多样性。高度危险物致人损害责任是严格责任，这主要是考虑到其造成损害的可能性较大，以及一旦造成损害，后果较为严重。在高度危险物致人损害时，可能涉及多个环节，如占有、使用、储存、运输等，在各个环节上都可能存在责任的承担问题，从而其责任主体表现出多样性的特点。但《民法典》采取责任集中的方式，将高度危险物致人损害的责任限于占有人或者使用人。并且，《民法典》针对遗失或抛弃高度危险物、非法占有高度危险物的情形，进行了类型化区分，规定了不同的责任主体。[②]

此外，还应当看到，本条在列举高度危险物的类型时，使用了“等高度危险物”这一兜底性表述，这就保持了高度危险物范围的开放性。在现代社会，由于科技发展和企业活动类型的大量增加，新型的产品、物件等层出不穷，许多对人身和财产具有危害的物是法律无法一一列举的。因此，《民法典》第1239条规定“占有或者使用易燃、易爆、剧毒、高放射性、强腐蚀性、高致病性等高度危险物造成他人损害的，占有人或者使用人应当承担侵权责任；但是，能够证明损害是因受害人故意或者不可抗力造成的，不承担责任。被侵权人对损害的发生有重大过失的，可以减轻占有人或者使用人的责任。”如何理解“等高度危险物”？此处采用“等”字，表明高度危险物采用开放式列举的方式，但按照同类解释规则，“等高度危险物”应当是与已经列举的易燃、易爆、剧毒、放射性具有类似属性的物。虽然该条列举了6种高度危险物，但其并未将所有的高度危险物列举穷尽。可见，该条进行了开放式列举，以适应未来发展的需要。

二、高度危险物致害责任与相关概念比较

（一）高度危险物致害责任与高度危险活动致害责任

高度危险物致害责任与高度危险活动致害责任，都属于高度危险责任的范畴。高

① 参见欧洲侵权法小组编著：《欧洲侵权法原则：文本与评注》，156页。

② 参见薛军：《“高度危险责任”的法律适用探析》，载《政治与法律》，2010（5）。

度危险既包括危险活动的危险，也包括危险物的危险。不过，高度危险活动和高度危险物也具有一定的联系，从事高度危险活动时，也可能使用高度危险物，因此，在不少情形，高度危险活动与高度危险物是相互结合的。但《民法典》第 1239 条规定的“等高度危险物造成他人损害的”，只是物件致人损害的特殊情形，是危险物的固有危险造成的损害，不属于因为人类的高度危险活动致人损害，不属于《民法典》第 1236 条规定的范围，不能也没必要将第 1236 条作为《民法典》第 1239 条的兜底条款来适用。

（二）高度危险物致害责任与环境污染致人损害

高度危险物致害也会发生环境污染。因为许多易燃、易爆等高度危险物一旦发生损害，就可能产生严重的环境污染。此外，环境侵权与高度危险责任常常会发生竞合。如有毒、有害物质的泄漏可能造成环境污染。这些有毒、有害或放射性的物质一旦泄漏，可能会造成严重的环境污染，甚至形成大规模侵权。依据我国《民法典》第 1239 条的规定，易燃、易爆、剧毒、放射性等物质致害的责任属于高度危险责任，在因这类物质而造成环境污染时，将出现法律适用的竞合现象。在高度危险物致害同时导致环境污染时，受害人可以在基于高度危险物侵害责任或环境侵权责任之间作出选择。尽管如此，本书认为，环境污染责任和高度危险责任之间也存在明显区别。

第一，导致损害发生的方式不同。环境污染是通过影响环境进而造成的损害，或者说是通过土壤、水、空气等媒介导致他人损害。而高度危险物致人损害是因物的固有危险造成损害，其往往不必然借助特定的媒介，就可以直接导致他人的损害。当然，高度危险物质也可能通过土壤、水、空气等媒介以环境污染的方式导致损害的发生，此时就可能构成高度危险责任和环境污染责任的竞合。例如，英国石油公司在美国的墨西哥湾钻探石油泄漏导致污染，直接造成了财产损害。而且原油泄漏也有高度危险性。但原油并不属于高度危险物，其与高度危险物致人损害的区别在于，其是通过影响环境进而侵害他人民事权益，或者说是通过空气、土壤、水等媒介而侵害他人民事权益的。

第二，归责的基础不同。环境侵权责任实行严格责任，主要不在于危险，而是为了实现保护环境、预防污染、救济受害人等目标。而高度危险责任实行严格责任，是因为危险活动或危险物的高度危险性。环境污染的社会危害后果虽然也比较大，但毕竟不像高度危险物那样直接对第三人的人身安全造成极大的影响，因此两者之间存在一定区别。例如，《民法典》第 1233 条规定：“因第三人的过错污染环境、破坏生态的，被侵权人可以向侵权人请求赔偿，也可以向第三人请求赔偿。侵权人赔偿后，有权向第三人追偿。”此处只是采用了不真正连带的责任，而根据第 1242 条的规定：“非法占有高度危险物造成他人损害的，由非法占有人承担侵权责任。所有人、管理人不能证明对防止他人非法占有尽到高度注意义务的，与非法占有人承担连带责任。”因此，在因第三人原因造成损害的高度危险责任中，管理人应承担更重的责任。

第三，免责条件不同。高度危险责任是典型的严格责任，法律上明确了其免责事由。例如，核事故责任中法律规定不可抗力等都不可以作为免责事由。但环境污染侵权责任的免责事由较之于高度危险责任而言，具有更多的免责事由。如不可抗力通常可以作为免责事由，受害人的过错也可以作为免责事由。

第四，多人致害时的责任承担方式不同。依据《民法典》第1231条的规定，数个污染者应当承担按份责任。而高度危险责任中，数个加害人一般应当依据《民法典》第1171条、第1172条来确定责任，数个加害人有可能承担按份责任，也有可能承担连带责任。

三、高度危险物致害责任的构成要件

在高度危险物致人损害的情况下，尽管存在多种类型，但它们具有如下共同的构成要件。

（一）高度危险物致人损害

依据《民法典》第1239条规定，必须是高度危险物导致了损害。一方面，必须是易燃、易爆、剧毒、高放射性、强腐蚀性、高致病性等物的固有危险造成他人损害。另一方面，必须造成了他人的损害，此处所说的他人是指高度危险物的占有人或使用人以外的人。如果高度危险物造成了占有人或使用人自身的损害，或者造成了其工作人员等的损害，应当属于一般过错责任的范畴，并可同时适用有关工伤保险的规定。尤其需要指出，在高度危险物致人损害的情况下，可能会造成重大人身损害，甚至导致大规模侵权。例如，放射性物质可能导致附近地区众多受害人的健康损害。关于高度危险物责任的类型，可以分为贮藏、运输、保管、使用等过程中造成的损害，无论在哪一个环节，只要造成了损害，都应当由占有人或使用人负责。例如，有毒气体在运输过程中发生了泄漏，运输者就应当承担责任。

（二）高度危险物与损害之间存在因果关系

与其他侵权责任的承担相同，在高度危险物致人损害的情况下，也必须存在因果关系。因果关系的要求表明了归责的正当性。具体来说，高度危险物致害责任中的因果关系，是指物固有的高度危险与损害之间存在因果关系。例如，易燃、易爆物质坠落砸伤他人，此时，虽然存在损害，但该损害与该物质的固有危险之间并不存在因果关系，因此无法适用高度危险物致害责任。在认定因果关系时，仍应采用相当因果关系说。

（三）不存在法定的免责事由

《民法典》第1239条规定："占有或者使用易燃、易爆、剧毒、高放射性、强腐蚀性、高致病性等高度危险物造成他人损害的，占有人或者使用人应当承担侵权责任；但是，能够证明损害是因受害人故意或者不可抗力造成的，不承担责任。被侵权人对损害的发生有重大过失的，可以减轻占有人或者使用人的责任。"据此可见，免责事由包括两项。

第一，受害人的故意。此处所说的"受害人故意"，是指受害人明知是高度危险物而故意盗窃、破坏高度危险物或利用高度危险物造成自身的损害等。例如，受害人为了骗取保险金而故意服用某种高度危险物。

第二，不可抗力。例如，因地震而发生放射性物质的泄漏，就属于不可抗力，占有人或使用人应当免责。但即便发生了不可抗力，也要考虑占有人或使用人是否尽到了注意义务。例如，某化工企业将一桶剧毒物质置于地势较低的仓库内，后来，洪水淹没仓库，冲走了该剧毒物质。虽然这是不可抗力造成的，但占有人或使用人没有尽到注意义务，也不能免除其应承担的责任。

需要指出的是，本条还规定，“被侵权人对损害的发生有重大过失的，可以减轻占有人或者使用人的责任”，这实际上是将受害人重大过失作为减轻责任的事由，而不是免责事由，这更进一步表明此种责任是一种严格责任。本条将受害人重大过失作为减轻责任的事由，这就有利于督促高度危险物的占有人或者使用人尽到高度危险物的管理义务，防止损害事故的发生。

四、高度危险物致害责任的典型类型

（一）合法占有或使用高度危险物致害的责任

合法占有或使用高度危险物致害的责任，是指在有权占有高度危险物的情形下，因高度危险物致人损害，占有人或使用人应当承担侵权责任。《民法典》第 1239 条规定就是针对合法占有、使用高度危险物致害责任的规定。实践中，合法占有或使用高度危险物的情形较为常见，只有在特别例外的情形下才可能出现非法占有或遗弃、抛弃高度危险物致人损害的情形。

在合法占有或使用高度危险物致害责任的情形下，因高度危险物致害，应当由占有人或使用人承担责任。合法占有主要有如下几种情形：一是取得合法的经营资格而生产、销售高度危险物；二是基于合同关系而合法运输、存储高度危险物；三是基于物权而合法占有、使用高度危险物，例如，基于留置权而占有高度危险物。在合法占有或使用高度危险物的情况下，责任主体限于占有人或使用人，他们可能是所有人，也可能是所有人以外的其他人。因为占有人或使用人是直接控制物的人，其可以控制物的危险。但一般来说，任何人占有危险物，即使没有使用，也要对高度危险物致人损害负责。[①] 如果多个高度危险物储存在一处，能够确定是由某人的危险物造成损害，就应当由所有人负责；如果不能确定是某人的危险物造成损害，各个物的所有人以及仓储保管人都应当承担责任。

依据《民法典》第 1239 条，高度危险物致人损害的减轻责任事由限于受害人的重大过失。这就意味着：一方面，高度危险物致人损害，原则上不能适用过失相抵的规则，受害人的一般过失和轻微过失不能导致行为人责任的减轻。例如，被告在道路上运输易燃、易爆品，其不仅在车辆之上标明“危险”等字样，而且是按照指定的路线行走，而受害人骑摩托车跟着该车辆行走，后来，该运输的高度危险物爆炸，导致受害人受伤。被告认为，原告骑车时不应当接近运输的危险物品，因此受害人也具有过错。本书认为，此时受害人虽然也具有轻微过错，但不能因此减轻被告的责任。另

① 参见王竹：《侵权责任法配套规定》，133 页。

一方面，《民法典》第1239条虽然将减轻责任的事由限于受害人有重大过失，但按照举轻以明重的解释规则，即使受害人具有故意，也可能仅仅导致责任的减轻。尤其是在受害人具有故意，而行为人具有重大过失时，并不能完全免除行为人的责任。

（二）遗失或抛弃高度危险物致害的责任

《民法典》第1241条规定："遗失、抛弃高度危险物造成他人损害的，由所有人承担侵权责任。所有人将高度危险物交由他人管理的，由管理人承担侵权责任；所有人有过错的，与管理人承担连带责任。"该条确立了高度危险物在被遗失或抛弃情况下所致损害的责任。所谓遗失，是指所有人或管理人非基于自己的意思而丧失了对高度危险物的占有。[①] 所谓抛弃，是指所有人或管理人基于自己的意思而放弃了对高度危险物的所有权。抛弃和遗失的区别在于：在遗失的情况下，所有人并没有丧失其所有权；而在抛弃的情况下，所有人具有放弃所有权的意图，抛弃本身就是对所有权的处分，因抛弃会导致物成为无主物，他人对其可以先占。但在抛弃之后，从物权法的角度来看，抛弃人并不对物承担责任；而在《民法典》上，由于高度危险物是特殊的物，其固有的危险可能对他人造成严重损害，因而，不能因抛弃而免除原所有人的责任。遗失、抛弃高度危险物造成他人损害的责任特点在于：

第一，它是高度危险物致人损害责任的特殊类型。《民法典》第1239条规定了高度危险物致人损害的一般规则，其适用于高度危险物置于占有人或使用人控制下而发生损害的责任，而第1241条规定的是遗失、抛弃高度危险物造成他人损害的责任，在此情形下，危险物因为遗失、抛弃已脱离了所有人和管理人的控制，此类型的责任属于高度危险物致人损害侵权责任的特殊情形。

第二，遗失、抛弃高度危险物造成他人损害。在遗失、抛弃高度危险物的情形下，其实际上包括两种情形，一是所有权人自己管理。在所有权人自己管理的情形下，发生高度危险物遗失、被盗的情形，则由所有权人承担责任。二是所有权人委托他人管理。在所有权人将高度危险物委托他人管理时，如果发生高度危险物遗失、被盗，则由管理人承担责任。

第三，责任主体和责任的承担具有特殊性。遗失、抛弃高度危险物造成他人损害的责任主体包括所有人和管理人，但他们承担责任的形式是不同的，一般情况下应由所有人承担责任。当所有人将高度危险物交由他人管理时，由管理人承担责任；如果所有人有过错，其应当与管理人承担连带责任。

关于遗失、抛弃高度危险物造成他人损害责任，从《民法典》第1241条的规定来看，其确立了如下两项规则。

1. 因所有人的原因导致高度危险物被遗失、抛弃的责任。《民法典》第1241条规定："遗失、抛弃高度危险物造成他人损害的，由所有人承担侵权责任。"因所有人的原因导致高度危险物被遗失、抛弃的，由所有人承担侵权责任。因为所有人对自己的高度危险物应当负责，即便所有人抛弃、遗失该物，也应当承担责任。即使高度危险

① 参见奚晓明主编：《〈中华人民共和国侵权责任法〉条文理解与适用》，509页。

物在被抛弃或遗失的状态下，其危险性并未丧失，甚至其危险性因为失去保护而更易造成损害。因此，所有人都应当承担损害赔偿责任。另外，从预防损害的角度而言，高度危险物在所有人的手中保管要比由其他人保管更为安全，因为一旦抛弃或遗失之后，高度危险物就处于无人看管的状态，这无异于将高度危险物传播散布开，危害公共安全。因此，要求所有人承担责任，可以有效督促所有人采取措施、预防损害的发生。

所有人承担责任的构成要件包括：第一，必须是在所有人占有其高度危险物期间，发生了高度危险物的遗失或抛弃。所有人占有的危险物已经转让并交付给他人，在他人占有之下发生遗失、抛弃，即便所有人有抛弃所有权的意愿，也不适用《民法典》第 1241 条。第二，高度危险物被遗失、抛弃。如前所述，在遗失或抛弃高度危险物时，并不考虑所有权的变动，而一律认定所有人应承担责任。而且法律并未区分遗失和抛弃，一概认为所有人对于危险源的开启应当承担责任。如果高度危险物并未被遗失或抛弃，而是在正常使用或管理、运输、储存过程中致人损害，则应当适用《民法典》第 1241 条的规定。第三，被遗失、抛弃的高度危险物造成他人损害。此处所说的损害也必须是高度危险物的固有危险的实现，对损害的范围并没有限制，包括人身损害和财产损害。需要指出的是，此处所说的损害应当与被抛弃或遗失的高度危险物的固有危险之间存在因果关系。如果高度危险物被遗失或抛弃之后，因第三人的故意行为而导致他人损害，此时，是否导致因果关系的中断？本书认为，在此情况下，已经发生了因果关系中断，应当由占有人负责。当然，所有人对于高度危险物的遗失或抛弃有过错的，应当承担相应的责任。

2. 因管理人的原因导致高度危险物被遗失、抛弃的责任。《民法典》第 1241 条规定："所有人将高度危险物交由他人管理的，由管理人承担侵权责任；所有人有过错的，与管理人承担连带责任。"这就确定了在因管理人的原因造成高度危险物被遗失或抛弃情况下的责任。此种责任的构成要件是：第一，必须是所有人已将高度危险物交给管理人管理。在许多情况下，所有人需要将高度危险物委托他人运输、保管等。此处所说的管理人是指根据所有人的委托，对高度危险物进行占有并进行管理的民事主体，如专业的危险化学品仓储公司、危险化学品运输公司等。[①] 第二，因管理人的原因导致高度危险物被遗失、抛弃。第三，被遗失、抛弃的高度危险物致人损害。在遗失、抛弃高度危险物致害责任中，管理人主要不是对过错行为负责，而是对物的固有危险承担责任，因此，高度危险物的固有危险与受害人的损害之间应当存在因果关系。

在因管理人的原因导致高度危险物被遗失、抛弃的情况下，首先要由管理人承担侵权责任。因为管理人实际占有和控制了高度危险物，依法应当负有管理高度危险物的责任。从预防风险的角度来看，要求管理人承担责任可以督促其采取严密的管理措施来预防损害的发生。但依据该条规定，在所有人具有过错的情况下，所有人和管理

① 参见全国人大常委会法制工作委员会民法室编：《中华人民共和国侵权责任法条文说明、立法理由及相关规定》，305 页。

人应当承担连带责任。因为从受害人保护的角度考虑，连带责任最有利于受害人获得救济。要求所有人和管理人承担连带责任，就意味着受害人可以选择其中一人承担责任。另外，要求所有人与管理人承担连带责任，也是基于危险物的高度危险，法律要求所有人承担较重的责任，有利于督促其谨慎行事，以避免损害的发生。

问题在于，如何认定所有人的过错？所有人的过错是指所有人对于高度危险物在管理人占有之下致人损害存在过错。所有人的过错包括如下几点：一是所有人没有尽到告知义务，即所有人未对管理人详细告知管理该高度危险物应注意的事项、管理的程序和方法。尽管我国有关法律法规对于一些高度危险物的管理作出了一些规定，但对一些特殊的高度危险物的管理方式、方法等，所有人有义务对管理人进行说明告知。二是所有人在选择管理人的过程中存在过错。所有人应当根据需要选择尽职的、合格的管理人，而且管理人应当具有相应的资质和资格等条件，如果所有人选任的管理人不具备这些条件，则表明所有人在选任管理人上存在过错。对于高度危险物而言，其管理工作是一项高度专业化的工作，如果所有人选人不当，管理人不具有相应的资质和能力，则相当于所有人将该物的危险性暴露在公众面前。三是所有人在监督方面存在过错。考虑到高度危险物的固有危险，所有人在选任了合格的管理人之后，并不能免除后期的检查、督促、提醒等义务。如果所有人在对管理人进行必要的监督方面，没有尽到其注意义务，也应当认定其具有过错。

（三）非法占有高度危险物致害责任

非法占有高度危险物致人损害责任，是指占有人在非法占有高度危险物期间，因高度危险物的高度危险性致人损害的责任。《民法典》第 1242 条规定："非法占有高度危险物造成他人损害的，由非法占有人承担侵权责任。所有人、管理人不能证明对防止非法占有尽到高度注意义务的，与非法占有人承担连带责任。"与《民法典》第 1239 条比较，《民法典》第 1239 条调整的是合法的占有，而第 1242 条调整的是非法的占有，如因盗窃、抢劫、抢夺等而占有高度危险物。此种责任形态的特点在于：

第一，它是因非法占有高度危险物而产生的责任。所谓非法占有，是指没有法律依据而占有高度危险物。非法占有可分为两种情况：一是未经合法占有人同意而占有他人的高度危险物。其中，既包括恶意占有，也包括善意占有。二是虽然经合法占有人同意取得了对高度危险物的占有，但因其不具有法定占有资质而构成非法占有。如果是合法占有，应当适用《民法典》第 1239 条的规定。需要指出的是，此处所说的非法占有包括直接占有和间接占有，即使是占有辅助人，也应当对非法占有负责。①

第二，必须是非法占有人在占有期间造成的损害。非法占有人承担责任的前提是，高度危险物在非法占有期间造成他人损害。如果某人非法占有高度危险物后，又被所有人回复了占有，则不属于非法占有期间造成的损害，不适用《民法典》第 1242 条的规定。如果某人非法占有高度危险物之后，又被第三人侵夺了占有，如果高度危险物致人损害，则应当由第三人负责，因为原非法占有人已经无法控制该高度危险

① 参见程啸：《侵权责任法教程》，290 页。

物，不应由其负责。

第三，损害是由高度危险物的固有危险实现造成的。非法占有高度危险物致害责任仍然属于高度危险物致害责任，占有人承担责任的基础是其占有高度危险物，而不是其非法占有的行为。因此，受害人的损害应当是因高度危险物的固有危险实现造成的，两者之间应当存在因果关系。例如，某人在运输盗窃而来的他人煤气罐途中，因煤气罐从车厢脱落砸伤行人，此种损害不是因煤气罐泄漏而造成的损害，而是因煤气罐作为一种物件本身造成的损害，所以，不是高度危险物的固有危险实现造成的损害。

第四，不存在法定的免责事由。从《民法典》第 1242 条的规定来看，非法占有人承担的应当是最严格的责任，也就是说，在承担责任方面不存在免责事由。理由主要在于：一方面，非法占有高度危险物，表明非法占有人开启了一定的危险，而且是高度危险，对社会公众的安全形成了极大的威胁，因此，一旦发生损害其就应当负责。因为在合法占有的情况下，占有人和使用人会采取一定的方式妥善保管。而在非法占有的情况下，占有人往往因为其不具有占有的权源而怠于妥善保管，从而可能引发更大的危险。另一方面，对高度危险物应采取严格的管制措施，为了维护公共安全，通常只有具备特定资质或者获得一定许可的主体才能占有此物，因为这些人对危险物的危险性可以采取特定的防范措施。但非法占有人通常不具备这些防控资质和措施，其非法占有事实进一步增强了危险物的危险性，因此，非法占有人需要对此承担严格责任。此外，在非法占有的情况下，不应适用《民法典》第 1239 条的规定，因为《民法典》第 1239 条是对合法占有的规定，所以，其免责事由不能适用于非法占有的情形。

从《民法典》第 1242 条中的规定来看，“所有人、管理人不能证明对防止他人非法占有尽到高度注意义务的，与非法占有人承担连带责任”。可见，非法占有高度危险物情形下的所有人、管理人承担的是过错推定责任，因为其能证明已经尽到了高度注意义务，则不必承担责任。所有人或管理人尽到高度注意义务则表明其没有过错，因而成为免责的基础。从该条的规定来看，所有人和管理人承担连带责任应具备如下构成要件。

第一，必须是所有人和管理人的高度危险物致人损害。当然，所有人或管理人的高度危险物必须是被他人非法占有，而且是在非法占有期间导致他人损害。如果所有人或管理人已经回复占有，则应当适用《民法典》第 1239 条的规定。

第二，必须是所有人或管理人没有对防止非法占有尽到高度注意义务。也就是说，其有能力防范高度危险物被非法占有而没有去防范。本书认为，高度注意义务是指所有人、管理人在其能力范围内能够尽到的最大防范义务，高度注意义务仍然是善良管理人应尽的注意义务，但高度注意义务应超过一般人所应尽的注意义务，它是行为人根据其身份、技能、职责、知识水平等所应尽的注意义务。[①] 在认定所有人或管理人是否尽到高度注意义务时，应当考虑法律法规的规定，此种注意义务不能低于法

① 参见奚晓明主编：《〈中华人民共和国侵权责任法〉条文理解与适用》，514 页。

律法规对特定高度危险物所要求的安全防范措施。例如，有人将猎枪放在自家大门边上，后被邻家小孩偷取并致人伤害。显然所有人没有尽到对枪支的最大保管义务，需要与小孩及其父母承担连带责任。就所有人或管理人的过错认定而言，《民法典》第1242条采纳了过错推定的规则，所有人或管理人应当对其尽到了高度注意义务负证明责任。

第六节 高度危险活动致害责任

一、高度危险活动致害责任概述

所谓高度危险活动致害责任，是指从事法律明确规定的高度危险活动（包括高空、高压、地下挖掘活动或者使用高速轨道运输工具），经营者应当承担的严格责任。《民法典》第1240条规定："从事高空、高压、地下挖掘活动或者使用高速轨道运输工具造成他人损害的，经营者应当承担侵权责任；但是，能够证明损害是因受害人故意或者不可抗力造成的，不承担责任。被侵权人对损害的发生有重大过失的，可以减轻经营者的责任。"这就在法律上确立了高度危险活动致害的责任，此种责任是高度危险责任的典型形态。《民法典》第1240条规定的高度危险活动与该法第1236条规定的高度危险作业关系密切，严格地说，高度危险活动是高度危险作业的表现形式。但高度危险作业又不限于《民法典》第1240条中所列举的高度危险活动，它还包括法律所没有列举的各种高度危险活动以及随着社会发展而出现的高度危险活动类型。高度危险活动致害责任的主要特点在于：

第一，它是因高度危险活动导致损害的责任。高度危险活动种类繁多，但我国《民法典》上规定的高度危险活动是法律明确规定的，即限于从事高空、高压、地下挖掘活动或者使用高速轨道运输工具。这四类活动都具有高度的危险性，其"高度"的特征主要表现为：造成损害的几率较高，或者损害一旦发生，后果将十分严重。

第二，它是因高度危险活动的固有危险导致损害的责任。高度危险活动致害责任与高度危险物致害责任的相似之处在于，二者都是因固有危险的实现而承担的责任。固有危险是指高度危险活动内在的、本质性的危险，因此种危险所致的损害就属于高度危险活动致害。例如，铁路脱轨导致他人损害就是其固有危险的实现，而列车上有人抛掷饮料瓶导致受害人的损害，则不属于铁路的固有危险。

第三，它是因合法活动而导致损害的责任。高度危险活动致害责任中的活动都是合法的活动，即行为人从事高度危险活动是法律许可的，这既有利于国计民生，也增进了人类福祉，一些高度危险活动是利用科学技术服务于社会的活动，所以这些活动不仅不具有法律上的应受非难性，而且大多是应受法律所鼓励的行为。因此，不能根据形成危险即为过错的标准而确定行为人的责任。

在从事高度危险活动中，行为人即使尽到高度注意亦不能避免损害的发生。即使在高度危险致害责任中，行为人所负的注意义务也不应低于合理注意义务标准。因为对行为人采取低标准，则会增加损害发生的几率，增加损害发生的成本，也不利于维护社会公众的安全。[①] 但由于在现有技术条件下，人们还不能完全控制自然力量和某些物质属性，也不能对某些现代科学技术的运用有极为充分的了解，所以当行为人利用现有科学技术和物质条件从事某些高度危险活动时，虽然尽到高度的注意和勤勉，亦有可能造成对他人的生命、健康以及财产的损害，此时将难以确定行为人的过错，因此可以适用严格责任。当然，高度危险活动致害并非完全不适用过错责任，如果行为人在从事高度危险活动过程中因没有尽到合理的注意而致他人损害，也可以适用过错责任。

二、高度危险活动致害的责任构成要件

依据《民法典》第 1240 条的规定，高度危险活动致害责任的构成要件如下。

（一）必须从事高空、高压、地下挖掘活动或者使用高速轨道运输工具

从事高度危险活动是高度危险活动致害责任的基础和前提。依据《民法典》第 1240 条的规定，高度危险活动是法律具体列举的活动，包括从事高空、高压、地下挖掘和使用轨道运输工具。从该条的规定来看，其属于封闭性列举，没有兜底性的规定。另外，考虑到《民法典》第 1236 条对于高度危险作业致害责任规定了一般条款，因此，《民法典》第 1240 条的规定也没有类推适用的必要。具体而言，高度危险活动主要有如下几种。

1. 高空作业。高空作业又称为高处作业，是指超过正常的高度进行的作业。[②] 例如，在高空中施工，或者在高空中架设电线等，都属于高空作业。国家标准局 1983 年颁布的《高处作业分级》规定："凡在坠落高度基准面 2 米以上（含 2 米）有可能坠落的高处进行的作业，均称为高处作业。"按照立法者的解释，高空作业等同于高处作业。[③] 此种作业不仅给作业人带来了危险，更重要的是给社会公众带来了危险。

2. 高压活动。此处所说的"高压"属于工业生产意义上的高压，包括高压电、高压容器等。[④] 在实践中，因高压作业而导致损害，主要表现为高电压的作业（如电气安装、检修、试验、维护等）导致损害。需要讨论的是，如何理解高电压的概念？本书认为，高压电就是指按照有关规定（如《供电营业规则》）达到了 220 伏以上的电压。凡是高压电造成他人损害，都要适用《民法典》第 1240 条的规定，承担严格责任。需要指出，高压电输送活动可以视为高度危险活动，但是居民对非高压电的使用活动并不属于高度危险活动。[⑤]

此外，高压电导致损害，既可以是因为电流作用在人和财产之上而造成损害，也可以是因为高压电在输送途中散发出一定的电磁辐射，而这种电磁辐射在达到一定的

---

① See Steven Shavell, *Foundations of Economic Analysis of Law*, Harvard University Press, 2004, p. 178.

② 参见王竹：《侵权责任法配套规定》，134 页。

③ 参见全国人大常委会法制工作委员会民法室编：《中华人民共和国侵权责任法条文说明、立法理由及相关规定》，299 页。

④ 参见全国人大常委会法制工作委员会民法室编：《中华人民共和国侵权责任法条文说明、立法理由及相关规定》，300 页。

⑤ See European Group on Tort Law, *Principles of European Tort Law*, p. 107.

强度时，对人体具有一定的危害，也可能造成他人身体健康的损害。[①] 我国在相关的规定中也予以明确。[②] 本书认为，电磁辐射并非是高压作业本身固有的高度危险，而是电力设施所具有的放射性危险，如果受害人因电磁辐射遭受了损害，不应当适用高度危险活动致害责任，而应当适用高度危险物致害责任。

3. 地下挖掘活动。它是指在地表以下的一定深度进行挖掘的行为[③]，例如地下掘井、修建地铁等。地下挖掘活动一般是一种施工活动，但其与《民法典》第1258条规定的地下施工存在一定的区别。表现在：第一，深度不同。浅层的挖掘属于《民法典》第1258条的规定。例如，在地下挖掘铺设管线，挖掘的深度有限，如果有人骑车不慎跌入坑内，不应适用《民法典》第1240条。《民法典》第1240条所说的“地下挖掘”是指深层的挖掘如挖掘油井、采煤。第二，要从挖掘行为本身来区别，如为了建房而挖地基与构筑地铁的复杂性存在区别。第三，危险性不同。一般的地下施工因为深度不深，其危险性并不太大，但是对于深度挖掘活动，其危险性较大，如开采煤矿施工不当而引发矿难，则可能造成巨大的损害。第四，活动所处的位置不同。第1258条的规定仅限于在公共场所或道路上进行的挖坑或修缮地下设施，而地下挖掘并无此种限制，在非公共场所上进行的挖掘仍然属于《民法典》第1240条规定的“地下挖掘”的范围，如开采矿山等属于此种情况。

4. 使用高速轨道运输工具。它主要指对高速轨道运输工具的运营，即以其为媒介，从事客货的运输活动，因此种活动致人损害，属于《民法典》第1240条规定的范围。至于有人从列车上投掷物品造成他人损害，或者攀爬、翻越高速运输工具等造成损害，并不是此处所说的“使用”。高速轨道运输，包括铁路、地铁、城铁等通过轨道高速行驶的交通运输工具。[④] 其特点是：第一，有轨性。高速轨道运输工具不是直接在地面行驶，而是沿着既定轨道行驶。《民法典》采用高度轨道运输工具的提法，就是要将机动车排除在外。但有轨电车与轨道运输工具仍有所不同，其主要行驶于城市道路，速度较慢，应当纳入机动车的范畴。第二，高速性。此处所说的高速并没有法律的明确标准，应当依据社会一般观念来认定。有轨运输工具一般速度较快，具有高速性，但同时也会引发较大的风险。这两方面的特征就将其他无轨道的高速运输工具如飞行器等排除在外。如果某轨道交通工具具有高速性，就应当适用该条的规定。即便是慢速列车，主要是因为停靠的车站较多而导致行车时间较长，其行驶速度仍然较快，因此仍属于高速轨道运输工具。第三，属于交通运输工具。此处所说的交通运输工具通常是载人和载货并进行运输的工具，因此，游乐园里面的过山车等就不属于交通运输工具。

---

① 据了解，国际卫生标准中规定，可以容许的磁感应强度上限为100微特斯拉（与我国的标准相同），但英国国家辐射保护委员会和美国一些专家们已于1995年提出，把国际卫生标准中规定的标准（100微特斯拉）修改为0.2微特斯拉，瑞典则规定不超过0.2微特斯拉。英国国家辐射保护委员会认为，不超过0.4微特斯拉的电磁辐射是安全的。

② 参见李宛霖：《220千伏高压线不会危害人体》，载《新京报》，2010-04-09。

③ 参见全国人大常委会法制工作委员会民法室编：《中华人民共和国侵权责任法条文说明、立法理由及相关规定》，301页。

④ 参见王竹：《侵权责任法配套规定》，135页。

《民法典》第1240条仅列举了上述四种高度危险活动致害的情形，严格地说，高度危险活动不限于这几种类型，社会生活中的高度危险活动种类繁多，而且从今后的发展来看，种类会不断增加，《民法典》只是规定了几种典型的形态，并不一定限于此四种。当然这并不是说，除此之外的高度危险活动不适用严格责任，在此应当将《民法典》第1240条和第1236条结合起来理解，后者属于该章中的一般条款，因此，凡是《民法典》第1240条没有包括的责任类型，只要符合第1236条的规定，都可以适用高度危险责任。

（二）造成了损害后果

原则上，损害应当限于现实的损害。它包括财产损害，也包括人身损害和精神损害，无论如何其应当是高度危险活动经营者以外的人遭受的损害，不包括经营者的雇员在履行职务中所遭受的损害。如果经营者的雇员遭受损害，应当按照工伤保险等制度来解决，而不适用《民法典》第1240条。例如，铁路公司的员工在工作中被列车撞伤，受害人就不能依据《民法典》第1240条请求损害赔偿。

在适用高度危险责任时，也必须以损害的现实发生为前提，而不能是臆想的或可能的损害。这里首先要区分危险活动本身可能引发的危险和危险的实现。例如，核电站的建造具有高度危险性，但这并不是说，核电站的建造就一定会导致损害。只有在危险变成现实的情况下，才能构成损害，从而有必要在法律上提供救济。

（三）高度危险活动与损害之间存在因果关系

高度危险责任由于其本身的特殊性，无须证明责任人的主观过错①，但其仍然要以因果关系的存在为前提。因此，确立责任，应当认定高度危险活动与受害人的损害之间具有因果关系。如果完全是因为受害人的故意行为、不可抗力造成了损害，将导致因果关系中断，行为人不承担侵权责任。因果关系的判断仍然应当以相当因果关系说作为一般规则。这就是说，受害人应当证明其损害发生与高度危险活动之间存在相当的关联性，而且通常有此高度危险活动就有此结果。例如，受害人因高压电的辐射而患病，如果在特定的区域已经有数人患类似病症，或者在没有架设高压电线之前没有发生过此类病情，综合这些因素就可以判断是否具有相关性。需要讨论的是，如果损害是第三人原因造成的，是否可以认定有因果关系的存在？本书认为，在严格责任之下，第三人的行为不是免责事由，因此，第三人的行为不宜解释为导致因果关系中断的原因。

关于高度危险责任中是否应以违法性为责任构成要件？对此存在不同的看法。本书认为，在高度危险责任中，不应当以违法性为要件，理由主要在于：

第一，高度危险活动本身是合法活动，如经营高速轨道运输工具、从事高空作业等，并不能因为嗣后导致了损害的发生，就认定该活动具有违法性。如果经营者从事的高度危险活动本身是违法的，原则上不适用《民法典》第1240条的规定。例如，某人在家中滥拉电线、私自架设电网、私自制造烟花爆竹等，因此造成受害人损害，

① 参见范利平：《特殊侵权责任的意识》，载《西南政法大学学报》，2004（1）。

可以适用过错责任的一般条款，因为行为人的行为本身表明其具有过错。

第二，即便采纳高度危险责任中的违法性要件，也无法通过违法性认定理论确定其违法性。如果采“行为不法说”，就应当以法律法规等规定为认定标准，但实施高度危险活动者往往没有实施违法行为。而采用“结果不法说”也可能遇到障碍，如果在出现损害结果之前，某项危险活动是国家允许实施的合法行为，仅仅因为出现了损害结果便认定其具有违法性，这难免有相互抵触之处。

第三，因为高度危险活动的异常危险性和复杂性，现行的法律很可能没有规定其防范措施，若坚持违法性要件，对这些风险的防范就处于无法可依的状态。

三、高度危险活动致害责任的免责和减轻责任事由

（一）免责事由

依据《民法典》的相关规定，高度危险活动致害责任的减轻和免责事由如下。

1. 受害人的故意。《民法典》第 1244 条中规定：“从事高空、高压、地下挖掘活动或者使用高速轨道运输工具造成他人损害的，经营者应当承担侵权责任；但是，能够证明损害是因受害人故意或者不可抗力造成的，不承担责任。被侵权人对损害的发生有重大过失的，可以减轻经营者的责任。”受害人的故意是指受害人对于自己遭受损害所持有的追求或放任的心理状态。例如，在“彭某与黄某、红安县供电公司触电人身损害责任纠纷案”[①] 中，彭某的儿子彭某丙在黄某经营的鱼池钓鱼，因鱼竿碰到鱼池上的 35kV 高压电线，导致彭某丙被高压电电击致死。35kV 高压电线的产权人是红安县供电公司。法院认为，红安县供电公司作为造成事故的电力设施的产权人，不能提供证据证明彭某丙触电死亡是因故意或者不可抗力造成的，依法应承担主要民事责任。彭某丙是具有完全民事行为能力人，对高压线的危险应有预见，故其自身对损害结果亦有一定过错，应承担相应的民事责任。

2. 不可抗力。不可抗力是指外力对有关高度危险活动的影响在当时、当地的特定条件下无法预见、避免和克服。因此，即使将不可抗力规定为免责事由，但在确定不可抗力时，也应考虑到高度危险活动进行时，行为人是否充分评估危险的可能性并采取充分的风险防范措施，而不能简单地根据不可抗力而免责。例如，对普通居民而言，5、6 级地震即可属于不可抗力，而对于巨型水坝，就不应因 5、6 级地震时决堤而谋求免责，因为对于后者，5、6 级地震并不属于不能预见、避免和克服的不可抗力。

3. 受害人未经许可进入高度危险活动区域或危险物存放区域。《民法典》第 1243 条规定：“未经许可进入高度危险活动区域或者高度危险物存放区域受到损害，管理人能够证明已经采取足够安全措施并尽到充分警示义务的，可以减轻或者不承担责任。”这就在高度危险责任领域确立了自甘冒险的规则。依据《民法典》第 1243 条规定，此种免责事由的适用必须符合如下条件。

① 湖北省黄冈市中级人民法院（2013）鄂黄冈中民一终字第 00640 号民事判决书。

第一，未经许可进入高度危险活动区域或者高度危险物存放区域。未经许可是指受害人没有经过管理人的同意，而进入高度危险活动区域或者高度危险物存放区域。只要是获得了许可，就不构成自甘冒险。例如，经允许而进入特定领域采访、参观等，都不能适用该条规定。进入高度危险活动区域或者高度危险物存放区域应当从两方面理解：一方面，高度危险活动区域通常是指高压、高空、地下挖掘活动和其他危险作业的场所。例如，企业在某处进行爆破，在该活动影响到的区域，都属于高度危险活动区域。需要指出的是，封闭的轨道运输区域、封闭的机场跑道等，也应当属于高度危险活动区域。另一方面，高度危险物存放区域主要是指易燃、易爆、剧毒、放射性等高度危险物的放置场所，如存在高度危险的病毒实验室等。

第二，受害人受到损害。这就是说，尽管受害人未经许可而进入特定领域，但没有造成其损害，而只是给管理人带来不便，则不能由管理人承担责任，因而不适用该免责事由。此处所说的“损害”，既包括财产损害，也包括人身损害。也只有在受害人遭受损害的情况下，才可能适用自甘冒险的抗辩事由。

第三，管理人已经采取足够安全措施并尽到充分警示义务。根据该条规定，管理人应当负有两项义务：一是负有采取足够安全措施的义务。所谓采取足够安全措施，是指管理人依据法律法规和其他规定，采取各种足以保障他人安全的措施，以避免损害的发生。例如，管理人在危险区域内作业，应当划定作业的范围，并设置保护网，甚至要派专人看护，以防止他人误入该区域。经营者虽然采取了一定的安全措施，但如果采取的安全措施不足以预防损害的发生，则应当认定经营者没有采取足够安全措施。例如，被告在炸山爆破时，虽然在山路上放置了障碍，但并没有完全封闭道路，也没有专人看管，原告将障碍挪开进入该爆破区域，后来被爆破时的坠落物伤害。显然，在该案中，被告虽然采取了措施，但该措施不充分，不足以保护社会公众。二是尽到充分警示义务。所谓充分警示，是指管理人所采取的警示措施应当保障他人充分认识相关的危险。警示通常是指标示出危险，提醒他人注意。充分警示义务的具体内容，要依据具体情况判断。在某些情况下，管理人已经设置了警示标志就已经足够。但对于特殊群体（如未成年人和残障人等），要尽到特别的警示义务。

如果存在《民法典》第1243条所规定的自甘冒险的情形，则可以导致行为人责任的减轻或者免除。因此自甘冒险既可以作为减轻责任事由又可以作为免责事由。具体来说：一是导致行为人免责。根据该规定，在符合自甘冒险要件的情况下，管理人可以不承担责任。本书认为，对于自甘冒险不承担责任应作限缩解释。如果受害人仅因过失进入危险活动区域或者危险物存放区域，并遭受损害，则不能免除管理人的责任。例如，某人在山上炸石头放炮，虽然设置了一个路障，但是原告对此不了解，并且急于赶路，结果在经过炸石头的区域时被飞石砸伤。此时由于作业人没有尽到提醒及采取安全措施并进行警示的义务，因此其不能免除责任。当然，在特殊情况下，受害人非法进入该危险活动区域，甚至从事违法犯罪活动，就可以导致管理人的免责。例如，受害人爬上高压电网，盗窃电线以及其他设施，被高压电电击致死，则应当免除管理人的责任。二是导致行为人减轻责任。在一般情况下，受害人自己未经许可进入了高度危险活动区域，如果其出于过失而非故意，都应当减轻管理人的责任，但并不能免除其责任。尤其是在未成年人等进入高度危险活动区域或危险物存放区域的情况下，只能减轻管理人的责任。在考虑减轻责任的时候，需要判断受害人的过错程度，以确定行为人的责任范围。

（二）减轻责任事由

依据《民法典》第1240条，被侵权人对损害的发生有重大过失的，可以减轻经营者的责任。本条在《侵权责任法》第73条的基础上进行了一定修改，侵权责任法规定被侵权人对损害的发生有过失的，可以减轻经营者的责任，而本条要求被侵权人必须具有重大过失，一般过失不能减轻经营者的责任。本书认为，这种修改更具有合理性，原因主要在于：一方面，高度危险责任是一种严格责任，在严格责任中，只有在受害人具有重大过失的情况下才能导致责任减轻或免除。如果法律仅仅规定受害人具有过失就可以减轻责任，而没有明确限定为重大过失，则此种过失应当包括一般过失。如前所述，在一般的严格责任中，减轻责任事由仅限于受害人的重大过失。另一方面，有利于保护受害人的利益。如果将受害人的一般过失也作为减轻责任的事由，这将对受害人的救济极为不利。因此，本条将受害人的重大过失作为减轻经营者责任的事由。例如，在实践中，受害人在河边钓鱼，不小心将鱼钩钩在了电线上，造成受害人死亡，经营者往往以受害人具有过失为由要求减轻责任。但实际上，此类责任往往是经营者架设的电线不符合相关规定造成的，受害人并不具有重大过失，而只是具有一般过失，如果因此减轻经营者的责任，确实对受害人不利。

（三）高度危险活动致害责任的承担

依据《民法典》第1240条的规定，责任应当由经营者承担。如何理解经营者？经营者是指经营高度危险活动的自然人、法人、非法人组织。具体而言，如果所有人自己经营，所有人就是经营者，应由其承担责任。在所有人和经营者分离的情形下，经营者必须是实际从事经营并通过该活动获得利益的人。如果经营者雇请他人进行临时维修等活动，维修人也不是经营者。在实践中，供用电程序比较复杂，供电不仅是供电设施，还有相关的配电、用电等设施并非归属同一人所有的情形。[①] 尤其是在我国，由于实行发电、供电、电网的分离，发电公司、电网公司、供电公司分别属于不同的主体，在此情况下如何认定经营者？本书认为，如果这三者都从事了经营活动，则都属于经营者。如果某人取得了经营许可之后，又转包给他人，名义上和实际上的经营者都是此处所说的经营者。

因为第三人的原因致害，则第三人也应当承担责任。例如，车外第三人投掷石块等击打列车造成车内旅客人身损害，应当由第三人承担责任。如果第三人都难以找到，依据《铁路运输人身损害赔偿司法解释》第13条第2款规定，此时，赔偿权利人有权要求铁路运输企业先予赔偿。只不过，在铁路运输企业赔付后，其有权向第三人追偿。

① 参见汪治平：《人身损害赔偿若干问题研究》，15页，北京，中国法制出版社，2002。

第七节　高度危险责任中的赔偿限额

一、概述

在高度危险责任中，法律常常规定了最高赔偿限额。《民法典》第 1244 条规定："承担高度危险责任，法律规定赔偿限额的，依照其规定，但是行为人有故意或者重大过失的除外。"这就是对最高赔偿限额的确认，也可以理解为是完全赔偿原则的例外。所谓完全赔偿原则，是指在因侵权行为造成受害人损失时，行为人要赔偿全部损失，使受害人恢复到如同侵权行为没有发生的状态。其基本内涵是"将所有不利结果全部予以弥补"①。完全赔偿的例外特别表现在，针对高度危险责任，法律往往规定了最高赔偿限额。可以说，最高赔偿数额限制是完全赔偿原则的例外。

在高度危险责任领域，法律之所以要规定最高赔偿限额，主要是基于如下原因。

第一，适当缓和责任的严苛性。高度危险责任是严格责任，即便被告尽到了注意义务，也要承担侵权责任。但如果要求责任人承担完全赔偿的责任，也可能过重。因为高度危险活动一旦造成损害，有可能造成大规模侵权，损害的后果极为严重。如果要求行为人承担过重的责任，一旦损害发生就可能因赔偿导致行为人的破产，最终损害该行业的发展，也可能对经济社会发展产生不利影响。例如，航空公司出现一次空难，就可能导致众多人员伤亡，要求航空公司完全赔偿，可能会严重影响其正常经营。因此，为了缓和严格责任的严苛性，法律上就设置了最高赔偿限额。②

第二，引导行为人决定是否实施高度危险活动。如果法律规定了最高赔偿限额，行为人在实施高度危险活动之前，就可以比较准确地预测其行为的风险与收益，从而理性地判断是否实施该行为。因为在特定领域，损害发生的风险不可控制、不可预测，但由于这些活动对社会有益，所以在法律上应尽可能地使经营者能够计算风险，综合考量风险和收益，选择从事某种活动，防范可能出现的风险。③

第三，有利于保护特定的行业或产业。高度危险行为往往是社会发展到一定程度的产物，甚至是科技进步和经济发展所必需的，如果对行为人课以过重的责任，则不利于鼓励高科技行业的发展，从而不利于社会的进步和经济的发展。例如，如果一次空难就导致一个航空公司因赔偿而陷入无力清偿的境地，如此则不利于民用航空事业的发展，最终也会影响到人们的交通出行和社会的发展。通过设置最高赔偿限额，可以使责任主体的责任得到限制，从而鼓励人们从事特定的高度危险活动，实现保护特定产业或行业的目标。

第四，实践中从事高度危险行为的从业者都投保了相应的责任险，如果不设置最高赔偿限额，则会导致保险公司损失过重，因此保险公司势必大幅度提高保费，或者

---

① Gerhard Wagner, Neu Perspektiven im Schadensersatzrecht—Kommerzialisierung, Strafschadeensersatz, Kollektivschaden, Verlag C. H. Beck München 2006, SS. 133－134.

② 参见朱岩：《危险责任的一般条款立法模式研究》，载《中国法学》，2009（3）。

③ See Steven Shavell, *Foundations of Economic Analysis of Law*, p. 193.

完全拒绝为高度危险行业提供保险，如此则会导致行为人提高收费，最终将成本转嫁到广大消费者身上；如果保险公司拒绝提供保险，则行为人一旦破产，受害人仍然不能得到应有的赔偿。

迄今为止，我国许多单行的法律法规都针对特定类型的高度危险责任设定了最高赔偿限额。铁路运输企业与铁路旅客可以书面约定高于前款规定的赔偿责任限额。我国《民法典》第 1244 条规定正是在总结既有立法经验的基础上作出规定："承担高度危险责任，法律规定赔偿限额的，依照其规定。"其实际上认可了既有法律对最高赔偿限额的规定，也通过引致性规定的方式实现了一般法和特别法的衔接。

二、高度危险责任中赔偿限额的适用

依据《民法典》第 1244 条规定，高度危险责任中赔偿限额的适用应当符合如下条件。

第一，它仅适用于高度危险责任。限额赔偿并不具有广泛的可适用性，作为完全赔偿的例外，其仅适用于法律规定的例外情形。我国《民法典》第 1244 条明确规定，在高度危险责任领域，可采用限额赔偿。这表明，立法者的态度是仅允许在高度危险责任中设定最高赔偿限额。这主要是考虑到高度危险责任的特殊性，因为这种活动是对社会有益的活动，法律要给予其特殊的保护。

第二，它适用于损害赔偿。虽然高度危险责任可以采用多种责任方式，但其主要的责任方式是损害赔偿，通过赔偿对受害人遭受的损害提供救济。而责任限额也并非适用于所有责任方式，而仅适用于损害赔偿。也就是说，限额赔偿实际上是对行为人损害赔偿责任的限制。在高度危险责任发生之后，如果相关法律规定了责任限额，则行为人只需要在该限额内承担责任。

第三，它必须适用于特别法有明确规定的情形。《民法典》第 1244 条规定："承担高度危险责任，法律规定赔偿限额的，依照其规定。"该条属于引致性规定，其引致到特别法。这里所说的"法律规定"，应当包括法律、行政法规的规定，原则上不应当包括地方性法规和规章等，为了实现侵权责任法的救济功能，对于赔偿限额的规定，必须是全国人大或全国人大常委会颁布的法律和国务院制定的行政法规才能作出相应的限制，部门规章、地方性法规等不能对此作出限制，因为限额赔偿是对责任的减轻，如果允许部门规章、地方性法规来设置最高赔偿限额，就可能因地方利益和部门利益的驱动，设置最高赔偿限额，从而损害受害人的利益。

第四，行为人不存在故意或重大过失。限额赔偿作为对行为人的保护措施，其适用也有一定的限制，其只是针对行为人的一般过失或者没有过失的情形而适用。依据《民法典》第 1244 条，如果高度危险活动者具有故意或重大过失，则不能适用限额赔偿。因为在行为人有故意或者重大过失的情况下，表明行为人过错程度严重，应当予以制裁。我国有关特别法也采纳这一观点。例如，《民用航空法》第 132 条规定："经证明，航空运输中的损失是由于承运人或者其受雇人、代理人的故意或者明知可能造成损失而轻率地作为或者不作为造成的，承运人无权援用本法第一百二十八条、第一百二十九条有关赔偿责任限制的规定；证明承运人的受雇人、代理人有此种作为或者不作为的，还应当证明该受雇人、代理人是在受雇、代理范围内行事。”因此，即便在享有赔偿限额的高度危险作业中，如果行为人致人损害的行为不是出于一般的过错，而是出于故意或者明知可能造成损害而轻率为之，则表明行为人的行为具有应受谴责性，行为人不能享受赔偿限额的保护。

思考题

1. 比较高度危险责任与一般危险责任。
2. 如何理解高度危险责任的一般条款。
3. 简述民用核设施造成损害责任的构成要件和免责事由。
4. 简述民用航空器致人损害责任的构成要件和免责事由。
5. 简述高度危险物致人损害的特点。
6. 简述高度危险活动致人损害的免责事由和减轻责任的事由。
7. 如何理解高度危险责任中的限额赔偿?

第十九章　饲养动物损害责任

【案例】 甲从老家带回一条烈性狼狗饲养，也未向有关部门提出申请。为防止狼狗咬人，每天用铁链拴住狼狗，出来遛狗时也格外小心，不敢松开铁链。一天，乙因喜爱狼狗，便靠近甲的狼狗，抚摸该狗，不料该狗性格暴烈，当即咬了乙一口，血流不止，后乙为治疗花去医药费一万多元。乙请求甲承担赔偿责任。甲则提出，因乙自己挑逗狼狗而遭受损害，应当自担损害。

简要评析： 甲饲养的烈性狼狗属于禁止饲养的烈性犬，甲饲养该烈性犬也未提出申请。虽然乙对其损害的发生存在过错，但依据《民法典》第1247条的规定，行为人饲养禁止饲养的烈性犬，造成他人损害的，行为人即应当承担侵权责任，该责任属于严格责任，受害人过错不属于免责事由。因此，本案中，即便受害人乙对损害的发生有过错，其也有权请求甲承担侵权责任。

第一节　饲养动物致人损害责任概述

一、饲养动物致人损害责任的概念和特征

所谓饲养动物致人损害，是指饲养的动物造成他人人身或财产损害。从广义上来说，动物致人损害包括饲养的动物、野生动物以及遗弃的动物（如流浪狗）、逃逸的动物等致害的情形。从狭义上来说，动物致人损害主要限于饲养的动物。我国民法典侵权责任编第九章仅规定了饲养的动物致人损害的责任（其中包括了遗弃、逃逸的动物致害），这对于规范人们饲养动物的行为、救济受害人的损害都具有十分重要的意义。

在词源学上，动物包括所有的生命体。在法律上，动物指不包括人在内的一般具有运动机能的低等或无理性的生命。[①] 换言之，它是指有感官的、能呼吸的、一般可以自由行走的、但不能像人类那样进行逻辑思考也不能说话的生命体。[②] 从法律关系的角度来看，动物只是物，属于法律关系的客体而不是主体。但动物本身具有一定的危险性，而且很容易造成对个人的损害。近年来，动物致人损害的案件时有发生，不仅可能造成财产损害，而且会造成人身伤害。尤其是动物可能携带了病毒，如狂犬病

① 参见《元照英美法词典》，74页，北京，北京大学出版社，2003。
② 参见周友军：《我国动物致害责任的解释论》，载《政治与法律》，2010（5）。

毒等，一旦致人损害，可能会给受害人带来严重的人身伤害。因此，在法律上有必要确立相应的规则，为受害人提供救济。[①]《民法典》设立专章，详细规定了动物致害的责任，这就表明立法者对实践中出现的动物致害的高度关注，也可以为法院判决提供较为详细的依据。

饲养动物致人损害责任具有如下特点。

第一，它是因饲养的动物致人损害而导致的责任。如何理解"饲养"的概念?《民法典》中所称的饲养动物，是指为人们所饲养或管理的各种动物。[②] 一般认为，应当主要从两个角度来考虑"饲养"的含义：一是存在人工喂养的行为。例如，为动物提供食物、栖息场所等。二是一定程度的控制，饲养动物要受到饲养人或管理人的一定程度的控制。当然，控制并不要求饲养人或管理人对其实现完全的控制。例如，饲养凶猛的动物（如狮子、老虎)，饲养人可以在一定程度上对其进行控制，其也属于饲养的动物。但如果仅仅为他人饲养的动物提供食物，而并没有对其进行控制，就不能构成饲养。饲养的方式很多，既可能是家庭饲养，也可能是动物园的饲养；既可以在室内饲养，也可以是在野外圈养或散养。[③] 侵权责任编之所以采用"饲养动物损害责任"的概念，就是要区分饲养的动物与野生动物，将野生动物排除在侵权责任编的适用范围之外。就野生动物致害来说，如果其属于国家保护的动物，则可以由政府提供补偿，这属于行政补偿，而不是侵权责任。[④]

第二，它是因动物的固有危险而造成的损害所应承担的责任。所谓动物的固有危险，是指动物内在的、不可预测的导致损害的可能性。从广义上说，任何动物致人损害，只要是饲养的动物致人损害，都属于动物致害责任的范畴。就侵权责任编第九章规定的内容来看，所谓动物致人损害都是指动物基于其本性而造成的他人损害。一方面，所谓基于自身的本性，是指它完全是因动物自身的危险性而造成的。动物致人损害必须是动物脱离具体行为人的指使和控制、基于其动物的本性而造成的他人损害。动物的危险是由动物自身的野性和习性所产生的对人类的危险性。动物的野性和习性会因动物的类型、生产期、生理变化等有所不同。甚至动物经过长期饲养之后，其野性也不能完全根除，出现动物伤人等现象。正因为如此，动物导致损害是不可预测的风险。另一方面，此种损害必须脱离于具体的人的指使和控制，否则，动物在行为人的直接指使和操控下造成他人损害，就不是侵权法意义上的动物致人损害，而是行为人的直接致人损害。在此情况下，动物只是作为侵权的工具，而不是动物的固有危险的实现。以动物为工具侵害他人的，仍然是人的行为，属于一般侵权的范畴。

第三，责任主体具有多样性。一方面，动物致害责任的主体，既可以是所有人，也可以是占有人。侵权责任编统一采用了"饲养人或者管理人"的概念。在饲养人中，既包括所有人也包括占有人。严格地说，饲养人的概念是非常宽泛的，其也可以

---

① 据统计，仅2009年3月至6月，陕西省汉中市暴发狂犬病疫情，有11人患狂犬病死亡，6 200多人被狗咬伤。参见《"虐待动物致死者负刑事责任"引网民热议》，载《瞭望》，2009（25），9页。

② 参见张新宝：《中国侵权行为法》，551页。

③ 参见牛德：《动物致人损害民事责任之探讨》，载《安阳师范学院学报》，2002（6）。

④ 参见金月蓉：《试论野生动物致人损害的救济问题》，载《广西政法管理干部学院学报》，2004（1）。

解释为包含了受委托而看管动物的人。例如，某人要出差，将动物交给其邻居看管，其邻居即属于饲养人。另一方面，管理人的概念主要是指管理国家所有的动物的法人或其他组织。对动物的控制不仅可以由所有人进行，也可能由管理人进行。在很多情况下，这两者都是同一的，但二者也可能发生分离。例如，因动物走失、遗弃等原因，而导致管理人与所有人的分离。

第四，责任类型具有多样性。在动物致人损害的情况下，一般的情形是饲养的动物造成他人损害。但动物致人损害的类型丰富，我国《民法典》也采取了类型化的处理方式，具体规定了饲养的一般动物致人损害、违反管理规定导致动物致人损害、禁止饲养的危险动物致人损害、动物园的动物致人损害、遗弃或逃逸的动物致人损害、因第三人的过错导致动物致人损害等具体类型。

《民法典》第1251条规定："饲养动物应当遵守法律法规，尊重社会公德，不得妨碍他人生活。"在现代社会，饲养动物是人类社会生活的组成部分，也是较为常见的社会现象，饲养动物本身会给人们的生活增加乐趣，但由于动物本身具有一定的危险性，可能造成他人损害；同时，饲养动物也可能影响他人的私人生活安宁；此外，饲养动物还可能损害公共环境。实践中，因为饲养动物也经常发生纠纷，因此，《民法典》第1251条对饲养动物作出了原则性的规定，其包含如下几方面内容：一是遵守法律法规的义务，也就是说，依法不得饲养禁止饲养的动物，不得违反管理规定饲养动物等。二是遵守社会公德。例如，动物饲养人对动物在户外排泄的粪便，要立即清除，不得污染环境；不得随意抛弃、放弃饲养的动物，影响公共安全。三是不得妨碍他人的生活。例如，饲养动物不得在夜间发出噪声，影响他人休息。再如，携带宠物狗乘坐电梯时，不得威胁他人安全；应当定期对饲养的动物注射疫苗，不得影响他人安全。

二、饲养动物致人损害与野生动物致人损害

民法典侵权责任编第九章明确规定"饲养动物损害责任"，由此可见，该法的调整范围限于饲养的动物致害，而不包括野生动物致害。野生动物主要是指生存于自然状态下的非饲养的各种动物。野生动物完全生存于自然状态下，非处于可被人控制管理的状态。城市中的野猫、野狗因并非生存于自然状态下，不属于野生动物。[①] 野生动物园中所谓的"野生动物"，由于其实际上已经属于为动物园所饲养和占有的动物，并不能够划归野生动物之列。如果某动物曾经为人所占有，后来由占有人处逃脱，成为生活在野外的动物，也可能成为野生动物。

野生动物致人损害也属于动物致人损害的范畴，在我国，野生动物致害的情形也曾经发生，如野生的大象踩踏农民的庄稼、野生的猴群毁损他人的财产等，但这些损害并不适用民法典侵权责任编第九章的规定，并不属于侵权责任编所规定的动物致人损害，在野生动物致害的情形下，主要通过行政补偿而非侵权责任的方式对受害人进行救济，行政补偿是行政法的范畴，显然不宜规定在《民法典》中。

① 参见戚道孟：《自然资源法》，北京，中国方正出版社，2005。

当然，野生动物也可能被饲养，如果某人占有野生动物，即便是非法占有，若在占有期间内野生动物致害，也应当作为饲养的动物对待。例如，某人在山上捕获蟒蛇，在家中饲养，后来该蟒蛇从家中窜出，导致邻人伤害。该蟒蛇就已经成为饲养动物。

第二节 饲养动物致人损害责任的归责原则

关于动物致人损害责任的归责原则，从《民法典》的相关规定来看，对动物致害责任采取严格责任，具体体现为：

第一，《民法典》第 1245 条规定："饲养的动物造成他人损害的，动物饲养人或者管理人应当承担侵权责任；但是，能够证明损害是因被侵权人故意或者重大过失造成的，可以不承担或者减轻责任。"该条在规定动物致人损害责任时，并没有要求动物的饲养人或者管理人有过错；而且，将免责事由限定在受害人的故意或重大过失，甚至排除了不可抗力，这表明在责任免除方面有严格限制。

第二，在减轻责任事由方面，主要将其限定为受害人的故意和重大过失，而没有将受害人的一般过失作为减轻责任的事由，这也符合严格责任的一般原理。

第三，《民法典》第 1246 条和第 1247 条对于两类特殊情形的动物致害，采取更为严格的责任：该法第 1246 条针对违反管理规定而没有对动物采取安全措施的情形作出特别规定；第 1247 条针对禁止饲养的危险动物致害的情形作出特别规定。例如，在"马某诉徐某饲养动物致人损害赔偿纠纷案"中，法院认为，饲养的动物造成他人损害的，动物饲养人或者管理人应当承担民事责任。具体到本案，被告所饲养的萨摩耶犬为大型犬类，在原、被告所居住的小区内属限养犬种，被告在饲养该犬时未尽到管理义务，使该犬挣脱绳索与其他犬在追逐中致原告倒地受伤，原告摔伤的后果理应由该犬的饲养人被告承担。[①] 从这里可以看出，侵权责任编采取了严格责任原则。不过，侵权责任编虽然对动物致人损害主要采严格责任，但对动物园的动物致害这一特殊类型，则例外地采过错推定责任。[②]

侵权责任编对动物致害责任采严格责任的理论依据主要在于：一方面，有利于防范危险的发生。动物本身是具有危险性的，其危险性不仅表现在其直接造成受害人的人身损害，还体现在可能引发的狂犬病等损害。课以动物饲养人或管理人承担严格责任，有利于促使其采取措施避免损害发生。[③] 即便是通常认为的安全动物，其也可能有造成危险的倾向。[④] 因此，对动物饲养人课以严格责任，可以督促饲养人采取措施预防损害。另一方面，有利于强化对受害人的保护。动物的危险性会对人类造成威胁，可能导致他人的人身损害和财产损害。在动物致人损害的情况下，采严格责任原

① 参见北京市昌平区人民法院（2013）昌民初字第 7477 号民事判决书。

② 参见《侵权责任法》第 81 条。

③ See B. A. Koch/H. Koziol (ed), *Unification of Tort Law: Strict Liability*, p. 397.

④ See B. A. Koch/H. Koziol (ed), *Unification of Tort Law: Strict Liability*, pp. 397 - 398.

则有利于强化对受害人的保护。

值得探讨的是，动物之间因相互打斗而造成动物自身损害的，是否可以适用严格责任原则？《民法典》并没有对此作出明确规定。本书认为，应当按照如下规则来处理：首先，需要考虑动物管领人是否具有过错，如果有过错的，应当承担过错责任。特别是应根据动物实施加害时的状态和动物的种类与性质来确定责任。[①] 例如，两人同时牵绳遛狗，一人牵狼狗，一人牵小哈巴狗，狼狗见到小哈巴狗后将其咬伤。狼狗脱离其主人的控制，而主人并没有及时制止。狼狗的主人对损害的发生是有过错的，应当对受害人的损害承担赔偿责任。其次，区分动物是否是散养的动物。如果一方的动物属于可散养的，另一方的动物属于不应散养的，因相互之间争斗致害的，应由不应散养的一方动物管理人或饲养人承担主要赔偿责任。[②] 最后，如果无法确定过错，应当按照公平原则确定责任。例如，按规定都能散养的动物相互发生争斗致害的，无法确定管理人是否有过错或者责任大小，应当各自分担损失，如果一方损失大于另一方，应当根据公平原则适当补偿。

第三节　饲养动物致人损害责任的构成要件和免责事由

一、饲养动物致人损害责任的构成要件

（一）必须是饲养的动物造成损害

饲养动物致人损害首先是动物，而不是其他无生命物造成的损害。如前所述，侵权责任编中动物的概念有其特定的含义，其主要限定于饲养的动物。至于野生动物致人损害，不属于侵权责任编所规定的饲养动物致人损害的范围。

（二）必须是基于动物固有危险的实现而造成的损害

所谓动物的固有危险，是指基于动物的固有本性，脱离于具体的人的指使和控制而造成对他人的损害。[③] 从实践来看，各种动物的危险性程度并不完全相同，其致人损害的方式也是不同的，如狼犬咬人、蜜蜂蜇人等，无论在危害程度及致害方式上都存在明显区别。但各种动物无论体型大小、攻击性强弱、是否已经驯化等，都具有其固有的危险。饲养动物致人损害，通常是指动物的固有危险的实现而造成损害。动物的固有危险的实现，应当是动物基于本性的活动导致他人损害。如果行为人利用动物实施侵权行为（如行为人故意放狗伤人），属于故意侵害他人健康权的行为，应当承担一般侵权责任。

动物的固有危险包括如下几种情形：第一，动物基于其本性而攻击他人，致他人人身损害。动物的危险通常是动物以积极活动的方式来造成他人的损害。例如，饲养的猛兽咬伤他人，饲养的蜜蜂蜇人，就是因其本性而伤人。我国《民法典》区分了合

① 韩松：《民法分论》，771 页，北京，中国政法大学出版社，2013。

② 参见《山东省高级人民法院关于审理人身损害案件若干问题的意见》第 40 条。

③ 参见［德］马克西米利安·福克斯：《侵权行为法》，264 页。

法饲养的动物和禁止饲养的危险动物，对后一种类型的动物致人损害采取了更严格的责任。第二，因动物的活动导致他人财物毁损。例如，饲养的耕牛踏坏或吃掉他人的庄稼。当然，如前所述，如果动物被人驱使而成为单纯的侵权行为的工具，则不属于动物的固有危险的实现，应当适用过错责任的一般条款。例如，某人故意驱赶牛群践踏他人庄稼，属于个人实施的一般侵权行为。第三，动物虽然没有攻击他人，但传播疾病的危险造成他人损害，也应属于动物致人损害的范围。例如，宠物狗舔舐他人，导致受害人被传染细菌。本书认为，动物的固有危险应当作比较广义的理解。动物传播疾病的危险是通过动物的积极活动，如舔舐、撕咬等方式实现的，应当属于动物的固有危险。

需要讨论的是，如果动物使得他人受到惊吓，是否是动物的固有危险？在实践中，已出现因动物本身的叫声，甚至动物的突然出现等导致他人受到惊吓的案例。[①]在比较法上，有些国家通过因果关系来限制动物饲养人承担的赔偿责任。本书认为，关于因动物而受到惊吓的损害能否获得赔偿，关键要看这种惊吓是否有可能造成一般人的恐惧、惊慌等，同时，也要考虑受害人的特殊情况，如年龄较大等因素，来确定其是否是合理的反应。具体来说，根据一般人的标准来确定，考虑受害人的反应是否是正常的反应，从而认定动物与损害之间是否存在因果关系。例如，原告生性怕狗，被告饲养的小型犬在一般人看来并不可怕，但原告遇见后高度紧张，在慌忙躲避中摔伤，在此情况下，应认为其损害与动物危险之间没有因果关系。再如，动物特别是危险动物的狂吠导致他人受到惊吓，这也是因动物的危险而造成了受害人的损害，在动物的危险与损害之间仍然存在因果关系。

（三）造成了受害人的损害

《民法典》第1245条规定：“饲养的动物造成他人损害的，动物饲养人或者管理人应当承担侵权责任；但是，能够证明损害是因被侵权人故意或者重大过失造成的，可以不承担或者减轻责任。”此处所说的“饲养的动物造成他人损害”，既包括侵害人身造成的损害，也包括侵害财产造成的损害。在多数情况下，动物致人损害都是对他人人身的伤害。例如，饲养的藏獒咬伤来客。不过，动物致人损害也不限于人身损害，而可能造成财产损害。例如，某人的宠物将他人的宠物咬伤，此时就是动物导致他人所有权的侵害。需要指出的是，因饲养动物造成他人的人身伤害，并致他人严重的精神损害后果，也可能适用精神损害赔偿。侵权责任编在总则部分规定了精神损害赔偿制度，从体系解释的角度考虑，其应当是可以适用于所有侵权类型的，包括此处所说的饲养动物致人损害的责任。

动物侵扰他人，影响他人正常生活和休息，是否构成动物致人损害？例如，饲养的宠物狗日夜狂叫，导致邻人无法正常休息。本书认为，此时尽管并没有造成损害，但已构成妨碍，可能属于相邻关系的范畴，但不一定属于动物致人损害的范畴。

需要指出的是，《民法典》第1245条特别强调了“他人”，这就意味着，动物的

---

① 参见《被狗吓 阿婆犯病险死》，载《海南经济报》，2008－06－05。

饲养人或管理人自身遭受损害，并不属于动物致害责任救济的范围。因此，无论是数个动物饲养人或管理人还是其中的一人遭受了损害，都不能根据动物致害责任制度请求赔偿。

（四）饲养的动物与损害之间存在因果关系

在饲养动物致人损害的情况下，因果关系是指动物致害与损害之间引起与被引起的关系。按照举证责任的一般规则，原告应当举证证明被告饲养的动物造成其损害。

在一般情况下，动物致人损害的因果关系是比较容易判断的。例如，狗咬伤他人、牛践踏他人的青苗，因果关系是显而易见的。但在介入外来因素的情况下，就比较复杂。例如，某人的猎狗咬伤耕牛，耕牛在奔跑中将原告撞伤。[①] 再如，在“刘某诉宗某赔偿一案”中，某人的猪将铁板拱翻，导致受害人受伤。[②] 在类似案件中，动物致害的过程介入了外来因素，因果关系的判断比较复杂，这就需要考虑，动物是否是造成损害发生的足够原因。换言之，如果没有外来因素的介入，动物的加害是否会导致损害的发生。例如，在前一种情况下，假如耕牛与猎狗的相互攻击行为导致他人受害，则耕牛的主人要承担责任。在后一种情况下，要考虑铁板本身放置的地点、状态等，如果铁板本身的位置或状态等并不符合一般的存放要求，此时置放人也要承担责任。

在特殊情况下，如果原告无法确切证明是由被告饲养的动物造成的损害，但存在高度的盖然性，法院也可以实行因果关系的推定。例如，在“张某诉贡某蜂蜇致人身损害赔偿案”中，原告经过养蜂人家门口时被蜜蜂蜇伤，因而要求被告承担相应的赔偿责任。案件争议的焦点在于，蜇伤原告的蜜蜂是否为被告饲养，以及谁应当对此事实承担举证责任。因为本案案情的特殊性，要求原告证明蜇人的蜜蜂就是被告所饲养的蜜蜂，事实上是不可能的，法院最终推定因果关系的存在，认定受害人的损害是被告的蜜蜂造成的。[③] 本书认为，该案表明在有些案件中，要求受害人证明因果关系的存在是比较困难的，可以借助因果关系推定等技术手段来减轻受害人的负担。

二、免责和减轻责任的事由

《民法典》第 1245 条的规定在性质上属于饲养动物致人损害的一般规则，适用于各种因合法饲养和非法饲养（如盗窃、抢夺他人动物而饲养）动物致人损害的情形。所谓一般规则就在于该条规定的免责和减轻责任的事由，除非法律有特别规定，要适用于各种情况。

---

① 参见杨立新主编：《类型侵权行为法研究》，841 页，北京，人民法院出版社，2006。

② 参见王利明主编：《民法·侵权行为法》，477 页，北京，中国人民大学出版社，1993。

③ 法院的主要理由是：（1）原告系在被告家门前面被蜜蜂蜇伤；（2）被告家中存有蜜蜂 70 余箱；（3）蜜蜂具有数量多、体型小、活动范围广等特点，要一般人从同类中辨认出一只或者描述一只蜜蜂的体征是不太可能的，要求一般人判断出运动中的蜜蜂的体型特征更是不符合实际的；（4）原告住院治疗期间被告有去医院看望及促成调解的积极行为；（5）被告是养蜂专业户，具有更多的专业知识。参见奚晓明主编：《侵权案件指导案例评注》，266 页，北京，中国法制出版社，2010。

（一）免责事由

依据《民法典》第1245条的规定，一般动物致害责任的免除或减轻责任的事由是指被侵权人具有故意或重大过失。我国《民法典》对于动物致害采严格责任，在受害人具有故意或者重大过失时才能免责。具体来说，包括如下两种。

1. 受害人具有故意。它是指受害人明知其会遭受动物的侵害，而追求或放任这一结果。例如，饲养人将危险动物置于笼中，受害人故意将手伸入笼中挑逗危险动物，结果被动物咬伤；再如，受害人明知他人饲养的藏獒凶猛，而击打藏獒，后来受到藏獒的攻击而受伤。故意既包括直接故意，也包括间接故意。

2. 受害人具有重大过失。它是指受害人应当认识到其行为会导致动物致害，仍毫不顾及自己的安全，而实施一定的行为并被动物伤害。例如，受害人明知动物具有攻击性，仍然挑逗动物，导致其受到动物的攻击。此时，挑逗动物的行为可以认定为构成重大过失。但如何区分重大过失和一般过失，则是实践中比较困难的问题。本书认为，在认定受害人是否具有重大过失时，要考虑如下因素：第一，社会一般人的标准。这里所说的社会一般人，是指具有社会一般注意水平的人。社会一般人与合理人或善良管理人不同，依据后两种标准确定的注意义务水平较高。在动物致害案件中，如果受害人毫不顾及自己的安全、严重缺乏社会一般人的注意义务水平，就可以认定其具有重大过失。第二，可预见性。如果受害人已经预见到动物侵害的可能性，而仍然实施一定的行为，导致其被动物侵害，通常可以认定其具有重大过失。例如，受害人在狗的身边经过而呵斥该狗，而被狗咬伤，是否属于重大过失？本书认为，这是社会一般人都有可能实施的行为，因此，不能认定为重大过失。再如，受害人到他人家里做客，虽然听到狗的叫声，但是仍然推门进入，结果被狗咬伤，此时，也不能认定为受害人具有重大过失。因为按照社会一般观念，进入他人家里，不能预见到会被狗咬伤，不能据此认定为具有重大过失。第三，受害人实施的违法行为。通常来说，受害人实施违法行为，就表明其毫不顾及自己可能遭受的损害，因而可以认定为具有重大过失。例如，窃贼夜晚闯入他人家中，盗窃他人饲养的毒蛇，而被毒蛇咬伤。

在受害人具有故意或重大过失的情况下，究竟是作为减轻责任还是免除责任的事由，要结合具体案件考虑。在确定责任时，主要应考虑如下因素：一是动物的危险性。动物的危险性是存在区别的，如果动物本身就是凶猛的，特别是动物具有伤害他人的经历，而受害人对此并不知情，此时，就应当要求动物饲养人或管理人承担更重的责任。二是饲养人或管理人的过错。饲养人或管理人的过错程度也应当影响到责任的减轻或免除，如果饲养人或管理人也具有重大过失，此时，即便受害人具有故意，也应当是减轻而不能免除其责任。例如，饲养人或管理人故意将其动物置于人群之中，就应当承担较重的责任。三是动物对损害的原因力。这尤其表现在有外来因素介入而导致动物致人损害的情形，如动物因受他人动物的攻击而导致损害，此时，饲养人或管理人的责任相对较轻。

需要指出的是，《民法典》第1245条所规定的免责和减轻责任的事由应适用于各种饲养动物致人损害的情况，《民法典》第1245条是饲养动物致害责任的一般条款，只要其饲养的是合法动物，没有违反管理规定，无论饲养的是何种动物，都要适用该条规定。但在法定的例外情形，即便受害人具有故意或重大过失，也不能导致责任的完全免除。《民法典》第1246条、第1247条规定了两种特殊的情形，即违反管理规定而没有采取安全措施和饲养禁止饲养的危险动物。在这两种情形下，基于特殊的法政策考量，没有将受害人的故意和重大过失规定为完全免除责任的事由。按照“明示其一、排斥其他”的解释规则，应当认为，受害人的故意或重大过失在这两种情形下不能导致责任的完全免除。

此外，在动物致人损害的情况下，不可抗力是否可以作为免责事由？本书认为，在动物致人损害的情况下，不可抗力不能作为免责事由，理由主要在于：从侵权责任编的规定来看，其明确限于受害人的故意或者重大过失，这表明立法者排斥其他抗辩事由的存在。

（二）减轻责任的事由

饲养的动物致人损害适用严格责任，而在严格责任中，原则上不适用一般的比较过失规则。也就是说，受害人的一般过失不能导致责任的减轻。依据《民法典》第1245条“饲养的动物造成他人损害的，动物饲养人或者管理人应当承担侵权责任，但能够证明损害是因被侵权人故意或者重大过失造成的，可以不承担或者减轻责任”的规定，只有在受害人具有故意或重大过失时，才能减轻或免除动物饲养人或管理人的责任。这就是说，从个案考虑，即便受害人具有故意，也未必导致行为人责任的完全免除，而只能作为责任减轻的事由。例如，受害人轻轻拍打他人饲养的宠物，被该宠物咬伤。在此情况下，受害人即便具有故意，但因为受害人不了解该宠物的习性，因而不宜完全免除饲养人或管理人的责任。

第四节　饲养动物致人损害责任的特殊规则

《民法典》第1245条规定的是饲养动物致害责任的一般规则，除此之外，该法还就饲养动物致害责任的特殊情形作出特别规定，从而形成了一般规则和特殊规则相互结合的立法体例。饲养动物致人损害责任的特殊规则主要包括如下几个方面。

一、违反管理规定饲养动物致人损害的责任

《民法典》第1246条规定：“违反管理规定，未对动物采取安全措施造成他人损害的，动物饲养人或者管理人应当承担侵权责任；但是，能够证明损害是因被侵权人故意造成的，可以减轻责任。”这就在法律上确立了违反管理规定造成动物致人损害的责任。例如，某人饲养的宠物曾经伤过人，但饲养人仍将该宠物带入公共场所，没有对该动物采取安全措施（如戴口罩等），导致该动物伤害他人。近年来，无论在农村还是在城镇，饲养动物越来越普遍，因有关管理的不完善，动物伤人的事件时有发生。因此，侵权责任编专门规定违反管理规定饲养动物致人损害的责任，十分必要。这不仅有利于明确此种责任的裁判规则，确定动物饲养人的注意义务内容以及此类责

任的特殊免责事由，而且有利于引导人们在饲养动物的过程中严格遵守有关管理规定。此种责任的构成要件包括如下几个方面。

1. 违反了饲养动物的管理规定。此处的“管理规定”不仅是指法律的管理规定，也包括地方性法规、规章、条例、办法等对饲养动物所作的规定。管理规定的类型很多，但主要限于关于对动物采取安全措施以避免造成他人损害的规定，相当于德国侵权法中的“保护他人的法律”，其针对的对象虽然是饲养人或管理人如何饲养动物，但其目的是通过加强管理，避免受害人遭受侵害，进而维护公共安全。[①] 需要指出的是，违反管理规定饲养动物致人损害，将加重饲养人或管理人的责任。但这并不意味着符合管理规定饲养动物，饲养人或管理人就不承担责任。

2. 未对动物采取安全措施。管理规定大多要求对动物采取安全措施，这些安全措施的类型很多，概括起来主要涉及以下几个方面：第一，动物的饲养方式，即动物是否可以散养，是否要装入笼中饲养等；第二，动物的拘束，即动物是否要戴口罩、拴链条；第三，动物可以进入的场所，如特定动物不得进入特定的场所；第四，动物疫苗的注射，如养犬应定期注射狂犬疫苗。例如，在“原告韩某诉被告卢某饲养动物损害责任纠纷案”中，法院认为，被告认可其家的狗未办理养狗证，未圈养。因原告骑摩托车与被告养的狗相撞，致使原告摔倒受伤，依据《民法典》第 1246 条，被告作为动物饲养人未尽安全管理义务，应当承担侵权责任，应当赔偿因此给原告造成的经济损失。[②]

严格地说，未对动物采取安全措施与饲养动物违反管理规定是一致的，也就是说，对动物采取安全措施本身就是管理规定的内容。但两者之间也存在一定的区别，因为管理规定所包含的内容非常宽泛，饲养人或管理人虽然违反了管理规定，但可能与安全措施无关，如饲养宠物没有登记、办证，因其不属于安全措施的范畴，故不应适用《民法典》第 1246 条。[③]

3. 造成了他人损害。在违反管理规定的情况下，如果没有造成损害后果，通常不会承担民事责任，而只可能承担行政责任。但如果动物造成了他人的损害，受害人就有权要求饲养人或管理人承担侵权责任。与动物致害责任的一般规则相同，此处所说的损害包括人身损害和财产损害。

4. 因果关系。此处所说的因果关系，并不是违反管理规定没有采取安全措施与损害之间的因果关系，而是动物的危险与损害之间的因果关系。因果关系的判断与动物致害责任的一般规则相同。例如，受害人证明饲养人违反了管理规定，但若这一规定本身与动物致害没有直接联系，则不能认为二者存在因果关系。

依据《民法典》第 1246 条规定：“能够证明损害是因被侵权人故意造成的，可以减轻责任。”这就是说，违反管理规定，未对动物采取安全措施造成他人损害的，如果被侵权人具有故意，则可以减轻动物饲养人或者管理人的侵权责任。例如，某人违

---

① 参见王泽鉴：《侵权行为》，291 页。
② 参见河南省济源市人民法院（2012）济民一初字第 1022 号民事判决书。
③ 参见奚晓明主编：《〈中华人民共和国侵权责任法〉条文理解与适用》，534 页。

反规定饲养某种烈性犬，并将该犬带出去遛，没有采取必要的安全措施（如拴铁链等），但受害人故意踢狗，被狗咬伤，此种情形下，受害人即存在故意，可以减轻行为人的责任。

关于违反管理规定饲养动物致人损害的责任适用的归责原则，存在很大的争议。本书认为，《民法典》第1246条规定的责任是严格责任，甚至是比一般的严格责任更为严格的责任，主要原因在于：第一，从立法目的来看，立法者设立《民法典》第1246条就是为了强化对受害人的救济，而并非弱化对受害人的救济。如果将其解释为过错责任，因受害人负有对过错的举证责任，这显然对受害人不利，违背了立法目的。第二，该条规定了违反管理规定的责任，是要明确此种责任较之于《民法典》第1245条规定的责任更为严格，尤其是在免责事由上更严格，这在一定程度上体现了对违反管理规定饲养动物行为的惩罚和制裁。如果将其解释为过错责任，是与这一法政策考量相背离的。第三，如果《民法典》第1246条规定采用过错责任，则应当可适用侵权责任编第一章，而《民法典》第1246条并没有规定任何免责事由，显然不适用侵权责任编第一章的规定。因此，应当将该条解释为适用严格责任原则。

二、禁止饲养的危险动物致人损害的责任

《民法典》第1247条规定："禁止饲养的烈性犬等危险动物造成他人损害的，动物饲养人或者管理人应当承担侵权责任。"这一规则是我国现实需要的反映，由于在现实生活中，饲养宠物的人越来越多，宠物的种类也越来越多，许多人饲养的宠物已经不再是传统的猫、狗等动物，而是出现饲养危险动物的现象。例如，有人在宽敞的别墅区饲养鳄鱼等具有高度危险性的动物，有的城市居民饲养蜥蜴、毒蛇、藏獒等具有一定危险性的动物，这些都对他人的财产、人身安全构成威胁。因此，民法典侵权责任编专门规定了禁止饲养的危险动物致人损害的责任，具有重要的现实意义。侵权责任编规定禁止饲养的危险动物致人损害的责任，不仅有助于明确动物饲养人所应承担的义务和此类责任的特殊免责事由，而且作出此种规定有利于加强对危险动物的管理，维护公共安全。危险动物的危害性很大，一旦伤人会导致严重的损害。而且，既然法律法规明令禁止人们饲养，行为人仍然饲养，这也表明其对于相应的后果有所预见，所以要求其承担较重的责任，并非过于苛刻。

《民法典》第1246条与《民法典》第1247条都属于法律关于饲养动物的特别规定，且都采用了比一般的严格责任更为严格的责任，即不存在免责事由。但从构成要件上来看，两者仍然存在区别：二者违反规定的内容不同。《民法典》第1247条规范的是违反禁止饲养的规定的行为，而《民法典》第1246条规范的是违反管理规定的行为。《民法典》第1247条着眼于动物自身的危险性，以此作为法政策考量的出发点，从而要求饲养人承担更重的责任。而《民法典》第1246条着眼于违反管理规定没有采取安全措施，着眼于强化人们对动物的管束。还应看到，危险动物在任何地点造成损害，都要承担责任，无须考虑具体的场所，因此《民法典》第1247条没有规定减轻责任的事由。而违反管理规定没有采取安全措施，要考虑具体的场所。例如，将动物带入公共场所，未采取安全措施，致使受害人挑逗该动物，被动物咬伤，饲养

人也要承担责任。但如果饲养一般动物置于家中，即便没有采取安全措施，如果受害人故意挑逗，也可能导致饲养人被减轻责任。因此，《民法典》第1246条将被侵权人的故意作为减轻责任的事由。

禁止饲养的危险动物致人损害的责任的构成要件包括如下几点。

1. 必须是禁止饲养的危险动物造成他人损害。哪些动物是禁止饲养的动物，应当根据法律法规等规定的禁止饲养的动物标准来判断。这里的法律应当从广义上理解，包括法律、法规等规范性法律文件。《民法典》第1247条规定了“禁止饲养的烈性犬等危险动物”，此处列举了禁止饲养的烈性犬，但禁止饲养的危险动物的范围非常广泛，并不限于烈性犬。实际上，除了犬类之外，还包括凶猛的野生动物等。禁止饲养的动物通常都有明确的类型，之所以对禁止饲养的危险动物要特别规定，是因为此种动物具有特别的危险性，如烈性犬、毒蛇等。需要指出的是，禁止饲养是指违反规定饲养，如果是经过特别的许可以后而饲养，就不属于禁止饲养。例如，实验室经过批准饲养特种危险动物，就不属于禁止饲养。

2. 危险动物的特别危险实现。禁止饲养的危险动物导致他人损害的情形很多，可能是因为其特别危险的实现，也可能是其作为动物都具有的一般危险的实现。动物的特别危险的实现，不仅包括动物的积极活动（如咬伤、撞伤他人），还包括动物惊吓等。例如，某人违规饲养眼镜蛇，将其置于地窖中，后来，该毒蛇从地窖窜出，进入邻居家中，邻居被吓晕，心脏病复发，送入医院救治。该案中，受害人虽然没有被直接咬伤，但也是动物危险的实现而造成了损害，因此，饲养人也应当承担责任。

3. 受害人遭受了损害。禁止饲养的危险动物造成他人损害，一方面，必须要求动物造成了损害。如果违反了禁止饲养危险动物的规定，但是没有造成损害，则只能对其进行行政处罚，而无法请求其承担侵权责任。另一方面，必须造成了他人的损害。动物造成的损害应当是对他人的损害。如果动物伤害了饲养人自己或者造成饲养人的员工的损害，都不属于对他人的损害，此时应当通过违约责任或工伤保险责任来解决。

4. 因果关系。在禁止饲养的危险动物致人损害的情况下，承担责任必须有因果关系的存在。此处所说的因果关系，是指动物危险与损害之间的因果关系，或者说损害是动物危险的实现造成的。例如，在“郑某诉徐某饲养动物损害责任纠纷案”中，法院认为，禁止饲养的烈性犬等危险动物造成他人损害的，动物饲养人或者管理人应当承担侵权责任。禁止饲养烈性犬等危险动物的区域，主要是在居民住宅区、商业区等。本案中，被告徐某未经批准，且未进行拴（圈）养，在其家人携犬外出时，该犬咬伤原告，致原告身体受伤，故被告作为该犬的饲养人，应对原告的损害后果承担侵权责任。①

《民法典》第1246条、第1247条是否存在免除责任的事由？一般认为，这两条规定属于最严格的动物致害责任。也就是说，这两条中不存在免责事由，即使受害人具有故意或重大过失，也不能免除饲养人或管理人的责任。本书赞成这一看法，理由

① 参见浙江省诸暨市人民法院（2013）绍诸民初字第1946号民事判决书。

主要在于：第一，从历史解释来看，立法者在一般规定之外专门规定这两种责任，主要是为了强化饲养人或管理人的责任，否则该条存在的必要性就不复存在。[①] 这两种责任之所以被称为加重责任，是因为较之于《民法典》第1245条的规定，其在免责事由上更为严格。依据《民法典》第1245条的规定，受害人因故意或重大过失造成损害，可以免除动物饲养人的责任，但在这两种责任中，受害人的故意或重大过失不能作为免责事由。第二，这两条规定都是基于特殊的法政策考虑，而设置的更为严格的责任，如果受害人的故意或重大过失可以导致责任的减轻或免除，则与该规定的立法目的相违背。第三，这与其饲养动物的危险性是相一致的。无论是违反管理规定未采取安全措施，还是饲养禁止饲养的危险动物，都导致动物的危险性增加。与普通的动物的危险性相比，在这两种情况下，动物的危险性更大，也就应当承担更重的责任。据此，要求饲养人或管理人承担更重的责任，有利于保障社会公众的安全，引导其遵守管理规定或者饲养允许饲养的动物，这就可以尽可能地降低动物对公众的威胁，保障社会一般人的安全。

三、动物园的动物致人损害的责任

（一）概述

《民法典》第1248条规定："动物园的动物造成他人损害的，动物园应当承担侵权责任；但是，能够证明尽到管理职责的，不承担侵权责任。"据此，所谓动物园的动物致人损害的责任，是指动物园的动物致人损害以后，动物园不能证明其尽到管理职责，而应当承担的侵权责任。之所以要对动物园的动物致人损害的责任单独规定，一方面是因为在实践中，动物园的动物致人损害的案件时有发生。例如，2010年6月13日，西安野生动物园一对父子遭老虎袭击致1死1伤。[②] 而在发生纠纷以后，有关承担责任的主体、归责原则等方面不清晰、不明确，给法官裁判案件带来一定的困难。因此，法律上有必要对其予以规范。另一方面，动物园大多是国家设立的，具有一定的公益性质，且其饲养动物也要遵循严格的管理规范，因此，对动物园的动物致人损害的责任可以规定特殊的规则。与其他动物致害责任相比，动物园的动物致害责任具有如下特点。

第一，责任承担主体的特殊性。根据《城市动物园管理规定》第2条的规定，动物园包括"综合性动物园（水族馆）、专类性动物园、野生动物园、城市公园的动物展区、珍稀濒危动物饲养繁殖研究场所"。按照这一规定，《民法典》第1248条规定中所说的动物园，应当解释为包括各种类型的动物园，尤其是包括野生动物园。尽管野生动物本身不属于动物致人损害责任的调整范围，但如果其经过动物园的圈养，则应认为其与普通的野生动物不同。就动物园中的动物而言，其管理或饲养工作由动物

---

① 参见全国人大常委会法制工作委员会民法室编：《中华人民共和国侵权责任法条文说明、立法理由及相关规定》，302页。

② 参见《西安野生动物园一对父子遭老虎袭击致1死1伤》，见 http://news.qq.com/a/20100614/000182.htm，2010-07-18。

园工作人员开展，但动物在法律上的管理人或者饲养人并不是工作人员，而是动物园本身。与饲养动物的普通个人不同，动物园工作人员只是执行动物园的工作指令，其自身并不对动物致害负责。即使工作人员对损害发生有过错，受害人也不能直接请求其承担侵权责任。

第二，致害动物的特殊性。动物园饲养的动物与个人饲养的动物都属于侵权责任编规范的动物，在动物造成损害后果后，饲养人都要承担损害后果。但毕竟动物园饲养的动物主要用于游客观赏，因此，游客与动物之间具有接触频率高、物理距离近的特点，动物致害的危险虽然较小，但依然存在。有鉴于此，动物园需要依法对供观赏动物采取圈养等严格的安全防护措施，降低动物致害的危险性，避免游客遭受动物的攻击。

第三，归责原则的特殊性。根据侵权责任编第九章的规定，饲养动物致害责任主要采用严格责任的归责原则，动物饲养人或者管理人不能通过证明自己没有过错而免责。但是，动物园的动物致害则采过错推定责任，动物园“能够证明尽到管理职责的”，则无须承担责任。

第四，它属于动物园为自己行为承担责任。动物园的责任是基于其自己的过错而承担责任，属于自己责任的范畴，而不是对他人行为负责的替代责任，即不能理解为对动物园工作人员致人损害的责任。在这一点上，此种责任与用工责任是有区别的。用工责任以被用工者对受害人负有责任为前提，在被用工者所实施的行为符合某一项归责原则而应承担责任后，此种责任转而由用工者承担。而在动物园动物致害责任中，不用考虑被用工者的行为，而是将动物致害行为视为一个独立的行为，统一适用过错推定责任。

动物园的动物致人损害，通常是因为动物的饲养人或管理人没有尽到对进入动物园的游客所应负的安全保障义务，从而造成了损害结果。从这个意义上说，动物饲养人和管理人的责任也类似于违反安全保障义务的责任。因为动物的饲养人或管理人因其饲养动物而制造了危险，所以，其对游客要尽到合理的注意义务，以避免给他人造成损害。一旦动物造成损害，饲养人和管理人应当承担责任。但在法律上，动物园的动物致人损害的责任与违反安全保障义务的责任是严格区分的。一方面，就适用范围而言，安全保障义务的产生原因限于两种：一是场所责任；二是组织者责任。从我国法律规定来看，安全保障义务并不会因饲养动物而产生，因此不适用于动物园的动物致人损害的责任。另一方面，在归责原则方面，违反安全保障义务的责任是过错责任，而动物园的动物致人损害的责任是过错推定责任。此外，在责任的范围方面也存在区别。违反安全保障义务的责任是相应的补充责任，而动物园的动物致人损害的责任则适用完全赔偿原则。

（二）归责原则

依据《民法典》第1248条的规定，在动物致害发生后，如果动物园“能够证明尽到管理职责”，则不承担责任。按照文义解释，在动物园的动物致人损害的情况下，首先推定动物园具有过错。如果动物园能够证明其尽到管理职责，表明其没有过错，则可不承担责任。从体系解释来看，凡是法律规定适用过错推定的，通常采取能够证明自己没有过错而不承担责任的表述，而《民法典》第1248条采取了类似的表述。据此，动物园动物致害责任适用过错推定责任。需要指出的是，侵权责任编第九章规定的饲养动物致害责任一般是严格责任，且适用严格责任是动物致害责任与物件致人损害责任的根本区别。但就动物园的动物致人损害采过错推定，这是否存在体系违反现象？本书认为，这实际上是侵权责任编第九章的例外规定。侵权责任编作出此种规定的必要性在于：

第一，鉴于动物园动物与人接触的高频率和近距离特征，相应法律法规对动物园动物的饲养、管理活动作出了严格要求。如《城市动物园管理规定》《动物园动物管理技术规程》等规范性文件都对动物饲养、卫生和防疫等活动作了详细规定。因此，与个人散养的动物相比，动物园中被圈养的动物危险性相对较低，动物园的动物导致他人损害的可能性较小，尤其是既然法律法规对动物园的管理职责有明确规定，那么，损害发生以后，对于动物园是否尽到了管理职责是能够判断的。因此，有必要采用过错推定原则。

第二，由于动物园动物与人接触频率高，游客喂食、挑逗等动物致害的潜在诱发因素很多，这些既难以为动物园所预测，也难以由动物园控制。如果动物致害不是因动物园的管理失职引起的，而完全是由游客自身或者第三人原因引发的，动物园已经尽到管理职责，则不要求动物园承担责任是合理的。

第三，动物园饲养动物在一定程度上体现了社会公益。因为动物园的动物饲养不仅是为了观赏，而且是为了保持生物多样性、促进珍稀动物的繁衍、维护人与自然的和谐。适当减轻动物园的责任，有利于鼓励其尽可能饲养更多的动物，以实现社会公益。

（三）构成要件

在动物园的动物致害时，要认定其责任应当符合特定的构成要件。

1. 动物园的动物致人损害。这里关键是对“动物园”的认定。本书认为，动物园应当作扩大理解，不仅包括国家的，也包括私人的动物园；不仅包括普通的动物园，也包括野生动物园等特殊的动物园。这里所说的“动物园的动物”限于在动物园内的动物，如果动物园的动物在被遗弃或逃逸期间造成他人损害，则动物园应当按照《民法典》第1249条的规定承担责任。

2. 必须是受害人遭受了损害。《民法典》第1248条规定“动物园的动物造成他人损害”，这就明确了损害是责任成立的要件。不过，损害应当是他人的损害，“他人”的含义是动物园之外的他人，不包括动物园的工作人员在内。如果动物园的工作人员受到动物的侵害，应当纳入工伤保险的范畴，而不应适用该条规定。

3. 动物园未尽到管理职责。《民法典》第1248条特别规定了免责事由，即动物园“能够证明尽到管理职责的，不承担责任”。可见，动物园管理职责的确定，对于其责任的承担具有重要意义。此处所说的管理职责，是与动物危险的控制有关的管理职责，凡是与动物危险的控制无关的管理职责，不应当作为此处所说的管理职责。本书认为，动物园的管理职责的认定，应当考虑如下因素：第一，考虑法律法规等的特别规定。动物园的管理涉及公共安全，法律法规往往对其作出特别规定，如果法律法规有特别规定，就应当以其作为认定动物园管理职责的依据。至于动物园内部的管理规定，也可以作为认定其管理职责的参考。第二，以善良管理人的标准来认定。动物园的管理职责，实际上就是其对动物所负有的注意义务，而注意义务的认定应当采善良管理人的标准。例如，动物园证明自己建造的兽舍设施齐备，没有瑕疵，并设置了明显的警示牌，采取了必要的安全措施等。[①] 当然，以此为标准来认定管理职责，要考虑动物的危险性、动物的饲养方式、动物是否有攻击人的经历等。[②] 动物园的管理职责应当结合个案具体认定。

四、遗弃或逃逸的动物致人损害责任

（一）遗弃或逃逸的动物致人损害责任的概念

《民法典》第1249条规定："遗弃、逃逸的动物在遗弃、逃逸期间造成他人损害的，由动物原饲养人或者管理人承担侵权责任。"该条确立了遗弃或逃逸动物致人损害的责任，即在动物被遗弃或逃逸的情况下，如果动物致人损害，原动物饲养人或者管理人应依法承担严格责任。遗弃或逃逸的动物致人损害责任的特点主要在于：

第一，它是动物致人损害责任的特殊形态。饲养动物致人损害一般是动物被饲养期间导致他人损害。而在遗弃或逃逸的情况下，原饲养人或管理人已经失去了对动物的控制，所以，它与一般的动物致害责任存在区别。其特殊性表现在：原饲养人或管理人虽然已经失去了对动物的控制，但仍然应当承担责任。

第二，它采纳的是严格责任。动物本身具有危险性，在饲养人或管理人随意遗弃或任由其逃逸的情况下，加剧了这种危险，给公众带来了威胁[③]，因为原动物饲养人或管理人无法对其进行控制以避免损害的发生。虽然对于遗弃或逃逸动物，饲养人或管理人可能具有过错，但在确定责任时不再考虑其是否具有过错，归责的基础是动物的危险性，只要可以认定原饲养人或管理人的身份，其就要承担责任。

第三，责任主体具有特殊性。一方面，在动物被遗弃或逃逸的情况下，原动物饲养人或者管理人承担侵权责任。这就是说，在动物被遗弃或逃逸的情况下，原动物饲养人或管理人因其遗弃或不当管理而增加了动物致害的危险，不能因其遗弃或动物逃逸而免除其责任。另一方面，如果被遗弃或逃逸的动物被他人收留，收留动物的人成为新的饲养人，其也应当承担责任。

（二）遗弃或逃逸的动物致人损害责任的构成要件

遗弃或逃逸的动物致人损害责任的构成要件包括：

---

① 参见全国人大常委会法制工作委员会民法室编：《中华人民共和国侵权责任法条文说明、立法理由及相关规定》，332页。

② 参见周友军：《我国动物致害责任的解释论》，载《政治与法律》，2010（5）。

③ 参见［德］布吕格迈耶尔、朱岩：《中国侵权责任法学者建议稿及其立法理由》，135页，北京，北京大学出版社，2009。

第一，动物被遗弃或逃逸。所谓遗弃，是指基于饲养人或管理人抛弃的意思而放弃动物。所谓逃逸，是指动物脱离了饲养人或管理人的占有或控制。[①] 例如，某人遛狗期间，狗挣脱狗链，不知去向。侵权责任编专门规定了遗弃或逃逸的动物致人损害责任，主要是为了尽量限制人们不遗弃动物，从而避免造成对社会公众的危险。如果被遗弃或逃逸的动物被他人收留，则收留动物的人成为新的饲养人或管理人，应当适用动物致害责任的一般规则。

第二，动物在遗弃或逃逸期间造成他人损害。动物在其饲养人或管理人的控制之下造成他人损害，则应当适用《民法典》第 1245 条至第 1248 条的规定。如果动物在遗弃或逃逸期间造成他人损害，才属于被遗弃或逃逸的动物致人损害的责任。问题在于，动物在被遗弃和逃逸期间致人损害、又找不到管理人和饲养人（例如某人被流浪狗咬伤），此时市政管理部门是否应当承担一定的责任？例如，某个小区附近野狗成群，小区居民多次向市政管理部门要求及时清理，未能得到及时处理。后来有小区居民被野狗咬伤。此时市政管理部门是否应当赔偿？本书认为，如果市政部门违反了有关法律法规的作为义务而导致野狗伤人，则应当承担赔偿责任。但此种责任可能属于国家赔偿的范围，而不宜适用《民法典》。

第三，动物造成了他人的损害。这里所说的损害，主要是指人身损害，但也可能因被遗弃或逃逸的动物而造成他人财产损失。例如，流浪狗将他人的宠物咬伤。

（三）遗弃或逃逸的动物致人损害的责任承担

遗弃的动物在被遗弃期间致害，原动物饲养人或管理人应当承担责任。虽然动物被遗弃，但法律规定不能随意遗弃动物，原所有人的遗弃动物行为导致了他人的损害。另外，原所有人并非因其是所有人而负责，而是因其遗弃动物引发危险而负责。因此，原动物所有人承担责任，与其是否享有所有权无关。本书认为，《民法典》第 1249 条规定由原动物饲养人或管理人承担责任，理由在于：第一，动物逃逸期间，所有人并没有丧失所有权，动物仍然是所有人的动物，在动物逃逸的情况下，如果已经有人占有了逃逸的动物，占有者就成为动物的饲养人或管理人。在没有人占有该逃逸的动物的情况下，饲养动物成为无主动物或流浪动物，原饲养人或管理人仍然应当承担责任。[②] 第二，动物的饲养人对于动物的逃逸是有过错的，因为饲养人应当看管好自己的动物，避免其逃逸而构成对社会公众的危险。第三，动物的逃逸会对社会形成危害，动物逃逸会形成流浪狗等问题，从而威胁公众的安全。

遗弃或逃逸的动物被他人收留，收留人成为新的饲养人。如果动物在被收留之后发生了损害，属于一般的动物致人损害的责任。问题在于，原饲养人或管理人是否应当负责？本书认为，既然收留人成为新的饲养人，受害人足以获得救济，就不必再要求原饲养人或管理人承担责任。另外，要求收留动物的人承担责任，已经足以督促其加强对动物的控制，从而避免损害的发生。但如果被遗弃或逃逸的动物是危险动物，而收留动物的人对此并不知情，此时，要求原动物饲养人或管理人承担责任，也具有合理性。

---

① 参见王利明等：《中国侵权责任法教程》，725 页。

② 参见郜永昌等：《饲养动物致人损害赔偿责任新探》，载《社会科学家》，2006 (6)。

如果被遗弃或逃逸的动物已经恢复野生状态，并适应新的生活，原饲养人或管理人是否仍然负责？有学者认为，此时原饲养人或管理人不再承担责任。[①] 本书认为，被遗弃或逃逸的动物进入原始森林或自然保护区等，此时可以认定该动物已经回归到野生状态，其不属于“饲养的动物”的范畴。但如果被遗弃或逃逸的动物仍然可能对社会公众构成威胁，则仍然应当要求原动物饲养人或管理人承担责任。

在逃逸、遗弃的动物致人损害的情况下，有关免责或减轻责任的事由也应当适用《民法典》第 1245 条的规定，即如果是因受害人的故意或重大过失导致损害，也应免除或减轻饲养人或管理人的责任。

五、因第三人过错致使动物致害的责任

《民法典》第 1250 条规定：“因第三人的过错致使动物造成他人损害的，被侵权人可以向动物饲养人或者管理人请求赔偿，也可以向第三人请求赔偿。动物饲养人或者管理人赔偿后，有权向第三人追偿。”这就确立了因第三人过错致使动物致害的责任。例如，第三人挑逗动物，导致动物咬伤受害人。在因第三人过错致使动物致害的情况下，损害仍然是因动物危险的实现造成的，但因第三人过错致使动物致害又不同于一般的饲养动物致害，其特点在于：

第一，它是动物致人损害的特殊形态。对于饲养的动物来说，其与纯粹的野生动物不同，其危险程度相对较低，但其毕竟是动物，在第三人挑逗、惊吓、殴打等情况下，它可能会基于本能反应而造成他人损害。一般的动物致人损害，都是因饲养人或管理人的过错造成的。但是，在因第三人过错致使动物致害的情况下，损害发生的直接原因是第三人的行为，所以，第三人是终局的责任人。

第二，责任主体具有多重性。在第三人致使动物致害的情况下，第三人和动物饲养人都应当承担责任。受害人可以要求他们承担责任，也可以选择任何一人要求其承担责任，这对于受害人的保护是非常有利的。在因第三人的过错致动物致人损害时，因为仍然是动物的危险所致，所以动物饲养人或管理人仍然要承担责任。但如果第三人故意驱使动物导致他人损害，或者说，第三人以动物作为侵害他人的工具，是否适用该条规定？本书认为，此时不应当适用《民法典》第 1250 条，因为动物完全是作为侵权工具使用的，并不存在动物固有危险实现的问题。

第三，责任形态具有特殊性。在因第三人的过错导致动物致害的情况下，责任形态上采不真正连带责任。受害人既可以向动物饲养人或管理人请求赔偿，也可以向第三人请求赔偿。两者之间形成不真正连带关系。

因第三人过错致使动物致害的责任在构成要件上具有特殊性，关键是要确定第三人的过错。此处所说的第三人，是指动物饲养人、管理人和受害人以外的第三人。第三人的过错是指因第三人的故意或过失导致动物致人损害。第三人的过错包括第三人挑逗、引诱动物导致他人损害。第三人的过错不应包括第三人的轻微过失，因为轻微过失可能不构成损害发生的原因，按照社会一般人的判断，仍然是动物导致损害。例

① 参见张新宝：《侵权责任法原理》，305 页。

如，第三人经过动物时，咳嗽或快走等，并不能认定为损害发生的原因。

依据《民法典》第1250条的规定，在因第三人过错致使动物造成他人损害的，动物的饲养人、管理人与第三人对受害人承担不真正连带责任。法律上之所以作出如此规定，主要原因在于：第一，在因第三人的过错导致动物致害的情况下，损害依然是因动物危险的实现造成的，动物的危险与损害结果之间有一定的联系，因此，动物的饲养人或管理人要承担责任。根据当代侵权法发展趋势，若被告为第三人的故意或重大过失行为的实施提供了某种机会，则被告具有一定的过错，也认为被告应负有一定的责任。[①] 第二，受害人难以判断其损害究竟是饲养人的原因还是第三人的原因造成的，以及第三人是否有支付能力。在某些情况下，第三人可能无法查明，此时，也需要救济受害人。因此，应当允许受害人向饲养人提出请求。更何况在动物致人损害的情况下，损害主要是因为动物造成的，第三人的挑逗是外来原因，可见，两者与损害之间都有因果关系，饲养人和第三人都要对受害人的损害负责。第三，动物致人损害实行严格责任，而过错推定和严格责任的区别在于，在过错推定的情况下，第三人的行为成为免责事由，而在严格责任的情况下，第三人的行为不是免责事由。为了与严格责任的法理保持一致，《民法典》第1250条作出了上述规定。

第五节 动物致人损害的责任主体

从比较法上来看，动物致害责任的主体大多是动物的保有人。但根据民法典侵权责任编的规定，动物致人损害的责任主体包括两类，即饲养人和管理人。

一、动物饲养人

所谓动物饲养人，是指为了自己的利益，而饲养并支配动物的人。饲养人可能包括了所有人，但又不能等同于所有人。之所以采用饲养人而不是所有人的概念，主要理由在于：首先，所有人是从归属的角度确定的，而侵权责任编第九章规定“饲养动物损害责任”，采用“饲养人”的概念与该章的适用范围是一致的。野生动物虽然也有所有人，但因其不属于饲养动物，所以不存在饲养动物致害责任的问题。其次，从危险控制的角度来看，动物本身具有危险性，按照危险控制的理论，控制危险的人应当承担责任。所有人可能将其动物出借和出租给他人，此时，所有人并没有实际控制危险。要求所有人承担责任，就与危险控制的理论不相符合。[②] 当然，在绝大多数情况下，动物所有人就是饲养人。最后，动物饲养人更了解动物的习性和其危险性，因此，由动物饲养人承担责任，有利于督促其采取措施，避免损害的发生。

关于动物饲养人的认定，应当从如下几个方面考虑：第一，饲养人是占有动物的人。动物饲养人可能是为了自己的利益而饲养动物的人，也可能是为了他人的利益而

---

① See A. M. Honorè, *International Encyclopedia of Comparative Law*, Vol. 4, Torts, Chapter 7, Causation remoteness of damage, J. C. B. Mohr (Paul Siebeck, Tübingen), 1975, p. 137.

② 参见邹仰松：《饲养动物致人损害责任主体辨析》，载《甘肃政法成人教育学院学报》，2007 (2)。

饲养动物的人，但一般是占有动物的人。此种占有可以是直接占有，也可以是间接占有。例如，某人因外出度假，委托给朋友看管其宠物，委托人虽然是间接占有人但仍然是饲养人。第二，饲养人必须对动物有控制力。这里所说的控制力，是指饲养人应当能够控制动物的活动，从而避免损害他人。正是因为饲养人可以控制动物，因而其能够控制动物的危险。[①] 例如，饲养毒蛇者可以将毒蛇控制在饲养场所之内，或者通过采取措施（如拔掉其牙齿）防止其伤人。因此，自然保护区的管理者就不宜认定为动物的饲养人，因为其难以控制动物。第三，饲养人必须从事了饲养活动。饲养活动是指为动物提供食物、栖息场所、治疗疾病等。[②] 饲养活动既可能是为了自己的利益，也可以是为了他人的利益。例如，临时照管朋友的动物，此时，照管人也可以被认定为饲养人。但如果发现流浪狗有攻击他人的危险，而将其拴在路边，并没有从事饲养活动，则不应被认定为饲养人。

饲养人通常是在行政管理机关办理饲养许可证的人，但也可能是没有办理饲养许可证的人，还可能是临时收留遗弃或逃逸的动物而饲养的人。在买卖动物已经交付，但尚未办理新的饲养许可证之前，动物致人损害的责任由谁承担？本书认为，法律要求饲养人办理动物饲养许可证，主要是出于行政管理的需要。购买人是否办理饲养许可证，并不影响因动物危险性引发的损害风险，因此，饲养许可证不应作为判断侵权责任承担主体的考虑因素。动物在交付之后，由买受人实际控制，只有买受人是动物致害的责任主体。需要指出的是，从侵权责任编第九章的规定来看，无论是合法接受委托的人还是非法占有人，都可以包括在动物饲养人的概念之中。从这一目的出发，通过盗窃、抢夺等手段取得他人的动物，此时，非法占有人也应当认定为动物的饲养人。有学者认为，在非法占有的情况下，应当类推适用第三人的规定来处理。[③] 本书认为，非法占有人仍然应当作为动物饲养人，而不应作为第三人对待[④]，即仍然应适用《民法典》第 1245 条的规定。

二、动物管理人

动物管理人是指对动物具有管领和控制能力的人。从侵权责任编的规定来看，管理人主要是指管理国家所有的动物的法人或其他社会组织，如动物园、动物管理机构等。对于国家所有的动物来说，国家虽然是动物的所有人，但其无法直接管理动物，而必须由国家机关、事业单位等来管理。从实践来看，动物园是主要的管理人。管理人的概念在法律上有特定含义，是指受所有人委托进行管理的人或依法对动物负有管理职责的人。我国司法实践大多认为，应当由实际占有的人承担责任。[⑤] 如果动物脱

---

① 参见邹仰松：《饲养动物致人损害责任主体辨析》，载《甘肃政法成人教育学院学报》，2007（2）。

② 参见王利明等：《中国侵权责任法教程》，713 页。

③ 参见张新宝：《饲养动物致人损害的赔偿责任》，载《法学研究》，1994（2）。

④ 参见郜永昌等：《饲养动物致人损害赔偿责任新探》，载《社会科学家》，2006（6）。

⑤ 例如，《山东省高级人民法院关于审理人身损害案件若干问题的意见》第 39 条规定："饲养的动物造成他人损害的，应以动物饲养人或管理人为被告，承担民事责任；如果饲养人与管理人为不同人时，以实际占有、控制该动物的人为被告承担赔偿责任；但饲养人或管理人能够证明损害是由受害人或第三人的过错行为引起的除外。"

离了其所有人的控制，动物致害责任应由控制其危险的人来承担，在非法占有人占有动物期间，责任主体应当是控制动物危险的非法占有人。[①] 当然，如果动物所有人临时外出需要将动物交由朋友代为临时管领，动物在此期间致人损害，仅要求实际占有和控制动物者承担责任是不妥当的，动物的所有人也应当负责。因为一方面，动物所有人的身份并没有发生变化，其作为动物危险的开启者应当承担责任；另一方面，临时管领人的占有和控制行为实际上是代理所有人进行的，甚至可以视为所有人的行为，虽然占有人可能因管领不当而对损害有过错，但是，所有人仍然应对管领人代为管领的行为承担责任。

三、第三人

在因第三人的过错导致动物致人损害时，即便第三人实施了挑逗行为，其也是动物固有危险的实现，而且动物仍然实施了主动的、受其意志支配的致害行为。所以，虽然第三人具有过错，动物饲养人或管理人仍然要承担侵权责任。《民法典》第 1250 条规定："因第三人的过错致使动物造成他人损害的，被侵权人可以向动物饲养人或者管理人请求赔偿，也可以向第三人请求赔偿。动物饲养人或者管理人赔偿后，有权向第三人追偿。"依据该条规定，在因第三人过错致使动物造成他人损害的情形，在饲养人和第三人之间形成不真正连带关系，受害人对第三人和饲养人具有选择权，在饲养动物致害责任中也不例外。如果受害人选择第三人主张赔偿，第三人不能全部赔偿的，受害人能否继续选择饲养人主张赔偿？本书认为，在此情况下，受害人可以就第三人不能完全赔偿的部分向饲养人请求赔偿，此时第三人和饲养人对不能完全赔偿的部分成立连带责任。

思考题

1. 简述饲养动物致人损害的归责原则。
2. 试述《民法典》中饲养动物致人损害责任的新发展。

① 参见邹永昌等：《饲养动物致人损害赔偿责任新探》，载《社会科学家》，2006 (6)。

第二十章　建筑物和物件致人损害责任

【案例】 甲骑自行车下班回家，经过一条道路时，因为从事绿化工作的人员将林木折断并放置在道路上，而且因为天黑，甲也看不清道路上放置的被折断的林木。甲被林木绊倒，眼睛也被树枝戳伤。甲要求当地园林局赔偿损失。

简要评析： 该案属于林木折断、未及时清理而造成他人损害的责任。依据《民法典》第 1257 条，必须由林木的所有人和管理人证明自己没有过错，否则应当承担责任。

第一节　建筑物和物件致人损害责任概述

一、建筑物和物件致人损害责任的概念和特征

所谓建筑物和物件致人损害的责任，是指因建筑物和物件造成他人财产或人身损害，所有人、管理人等依法应当承担的侵权责任。我国民法典侵权责任编第十章“建筑物和物件损害责任”所规定的“物件”的范围较为宽泛，包括不动产、道路、林木等以及不动产之上的悬挂物、搁置物等。其不仅包括不动产以及附属于不动产的各种物件，还包括动产。当然，这里所说的动产通常与不动产具有一定的关联。它们或者置于不动产之上，或者是建筑物上的搁置物或者悬挂物等。物件致人损害包含的范围也非常宽泛，既包括建筑物自身的倒塌，也包括建筑物的设施等的脱落、坠落；既包括建筑物中抛掷的物品致人损害，也包括堆放物倒塌致人损害以及林木折断、道路上的遗撒物致人损害等。民法典侵权责任编采用多个条款规定了物件致人损害的责任。

物件致人损害责任的特征在于：

第一，它主要是针对由物而非行为造成损害的责任。物件致人损害的责任之所以被称为“准侵权行为”的责任，就是因为其并非因侵权人的直接行为而导致的损害。在物件致人损害中，所有人和管理人本身并没有针对特定人的人身或财产实施一定的行为，直接造成他人财产和人身损害的是物件而非行为。如果某人借助于某种物件致他人损害，如行为人使用棍棒殴打他人，应属于一般侵权行为，而非特殊侵权行为。再如，抛掷物品导致他人损害，抛掷人要按照一般侵权行为的规定负责，而不属于物件致人损害责任的范畴。需要指出的是，《民法典》第 1258 条关于地面施工致人损害责任主要是行为造成损害的责任，而不是物件致人损害的责任。但因为该条仍然适用过错推定原则，尤其是在施工过程中也要使用一定的物，所以，从这个意义上讲，其

与物件致害也有一定的关系。

物件致人损害中的物，首先都是人力形成或能够被人力所控制的有形的动产、不动产。物件致人损害中的“物件”是人力形成的，而不是自然力形成的。例如，房屋上的积雪掉落而砸伤行人，就不属于物件致人损害的范围。而且这些物必须是有形的动产或不动产，无形财产（如有毒软件）也可能导致他人损害，但是，这种责任应由专门的法律调整或者适用过错责任的一般条款，而不适用民法典侵权责任编第十章的规定。

第二，它在归责原则上主要采用过错推定原则。一旦物件造成他人损害，通常推定物件的所有人或管理人具有过错。所有人或管理人必须举证证明自己没有过错才能免责。在某些情况下，法律还对证明的内容设有严格的限制。例如，在高楼抛掷物致害不能确定加害人的情况下，可能加害的建筑物使用人必须要证明自己不是加害人。物件致人损害与动物致人损害等责任的区别在于，其采用的并不是严格责任，而是过错推定责任。基于此种考虑，侵权责任编将在公共场所、道路施工未设置明显标志的责任也作为物件致人损害的类型而加以规定。由于道路施工采用过错推定原则，如果施工人能够证明其对损害的发生没有过错，就无须承担责任。例如，如果施工人能够证明其已经设置了明显标志和采取了安全措施，就表明其对损害的发生没有过错。

第三，它主要是指危险性较小的物致人损害。从广义上理解，物件致人损害的范围非常宽泛，包括各种有形物致人损害。从这个意义上理解，产品责任、机动车事故责任、危险物致害责任等都可以包含在物件致人损害责任之内。但民法典侵权责任编第十章所规定的物件致人损害有其特定的含义：一方面，它是指致人损害的有形的动产和不动产，至于无形财产致人损害，不属于物件致人损害的责任范围。另一方面，它是危险性较低的物。如果是危险性较高的物，如易燃、易爆等高度危险物致害就应当单独调整，通常适用严格责任。物件致人损害中的物件并非完全没有危险。例如，林木没有及时剪除，可能有折断的危险；果实没有及时摘下，即有坠落致人损害的危险。

第四，责任主体主要是能够控制物件的人。在物件致人损害的责任中，责任主体并非都是物的所有人，而具有多元化的特点。例如，管理人、使用人、堆放人、施工人等。这些责任主体虽然各不相同，但其共同之处在于这些责任主体能够控制物件。这里所说的控制，是指能够通过自己的行为来避免物件致人损害。物件损害责任的设置就是为了控制物件致害的风险，避免损害的发生。因此，物件致害责任的主体都是最能够控制物件风险的主体。

物包括动产和不动产，其类型成千上万，法律上无法一一列举。因此，侵权责任编在物件致人损害一章中，没有像高度危险责任那样规定一般条款，而全部采取具体列举的方式，这在很大程度上是因为物件致人损害的情况比较复杂，各个物件具有自身的特点，很难抽象出一般规则。法律只是就实践中频发的致害情况进行列举。但这并不是说，造成了损害之后，仅限于法律规定的几种物件致害可以救济。事实上，实践中大量存在的物件是侵权责任编第十章没有列举的。因此，在出现了法律没有列举的物件致害，又不能纳入高度危险责任之中时，就应当类推适用物件致人损害责任，而不宜将其归入其他特殊侵权责任类型。

二、物件致人损害责任的类型

（一）动产致人损害责任和不动产致人损害责任

在物件致人损害的责任中，可以将其分为两类，即动产致人损害责任和不动产致人损害责任。所谓动产致人损害责任，是指因特定的动产导致他人损害而应当承担的侵权责任。这里所说的特定的动产是指可以移动的财产，主要是堆放物、公共道路上的遗撒物等。所谓不动产致人损害责任，是指因不动产的倒塌、脱落等导致他人损害而应当承担的侵权责任。

在法律上区分这两种责任的意义在于：第一，从危险性上看，由于不动产的倒塌、脱落等可能造成重大的人身伤亡，引发更大的损害后果，从这一点上来看，其危险性较大。相对而言，动产的倒塌、坠落等造成的损害一般不如不动产导致的损害后果严重，其所具有的危险性较小。第二，从责任主体来看，对不动产具有控制力的人是多重的，包括建设单位、施工单位、所有人、管理人、使用人。而对动产而言，其责任主体相对单一，主要是动产的所有人、管理人。第三，就涉及公共安全而言，建筑物等物件倒塌常常危及公共安全。而动产致人损害，可能仅仅只是造成某个特定人的损害，不一定涉及公共安全。

（二）单纯物件致人损害和利用物件致人损害

单纯物件致人损害，就是所有人、管理人等控制、使用的动产、不动产致人损害，它是物件致人损害的典型形态。利用物件致人损害，是指民事主体利用物件而实施侵权行为，导致他人损害。例如，高空抛物致人损害而无法查找到行为人；再如，在公共场所施工，没有设置明显标志或采取安全措施，导致他人损害。严格地说，这些责任形式不是典型的物件致人损害，但行为人也利用了一定的物，且不宜归入单纯的因行为而致人损害的案件类型之中。在公共场所或者道路上挖坑、修缮安装地下设施等，没有设置明显标志和采取安全措施造成他人损害的，施工人应当承担侵权责任。在此情况下，因施工人的行为而导致他人损害，实际上是利用物件而致人损害。因此，侵权责任编也将其置于物件致害责任部分作出特别规定。

在侵权责任编中区分这两类侵权行为的主要意义在于：第一，从因果关系判断上来看，在单纯物件致人损害时，应当直接认定物件与损害之间的因果关系。而在利用物件致人损害中，往往因为行为人无法查找，因果关系的认定比较困难。第二，从责任主体上来看，单纯物件致人损害的责任主体都是物件的所有人或管理人等，而在利用物件致人损害的情况下，责任主体是建筑物的可能使用人。第三，从责任后果上来看，单纯物件致人损害的责任是赔偿责任，而利用物件致人损害的责任是补偿责任。

三、物件致人损害的归责原则

侵权责任编对物件致人损害的责任主要采过错推定责任。当然，关于过错推定的类型，并不完全统一。一是典型的过错推定。例如，《民法典》第1253条规定：“建筑物、构筑物或者其他设施及其搁置物、悬挂物发生脱落、坠落造成他人损害，所有人、管理人或者使用人不能证明自己没有过错的，应当承担侵权责任。”此处规定“不能证明自己没有过错的，应当承担侵权责任”，采反面解释，只要所有人、管理人或使用人能够证明自己没有过错，就不必承担责任。而法律没有对反证事由作严格限制。二是非典型的过错推定。《民法典》第1258条规定：“在公共场所或者道路上挖掘、修缮安装地下设施等造成他人损害，施工人不能证明已经设置明显标志和采取安全措施的，应当承担侵权责任。”在该条中，虽然采用举证责任倒置，但如果施工人证明自己没有过错，可以被免除责任，不过，对于没有过错的证明事由是有严格限制的，即只能限定在设置明显标志和采取安全措施方面。在这一点上，它类似于严格责任。

本书认为，侵权责任编第十章关于建筑物和物件致人损害责任采用了过错推定的归责原则，主要理由在于：

第一，物件致人损害毕竟不是高度危险，也不同于产品缺陷致人损害、饲养动物致人损害等情况，不能适用严格责任。物件虽然具有危险性，但毕竟其不像核设施、高度危险物等那样，具有很大的危险性，也不如产品的缺陷、饲养的动物等那样具有造成他人损害的较大的危险。但其作为特殊类型的侵权，又不同于一般的侵权行为，不宜适用普通的过错责任。因此，物件致人损害所适用的归责原则应采既不同于严格责任，又不同于过错责任的原则。

第二，在第三人造成侵害的情况下，如果能够确定第三人，一般应当由第三人负责，而不应由物件的所有人、管理人等负责。在这一点上，其与严格责任是不同的。凡是适用严格责任的情形，法律都规定，在第三人造成损害的情况下，受害人既可以要求行为人赔偿，也可以要求第三人赔偿。[①] 但在因第三人的原因造成物件致人损害的情况下，受害人一般只能要求第三人赔偿。

第三，从体系解释来看，侵权责任编中凡是适用严格责任的情形，都规定了具体的免责事由，而且对免责事由有严格的限定，但在物件致人损害中，基本上没有对免责事由作严格的限定。由此表明，物件致人损害不是严格责任。

第四，在相关条款中，法律明确规定，责任人必须具有过错。例如，《民法典》第1253条、第1257条中“不能证明自己没有过错的”，应当承担责任。当然，我们说物件致人损害的责任主要是过错推定，但也存在例外，这主要是指《民法典》第1254条规定的高楼抛物致人损害找不到行为人的情况，此种责任主要采公平责任。

第二节　建筑物等倒塌、脱落、坠落致人损害责任

一、建筑物等物件倒塌致人损害责任

（一）建筑物等物件倒塌致人损害责任的概念

所谓建筑物等物件倒塌、塌陷致人损害责任，是指建筑物、构筑物或者其他设施

① 参见《民法典》第1223、1233、1250条。

倒塌、塌陷造成他人损害，应当承担的侵权责任。严格地说，建筑物等物件倒塌、塌陷致人损害是一个既古老又新颖的法律问题。[①] 在我国，随着工业化、城市化进程加快，各类建筑物大量建造，且建造速度惊人。与此相伴随的是，工程质量纠纷不断，且出现了一些严重倒塌事件。针对这一现象，侵权责任编专门规定了建筑物等物件倒塌、塌陷致人损害责任。《民法典》第 1252 条第 1 款规定："建筑物、构筑物或者其他设施倒塌、塌陷造成他人损害的，由建设单位与施工单位承担连带责任，但是建设单位与施工单位能够证明不存在质量缺陷的除外。建设单位、施工单位赔偿后，有其他责任人的，有权向其他责任人追偿。"《民法典》的这一规定，明确了建筑物等物件倒塌致人损害责任，为法官裁判案件提供了明确的规则。确立该规则有利于强化建设单位和施工单位的责任，进一步加强对受害人的保护。建筑物等物件倒塌致人损害的责任具有如下特征：

第一，它是因建筑物、构筑物或其他设施致害的责任。在建筑物等物件倒塌致人损害的情况下，致人损害的物件具有特殊性，它不是动产，而是不动产或附属于不动产的物件。在此种侵权中，致害的物是特定的，它不包括搁置物和悬挂物，仅限于建筑物、构筑物或者其他设施。具体来说，包括三类：一是建筑物。它是指附着于土地之上的，为了人类居住、物品存放等目的而建造的不动产。二是构筑物。它是指附着于土地之上的，为了其他目的而建造的设施。例如，围墙倒塌属于构筑物损害。三是其他设施。它是指除了建筑物和构筑物之外的其他工作物，例如，广告牌、脚手架、电线杆等。

第二，它必须是因建筑物等物件倒塌、塌陷导致他人损害。从侵害形态上说，在建筑物等物件倒塌、塌陷致人损害的情况下，其侵害形态是特定的，即建筑物等的"倒塌、塌陷"。一是倒塌，是指建筑物等的结构性坍塌，建筑物等所依托的框架已经不复存在。例如，围墙整体的坍塌，就属于倒塌。如果围墙之上的部分建筑材料落下，则属于脱落。一方面，其必须已经发生了倒塌事实。如果某座危房随时有可能倒塌，但是尚未倒塌，就不属于本条规定的范围。另一方面，建筑物等发生倒塌的原因必须是因其内在的质量瑕疵，而并不是因为施工、爆破等外部因素导致建筑物、构筑物或者其他设施倒塌。如果仅仅是建筑物、构筑物部分组件、成分的脱落，应当适用《民法典》第 1252 条的规定。此处所说"倒塌"，不仅包括建筑物等的全部倒塌，还包括其部分的倒塌；不仅包括建筑物倒塌，也包括一些附属设施的倒塌。例如，设置在马路边上的大型广告牌，因被大风吹倒，砸伤路人。此种情况也应属于该条适用的范围。二是塌陷。塌陷主要是指在地面施工中，因为施工质量问题，导致路面塌陷，致人损害。如果建筑物有倒塌、塌陷的危险，但是，没有造成他人损害，则属于排除妨碍、消除危险的范畴。

第三，其责任主体具有多样性。《民法典》第 1253 条区分了不同的责任主体，即根据是否因建筑施工导致其倒塌、塌陷而区分为两类责任人：一是建设单位和施工单

① See Thomas E. Miller and Rachel M. Miller, *Handling Construction Defect Claims: Western States*, Third Edition, Aspen Law & Business, Gaithersburg, New York, 1999, p. 3.

位，它们要对因建筑或施工原因而导致的损害负责。二是其他责任人，包括所有人、管理人、使用人或者第三人。在施工结束、建筑物已经交付的情况下，可能因建设单位或施工单位以外的原因造成倒塌，这就涉及其他责任人。在实践中，引发建筑物等物件倒塌的原因很多，例如承租人在装修时因破坏建筑物承重墙而导致建筑物倒塌。因此，除建设单位和施工单位以外的其他责任人也应负责。需要指出的是，此处所说的建筑物等也包括国有的建筑物、构筑物和其他设施，在其造成损害时，有关国家机关和企事业单位，也应当依据侵权责任编承担赔偿责任。

侵权责任编将建筑物等物件倒塌致人损害的责任，与工作物致人损害的责任分离，单独在法律上作出规定，主要原因在于其具有自身的特殊性：一方面，在建筑物等物件倒塌的情况下，责任主体是多元的，不能完全要求所有人负责，因为所有人常常是业主，而业主自身也是受害人，倒塌可能是与业主无关的因素造成的，要求业主负责对业主不公平。另一方面，在建筑物等物件倒塌的情况下，可能既造成了所有人的损害，也造成了其他人的损害。尤其应当看到，倒塌原因较为复杂，其不仅可能是建造单位的原因，也可能是施工单位的原因，这些显然不能用工作物致害责任来概括。

（二）归责原则

从比较法上来看，对建筑物等物件倒塌、塌陷致人损害一般采取了严格责任和过错推定责任的归责原则。我国《民法典》第 1253 条采取的是过错推定原则。主要理由在于：

第一，建筑物等物件倒塌、塌陷仍然属于物件致人损害的一种类型，而物件致人损害责任一般采用过错推定责任，这是为了更好地保护受害人，减轻受害人的举证责任，督促施工单位、建设单位遵守安全施工规程。侵权责任编主要采用了过错推定规则，推定建设单位、施工单位有过错，而由其举证证明自己没有过错而免责。建筑物等物件倒塌责任仍然应当适用过错推定。

第二，虽然建筑物等物件倒塌、塌陷所造成的损害较为严重，但其和高度危险物致人损害相比较还是有区别的。在现代建筑技术的条件下，只要采取合理的注意义务，建筑物等物件倒塌的情形是可以避免的，而高度危险物自身具有一定的危险性，即便采取一定的措施，也存在相当的损害风险，而建筑物等物件倒塌行为则不具有此种高度危险，因此不能将其归入严格责任中。

第三，将建筑物等物件倒塌、塌陷责任归入过错推定责任之中，也为建设单位、施工单位提供了一定的免责机会，即其在能够证明是因为第三人的原因而导致建筑物等物件倒塌的情况下，由第三人负责，而免除建设单位、施工单位的责任。例如，第三人在他人的建筑物下挖洞导致建筑物倒塌，应由第三人承担责任。从实践来看，引发建筑物等物件倒塌的原因是多样的，应当查找建筑物等物件倒塌的原因，以确定责任人。过错推定责任和严格责任最大的区别就在于是否可以通过证明存在第三人的原因而要求免责。而在第 1252 条第 2 款中，在能够证明是因为“其他责任人”原因而导致建筑物等物件倒塌的，建设单位、施工单位可以据此免责。从中可以看出，立法者允许在因第三人行为造成损失的情况下免除建设单位、施工单位的责任。

（三）责任构成要件

构成建筑物倒塌、塌陷致人损害的责任应当具备如下要件：

第一，必须是建筑物、构筑物致他人损害。此处所说的他人损害，既包括所有人、使用人所受的损害，也包括所有人、使用人以外的第三人遭受的损害。损害不仅包括财产损害，而且包括人身损害。例如，建筑物等物件倒塌可能致使路旁的汽车砸毁，也可能导致行人伤亡。《民法典》第 1253 条中的“其他设施”只能是指类似于建筑物、构筑物的其他“不动产”，而不是附属于建筑物、构筑物的某些“动产”设施。

第二，必须是由于建筑物、构筑物倒塌、塌陷而造成他人损害的情形。需要指出的是，建筑物等物件倒塌，是指建筑物、构筑物在非人力作用的情况下发生倒塌而致人损害，其原因大多是由于建筑物本身存在质量问题而使建筑物发生了倾倒、崩塌等。如果是因为拆迁过程中建筑物、构筑物倒塌致人损害，一般是由于拆迁人从事房屋拆迁作业过程中，违反施工规程导致建筑物坍塌伤人。这类损害的发生，并不是因为建筑物本身存在质量问题，因此，应当由拆迁人承担责任，其承担责任的基础仍然是过错责任的一般条款。

第三，责任人不能证明存在法定的免责事由。依据《民法典》第 1252 条，建筑物等倒塌、塌陷致他人损害，由建设单位与施工单位承担连带责任，但是建设单位与施工单位能够证明不存在质量缺陷的除外。因此，证明建筑物等的质量不存在缺陷，是法定的免责事由。这一规定可以避免建设单位和施工单位承担过重的责任，也就是说，如果建筑物等已经符合质量要求，则即便发生建筑物等倒塌、塌陷造成他人损害，也不应当要求建设单位和施工单位承担责任。

（四）建筑物等物件倒塌致人损害的责任主体

1. 建设单位。在建筑物等物件倒塌的情况下，首先应当由建设单位和施工单位承担连带责任。建设单位是指具有一定经营资格的、自己建造或委托他人建造建筑物等的法人或其他组织。在我国，建造高层建筑、大型建筑的单位都是一定的经营实体，取得一定的资质等级，方才可以从事一定的建造活动。[①] 要求建设单位承担责任，是因为建筑物的倒塌主要是因施工过程中未能尽到相关的施工注意义务而造成的。建设单位作为最初的建筑物发包方，其参与了施工单位的选择、施工过程的控制等全过程，因此，其应当承担相应的安全施工的法定义务。而且从房屋买受人的角度考虑，其从建设单位处购买房屋，难以对建筑物的质量进行控制，甚至根本不知道该建筑物是否存在瑕疵。更何况，建筑物的买受人在建筑物等物件倒塌后，本身就是最大的受害人，要求其承担责任显然对其不公平。

2. 施工单位。在建筑物等物件倒塌的情况下，施工单位也应当承担责任。所谓

① 在我国，存在大量所谓的“项目公司”，即为建造某建筑工程而专门成立的公司，在建筑物建设完成后即解散。实践中，依照《民法典》第 1253 条追究建设单位责任时，往往存在主体缺失的困难。本书认为，这种情况下，还是应当由这些所谓的“项目公司”的发起人承担责任。

施工单位，是指具有合法的施工资质，从事施工活动的法人或其他组织。施工可能由建设单位亲自完成，也可能由建设单位委托的施工单位来完成。如果建造人并非直接实施建造，施工单位就要独立完成建造活动。在建筑物倒塌的情况下，《民法典》第1253条规定由施工单位负责的主要原因在于：施工单位是直接从事建筑物建造工作的组织，它虽然不是所有人，但全程参与、控制了建筑物的建造活动。从实践来看，大部分建筑工程质量问题是因为是施工单位没有按照建造设计施工引起的，如偷工减料、以次充好，甚至出现“豆腐渣工程”等。要求施工单位承担责任，可以督促其按照法律法规的规定，严格遵循建筑设计进行施工，保障建筑物等的安全。

3. 所有人、管理人、使用人或者第三人

《民法典》第1252条第2款规定：“因所有人、管理人、使用人或者第三人的原因，建筑物、构筑物或者其他设施倒塌、塌陷造成他人损害的，由所有人、管理人、使用人或者第三人承担侵权责任。”依据这一规定，除了建设单位和施工单位以外，还有其他责任人，主要包括如下几种类型。

一是所有人、管理人、使用人。所有人是指对建筑物、构筑物或者其他设施享有所有权的人；管理人是指依据法律或者合同约定对于建筑物、构筑物或者其他设施负有管理、维护义务的人；使用人是指基于租赁、借用等合同约定对于建筑物、构筑物或者其他设施享有使用权的人。在建筑物建造完成交付使用后，建筑物所有人、管理人、使用人不当地使用、装修、改建、扩建等也可能造成建筑物等物件倒塌、塌陷。例如，建筑物所有人将承重墙打断导致建筑物等物件倒塌，因此，应当由建筑物的所有人、管理人、使用人承担责任。另外，随着建筑物区分所有的发展，有关建筑物区分所有人即业主、物业公司以及业主委员会的侵权责任也在不断地增加。[①] 其侵权行为也可能会导致房屋倒塌。

二是第三人。引发建筑物等物件倒塌的原因很多，也可能是因为第三人的原因所致。例如，在装修过程中将承重墙损害而导致建筑物受损的情况下，如果是由于装修人在工作中的疏忽而导致损害，最终的责任自然应当由装修人承担。

4. 建设单位、施工单位与其他责任人之间的关系

在发生建筑物等倒塌、塌陷的情况下，首先应当查清建筑物倒塌、塌陷的原因，以确定责任主体。如果是因为建设单位或施工单位的原因造成的，则应当由其负责。而如果是因建设单位或施工单位以外的人造成的，则应当由其他责任人承担责任。但在很多情况下，可能这些责任人都具有过错，此时要考虑哪一方行为是造成损害的主要原因。如果建设单位和施工单位是建筑物倒塌、塌陷的主要原因，两者要承担连带责任。而如果其他人是建筑物倒塌、塌陷的主要原因，则应当由其他人承担责任。如果不能确定哪一个责任人的行为是造成倒塌、塌陷的主要原因，而这些责任人的行为都可能造成倒塌、塌陷的后果，则这些责任人应对受害人承担连带责任。

（五）建设单位、施工单位的追偿权

《民法典》第1253条第1款第2句规定：“建设单位、施工单位赔偿后，有其他

① See Thomas E. Miller and Rachel M. Miller, *Handling Construction Defect Claims*: *Western States*, p. 4.

责任人的，有权向其他责任人追偿。”据此，建设单位、施工单位在承担责任之后，享有向其他责任人的追偿权。此种追偿权的行使应当符合如下条件：第一，必须是因施工的原因导致建筑物倒塌。如果是因施工以外的原因导致损害，建设单位和施工单位不必负责。《民法典》第 1253 条第 1 款是因建筑物等缺陷造成建筑物倒塌、塌陷，而该条第 2 款是建筑物缺陷以外的原因导致建筑物倒塌、塌陷。第二，必须是建设单位和施工单位已承担了赔偿责任。建设单位和施工单位无论是承担了全部或部分责任，都有权追偿。第三，必须是其他责任人负有责任。此处所说的“责任人”是指造成建筑物缺陷的责任人，例如，建筑物的监理人、设计人以及假冒伪劣建筑材料的供应商等。[①] 追偿权的行使依据主要是《民法典》第 1253 条的规定。但当事人之间也可能存在合同关系，此时，建设单位和施工单位也可以依据合同行使追偿权。

二、建筑物等物件脱落、坠落致人损害责任

（一）概念与特征

所谓建筑物等物件脱落、坠落致人损害责任，是指工作物及其搁置物、悬挂物发生脱落、坠落致人损害，所有人、管理人或使用人应当承担的过错推定责任。《民法典》第 1253 条规定：“建筑物、构筑物或者其他设施及其搁置物、悬挂物发生脱落、坠落造成他人损害，所有人、管理人或者使用人不能证明自己没有过错的，应当承担侵权责任。所有人、管理人或者使用人赔偿后，有其他责任人的，有权向其他责任人追偿。”依据这一规定，建筑物等物件脱落、坠落致人损害责任的特点表现在以下几个方面。

第一，它是因为建筑物等物件致人损害的责任。《民法典》第 1253 条所指致害的物件限于如下几类：一是建筑物。建筑物是指人工建造的、固定在土地上，其空间用于居住、工作、学习、生产、经营、娱乐、储藏物品以及进行其他社会活动的设施，例如，住宅、写字楼、仓库等。[②] 同时，建筑物的组成部分也可以被认定为此处所谓的建筑物，因其脱落、坠落致害，所有人、管理人等也要承担侵权责任。二是构筑物。它是指在土地之上建造的，服务于人类居住或储存物品等以外目的的设施，如电线杆、水塔、桥梁、烟囱、地槽、渠道、水池、过滤池、沼气池等。三是其他设施。它是指除建筑物和构筑物以外的其他工作物。严格地说，“构筑物”基本上已经包括了建筑物之外的各种人工建造的物件和设施。从实践来看，有关其他设施造成的损害主要包括电线杆倾倒、塔机坠落、脚手架坍塌等造成损害。《民法典》第 1253 条为保持列举的开放性，规定了“其他设施”的概念，这有利于强化对受害人的保护。四是搁置物。它是指因为人工或者天然原因而存在于建筑物等之上的各种物品，如阳台上的花盆、鸟笼，楼顶的太阳能热水器等。五是悬挂物。它主要是因人工的原因悬空存在于建筑物侧面的物品，如悬挂于房屋外墙的广告牌和空调机等。

---

① 参见梁慧星：《我国侵权责任法的几个问题》，载《暨南学报》，2010（3）。

② 参见全国人大常委会法制工作委员会民法室编：《中华人民共和国侵权责任法条文说明、立法理由及相关规定》，344 页。

第二，它是因为建筑物等设施脱落、坠落而致人损害的责任。《民法典》第1253条所规定的物件致人损害的责任，在损害方式上具有特殊性，其仅限于脱落、坠落，这显然借鉴了《德国民法典》的模式。所谓脱落，是指建筑物、构筑物的组成部分从建筑物主体脱离。所谓坠落，是指搁置物、悬挂物从工作物之上落下。脱落和坠落的区别在于，脱落是工作物的组成部分与工作物主体分离，因此，脱落部分在脱落前与工作物主体是结合在一起的；而坠落是工作物上的搁置物或悬挂物从工作物上落下，搁置物或悬挂物在坠落前与工作物并非结合在一起，所以，坠落通常针对的是悬挂物和搁置物。[①] 脱落和坠落往往是因为建筑物等物件在建造时就具有瑕疵，或者因所有人、管理人或使用人的维护瑕疵而导致的。而建筑物、构筑物致人损害的原因是多方面的，有的是建筑物本身质量的瑕疵，有的是自然因素所致。如果要预防损害的发生，应当要求建筑物、构筑物的所有人、管理人尽到更多的维修、注意义务。

第三，它是典型的过错推定责任。在《民法典》第1253条中，立法者明确地使用了“所有人、管理人或者使用人不能证明自己没有过错的，应当承担侵权责任”的表述，清晰地表明了由建筑物所有人、管理人或使用人承担自己没有过错的举证责任的意思，构成了对过错推定规则比较清晰的界定。

第四，责任主体具有多样性。引发建筑物等物件的脱落、坠落的原因是多方面的，我国《民法典》第1253条规定了三方主体，即所有人、管理人或者使用人。所有人既包括登记权利人，也包括非登记权利人。任何合法建造人对其建造的建筑物等，即使没有登记，也是所有人。管理人主要是国有资产或者其他资产的管理人。而使用人则是因租赁、借用或者其他情形而使用租赁物等设施的人。[②] 这主要是考虑到其对于建筑物等物件具有控制力，可以避免损害的发生。除了这三类主体之外，还可能涉及其他人。其他人是指对损害的发生也有过错的人。例如，在“陈某诉邹某等人身损害赔偿纠纷案”中，法院认为，原告驾驶电动车在道路上正常行驶，当行驶至被告正在施工建设扩建厂房的楼房边时，该楼第四层上搁置的木模板被风吹起坠落砸中原告，致原告受伤，所有人、管理人或者使用人不能证明自己没有过错的，应当承担侵权责任。依据《民法典》第1253条，所有人、管理人或者使用人赔偿后，有其他责任人的，有权向其他责任人追偿。[③]

因道路存在严重缺陷而致人损害，是否属于建筑物等物件致人损害的责任？例如，在快速路上因出现地面被不当挖掘，司机驾车紧急躲避，撞上他人。本书认为，如果道路因施工的原因而导致损害，属于《民法典》第1258条第1款的适用范围，但如因路面塌陷、下坠致人损害的，道路管理人应依据《民法典》第1253条承担侵权责任。如因高架桥倒塌致人损害的，就属于《民法典》第1253条的适用范围。但仅仅只是因为道路本身的缺陷（如地面湿滑、地面不平整等），一般应属于违反安全

---

① 参见王洪亮：《交往安全义务基础上的物件致损责任》，载《政治与法律》，2010（5）。

② 参见全国人大常委会法制工作委员会民法室编：《中华人民共和国侵权责任法条文说明、立法理由及相关规定》，344页。

③ 参见江苏省如皋市人民法院（2013）皋港民初字第0798号民事判决书。

保障义务规定的适用范围，道路管理人因违反安全保障义务而承担责任。因为一方面，道路本身不属于建筑物。建筑物通常与人的居住有关，而道路是一种公共空间，供不特定人自由出入，道路主要为了通行而建造。另一方面，即使道路发生严重缺陷，也不是因倒塌或脱落造成损害。

（二）归责原则

《民法典》第1253条规定："建筑物、构筑物或者其他设施及其搁置物、悬挂物发生脱落、坠落造成他人损害，所有人、管理人或者使用人不能证明自己没有过错的，应当承担侵权责任。"这既借鉴了国外多数国家的立法例，也是我国长期以来立法经验的总结。采纳过错推定责任原则的原因主要在于：一是减轻受害人的举证负担。在建筑物、构筑物等物件脱落、坠落的情况下，事发突然，受害人很难知道损害是因何种原因发生的，要由其证明所有人、管理人等的过错十分困难。采用举证责任倒置的方式，有助于减轻受害人的举证负担。二是预防损害的发生。建筑物、构筑物等虽然不会轻易发生脱落、坠落，但一旦发生，就会造成严重的后果。实际上，只要建筑物等物件的所有人、管理人或使用人尽到了其应有的注意义务，大量的损害都是可以避免的。采用举证责任倒置的办法由建筑物、构筑物所有人、管理人承担责任，也可以督促他们尽力维修、保护好建筑物、构筑物，从而防止损害事件的再次发生。三是在建筑物等物件致害的情况下，推定建筑物、构筑物所有人、管理人有过错，由其承担相应的赔偿责任，通常也是和社会实践中这类损害发生的原因相一致的。也就是说，在绝大多数情况下，损害是建筑物、构筑物所有人、管理人的过错造成的。当然，这类损害的发生也可能是因为第三人的原因造成的，但其发生的概率比较小。

（三）责任构成要件

1. 建筑物等物件发生脱落、坠落。建筑物、构筑物和其他设施，是指依人工在土地上所建造的设施，与国外的相关法律规定相比，我国法律上所列举的此类设施范围比较宽泛①，它既可以是临时的设施，也可以是长期建造的物件和设施。但《民法典》第1253条所规定的这些物件，具有其特定的含义，与法律规定的其他物件不同。例如，其他设施不应当包括高空、高压、易燃、易爆、放射性、高速轨道运输工具等设施，这些属于高度危险责任致害责任的适用范围。再如，林木、堆放物、高空抛物坠物等，法律对其也有特别规定，也不属于《民法典》第1253条的所说的其他设施的范畴。

《民法典》第1253条规定的脱落、坠落，与人为原因导致损害的情形是存在区别的。这就是说，建筑物等物件的脱落、坠落，是因所有人、管理人或使用人没有尽到管理义务等造成的。如果脱落、坠落是人为原因造成损害的，则属于直接的侵权行

---

① 例如，在日本，判例对"工作物"一词作宽泛解释。它包括：施工用脚手架、缆车、传送带、道口等铁道设备、矿山设备、高压线、游乐园和动物园等设施、水槽、水井、游泳池、高尔夫球练习场、滑雪场、观览台设备、自动售货机、液化气容器、石油罐、输油管道、路障等各种物。所有这些都是以一定的形态与土地连接在一起，而且还是以一定形态施加了人为因素的物，而其本身又包括了动产，但其并没有包括搁置物、悬挂物。参见［日］星野英一：《民法典中的侵权行为法体系》，153页。

为，应当适用《民法典》第 1165 条第 1 款的规定，由直接侵权人承担责任。在建筑物等脱落、坠落等情况下，物件本身并不存在能够致人损害的内在缺陷，造成他人受害的原因，是物件的所有人或管理人或使用人的管理不善行为。此外，《民法典》第 1253 条规定的脱落、坠落也不同于建筑物的倒塌。例如，围墙倒塌，并非是整个建筑物的倒塌，仍然属于设施脱落的范畴。在整个建筑物等物件倒塌的情况下，才属于该法第 1253 条的适用范围。

2. 建筑物等物件造成他人损害。所谓建筑物等物件致人损害，是指建筑物、构筑物或者其他设施及其搁置物、悬挂物发生脱落、坠落造成他人损害。因为建筑物等物件致人损害的本身特点决定了，损害只能是脱落、坠落的物件直接作用于受害人的人身、财产，致其受到损害。另外，这里所说的损害，应当是指建筑物等物件的所有人、管理人、使用人以外的其他人所遭受的损害。如果是所有人、管理人或使用人自身遭受的损害，也无法通过第 1253 条获得救济。例如，因房屋年久失修，导致共同所有人中的一人的财物因房屋阳台脱落毁损，受害人不能请求其他共同所有人依据该条承担损害赔偿责任。

3. 所有人、管理人或使用人不能证明自己没有过错。至于建筑物、构筑物的所有人、管理人或者使用人如何证明自己没有过错，对此理论上有不同的观点。本书认为，建筑物等物件的所有人、管理人证明自己没有过错，应当是以一般的善良管理人或合理人的标准来认定。此处所说的不能证明自己没有过错的含义，不能按照一般的过错判断标准来衡量，不能简单地证明自己尽到了注意义务而免责。因为过错推定责任和过错责任存在区别，加害人要承担更重的责任，不能按照过错责任的一般标准来判断过错。所有人、管理人或使用人虽然证明自己尽到了注意义务，但是其设施仍然存在缺陷，或未采取必要的安全措施等，就表明其仍然具有过错。例如，某施工单位在施工过程中，其脚手架上有一块泥巴掉下，将行人砸伤。该施工单位证明，其在下班之前反复检查过脚手架上没有泥土，而且脚手架摆放地点一般没有行人通过，所以认为其已经尽到了注意义务，要求免责。但是，泥巴的坠落本身就表明，施工单位没有尽到检查的义务。

从实践来看，只要建筑物等物件脱落、坠落导致他人损害，法官就很有可能认定所有人等具有过错，被告被免责的可能性较小。例如，在“罗某诉劳某人身损害赔偿案”中，被告在其楼顶上搭了金属架，并将 4 米左右的钢管搁在上面，后来，该钢管坠落，导致原告遭受人身伤害。法院认为，被告不能有效地证明其在本案事故发生中没有过错，应当承担责任。① 本书认为，我国司法实践的做法对于维护受害人的权益是十分有利的。一般来说，被告必须证明损害是因第三人的原因、不可抗力、受害人自身的原因造成的，才可能免责，而不能笼统地以自己已经尽到注意义务而要求免责。实践中，被告要证明自己没有过错，并进而要求免责，通常要证明如下几点。

第一，损害是因受害人的原因造成的，并且其本身没有过错。例如，受害人的羽毛球落到被告的金属防盗网上，受害人用木杆敲击，结果因防盗网坠落而受害。受害

① 参见广东省佛山市中级人民法院（2006）佛中法民一终字第 706 号民事判决书。

人的损害，既是因防盗网的安装瑕疵造成，又是因受害人的过错造成的。

第二，损害是因第三人的原因造成的，且被告已经尽到相应的注意义务。例如，所有人请第三人装修外墙面，第三人未按照施工要求施工，或者在施工过程中偷工减料等，导致外墙面瓷砖脱落，砸伤路人的，第三人应当承担责任。此时，如果被告证明其已经尽到了相应的注意义务，则不承担责任。如果被告不能证明其已经尽到注意义务，则仍然应当承担责任。只不过，被告承担了责任以后，可以依据《民法典》第1253条的规定向第三人追偿。

第三，损害是因不可抗力的原因造成的，如台风、地震等。需要说明的是，即便是发生了台风、地震等自然灾害，但如果损失的发生仍是因为建筑物、构筑物未能达到应有的建筑物安全标准，以至于不具有抗击一定的台风、地震的能力，从而引起损害发生的，所有人、管理人仍然要承担相应的责任。需要指出的是，在司法实践中，免责要件不包括意外事件。例如，因罕见的暴雨导致广告牌倒塌，虽然暴雨为意外，但所有人仍应认定为未尽注意义务，造成损害，不能免责。因为在意外事故造成损害的情况下，虽然外来的因素可能是损害的发生原因，但损害发生的根本原因还是因被告没有尽到相应的义务，如维护的义务等造成的。如果行为人能够维护其工作物，就不至于导致损害的发生。

在建筑物等物件致人损害的案件中，首先应当由受害人证明其遭受了损害，损害是因被告所有、管理或使用的建筑物造成的。至于被告的过错证明，应采取举证责任倒置的方式，由被告反证证明其没有过错。在法律没有特别规定的情况下，通常只有在出现了上述三种情形，才能使所有人或者管理人免于承担责任。

4. 建筑物等物件脱落、坠落与受害人的损害之间具有因果关系。在物件致人损害责任中，受害人应当证明其损害与物件的脱落、坠落等之间存在因果关系，即证明其损害是因建筑物等物件脱落、坠落所致。在某些情况下，因为建筑物等涉及工程学等专业知识，确定是否存在因果关系，可以借助于专家的鉴定意见。

如果因第三人的行为等原因造成损害的，即使所有人或管理人没有过错仍然会发生损害的，就认定损害与设施脱落、坠落间不存在因果关系。

（四）责任主体和追偿权的行使

1. 责任主体

依据《民法典》第1253条规定："建筑物、构筑物或者其他设施及其搁置物、悬挂物发生脱落、坠落造成他人损害，所有人、管理人或者使用人不能证明自己没有过错的，应当承担侵权责任。所有人、管理人或者使用人赔偿后，有其他责任人的，有权向其他责任人追偿。"具体来说，责任主体包括如下几种。

（1）所有人。我国物权法采登记要件主义，因此，所有人应当首先是指不动产建筑物的登记权利人。但在侵权责任法上，所有人还包括事实上的权利人。例如，房屋建造人对其建造的房屋即使没有登记，但也享有所有权，应认定为此处所说的所有人。在建筑物等物件发生脱落、坠落造成损害的情况下，所有人要对其物件造成的损害承担责任。尤其是在许多情况下，所有人就是实际占有人，所有人最了解自己的建筑物等设施，知晓其是否存在建造或维护的瑕疵。因此，所有人可以以最低的成本来进行建筑物等的维护，以避免损害的发生。此外，即使所有人并非实际占有人，也应当承担修理修缮的义务。例如，所有人将其财产出租、借用给他人，根据合同的规定，所有人仍然负有修缮出租物的义务。在因其物件致人损害的情况下，应当负损害赔偿责任。

（2）管理人。管理人是指依据法律、合同等规定而管理建筑物的人。一方面，管理人通常是受所有人或者使用人委托，对物件进行管理，其作为受托人，负有对物件的照管义务。在我国，管理人首先是指国有资产的管理人，但也不限于此，还包括对他人财产负有管理职责的人。[①] 另一方面，管理人是物件的实际控制人，其能够直接了解物件的安全状态，其对物件潜在的危险具有较强的预测能力，让其承担此种安全防范义务也是合理的。管理人因未能积极履行义务造成损害的，应当承担侵权责任。

（3）使用人。使用人是指直接对建筑物等物件进行占有和使用的人，主要包括承租人、借用人等。承租人、借用人等虽然在合同法上没有维修等义务，但从救济受害人考虑，应当将其作为责任主体。尤其是使用人虽然没有维修等义务，但也可能因其行为导致损害的发生，所以，不能将其排除在责任主体之外。使用人在使用建筑物等的过程中，也对物件进行了直接的接触和控制，如果其不当使用物件致其脱落、坠落，则可能造成他人损害。因此，如果使用人不能证明自己没有过错的，也应承担责任。

使用人和管理人都不是所有人，而只是占有、使用他人财产的人，但两者在法律上存在区别，表现在：一是从时间的角度来看，管理人往往是长期的，而使用人可能是长期的，也可能是短期的。二是管理人通常是固定的，而且是专门从事管理的人，而使用人可能是临时的个人。例如，在小区之中，物业管理公司是管理人，而房屋的承租人、借用人是使用人。三是管理人一般是基于委托关系承担管理职责的人，而使用人通常是基于租赁、借用等关系而享有使用权的人。侵权责任法之所以要求使用人承担责任，也是因为使用人控制和直接管理建筑物等物件，要求其承担责任，有利于发挥侵权法的损害预防功能。

就受害人来说，其可以选择上述三类责任人中的一人或者数人承担责任。在实践中，所有人、管理人或使用人并非总是同时承担责任，他们承担责任的前提是对于建筑物等负有管理义务。在特殊情况下，所有人、管理人或使用人也可能存在两人或两人以上的人同时负责。此时，数人之间究竟是连带责任，还是按份责任？本书认为，连带责任是加重责任，只有在法律有明确规定时才能认定连带责任的存在。而在《民法典》第 1252 条没有规定连带责任的情况下，原则上应当属于按份责任。多个责任主体承担按份责任，这就是说，要根据其过错程度等因素，确立其各自的责任份额。例如，所有人证明其在将建筑物交付给使用人使用时，建筑物是完好的、没有缺陷的。尤其是致人损害的物件是其交付房屋时根本就不存在的（如阳台上当时没有放置

① 参见全国人大常委会法制工作委员会民法室编：《中华人民共和国侵权责任法条文说明、立法理由及相关规定》，344 页。

花盆），此时，所有人的过错程度是较轻的。因此，管理人、使用人可能要承担更重的责任。法院可以根据三者各自的过错程度，分别确定责任。

2. 责任主体的追偿权

《民法典》第1253条规定："建筑物、构筑物或者其他设施及其搁置物、悬挂物发生脱落、坠落造成他人损害，所有人、管理人或者使用人不能证明自己没有过错的，应当承担侵权责任。所有人、管理人或者使用人赔偿后，有其他责任人的，有权向其他责任人追偿。"这就在法律上确认了所有人、管理人或者使用人承担责任之后，享有追偿权。追偿权的行使条件包括：第一，所有人、管理人或使用人以外的其他人对损害的发生负有责任。例如，某承租人聘请装修公司安装空调，但是，装修公司安装不牢固，后来，空调坠落，砸伤路人。在本案中，损害是由第三人原因引起的，但《民法典》为了保护受害人，没有将第三人作为责任主体。这主要是因为受害人往往不了解第三人的存在，但其比较容易证明致害物的所有人、管理人或使用人。因此，如果因第三人的原因导致损害的发生，也仍然要求建筑物等的所有人、管理人或使用人承担责任。第二，第三人是终局责任人。损害的发生是第三人造成的，因此，第三人应对损害的结果承担责任。第三，所有人、管理人或使用人承担了责任。为了公平合理地分担责任，所有人、管理人或使用人有权向其他责任人追偿。由于此种责任是不真正连带责任，因而其在承担责任以后，可以向第三人全部追偿。

追偿权的义务主体是第三人，第三人的范围非常宽泛，任何引起损害发生的人，都可以被认定为第三人。第三人的原因是损害发生的主要原因。另外，在追偿时也要考虑，建筑物等物件致人损害责任的主体自身的过错程度。

第三节　高楼抛物、坠物致人损害责任

一、高楼抛掷物和坠物致人损害的侵权责任的概念和特征

所谓高楼抛掷物或坠物致人损害，是指从建筑物中抛掷物品或者从建筑物上坠落的物品造成他人损害，难以确定具体侵权人的侵权行为。现代社会，城市人口日趋密集，住宅也逐步向高层发展，为了维持和谐有序的生活工作环境，高层住宅居民应当遵守必要的社会公德，不得妨害他人的人身财产安全。但近几年，有关高楼抛物致人损害的事件时有发生，各地法院受理了一些有关高楼抛掷物致人损害的案件，如重庆的高楼抛出烟灰缸致人损害案①、济南发生高楼抛出菜板伤人案等。② 高楼抛物行为

① 2001年5月11日凌晨，重庆市民郝某被临路楼上坠落的烟灰缸砸中头部，导致智能障碍伤残、命名性失语伤残、颅骨缺损伤残等。重庆市渝中区人民法院反复查证仍难以确定该烟灰缸的所有人，遂根据过错推定原则，由当时有人居住的有扔烟灰缸嫌疑的20户住户分担该赔偿责任。判决后，王某等住户不服，提起上诉。二审法院判决维持原判。参见《高空抛掷物致人伤害应如何处理?》，载《北京青年报》，"法律圆桌"第89期，2002-09-24。

② 2001年，济南市孟老太突然被从楼上坠落的一块菜板砸中头部，当场昏迷后抢救无效死亡。死者近亲属遂将该楼二层以上15家居民告上法庭，要求其共同赔偿各项费用共计156 740.40元，一审法院认为无法确定菜板所有人，遂裁定驳回原告起诉。原告上诉，二审法院仍旧裁定驳回。经申诉，山东省高级人民法院提审，经再审后仍驳回上诉，维持一审法院裁定。参见《今日说法故事精选（二）》，157页，北京，中国人民公安大学出版社，2004。

不仅会造成受害人人身及财产的严重损害，成为人们“头顶上安全”的重大威胁，而且危害到了公共安全，也被称为“悬在城市上空的痛”[①]。《侵权责任法》第87条曾经对此作出规定，我国《民法典》第1254条在总结侵权责任法规定经验的基础上，对高楼抛掷物或坠物致人损害的责任作出了进一步修改和完善，从而强化了对受害人的保护，有助于预防和减少此类行为的发生，也有利于统一裁判规则，妥当处理此类纠纷。

高楼抛掷物或坠物致人损害责任的特点表现在：

第一，因高楼中抛掷和坠落的物致人损害。根据本条的规定，高楼抛掷物和坠落物致人损害，包括两种情形：一是从建筑物中抛掷物品造成他人损害。例如，从楼上抛掷烟灰缸、建筑材料等造成过往行人的损害。所谓抛掷物，就是由行为人通过人力抛掷出去的物，抛掷物致人损害是人力因素所引发的事件，其中掺杂了人的行为。如果纯粹是自然原因引发的，如大风吹落外墙广告牌或者因为狂风暴雨致建筑物某一部位脱落，而致某人损害，尽管也有可能归结于某人的过错，但并不掺杂某人的积极行为，所以它与抛掷物侵权有本质区别。二是从建筑物上坠落的物品造成他人损害。这主要是指建筑物本身的装饰材料、阳台玻璃、花盆等坠落导致他人损害，但无法查明所有人或管理人。如果不是从高层建筑中抛掷的物件，而是从看台上往球场内抛掷物品，或者从观众席上抛掷奖牌等物件致人损害等，不属于抛掷物和坠落物致人损害。在抛掷物和坠落物致人损害的情况下，并非建筑物自身的缺陷造成的，而是建筑物以外的物从建筑物向外抛出或坠落致人损害，而且这种损害难以确定真正的行为人。

第二，因从建筑物中抛掷物品或者从建筑物上坠落的物品造成他人损害。这就是说，因两种情形造成了他人的损害：一是从建筑物中抛掷物品造成他人损害。例如，在重庆的高楼抛物一案中，重庆市民郝某被临路楼上坠落的烟灰缸砸中头部，导致智能障碍伤残、命名性失语伤残、颅骨缺损伤残等。[②] 二是从建筑物上坠落的物品造成他人损害。比如，某人推车正好经过某楼下，从该建筑物上掉下一块瓦片，将车上的花瓶砸碎。在建筑物中抛掷物品或者从建筑物上坠落的物品造成他人损害的情况下，既可能造成受害人的财产损害，也可能造成人身伤亡，通常都会造成受害人的重大损害。如果没有发生任何损害，则尽管此种抛掷物品的行为会受到道德的谴责或者违反有关物业管理规定，但不涉及损害赔偿的问题。

第三，难以确定具体侵权人。高楼抛掷物或坠落物致人损害之所以成为侵权法上的一个真空，乃是因为此种侵权行为致人损害以后，常常难以确定具体侵权人。现代社会的建筑物大多采取区分所有的状态，不像以前独门独院那样非常容易判断侵权行为人，因此不能在高楼抛掷物、坠物致害之后，直接确定由某一个业主承担责任，从而导致这种侵权行为责任的认定较为困难。如果建筑物归一人所有，则因抛掷物品或坠落物品导致他人损害，应当由该所有人或管理人负责，而不应当适用高楼抛掷物、

---

① “姜某克与秦某宇、童某等不明抛掷物、坠落物损害责任纠纷一审民事判决书”，江苏省淮安市清江浦区人民法院（2015）浦民初字第01560号判决书。

② 参见《高空抛掷物致人伤害应如何处理?》，载《北京青年报》，“法律圆桌”第89期，2002-09-24。

坠物致害责任制度。当然，在高楼抛掷物、坠物致害情形下，如果能够找到具体的侵权人，那么此种侵权不过是普通的侵权而已，应当按照一般的过错责任规则解决。抛掷物和坠落物致人损害的最大特点不在于抛掷物本身，而在于这种侵权行为虽然是人的积极作为所致，但在此种行为致人损害之后，难以确定具体侵权人。

二、责任的承担

（一）由侵权人依法承担侵权责任

《民法典》第 1254 条第 1 款规定："禁止从建筑物中抛掷物品。从建筑物中抛掷物品或者从建筑物上坠落的物品造成他人损害的，由侵权人依法承担侵权责任……"因此，任何人都负有不得从建筑物中抛掷物品的义务，此种义务兵不仅仅是一种道德义务，而是一种法定义务，法律之所以规定这一义务，是因为高楼抛物的危险性极大。任何人违反此种义务，从建筑物中抛掷物品或者从建筑物上坠落的物品造成他人损害的，都应当依法承担侵权责任，这也体现了责任自负原则的精神。

《民法典》第 1254 条实际上规定了两类责任：一是高楼抛物致人损害责任。如果真正的行为人实施了抛掷行为，并导致他人损害，此时其要依据过错责任的一般条款承担责任。二是坠落物致人损害。例如，房屋上的搁置物坠落，后来查明是特定房屋上的搁置物，该房屋的所有人、管理人或使用人要依据《民法典》第 1253 条承担责任。《民法典》第 1253 条规定："建筑物、构筑物或者其他设施及其搁置物、悬挂物发生脱落、坠落造成他人损害，所有人、管理人或者使用人不能证明自己没有过错的，应当承担侵权责任。所有人、管理人或者使用人赔偿后，有其他责任人的，有权向其他责任人追偿。"例如，阳台上的花盆被大风吹倒、坠落致人损害。高楼抛物致人损害与高楼坠物致人损害在形式上都体现为相关的物件致人损害，但在高楼坠物的情形下，如果能够确定具体侵权人，责任主体是明确的，则应当由所有人、管理人或者使用人承担责任。但如果不能确定具体侵权人，则应当适用《民法典》第 1254 条的规定。

应当看到，这两类责任都具有从建筑物中抛掷物品或者从建筑物上坠落的物品造成他人损害，且难以找到具体侵权人的特点，但两者存在一定的区别，主要表现在：一方面，对高楼坠物而言，应当首先依据《民法典》第 1253 条确定行为人的责任，该条在性质上是物件致人损害的责任，也是一种过错推定责任。而高楼抛物致人损害责任仅适用《民法典》第 1254 条，其与纯粹的高楼坠物致人损害不同。另一方面，在高楼抛物致人损害的情形下，行为人是积极地抛掷物品，致人损害，而在高楼坠物致人损害中，行为人并没有积极实施抛掷物品的行为，而仅是行为人未尽到相关的注意义务，导致相关物品脱落、坠落，致人损害。此外，在两类情形下，物业服务企业承担的责任并不同。在高楼抛物或者坠物的情况下，物业服务企业作为物业的管理人，可能要直接承担责任。例如，建筑物公共区域的外墙面脱落致人损害，应当由物业服务企业承担管理人责任。但对高楼抛物造成损害，需要确定其是否违反了安全保障义务，从而确定其是否应承担违反安全保障义务的责任。

（二）由可能加害的建筑物使用人给予补偿

1. 责任主体

《民法典》第1254条第1款规定："经调查难以确定具体侵权人的，除能够证明自己不是侵权人的外，由可能加害的建筑物使用人给予补偿。可能加害的建筑物使用人补偿后，有权向侵权人追偿。"这就确定了可能加害的建筑物使用人的补偿责任。此种责任适用的前提是，在发生高楼抛掷物或坠物造成他人损害的情形下，难以确定具体侵权人，因此不能直接由具体侵权人承担责任。此处所说的"难以确定具体侵权人"，是指经调查难以确定具体侵权人。例如，受害人证明某建筑材料是特定的业主装修时所使用过的，但并不能证明只有该业主使用过该建筑材料，此时仍属于难以确定具体侵权人。如果从高楼上抛出的某物能够确定归属于某人，不可能为其他人所有，在此情况下可以推定该物是该行为人所有或管理的物，可以按照物件致人损害的一般规则确定责任。在难以确定具体侵权人时，由可能加害的建筑物使用人承担补偿责任，这就明确了责任主体是可能加害的建筑物使用人。

可能加害的建筑物使用人的特点在于：一方面，其是建筑物的使用人。建筑物使用人是一个较为宽泛的概念，它是指在侵权行为发生时建筑物的实际使用人，包括使用建筑物的所有人、承租人、借用人以及其他使用建筑物的人。[①] 一般来说，如果建筑物的所有人和使用人是同一人，应当由所有人承担责任；而如果建筑物的所有人和使用人发生了分离，则应当由建筑物的使用人负责。之所以要求建筑物的使用人承担责任，是考虑到使用人更可能实施侵权行为，而所有人没有使用建筑物，其不应当承担侵权责任。另一方面，其是可能加害的建筑物使用人。所谓可能加害，是指与损害的发生具有一定的关联性。由可能加害的建筑物使用人承担责任，并不是说所有的业主都可能致人损害，因为在一个社区内，业主数量往往很多，许多业主与损害的发生完全没有关系，由该建筑物的全体使用人承担侵权责任，范围过于宽泛。[②] 法律规定由可能加害的建筑物使用人承担责任，实际上也限制了责任主体的范围，即有可能实施加害行为的人才需要承担责任。通过这样一种机制，可以有效地保护受害人，使得受害人避免因为无法证明加害行为人而自担损害。

2. 可能加害的建筑物使用人承担补偿责任的原因

在经调查难以确定具体侵权人的，本条之所以规定由可能加害的建筑物使用人给予补偿，主要是基于如下原因。

第一，对受害人提供必要救济。在高楼抛掷物或坠物致人损害的情况下，常常可能会造成受害人重大的人身伤亡，如果能够通过社会救助对受害人提供救济，无疑是较为妥当的制度设计。但在我国现阶段，由于社会救助制度仍然不健全，对于此种损害不得已还需要通过侵权责任法的规则来救济。高楼抛掷物致人损害一旦发生，其对受害人造成的损害重大，有时甚至是致命的。如果法律对这样的受害人不能提供任何

① 参见全国人大常委会法律工作委员会民法室编：《中华人民共和国侵权责任法条文说明、立法理由及相关规定》，354页。

② 参见谢哲胜：《高层建筑物坠落物致人损害的责任》，载《月旦民商法杂志》，2005（9），140页。

救济，无辜受害人的损失不能得到补偿，还要支付医药费等费用，这对受害人是极不公平的。[①] 由可能加害的建筑物使用人给予补偿，也充分体现了法律的人文精神。

第二，损失分担。从风险负担和分散的角度而言，也应当由可能加害的建筑物使用人给予补偿。从公平分担损失的角度而言，现代侵权法的发展趋势就是从强调制裁过错行为转向强化补偿功能、强化保护受害人，其中比较典型的学说就是所谓的“损失分担理论（loss-shifting）”[②]。按照“损失分担理论”，当某种损害发生以后，法官不应当过多地注重过错的可归责性，而应当考虑行为人和受害人两者之间由谁分担损失更为公平，更为合理。[③] 在抛掷物致人损害的情况下，由可能加害的建筑物使用人补偿是一种损失分担的方式，因为相对于受害人而言，可能加害的建筑物使用人是一个集体，其更具有分担损失的能力，且由众多业主负担的补偿责任相对比较轻，不会给责任人造成生活上的困难。

第三，损害预防。从预防事故发生的角度而言，由可能致害的业主承担责任是最有效率的。侵权责任法在很多情况下实际上实现的是一种风险的分配，合理的风险分配政策也有助于预防损害的发生。由可能加害的建筑人使用人承担责任，这也有利于督促其采取必要的措施预防损害发生，如制定公约、社区宣教、安全检查、树立提请注意的标示、设置栅栏、搭建遮蔽沿棚等，业主可以通过约束住户的行为、装置监视系统查处真正的行为人等各种措施以防止损害，这样可以较低的成本预防损害。[④] 而由受害人负担损失，则无法发挥预防损害功能。

第四，公共安全的维护。公共安全就是公众的安全[⑤]，在无法查明真正的加害人时，如果可能加害的建筑物使用人无须承担责任，就会出现没有人对损害负责的情形，必将进一步引发更严重的道德风险，从客观上鼓励了高楼抛物致人损害行为的发生。在抛掷物或坠物致人损害的情况下，如果由可能的建筑物使用人负责，对于某些人来说也许会损害其利益，但如果有助于维护公共安全，则公共安全的保护应处于优先考虑地位。还要看到，维护公共安全和维护可能加害的建筑物使用人的利益也是一致的。因为小区的公共安全的最大受益者是建筑物使用人。

3. 免责事由

依据本条规定，抛掷物或坠物致人损害免责事由仅限定为“能够证明自己不是侵权人”，这是因为抛掷物或坠物致人损害的主要特点在于难以确定具体侵权人，而一旦能够确定具体侵权人，其就转化为一般的过错责任，或者适用物件致人损害的相关规定。依据本条规定，如果建筑物使用人能够证明自己不是侵权人的，可以被免除责任。从反面解释来看，无法举证排除自己是侵权人的人就是可能加害建筑的使用人。“能够证明”同样要适用诉讼法上的标准，即被告的举证无法达到诉讼法所要求的证明标准，法律上要求建筑物使用人承担举证责任，其要承受举证不能的不利后果。

---

① 参见杨立新：《对建筑物抛掷物致人损害责任的几点思考》，载《判解研究》，2004（2）。

② Geneviève Viney，Traité de droit civil-Introduction à la responsabilité，Paris 2008，at 99.

③ 参见王泽鉴：《民法学说与判例研究》，第2册，165页。

④ 参见谢哲胜：《高层建筑物坠落物致人损害的责任》，载《月旦民商法杂志》，2005（9），137～138页。

⑤ 参见杨立新：《对建筑物抛掷物致人损害责任的几点思考》，载《判解研究》，2004（2）。

4. 可能加害的建筑物使用人承担补偿责任的性质

依据本条第 1 款的规定，经调查难以确定具体侵权人的，由可能加害的建筑物使用人给予补偿，"补偿"不同于赔偿之处就在于，补偿责任通常是指公平补偿，据此，在责任承担上，由可能的建筑物使用人适当分担。适当补偿不是全部赔偿，补偿责任主要是依据具体情形而进行补偿，其往往缺乏具体确定责任的标准，需要法官根据具体案件的情形综合考量。法官在确定补偿数额时需要考虑的因素主要包括：受害人所遭受的损害、双方的经济状况、责任人的受益状况等多种因素。如果受害人受害的程度并不严重，而建筑物使用人人数众多，则每一建筑物使用人承担的数额就相对较少；如果受害人受到的损害重大，而相关建筑物使用人人数较少，则每一建筑物使用人承担的赔偿数额就比较多。另外，双方当事人的经济状况也应当影响责任的确定。如果受害人有一定的负担能力，而建筑物使用人经济能力普遍较弱，则可以考虑受害人自行负担一部分损失。如果受害人的经济状况不佳，无力承担损失，而建筑物使用人的经济能力较强，就可以考虑由建筑物使用人承担大部分损害。

5. 追偿权的行使

《民法典》第 1254 条第 1 款第 3 句规定："可能加害的建筑物使用人补偿后，有权向侵权人追偿。"如果发现了真正的行为人，真正的行为人要承担侵权责任。毕竟损害是由侵权人所致，可能加害的建筑物使用人只是在无法找到具体侵权人的情形下，承担补偿责任。如果能够发现具体的侵权人，应当允许可能加害的建筑物使用人向其追偿，这实际上就是由真正的行为人承担了责任，也符合为自己行为负责的原则。相反，如果不能追偿，反而使真正的行为人逃避了责任。

（三）物业服务企业等建筑物管理人违反安全保障义务的责任

《民法典》第 1254 条第 2 款规定："物业服务企业等建筑物管理人应当采取必要的安全保障措施防止前款规定情形的发生；未采取必要的安全保障措施的，应当依法承担未履行安全保障义务的侵权责任。"这就确立了在高楼抛物或坠物致害的情形下物业服务企业违反安全保障义务的责任。

1. 物业服务企业负有安全保障义务

所谓违反安全保障义务的责任，是指侵权人未尽到法律法规所规定的或合同、习惯等产生的对他人的安全保障义务而产生的责任。在高楼抛物致人损害的情形下，有必要明确物业服务企业违反安全保障义务的责任，主要理由在于：一方面，这是和过错责任相一致的。如果发生在公共区域的物件坠落致人损害，则可以认为，物业服务企业具有过错。因为物业服务企业虽不能保障业主所有物的安全，但是对于公共区域内的安全维持，其仍具有一定的义务。因此，对于由此造成的损害其应当负责。即使是抛掷物致人损害，物业服务企业也可能违反了一定的义务。例如，已经置放的摄像头年久失修或并未开启，则物业服务企业可能具有一定的过错。另一方面，这有利于督促物业服务企业采取必要的防范措施（如安装必要的设备），及时排除安全隐患，以预防损害的发生。由物业服务企业承担责任，有利于形成一种激励机制，预防损害的发生。现代社区一般都由业主自治组织对社区进行管理，业主自治组织通常也都会聘请专业的物业服务企业，由物业服务企业承担责任，相对于单个的业主而言，其更有能力来承担赔偿责任。如果物业服务企业的过错程度较重，则其承担的责任可能较大。物业服务企业补充责任的范围将直接影响可能加害的业主的责任范围，物业服务企业承担的责任越大，就意味着可能加害的业主承担的责任就越小。

物业服务企业的安全保障义务包括了避免自己直接侵害他人的义务和防止或制止他人实施侵害的义务，具体而言：一是保护义务。安全保障义务主要是针对人身的保护义务。例如，物业服务企业对进入小区物业范围内的人，应当提供必要的保护义务，避免其遭受不法的人身侵害。当然，依据《民法典》第 1198 条的规定，其也不限于保护人身权益，也可以保护财产权益。二是警示义务。对物业服务企业而言，如果建筑物的特定区域存在高楼抛物的潜在危险（如某区域事先多次发生高楼抛物事件），则其应当负有一定的警示义务。三是防护义务。此处所说的防护主要是指提供防护措施，对受害人进行保护。例如，对小区内可能发生高楼抛物的区域，物业服务企业应当安装必要的防护设施，或者安装监控摄像设备，以防止高楼抛物事件。在物业服务企业能够证明已经尽到上述安全保障义务的前提下，物业服务企业等建筑物管理人可以免除责任。

2. 未采取保障措施尽到安全保障义务的判断

关于如何判断安全保障义务人是否违反了其安全保障义务，侵权责任编并没有作出明确规定，相关的法律规定和行业标准也没有明确规定如何判断安全保障义务人是否违反了其安全保障义务。从我国司法实践来看，法院在判断行为人是否违反了其安全保障义务时，应当考虑行为人安全保障义务的范围、损害的来源、侵害的强度以及损害预防的能力等多种因素，综合加以判断。① 例如，在某个区域内，如果已经发生高空抛物致人损害的情况，物业服务企业在外墙面是否安装摄像头，等等，对这些因素应当综合考虑各种情况，予以审慎确定。

需要指出的是，物业服务企业违反安全保障义务的责任与物业服务企业的管理人责任不同。例如，如果建筑物公共区域内的墙皮有脱落、坠落的危险时，物业服务企业应当及时消除该安全隐患，否则，如果因墙皮脱落、坠落致人损害，物业服务企业应当承担管理人责任。物业服务企业的管理人责任是一种过错推定责任，而且是一种完全赔偿责任，而物业服务企业违反安全保障义务的责任在性质上属于过错责任，而且该责任并非完全赔偿责任，而是相应的补充责任。

（四）物业服务企业等建筑物管理人应当承担的责任

《民法典》第 1254 条规定未采取必要的安全保障措施的物业服务企业等建筑物管理人，应当承担未尽到安全保障义务的侵权责任，《民法典》第 1198 条的规定，物业服务企业等建筑物管理人应当承担“相应的补充责任”。所谓相应的补充责任，即补充责任人仅在一定限度内承担赔偿责任。所谓相应，是指根据补充责任人的过错程度

① 参见杨立新：《论违反安全保障义务侵权行为及其责任》，载《河南省政法管理干部学院学报》，2006（1）。

和原因力大小确定其责任范围。这就要求根据补充责任人的过错程度与原因力大小确定其责任范围，受害人只能在一定范围内请求其承担责任，而不能要求其承担全部责任。

需要指出的是，可能加害的建筑物使用人的补偿责任和物业服务企业等建筑物管理人的责任可能同时并存，从本条规定来看，其并没有规定物业服务企业的责任和可能加害的建筑物使用人的适当补偿责任之间的先后顺序关系，受害人应当可以选择先后主张这两种责任，或者同时主张这两种责任。

三、公安等机关负有依法及时查清责任人的职责

《民法典》第1254条第3款规定："发生本条第一款规定的情形的，公安等机关应当依法及时调查，查清责任人。"高楼抛掷物件致人损害之所以成为侵权法上一大难题，其中很重要的原因在于，在此种侵权行为致人损害以后，常常难以发现真正的行为人，因为在高楼抛物致人损害的情形，建筑物归属于不同的区分所有人，甚至是成千上万的业主，难以查明具体的行为人。如果能够查明具体的行为人，则该行为只是普通侵权，应当适用过错责任的一般条款确定行为人的责任。例如，在高楼抛物的情形下，如果造成损害发生的是某种装修材料，而该楼中只有某装修公司才使用该建筑材料，则可以认定该装修公司以及相关业主应当对受害人的损害承担责任。而在高楼抛物致人损害的情形，通常无法确定具体的侵权行为人，而只能确定可能的侵权行为人（即可能抛掷物品致人损害的行为人）的范围。高楼抛物致人损害侵权的最大特点并不在于抛掷物本身，而在于难以确定具体的侵权行为人。在过去的司法实践中，曾一度将查清责任人的义务交由受害人进行，这一做法淡化了公安等机关查清责任人的义务，显然不利于高楼抛物问题的解决。在高楼抛物致人损害的情形下，强化公安等机关查找行为人的职责，主要理由在于：

一方面，强化公安等机关查找行为人的职责，有利于确定高楼抛物致人损害责任的责任主体。如前述，高楼抛物致人损害责任最大的特点就是难以确定具体的行为人，这也是确定高楼抛物致人损害责任的难点，由于公安等机关在查找具体行为人等方面具有各种优势（如技术优势），强化公安等机关查询具体行为人的职责，有利于及时发现真正行为人，从而有效解决高楼抛物致人损害的归责难题。

另一方面，强化公安等机关查明具体行为人的职责，有利于防范高楼抛物致人损害事件的发生。高空抛物危害性之严重，事故之频发，除了公众道德意识缺失、对危害认识不足之外，另一个很重要原因就是法律威慑力不足，只有及时查明具体行为人，才能从源头防范此类行为的发生。

此外，在高楼抛物致人损害的情形下，损害的后果往往是非常严重的，可能造成他人的人身伤害、致残甚至致人死亡。由于这种损害给公共安全造成巨大的危害，在绝大多数案件下，这种案件已经构成犯罪，在刑法理论上，对于故意抛物致人损害的行为可以认定为间接故意犯罪，而对于过失抛物致人重伤或者死亡的，也可以认定为过失致人重伤罪或者过失致人死亡罪，因此，公安等机关本应负有进行侦查以确定加害人的义务。而且在高楼抛物致人损害的情形下，受害人在遭受损害后（尤其是遭受

严重的人身损害后），往往难以查明具体的行为人，完全由受害人负担查明具体行为人的义务，可能导致多数案件中都无法查明具体的行为人。

当然，强化公安等机关查明具体行为人的义务，并不意味着免除了受害人查明具体行为人的义务。一方面，高楼抛物致人损害本身也是一种侵权行为，受害人基于侵权提起诉讼，按照谁主张、谁举证的原则，受害人有义务搜集证据，因此其也负有查找加害人的义务。另一方面，在一些情况下，受害人也能寻找到一些证据，如在高楼抛下石子致人损害的场合，受害人可以将石子收集，并通过核对指纹等方式，请求鉴定机构确定加害人。因此，虽然在现有的技术和能力条件下，要求受害人查找加害人无疑是十分具有难度的，但仍然有必要鼓励受害人积极搜集证据，查找加害人。

第四节　其他物件致人损害责任

一、堆放物致人损害的责任

（一）堆放物致人损害的责任的概念

所谓堆放物致人损害的责任，是指因堆放物倒塌、滚落或者滑落造成他人损害而承担的侵权责任。《民法典》第 1255 条规定："堆放物倒塌、滚落或者滑落造成他人损害，堆放人不能证明自己没有过错的，应当承担侵权责任。"这就确立了堆放物倒塌、滚落或者滑落造成他人损害的责任。

所谓堆放物，是指将动产堆积在一起而形成的物。堆放物的特点在于：一是堆放物主要是动产，不动产一般不可能被堆放。堆放物既可能是有用的物，也可能是没有价值的各类物（如垃圾）。二是堆放物通常和土地没有直接的连接。如果是附属于土地和建筑物之上的物，不属于堆放物，而应当是建筑物、构筑物或其他设施。三是堆放物具有临时性。如果是永久堆放，可能要采取与土地牢固连接的方式，而堆放物通常是临时堆放的，如堆放建筑材料等。[①] 四是堆放物具有一定的危险性。堆放物是可能给社会公众造成一定危险的物，正因为其具有一定的危险，有可能因堆放物的倒塌给他人造成损害，所以法律上特别规定了过错推定责任，以强化对受害人的救济。例如，堆放的林木、建筑材料等，都可能因其倒塌而给受害人带来严重的损害。

在堆放物致人损害的情况下，首先是因为堆放物导致他人损害。法律之所以将其规定在第十章"建筑物和物件损害责任"部分，是因为该责任仍是因为物件导致他人损害，责任人所承担的责任是对物的责任。但是堆放物造成他人损害，也是因为堆放人所实施的不当堆放行为所致。例如，堆放人的堆放方法不当，或者堆放后没有进行检查、看护，后来因第三人的原因导致堆放物的倒塌。因此，在堆放人承担责任的情形下，属于堆放人对其行为承担的责任。《民法典》第 1255 条规定，"堆放人不能证明自己没有过错的"，应当承担侵权责任。这实际上表明，立法将其规定为过错推定责任。之所以将堆放物致害责任置于该法第十章，很大程度上也是因为其采过错推定

① 参见王洪亮：《交往安全义务基础上的物件致损责任》，载《政治与法律》，2010（5）。

原则。

（二）责任构成要件

1. 发生了堆放物致人损害的情形。堆放物通常属于动产，这些物品一般是临时堆砌在地面或建筑物上的，没有和地面或建筑物附着在一起。这些物品在没有堆放、垒高的情况下，通常不会给他人造成损害。但如果堆放不当，则可能发生倒塌等致人损害情形。堆放物通常是指危险物品以外的物，如果是危险物品造成他人损害，则属于高度危险责任。堆放物倒塌致害，必须是发生了倒塌事故。在堆放物致人损害的情况下，主要是因为堆放人没有按照有关的操作规程进行堆放的不作为，从而导致堆放物倒塌致人损害。

2. 因堆放物倒塌、滚落或者滑落致人损害。所谓堆放物的倒塌、滚落或者滑落，是指堆放物因重力作用而发生的倒塌、滚落、滑落等。[①] 具体而言：一是倒塌，是指堆放物整体坍塌致人损害。例如，堆放的建筑材料突然倒塌，造成路过的车辆、行人损害。二是滚落，是指堆放物因各种原因翻滚致他人损害。例如，伐木场堆放的木头滚落导致他人损害。三是滑落，通常是指固定在某个物体上的物体脱落而造成滑落，并造成他人损害。例如，捆绑住的建筑材料，因为绳索脱落，导致建筑材料滑落，造成他人损害。

此处所说的损害仅仅限于由于堆放物的倒塌、滑落行为本身而直接造成的他人人身或财产的损害。例如，堆放物倒塌、滑落砸中汽车、行人，造成财产或人身损害。如果堆放物的倒塌、滑落砸中高压电线而导致行人伤亡发生，此时受害人应当依照高度危险责任追究危险作业人的责任，而不能直接追究堆放人的责任。堆放物倒塌致他人损害，包括人身损害、财产损害和精神损害。这里所说的“他人”是指堆放人以外的人，如果是共同堆放人之一遭受了损害，其不能向其他堆放人请求赔偿，因为堆放物致人损害责任的保护范围不包括共同堆放人。

在堆放物倒塌、滚落或者滑落致人损害的情况下，堆放物倒塌与损害之间应当存在因果关系。如果堆放物倒塌与损害之间没有因果关系，则不适用该责任。例如，堆放物倒塌以后，行人被物品绊倒，则不属于堆放物致害责任。

3. 堆放人不能证明自己没有过错。堆放人可能是物的所有人，也可能是物的管理人。堆放物致人损害的责任是过错推定责任，因此，责任的承担必须以堆放人不能证明自己没有过错为前提。堆放物一般均由堆放人进行控制、管理，堆放物的倒塌大多是因为堆放人行为不当造成的，因此，在损害发生后，法律推定堆放人存在过错，而由其承担证明自己没有过错的举证责任。在认定堆放人是否具有过错时，应当采取合理人标准来判断堆放人是否尽到注意义务。按照合理人的标准，堆放人是否合理选择堆放地点、堆放高度，并看管好堆放的物品，防止被他人随意挪动、攀爬（特别是未成年人）等。确定堆放人是否尽到义务，应当考虑堆放物是否具有危险性、堆放物的位置是否合适、堆放的方式是否合理、是否排除了危险的发生，等等。[②] 如果法律

① 参见奚晓明主编：《〈中华人民共和国侵权责任法〉条文理解与适用》，583 页。

② 参见周友军：《侵权责任认定：争点与案例》，290 页。

法规等对其作出了规定，则要依据法律法规的规定来认定其有无过失。

（三）免责事由

依据《民法典》第 1255 条等规定，堆放人在不能证明自己没有过错的情况下，就应当承担责任。问题在于，如何具体确定堆放人没有过错？一般认为，堆放人不能简单地以自己在堆放活动时已经注意到堆放行为的安全性，或已按照相应的操作规程从事堆放活动等为由，而要求免责。因为一方面，堆放行为本身具有一定的危险性。虽然这种危险没有高度危险物致人损害中的危险程度那么大，但其仍然有相当的危险性。另一方面，社会公众对于堆放物的安全性有一定的社会信赖，正是因为相信这些堆放物是安全的，故社会公众才可能从堆放物边经过或从事某种活动。基于此点考虑，法律要求堆放人承担较重的安全注意义务，也符合社会通常的认知观念。此外，因为堆放活动完全是在堆放人的控制下完成的，如果仅仅凭借其已经在堆放活动中注意到了若干安全注意义务，即可使堆放人免责，可能导致堆放人能轻易地举证证明其没有过错而被免责。

堆放人如何能够证明自己没有过错呢？本书认为，应当从下面几点考虑。

第一，完全是因为第三人的原因引起的。过错推定不同于严格责任在于，因第三人的原因导致损害，行为人可以免责。如果堆放人可以证明损害是因第三人的原因造成的，就可以免于承担责任。例如，因为某人故意拨弄堆放物，或为了致他人损害而推倒堆放物，就应当由第三人承担责任。堆放人还必须证明，其已经尽到了堆放的注意义务，堆放物的倒塌、滑落完全是由第三人的原因造成的。例如，在“刘某诉巩义市回郭镇人民政府物件损害责任案”中，法院认为：“本案为物件损害责任纠纷，依照《侵权责任法》第 88 条之规定，堆放物倒塌造成他人损害，堆放人不能证明自己没有过错，应承担侵权责任。被告建兴公司无证据证明事故的发生是因原告偷盗道牙石或其他主观故意造成，同时被告建兴公司未在工地上安装路灯，路边堆放的道牙石周围未设防护栏，也没有警示标志，对事故的发生有过错，应承担主要责任。”[①]

第二，因受害人自身的行为导致损害后果。如果堆放物倒塌、滑落完全是因为受害人自身原因造成的，堆放人对此并无过错，则应当由受害人自己承担责任。例如，某个案件中，由于受害人违章挖掘，导致地面下沉，使旁边堆放的物品倒塌导致其受伤，则应当由受害人自己承担责任。如果受害人虽然受到伤害，但其自身原因并不是该损害发生的主要原因时，堆放人仍然要承担相应的责任。

第三，不可抗力。如果堆放物倒塌、滑落是因为地震、山洪暴发等不可抗力的原因造成的，堆放人也可以被免责。对于因意外事件发生堆放物致人损害，堆放人能否免责？本书认为，意外事件是堆放人可以预见的，既然其已经预见到意外事件，却没有采取相应的措施避免损害，就应认定其具有过错。例如，在马路边上堆放的玻璃瓶，因为突发的大风使其滑落，造成他人伤亡的，堆放人不能因此免责。

（四）责任主体

依据《民法典》第 1255 条规定的规定，堆放物倒塌、滚落或者滑落致人损害的

① 河南省巩义市人民法院（2013）巩民初字第 540 号民事判决书。

责任主体是堆放人。堆放人不仅仅限于直接从事堆放活动的当事人，对于堆放时间、场所、地点、方式等进行安排、指示的当事人，也应当属于此处的"堆放人"。凡是从事堆放行为的人都可以称为"堆放人"，均需要对受害人承担责任。具体来说，堆放人包括如下几种：一是实际堆放人，即将物品实际进行堆放，直接完成堆放行为的人。二是指示堆放人，即指挥实际堆放人从事堆放行为，对于堆放的场所、方式、时间等进行安排的人。如果实际堆放人能够证明其堆放行为完全是根据所有人、管理人的指示进行的堆放行为，则应当由堆放物的所有人、管理人承担责任，因为此时所有人或管理人就是堆放人。三是其他应当对于堆放负责的人。例如建筑物施工场所的施工人，应当对于堆放物的堆放进行监督、管理，故也应当承担相应的责任。

关于堆放物的所有人或管理人是否应当负责，值得探讨。尤其是在堆放物的所有人和堆放人并不一致时①，是否可以援引所有人负责的规则？本书认为，堆放物的所有人或管理人如果具有过错，也应当负责。例如，某种特殊的物需要采用特殊的堆放方式，以保证堆放的安全，但是，物的所有人没有告知堆放人，这就对堆放物致人损害也存在过错。对于此种情形，应当适用《民法典》第 1165 条第 1 款的规定。但在判断所有人是否有过错以及是否应当承担责任时，应当注意以下几点。

第一，所有人是否已经明确告知了物的堆放应当注意的事项，提醒堆放人尽到必要的注意义务。

第二，所有人是否已经失去了对堆放物的控制。如果所有人将自己的物品交给他人运输、保管等，他人直接占有、控制物品，直接从事堆放行为，所有人已经不再直接控制这些物品，故应当由堆放人对于由此造成的损害承担责任。如果所有人对于堆放的物品仍然负有监督、检查等责任的，那么仍然对这些物品有一定的控制能力，也应当对由此引起的损害承担责任。

第三，要考察堆放人是否独立实施了堆放行为，即堆放人是按照所有人的意愿进行堆放，还是独立地按照自己的意愿从事堆放活动。如果实际堆放人是按照所有人的指示从事堆放活动的，仍然应当将所有人视为堆放人，由所有人承担责任。

二、公共道路上的物品致害责任

（一）公共道路上的物品致害责任的概念

所谓公共道路上的物品致害责任，是指因在公共道路上堆放、倾倒、遗撒妨碍通行的物品造成他人损害，有关单位或者个人应当承担的侵权责任。公共交通的发展必然要求维护道路的畅通和安全状况，以避免因道路上的物品致人损害。尤其是公共道路的使用频率较高，通行车辆较多且车速较快，一旦路面出现障碍物，就可能引发事故，甚至导致严重的追尾、碰撞、翻车等事故，造成人员伤亡、财产损害和公共交通的堵塞。鉴于实践中公共道路上的物品致害的案件时有发生，有必要在立法上作出规定。因此，《民法典》第 1256 条规定："在公共道路上堆放、倾倒、遗撒妨碍通行的

① 参见周友军：《侵权责任认定：争点与案例》，291 页。

物品造成他人损害的，由行为人承担侵权责任。公共道路管理人不能证明已经尽到清理、防护、警示等义务的，应当承担相应的责任。”这就确立了公共道路上物品致人损害责任，其对于维护交通安全、保障受害人权益具有重要意义。例如，在“江宁县东山镇副业公司与江苏省南京机场高速公路管理处损害赔偿纠纷上诉案”中，法院认为，养护公路、对公路进行巡查并清除路上障碍物，是上诉人高速公路管理处应尽的职责和义务，以南京机场高速公路的现代化条件，足以保证高速公路管理处能够对路面异常情况及时发现并清除。高速公路管理处虽然举证证明其已按路政管理制度履行了巡查义务，但不能据此证明已达到保障公路安全通行的目的。此次事故的发生，足以证明高速公路管理处疏于巡查，应当承担损害赔偿责任。[①]

公共道路上的物品致害责任的特点在于：

第一，它是针对在公共道路上发生的损害的责任。这就是说，此种责任在损害发生的场所方面具有特殊性，如果是在其他场所发生的损害，不适用此种责任。因为公共道路属于公共场所，需要对其上的物品致害予以规范，从而维护公众安全。关于“公共道路”的理解，可以结合《道路交通安全法》第 119 条的规定来理解，即公共道路主要包括如下类型[②]：一是公路，包括国道、省道、市际通行道路和乡村通行道路等；二是城市道路，包括城市环线在内的各种城区通行道路；三是单位管辖范围内但允许公众通行的道路。《民法典》第 1256 条特别强调“公共道路”，这意味着其不能适用于非公共道路，即不允许公众通行的道路。例如，禁止他人通行的私人场所，或小区内禁止任意通行的道路，都不属于公共道路。

第二，它是因公共道路上实施的致害行为所产生的责任。它针对的行为是特定的，即在公共道路上堆放、倾倒、遗撒妨碍通行的物品造成他人损害的行为。如果是除此之外的行为导致他人损害（如在公共道路上飙车导致他人受伤），公共道路的管理人等不承担责任。法律之所以特别规定了堆放、倾倒、遗撒妨碍通行的物品致害的情形，既因为此类行为频繁发生，也因为此类行为妨碍了道路的通行，可能造成不特定人的损害。

第三，责任主体具有多样性。依据《民法典》第 1256 条规定，责任主体包括两种：一是堆放人、倾倒人、遗撒人。在公共道路上堆放、倾倒、遗撒妨碍通行的物品造成他人损害的，由行为人承担侵权责任。二是公共道路管理人。如果其不能证明已经尽到清理、防护、警示等义务的，应当承担相应的责任。

第四，责任类型具有多样性。《民法典》第 1256 条规定的公共道路上物品致害责任是两种类型责任的结合：一是堆放人、倾倒人、遗撒人在公共道路上堆放、倾倒、遗撒物品致他人损害的责任，二是公共道路管理人的责任。这两种责任在性质上是不同的，责任的归责原则和构成要件也不相同。即使就前一种形态而言，也分为三种行为，即堆放、倾倒、遗撒行为。这三种行为的责任类型也有所区别，例如，堆放、倾

① 参见《最高人民法院公报》，2000（1）。

② 《道路交通安全法》第 119 条第 1 项规定：“‘道路’，是指公路、城市道路和虽在单位管辖范围但允许社会机动车通行的地方，包括广场、公共停车场等用于公众通行的场所。”

倒一般是故意行为，而遗撒一般是过失行为，这三种行为对于公共道路的妨碍程度也不一样。

（二）归责原则

《民法典》第1256条在规定在公共道路上堆放、倾倒、遗撒物品的行为人的责任时，采取了严格责任原则，即只要行为人实施了上述行为，造成受害人损害的，不论其是否具有过错，都应当承担责任。本条之所以规定在公共道路上堆放、倾倒、遗撒物品的行为人承担严格责任，主要是因为，公共道路的主要功能在于公共通行，关系到公共安全，行为人在实施堆放、倾倒、遗撒等行为时，应当知道其行为将影响公共安全。也就是说，除非行为人能够证明损害后果是因不可抗力或者第三人行为造成的，否则其就要承担责任。当然，在损害是因第三人行为造成的情形下，应当将第三人认定为行为人，由其承担严格责任。

依据《民法典》第1256条规定，公共道路管理人的责任采过错推定原则，之所以采过错推定原则，主要是因为，公共道路管理人本身具有管理公共道路的职责，具有养护公共道路、警示行为人的义务；在行为人实施堆放、倾倒、遗撒行为时，公共道路管理人具有及时清理的义务。如果公共道路管理人没有尽到上述义务，则应当对其行为承担责任。

（三）责任构成要件

1. 堆放人、倾倒人和遗撒人的责任构成要件

第一，必须在公共道路上实施致害的行为。公共道路上的物品致害责任，首先必须发生在公共道路上。公共道路是用于公众通行的道路，其核心判断标准在于，道路是否允许公众通行。在认定公共道路时，不考虑其是否封闭，也不考虑其是否收费。在公共道路上遗撒任何物品都可能影响公共通行和交通安全。如果并非在公共道路上堆放、倾倒、遗撒物品，则不适用该规定。例如，堆放物距离马路有一定的距离，并非在公共道路上堆放，骑车人不小心离开公路而撞上堆放物，有可能构成堆放物致害的责任，但不适用本条的规定。

第二，行为人在公共道路上实施了堆放、倾倒、遗撒物品的行为。具体来说包括如下三种行为：（1）堆放妨碍通行的物品。它是指在公共道路上放置妨碍通行的物品。例如，某商场利用公共道路装卸货物、堆放货物，这就给过往车辆、人群造成巨大安全隐患。即使因建设等特殊需要，在城市道路两侧和公共场所临时堆放物料，也需要经过有关部门同意，否则容易造成损害。（2）倾倒妨碍通行的物品。倾倒在性质上大多是一种抛弃行为，而且主观上都是故意的，例如，在公共道路上倾倒垃圾、废水等妨碍道路通行，引发交通事故。（3）遗撒妨碍通行的物品。它是指在公共道路上遗失或撒落物品。例如，运输建筑废料的大卡车在运输途中将运输的泥土等遗撒在道路上，妨碍交通，造成损害。堆放、倾倒、遗撒的物品的范围十分宽泛，只要是可能造成他人损害的物品，都可以纳入本条的调整范围。行为人既可能是物品的所有权人，也可能是物品的管理人，但该条主要是为了保障通行安全而设置的制度。

第三，因堆放、倾倒、遗撒妨碍通行的物品造成他人损害。即便行为人在公共道

路上实施了堆放、倾倒、遗撒物品的行为，但如果没有造成他人损害，行为人也无须依据该条规定承担责任。这里的损害包括两个方面：一是人身损害。例如，受害人骑摩托车时撞上了堆放物，导致人身伤亡。二是财产损害。例如，受害人驾车撞到遗撒物，导致汽车受损。此处的“他人”损害是指对堆放人、倾倒人、遗撒人之外的他人造成的损害。另外，损害应当与堆放、倾倒、遗撒等行为之间有因果联系。此处因果关系的判断并非一定要求物品与受害人之间发生物理上的接触。例如，汽车驾驶人因避让公路上的堆放物，而撞到路边的建筑物上，此时，虽然两者没有物理上的接触，也应当认定因果关系的存在。

第四，行为人实施堆放、倾倒、遗撒物品的行为与受害人损害后果之间具有因果关系，即因行为人堆放、倾倒、遗撒物品的行为造成了受害人的损害。

2. 公共道路所有人或管理人的责任构成要件

从《民法典》第1256条规定来看，公共道路管理人未尽到管理职责，也要承担相应的补充责任。据此，此类责任的构成要件如下。

第一，公共道路管理人没有尽到清理、防护、警示的义务。公共道路的所有人或管理人没有尽到管理职责。公共道路的所有人或管理人与堆放人、倾倒人或遗撒人不是同一主体，如果道路的所有人或管理人自己堆放、倾倒或遗撒物品，则其应当被认定为堆放人、倾倒人或遗撒人，从而承担相应的责任。这就是说，对于公共道路所有人或管理人的责任而言，应当以公共道路上堆放、倾倒、遗撒妨碍通行的物品导致他人损害为前提。公共道路的所有人或管理人没有尽到管理职责，就表明其具有过错。需要指出的是，公共道路的类型不同，公共道路管理人的义务也存在差别，例如，收费公共道路的管理人的管理义务就应当高于免费的公共道路的管理人。

第二，受害人遭受损害。本条规则主要救济遭受损害的受害人，如果受害人没有遭受损害，则公共道路管理人也无须依据本条规定承担责任。

第三，受害人的损害与公共道路管理人没有尽到管理义务之间存在因果关系。如果受害人的损害是因其他原因造成的，则公共道路管理人也无须承担责任。在“李某等4原告诉北京市公路局顺义分局一案”中，原告驾驶一辆农用运输车，行至顺义区某公路段时，与堆放在公路中心隔离带南侧的渣土堆相撞，造成农用车翻车，乘车人李某之妻死亡。法院认为，被告对该公路负有养护、路政管理、监督检查等职责，由于管理疏忽未能及时清除公路上渣土导致交通事故的发生，被告对此负有相应的责任，对原告的损失应当予以赔偿。①

（四）责任的承担

1. 堆放人、倾倒人、遗撒人的完全赔偿责任。损害是直接因堆放人等堆放、倾倒、遗撒物品造成的，因此，其应当承担完全赔偿责任。但如果车辆驾驶者已经看到道路上存在堆放物、倾倒物、遗撒物，并且可以轻易避开，而因为疏忽大意未能避开，则表明其主观上也具有过错，在此情形，应减轻侵权人的责任。

① 参见北京市顺义区人民法院（2003）顺民初字第4687号民事判决书。

2. 公共道路的所有人或管理人承担相应的责任。公共道路的所有人，是指对公共道路享有所有权的人。通常来说，公共道路的所有人是国家或地方政府。而管理人是指依法对公共道路负有管理职责的人。在我国，公共道路的管理人往往是公路局等国家机关。管理人对公共道路负有管理职责，但其通常要通过其工作人员来履行管理职责。例如，公路局将特定路段的清扫工作分配给其工作人员。

公共道路的所有人或管理人所要承担的责任并非完全赔偿责任，而是相应的责任。"相应的责任"可以从两个方面理解：一方面，它不是连带责任。凡是法律规定承担连带责任的，应当设置明确的规则。在连带责任中，每一个人都是终局责任人，承担责任的人只能就超出其应承担份额的部分要求其他连带责任人承担责任。但依据《民法典》第1256条的规定，只有堆放、倾倒、遗撒障碍物的人才是终局责任人，公共道路的所有人或管理人并非终局责任人，其不应与堆放人等共同承担连带责任。如果要求公共道路的所有人或管理人（如市政管理者、城市环卫部门等）承担连带责任，则对它们过于苛刻。从立法目的上看，该规定之所以要求所有人或管理人承担责任，主要是为了在无法发现终局责任人时为受害人提供一定的救济，但并非完全赔偿。另一方面，所谓相应，是指责任的范围应与其过错程度和原因力相适应。公共道路的所有人或管理人应依据其过错程度、对于损害后果所发挥的作用等综合考量，确定其应当承担的责任。

三、林木折断致人损害责任

（一）林木折断致人损害责任概述

所谓林木折断致人损害责任，是指树木倾倒、折断或者果实坠落致人损害，依法由所有人或管理人承担的侵权责任。《民法典》第1257条规定："因林木折断、倾倒或者果实坠落等造成他人损害，林木的所有人或者管理人不能证明自己没有过错的，应当承担侵权责任。"这对于规范林木折断致人损害的责任，强化对公共安全的保护和对受害人的救济等，都具有重要意义。林木折断致人损害的责任的特点是：

第一，必须是因为林木折断、倾倒或者果实坠落等致人损害。在侵权责任编中，林木折断、倾倒或者果实坠落等致人损害的责任之所以要进行类型化的规定，一方面是因为考虑到其具有较大的危险性，尤其在公共道路等公共场所，发生林木折断、倾倒或者果实坠落等，可能导致比较严重的损害。另一方面，林木折断、倾倒或者果实坠落等会对社会公众安全造成威胁。林木虽然并非都处于公共交通领域，但是从导致损害的林木折断、倾倒或者果实坠落等来看，大多是交通道路边上的林木折断导致的损害。

第二，它大多是不作为侵权责任。尽管林木折断、倾倒或者果实坠落等常常是因为自然原因，如因为刮风、下雨、自然的更替等而使得林木的枝叶折断坠落，并因此造成他人损害，或者因为树木枯死而折断坠落致人损害；但在这些情况下，大多是因为林木的所有人或管理人没有及时剪除、防护等，最终导致受害人的损害，林木的所有人或管理人并没有实施积极的加害行为。因此，林木折断、倾倒或者果实坠落等致人损害责任大多是不作为侵权责任。

第三，它的责任主体具有多样性。林木可以是私人所有的，也可能是国家所有的。与其他物件不同，有些导致损害的林木属于国家所有。例如，栽植在公共道路旁边的林木，通常属于国家所有。由于我国《国家赔偿法》对于国家所有的林木折断、倾倒或者果实坠落等导致损害没有规定，解释上应当认为其属于侵权责任法的适用范围。具体管理林木的国家机关是《民法典》第 1257 条中的“管理人”。

（二）归责原则

林木折断、倾倒或者果实坠落等致人损害的责任采用的是过错推定责任。一方面，从文义解释来看，《民法典》第 1257 条的规定实际上是典型的过错推定责任的表述。另一方面，林木折断、倾倒或者果实坠落等致人损害责任之所以被置于侵权责任编第十章“物件损害责任”部分，也是考虑到其是过错推定责任。此外，我国法律之所以对其采过错推定而不是过错责任，主要是基于林木的危险性考虑，即林木较之于其他物，具有与建筑物、构筑物或者其他设施类似的危险性，因而在归责原则上也应当采取与之类似的归责原则，从而强化对受害人的保护。

（三）林木折断、倾倒或者果实坠落等致人损害责任的构成要件

1. 发生了林木折断、倾倒或者果实坠落等的事实。构成林木折断、倾倒或者果实坠落等致人损害的前提是发生了林木折断的事实。此处的林木既可以是人工种植的，也可以是自然生长的。当然，林木的折断、倾倒或者果实坠落等必须是因自然原因折断、倾倒或者果实坠落等，才可能构成林木折断、倾倒或者果实坠落等致人损害的责任，如果行为人故意折断林木，或者造成林木倾倒或者果实坠落等致人损害，则应属于一般侵权。例如，某人躲在树上，将林木折断伤害他人，则不应当适用本条规定。

此外，如果在林木折断、倾倒或者果实坠落等以后，树枝、果实等堆放在公路上，妨碍交通、绊倒他人，在此情况下，可能适用《民法典》第 1256 条关于公共道路堆放物致人损害的责任。所以，林木折断、倾倒或者果实坠落等以后因树枝、果实绊倒他人，不属于林木折断、倾倒或者果实坠落等致害责任的适用范围。

2. 造成他人损害。原则上，林木折断、倾倒或者果实坠落等致人损害的责任应当以损害后果的出现为前提，也就是说，必须造成了现实的损害。这里所说的损害既包括财产损害，也包括人身损害。例如，林木倾倒压坏他人的汽车，就侵害了他人的财产权。如果林木折断、倾倒或者果实坠落等并未造成他人损害，而只是危及他人人身、财产安全，能否构成林木折断致人损害责任？本书认为，由于此种情形下并不存在现实的损害，因而不属于林木折断、倾倒或者果实坠落等致人损害责任，而可以适用《民法典》第 1167 条的规定，即“侵权行为危及他人人身、财产安全的，被侵权人有权请求侵权人承担停止侵害、排除妨碍、消除危险等侵权责任”。

3. 林木的所有人或管理人不能证明自己没有过错。《民法典》第 1257 条规定，林木的所有人或管理人不能证明自己没有过错的，应当承担侵权责任。此处所说的过错，是指在管理维护林木的过程中违反了其应尽的注意义务。例如，对于摇摇欲坠的

树枝应当及时修剪而未修剪，对于有可能被大风吹倒的树木要进行加固而没有加固，对于成熟的果实应当及时采摘而没有采摘。在“中山市大涌镇香格尔花木园艺场与钟某林木折断损害责任纠纷再审案”中，法院认为，香格尔花木场用美植袋包裹树木根部将树木假植于花木场内，树木根部并未实际埋入地下，事发当时正处于台风期间，香格尔花木场应当预见到根部假植的树木很容易被台风刮倒，但却疏于加固和防护，后因此导致受害人损害，因此应承担主要责任。①

林木的所有人或管理人不能证明自己没有过错，就应当承担责任。林木的所有人或管理人能够证明自己没有过错，主要包括如下几种情形：一是因受害人的原因导致林木折断、倾倒或者果实坠落等致其损害。例如，受害人偷伐林木，导致被倒下的林木砸伤。二是完全由第三人造成林木折断、倾倒或者果实坠落等致害。例如，第三人为了报复受害人，将林木砍倒，砸坏受害人的汽车。三是不可抗力。一般来说，林木的所有人或管理人仅仅证明意外事件，如狂风暴雨、暴雪等的存在，并不能表明其没有过错。除非林木的所有人或管理人能够证明不可抗力的存在（如地震、山洪），其才能免于承担责任。

如果林木的所有人或管理人仅证明受害人具有一般过错，甚至重大过错，能否免责？例如，在“王某诉千阳县公路管理段人身损害赔偿案”中，被告认为，原告冒风出行，被折断的树枝砸伤，其本身也有过错，但法院认为，此种抗辩不能成立。② 本书认为，在林木折断、倾倒或者果实坠落等致人损害的案件中，即使受害人具有一般过错，甚至重大过错，也不能免除林木的所有人或管理人的责任，因为毕竟受害人无法预见到林木的折断、倾倒或者果实坠落等。

（四）林木折断、倾倒或者果实坠落等致人损害责任的承担

《民法典》第 1257 条规定：“因林木折断、倾倒或者果实坠落等造成他人损害，林木的所有人或者管理人不能证明自己没有过错的，应当承担侵权责任。”因此，在林木折断、倾倒或者果实坠落等的情况下，承担责任的主体是所有人或管理人。具体来说：一是所有人。此处所说的所有人认定应当与物权编的规则保持一致。所有人就是对林木享有占有、使用、收益、处分的权利的人。二是管理人。这里所说的管理人，不包括受委托为他人维护、管理林木的人，而具有特定的含义，即管理国家所有的林木的国家机关、事业单位等。因国家所有的林木导致他人损害，应当由管理人承担责任，国家不能直接承担责任。在所有人、管理人都负有责任时，受害人有权选择责任主体。

在林木折断、倾倒或者果实坠落等的情况下，有可能同时产生物权请求权。例如，甲的果树被风吹倒在乙使用的土地之上，果实洒落一地，由于倒落的果树构成对乙土地使用权的妨碍，所以乙有权要求甲搬走树木，排除妨碍。如果倒落的果树同时造成了乙其他财产的损害，乙仍有权请求甲承担侵权损害赔偿责任。在这种情况下，乙可以同时主张物权请求权和侵权损害赔偿请求权。

---

① 参见广东省高级人民法院（2013）粤高法民一申字第 866 号民事裁定书。

② 参见《最高人民法院公报》，1990（2）。

四、地面施工致害责任

（一）地面施工致害责任的概念和特征

所谓地面施工致害责任，是指在公共场所或者道路上挖坑、修缮安装地下设施等，没有设置明显标志和采取安全措施造成他人损害的，施工人应当承担的侵权责任。《民法典》第1258条第1款规定："在公共场所或者道路上挖掘、修缮安装地下设施等造成他人损害，施工人不能证明已经设置明显标志和采取安全措施的，应当承担侵权责任。"严格地说，地面施工致害责任并不是典型的物件致人损害的责任，因为在此类情形中造成损害的原因主要不是所有人或管理人的物件，而是施工过程中没有设置明显标志或采取安全措施。但因为施工活动与物件具有密切的联系，而且其仍然适用过错推定，所以侵权责任法编将其置于"建筑物和物件损害责任"一章中加以规定。地面施工致害责任的特征主要表现在：

第一，它主要是不作为侵权责任。地面施工致害责任是比较典型的不作为侵权责任。在此责任中，行为人违反了其作为义务，从而应当承担侵权责任。地面施工致人损害的案件，是由于施工人没有设置明显标志和采取安全措施而导致的。因而，施工人并没有实施积极的侵权行为，其只是没有采取措施避免损害的发生，因此属于不作为侵权。在确定地面施工致人损害的责任时，应当确定施工人的具体作为义务，以及其是否违反了作为义务。①

第二，它是在公共场所施工造成损害的责任。地面施工致害责任的适用范围限于地面施工，即"在公共场所或者道路上挖坑、修缮安装地下设施等"活动。之所以将该条限定于地面施工，是因为地面是人们经常聚集和活动的场所，在这些场所施工，稍有不当，则极易造成他人损害。② 因此，有关法律法规对于公共场所和道路上的施工人都规定了相应的义务。例如，1996年国务院颁布的《城市道路管理条例》第24条规定："城市道路的养护、维修工程应当按照规定的期限修复竣工，并在养护、维修工程施工现场设置明显标志和安全防围设施，保障行人和交通车辆安全。"《民法典》对其作出规定，也主要是为了保障公众安全。因为公共场所是不特定人聚集、通行的场所，在这种场所施工，很有可能对他人造成损害，需要更加注意保护他人的安全。③

第三，其本质上是行为致人损害，而不是物件致人损害。地面施工致害的责任在本质上不属于物件致人损害而属于行为致人损害，因为此种损害是由于施工行为不当所致的。之所以将其列入"物件致人损害"一章中，主要原因在于：一方面，在归责原则上，地面施工致人损害的责任采用的是过错推定责任。另一方面，从实质上看，施工未设置警示标志致人损害和未采取安全措施，虽然是不作为的行为，应置于不作

---

① 参见周友军：《侵权责任认定：争点与案例》。

② 参见张新宝：《侵权责任法原理》，456页。

③ 参见全国人大常委会法制工作委员会民法室编：《中华人民共和国侵权责任法条文说明、立法理由及相关规定》，362页。

为侵权的范畴，但是仍然属于行为致害的范畴。

（二）地面施工致人损害责任的归责原则

《民法典》第1258条第1款规定："在公共场所或者道路上挖掘、修缮安装地下设施等造成他人损害，施工人不能证明已经设置明显标志和采取安全措施的，应当承担侵权责任。"据此可见，地面施工致人损害责任是一种过错推定，即在施工造成损害的情况下，必须由施工人来证明其已经设置明显标志和采取安全措施。如果其不能举证证明这一点，则应当承担赔偿责任。

《民法典》第1258条第1款在规定施工人的责任时，改变了《侵权责任法》第91条的规定，对施工人采取了过错推定责任原则，主要原因在于：一方面，公共场所是人们经常聚集、通行的地方，施工人在施工时，有义务设置明显标志，采取安全措施。另一方面，采用过错推定原则也有利于及时查明真相，并有利于对受害人提供救济。因为在施工现场，施工人最有能力证明其是否尽到了设置明显标志、采取安全措施的义务，由其负担证明义务，有利于及时查明案件真相。同时，受害人对施工人是否尽到义务往往难以证明，因此，采用过错推定原则，也有利于减轻受害人的举证负担，更有利于对其进行救济。

（三）责任构成要件

1. 必须从事了地面施工活动。地面施工致害责任的适用对象就是"地面施工活动"，按照《民法典》第1258条第1款的规定，地面施工包括"在公共场所或者道路上挖坑、修缮安装地下设施等"。虽然本条列举了两种地面施工活动，即挖坑和修缮安装地下设施，但其使用了"等"字，这表明其所规范的地面施工不限于法律规定的情形。从实践来看，地面施工活动，主要是指因挖坑、掘井、开渠、埋设地下设施、开启下水道入口等由地面向下进行的，会破坏地面原来地形的施工。① 地面施工与《民法典》第1240条所规定的"地下挖掘"不同，在地下挖掘的情况下，挖掘人并不在地面上施工，而在地下施工。

2. 因地面施工造成他人损害。地面施工必须造成了他人损害，受害人才能依据《民法典》第1258条第1款请求赔偿。这里所说的他人，应当是指施工人以外的人，包括自然人、法人和其他组织。而且他人也不包括施工人的雇员。因为施工人的雇员遭受损害，应当适用关于工伤事故的法律规范。② 另外，损害应当包括财产损害和人身损害。但施工形成的危险是否属于此处所说的"损害"？本书认为，如果仅仅形成了危险，而没有造成特定民事主体的损害，就无法确定请求权人，其不应当适用《民法典》第1258条的规定。

3. 施工人不能证明已经设置明显标志和采取安全措施。施工人在进行地面施工时应当设置明显标志和采取安全措施。这实际上设定了一项作为义务，即任何人在公共场所、道旁或者通道上挖坑、修缮安装地下设施时，应当设置明显标志和采取安全

① 参见房绍坤等：《民商法原理（三）》，473页，北京，中国人民大学出版社，1999。
② 参见王利明等：《中国侵权责任法教程》，427页。

措施，这是施工人依据我国法律法规所应当承担的法定义务。[①] 如果发生损害之后，施工人不能证明已经设置明显标志和采取安全措施，就表明其具有过错，并应当承担责任。

具体而言：一是设置明显标志，即施工人通过各种方式，设置让潜在的受害人足以观察到的标志，以提示施工现场的危险。在审判实践中，法院认为，施工单位不仅要设置警示标志，且警示标志必须足以防止事故的发生。[②] 这就意味着标志必须是明显的、醒目的，能够达到提醒他人注意的程度。二是采取安全措施，即施工人采取设置标志以外的措施，以避免潜在的受害人接触危险。这里所说的措施不仅应当针对一般人是安全的，而且针对特殊人群（如盲人、聋哑人、未成年人）也应当是安全的。[③] 施工人是否设置了明显标志和采取了安全措施，应以事故发生时的状态为准。如果施工人设置了标志和采取了措施，但由于其设置的标志不明显、采取的措施尚未达到足以保障他人安全的程度，造成他人人身损害的[④]，施工人仍应承担民事责任。例如，在“孙某诉扬州市江都区公路管理站等健康权案”中，法院认为，受害人应当知道该路段路面在维修，但未尽驾驶安全注意义务，是造成该事故的直接因素，故应负事故的主要责任；被告路桥公司作为施工作业单位应当在距离施工作业地点来车方向安全距离处设置明显的安全警示标志，采取防护措施，但路桥公司夜间在该路段虽设置了警示标志，但不明显，并且未采取防护措施，致使原告在施工路段摔倒受伤，亦是造成该事故的原因之一，故路桥公司应负事故的次要责任。[⑤]

《民法典》第 1258 条第 1 款关于应当设置明显标志和采取安全措施的规定，采用了“和”，表明必须同时具备这两项要件，才能表明施工人没有过错，并可以免除责任。如果只是具备其中一项，不能被免责。例如，被告在公路边上施工，挖掘深坑，并且已经设置了明显标志。但受害人晚上骑车时，无法看见标志，坠入坑中并遭受了损害。在此情况下，不能认为施工人已经设置了明显标志就可以免责，其还必须采取安全措施，以防止他人坠入施工场所。

（四）责任的承担

依据《民法典》第 1258 条第 1 款，该种责任责任主体是施工人。所谓施工人，是指接受施工任务并组织施工作业的组织或个人。施工人并不包括具体进行施工作业

① 例如，《道路交通安全法》第 105 条规定：“道路施工作业或者道路出现损毁，未及时设置警示标志、未采取防护措施，或者应当设置交通信号灯、交通标志、交通标线而没有设置或者应当及时变更交通信号灯、交通标志、交通标线而没有及时变更，致使通行的人员、车辆及其他财产遭受损失的，负有相关职责的单位应当依法承担赔偿责任。”再如，《公路法》第 32 条规定：“改建公路时，施工单位应当在施工路段两端设置明显的施工标志、安全标志。需要车辆绕行的，应当在绕行路口设置标志；不能绕行的，必须修建临时道路，保证车辆和行人通行。”

② 2008 年东营市东营区人民法院在“张某诉东营市公路管理局公路工程处等交通事故财产损害赔偿纠纷案”中认为：“公路工程处、博昌公司、文登公司、济南公司、广饶公司作为东营市南二路公铁立交桥施工项目的具体施工单位，在改建公路时，设置施工标志、安全标志必须足以防止事故的发生。张某驾车进入施工现场并造成车辆损失，施工单位应承担赔偿责任。但其明知该路段正在施工，而擅自进入施工现场，对造成的损失也应承担部分责任。”

③ 参见张新宝：《侵权责任法原理》，458 页。

④ 参见 1995 年江苏省高级人民法院《关于审理人身损害赔偿案件若干具体问题的意见》第 26 条。

⑤ 参见江苏省扬州市江都区人民法院（2013）扬江民初字第 2680 号民事判决书。

的组织内的工作人员或雇员。[1] 对于施工人的判断，应当从如下几个角度考虑：一是如果某人独立地承包了施工项目，该独立的承包人就是施工人。二是在分包的情况下，只要是独立承建的承包人，就应当认定为施工人。三是在共同承建的情况下，数个共同的承建人都应当认定为施工人。四是建造人委托他人施工，受托人都是自然人的，应当以建造人为施工人。[2]

如果正在施工过程中，受害人自己不顾施工人的警告，坚持从施工现场通过，结果造成自己的损害，这种情况下，也不能因此简单地认定为自甘冒险，关键在于认定施工人是否采取了安全措施。如果施工人并没有采取必要的安全措施，则虽然受害人具有过错，但施工人对损害的发生仍然要承担责任，只不过可以根据受害人的过失适当减轻责任人的责任。如果有多个施工人共同施工，受害人有权请求其承担连带责任。例如，在“在黄某、刘某与双兴公司、王某等地面施工、地下设施损害责任纠纷案”[3] 中，被告双兴公司对路面进行了开挖，挖出的土方堆积在道路的两旁，被告王某驾驶的卡车在工地旁拉土时与原告的亲属黄书某发生碰撞，导致后者死亡。法院认为，双兴公司将挖出的土方堆放在人行道上，使路面变窄，也未在土堆旁设置围栏和施工警告信号。王某的车辆在装土工程中，又停放在本已变窄的道路上，造成黄书某与其发生相撞，双兴公司和王某均存在明显过错，构成共同侵权，应承担本案的主要责任。

在某些情况下，也可能因第三人的原因而造成损害，如第三人挪走、破坏路障标志，破坏安全措施等。本书认为，施工人的责任虽然适用过错推定，但为保护受害人，有必要采用不真正连带责任。因为在绝大多数情形中，受害人无法知晓第三人，而只能要求施工人承担责任。在施工人承担了责任之后，其有权向第三人追偿，因为第三人是终局责任人。

五、窨井等地下设施致人损害责任

（一）窨井等地下设施致人损害责任的概念

窨井等地下设施造成他人损害的责任，其管理人应当依法承担侵权责任。窨井等地下设施通常位于公共场所，尤其是在公共道路上的窨井，一旦发生井盖丢失、破损等现象，就会对公共安全造成极大的威胁。从实践来看，因窨井等地下设施而造成他人损害的案件也时有发生，法律上有必要对此类损害责任作出规定，以维护公共安全，保护受害人的合法权益。因此，《民法典》第 1258 条第 2 款规定：“窨井等地下设施造成他人损害，管理人不能证明尽到管理职责的，应当承担侵权责任。”

严格地说，窨井等地下设施也属于物件设施的范畴，与《民法典》第 1253 条规定的建筑物、构筑物或者其他设施及其搁置物、悬挂物发生脱落、坠落致害责任中的

---

① 参见潘同龙、程开源主编：《侵权行为法》，277 页，天津，天津人民出版社，1995。
② 参见张新宝：《侵权责任法原理》，456 页。
③ 河南省漯河市中级人民法院（2013）漯民四终字第 237 号民事判决书。

“设施”的概念关系密切。[①] 但窨井等地下设施与《民法典》第 1253 条所规定的设施仍然存在区别。窨井等地下设施致人损害责任的特点主要表现为：

1. 它是因窨井等地下设施致人损害的责任。《民法典》第 1258 条第 2 款规定的“窨井等地下设施”致人损害，其规范的是地下设施致人损害，其中包括了窨井，但不限于窨井。所谓“窨井”，是指用在地下排水、电缆通行管道的拐弯、分支或者联结处，为便于检查和疏通而建设的专门用井。窨井通常置于公共场所。所谓“等地下设施”是指除了窨井之外的其他设置于地面之下的各种设施。窨井之外的其他地下设施“包括地窖、水井、下水道以及其他地下坑道等”[②]。它们可以是公有公共设施，也可以是私人所有的设施。但如果不是在公共场所，而是设置在私人空间（如私人庭院）中的地下设施，则不属于本条规范的范围。正因为其是在公共场所设置的，所以涉及公共安全，法律上需要适当强化管理人的责任。在实践中，常见的损害是窨井的井盖被挪走，骑车人不小心掉入窨井之中，造成人身伤害[③]；或因窨井的井盖不平，导致骑车人被绊倒，遭受了损害，都属于因窨井等地下设施致人损害。

2. 它属于特殊的物件致人损害的责任。窨井等地下设施致人损害，是指窨井等地下设施因自身的缺陷或受到破坏等原因而造成他人的损害。例如，因为井盖丢失，导致受害人坠入下水道而受伤。地下设施与建筑物类似，属于不动产，但是，其又是特殊的不动产，因为其设置于地下，不可能发生脱落、坠落的情形，所以，无法纳入建筑物等物件脱落、坠落致害责任的范畴。

3. 该责任主要是一种不作为侵权。在窨井等地下设施致人损害的情况下，通常是窨井的管理人没有尽到管理职责。例如，窨井的井盖被盗窃或质量不合格，而管理人没有及时检查并安装新的井盖。从实践来看，此种侵权责任主要是不作为侵权责任。

（二）窨井等地下设施致人损害责任的构成要件

1. 必须是因窨井等地下设施致害。窨井等地下设施致人损害，主要是指地下设施导致他人的人身伤害或财产损失。地下设施具有一定的特殊性，主要表现为：第一，它是在地下设置的设施或装置。如果在地面以上设置的设施，就属于建筑物、构筑物或其他设施，而不属于地下设施。第二，它是与土地紧密结合的设施。地下设施属于不动产的范畴，其应当是与土地紧密结合在一起的不动产。如果物件仅仅设置在土地之下，并没有与土地紧密结合，则不属于不动产，也不能认定为地下设施。第三，它是为了满足生产、生活中供电，以及供水、排水等需求而设置的。例如，地下商场虽然也建造于地下，但是，其是为了生活消费等需要，不应认定为地下设施。第四，它是依据建筑技术而设置的设施。地下设施应当是依据建筑技术而建造的，如果是因自然原因而对土地的改变，不属于地下设施。例如，地下溶洞虽然也位于地下，

① 参见王洪亮：《交往安全义务基础上的物件致损责任》，载《政治与法律》，2010（5）。

② 全国人大常委会法制工作委员会民法室编：《中华人民共和国侵权责任法条文说明、立法理由及相关规定》，362 页。

③ 参见《窨井淹死人市政赔 16 万，市政被判未尽到管理义务》，载《东方今报》，2008－01－08。

但是，其并非基于工程学的原理而建造的，不属于地下设施。

地下设施致害应当是因为地下设施本身的设置或维护缺陷而造成他人损害，不包括地下易燃、易爆等物品的高度危险的实现导致他人损害，如地下煤气管道爆炸，应当属于高度危险物致人损害，而不属于地下设施致人损害。

2. 必须造成了损害。窨井等地下设施致人损害必须因这些设施导致他人的损害。此处所说的损害是指因窨井等地下设施造成了受害人自身的人身和财产损害，因为地下设施自身的特殊性，被侵害的民事权益类型是特定的，包括生命权、身体权、健康权和物权，其他民事权益一般不可能成为被侵害的对象。如果因为窨井等地下设施没有采取安全措施，对公共安全构成严重威胁（即危险），为了防范危险、避免损害，应当允许社会公众请求有关市政管理机关消除危险。

3. 管理人未尽到管理职责。管理职责就是指管理人依法对地下设施所负有的注意义务。对于管理职责的认定，要从如下几个方面考虑：第一，如果法律、法规、规章制度等都明确规定了管理人应当尽到的管理职责，则首先要根据这些规定确定管理职责。例如，对窨井的检查、检查的时间、维护维修窨井的技术要求等。如果管理人没有尽到该义务，就属于没有尽到管理职责。第二，要根据案情确定管理人应当尽到的注意义务。这里主要考虑的因素包括：一是地下设施的状况，如修建的时间是否久远、是否有缺损、是否曾经被人为破坏等；二是潜在受害人的状况，如潜在受害人的年龄、潜在受害人的自我保护能力、潜在受害人的人数等；三是管理人自身的状况，如人员情况、经济实力等。由于该条实行过错推定，因而，管理人是否尽到了管理职责应当由其本人反证证明。第三，管理人的职责应当按照高于一般人的标准来认定，因为窨井涉及公共安全，对社会公众的人身和财产构成了威胁，如果简单地适用一般人的标准，不利于督促管理人履行其义务，从而避免危险的发生。

（三）窨井等地下设施致人损害责任的承担

在窨井等地下设施致人损害的情况下，如果管理人未尽到管理职责，应当由管理人承担侵权责任。对此处所说的管理人应当作扩张解释，它既包括所有人，也包括管理人，其实际上是要求对窨井等地下设施负有管理义务的人承担责任。只要管理人不能证明自己尽到了管理职责，就应当承担责任。当然，若损害因第三人原因所致，如第三人偷窃井盖等，且无法查找到第三人，或者第三人无力赔偿，而管理人能够证明自己尽到了管理责任，在此情况下，因对其免责而使无辜的受害人自己承担全部损失，也不完全合理，所以，也可以考虑采用公平责任，由管理人给予受害人适当补偿。

因窨井的井盖被第三人挪走、盗窃等，导致受害人遭受损害，此时，管理人是否可以通过证明自己已经尽到了管理职责，从而被免责？我国有关的地方性法规对管理人的责任，采用了严格责任。[①] 本书赞同此种观点。在因窨井致人损害的情形下，不

① 例如，2007年《北京市地下设施检查井井盖管理规定》中规定：“由于井盖丢失、损坏、位移和擅自移动井盖而造成事故的，由井盖所有权人或者维护管理单位依法赔偿经济损失。井盖所有权人或者维护管理单位赔偿损失后，有权向造成井盖丢失、损坏和擅自移动井盖的直接责任人追偿。”

论管理人是否存在过错，都不影响其侵权责任的成立，此种做法有利于对受害人进行救济：一方面，窨井等地下设施通常设置于公共场所，其关系到公共安全，所以，从维护公共安全考虑，管理人应当尽到其注意义务，以随时防止窨井等地下设施被盗，或者被擅自移动。更何况，随着现代技术条件的发展，管理人也能够采取一定的措施来保证地下设施的完好。另一方面，在第三人造成损害的情况下，受害人很难查明第三人，要求受害人向第三人请求赔偿，对于受害人来说比较困难。所以，虽然窨井等地下设施致人损害的责任属于过错推定责任，但在因第三人造成损害的情况下，可以要求设施的管理人与第三人承担不真正连带责任。当然，由于第三人是终局责任人，管理人承担责任以后，可以向第三人追偿。

思考题

1. 比较物件致人损害与产品责任。
2. 简述建筑物等物件脱落、坠落致人损害与建筑物等物件倒塌致人损害的区别。
3. 简述高楼抛物和坠物致人损害的归责原则和责任主体。
4. 简述堆放物致人损害的构成要件。
5. 简述公共道路上物品致害的责任主体的确定。
6. 简述地下施工致人损害与地下挖掘活动致人损害的区别。
7. 简述窨井等地下设施致人损害与建筑物等物件致人损害责任的区别。